Jerusalem im Hoch- und Spätmittelalter

Campus Historische Studien
Band 29

Wissenschaftlicher Beirat
Heinz-Gerhard Haupt, Ludolf Kuchenbuch, Jochen Martin,
Heide Wunder

Dieter Bauer ist Referatsleiter für Geschichte an der Akademie der Diözese
Rottenburg-Stuttgart. *Klaus Herbers* ist Professor für mittelalterliche Geschichte
an der Universität Erlangen, *Nikolas Jaspert* ist dort Akademischer Rat.

Dieter Bauer, Klaus Herbers
Nikolas Jaspert (Hg.)

Jerusalem im Hoch- und Spätmittelalter

Konflikte und Konfliktbewältigung –
Vorstellungen und Vergegenwärtigungen

Campus Verlag
Frankfurt/New York

Die Drucklegung wurde freundlicherweise unterstützt von der
Akademie der Diözese Rottenburg-Stuttgart, dem Bistum Passau,
dem Bistum Würzburg, dem Erzbistum Bamberg und von
Frau Elisabeth Verreet.

Die Deutsche Bibliothek – CIP-Einheitsaufnahme

Ein Titeldatensatz für diese Publikation ist bei
Der Deutschen Bibliothek erhältlich.
ISBN 3-593-36851-X

Besuchen Sie uns im Internet: www.campus.de

Inhalt

Vorstellungen und Vergegenwärtigungen

Vorwort

Der Erste Kreuzzug und sein Endpunkt, die Eroberung Jerusalems am 15. Juli 1099, gehören zu den wenigen Ereignissen der mittelalterlichen Geschichte, die im kulturellen Gedächtnis Europas und des Nahen Ostens fest verankert sind. Besaß die Stadt am Ölberg schon vor dem Ende des 11. Jahrhunderts mehrfache Bedeutungsebenen – als alttestamentliche Stadt Davids, als neutestamentlicher Ort der Passion Christi, als Stätte der Apokalypse, als Zielpunkt der nächtlichen Reise Mohammeds und nicht zuletzt als reale Ortschaft in Palästina – so erlangte sie nach der Eroberung von 1099 zusätzlichen Gehalt als das Zentrum des von den Kreuzfahrern ins Leben gerufenen Königreichs Jerusalem. So vielschichtig wie die Bedeutungen sind auch die Bilder, die von Jerusalem geschaffen wurden, sind die Mythen, in deren Mittelpunkt die Stadt steht.

Daher erstaunt es nicht, daß in mehreren Ländern die Mediävistik 1999 den Jahrestag der Eroberung Jerusalems zum Anlaß nahm, um wissenschaftliche Tagungen zu veranstalten – so in Israel (Jerusalem) und Spanien (Huesca), in Italien (Bari und Rho/Mailand), im Libanon (Beirut) und in Australien (Sidney). Auch in Deutschland fanden sich bei zwei Gelegenheiten Fachleute aus den unterschiedlichsten mediävistischen Disziplinen zusammen, um sich über die Eroberung von 1099 und deren Nachwirkungen auszutauschen: Während des Sommersemesters 1999 veranstaltete der Lehrstuhl für Mittelalterliche Geschichte und Historische Hilfswissenschaften der Friedrich-Alexander-Universität Erlangen-Nürnberg in Zusammenarbeit mit dem Graduiertenkolleg „Kulturtransfer im Mittelalter" eine Ringvorlesung unter dem Titel „1099-1999: Jerusalem im lateinischen Westen: Vorstellungen und Vergegenwärtigungen". Daran anschließend fand im November des selben Jahres in Weingarten die Tagung „Jerusalem im lateinischen Osten: Konflikte und Konfliktregelung" statt, die ebenfalls vom Erlanger Lehrstuhl, hier jedoch im Verbund mit der Akademie der Diözese Rottenburg-Stuttgart durchgeführt wurde. Die Ergebnisse beider Veranstaltungen sind im vorliegenden Band zusammengefaßt.

Auf den ersten Blick mögen die in Erlangen und Weingarten behandelten Themen und damit die zwei Abschnitte dieses Sammelbandes disparat erscheinen, steht doch im ersten Teil der lateinische Osten, besonders die Stadt und das Königreich Jerusalem im Vordergrund des Interesses, während im zweiten Teil das Augenmerk auf Bildern liegt, die man sich im lateinischen Westen vom Heiligen Land und den dortigen Gegebenheiten und Geschehnissen machte. Doch bei genauerem Hinsehen stellen sich beide Untersuchungsgegenstände als zumindest zweifach miteinander verwoben heraus. Zuerst durch einen direkten bzw. kausalen Bezug: Denn ebenso wie die Pilger, Kreuzfahrer oder Siedler, die in den Osten zogen, durch Vorstellungen von Jerusalem geprägt wurden, die bereits vor ihrem Aufbruch im Westen geläufig waren, flossen die Ereignisse in den Kreuzfahrerstaaten, die konkreten Erfahrungen und die Erzählungen der Reisenden wieder in die Bilder und Abbildungen ein, die man sich in ihren Heimatländern von den fernen Stätten machte. Diese Verbindungen und Abverwandlungen zwischen Europa und Palästina, zwischen Deçamer und Outremer kommen in mehr als einem der hier versammelten Beiträge zum Tragen. Außerdem vereint beide Abschnitte der bereits erwähnte Kreuzzugs- und Jerusalemmythos. Er liegt dem gesamten zweiten Teil zugrunde, in dem die Bilder Jerusalems im Westen und das Nachwirken der Kreuzzüge, mithin die literarische und künstlerische Rezeption der Geschehnisse und ihre Mythisierung im Mittelalter, untersucht werden. Jedoch steht auch der erste Abschnitt des Bandes mittelbar mit diesem Mythos in Zusammenhang, und zwar mit dessen negativen Ausprägung. Denn die Kreuzzüge gerieten nach dem Zweiten Weltkrieg unter dem Eindruck der sich auflösenden Kolonialreiche und des Holocausts vielfach in den Ruf, bestenfalls proto-imperialistische Unternehmungen, schlimmstenfalls aber vom Rassenhaß getragene Expansions- und Vernichtungskriege gewesen zu sein. Wie kaum ein anderes Ereignis neben den Pogromen des Jahres 1096 diente das Jerusalemer Massaker vom 15. Juli 1099 als Beweis für diese Wertung. Die Kreuzzüge, die aus ihnen hervorgegangenen Herrschaften und besonders das Königreich Jerusalem entwickelten sich damit zur Negativfolie eines besseren, geläuterten Europa. Dagegen entwarfen andere Kreuzzugshistoriker eine anderes, positives Bild, demzufolge es sich bei den Kreuzfahrerstaaten um „multikulturelle Gesellschaften" gehandelt habe, die durchaus ein gewisses Maß an Toleranz

8

gekannt und gepflegt hätten. Diese unterschiedlichen Interpretationen – und manch weiterer Mythos – auf den Prüfstand zu stellen, ist das Anliegen des ersten Abschnitts des Bandes. Daher stehen weniger punktuelle Dispute oder Ausbrüche an Gewalt im Zentrum des Interesses als die langfristigen Probleme, denen sich die Einwohner der Kreuzfahrerstaaten ausgesetzt sahen. Insbesondere gilt das Augenmerk der Autorinnen und Autoren den Mechanismen, die zur Beilegung von Konflikten eingesetzt wurden, sowie den Personen und Gruppen, die zur Friedenswahrung und Friedensschaffung beitrugen. Gerade weil diese Fragestellung konsequent behandelt worden ist, dürften die hier versammelten Beiträge einen Gewinn für die Kreuzzugsforschung darstellen.

Kein Sammelband kann alle Aspekte eines Generaltitels dokumentieren – sei es, weil die Herausgeber nicht die gesamte Spannbreite des Themas mit Beiträgen zu besetzen vermögen, sei es, weil Autoren durch andere Verpflichtungen davon abgehalten werden, ihren Vortrag zum Druck zu bringen oder ihren nachträglich zugesagten Beitrag zu liefern. So mögen mit Recht Aufsätze über die Bedeutung Jerusalems für das mittelalterliche Judentum bzw. das griechisch-orthodoxe Christentum vermißt werden. Dennoch dürfte die Vielgestaltigkeit der reellen und imaginären Beziehungsgeflechte erkennbar werden, in denen Jerusalem im Mittelalter eingebunden war – und noch immer ist. Vielleicht trägt diese Erkenntnis nicht nur dazu bei, die Virulenz aktueller Auseinandersetzungen um die Heilige Stadt besser zu verstehen, sondern auch das Auge zu öffnen für Konfliktregelungen in unserer Zeit.

Viele haben zur Entstehung dieses Bandes beigetragen: das Erzbistum Bamberg, die Bistümer Würzburg und Passau sowie Frau Elisabeth Verreet, Großkreuzdame im Ritterorden vom Heiligen Grab zu Jerusalem, stellten großzügige Druckkostenzuschüsse; die Mitarbeiterinnen und Mitarbeiter des Lehrstuhls für Mittelalterliche Geschichte der Friedrich-Alexander-Universität Erlangen-Nürnberg, und hier insbesondere Herr Bernd Häußler, haben bei den redaktionellen Arbeiten und bei der Erstellung der Druckvorlage geholfen. Prof. Dr. Hartmut Bobzin (Erlangen) stand uns bei der Vereinheitlichung der Umschrift arabischer Wörter (sie folgt dem System der Deutschen Morgenländischen Gesellschaft) zur Hand. Prof. Dr. Ludolf Kuchenbuch (Hagen) und Prof. Dr. Heide Wunder (Kassel) setzten sich für die Aufnahme des Bandes in die Reihe „Campus Historische Studien" ein. Ihnen allen sei herzlichst gedankt.

Dieter Bauer   Klaus Herbers   Nikolas Jaspert

Konflikte und Konfliktregelung

Konflikt und Kommunikation:
Neues zum Kreuzzugsaufruf Urbans II.[*]

Christoph T. Maier

Es mag vermessen sein, etwas Neues zu einem so zentralen und viel-beackerten Thema wie dem ersten Kreuzzugsaufruf Urbans II. von 1095 sagen zu wollen. Die Rede, mit der Papst Urban den Ersten Kreuzzug ver-kündete, gehört selbstverständlich zu den meistgebrauchten Quellen der Geschichtsschreibung über die Kreuzzüge, steht sie doch im Mittelpunkt der zahlreichen Diskussionen über den Ursprung und das Wesen der Kreuzzugs-bewegung. Diese Diskussionen haben in jüngster Zeit einmal mehr an Lebendigkeit und Schärfe gewonnen. So erschienen in den letzten Jahren Studien und Darstellungen mit Titeln wie 'Was ist eigentlich ein Kreuzzug?', 'Where There Any Crusades in the Twelfth Century?' oder 'The Invention of the Crusades'[1]. Vor allem die provokative These Christopher Tyermans, welche die Existenz einer klar definierten Institution Kreuzzug im 12. Jahr-hundert in Abrede stellt, fördert den Diskurs und fordert Antwort. Es sei also erlaubt, die Rede Urbans II. in Clermont als eine der zentralen Quellen zum Ursprung und zur Konzeption des Ersten Kreuzzugs erneut unter einem neuen Gesichtspunkt zu betrachten.

Es geht hier mitnichten darum, die vielschichtige Frage der Genese der Kreuzzüge in ihrer ganzen Breite neu aufzurollen. Vielmehr möchte ich

[*] Für anregende Kommentare und kritische Bemerkungen während der Entstehung dieses Artikels möchte ich ganz besonders Marcus Bull (Bristol) und Jonathan Riley-Smith (Cam-bridge) danken.

[1] Ernst-Dieter HEHL, Was ist eigentlich ein Kreuzzug?, Historische Zeitschrift 259 (1994), 297-336; Christopher J. TYERMAN, Were There Any Crusades in the Twelfth Century?, English Historical Review 110 (1995), 553-577; DERS., The Invention of the Crusades, London 1998.

zeigen, daß eine andersartige Betrachtung der Rede Urbans durchaus neue Gewichtungen und Sichtweisen zur Frage, was eigentlich die Institution Kreuzzug ausmachte, beitragen kann. Im Wesentlichen operiert die moderne Kreuzzugsforschung seit Erdmann mit zwei hauptsächlichen Parametern, um die Konzeption des Kreuzzugs zu erklären, einerseits die legitimierende Theorie des *bellum iustum*, andererseits die Modellfunktion der Pilgerfahrt nach Jerusalem[2]. Während erstere es der Kirche überhaupt erst erlaubte, im Namen der Religion Krieg zu führen, ergab die Annäherung von Pilgerfahrt und Waffengang die Grundlage für die Konzeption des Kreuzzugs als Bußwerk und Akt der Frömmigkeit. John Cowdrey und Jonathan Riley-Smith haben erst kürzlich erneut und mit Nachdruck darauf hingewiesen, daß im Kontext der Gregorianischen Reform bereits vor dem Ersten Kreuzzug die Vorstellung von Krieg im Dienst der Kirche als besondere Form der Buße die devotionalen Aspekte der Pilgerfahrt und die legitimatorischen Strategien des *bellum iustum*-Gedankens miteinander verband und so dem Kreuzzug den Weg bereitete[3].

Eines der Probleme bei der Definition des Kreuzzugs als Institution war und ist die Tatsache, daß es bis ins späte 12. Jahrhundert keine klare Terminologie der Kreuzzüge gab. Die lateinischen Termini für Kreuzfahrer und Kreuzfahrerin (*crucesignatus* und *crucesignata*) wurden erst im 13. Jahr-

---

[2] Carl ERDMANN, Die Entstehung des Kreuzzugsgedankens, Stuttgart 1935; Étienne DELARUELLE, Essai sur la formation de l'idée de Croisade, Bulletin de littérature ecclésiastique 42 (1941), 24-45, 86-103; 45 (1944), 14-46, 73-90; 54 (1953), 226-239; 55 (1954), 50-63; Michel VILLEY, La croisade. Essai sur la formation d'une théorie juridique (L'église et l'État au Moyen Âge 6), Paris 1942; Paul ROUSSET, Les Origines et les caratères de la Première Croisade, Neuchâtel 1945; DERS., Histoire d'une idéologie: la Croisade, Lausanne 1983; Steven RUNCIMAN, A History of the Crusades, 3 Bde., Cambridge 1951-1954; Adolf WAAS, Geschichte der Kreuzzüge, 2 Bde., Freiburg i. Br. 1956; Hans E. MAYER, Geschichte der Kreuzzüge, Stuttgart [8]1995; James A. BRUNDAGE, Medieval Canon Law and the Crusader, Madison 1969; Jonathan RILEY-SMITH, What Were the Crusades?, London [2]1992; DERS., The First Crusade and the Idea of Crusading, London 1987; Jean RICHARD, Histoire des croisades, Paris 1996; Jean FLORI, La première croisade: l'occident chrétien contre l'Islam, Bruxelles 1992.

[3] Herbert E. J. COWDREY, Pope Gregory VII and the Bearing of Arms, in: Montjoie. Studies in Crusade History in Honour of Hans Eberhard Mayer, hg. v. B. Z. KEDAR, J: RILEY-SMITH und R. HIESTAND, Aldershot 1997, 21-35; DERS., The Reform Papacy and the Origin of the Crusades, in: Le Concile de Clermont de 1095 et l'appel à la croisade (Collection de l'École Française de Rome 236), Roma 1997, 155-166; Jonathan RILEY-SMITH, The First Crusaders, 1095-1131, Cambridge 1997, 48-52, 66-72.

hundert wirklich gebräuchlich[4]. Meist wurden Kreuzfahrende in den Quellen als *milites Christi* oder einfach als *peregrini* bezeichnet[5]. Auch das lateinische Wort für den Kreuzzug, *cruciata*, mit seinen volkssprachlichen Entsprechungen wie z. B. französisch *croiserie* oder okzitanisch *crozada*, lösten erst im 13. und 14. Jahrhundert allmählich die traditionellen Bezeichnungen für die Kreuzzüge wie *negotium crucis, via* bzw. *iter Dei* oder *pergrinatio* ab[6]. Ausgehend von dieser Überlegung hat Christopher Tyerman in Frage gestellt, daß es im 12. Jahrhundert überhaupt ein Bewußtsein für eine eigenständige Institution Kreuzzug gegeben hat. Seiner Meinung nach hat die Kirche erst gegen Ende des 12. und zu Beginn des 13. Jahrhunderts diese Institution geschaffen, indem sie erst dann die einzelnen Elemente des Kreuzzugs verbindlich und klar definierte. Erst die kirchenrechtliche Fixierung des Kreuzzugsgelübdes, des Ablasses und der Rechtsprivilegien, die Ausarbeitung einheitlicher liturgischer Riten, einer klaren Propagandasprache und spezifischer Finanzierungsmechanismen haben laut Tyerman aus dem Kreuzzug eine klar erkennbare Institution gemacht. Die Kreuzzüge des 12. Jahrhunderts, angefangen vom sogenannten Ersten Kreuzzug, seien ein Zusammenkommen unterschiedlicher Formen von Kriegführung und Pilgerfahrt gewesen, in dem die Teilnehmer und Zeitgenossen keine eigentliche Neuerung und schon gar nicht eine neue Institution gesehen hätten[7].

Tyermans Gedankenführung ist nicht zuletzt aufgrund seiner eigenen Terminologie höchst problematisch, wenn er für das 12. Jahrhundert durchweg von Kreuzfahrern und Kreuzzügen spricht, obwohl er deren Existenz in diesem Zeitraum bestreitet[8]. Aber darauf soll hier im einzelnen nicht eingegangen werden. Wichtiger ist vielmehr das Vorgehen Tyermans, der die Institution Kreuzzug letztlich als konstruiertes Kompositum einzelner klar definierbarer Elemente betrachtet. Erst zum Zeitpunkt, an dem die Kirche

---

[4] Michael MARKOWSKI, *Crucesignatus*; its early origins and early usage, Journal of Medieval History 10 (1984), 157-165.

[5] TYERMAN, Invention (wie Anm. 1), 49-55; Christoph T. MAIER, Crusade Propaganda and Ideology. Model Sermons for the Preaching of the Cross, Cambridge 2000, 52-54.

[6] Vgl. David. A. TROTTER, Medieval French Literature and the Crusades (1100-1300), Genève 1988, 58-69. Eliza M. GHIL, *Crozada:* Avatars of a Religious Term in Thirteenth Century Occitan Poetry, Tenso 10 (1995), 99-107.

[7] TYERMAN, Were there any Crusades? (wie Anm. 1), passim. Der Artikel erscheint auch als Kapitel 1 von DERS., Invention (wie Anm. 1), 9-29.

[8] Vgl. auch die Rezension von James BRUNDAGE zu 'Invention of the Crusades', Church History 68 (1999), 115-117.

eine klare theologisch und kirchenrechtlich abgesicherte Definition der einzelnen Aspekte des Kreuzzugs lieferte, konnte es laut Tyerman überhaupt zu einem wirklichen Selbstverständnis des religiös motivierten Kriegers als Kreuzfahrer kommen. Erst dann konnten wirklich Kreuzfahrten organisiert werden. Diesem Ansatz liegt eine, meines Erachtens fehlgeleitete, allzu enge ideengeschichtliche Betrachtungsweise zugrunde, die davon ausgeht, daß individuellem Selbstverständnis und geschichtlichen Handlungszusammenhängen in erster Linie präzis ausformulierte Ideen zugrunde liegen. Überhaupt sollte es vermieden werden, ausgehend von einem ideengeschichtlichen Ansatz allzu strenge Anforderungen definitorischer Art an die Quellen zu stellen. Meist führt ein solches Vorgehen zur Überbetonung einzelner Aspekte der Institution Kreuzzug, die dem Gesamtphänomen nicht gerecht werden. Um die Gefahren eines rein ideengeschichtlichen Ansatzes zu vermeiden, lohnt es sich, unsere Quellen vermehrt auch unter anderen Gesichtspunkten zu betrachten. Genau das möchte ich im Folgenden an einem Beispiel demonstrieren.

Der Kreuzzugsaufruf Papst Urbans von Clermont, von dem die Rede sein wird, ist meiner Meinung nach ganz besonders dafür geeignet, einer kommunikationstechnischen Analyse unterzogen zu werden. Dabei sollen besonders Aspekte der symbolischen und non-verbalen Kommunikation untersucht werden. Als Propagandaveranstaltung war die Rede Urbans ohne Zweifel auf möglichst effektive Kommunikation mit dem Publikum ausgerichtet. Erfolgreiche Massenpropaganda ist letztlich nur mit einfachen, klaren und leicht einsichtigen Botschaften möglich. Wir dürfen annehmen, daß es dem Papst gleichzeitig auch darum ging, seinem Publikum das Konzept des Kreuzzugs in möglichst klarer Weise mitzuteilen. In Anbetracht des erstaunlichen Erfolgs bei der Mobilisierung für den Ersten Kreuzzug muß man ganz generell davon ausgehen, daß es dem Papst in der Tat auch gelang, einem weiteren Zielpublikum klar darzulegen, was er unter dem Kreuzzug verstand. Genau dieser Punkt soll bei der folgenden Betrachtung des Aufrufs Urbans in Clermont im Vordergrund stehen. Wichtig scheint mir dabei, vor allem auch in der Auseinandersetzung mit der These Tyermans, welche Rolle Papst Urban den Kreuzfahrenden zuschrieb und welches Selbstverständnis für die Teilnehmer am Ersten Kreuzzug daraus entstand. Damit soll auch die Frage nach der Definition des Kreuzzugs einen Schritt weg von der *Idee* des Kreuzzugs in Richtung der *Praxis* des Kreuzzugs gebracht werden.

Eines der Hauptprobleme bei der Interpretation des Kreuzzugsaufrufs Urbans II. von Clermont ist seine Aufzeichnung in den Quellen. Die verschiedenen chronikalisch überlieferten Versionen des Aufrufs unterscheiden sich im Wortlaut mitunter beträchtlich voneinander. Vor diesem Hintergrund beschränke ich mich auf die Analyse derjenigen Versionen, deren Autoren sicher oder mit größter Wahrscheinlichkeit in Clermont anwesend waren und die Rede Urbans mit eigenen Ohren gehört haben, nämlich Robert von Reims, Balderich von Dol und Fulcher von Chartres[9]. Auch diese drei Versionen unterscheiden sich im jeweiligen Wortlaut deutlich voneinander[10]. Allerdings geht es mir nicht allein um den Wortlaut der Rede Urbans. Für diese gilt nämlich, was Giles Constable kürzlich für die öffentliche Predigt ganz allgemein trefflich ausgedrückt hat: „Die Predigt des 12. Jahrhunderts war ein dramatisches Unterfangen. Wie in einer Oper war der Klang der Worte genau so wichtig wie ihr Sinn, und wie in einem Schauspiel war der Prediger bemüht darum, nicht nur durch seine Worte, sondern auch durch sein Auftreten die Herzen der Zuhörer zu berühren."[11] In diesem Sinn interessieren mich neben den Worten der Rede Urbans vor allem auch das, was die Chronisten über die Gebärdensprache des Papstes und seine Interaktion mit dem Publikum berichten, sprich die non-verbale und symbolische Kommunikation.

Gerade für diesen Bereich geben uns die Berichte der Augenzeugen nützliche Informationen. Die drei Autoren stimmen darin überein, daß Papst Urban ein exzellenter Redner war und daß er sein rhetorisches Können in Clermont meisterhaft zur Schau stellte[12]. Sein ganzes Auftreten und seine

---

[9] Vgl. Alfons BECKER, Papst Urban II. (1088-1099), Bd. II: Der Papst, die Christenheit und der Kreuzzug (Schriften der Monumenta Germaniae Historica 19/2), Stuttgart 1988, 394; Penny J. COLE, The Preaching of the Crusades to the Holy Land, 1095-1270 (Medieval Academy Books 98), Cambridge, Mass. 1991, 11, 13, 16. Neuere ausführliche Interpretationen des Aufrufs Urbans finden sich in den hier zitierten Studien von BECKER und COLE und bei RILEY-SMITH, First Crusade (wie Anm. 2), 13-30. Grundlegend (wenn auch sehr knapp) ist auch noch immer Dana C. MUNRO, The Speech of Pope Urban II. at Clermont, 1095, American Historical Review 11 (1905), 231-242.

[10] Robert von Reims, Historia Iherosolimitana, in: RHC, Hist. Occ., Bd. III, 727-882, hier: 727-730; Balderich von Dol, Historia Jerosolimitana, in: RHC, Hist. Occ., Bd. IV, 9-111, hier: 12-15; Fulcher von Chartres, 131-138.

[11] Giles CONSTABLE, The Language of Preaching in the Twelfth Century, Viator 25 (1994), 131-152, hier; 151: „Preaching in the twelfth century was a dramatic enterprise. As in opera, the sound of the words was as important as their meaning, and, as in play, the preacher sought to touch the hearts of the listeners by his actions as well as his words."

[12] Fulcher von Chartres, 122: [...] *ad se convocatis adlocutione dulciflua diligenter conventus causam innotuit;* RHC, Hist. Occ., Bd. III, 727: *Qui hac suadela rhetoricæ dulcedinis generaliter ad omnes in hæc verba prorupit.* Balderich von Dol (RHC, Hist. Occ., Bd. IV,

Gebärdensprache, so dürfen wir annehmen, waren sorgsam geplant und bewußt inszeniert. Sie waren darauf abgestellt, seinen Worten Gewicht zu geben und die Botschaft der Rede mitzugestalten. Dabei ist festzustellen, daß die drei Augenzeugenberichte ein in groben Zügen einheitliches Bild des Handlungsablaufs und der Gebärdensprache der Rede Urbans nachzeichnen.

Der Papst begann seine Rede, so berichten uns die drei Autoren, mit einer langen Wehklage begleitet von lautstarken Gesten der Trauer. In der Fassung Roberts von Reims klagt Urban zu Beginn seiner Rede zunächst über die Grausamkeiten, die die *gens regni Persarum* angeblich den Christen im Osten zu gefügt hätten[13]. Diese „trauervolle Angelegenheit", so Papst Urban in Roberts Bericht, habe ihn nach Clermont gebracht[14]. Fulcher von Chartres sagt ausdrücklich, daß Urban „mit klagender Stimme" zu seiner Rede anhob[15]. Später beschreibt Fulcher dann, wie der Papst wortgewaltig und emphatisch die Schande und den Schaden beklagte, die die *Turci* der gesamten christlichen Religion angetan hätten[16]. Am deutlichsten schildert allerdings Balderich von Dol die Rolle des Wehklagenden, derer sich Papst Urban seinem Publikum gegenüber bediente. Balderich läßt Urban gleich zu Beginn der Rede offen sagen, er könne sich das Leiden und Mühsal der Christen im Osten nur „unter tiefem Schluchzen" vor Augen führen[17]. Im folgenden führte Urban in dieser Fassung dann genauer aus, wie schlecht es angeblich um die Christen im Heiligen Land bestellt war, wobei Balderich einfügte, daß der Papst in der Tat beim Sprechen seufzte[18]. Seine offensichtlich theatralisch dargebotene Rolle des Wehklagenden versuchte Urban, laut

---

12) beschreibt ihn als *disertus seminiverbius.* Guibert von Nogent [Dei Gesta per Francos, hg. v. Robert B. C. HUYGENS (CC CM 127A), Turnhout 1996, 110-111] pries Urbans rhetorisches Können sogar noch ausführlicher. Guibert war selbst aber nicht in Clermont anwesend (ebd., 13).

[13] RHC, Hist. Occ., Bd. III, 727B-728B.

[14] RHC, Hist. Occ., Bd. III, 727: *Scire vos volumus quæ lugubris causa ad vestros fines nos adduxerit.*

[15] Fulcher von Chartres, 123: *nam sub ecclesiae lugentis voce querula planctum non nimium expressit.*

[16] Fulcher von Chartres, 135-136: *o quantum dedecus, si gens tam spreta, degener et daemonum ancilla, gentem omnipotentis Dei fide praeditam et Christe nomine fulgidam sic superaverit! o quanta improperia vobis ab ipso Domino imputabuntur, si eos non inveritis qui professione Christiana censetur, sicut et vos.*

[17] RHC, Hist. Occ., Bd. IV, 12: [...] *quod sine profundis singultibus tetractare non possumus.*

[18] RHC, Hist. Occ., Bd. IV, 13: *Illis in urbibus ubique luctus, ubique miseria, ubique gemitus (suspiriosus dico)* [...].

Balderich, auf die Zuhörer zu übertragen, indem er sie am Ende dieser Passage aufforderte, es ihm gleich zu tun und mit Gebärden des Leidens und des Trauerns ihrem Mitgefühl und Entsetzten Ausdruck zu verleihen:

> „Wir könnten noch weitere Leiden unserer Brüder und die Entvölkerung der Kirchen einzeln darlegen, aber wir sind von unseren Tränen und Wehklagen, unserem Seufzen und Schluchzen überwältigt. Laßt uns heulen, Brüder, ja laßt uns heulen, laßt uns von Herzen weinend mit dem Psalmisten wehklagen! [...] Laßt uns mit unsern Brüdern mitfühlen und leiden, zumindest in unseren Tränen."[19]

Nach diesem gefühlsgeladenen ersten Teil der Rede holte Papst Urban zum eigentlichen Kreuzzugsaufruf aus, in dem er die Zuhörer aufrief, am geplanten Kriegszug teilzunehmen und für die Verteidigung der christlichen Religion im Osten gegen die Muslime zu kämpfen. In den Textversionen der drei Augenzeugen ist dieser zweite Teil der Rede durch einen Wechsel des Sprachgestus gekennzeichnet. Die Sprache emphatischer Trauer wird von eindringlichem Bitten und Fordern abgelöst[20]. Der Papst legt gleichsam die Rolle des Wehklagenden ab und präsentiert sich nun als fordernder Fürsprecher und Promotor seines Anliegens. In der Fassung Fulchers von Chartres inszenierte sich Urban in der Rolle des Bittstellers, der sich an Gottes Statt an das Publikum wandte:

> „In dieser Sache ermahne ich euch mit flehentlicher Bitte — nicht ich, sondern der Herr —, daß ihr, Herolde Christi, alle jeden Standes, sowohl Ritter wie auch Fußsoldaten, Reiche und Arme, mit oftmaligen Befehlen auffordert sich anzuschicken, der Christlichen Bevölkerung [im Osten] zu helfen, dieses nichtswürdige Volk aus unseren Gebieten zu vertreiben, bevor es zu spät ist. Ich sage dies allen Anwesenden, ich trage es allen Abwesenden auf, aber Christus befiehlt es!"[21]

---

[19] RHC, Hist. Occ., Bd. IV, 14: *Plures supersunt et fratrum nostrorum miseriæ, et ecclesiarum Dei depopulationes, quæ singulatim possemus referre: sed instant lacrimæ et gemitus, instant suspiria et singultus. Ploremus, fratres, eia ploremus et cum Psalmista medullitus plorantes ingemiscamus. [...] condoleamus et compatimur fratribus nostris, saltem in lacrimis!*

[20] Fulcher von Chartres, 134: *qua de re supplici prece hortor* [...]. RHC, Hist. Occ., Bd. III, 728B: *Moveant vos et incitent animos vestros* [...]. RHC, Hist. Occ., Bd. IV, 14E: *Quid dicimus fratres? Audite et intellegite:* [...].

[21] Fulcher von Chartres, 134-135: *qua de re supplici prece hortor, non ego, sed Dominus, ut cunctis cuiuslibet ordinis tam equitibus quam peditibus, tam divitibus quam pauperibus, edicto frequenti os, Christi precones, studeatis, ut ad id genus nequam de regionibus*

Auch in Roberts von Reims Version der Rede folgt den anfänglichen Weh-klagen der eigentliche Kreuzzugsaufruf in Form einer fordernden Bitte um Hilfe. Hier sprach Urban zunächst als Papst und dann als Fürsprecher und Bittsteller der personifizierten Stadt Jerusalem, die Hilfe zur Befreiung aus den Händen der Ungläubigen erbittet:

> „Diese königliche Stadt, die im Zentrum der Erde liegt, ist jetzt von ihren Feinden gefangen gehalten, und ihr werden heidnische Bräuche aufge-zwungen von Leuten, die Gott nicht anerkennen. Sie fragt euch deshalb und wünscht befreit zu werden und hört nicht auf, euch inständigst zu bitten, ihr zu Hilfe zu kommen."[22]

Daß auch diese Bitte indirekt als Aufforderung Gottes zu verstehen war, zeigt Robert später, wenn er Urban sagen läßt, daß die enthusiastische Re-aktion des Publikums eine Antwort auf Gottes Begehren sei: „Deshalb sage ich euch, daß Gott hervorgerufen hat, was er in eurer Brust eingepflanzt hat. Dieser Ruf sci euch ein Erkennungszeichen in der Schlacht, da er von Gott hervorgebracht wurde."[23]

Bei Balderich von Dol treffen wir ein ähnliches Muster an. Wiederum hören wir, daß Urban als Papst seine Zuhörer eindringlich bittet und auf-fordert, die Christen im Osten von ihren Unterdrückern zu befreien. Diese lange Passage findet ihren Höhepunkt, als Urban sich unter Berufung auf Psalm 44,4 quasi in der Rolle eines Propheten inszeniert, der mit göttlicher Eingebung spricht:

> „Und so sprechen wir jetzt mit der Autorität des Propheten: 'Gürtet', ein jeder von Euch, 'euer Schwert um eure Hüften, ihr Helden!' Gürtet euch, sage ich, und seit mächtige Söhne, denn es ist besser für euch, in der Schlacht zu sterben als der Schande eures Volkes und seiner Heiligtümer zuzusehen."[24]

---

nostrorum exterminandum tempestive Christicolis opitulari satagant. praesentibus dico, ab-sentibus mando, Christus autem imperat.

[22] RHC, Hist. Occ., Bd. III, 729: *Hæc igitur civitas regalis, in orbis medio posita, nunc a suis hostibus captiva tenetur, et ab ignorantibus Deum ritui gentium ancillatur. Quærit igitur et optat liberari, et ut ei subveniatis non cessat imprecari [...].*

[23] RHC, Hist. Occ., Bd. III, 729: *Propterea dico vobis quia Deus hanc a vobis elicuit, qui vestris eam pectoribus inseruit. Sit ergo vobis vox ista in rebus bellicis militare signum, quia verbum a Deo est prolatum.*

[24] RHC, Hist. Occ., Bd. IV, 15D: *Jam nunc igitur auctoritate loquamur prophetica: 'Accingere', o homo uniusquisque, 'gladio tuo super femur tuum, potentissime.'*

Auch hier bedient sich also Papst Urban einer Sprachgeste, die ihn als Sprachrohr und Bittsteller Gottes darstellt.

Obwohl die drei Augenzeugenberichte drei untereinander zum Teil stark variierende Textversionen der Rede Urbans liefern, stimmen sie doch in wesentlichen Punkten überein, was die Symbolik der Gebärdensprache und des Auftretens des Papstes betrifft. Zunächst redete der Papst in wehklagendem Ton über die bedrängte Lage der Christen im Osten. Es scheint, als habe Urban diesen ersten Teil der Rede mit Gesten des Leidens und der Trauer theatralisch untermalt, indem er vor dem Publikum selbst seufzte und Tränen vergoß. Im zweiten Teil der Rede, dem eigentlichen Aufruf zur Teilnahme am Kreuzzug, trat Urban dann als fordernder Bittsteller vor das Publikum, der seine Zuhörer zur Hilfe aufrief. Die drei Autoren stimmen auch darin überein, daß Urban glauben machen wollte, daß er mit göttlicher Autorität zum Kreuzzug aufrief. Ob er sich in den jeweiligen Fassungen der Rede direkt als Sprachrohr Gottes bezeichnete, in die Rolle des Propheten schlüpfte oder als Bittsteller der heiligen Stadt Gottes auftrat, die Aussage war dieselbe: Urban gab zu verstehen, daß er von Gott inspiriert mit göttlicher Autorität zu seinem Publikum sprach.

Betrachten wir die Reaktion und Rolle des Publikums, zeigen sich ähnliche Übereinstimmungen bei den drei Autoren. Fulcher von Charters schreibt lediglich, daß die Leute „freudig bewegt" waren und daß „viele der Zuhörenden gelobten, sich auf den Weg zu machen und andere Abwesende gewissenhaft dazu zu ermahnen"[25]. Balderich von Dol gibt eine genauere Erklärung dazu, was wir uns unter „freudig bewegt" vorzustellen haben. Er schreibt, daß „die einen Tränen über ihr Gesicht vergossen, andere zitterten, wieder andere die ganze Sache diskutierten"[26]. Robert von Reims schließlich beschreibt die Zuhörer in wesentlich größerem Detail. In seiner Wiedergabe der Rede wird eine abgestufte Reaktion des Publikums nachgezeichnet. Mitten in der Rede, als Urban die Aufforderung zum Kreuzzug formulierte, soll das Publikum laut Robert, spontan seine Zustimmung ausdrückend, die

---

Accingamini, inquam, et estote filii potentes; quoniam melius est vobis mori in bello, quam videre mala gentis vestræ et sanctorum.

[25] Fulcher von Chartres, 138: *His dictis et audientibus gratanter ad hoc animatis, nihil tali actu dignitus aestimantes, statim plures audentium se ituros et alios absentes inde diligenter exhortaturos se spoponderunt.*

[26] RHC, Hist. Occ., Bd. IV, 15: [...] *alii fundebantur ora lacrimis; alii trepidant, alii super hac re disceptabant.*

berühmten Worte: „Gott will es! Gott will es!" gerufen haben[27]. Am Ende der Rede sollen sich die Zuhörer dann auf den Boden geworfen haben und, während einer der anwesenden Kardinäle, wohl in einer mit dem Papst zuvor abgemachten Aktion, stellvertretend für alle seine Sünden beichtete, „schlugen sie sich auf die Brust und erbaten Absolution für alles Böse, das sie begangen hatten; und nachdem die Absolution gegeben worden war, erbaten sie einen Segen"[28].

Unabhängig von den Details und der Ausführlichkeit der einzelnen Versionen beschreiben die drei Augenzeugen eine ähnliche Reaktion des Publikums auf Urbans Rede. Die Zuhörenden antworteten dem Papst einerseits mit Gebärden von Trauer, Reue und Scham. Diese Reaktionen wurden anscheinend durch das Auftreten des Papstes als Wehklagender im ersten Teil der Rede selbst vorgegeben. Andererseits antworteten die Zuhörer mit Gesten der Unterwürfigkeit und folgten – animiert von einem der Kardinäle – umgehend der Aufforderung des Papstes, ihre Sünden zu bereuen und sich in den Dienst des Kreuzzugs zu stellen. Alle drei Augenzeugen schildern wie diejenigen, die sich zur Teilnahme entschlossen hatten, dies Kund taten, indem sie ein Kreuz aus Stoff auf ihre Kleider hefteten. Bei Fulcher und Balderich findet dies unmittelbar nach der Rede statt[29]. Robert baute dieses Element in die Rede selbst ein, als er Urban gegen Ende hin sagen läßt, daß alle, die auf Kreuzzug gingen, sich ein solches Kreuz anheften sollten[30]. Laut Robert und Fulcher waren diese Kreuze deutlich das äußere Zeichen eines Gelübdes, eines *votum*[31]. Unklar bleibt lediglich, ob die Kreuze gleich nach der Rede oder zu einem späteren Zeitpunkt vergeben wurden.

Wie gesagt, wenn wir die non-verbalen performativen und symbolischen Aspekte des Kreuzzugsaufrufs von Clermont betrachten, ergeben die drei Augenzeugenberichte ein einigermaßen einheitliches Bild der Gestik und

---

[27] RHC, Hist. Occ., Bd. III, 729: *Hæc et id genus plurima ubi papa Urbanus urbano sermone peroravit, ita omnium qui aderant affectus in unum conciliavit ut adclamarent: 'Deus vult! Deus vult!'*.

[28] RHC, Hist. Occ., Bd. III, 730: *His ita completis, unus ex Romanis cardinalibus, nomine Gregorius, pro omnibus terræ prostratis dixit confessionem suam; et sic omnes pectora sua tundentes, impetraverunt de his quæ male commiserant absolutionem; et facta absolutione benedictionem.*

[29] Fulcher von Chartres, 140-141; RHC, Hist. Occ., Bd. IV, 16A.

[30] RHC, Hist. Occ., Bd. III, 729G-730A.

[31] Fulcher von Chartres, 140-141; RHC, Hist. Occ., Bd. III, 729G-730A. Zum Gelübde des Ersten Kreuzzugs siehe James A. BRUNDAGE, The Army of the First Crusade and the Crusade Vow. Some reflections on a recent book, Mediaeval Studies 33 (1971), 334-343.

Gebärdensprache des Papstes einerseits und des Publikums andererseits. Um die so beschriebene Handlungs- und Kommunikationsebene besser zu verstehen, lohnt es sich, deren Dynamik noch etwas genauer zu untersuchen. Urbans anfängliches Wehklagen angesichts der bedrängten Lage der Christen im Osten sollte zunächst die Dringlichkeit des Kreuzzugs unterstreichen. Gleichzeitig wollte der Papst aber, unterstützt von seiner Gebärdensprache, auch die Emotionen im Publikum hochpeitschen, um die Zuhörer für den folgenden Aufruf empfänglicher zu machen. Die Aufforderung sich am Kreuzzug zu beteiligen, für die sich Urban als Bittsteller inszenierte, bestand aus drei Elementen, die von allen drei Augenzeugen überliefert wurden. Erstens war da der eigentliche Aufruf, sich dem Kreuzzug anzuschließen und fürs Wohl der eigenen Religion zu kämpfen. Zweitens erklärte Urban den Zuhörenden, daß sie durch die Beteiligung am Kreuzzug einen Erlaß (*remissio, venia*) ihrer Sündenstrafen erlangen konnten[32]. Und drittens führte Urban seinem Publikum vor, daß sie sich persönlich zur Teilnahme verpflichtet fühlen müßten: Alle drei Autoren lassen den Papst den Status der Zuhörer als Waffentragende betonen, wobei er sie beschuldigte, ihre Kräfte im Kampf gegeneinander zu vergeuden anstatt sie in den Dienst ihrer Religion zu stellen[33]. Die Verkündigung des „Ablasses"[34] und der Hinweis auf den schändlichen Mißbrauch der militärischen Macht durch die Waffentragenden waren Argumentationsstrategien, die darauf abstellten, Schamgefühl und Reue zu erzeugen und die Zuhörer umso eher dazu zu bewegen, den Kreuzzug vor allem auch als Akt der persönlichen Buße zu unternehmen.

---

[32] Fulcher von Chartres, 135: *Cunctis autem illuc euntibus, si autem gradiendo aut transfretando, sive contra paganos dimicando, vitam morte praepeditam finierint, remissio peccatorum praesens aderit.* RHC, Hist. Occ., Bd. III, 729: *Arripite igitur viam hanc in remissionem peccatorum vestrorum, securi de immarcescibili gloria regni cœlorum.* RHC, Hist. Occ., Bd. IV, 15: *Confessis peccatorum suorum ignominiam, securi de Christo celerem pascimini veniam.*

[33] Fulcher von Chartres, 136-137; RHC, Hist. Occ., Bd. III, 728E,F; RHC, Hist. Occ., Bd. IV, 14F-15A.

[34] Zur Diskussion über den Ablass des Ersten Kreuzzug siehe MAYER, Geschichte (wie Anm. 2), 28-40; RILEY-SMITH, First Crusaders (wie Anm. 3), 68-69; HEHL, Was ist eigentlich ein Kreuzzug? (wie Anm. 1), 311-315; Jean RICHARD, Urbain II, la prédication de la croisade et la définition de l'indulgence, in: *Deus qui mutat tempora*. Menschen und Institutionen im Wandel des Mittelalters. Festschrift für Alfons Becker, hg. v. Ernst-Dieter HEHL, Hubertus SEIBERT und Franz STAAB, Sigmaringen 1987, 129-135.

Urbans Rolle, in der er sich als Sprachrohr Gottes oder Vermittler des göttlichen Willens inszenierte, spiegelt sich auch in der Terminologie, die Urban laut den drei Augenzeugen zur Charakterisierung des Kreuzzugs benutzte. In allen drei Textversionen umschrieb Urban den Kreuzzug als Kriegszug, der von Gott eingesetzt wurde und von Gott geführt wurde. Die Teilnehmer werden in Fulchers Fassung als „Kämpfer Christi" (*Christi milites*) bezeichnet, die sich „mit Gott als Anführer" (*Domino praevio*) auf ihre Reise begaben[35]. In Roberts von Reims Fassung sagt Urban, daß diejenigen, die auf Kreuzzug gingen, „Gott ein Versprechen ablegten" und „das Gebot Gottes ausführten, das dieser im Evangelium aussprach: 'Wer nicht sein Kreuz nimmt und mir folgt, ist meiner nicht würdig'"[36]. Robert beschrieb später den Kreuzzug als „Reise, die von Gott und nicht von den Menschen eingesetzt wurde" und die Kreuzfahrer als „Volk des Herrn"[37]. In Balderichs von Dol Fassung, drückte sich Urban in diesem Punkt noch deutlicher aus. Hier forderte der Papst die Zuhörer auf, „als Streiter Christi loszuziehen", „Christus, unserem Anführer" zu folgen und im „Heer Christi" zu kämpfen[38].

Um den Charakter des Kreuzzugs als Kriegszug Gottes weiter zu unterstreichen, betonte Urban in allen drei Fassungen, daß die Gebiete, die es zu erobern galt, alle eine spezielle Verbindung zu Gott, Christus und der Heilsgeschichte hatten. Fulcher nannte sie das „Königreich Gottes"; Robert und Balderich erklärten dagegen in längeren Passagen die heilsgeschichtliche Bedeutung des Heiligen Landes und des Heiligen Grabes[39]. Die geplante Expedition in den Osten konnte natürlich besonders gut als Krieg Gottes bezeichnet werden, da sie zum Ziel hatte, das Heilige Land, die Wirkungs-

---

[35] Fulcher von Chartres, 136, 138.

[36] RHC, Hist. Occ., Bd. III, 729-730: *Quicumque ergo huius sanctae peregrinationis animum habuerit, et Deo sponsionem inde fecerit, [...] signum Dei in fronte sua pectore praeferat. [...] Tales quippe bifaria operatione complebunt illud Domini præceptum quod ipse jubet per Evangelium: 'Qui non bajulat crucem suam et venit post me, non est me dignus.'*

[37] RHC, Hist. Occ., Bd. III, 730: *[...] via a Deo, non ab hominibus, [...] constituta.* Ebd., 731: *Dominic[us] popul[us].*

[38] RHC, Hist. Occ., Bd. IV, 14-15: *Porro si vultis animabus vestris consuli [...] aut Christi milites audaciter procedite, et ad defendendam Orientalem Ecclesiam velocius concurrite. [...] et sub Jesu Christo, duce nostro, acies Christiana, acies invictissima [...] pro vestra Jerusalem decertetis [...] Ceterum si vos citra mori contigerit, id ipsum autumate mori in via si tamen in sua Christus vos invenerit militia.*

[39] Fulcher von Chartres, 134; RHC, Hist. Occ., Bd. III, 728C-729B; RHC, Hist. Occ., Bd. IV, 13D-14D.

stätte des historischen Christus, und das Heilige Grab, das Hauptheiligtum der christlichen Religion, zu erobern[40]. Die hier angesprochene metaphorische Verpackung des Kreuzzugs als Kriegszug, der von Gott veranlaßt und geführt wurde, zeigt sich auch im Symbol des Kreuzes[41], des Zeichens Christi und der Kirche überhaupt, mit dem sich die Kreuzfahrenden als Mitglieder in Gottes Streitmacht kennzeichneten.

Die Repräsentation des Kreuzzugs als von Gott geführter Kriegszug war zweifellos gut dafür geeignet, die Hauptmerkmale dieser neuen Institution in einen klaren und einfach zu erfassenden Sinnzusammenhang zu stellen. Die Metapher vom „Krieg Gottes" erlaubte es, die wichtigsten Elemente der Institution Kreuzzug auf der Konnotationsebene unter einen Hut zu bringen. Der Kreuzzug war einerseits ein Krieg gegen angebliche Feinde der christlichen Religion und damit natürlich indirekt ein Krieg für Gott. Deshalb wurde der Krieg auch vom Papst, Christi Stellvertreter auf Erden[42], autorisiert und ausgerufen. Die Autorisation der Kreuzzüge durch den Papst war nicht nur eines der charakteristischen Elemente des Ersten Kreuzzugs, sondern der späteren Kreuzzüge überhaupt. Das zweite charakteristische Element des Kreuzzugs war, daß er vom Papst als Bußleistung zum Erlaß der Sündenstrafen dargestellt und wohl auch von den Teilnehmenden so aufgefaßt wurde. Die Charakterisierung des Kreuzzugs als Kriegszug Gottes konnte allen Teilnehmenden plausibel machen, daß der gewalttätige Akt des Kampfes, entgegen allen Traditionen[43], als Bußleistung gelten konnte, handelte es sich doch um einen Krieg für die Sache Gottes. Der eigentliche Bußcharakter des Kreuzzugs war somit der Dienst und das Leiden für Gott, die der Einzelne auf sich nahm. Dies wurde auch durch das Zeichen des Kreuzes, durch das die Kreuzfahrer sich auszeichneten, ausgedrückt. Es war Symbol des Todes Christi und konnotierte deshalb gleichzeitig die Ideen des heilbringenden Leidens und der Sündenvergebung. Das dritte charakteristi-

---

[40] Zur Frage, ob Jerusalem das eigentliche Ziel des Ersten Kreuzzugs gewesen sei, siehe Norman HOUSLEY, Jerusalem and the Development of the Crusade Idea, in: The Horns of Hattin. Proceedings of the Second Conference of the Society for the Study of the Crusades and the Latin East, Jerusalem and Haifa 2-6 July 1987, hg. v. Benjamin Z. KEDAR, London 1992, 27-40.

[41] Vgl. auch Jonathan RILEY-SMITH, The First Crusade and St Peter, in: Outremer. Studies in the History of the Crusader Kingdom of Jerusalem presented to J. Prawer, hg. v. Benjamin Z. KEDAR, Hans E. MAYER und Raymond C. SMAIL, Jerusalem 1982, 41-63, besonders: 58-63.

[42] Zur zeitgenössischen Bedeutung und Gebrauch des Titel *vicarius Christi* siehe Michele MACCARONE, *Vicarius Christi*. Storia del titolo papale, Rom 1952, 85-91.

[43] Vgl. hierzu auch COWDREY, Pope Gregory VII (wie Anm. 3), passim.

sche Element der Institution Kreuzzug war das Gelübde, das die Teilnehmenden ablegten[44]. Auch dieses paßte gut in den Sinnzusammenhang des Kreuzzugs als Kriegszug Gottes. Vor diesem Hintergrund verlangte die Teilnahme am Kreuzzug eine feste Verpflichtung vor allem auch deshalb, weil sie als Versprechen gegenüber Gott angesehen wurde. Nach außen hin wurde dieses Versprechen und die daraus resultierende Verpflichtung durch den Akt der Kreuznahme symbolisiert, die wiederum die Kreuzfahrer als eigentliche Streiter Gottes kennzeichnete. Auf der symbolischen und metaphorischen Ebene, so scheint es, fand Papst Urban mit der Repräsentation des Kreuzzugs als Kriegszug Gottes, ergänzt durch das Symbol des Kreuzes, ein einfaches und gut verständliches „Markenzeichen", welches die Hauptmerkmale der Institution Kreuzzug in sich trug.

Jonathan Riley-Smith hat Zweifel daran geäußert, ob die Repräsentation des Kreuzzugs als Kriegszug Gottes für Urbans Konzeption des Kreuzzugs ursprünglich eine so große Rolle spielte, vor allem auch deshalb, weil sie in den Papstbriefen zum Ersten Kreuzzug wesentlich weniger klar zum Ausdruck kam. Er vertritt die Meinung, diese metaphorische Verpackung des Kreuzzugs sei ein Resultat der Erfahrungen der Teilnehmer des Ersten Kreuzzugs, die sich angesichts des unerwarteten Erfolgs vorkamen, als stünden sie unter göttlicher Führung. Die Repräsentation des Kreuzzugs als Kriegszug Gottes, wie sie in der Rede Urbans in Clermont in den Quellen erscheint, sei demnach eine Interpretation *ex post* seitens der Chronisten gewesen[45]. Meines Erachtens ist diese Sichtweise weder zwingend noch wirklich überzeugend. Vielmehr bin ich der Meinung, daß Urban II. die Repräsentation des Kreuzzugs als Kriegszug Gottes bewußt bereits im Stadium der Konzeption wählte und es ihm so gelang, die Idee des Kreuzzugs in seinen oben aufgeführten Grundelementen metaphorisch und symbolisch klar und überzeugend darzustellen. Hinweise in den Quellen deuten zudem darauf hin, daß die Teilnehmer des Ersten Kreuzzugs sich von Anfang an als Streiter Christi, die im Heer Gottes und für seine Anliegen kämpften, verstanden. Es sind dies vor allem zwei Anhaltspunkte: Einerseits die Terminologie der Briefe, die die Teilnehmer am Ersten Kreuzzug nach Hause schickten, andererseits die Motivation der anti-jüdischen Pogrome während der Anfangsphase des Kreuzzugs.

---

[44] Zum Kreuzzugsgelübde allgemein siehe BRUNDAGE, Canon Law (wie Anm. 2), 30-114.

[45] RILEY-SMITH, First Crusade (wie Anm. 2), 16f., 27-30; siehe dagegen HEHL, Was ist eigentlich ein Kreuzzug? (wie Anm. 1), 301-305; BECKER, Papst Urban II. (wie Anm. 9), 352.

In den Briefen, die auf dem ersten Kreuzzug geschrieben wurden, finden wir wahrscheinlich den direktesten Ausdruck des Selbstverständnisses der ersten Kreuzfahrer. Die Vorstellung, daß der Kreuzzug als Kriegszug für und mit Gott zu verstehen sei, begegnet uns immer wieder in diesen Briefen[46]. Die Teilnehmer am Ersten Kreuzzug bezeichneten sich dort als „Streiter Christi"[47], Mitglieder des „Heeres Gottes oder Christi"[48], als „Christliche Kampftruppe"[49]; sie kämpften „unter der Führung Gottes oder Christi"[50] gegen „die Feinde Gottes"[51]; sie „litten für den Herrn"[52] und „Gott kämpfte für sie"[53]; sie „folgten Christus"[54] auf dem „Weg Jesu Christi"[55] und „waren bereit, für Christus zu sterben"[56]; sie „nahmen Städte für den Herrn ein"[57], „eroberten für den Herrn"[58], und wenn sie siegreich waren, „hatte Gott triumphiert"[59]. Andere Ausdrücke, mit denen die Ersten Kreuzfahrer ihre Rolle beschrieben und ihr Selbstverständnis ausdrückten, erscheinen nur selten in diesen Briefen. Die Pilgerterminologie, *peregrinus* oder *peregrinatio*, die in Urkunden und Chroniken zuweilen zur Beschreibung von Kreuzfahrern und Kreuzzug auftaucht[60], wird kaum benutzt, und nur einmal ist die

---

[46] Die Kreuzzugsbriefe aus den Jahren 1088-1100. Eine Quellensammlung zur Geschichte des Ersten Kreuzzugs, hg. v. Heinrich HAGENMEYER, Innsbruck 1901 [in der Folge zitiert als: Kreuzzugsbriefe]. Vgl. auch Jean FLORI, Croisade et chevalerie. Convergence idéologique ou rupture?, in: Femmes Mariages-Lignages, XIIᵉ-XIVᵉ siècles. Mélanges offerts à Georges Duby (Bibliothèque du Moyen Age 1), Bruxelles, 1992, 157-176, hier: 163f.

[47] Kreuzzugsbriefe, 133: *Christi bellatores*; 150: *Christi milites*; 162: *Christo militantes*.

[48] Ebd., 138, 144, 149, 150, 157, 168, 176, 180: *Dei / Domini / Christi exercitus*.

[49] Ebd., 178: *militia Christiana*.

[50] Ebd., 150: *Christo praeeunte*; 152: *Domino praeeunte*; 158: *Deo auxilio praeeunte*; 169: *conduxit eos Dominus*.

[51] Ebd., 150: *inimici Dei*.

[52] Ebd., 150: *pro Christo Domino perpessi sumus*.

[53] Ebd., 142: *pro nobis pugnat Deus*; 151: *Deus autem pugnavit pro nobis*.

[54] Ebd., 164: *Christum sequi*.

[55] Ebd., 164: *via[m] Iesu Christi*.

[56] Ebd., 151: *pro Christo mori parati*.

[57] Ebd., 144: *civitatem Domino reconciliaverunt*; 145: *CC civitatum et castellorum Domino adquisivimus*.

[58] Ebd., 150: *Domino adquisivimus*.

[59] Ebd., 147: *innotescat [...] Deum in XL principalibus civitatibus et in CC castris suae ecclesiae triumphasse*.

Rede von *sancta cruce signati*[61]. Das zeigt meines Erachtens, daß das Selbstverständnis der ersten Kreuzfahrer bereits auf dem Weg ins Heilige Land von der Vorstellung geprägt war, daß sie als „Streiter Gottes" unterwegs waren[62]. Das deutet aber auch darauf hin, daß die Repräsentation des Kreuzzugs als Kriegszug Gottes bereits Teil der Konzeption und Propaganda des Ersten Kreuzzug war und deshalb in Urbans Rede in Clermont wohl doch die wichtige Rolle spielte, die sie in den chronikalen Berichten einnimmt.

Gleiches ergibt sich, wenn man die anti-jüdischen Pogrome während der Anfangsphase des Ersten Kreuzzugs betrachtet. Mehrere Untersuchungen haben gezeigt, daß bei den Angriffen auf die Juden das Motiv der Rache eine überaus wichtige Rolle spielte. Die dort involvierten Kreuzfahrer rechtfertigten ihr gewaltsames Vorgehen offenbar als Rache für das Unrecht, das die Juden dem historischen Christus angetan hätten[63]. Dieses Vorgehen läßt sich nur aus einem übersteigerten Selbstverständnis dieser Kreuzfahrer als Streiter Gottes erklären, aus dem sie das Recht ableiteten, die Juden als Feinde Christi anzugreifen. Diese Refertigungsstrategie legt angesichts der Chronologie der Pogrome ebenfalls nahe, daß das Selbstverständnis der Teilnehmer am Ersten Kreuzzug als Streiter Gottes und die Repräsentation des Kreuzzugs als Kriegszug Christi bereits von Anfang an vorhanden waren und für die Konzeption und Propaganda des Ersten Kreuzzugs eine wichtige Rolle spielten.

Aufgrund des Gesagten scheint es mir gerechtfertigt anzunehmen, daß das Verständnis des Kreuzzugs als von Gott gewollter und geleiteter Krieg und

---

[60] Vgl. RILEY-SMITH, First Crusade (wie Anm. 2), passim; DERS., First Crusaders (wie Anm. 3), 67-69; Herbert E. J. COWDREY, Pope Urban II and the Idea of Crusade, Studi Medievali 36 (1995), 721-742, hier 728-729.

[61] Kreuzzugsbriefe, 138, 142, 160.

[62] Dies lässt sich auch anhand von Urkunden zeigen, siehe Jonathan RILEY-SMITH, The Idea of Crusading in the Charters of Early Crusaders, 1095-1102, in: Le concile de Clermont de 1095 et l'appel à la croisade (Collection de l'École Française de Rome 236), Rom 1997, 155-166, hier: 159-160.

[63] Vgl. Jonathan RILEY-SMITH, The First Crusade and the Persecution of the Jews, in: Persecution and Toleration, hg. v. William J. SHIELDS (Studies in Church History 31), Oxford 1984, 51-72, besonders: 66-72; DERS., First Crusade (wie Anm. 2), 54-57; Robert CHAZAN, European Jewry and the First Crusade, Berkeley 1987, 76-84; Rudolf HIESTAND, Juden und Christen in der Kreuzzgspropaganda und bei den Kreuzzgspredigern, in: Juden und Christen zur Zeit der Kreuzzüge, hg. v. Alfred HAVERKAMP (Vorträge und Forschungen 47), Sigmaringen, 1999, 153-208, besonders: 175-177.

das Selbstverständnis der Teilnehmer als Streiter Gottes ein entscheidender Bestandteil der Kreuzzugskonzeption Urbans II. war[64]. Wichtig für die Propaganda war die Repräsentation des Kreuzzugs als Kriegszug Gottes vor allem deshalb, weil es so gelang, die wichtigsten Merkmale des Kreuzzugs auf einer metaphorischen Ebene in einen Sinnzusammenhang zu stellen: die Gewaltanwendung im Namen der Religion, die Führungsrolle des Papstes, der Charakter des Kreuzzugs als außerordentliche Bußleistung und die verbindliche Verpflichtung der Teilnehmenden aufgrund des Gelübdes. Die Repräsentation des Kreuzzugs als Kriegszug Gottes mag durchaus mit ein Grund dafür gewesen sein, daß der Aufruf zum Ersten Kreuzzug einen so großen Widerhall fand. Das hängt unter anderem damit zusammen, daß sie viel interpretatorischen Raum zuließ: religiöser Fanatismus, das Bedürfnis Buße zu tun, materielle und politische Ziele oder auch eine Vermischung dieser Motive ließen sich alle mit der Teilnahme am Kriegszug Gottes in Einklang bringen. Den künftigen Kreuzfahrern wurde der Kreuzzug damit weniger als intellektuelle *Idee* als vielmehr als eine faßbare *Praxis* verkauft: Auf Kreuzfahrt gehen hieß, mit und für Gott Krieg zu führen und von Gott dafür belohnt zu werden.

Dieses rigorose wörtliche Verständnis des *miles Christi* und der *militia Christi* auf einen spezifischen Krieg angewandt zu haben, scheint mir eines der vorrangigen Elemente in Urbans II. Kreuzzugskonzeption gewesen zu sein. In ihrer Herleitung und wahrscheinlich auch in ihrem grundsätzlichen Verständnis fußt die Repräsentation des Kreuzzugs als Kriegszug Gottes wohl auf alttestamentlichen Vorbildern. Überhaupt spielen die Kriege des Volkes Gottes im Alten Testament in den Quellen bei der Darstellung des Ersten Kreuzzugs nachweislich eine Rolle[65]. Es läßt sich dabei durchaus spekulieren, ob die Vorbilder des Alten Testaments nicht sogar eine wichtigere Rolle für die Konzeption des Kreuzzugs spielten als die kanonischrechtlichen und theologischen Konzepte des Heiligen Kriegs und die Tradition der Jerusalempilgerfahrt. Jedenfalls schuf Papst Urban mit der Repräsentation des Kreuzzugs als Kriegszug Gottes eine klare metaphorische Verpackung des Kreuzzugs, die die wichtigsten Elemente dieser neuen Institution klar auszudrücken vermochte[66]. Christopher Tyerman liegt des-

---

[64] Vgl. auch BECKER, Papst Urban II. (wie Anm. 9), 352, allerdings mit anderer Herleitung und Wertung.

[65] COLE, Preaching (wie Anm. 9), 23-30; HEHL, Was ist eigentlich ein Kreuzzug? (wie Anm. 1), 302-303.

[66] Vgl. auch ebd., 316

halb meines Erachtens falsch, wenn er behauptet, daß erst die klare dogmatische und kirchenrechtliche Ausformulierung der einzelnen Aspekte des Kreuzzugs im 12. und 13. Jahrhundert eine erkennbare Institution Kreuzzug hervorbrachte[67]. Tyermans Position ist zu sehr aus dem Blickwinkel des Ideengeschichtlers bestimmt und ignoriert die zeitgenössische Praxis, in der, wie wir in den Quellen sehen, bereits die Teilnehmer des Ersten Kreuzzug ein klares Selbstverständnis ihrer eigenen Rolle als Kreuzfahrer formulierten.

Als Schlußgedanke und Ausblick sei noch darauf hingewiesen, daß die Repräsentation des Kreuzzugs als Kriegszug Gottes zum späteren Erfolg der Kreuzzugsbewegung maßgeblich beigetragen hat. Der Kreuzzug oder eben der Krieg für und im Namen Gottes war eine offene und flexible Institution und nicht an einen politischen oder geographischen Rahmen gebunden. Deshalb ist es wenig erstaunlich, daß der Kreuzzug im 12. und 13. Jahrhundert gegen die Muslime in Spanien, die nicht-christlichen Völker Nordosteuropas, gegen Ketzer, orthodoxe Christen und Feinde des Papstes zur Anwendung kam. Überall dort, wo es der päpstlichen Propaganda gelang, derartige Auseinandersetzungen als religiöse Konflikte, eben als Sache Gottes (*negotium Dei*), zu verkaufen, war es im allgemeinen möglich, Streiter Christi für einen Kriegszug des Herrn, eben einen Kreuzzug, zu begeistern. Aber das ist eine andere Geschichte.

---

[67] TYERMAN, Were there any Crusades? (wie Anm. 1), passim.

Die Eroberung Jerusalems im Jahre 1099. Ihre Darstellung, Beurteilung und Deutung in den Quellen zur Geschichte des Ersten Kreuzzugs*

Kaspar Elm

I.

Als die Kreuzfahrer am 7. Juni 1099 vom *Mons Gaudii* aus die Mauern, Türme und Kuppeln Jerusalems vor sich liegen sahen, stießen sie Jubelrufe aus und vergossen Freudentränen. Das Ziel eines mehr als dreijährigen, an Entbehrungen und Verlusten reichen Zuges lag greifbar vor ihnen[1]. Der Anblick der Heiligen Stadt, mit der sie wie die Juden und Muslime vielfältige Erinnerungen und Hoffnungen verbanden, erweckte in ihnen ein Glücks-

---

* Der Vortrag faßt Ergebnisse eines im 1 Halbjahr 1999 an der Universität Berkeley veranstalteten Graduiertenseminars zusammen. Ich danke den daran Beteiligten für manch wertvolle Anregung. Gleiches gilt für den Beitrag „O beatas idus ac prae ceteris gloriosas! Darstellung und Benutzung der Eroberung Jerusalems 1099 in den Gesta Tancredi des Raoul von Caen", der von G. Thome und J. Holzhausen in den von ihnen herausgegebenen Sammelband „Es hat sich Vieles ereignet, Gutes und Böses. Lateinische Geschichtsschreibung der Spät- und Nachantike", der 2001 in Leipzig als Band 141 in der Reihe „Beiträge zur Altertumskunde" erchienen ist, aufgenommen wurde und, was die Intentionen und das Verhalten der an der Eroberung Jerusalems beteiligten Normannen angeht, den vorliegenden Beitrag ergänzt.

[1] Für den Ablauf der Ereignisse immer noch: Heinrich HAGENMEYER, Chronologie de la première croisade 1094-1100, Revue de l'Orient latin 6 (1898), 214-293, 490-549; 7 (1900), 275-339, 430-503; 8 (1900/01), 318-382; jetzt ND: Hildesheim/New York 1973 und die darin herangezogenen Quellen.

gefühl, das, will man den über dieses Ereignis berichtenden Chronisten glauben, all ihre bisherigen Leiden zu kompensieren vermochte[2]. Dennoch war das Ziel ihres Unternehmens, die Grabeskirche mit den heiligsten Reliquien der Christenheit, noch nicht erreicht. Die Belagerung der Stadt, der man sich, wie in vorhergehenden Verhandlungen mit den Muslimen deutlich geworden war, auf keine andere Weise als mit Gewalt bemächtigen konnte[3], zog sich einen Monat und gut eine Woche hin, eine Zeit, in der sich die Mühsal der vergangenen Jahre noch vergrößerte und viele der *milites, pauperes et peregrini*, die die vorhergehenden Strapazen, Schlachten und Eroberungen überstanden hatten, ihr Leben verloren. Nachdem die Kreuzfahrerfürsten ihre Gefolgsleute nach Gesichtspunkten, die nicht nur taktischer Natur waren, nördlich, westlich und südlich des Mauerrings, der die Stadt umgab, in Stellung gebracht hatten, kam es am 13. Juni auf Anraten eines an das Gottvertrauen der Belagerer appellierenden Eremiten zu einem ersten mit nur unzureichenden Mitteln unternommenen Eroberungsversuch, der, wie zu erwarten war, trotz des Heldenmutes der Angreifer scheiterte und mit solchen Verlusten verbunden war, daß man sich am 15. Juni auf einem Treffen der Anführer des Kreuzfahrerheeres zu einer regelrechten Belagerung entschloß, wie man sie bereits in Anatolien und Syrien durchgeführt hatte. Die Aussicht, auf diese Weise die Stadt erobern zu können, war nicht viel größer als diejenige, die man bei der Belagerung des stark befestigten Antiochien gehabt hatte. Die unter dem Befehl des Wesirs Iftiḫār ad-Daulah stehende fatimidische Garnison hatte die erst ein Jahr zuvor von den Seldschuken und Turkmenen zurückeroberte Stadt wieder in Verteidigungszustand versetzt und in ihrer Umgebung so gut wie alles zerstört und unbrauchbar gemacht, was den herannahenden Kreuzfahrern zur eigenen Versorgung und zur Herstellung von geeignetem Belagerungsgerät hätte dienen können. Wenn es den Kreuzfahrern dennoch gelang, die Stadt

---

[2] Über die Quellen zur Geschichte des 1. Kreuzzuges zuletzt: Susan EDGINGTON, The First Crusade: reviewing the evidence, in: The First Crusade. Origins and impact, hg. v. Jonathan PHILLIPS, Manchester - New York 1997, 55-77; The First Crusade. The Chronicle of Fulcher of Chartres and Other Source Materials, hg. v. Edward PETERS, Philadelphia [2]1998 sowie die Bibliography of the First Crusade von Alan V. MURRAY, in: From Clermont to Jerusalem. The Crusades and Crusader Societies 1095-1500, hg. v. DEMS., Turnhout 1998, 267-301.

[3] Über die Verhandlungen zwischen Kreuzfahrern und Muslimen: Michael A. KÖHLER, Allianzen und Verträge zwischen fränkischen und islamischen Herrschern im Vorderen Orient. Eine Studie über das zwischenstaatliche Zusammenleben im 12. bis ins 13. Jahrhundert (Studien zu Sprache, Geschichte und Kultur des islamischen Orients 12), Berlin 1994.

zu erobern, lag das nicht nur an der Tapferkeit der Kreuzfahrer und ihrer Bereitschaft, schier unerträgliche Belastungen auf sich zu nehmen, auch nicht an himmlischen Erscheinungen oder der Bitt- und Bußprozession, die sie Anfang Juli vom Berge Sion durch das Tal Josaphat bis zur Himmelfahrtkirche auf dem Ölberg unternommen hatten, sondern, wie Caffaro in den Genueser Annalen betont[4], an der Unterstützung, die sie von den Mitte Juni mit sechs Schiffen in Jaffa gelandeten Seeleuten aus Genua erfuhren. Mit Hilfe der aus dem Holz ihrer abgewrackten Schiffe errichteten Belagerungsmaschinen gelang es am Freitag, den 15. Juli, zur dritten Stunde, *in qua Jesus Christus dignatus est pro nobis suffere patibulum crucis*, dem bis dahin noch nicht durch besondere Leistungen hervorgetretenen Lethold von Tournai, dem Gottfried von Bouillon, dessen Bruder Eustachius und andere Ritter auf dem Fuße folgten, die nordöstliche Mauer zu überwinden und in die Stadt einzudringen. Während sie deren Verteidiger durch die engen Gassen bis in den Tempelbezirk verfolgten, drangen die Provençalen unter der Führung Raimunds von St. Gilles vom Berg Sion bis zum Davidsturm, der Zitadelle, vor, deren unter dem Befehl des *Ammiralius* Iftikhar ad-Daulah stehende Besatzung sich ihnen ergab und nach Auslieferung der in der Festung befindlichen Kriegskasse, der *ingenta pecunia,* abziehen konnte. Ganz anders erging es den Verteidigern und Bewohnern der Stadt, die sich in den Tempelbezirk zurückgezogen hatten. Nicht nur die Widerstand Leistenden, sondern auch die an den Kämpfen Unbeteiligten, die in der al-Aqṣā-Moschee Zuflucht suchten, fielen mit wenigen Ausnahmen dem Schwert der Eroberer zum Opfer. Diejenigen von ihnen, die der Normannenfürst Tankred und der *vicecomes* Gaston IV. von Béarn als Beute beanspruchten, konnten sich deren Schutzes nicht lange erfreuen. Sie wurden am Morgen des folgenden Tages von den Kreuzfahrern auf dem Dach der Moschee, wohin sie geflüchtet waren, mit Schwertern, Lanzen und Pfeilen umgebracht. Während die Eroberer und ihr Gefolge, die *milites* und die *pauperes et peregrini*, im Siegesrausch mordend und plündernd die Straßen und Gassen durchzogen, versammelten sich ihre Anführer und deren Gefolge zu einer Sieges- und Dankesfeier in der Grabeskirche. Als sie vor dem Grab des Herrn standen, vergossen sie – so Wilhelm von Tyrus – *in spiritu humilitatis et in animo vere contrito* Tränen der Freude und des Mitleides[5]. Sie fielen vor dem Grab

---

[4] Annali Genovesi di Caffaro e de'suoi continuatori dal 1099 al 1293, ed. Luigi T. BELGRANO, Genova 1890, Bd. I, 110.
[5] Wilhelm von Tyrus, 413.

nieder, die Arme in Kreuzesform ausgebreitet, gekleidet in weißem Leinen, und mit bloßen Füßen. Ja, sie glaubten, wie Raimund von Aguilers berichtet, Christus selbst im Grabe liegen zu sehen mit den Wundmalen: erfüllt von einer Hochstimmung, die sich mit Worten nicht ausdrücken ließ[6].

II.

Raimund, der als Kaplan des Grafen Raimund von Saint-Gilles am ersten Kreuzzug teilgenommen und Augen- und Ohrenzeuge der von ihm in seiner *Historia Francorum, qui ceperunt Hierusalem* geschilderten Ereignisse war, hat vom Freitag, dem 15. Juli 1099, gesagt, daß er ein *dies celebris in omni seculo venturo* sein werde, habe er doch nicht nur die *dolores atque labores* der Kreuzfahrer in *gaudium et exultationem* verwandelt, sondern auch zur *tocius paganitatis exinanicio, christianitatis confirmatio et fidei nostre renovatio* geführt[7]. Er steht nicht allein mit der Auffassung, es habe sich bei der Eroberung Jerusalems im Jahre 1099 um ein denkwürdiges Ereignis gehandelt, das dauerhafter als alles andere, was im Zeitalter der Kreuzzüge und der Herrschaft der Lateiner in Outremer geschehen war, im Gedächtnis der Menschheit bleiben werde, und er ist auch nicht der einzige geblieben, der meinte, daß Gott für diesen Tag, den er „gemacht" habe, auf ewig zu loben und zu preisen sei[8].

In seiner 1801 in Wien gehaltenen Vorlesung zur Neueren Geschichte stimmt Friedrich Schlegel in diesen Ton ein. Die Kreuzzüge sind für ihn das Werk der edelsten Blüte des europäischen Mittelalters, genauer des Rittertums, und was sich in dem Verzicht auf sichere Existenz, im Aufbruch ins Ungewisse, auf strapazenreichen Märschen und in der verlustreichen Eroberung Jerusalems äußert, ist für ihn Ausdruck eines religiösen Enthusiasmus, ist Frömmigkeit und reinste Gesinnung, der es verdient, nicht vergessen zu werden[9]. Diese Einschätzung ist keineswegs überholt. Adolf Waas sah

---

[6] Le „Liber" de Raymond d'Aguilers, ed. John Hugh HILL und Lauritia L. HILL (DHC 9), Paris 1969, 150-151.

[7] Le „Liber" de Raymond d'Aguilers (wie Anm. 6), 151.

[8] Charles KOHLER, Un sermon commémoratif de la prise de Jérualem par les croisés attribué à Foulcher de Chartres, Revue de l'Orient Latin 8 (1900/01), 158-164; Amnon LINDER, The Liturgy of the Liberation of Jerusalem, Medieval Studies 52 (1990), 110-131.

[9] Friedrich SCHLEGEL, Über neuere Geschichte. Vorlesungen gehalten zu Wien im Jahre 1810, Wien 1811, 133-146. Vgl. auch: Friedrich Schlegel. Vorlesungen über Universalgeschichte

1956 in den Kreuzzügen einen der Höhepunkte in der Geschichte des europäischen Mittelalters und deutet die Gesinnung ihrer Protagonisten als ausdrucksvolle Manifestation der aus germanischer Wurzel erwachsenen, christlich geprägten und zu universaler Geltung gelangten Ethik des Rittertums[10], und noch vor wenigen Jahren glaubte Alphonse Dupront von ihnen sagen zu können, sie seien eine „aventure spirituelle" gewesen, die als eine der „sources majeures de la formation de l'Europe" bezeichnet werden könne[11]. Schon bald nach Schlegel und lange vor Waas und Dupront wurde der Akzent anders gesetzt: nicht mehr auf Frömmigkeit und Christentum, sondern auf Nationalismus und Weltherrschaft. Sowohl für die englische und französische als auch für die deutsche Kreuzzugsforschung, für Edward Gibbon, François Joseph Michaud und Heinrich von Sybel, waren die Kreuzzüge wie in der Antike der Alexanderzug und in der Neuzeit die Entdeckung Amerikas nichts anderes als eine Etappe auf dem Wege der von Europa ausgehenden Welteroberung[12]. Friedrich Nietzsche ging noch einen Schritt weiter. In apodiktischer Kürze, mit der Attitüde des Wissenden, schob er in seiner Schrift über den ‚Antichrist' alles das, was zuvor als Ausdruck religiösen Enthusiasmus oder nationaler Gesinnung gefeiert worden war, als Konzession an ein schlechtes Gewissen beiseite. Er tat dies jedoch nicht in der Absicht, das, was 1099 geschah, in seiner ganzen Brutalität offenzulegen, sondern, um es als Manifestation eines sich aller moralischen Bewertung entziehenden Willens zur Macht zu würdigen[13].

1805-1806 (Kritische Friedrich-Schlegel-Ausgabe 14), hg. v. Ernst BEHLER, Paderborn - München - Wien 1960, 157-160.

[10] Adolf WAAS, Geschichte der Kreuzzüge, 2 Bde., Freiburg 1956, Bd. I, 4-6.

[11] Alphonse DUPRONT, Le Mythe de Croisade, 4 Bde., Paris 1997, Bd. I, 2-5. Ähnlich: Louis BREHIER, L'Église et les croisades (Bibliothèque de l'enseignement de l'histoire ecclésiastique 12), Paris ⁵1928.

[12] Edward GIBBON, History of the Decline and Fall of the Roman Empire, Bd. VI, London 1788, 270-275 sowie, The life and letters of Edward Gibbon with his History of the Crusades, hg. v. Rowland E. PROTHERO, London 1880; Joseph MICHAUD, Histoire des Croisades. Première partie concernant l'histoire de la première croisade, Bd. I, Paris 1812; Heinrich VON SYBEL, Geschichte des ersten Kreuzzugs, Leipzig 1841; DERS., Aus der Geschichte der Kreuzzüge (Kleine Historische Schriften 2), Berlin 1869. Ähnlich: Friedrich WILKEN, Geschichte der Kreuzzüge, 7 Bde., Leipzig 1807-1832 und Bernhard KUGLER, Geschichte der Kreuzzüge (Allgemeine Geschichte in Einzeldarstellungen II/5), Berlin 1891.

[13] Friedrich NIETZSCHE, Der Antichrist, in: Friedrich Nietzsche. Werke, hg. v. K. SCHLECHTA, Darmstadt 1966, Bd. II, 1232.

Wenn man heute in Italien, Spanien und Frankreich die Kreuzzüge als besondere Ereignisse feiert und die Eroberung Jerusalems im Jahre 1999 zum Anlaß öffentlichen Gedenkens nahm, ist das nicht erstaunlich. Sie werden dort – wenn auch anders als im 19. Jahrhundert – immer noch als integraler und damit erinnerungswürdiger Bestand der eigenen Geschichte angesehen[14]. Genau so wenig erstaunlich ist es aber auch, daß man in Deutschland nur mit einer gewissen Betretenheit, wenn nicht gar mit Schweigen auf das, was anderswo gefeiert wurde, reagierte: hier war 1999 weder von europäischen noch von nationalen Leistungen die Rede. Es ist denn auch kein Zufall, daß auf dieser Tagung, einer der wenigen, wenn nicht gar der einzigen, auf der der Ereignisse von 1099 in der Bundesrepublik gedacht wird, nicht in erster Linie der Anteil der Deutschen an den Kreuzzügen gewürdigt oder gar eine Bilanz ihres besonderen Einsatzes für die *Terra Sancta* gezogen wird, sondern über die Problematik der Kreuzzüge und der Kreuzfahrerherrschaft, genauer über Konflikte und Konfliktregelung in Outremer, nachgedacht werden soll.

Was die Gründe dafür angeht, bedarf es keiner Nachfrage. Schon bald nach dem 2. Weltkrieg hat Zoë Oldenbourg die Kreuzzüge und die ihnen vorausgehenden Pogrome in die Nähe des Holocaust gerückt und die Schuld der von den Kreuzfahrern um ihr Leben gebrachten Muslime lediglich darin gesehen, „ziemlich dunkelhäutig gewesen zu sein und andere Kleidung als die der Christen getragen zu haben": eine Ansicht, die von Hans Wollschläger geteilt wurde und Friedrich Heer dazu veranlaßte, in der Kreuzfahrermentalität eine bestenfalls durch Erziehung zu beseitigende Volkskrankheit zu sehen, die wie im 20. so auch im 12. Jahrhundert katastrophenartig zum Ausbruch gekommen sei. Folgt man dem Frankfurter „Klassen-, Zivilisations- und Kulturanalytiker" Gerhard Armanski, dem Verfasser einer 1995 erschienenen „Geschichte der Gewalt in Europa", dann handelte es sich bei „der Kreuzzugsbewegung keineswegs um einen beliebigen Fluchtpunkt der europäischen Geschichte, sondern um den markanten Anfang organisierter, systematisch betriebener und ideologisch fundierter Gewalt, die sich bis und vor allem in unserem Jahrhundert fortsetzte", was bedeutet, daß in Deutschland der 900jährige Jahrestag der Eroberung Jerusalems, die Karlheinz Deschner im „Jubiläumsjahr" als „Präludium der Nazizeit" be-

---

[14] Elizabeth SIBERRY, Images of the Crusades in the Nineteenth and Twentieth Century, in: The Oxford Illustrated History, hg. v. Jonathan RILEY-SMITH, Oxford 1995, 365-385; Jean FLORI, De Clermont à Jérusalem: La première croisade dans l'historiographie récente (1995-1999), Le Moyen Âge 105 (1999), 439-455 und MURRAY, Bibliography (wie Anm. 2).

zeichnete, eher ein Anlaß zu kollektiver Scham als zu stolzem Gedenken sein konnte[15].

Die offensichtliche und seit Jahrhunderten wahrgenommene Diskrepanz in der Beurteilung der Kreuzzüge und damit auch der Begleitumstände der Eroberung Jerusalems im Juli 1099 ist keineswegs nur auf das politisch oder ideologisch bedingte Vorverständnis von Historikern oder gar auf die propagandistischen Absichten von Agitatoren, Polemikern und Publizisten zurückzuführen[16]. Es sind die zeitgenössischen Beobachter und die den Ereignissen nahestehenden Quellen selbst, die den am Humanitätsideal der Aufklärung oder dem christlichen Liebesgebot festhaltenden Leser in Ratlosigkeit über das fast schizophrene Nebeneinander von frommer Versenkung und blutrünstiger Grausamkeit versetzen.

III.

Wilhelm von Tyrus, der glaubte, sagen zu können, die von den Kämpfen ermatteten Eroberer hätten sich beim Anblick des Herrengrabes wie an den Pforten des Paradieses gefühlt, kontrastiert den damit erzeugten Eindruck paradiesischer Unschuld und höchster Seligkeit mit einem in den schwärzesten Farben gemalten Schreckensbild. Frauen, Männer und Kinder, die auf die Türme der Paläste und die Dächer der Häuser geflüchtet waren, wurden erstochen, so daß überall Erschlagene herumlagen und man keinen anderen Weg oder Durchgang finden konnte als über Leichen[17]. Daß das Wüten der

---

[15] Zoë OLDENBOURG, Les Croisades, Paris 1965, Dtsch: Die Kreuzzüge. Traum und Wirklichkeit eines Jahrhunderts, Frankfurt 1967; Friedrich HEER, Kreuzzüge. Gestern, heute und morgen? Luzern 1969; Hans WOLLSCHLÄGER, Die bewaffneten Wallfahrten gen Jerusalem. Geschichte der Kreuzzüge, Zürich 1973; Gerhard ARMANSKI, Es begann in Clermont. Der erste Kreuzzug und die Genese der Gewalt in Europa (Geschichte der Gewalt in Europa 1), Pfaffenweiler 1995; Karlheinz DESCHNER, Kriminalgeschichte des Christentums, Bd. VI: Von Kaiser Heinrich II., dem „Heiligen" (1002), bis zum Ende des Dritten Kreuzzugs (1192), Reinbeck 1999, 358-361.

[16] Laetitia BOEHM, Gesta Dei per Francos oder Gesta Dei? Die Kreuzzüge als historiographisches Problem, Saeculum 8 (1957), 43-81; James A. BRUNDAGE, Recent Crusade Historiography. Some Observations and Suggestions, Catholic Historical Review 49 (1964), 493-507.; Jonathan RILEY-SMITH, The crusading movement and historians, in: The Oxford Illustrated History of the Crusades (wie Anm. 14), 1-12; Alphonse DUPRONT, Le Mythe de Croisade (wie Anm. 11).

[17] Wilhelm von Tyrus, 411-414 (8, 20-21).

Kreuzfahrer keine aus der Luft gegriffene Unterstellung oder gar böswillige Verleumdung der Gottesstreiter, der Blüte der mittelalterlichen Christenheit, war, bezeugt nicht nur der mehrere Jahrzehnte nach den Ereignissen von 1099 schreibende Kanzler des Königreichs Jerusalem. Der unbekannte Verfasser der *Gesta Francorum*, Petrus Tudebodus und Raimund von Aguilers, Albert von Aachen, Fulcher von Chartres und Guibert von Nogent sowie andere Chronisten des 1. Kreuzzuges, die selbst Augenzeugen waren oder von Zeitgenossen über die Geschehnisse unterrichtet wurden, arbeiten noch drastischer als die neuere Kreuzzugshistoriographie den Gegensatz zwischen dem Triumph der Christenheit, der *christianitatis confirmatio*, und der gleichzeitigen Ausrottung der Heiden, der *totius paganitatis exinanicio*, heraus[18].

Die von der Vorhut der Eroberer nach dem Übersteigen der Mauer begonnene Jagd auf die durch die engen Gassen ins Zentrum der Stadt flüchtenden Verteidiger und der Rückzug der *pauci*, die sich, *repleta cadaveribus et sanguine civitate,* vor Raimund von Toulouse und seinen Streitern in den von den Garnisonstruppen gehaltenen Davidsturm retten konnten, sind für sie eine Art „Präludium", dem als „Höhepunkt" die Schilderung der „Tötungsorgie" folgte, die nach dem Fall der Stadt und an dem ihm folgenden Tag im Tempelbezirk, dem *locus sacer* der Juden, Muslime und Christen, stattfand. Der Verfasser der *Gesta* konstatiert mit der für ihn charakteristischen Nüchternheit: *mane autem facto, ascenderunt nostri caute super tectum Templi et invaserunt Saracenos, masculos et feminas, decollantes eos nudis ensibus, alii vero dabant se praecipites e Templo* und weiß wie Tudebodus, daß das Blut der Erschlagenen den ganzen Boden des *Templum Salomonis* bedeckte[19]. Raimund von Aguilers zeichnet ein weitaus düsteres Bild. Er weiß, daß das im Felsendom und in der al-Aqṣā -Moschee vergossene Blut bis zu den Zügeln der Pferde reichte und sich schließlich

---

[18] Gesta Francorum et aliorum Hierosolymitanorum. The Deeds of the Franks and other Pilgrims to Jerusalem. hg. und übers. Rosalind HILL (Medieval Texts), London 1962, 91-93. Petrus Tudebodus, Historia de Hierosolymitano Itinere, ed. John Hugh HILL und Lauritia L. HILL (DHC 12), Paris 1977, 134-142. Albert von Aachen, Historia Hierosolymitana, in: RHC, Hist. Occ., Bd. IV, Paris 1879. Vgl. auch: Palmer Allan THROOP, Criticism of the Crusade. A Study of Public Opinion and Crusade Propaganda, Amsterdam 1940. Fulcher von Chartres, 292-306; Guibertus abbas S. Mariae Nogenti Dei gesta per Francos, ed. Robert. B. C. HUYGENS (CC CM 127 A), Turnhout 1996. Vgl. auch die Zusammenstellung der einschlägigen Texte in englischer Übersetzung: Edward PETERS, The First Crusade. The Chronicle of Fulcher of Chartres and Other Source Material, Philadelphia ²1998.

[19] Gesta Francorum et aliorum Hierosolymitanorum (wie Anm. 18), 91.

38

über den ganzen Tempelbezirk ergoß[20]. Kein Wunder, daß am Ende auch Raoul von Caen, der die Rolle, die sein Held Tankred auf dem Ḥaram aš-Šarīf spielte, am ausführlichsten beschreibt, überall nur noch Blut zu sehen glaubt[21] – *omnia sanguis erant, nihil existabat nisi sanguis* – und der in den Zwanziger Jahren des 12. Jahrhunderts in Jerusalem weilende Gilo von Paris in seinem Versepos die Blutbäche zu einem *flumen* anschwellen läßt, das die zerstückelten Leichen der Erschlagenen von Jerusalem bis in die Ebene schwemmte und noch das Mittelmeer rot zu färben vermochte[22].

Dies war, wenn es ihn überhaupt gegeben haben soll, nicht der einzige Weg, die Spuren des von den Kreuzfahrern Angerichteten zu beseitigen. Die Quellen berichten vielmehr davon, daß die *pauperes* unter den Kreuzfahrern gegen Entschädigung und die überlebenden Muslime unter Zwang die an Pferdeschwänzen herbeigeschafften Leichen vor den Mauern der Stadt zu haushohen Bergen auftürmten und soweit das Holz dazu reichte, verbrannten, sonst aber verwesen ließen, was dazu führte, daß, wie Ekkehard von Aura berichtet, die Luft Palästinas noch lange vom Leichengeruch verpestet war[23]. Es ist daher kein Zufall, daß das Ehepaar Hill die von Tudebodus gestellte Frage: *Tales occisiones, quis unquam vidit aut audivit?* frei ins Englische übersetzt: „Has anyone ever seen or heard of such a holocaust?"[24] Man mag aus solchen Hinweisen schließen, daß die Zahl der Opfer unter den Bewohnern der Stadt nicht gering war: Fulcher und andere meinen, es habe sich um 10.000 gehandelt[25]. Radulf von Caen ist sich sicher, daß die Zahl der erschlagenen Feinde größer war als die der umgekommenen Christen[26]. Raimund von Aguilers meint: *Ea die vero ita deleti sunt, ut de multitudine innumera Saracenorum vix pauci superessent*[27] und Ordericus Vitalis resümiert lakonisch, daß die *Christianorum multitudo* keinen einzigen

---

[20] Le „Liber" de Raymond d'Aguilers (wie Anm. 6), 150.

[21] Gesta Tancredi in expeditione Hierosolymitana, in RHC, Hist. Occ., Bd. III, Paris 1866, 569.

[22] The Historia Vie Hierosolimitane of Gilo of Paris and a Second Anonymous Author, ed. C.W. GROCOCK und J.E. SIBERRY, Oxford 1997, 238.

[23] Ekkehardi Uraugensis Abbatis Hierosolymita, ed. Heinrich HAGENMEYER, Tübingen 1877, 962.

[24] Petrus Tudebodus (wie Anm. 18), 120.

[25] Fulcher von Chartres, 294.

[26] Gesta Tancredi (wie Anm. 21), 569.

[27] Le „Liber" de Raymond d'Aguilers (wie Anm. 6), 150-151.

ihrer Gegner verschonte[28]. Tudebodus versucht es gar nicht erst, zur Ermittlung einer Zahl zu kommen, er überläßt es mit einer klassischen Wendung der Allwissenheit Gottes: *Numerum quoque nemo scivit nisi solus Deus*[29]. Es waren nach Auskunft der Quellen nicht nur religiös motivierte Rachsucht und elementarer Siegesrausch, die den Tempelbezirk zweimal zum Schauplatz eines erbarmungslosen Mordens werden ließen und die Masse der *crucesignati* dazu veranlaßten, *quos voluerint,* umzubringen, Säuglinge ihren Müttern zu entreißen und ihnen den Schädel an Mauern und Türpfosten einzuschlagen. Was Anführer wie Tankred veranlaßte, die wertvolle Ausstattung des Felsendomes an sich zu nehmen, und die *pauperes* nicht davor zurückschrecken ließ, auf der Suche nach verschluckten Goldmünzen die Bäuche ihrer Opfer aufzuschlitzen: das war – so die Quellen, die glauben, nichts beschönigen zu müssen – nichts anderes als Habsucht und Besitzgier.

Auf die Ereignisse von 1099 reagierte auch die Geschichtsschreibung der orthodoxen und orientalischen Christen. Ihre Reaktion reichte von der Feststellung Anna Komnenas: „Sie, die Franken, belagerten die Stadt, nahmen sie nach einem Monat ein und töteten viele ihrer muslimischen und jüdischen Einwohner"[30] – über die verhaltene Zustimmung Michael des Syrers und des Bar-Hebräus'[31] bis zu der positiven Stellungnahme des Armeniers Matthäus von Edessa. Er sieht in Gottfried von Bouillon, von dem er sagt, er habe 65000 Ungläubige allein im Tempel umgebracht, einen würdigen Nachfolger Kaiser Vespasians, habe er doch mit dessen Schwert die Heilige Stadt zurückerobert und das Grab Christi aus den Händen der Ungläubigen be-

---

[28] The Ecclesiastical History of Oderic Vitalis, ed. Marjorie CHIBNALL, Bd. V, Oxford 1975, 168.

[29] Petrus Tudebodus (wie Anm. 18), 120.

[30] Alexias. Anna Komnene. Übersetzt, eingeleitet und mit Anmerkungen versehen von Diether Roderich REINSCH, Köln 1999, 382. Dazu u.a.: Ralph-Johannes LILIE, Anna Komnene und die Lateiner, Byzantinoslavica 54 (1993), 169-182.

[31] Chronique de Michel le Syrien, patriarche jacobite d'Antioche, ed. Jean-Baptiste CHABOT, Bd. III, Paris 1905, 304 ; Ernest A. WALLIS, The Chronology of Gregor Abu'l Faraj commonly known as Bar Hebraeus, London 1932, 205. Anneliese LÜDERS, Die Kreuzzüge im Urteil syrischer und armenischer Quellen, Berliner byzantinische Arbeiten 29, Berlin 1964; H. TEULE, The Crusaders in Barhebraeus' Syriac and Arabic Secular Chronicles. A different approach, in: East and West in the Crusader States. Context – Contacts – Confrontations (Orientalia Lovaniensia Analecta 75), hg. v. Krijna CIGGAAR / A. DAVIDS und H. TEULE, Louvain, 1996, 39-49.

freit[32]. Auch wenn man ohne die nötigen Sprachkenntnisse weder die damalige noch die heutige Reaktion der arabischen Welt auf die Kreuzzüge und den Fall Jerusalems angemessen zur Kenntnis nehmen oder gar beurteilen kann, lassen die in Übersetzung vorliegenden Texte erkennen, daß die arabischen Chronisten zwar weitaus besser als die lateinischen über die Umstände, die zur Eroberung Jerusalems führten, unterrichtet sind, die Exzesse, zu denen sie führte, jedoch auf ähnliche Weise wie die Lateiner beschreiben[33]. Die Chronik von Damaskus weiß von einer großen Zahl zu berichten, die den Kreuzfahrern zum Opfern fiel[34]. Die anderen arabischen Quellen steigern sie ins Unermeßliche: Nach Ibn al-Aṯīr sollen allein in der al-Aqṣā-Moschee nicht weniger als 70000 Muslime umgebracht worden sein, unter ihnen viele Imame, Korangelehrte und Asketen, die nach Jerusalem gekommen waren, um hier die letzten Jahre ihres Lebens zu verbringen[35]. Es ist unverkennbar, daß mit diesen Darstellungen die Absicht verfolgt wurde, die Glaubensbrüder in Kairo und Damaskus zum Jihad aufzurufen, zum Heiligen Krieg also gegen die Franken, die verachteten Polytheisten aus dem Okzident, die ihre Glaubensbrüder ermordet, den Tempelbezirk profaniert und – was arabische Poeten wie al-Abīwardī, und Ibn al-Ḥayyāṭ in ihren Klageliedern über den Fall Jerusalems den *Franci* als das größte Vergehen vorwerfen – Frauen und Jungfrauen geschändet hätten[36].

---

[32] Ara Edward DOSTOURIAN, Armenia and the Crusades. Tenth to Twelfth Centuries: The Chronicle of Matthew of Edessa, Lanham 1993, 172-173.

[33] Francesco GABRIELI, Die Kreuzzüge aus arabischer Sicht. Aus den arabischen Quellen ausgewählt und übersetzt. Aus dem Italienischen übersetzt von Barbara VON KALTENBORN-STACHAU unter Mitwirkung von Lutz RICHTER-BERNBURG, Zürich - München 1973, 48-51. Vgl. zur Sicht der Kreuzzüge und der Eroberung Jerusalems in der neueren arabischen Literatur u.a.: Amin MAALOUF, Der heilige Krieg der Barbaren. Die Kreuzzüge aus der Sicht der Araber, München 1996, Francoise MICHEAU, Les croisades vues par les historiens arabes d'hier et d'aujourd'hui, in: Le Concile de Clermont de 1095 et l'appel à la croisade, Collection de l'École française de Rome 236, Rom 1997, 345-360 und zuletzt: Bassam TIBI, Kreuzzug und Djihad. Der Islam und die christliche Welt, München 1999, 113-168 (Lit.).

[34] Hamilton A. GIBB, The Damascus Chronicle of the Crusades extracted and translated from the Chronicle of Ibn al-Qalanisi, London 1933, 47-49.

[35] Ibn al-Atir, in: GABRIELI (wie Anm. 33), 48-51.

[36] Carole HILLENBRAND, The First Crusade: the Muslim perspective, in: The First Crusade. Origins and impact, hg. v. Jonathan PHILLIPS, Manchester - New York 1997, 130-141; DIES., Jihad Propaganda in Syria from the Time of the First Crusade until the Death of Zengi, in: The Frankish Wars and their Influence on Palestine, hg. v. Halil ATHANINA, Birzeit 1994, 60-69.

IV.

Begnügen wir uns zunächst mit diesem Hinweis darauf, wie die Quellen die Ereignisse vom 15. und 16. Juli 1099 darstellen, wir werden später auf die Art ihrer Darstellung zurückkommen. Statt dessen wollen wir uns fragen, wie das, was sie beschreiben, zu bewerten ist. Will man denen, deren Handeln und Verhalten zu beurteilen ist, Gerechtigkeit angedeihen lassen, bedarf es eines geregelten Verfahrens. Der Sachverhalt, um den es geht, muß geklärt und alle Umstände, die zu seinem Verständnis erforderlich sind, müssen berücksichtigt werden. Auf unseren „Fall" bezogen, bedeutet dies, daß wir ermitteln müssen, was in der fraglichen Zeit in Jerusalem wirklich geschah. Wir haben zu klären, ob es sich um ein exzeptionelles Geschehen handelte, das von der damals üblichen Praxis der Kriegsführung abwich oder gar gegen die für sie geltenden rechtlichen Normen verstieß. Will man sich auch weiterhin an die übliche Verfahrensweise der Gerichte halten, wäre festzustellen, ob das inkriminierte Verhalten allein der angeklagten Partei anzulasten sei, ja es wäre zu erwägen, ob die für schuldig Befundenen als „Wiederholungstäter" einzustufen seien, denen keine mildernden Umstände zugebilligt werden könne, oder ob man sie als „Gelegenheitstäter" ansehen und dementsprechend Gnade walten lassen solle.

Auf die Frage, ob es sich bei der Eroberung Jerusalems und den damit verbundenen Konsequenzen um einen exzeptionellen Fall, um einen gegen die übliche Praxis und die herrschende Norm verstoßenden Vorgang gehandelt habe, gibt die einschlägige Forschung eine eindeutige Antwort. Kenner der mittelalterlichen Belagerungstechnik stellen fest, daß die Belagerung und Eroberung Jerusalems wegen des unvergleichbaren Charakters der Stadt zwar etwas Besonderes darstelle, sich im Prinzip aber kaum von dem unterscheide, was in der damaligen Zeit üblich war und in anderen Fällen etwa bei der Eroberung Nicäas, Antiochiens und der syrischen Hafenstädte praktiziert wurde[37]. Sie lassen auch keinen Zweifel daran, daß es nicht nur der üblichen Praxis, sondern auch der geltenden Norm entsprach, wenn sich die Eroberer Jerusalems gegenüber denjenigen, die sich nicht unter bestimmten Bedingungen ergaben, wie es einige Küstenstädte zwischen Antiochien und Jaffa und in Jerusalem die Besatzung des Davidsturmes getan

---

[37] Jim BRADBURY, The Medieval Siege, Woodbridge 1992, 93-127; Randal ROGERS, Latin Siege Warfare in the Twelfth Century, Oxford 1992; Denys PRINGLE, Town Defences in the Crusader Kingdom of Jerusalem, in: The Medieval City under Siege, hg. v. Ivy A. CORFIS und M. WOLFE, Woodbridge 1995, 69-122.

hatten, zu so gut wie keiner Rücksichtnahme veranlaßt sahen[38]. Dem wäre hinzuzufügen, daß es sich bei denjenigen, die bei dem ersten Ansturm auf den Ḥaram aš-Šarīf zu Tode kamen, keineswegs nur um an den Kämpfen unbeteiligte Frauen und Kinder handelte, sondern auch um bewaffnete Streiter, die nicht zu Unrecht im Tempelbezirk mit Felsendom und Moschee eine zitadellenartige Bastion sahen, die sich wie der Davidturm besser als alle sonstigen Gebäude der Stadt verteidigen ließ und zu verteidigen versucht wurde[39].

Ähnliches gilt für die Plünderungen, die Gefangennahme der Kombattanten und – soweit es sie gab – der Unbeteiligten und deren Verkauf in die Sklaverei. In der Literatur zur Geschichte des ersten Kreuzzuges wird immer wieder darauf hingewiesen, daß das Prinzip „Der Krieg ernährt den Krieg" in besonderem Masse für die Kreuzzüge galt und die Bestreitung der Kosten des Kreuzzuges schon bald nach dem Verbrauch der mitgebrachten „Eigenmittel" ohne das allgemein übliche Plündern nicht denkbar gewesen sei[40]; ein Argument, das dann noch überzeugender wird, wenn man sich vergegenwärtigt, in welchem Zustand sich diejenigen befanden, die im Sommer 1099 Jerusalem erreicht hatten und hier – wie Petrus Tudebodus berichtet – für einen Schluck Wasser mit barer Münze zu zahlen hatten[41]. Wenn die Eroberer sich nicht damit begnügten, lediglich *aurum et argentum,*

---

[38] Christopher J. MARSHALL, Warfare in the Latin East, Cambridge 1992; Raymond C. SMAIL, Crusading Warfare 1097-1193, Cambridge [2]1995; DERS., Western Warfare in the Age of the Crusades, Berkeley - Los Angeles 1999; John FRANCE, Victory in the East. A military history of the First Crusade, Cambridge 1994; Maurice H. KEEN, The Laws of War in the Late Middle Ages. Studies in Political History, London - Toronto 1995 und demnächst: William G. ZAJAC, The Laws of War on the Crusades and in the Latin East, 1095-1193.

[39] Das betont G. COCHLOVIUS in seiner am 5. November 1999 in Tübingen vorgelegten maschinenschriftlichen wissenschaftlichen Hausarbeit ‚Die Eroberung Jerusalems in der Geschichte vom ersten Kreuzzug unter besonderer Berücksichtigung von Petrus Tudebodus ‚Historia de Hierosolymitano Itinere'.

[40] Karl LEYSER, Money and Supplies on the First Crusade, in: DERS., Communications and Power in Medieval Europe. The Gregorian Revolution and Beyond, London 1994, 86-90; Jonathan RILEY-SMITH, Early Crusaders to the East and the Costs of Crusading 1095-1130, in: Autour de la Première Croisade. Actes du Colloque de la Society for the Study of the Crusades and the Latin East. Clermont-Ferrand, 22-25 juin 1995, hg. v. Michele BALARD, Paris 1996, 237-258; YVONNE FRIEDMAN, The Ransom of Captives in the Latin Kingdom of Jerusalem, ebd., 177-189; William G. ZAJAC, Captured property on the First Crusade, in: The First Crusade. Origins and impact, hg. v. Jonathan PHILLIPS, Manchester - New York 1997, 153-180.

[41] Petrus Tudebodus (wie Anm. 18), 136.

equos et mulos zu erbeuten, sondern auch *domos plenas omnibus bonis* schon am ersten Tag in Besitz nahmen, war das nach einem bis in „archaische Zeiten" zurückreichenden Verständnis nicht unrechtmäßig: Sie übten damit nichts anderes aus als das Recht des Eroberers[42].

.Die gewissermaßen als „Sachverständige" herangezogenen Historiker gehen in ihrem Verständnis für die Kreuzfahrer noch einen Schritt weiter. Sie vertreten nämlich die Auffassung, die Dezimierung der Einwohner eroberter Städte müsse dann als militärisch gerechtfertigt angesehen werden, wenn sich die Eroberer durch deren Schonung der Gefahr einer Niederlage, wenn nicht gar der eigenen Vernichtung aussetzten, was angesichts des im Juli 1099 in großer Eile auf Askalon vorrückenden und dort am 12. August vernichtend geschlagenen Fatimidenheeres zu befürchten gewesen wäre[43]. Sie unterlassen es auch nicht, darauf hinzuweisen, daß sich die „andere Partei", nämlich die der Muslime, von den Kreuzfahrern keineswegs unterschied, habe sie doch nach dem selben Prinzip 1057 die gesamte Bevölkerung von Melitene umgebracht oder in die Sklaverei verkauft. Sie hätten auch Abū'l-Fidā' und dessen Beschreibung der letzten Tage des 1291 gefallenen Akkon als Gegenargument ins Feld führen können: „Die Muslime richteten in Akkon", so heißt es bei ihm, „ein ungeheures Blutbad an und machten unermeßliche Beute. Der Sultan zwang alle, die sich in den Türmen verschanzt hatten, zur Übergabe. Sie kamen heraus und wurden bis auf den letzten Mann der Stadt enthauptet. Darauf ließ er die Stadt selbst zerstören und dem Erdboden gleichmachen."[44] Was bedeutet das alles für die Eroberung Jerusalems, um die es hier geht? John France gibt in seiner 1994 in Cambridge erschienenen „Military History of the First Crusade" darauf eine Antwort: „However horrible the massacre at Jerusalem: it was not far beyond what common practice of the day meeted out to any place which resisted."[45]

Die Feststellung, daß sich die Eroberer Jerusalems im Bereich des damals Üblichen bewegten, enthebt uns nicht der Notwendigkeit genauer nachzufragen, was am 15. und 16. Juli 1099 in der Heiligen Stadt geschah. Wurden tatsächlich 10000, 65000, 70000 oder noch mehr Einwohner Jerusalems umgebracht, wie die bereits erwähnten Quellen behaupten[46]? Fiel die ge-

---

[42] Ludwig BUISSON, Heerführertum und Erobererrecht auf dem ersten Kreuzzug, Zeitschrift der Savigny-Stiftung für Rechtsgeschichte, Germ. Abt. 112 (1995), 316-344.

[43] Zitat: Petrus Tudebodus (wie Anm. 18), 141; Ibn al-Aṯīr, in: GABRIELI (wie Anm. 33), 47-48.

[44] Abū'l-Fidā', in: GABRIELI (wie Anm. 28), 407-410.

[45] FRANCE, Victory in the East (wie Anm. 38), 355.

[46] Vgl. dazu die folgenden grundsätzlichen Ausführungen: Jeffrey C. RUSSELL, Demographic

44

samte Bevölkerung der Stadt der Mordlust der Eroberer zum Opfer, wie man auch in der neueren Literatur lesen kann[47]? Ganz gewiß nicht! Die Verteidiger der Zitadelle konnten – wie bereits erwähnt – aufgrund der mit Raimund von Toulouse ausgehandelten Kapitulationsbedingungen nach Askalon abziehen, obwohl zu befürchten war, daß sie sich dort dem anrückenden Fatimidenheer anschließen würden. Es steht fest, daß zu Beginn des 12. Jahrhunderts in Damaskus Unterkünfte bereitgestellt wurden, um die muslimischen Flüchtlinge aus Jerusalem und Palästina aufnehmen zu können[48]. Den Dokumenten aus der Geniza in Alt-Kairo ist zu entnehmen, daß mit Hilfe der jüdischen Gemeinden von Askalon und Kairo Juden aus Jerusalem freigekauft und von den Kreuzfahrern erbeutete Schriftrollen zurückerworben werden konnten[49]. Ja, man kann davon ausgehen, daß auch Christen, die in der Stadt geblieben waren, die Eroberung überlebten, wie es Ordericus Vitalis als selbstverständlich voraussetzt[50]. Was hat es mit der Zahl der Getöteten auf sich? Auch wenn es unmöglich ist, sie genau zu bestimmen, kann man davon ausgehen, daß sie bedeutend niedriger war als in

---

Factors of the Crusades, in: The Meeting of two Worlds. Cultural Exchange between East and West during the Period of the Crusades (Medieval Institute Publications. Studies in Medieval Culture 21), hg. v. Vladimir P. GOSS und Chr. Verzár BORNSTEIN, Kalamazoo 1986, 53-58; Jean FLORI, Un problème de méthodologie. La valeur des nombres chez les chroniqueurs du Moyen Âge. À propos des effectifs de la première croisade, Le Moyen Âge 33 (1993), 399-422; Bernard S. BACHRACH, Early Medieval Military Demographic: Some Observations on the Methods of Hans Delbrück, in: The Circle of War in the Middle Ages. Essays on Medieval and Naval History, hg. v. Donald J. KAGAY und L. J. A. VILLALON (Warfare in History), Woodbridge 1993, 3-20.

[47] Vgl. zum Beispiel: Walter ZÖLLNER, Geschichte der Kreuzzüge, Wiesbaden ⁶1989, 75: „Inzwischen hatte aber ein furchtbares Blutbad begonnen, dem die gesamte muslimische Bevölkerung – Männer, Frauen und Kinder, Alte und Kranke – zum Opfer fiel."

[48] Emmanuel SIVAN, Réfugiés syro-palestiniens aux temps des croisades, Revue des études islamiques 35 (1967), 120-135.

[49] Selemo D. GOITEIN, A Mediterranean Society. The Jewish Communities in the Arab World as Portrayed in the Documents of the Cairo Geniza, Bd. III, Berkeley - Los Angeles 1978, 201, 354-357. Vgl. auch: DERS., Geniza Sources for the Crusader Period. A Survey, in: Outremer. Studies in the history of the Crusading Kingdom of Jerusalem. Presented to Joshua Prawer, hg. v. B. Z. KEDAR / H. E. MAYER und R. C. SMAIL Jerusalem 1982, 306-321 und DERS., Tyre – Tripolis – ᶜArqua. Geniza Documents from the Beginning of the Crusader Period, Jewish Quarterly Review 66 (1975), 69-88. Über den Rückkauf von in die Hände der Kreuzfahrer gefallener hebräischer Handschriften: Jacob MANN, Texts and Studies in Jewish History and Literature, Bd. II, Cincinnati - Philadelphia 1931-1935, 137-148.

[50] The Ecclesiastical History (wie Anm. 28), 168-170.

den Quellen angegeben. Es spricht nämlich vieles dafür, daß die Zahl der Bewohner Jerusalems – der Muslime, Christen und Juden – schon vor 1099 wegen der damals herrschenden kriegerischen Unruhen und deren Folgen so weit geschrumpft war[51], daß von weitaus weniger Getöteten selbst dann ausgegangen werden kann, wenn man der Meinung ist, alle Einwohner der Stadt seien ermordet worden.

Warum, so muß man sich nach dem, was ermittelt wurde, fragen, haben sich die Chronisten des ersten Kreuzzuges nicht damit begnügt, das, was wirklich geschah – es dürfte schlimm genug gewesen sein – wiederzugeben? Warum haben mittelalterliche Künstler das, was die Historiker mit Worten beschreiben, mit akribischer Genauigkeit in Miniaturen und anderen Illustrationen nicht nur dargestellt, sondern auch noch phantasievoll ausgemalt[52]? Warum übertreiben beide, die Chronisten und die Künstler, warum ergehen sie, die doch Christen waren, sich in der Schilderung von Grausamkeiten, Mord und Totschlag, ohne, wie man erwarten sollte, deutlich und unmißverständlich Bedauern, Mitleid oder gar Scham zum Ausdruck zu bringen[53]? Um eine befriedigende Erklärung für den paradoxen Charakter dieser „Zeugenaussagen" geben zu können, muß man die Art des Krieges, der mit der Eroberung Jerusalems seinen ersten Höhepunkt erreichte, in Betracht ziehen.

V.

Wie man weiß, waren die Kreuzzüge, speziell der erste, kein gewöhnlicher Krieg, kein Gerechter Krieg, ja nicht einmal ein Heiliger Krieg, wie es ihn in

---

[51] Joshua PRAWER, The Jerusalem the crusaders captured: contribution to the medieval topography of the city, in: Crusade and Settlement, hg. v. Peter EDBURY, Cardiff 1985, 1-16; E. BAREKET, Personal Adversities of Jews during the Period of the Fatimid Wars in Eleventh Century Palestine, in: War and Society in the Eastern Mediterranean 7th-15th Centuries (The Medieval Mediterranean. People, Economics and Cultures 400-1453, 9), hg. v. Yaacov LEV, Leiden - New York - Köln 1997, 152-162; The History of Jerusalem. The Early Muslim Period 638-1099, hg. v. Haggai BEN-SHAMMAI und Joshua PRAWER, New York 1996.

[52] Guy LOBRICHON, 1099 Jérusalem conquis, Paris 1998 (Dtsch.: Die Eroberung Jerusalems im Jahre 1099, Sigmaringen 1998).

[53] Rainer Chr. SCHWINGES, Kreuzzugsideologie und Toleranz. Studien zu Wilhelm von Tyrus (Monographien zur Geschichte des Mittelalters 15), Stuttgart 1977. Generell zur zeitgenössischen Kritik an den Kreuzzügen: THROOP, Criticism of the Crusade (wie Anm. 18); Elizabeth SIBERRY, Criticism of Crusading. 1095-1274, New York - Oxford 1985.

so gut wie allen Kulturen und Weltreligionen gab und gibt[54]. Es ging in ihm um die Rückgewinnung der *hereditas Christi* und die Befreiung des *Sanctum sanctorum*, um die Heimkehr nicht nur in das gelobte, sondern auch in das eigene Land, das die Apostel vor über einem Jahrtausend, genau am 15. Juli, dem späteren Festtag der *Divisio Apostolorum,* mehr oder minder freiwillig verlassen haben sollen[55]. Der Krieg war von Gott selbst gewollt, er wurde von seinem Stellvertreter auf Erden, dem Papst erklärt, von christlichen Herrschern und päpstlichen Legaten geführt. Die an ihm teilnahmen erwarben geistlichen Gewinn, die in ihm fielen erlangten die Märtyrerkrone[56]. Diejenigen, gegen die man kämpfte, waren nicht Gegner wie alle anderen: sie waren Barbaren, Ungläubige, Feinde Gottes, ja, ob Juden oder Muslime, man machte in dieser Hinsicht im 11./12. Jahrhundert keinen Unterschied mehr zwischen ihnen, die Mörder seines eingeborenen Sohnes, die nicht aufhörten, die Heiligen Stätten zu entweihen und zu verunreinigen[57]. Der

---

[54] Grundlegend immer noch: Carl ERDMANN, Die Entstehung des Kreuzzugsgedankens, Stuttgart 1935, ND Stuttgart 1954. Vgl. dazu: J. GILCHRIST, The Erdmann Thesis and Canon Law, 1083-1141, in: Crusade and Settlement (wie Anm. 21), 37-45. Aus der Fülle der Literatur seien genannt: Jonathan S. C. RILEY-SMITH, The First Crusade and the Idea of Crusading, London 1986; Herbert Edward John COWDREY, Pope Urban II and the Idea of Crusade, Studi Medievali 36 (1995), 721-742 sowie die Beiträge in: 'Militia Christi e Crociata'. nei secoli XI-XIII. Atti della undecima Settimana internazionale di Studio, Mendola, 28 agosto-1 settembre 1989 (Miscellanea del Centro di studi medievali 30), Mailand 1992, sowie in: Prayer, War, and Crusade, hg. v. James M. POWELL (=The International History Review 17, 1995), 1-200.

[55] Dieter R. BAUER, Heiligkeit des Landes: Ein Beispiel für die Prägekraft der Volksreligiosität, in: Volksreligion im späten Mittelalter (Quellen und Forschungen aus dem Gebiet der Geschichte NF 13), Paderborn - München - Wien - Zürich 1990, 41-55; David LOWENTHAL, Possessed by the Past. The Heritage Crusade and the Spoils of the Past History, New York 1996; O. LIMOR, Christian Sacred Space and the Jew, in: From Witness to Witchcraft. Jews and Judaism in Medieval Christian Thought (Wolfenbüttler Mittelalter-Studien 11), hg. v. Jeremy COHEN, Wiesbaden 1996, 55-72; Wolfgang HUG, Geschichte des Festes Divisio Apostolorum, Theologische Quartalschrift 113 (1932), 53-72; Joachim HENNIG, Zu Anfang und Ende der liturgischen Tradition der Divisio Apostolorum, Archiv für Liturgiewissenschaft 12 (1970), 302-311.

[56] C. MORRIS, Martyrs on the Field of Battle before and during the First Crusade, in: Martyrs and Martyrologies (Studies in Church History 30), hg. v. Diana WOOD, London 1993, 93-104; Jonathan S. C. RILEY-SMITH, Death on the First Crusade, in: The End of the Strife, hg. v. David M. LOADES, Edinburgh 1984, 14-32; Herbert Edward John COWDREY, Martyrdom and the First Crusade, in: Crusade and Settlement, hg. v. Peter EDBURY, Cardiff 1985, 46-56; Jean FLORI, Mort et martyre des guerries vers 1100: l'exemple de la première croisade, Cahiers de Civilisation médiévale 34 (1991), 120-139.

[57] Rosalind HILL, The Christian View of the Muslim at the Time of the First Crusade, in: The

Sieg in diesem Krieg – die *liberatio* Jerusalems und die Wiedergewinnung des Heiligen Landes – war also nicht eine der vielen „Victories in the East", die die aus dem Okzident Kommenden im Orient errangen, sondern „The Eternal Victory" Gottes und der Seinen über das Dämonische und Satanische, ja über das Böse schlechthin[58].

Diese Konzeption war keineswegs nur eine Ideologie. Sie prägte auf so gut wie allen Ebenen und auf vielfältige Weise die Wirklichkeit der Kreuzzüge: den hohen Anteil des Klerus und seinen großen Einfluß auf die Entscheidungsprozesse sowie die Rechtsstellung der Kreuzfahrer und ihrer Angehörigen. Sie bestimmte die Art der Kriegführung und machte aus dem Heer eine pilgernde Kirche, in der Keuschheit und Zucht herrschen sollte und man sich – intensiver als üblich – mit Gebet, Fasten, Prozessionen und anderen liturgischen Akten auf den Kampf vorbereitete: eine Verbindung von Kriegs- und Gottesdienst, von *crux et arma*, die nicht nur „order and morality" aufrecht erhielt und damit eine der Voraussetzungen für den 1099 errungenen Erfolg war, sondern auch dem, wie wir es empfinden, unmenschlichen Umgang mit den Feinden, ja selbst ihrer Vernichtung eine Legitimation zu geben vermochte[59].

European Mediterranean Lands in the Period of the Crusades, hg. v. Peter M. HOLT, Westminster 1977, 1-8; S. LOUTCHISKAJA, Barbarae Nationes: les peuples musulmans dans les chroniques de la Première Croisade, in: Autour de la Première croisade (wie Anm. 40), 100-107; John V. TOLAN, Muslims as pagan idolators in chronicles of the First Crusade, in: Medieval perceptions of Islam. A Book of Essays, hg. v. DEMS., London - New York 1997, 100-120; Jean FLORI, Oriens horribilis. Tares et défauts de l'Orient dans les sources relatives à la première Croisade, in: Monde oriental et monde occidental dans la culture médiévale (Wodan 68), Greifswald 1997, 45-50; Amnon LINDER, Jews and Judaism in the Eyes of Christian Thinkers of the Middle Ages: the Destruction of Jerusalem in Medieval Christian Liturgy, in: From Witness to Witchcraft. Jews and Judaism in Medieval Christan Thought (Wolfenbütteler Mittelalter-Studien 11), hg. v. Jeremy COHEN, Wiesbaden 1996, 113-124. Vgl. auch: Jeremy COHEN, The Jews as the Killers of Christ in Latin Tradition. From Augustin to the Friars, Traditio 39 (1983), 1-27. Zur Identifikation von Juden und Muslimen aus christlicher Sicht: Allan HARRIS CUTLER und E. ELMQUIST, The Jew as Ally of the Muslim. Medieval Roots of Anti-Semitism, Notre Dame 1986, 179-182.

[58] John FRANCE, Victory in the East (wie Anm. 38), und Michael. MCCORMICK, Eternal Victory: Triumphal Rulership in Late Antiquity, Byzantium and Early Medieval West, Cambridge 1986.

[59] Neben der in Anm. 38 genannten Literatur zur Kriegsführung der Kreuzfahrer: C. GAIER, La valeur militaire des armées de la première croisade, in: Les Temps des Croisades, Brüssel 1996, 200-211; Rosalind HILL, Crusading warfare: A camp follower's view of 1097-1120, Battle 1 (1978), 75-93, 209-211.

Die Predigten Urbans II., in welcher Fassung sie auch überliefert wurden, die Kreuzzugsaufrufe, -predigten und -lieder, die Kreuzfahrerbriefe, die Chroniken und das liturgische Gedächtnis machen deutlich, in welchen Traditionen die Kreuzfahrer standen, an welche Ereignisse sie anknüpften und an welchen Vorbildern sie sich orientierten: an dem mit seinen Eltern nach Jerusalem ziehenden und später kreuztragenden Erlöser, den ihm nachfolgenden Aposteln und Jüngern[60], den sich für ihren Glauben aufopfernden Märtyrern[61], die nicht kleine Zahl der ritterlichen Heiligen und *milites Christi*[62], an Karl dem Grossen, dem angeblichen Jerusalempilger[63], an Kaiser Heraklios, der 630 das von den Persern verschleppte Heilige Kreuz auf den Golgathafelsen zurückbrachte[64], an Titus und Vespasian, die nach Ansicht bereits der Kirchenväter als Werkzeuge Gottes an den Juden Rache für den Gottesmord genommen hatten[65], an den Makkabäern, die den Tempel

---

[60] Alphonse DUPRONT, La spiritualité des croisés et de pèlerins d'après les sources de la première croisade, in: Convegni del Centro di Studi sulla spiritualità medioevale 4, Spoleto 1963, 72-86. Bernard MCGINN, Iter Sancti Sepulchri: the Piety of the First Crusaders, in: Essays in Medieval Civilization (The Walter Prescott Webb memorial lectures 12), hg. v. Bede K. LADNER und K. R. PHILIP, Austin 1978, 33-71.

[61] Vgl. Anm. 56.

[62] Vgl. neben Maurice KEEN, Chivalry, New Haven - London 1984 u.a. G. MONTALI, Il delinearsi della figura del 'miles christianus' nella letteratura del XII secolo, in: 'Militia Christi' e Crociata (wie Anm. 54), 753-768.

[63] Robert FOLZ, Le souvenir et la légende de Charlemagne dans l'Empire germanique médiéval (Publications de l'Université de Dijon 7), Paris 1950; Karl-Ernst GEITH, Carolus Magnus. Studien zur Darstellung Karls des Großen in der deutschen Literatur des 12. und 13. Jahrhunderts (Bibliotheca Germanica 19), Bern - München 1977; DERS., Karl d. Große, in: Herrscher, Helden, Heilige (Mittelalter-Mythen 1), hg. v. Ulrich MÜLLER und W. WUNDERLICH, St. Gallen 1996, 87-100 (Lit.).

[64] Anatole FROLOW, La Croisade et les guerres persanes d'Heraclius, Revue d'Histoire des Religions 147 (1955), 50-61; Gustav KÜHNEL, Kreuzfahrerideologie und Herrscherikonographie. Das Kaiserpaar Helena und Heraklius in der Grabeskirche, Byzantinische Zeitschrift 90 (1997), 396-404; James HOWARD-JOHNSTON, Heraclius' Persian campaigns and the revival of the East Roman Empire, War in History 6 (1999), 1-44; Andreas N. STRATOS, La première campagne de l'empereur Héracles contre les Perses, Jahrbuch für österreichische Byzantinistik 28 (1979), 63-74.

[65] Heinz SCHRECKENBERG, Flavius-Josephus-Tradition in Antike und Mittelalter (Arbeiten zur Literatur und Geschichte des hellenistischen Judentums 5), Leiden 1972, 1141-1155, 1178-1179; DERS., Rezeptionsgeschichtliche und textkritische Untersuchungen zu Flavius Josephus (Arbeiten zur Literatur und Geschichte des hellenistischen Judentums 10), Leiden 1977, 30-32, 50-55; DERS./Kurt SCHUBERT, Jewish Historiography and Iconography in Early and Medieval Christianity (Compendia Rerum Judaicarum ad Novum Testamentum III/2), Assen - Minneapolis 1992. Vgl. auch: Samuel G. F. BRANDON, The Fall of Jerusalem and

befreiten, reinigten und den wahren Kult erneuerten[66], an Moses und Joshua, Saul, David und Salomon, die das auserwählte Volk in das Land der Verheißung führten und wie später die Kreuzfahrer in einer feindlichen Umgebung mit Gottes Hilfe, wie sie meinten, ihre eigene gottgefällige Herrschaft errichteten[67]. Ganz zu schweigen von jenen, die glaubten, Teilnehmer an den Ereignissen zu sein, die das Ende der Zeit ankündigten, und als Ziel ihres Zuges nicht das irdische, sondern das himmlische Jerusalem anstrebten[68].

Angesichts solcher und anderer Identifikationen ist es nicht erstaunlich, daß die Chronisten die Ereignisse von 1099 nicht nur mit den Augen der Protagonisten sahen, sondern auch mit den Bildern und Worten beschrieben, die ihnen die literarische Tradition zur Verfügung stellte.

Wenn bei Raimund von Aguilers und anderen Chronisten die Rede davon ist, daß das auf dem Ḥaram aš-Šarīf vergossene Blut bis zu den Zügeln der Pferde gereicht habe, kann von eigener Anschauung nicht die Rede sein. Es ist offensichtlich, daß dieses Bild aus der Geheimen Offenbarung stammt, in der im Anschluß an Jesaias 63.3 von der Kelter des Zornes Gottes berichtet wird, aus der „das Blut bis an die Zäume der Pferde ging durch tausend sechshundert Feld Wegs", wie es Luther übersetzt. Es ist kein Zufall, daß

---

the Christian Church. A Study of the Effects of the Jewish War of A.D. 70 on Christianism, London 1951.

[66] Daniel J. HARRINGTON, The Maccabean Revolt (Old Testament Studies 1), Wilmington 1988; Thomas KLAUSER, Christlicher Märtyrerkult, heidnischer Heroenkult und spätjüdische Heiligenverehrung, Köln - Opladen 1960, 27-38.

[67] Paul ALPHANDERY, Les citations bibliques chez les historiens de la Première Croisade, Revue de l'Histoire des Religions 99 (1929), 137-157; Y. KATZIR, The Conquest of Jerusalem, 1099 and 1187. Historical Memory and Religious Typology, in: The Meeting of Two Worlds. Cultural Exchange Between East and West during the Period of the Crusades (Studies in Medieval Culture 21), hg. v. Vladimir P. GOSS und Ch. V. BORNSTEIN, Kalamazoo 1986, 103-112; Daniel H. WEISS, Biblical History and Medieval Historiography: Rationalizing Strategies in Crusader Art, Modern Language Notes 108 (1993), 710-737. Vgl. auch: Brian STOCK, The Implication of Litteracy. Written Language and Models of Interpretation in the Eleventh and Twelfth Centuries, Princeton 1983.

[68] Paul ALPHANDERY/Alphonse DUPRONT, La chrétienté et l'idée de croisade, L'évolution de l'humanité 38, 2 Bde., Paris 1959, ND 1995. Zuletzt: Christoph AUFFARTH, Himmlisches und irdisches Jerusalem. Ein religionswissenschaftlicher Versuch zur „Kreuzzugseschatologie", Zeitschrift für Religionswissenschaft 1 (1993), 25-49; André VAUCHEZ, Les composants eschatologiques de l'idée de croisade, in: Le Concile de Clermont (wie Anm. 18), 233-242; Bernard MCGINN, Visions of the End. Apocalyptic Tradition in the Middle Ages, New York 1998, 90-92.

50

Raimund diese und andere Bilder aus der Apokalypse verwendet. Für den Autor, der sich am intensivsten von allen frühen Kreuzzugschronisten bemüht, die theologische Relevanz der von ihm miterlebten und geschilderten Ereignisse deutlich zu machen und im Lichte der Heiligen Schrift zu sehen[69], ist das von Muslimen und Juden bewohnte und erst von den Christen aus seiner Gefangenschaft erlöste Jerusalem in einer seltsamen Verknüpfung alt- und neutestamentlicher Motive nicht die Himmlische Stadt, sondern das gotteslästerliche Babylon der Apokalypse.

Auch wenn die Gewalttaten der plündernden und marodierenden Eroberer Jerusalems als solche nicht in Frage gestellt werden sollen, die Schilderung der abscheulichen Praxis, den Säuglingen die Köpfe einzuschlagen und in den aufgeschnittenen Bäuchen der Opfer nach Goldstücken zu suchen, wie man sie zum Beispiel bei Fulcher von Chartres dargestellt findet[70], geht auf niemanden anders als auf Flavius Josephus und seine Beschreibung der von den Legionären des Titus und Vespasians begangenen Greueltaten zurück[71]. Aus der gleichen Quelle könnte auch Matthäus von Edessa geschöpft haben, der in Gottfried von Bouillon den *Vespasianus redivivus* am Werke sieht, wenn er ihn mit dessen Schwert die Ungläubigen umbringen läßt[72].

Das eigentliche Reservoir, aus dem Kreuzzugspropaganda und ältere Kreuzzugshistoriographie bei der Schilderung der Massaker und ihrer Rechtfertigung schöpfen, sind jedoch die Schriften des Alten Testaments, genauer jene Bücher Moses, in denen es um den sogenannten *herem* geht – „the ban, under which all human beings among the defeated are devoted to destruction"[73]. Es ist Jahwe, der „rechte Kriegsherr", wie Luther ihn nennt, der zum Kampf gegen seine Feinde und die seines auserwählten Volkes aufruft, die Ordnung des Lagers – Fasten und Gebet, Reinheit in Speise und Sexualleben – und das Verhalten der Kämpfer festlegt, die Strategie des Heeres bestimmt und persönlich in das Kampfgeschehen eingreift. Er ist es auch, der an die Sieger die Forderung nach der „total destruction of the enemy" und „the complete anihilation" der Bewohner der eroberten Städte stellt, indem er

---

[69] Jean RICHARD, Raymond d'Aguilers, historien de la première croisade, Journal des Savants 3 (1971), 206-212 und Christoph AUFFARTH, „Ritter" und „Arme" auf dem Ersten Kreuzzug, ausgehend von Raimund von Aguilers, Saeculum 40 (1989), 39-55.

[70] Fulcher von Chartres, 302-303.

[71] Vgl. Anm. 65.

[72] Vgl. Anm. 32 und 65.

[73] Susan NIDITCH, War and Hebrew Bible. A Study in the Ethics of Violence, New York - Oxford 1993, 28-29. Hier auch die anderen im folgenden angeführten Zitate.

gebietet: Männer und Frauen, jung und alt, Ochsen, Schafe und Esel zu erschlagen und niemanden überleben zu lassen, wie es in Jericho geschah, wo alle Einwohner getötet und alles Silber und Gold, Bronze und Eisen bei der Verteilung der Beute ausgesondert und dem *thesaurus Domini*, dem Schatz Jahwes als des obersten Kriegsherren, zugeführt wurden.

Es kann nicht die Aufgabe eines Mediävisten sein, das, was man einen „war of extermination" genannt und in Umkehr von Chronologie und Kausalnexus als „the crusading mentality in the Hebrew Scriptures" bezeichnet hat, in den Zusammenhang der biblischen Theologie einzuordnen, und damit so zu relativieren, wie es die Exegeten tun[74]. Es liegt auch außerhalb seiner Kompetenz, sich über den historischen Kontext zu äußern, in dem die Bücher Moses und die in ihnen beschriebenen historischen Ereignisse stehen. Beobachtungen der Altorientalistik, der Ethnologie und der Anthropologie erlauben es jedoch, das, was in Jerusalem geschah bzw. im Rekurs auf die Bibel geschildert wird, in eine Tradition einzuordnen, die älter ist als die judäo-christliche und sich keineswegs auf den von ihr geprägten Kulturkreis beschränkt, ja als anthropologisches „Universale" anzusehen ist[75]: die Gleichzeitigkeit von entfesseltem Blutrausch und enthusiastischer Gottesverehrung, die schockierende Nähe von „la violence et le sacré" und diese Vorstellung von einem schrecklichen, herrsch- und rachsüchtigen Gott, der seine Gegner zum Schemel seiner Füße macht und Reinigungs- und Sühneopfer des Blutes von denen verlangt, die seine Heiligtümer, seine Stadt und sein Land, durch Worte und Taten, ja durch ihre bloße

---

[74] Aus der kaum noch überschaubaren Literatur zu diesem Thema: Gerhard VON RAD, Der heilige Krieg im alten Israel, Göttingen ⁵1965. Vgl. dazu: Manfred WEIPPERT, Heiliger Krieg in Israel und Assyrien. Anmerkungen zu Gerhard von Rads Konzept des „Heiligen Krieges im Alten Israel", Zeitschrift für alttestamentliche Wissenschaft 84 (1972), 460-493. Fritz STOLZ, Jahwes und Israels Kriege. Kriegstheorien und Kriegserfahrungen im alten Israel (Abhandlungen zur Theologie des Alten und Neuen Testaments 60), Zürich 1972; Sa-Moon KANG, Divine War in the Old Testament and in the Ancient Near East (Beihefte zur Zeitschrift für alttestamentliche Wissenschaften 177), Berlin 1989; Studien zu Opfer und Kult im Alten Testament (Forschungen zum Alten Testament 3), hg. v. Adrian SCHENKER, Tübingen 1992; Erich ZENGER, Ein Gott der Rache? Feindpsalmen verstehen, Bonn 1994.

[75] Lawrence H. KEELEY, War before Civilization, Oxford 1996; John FERGUSON, War and Peace in the World Religions, New York 1978; James A. AHO, Religious Mythology and the Art of War. Comparative religious symbolisms of military violence (Contributions to the study of Religions 3), Westpoint 1981; Hans KIPPENBERG, „Pflugscharen zu Schwertern": Krieg und Erlösung in der vorderasiatischen Religionsgeschichte, in: Töten im Krieg (Veröffentlichung des Instituts für Historische Anthropologie 6), hg. v. Heinrich VON STIETENCRON und Jörg RÜPKE, München 1995, 99-105 (Lit.).

Existenz verunreinigt haben[76]. Wie immer die Vorstellungen den Chronisten des ersten Kreuzzuges auch vermittelt worden sein mögen: der Gedanke, daß das Heilige Land, die Heilige Stadt und die Heiligen Stätten einer Reinigung durch nicht weniger als das Blut der Heiden und Gottesmörder bedürfe, ist bei so gut wie allen anzutreffen, ja dürfte auch de facto eine der Triebkräfte für den Aufbruch ins Heilige Land gewesen sein[77] – obwohl doch den *crucesignati*, zumindest den Klerikern unter ihnen, bewußt gewesen sein mußte, daß ihr Gott, dessen Sohn sich am Kreuz für die Menschheit geopfert hatte, keiner Blutopfer mehr bedurfte, um sich versöhnen und gnädig stimmen zu lassen.

V.

Man hat 1951 das, was in Jerusalem geschah, in die lange Liste der „wichtigsten Massenmorde seit Christi Geburt" aufgenommen und damit die Eroberung Jerusalems im Jahre 1099 zu einem *locus classicus* für das gemacht, was man als Massaker bezeichnet, zugleich aber auch zugestanden, daß die damit verbundenen Ereignisse nicht eindeutig als „Massenmord, Heldentat oder Erlösungswerk" klassifiziert werden könnten, sondern wie andere „historische Metzeleien, was die letzten Hintergründe, das Schuldmaß der Tatbeteiligten oder die Zahl der Opfer anbelangt, in ein schwer zu lichtendes Dunkel gerückt" seien[78]. Wenn dieses Dunkel auch nur ein wenig durch die vorgetragenen Überlegungen gelichtet wurde, haben sie ihren Zweck erfüllt.

---

[76] Vgl. dazu die grundlegenden Arbeiten von: Mary DOUGLAS, Purity and Danger. An Analysis of Concepts of Pollution and Danger, London 1966; René GIRARD, La violence et le sacré, Paris 1972; Walter BURKERT, Homo necans. Interpretationen altgriechischer Opferriten und Mythen (Religionsgeschichtliche Versuche und Vorhaben 32), Berlin 1972.

[77] Amy G. REMENSNYDER, Pollution, Purity, and Peace. An aspect of social reform between the late tenth century and 1076, in: The Peace of God. Social Violence and Religious Response in France Around the Year 1000, hg. v. Thomas HEAD/R. LANDES, Ithaca - New York - London 1992, 280-307; Penny J. COLE, „O God, the Heathen have come into Your Inheritance" (Ps. 78,1). The Theme of Religious Pollution in the Crusade Documents, 1095-1188, in: Crusaders and Muslims in Twelfth-Century Syria (The Medieval Mediterranean. Peoples, Economics and Cultures, 400-1453, 1), hg. v. Maya SHATZMILLER, Leiden - New York - Köln 1993, 84-111.

[78] Gerhard LUDWIG, Massenmord im Weltgeschehen. Bilanz zweier Jahrtausende, Stuttgart 1951, 10-11, Bodo VON BORRIES, Massenmord-Heldentat-Erlösungswerk? Die Eroberung Jerusalems im Jahre 1099, Geschichte lernen 7 (1989), 37.

Man ist in der Vergangenheit, aber auch in der Gegenwart noch einen Schritt weiter gegangen als den geschilderten, indem man nämlich die Begriffe „Kreuzzug" und „Kreuzfahrergesinnung" mit der Eroberung Jerusalems in so enge Verbindung brachte, daß die anders motivierten und auf andere Weise durchgeführten Kreuzzugsunternehmungen ins Heilige Land, ja alles das, was im 12. und 13. Jahrhundert in Outremer geschah, im Lichte dieser Ereignisse gesehen, als ein „finsterer Spuk" erscheinen mußten[79] Es sollte nicht populistischen, mitunter denunziatorische Intentionen verfolgenden Autoren, sondern wissenschaftlichen Diskursen wie demjenigen, der auf dieser Tagung geführt wird, überlassen bleiben, ob dies berechtigt ist oder ob den solchermaßen „Angeklagten" als ein mildernder Umstand angerechnet werden sollte, daß sie den Gegensatz zwischen Reinen und Unreinen, Gläubigen und Ungläubigen, Christen, Muslimen und Juden, der sie neben anderen Motiven zu dem veranlaßte, was als Massaker bezeichnet wird, schon bald nach der Eroberung der Heiligen Stadt zu überwinden suchten, auch wenn der so gefundene *modus vivendi* nur dank mühsam erreichter Konfliktregelungen zu erhalten war.

---

[79] WOLLSCHLÄGER, Die bewaffneten Wallfahrten (wie Anm. 15), 224.

„Multikulturelle Gesellschaft" oder „Persecuting Society"? „Franken" und „Einheimische" im Königreich Jerusalem

Marie-Luise Favreau-Lilie

„Unter den Franken gibt es einige, die sich in unserem Land eingewöhnt haben und mit den Muslimen Umgang pflegen. Diese sind besser als jene, die erst vor kurzem aus ihrer Heimat gekommen sind. Sie sind aber die Ausnahme und nicht als die Regel zu betrachten". „Alle Franken, die erst seit kurzem ihr Land verlassen haben, sind roher in ihrem Wesen, als jene, die sich schon an unser Land gewöhnt haben". Und, ein letztes, „Die Franken... sind wirklich eine verfluchte Rasse, die sich an keine andere Rasse gewöhnt"[1].

So heißt es sinngemäß in den Erinnerungen des 1095 geborenen und hochbetagt im Jahre 1188 in Damaskus verstorbenen vornehmen Syrers Usāma ibn Munqid. Negativ ist das Urteil dieses Mannes ausgefallen, der selbst reiche Erfahrungen im Umgang mit Kreuzfahrern und fränkischen Einwanderern sammeln konnte[2].

---

[1] Usâma ibn Munqidh, Ein Leben im Kampf gegen die Kreuzritter. Aus dem Arabischen übertragen u. bearb. v. Gernot ROTTER (Bibliothek arabischer Klassiker 4), Tübingen-Basel 1978 (künftig: Usāma ibn Munqiḏ), 159, 153. Der Vollständigkeit halber sei auch verwiesen auf die, im Folgenden aus praktischen Gründen allerdings nicht zitierte, englische Übers. unter dem Titel: Usāma Ibn-Munqid: The Autobiography of Ousāma ibn Munquidh (1095-1188), transl. with an introduction & notes by George Richard POTTER, London 1929.

[2] Zu seiner Person und zu seinem Werk vgl. Hartwig DERENBOURG, Ousāma Ibn Mounkidh, un émir syrien au premier siècle des croisades (1095-1188), 2 Bde. (Publications de l'Ecole

Seine Botschaft lautete: Die Franken lassen sich von ihrem Glauben an den absoluten Vorrang der eigenen Werte, der eigenen Religion und Kultur nicht abbringen, auch wenn sie sich während eines längeren Aufenthaltes oberflächlich an die Lebensverhältnisse und Landessitten im Orient anpassen und mit äußeren Zwängen arrangieren. Können wir diesem Urteil zustimmen?

Es wird im Folgenden darum gehen, das Verhältnis zwischen den „Franken", das heißt der fränkischen Oberschicht im Königreich Jerusalem, und den durch die Kreuzfahrer während des Ersten Kreuzzuges und danach unterworfenen Bewohnern dieser Region zu charakterisieren. Die Quellenbasis ist schmal, aber sie wird ausreichen, um die Lage der Orientalen im Königreich Jerusalem sowie ihre Behandlung durch die Franken, die durch ihre Zugehörigkeit zur römischen Kirche geprägt und dem abendländisch-lateinischen Kulturkreis verhaftet waren, bei aller gebotenen Vorsicht ansatzweise zu beschreiben und dabei vielleicht einige Ergänzungen des bekannten Bildes vorzunehmen.

Die meisten Menschen, die im Kreuzfahrerkönigreich zur Zeit seiner größten Ausdehnung in der zweiten Hälfte des 12. Jahrhunderts lebten, waren keine Christen. Die bisherigen Quantifizierungsversuche sind unbefriedigend, weil die Quellen der Kreuzfahrerzeit keine ausreichende Zahlenbasis liefern[3]. Joshua Prawer brachte unter Verzicht auf konkrete Zahlen seine Einschätzung des realen Kräfteverhältnisses zwischen der zahlenmäßig auch aus seiner Sicht so eindeutig überlegenen autochthonen Bevölkerung – Muslimen, Christen, Juden, Angehörigen verschiedener Sekten – und den Einwanderern aus Europa in dem Titel einer Studie über deren Stellung in den Kreuzfahrerstaaten prägnant zum Ausdruck[4].

---

des langues orientales vivantes 2. Ser. 2,1.2), Paris 1886-1893; Usāma ibn Munqid (wie Anm. 1), 13-15.

[3] Vgl. z. B. Meron BENVENISTI, The Crusaders in the Holy Land (1970), Jerusalem [2]1976, 17-21 (18f.) Danach umfaßte die einheimische Bevölkerung des Königreichs rund eine halbe Milllion Menschen, 75-80 Prozent von ihnen waren Muslime, mit weniger als 20 Prozent folgten die orientalischen Christen als zweitstärkste Gruppe. Die restlichen Prozente teilten sich die Juden, deren Zahl im Verlauf des 12. und 13. Jahrhunderts durch Rückwanderung und Einwanderung aus Europa offenbar deutlich zunahm, mit den verschiedenen Sekten: den Samaritanern um Nablus, den Assassinen und den Drusen, die in den bergigen Grenzregionen des Königreichs zurückgezogen lebten. Den Einheimischen standen nach Benvenisti ungefähr 140.000 Franken gegenüber, von denen die meisten in den Städten, namentlich in den beiden Hafenmetropolen Tyrus und Akkon lebten.

[4] Joshua PRAWER, Social Classes in the Crusader States: The "Minorities", in: The Impact of

Es steht außer Frage, daß sich im Königreich Jerusalem niemals eine Gesellschaft entwickelt hat, in der alle Bevölkerungsgruppen ungeachtet ihrer
Herkunft, Sprache und ihres Glaubens gleichberechtigt und konfliktfrei
neben- und miteinander gelebt, ihre unterschiedlichen kulturellen Traditionen
gepflegt und ihre Religion ausgeübt haben. Anpassung fand rein äußerlich
statt; sie betraf Kleidung und Ernährungsgewohnheiten, und sie war einseitig, denn nur die im Lande seßhaft gewordenen Europäer und ihre im
Lande geborenen Nachkommen paßten sich an. Dieses hat Philipp Hitti
überzeugend dargelegt[5]. Gegenseitiges Interesse an der Kultur der jeweils
Anderen, das mehr gewesen wäre als die Konsultation der renommierten
orientalischen Ärzte[6], war nicht vorhanden; gesellschaftlicher Umgang, der
mehr umfaßt hätte, als die in Friedenszeiten üblichen Kontakte zwischen den
Angehörigen der Oberschicht[7], unterblieb; aus kirchlicher Sicht rechtsgültige
Ehen zwischen „Lateinern" und Einheimischen waren nur die Verbindungen,
die Franken und Fränkinnen mit einheimischen Christinnen und Christen
bzw. mit getauften Muslimen eingingen[8]. Unter den besonderen Bedingungen des Sklavendaseins in muslimischer oder christlicher Umgebung
kam es zu Verbindungen zwischen Franken und Muslimen, die zumindest
gelegentlich mit der Flucht des zur Heirat gezwungenen Ehepartners bzw.
mit der Ermordung des nicht freiwillig gewählten Ehegatten endeten[9]. Es
wird sich nicht klären lassen, wie häufig es im Königreich Jerusalem zu
Liebesbeziehungen zwischen muslimischen Gefangenen und verheirateten
Fränkinnen kam, die sich ihrer Ehemänner mit Hilfe muslimischer Sklaven

---

the Crusades on the Near East (A General History of the Crusades 5), Madison, Wisconsin
1985, 59-115. Vgl. auch DERS., Histoire du royaume latin de Jérusalem 1, Paris [2]1975, 505-
535.

[5] Philip Khuri HITTI, The Impact of the Crusades on Moslem Lands, in: Impact of the Crusades
(wie Anm. 4), 33-58.

[6] HITTI, Impact (wie Anm. 5), 46.

[7] HITTI, Impact (wie Anm. 5), 46. Vgl. außerdem auch Usāma ibn Munqid̲ (wie Anm. 1), 159.

[8] Fulcher von Chartres, III, 37.4, 748; vgl. HITTI, Impact (wie Anm. 5), 46f. René GROUSSET,
Histoire des Croisades, 3 Bde., Paris 1935, Bd. I, 237f., hier: 238, kannte kein "manifeste
colonial plus éclatant" und nahm Fulchers Bericht als Beweis für die Entstehung einer "Nou-
velle-France" in der Levante. Vgl. zu diesem Abschnitt in Fulchers Werk auch Rudolf
HIESTAND, *Nam qui fuimus Occidentales, nunc facti sumus Orientales.* Siedlung und
Siedleridentität in den Kreuzfahrerstaaten, in: Siedleridentität. Neun Fallstudien von der Antike bis zur Gegenwart, hg. v. Christof DIPPER und Rudolf HIESTAND, Frankfurt/M. u. a.
1995, 61-80.

[9] Usāma ibn Munqid̲ (wie Anm. 1), 149f., 158; HITTI, Impact (wie Anm. 5), 47.

entledigten, weil letztere sich zum Mord an jenen, die wohl ihre Herren waren, hatten anstiften lassen. Nicht immer blieben die Schuldigen unentdeckt, doch zuweilen konnte vor der Aufdeckung solcher Taten noch auf Betreiben der Witwe die Taufe des unerkannten Mörders (und damit seine Freilassung[10]) erfolgen; gelegentlich fand auch die Hochzeit noch statt, bevor man die Schuldigen entdeckte, zuweilen aber flog die Sache noch vor der Eheschließung zwischen dem Freigelassenen und der verwitweten Christin auf.

Papst Coelestin III. (1191-1198) verfügte, daß auf solcher Grundlage geschlossene Ehen ungültig bzw. in solchen Fällen Heiraten unmöglich seien. An der Gültigkeit von Ehen zwischen Neophyten muslimischer Herkunft, die den ersten Ehemann ihrer Frauen ermordet und diese anschließend geheiratet hatten, hielt der Papst jedoch fest, sofern diese Frauen am Tode ihrer ersten Ehegatten keine Schuld traf[11]. Coelestin III. ging davon aus, daß Mischehen zwischen lateinischen Christen und zum christlichen Glauben konvertierten Muslimen im Kontext der Kreuzzüge vorkamen; er mußte sich damit offenbar befassen, weil man von ihm eine Entscheidung erbat über die Voraussetzungen, unter denen die Scheidung einer solchen Ehe möglich sei. Wir erfahren aus der Dekretale, daß sowohl Eheschließungen zwischen christlichen Witwen und zum Christentum bekehrten Muslimen möglich waren als auch Heiraten zwischen Christen (Kreuzfahrern, Franken) und verwitweten Musliminnen, die sich nach dem Tod ihrer Männer zum christlichen Glauben bekehrt hatten, und daß in beiden Konstellationen damit zu rechnen war, daß der zweite Ehemann den ersten während legitimer Kriegs-

---

[10] Zum Problem der Freilassung, der verschiedenen Formen und Voraussetzungen vgl. Livre des Assises de la Cour des Bourgeois, hg. v. Comte Auguste BEUGNOT (künftig: LACB), in: Assises de Jérusalem 2 – RHC, Lois, Bd. II, 1-226, hier: c. 206, 207, c255, 139-141, 191); Joshua PRAWER, Serfs, Slaves and Bedouin, in: DERS., Crusader Institutions, Oxford 1980, 201-214, 209.

[11] Decretal. Greg. IX. Lib. III. Tit. XXXIII, c.1 (*De conversione infidelium*), in: Corpus Iuris Canonici, ed. Emil FRIEDBERG 2: Decretalium collectiones, Leipzig 1879, 565f.: *Interrogasti de Sarracenis, qui, dum in captivitate essent, quarundam Christianarum viros earum insidiis et machinationibus occiderunt, utrum, quia postea per ipsas ad fidem Christianam conversi sunt, eas de iure possint accipere in uxores, vel, si duxerint, ipsum coniugium teneat eorundem: hic Triburiensis concilii regula contenti sumus, asserentis, quod, si in mortem ipsorum virorum malitione fuerint machinatae, licet earum studio ad ecclesiasticam fidem accesserint, tamen nec eis adhaerere debent, nec sunt si adhaeserint etiam, tolerandi. Non enim hic dispensatio sine periculo posset admitti, quum tale damnum tali lucro ecclesia compensare non velit.*

handlungen (*in bello*) getötet hatte[12]. Vielleicht war das Scheidungsbegehren einer solchen Frau, die von dieser Tat ihres zweiten Ehemannes erfahren hatte, ein Anlaß für die Anfrage an den Papst, aber in den Augen Coelestins III. war eine solche Tat kein ausreichender Rechtsgrund für ein Scheidungsbegehren. Leider berichten die vorhandenen Quellen überhaupt nicht von Einzelschicksalen dieser Art, es gibt keinen Hinweis auf die Anwendung dieser päpstlichen Entscheidung im Rechtsalltag. Es spricht jedenfalls nichts gegen die Vermutung, daß sie sich auf seltene Ausnahmefälle bezog.

Kenntnisse der Landessprache Arabisch, die mehr waren als die Fähigkeit, einen überlebensnotwendigen Minimalwortschatz im geschäftlichen Umgang mit Muslimen und orientalischen Christen richtig anzuwenden, waren selten[13]. Man traf sie wohl am ehesten noch an unter den männlichen Angehörigen der adeligen fränkischen Oberschicht, denn vornehme Franken unterhielten mehr als andere in Friedenszeiten Kontakte zu Angehörigen der muslimischen Oberschicht und zu den Beduinen in dem unter islamischer Herrschaft stehenden, von Damaskus und Aleppo aus beherrschten Teil Syriens[14]. Bemerkenswert ist, daß ein im Königreich Jerusalem geborener Prälat wie der Erzbischof Wilhelm von Tyrus selbst Arabisch weder lesen

---

[12] Ebd., 566: [...] *Sarraceni quidam, qui in bello sunt Christianos interfecisse notati, et Christiani similiter Sarracenos, postea vero Sarraceni ad catholicam fidem a gentilitate conversi, uxores eorum, quos in belli certamine occiderunt, sibi matrimonialiter copularunt, et id ipsum Christiani de Sarracenis mulieribus conversis ad fidem fecisse noscuntur: quae tamen, postquam de priorum morte compererint veritatem, divortium instanter exposcunt. In his igitur respondemus, quod, quum tales non procuraverint virorum interitum defunctorum, matrimonium inter huiusmodi personas licite potest contrahi, et taliter copulati, cuiuscumque sexus exsistant, divortium post mortem coniugum nequeunt postulare.*

[13] Usāma ibn Munqịd (wie Anm. 1), 159. Daß nicht nur weibliche Angehörige der fränkischen Herrenschicht außerstande waren, sich auf Arabisch verständlich zu machen, sondern die Franken bis auf wenige Ausnahmen die Landessprache gar nicht oder nur mangelhaft beherrschten, ergibt sich aus den zuweilen vielleicht doch etwas zu stark verallgemeinernden und gelegentlich in sich widersprüchlichen Bemerkungen von Usāma ibn Munqịd, 85 ("Die Franken sprechen nur ihre fränkische Sprache, und wir verstehen nicht, was sie sagen"), 159f. Die Mittlerrolle einheimischer Christen, die das Arabische in Wort und Schrift beherrschten, ergibt sich aus dem Bericht des Muhammad Ibn Ahmed Ibn Ġubair: Ibn Dschubair, Tagebuch eines Mekkapilgers. Aus dem Arabischen übertr. u. bearb. v. Regina GÜNTHER (Bibliothek arabischer Klassiker 10), Stuttgart 1985 (künftig: Ibn Ġubair), 225 über die Zollbehörde in Akkon.

[14] Usāma ibn Munqịd (wie Anm. 1), 88, 107f., 138f.,150f., 153, 156f., 159f.; Magister Thietmar, Peregrinatio, ed. Johann Christian Moritz LAURENT in: Peregrinatores medii aevi quatuor, hg. v. DEMS., Leipzig ²1873, Additamentum, 22f.

noch schreiben konnte[15]. Vermutlich war es ihm aber doch möglich, sich im alltäglichen Umgang mit den Einheimischen verständlich zu machen, vielleicht ebenso fließend wie es für Rainald, den Herrn von Sidon, durch muslimische Zeitgenossen bezeugt ist, die auch sein Interesse an arabischer Literatur und am Islam erwähnen[16]. Vermutlich war er in gewisser Hinsicht aber eine Ausnahmeerscheinung unter den fränkischen Baronen, wenngleich auch Kreuzfahrer, die in Syrien seßhaft geworden waren, mit Sprache und Alltagskultur der Muslime sehr vertraut wurden und sich in manchen Bereichen vollkommen anpaßten[17]. In noch höherem Maße galt dies vielleicht für im Lande geborene fränkische Adelige wie den Grafen Raimund III. von Tripolis, der mehr als sieben Jahre in muslimischer Gefangenschaft verbrachte, während dieser Zeit zweifellos Sprache und Mentalität des Gegners genauer kennenlernte, als dieses zuvor möglich gewesen war, und später durch den pragmatischen Charakter seiner Beziehungen zu Saladin des Verrates verdächtigt wurde[18]. Es galt wohl auch für Rainald von Sidon, der wegen seiner Sultan Saladin nach dem Zusammenbruch des Kreuzfahrerkönigreichs erwiesenen Gefälligkeiten die Hälfte seiner Baronie behalten durfte, sowie für Rainalds Sohn und Nachfolger Balian (1210-1240), der übrigens nicht nur beim Sultan von Ägypten in hohem Ansehen stand, sondern auch das Vertrauen Kaiser Friedrichs II. genoß und als kaiserlicher Unterhändler wesentlich zum Abschluß des Vertrages zwischen dem Sultan und Friedrich im Jahre 1229 beitrug, wofür er zum Lohn vom Sultan die noch unter muslimischer Verwaltung stehenden Teile der Herrschaft Sidon zurückerhielt[19].

Stellt man sämtliche Kriterien in Rechnung, die Hitti bei seinen auf das Verhältnis zwischen Franken und Muslimen konzentrierten Überlegungen berücksichtigt hat, und mißt man daran das Verhältnis zwischen den Franken

---

[15] Vgl. zu seiner Person zuletzt Hannes MÖHRING, Wilhelm von Tyrus, in: LexMA 9 (1999), 191f.

[16] Zu den arabischen Quellen vgl. GROUSSET, Histoire (wie Anm. 8), Bd. II, 832-834, hier: 833. Vgl. auch Continuation de Guillaume de Tyr, c. 68-71, hier: 80-82; John L. LA MONTE, The Lords of Sidon, Byzantion 17 (1944/45), 183-211, hier: 194, 197f.

[17] Usāma ibn Munqiḏ (wie Anm. 1), 159f.

[18] Die Dauer seiner Haft erwähnt Willhelm von Tyrus XX.28, 952. Zu seiner Person vgl. GROUSSET, Histoire (wie Anm. 8) Bd. II, 612-617, 773-775; 782-784, 796f., 823 und v. a. Marshall Whited BALDWIN, Raymond III of Tripolis and the Fall of Jerusalem (1140-1187), Princeton 1936, hier: 8f., 11f.14f., 83f., 88-95, 156-160.

[19] Continuation de Guillaume de Tyr, c. 71, 81f.; LA MONTE, Lords of Sidon (wie Anm. 16), 200-209, hier: 202f.

und den Nichtchristen, unter denen die Juden eine neben den Muslimen zahlenmäßig absolut unbedeutende Minorität darstellten, so muß das Fazit lauten: Es hat im Königreich Jerusalem niemals eine multikulturelle Gesellschaft im Sinne eines gegenseitigen offenen Austausches zwischen den Franken und den muslimischen Bewohnern des Königreichs Jerusalem gegeben. Die Frage nach der Qualität und Intensität einer Kommunikation und eines eventuellen kulturellen Austausches zwischen den romorientierten und papsttreuen Franken und den einheimischen Christen im Kreuzfahrerkönigreich klammere ich in den folgenden Überlegungen ganz bewußt aus. Eine Verständigung unter Christen war prinzipiell leichter möglich, im Alltag wurde aber auch die Kommunikation zwischen den Franken und den mehrheitlich Arabisch sprechenden einheimischen Christen natürlich durch die Sprachbarriere erschwert, zumal die Franken als Eroberer- und Herrenschicht eine rechtliche Gleichstellung aller im Lande lebenden Christen nicht gewollt haben.

Wenden wir uns nun dem Begriff „persecuting society" zu. Beschreibt er zutreffend die Art des Umganges zwischen Franken und Einheimischen? Wurden letztere von ersteren unterdrückt oder gar regelrecht verfolgt? Jean Richard hat zu Beginn der fünfziger Jahre, wohl noch unter dem Eindruck des kaum vergangenen nationalsozialistischen Rassenwahns, in seiner Geschichte des Königreichs Jerusalem[20] positiv hervorgehoben, daß den Kreuzfahrern jeglicher Rassismus fremd gewesen sei; er hat das Verhalten der Lateiner gegenüber den unterworfenen Bewohnern Syriens und Palästinas, Muslimen und anderen, in jeder Hinsicht als tolerant empfunden. Hans Mayer hingegen[21] hob die Intoleranz der Franken gegenüber allen Einheimischen, insbesondere gegenüber den Muslimen hervor, ja er hat eine Verweigerung von „religious and civil liberties"[22] konstatiert und auf die enorme finanzielle Ausbeutung namentlich der Muslime und die vielfältigen Formen ihrer Unterdrückung durch die Kreuzfahrer und deren Nachkommen, die im Heiligen Land seßhaft gewordene fränkische Herrenschicht, hingewiesen. Ich will es bei diesen beiden Beispielen aus der Kreuzzugsforschung belassen. Festzuhalten ist, daß so gegensätzliche Interpretationen und Urteile nur dann zustandekommen können, wenn die Quellen aufgrund

---

[20] Jean RICHARD, The Latin Kingdom of Jerusalem, Amsterdam 1979, 136, 142.

[21] Hans Eberhard MAYER, Latins, Muslims and Greeks in the Latin Kingdom of Jerusalem, History. The quarterly of the Historical Association 8 (1978), 175-192.

[22] Ebd., 187.

ihrer Dürftigkeit sehr viel Raum für Deutungen und Hypothesen lassen. Leider ist dies der Fall: die Quellenlage erlaubt keine flächendeckende exakte Rekonstruktion der realen Verhältnisse, häufig bilden Textzeugnisse des 12. Jahrhunderts die Grundlage für eine Beschreibung vermeintlicher Realitäten im 13. Jahrhundert und umgekehrt.

Es besteht trotz aller Unsicherheiten in Detailfragen kein Zweifel daran, daß eine rassische Verfolgung in der Tat nicht stattgefunden hat. In diesem Punkt ist Richard zuzustimmen. Zu beantworten wäre noch die Frage nach der möglichen Verfolgung von Teilen der einheimischen Bevölkerung in Syrien und Palästina aus Glaubensgründen: Von einer physischen Verfolgung der einheimischen Christen kann natürlich keine Rede sein. Was den Umgang mit den „Ungläubigen", Muslimen und Juden, betrifft, so prägten nur in der Eroberungsphase während der ersten zwölf Jahre nach der Ankunft der Kreuzfahrer vor der nordsyrischen Stadt Antiochia Fanatismus, Brutalität und Beutegier das Handeln der Kreuzfahrer. Blutbäder unter den Einheimischen haben die bereits im Lande seßhaft gewordenen und auf die Konsolidierung ihrer Stellung bedachten adeligen Kreuzfahrer seit der Einnahme von Sidon in den Städten Syriens und Palästinas nicht mehr angerichtet[23]. Die fränkischen Barone und die Könige von Jerusalem erkannten binnen weniger Jahre, daß der Besitz von weitgehend menschenleeren, verödeten Städten nur ökonomische Probleme schuf[24] und daß die Politik der Gewalt, welche Vertreibung und Flucht ganzer Einwohnerschaften[25], Massaker unter der Bevölkerung[26] und Versklavung der Überlebenden[27] in

---

[23] Ebd., 180; PRAWER, Minorities (wie Anm. 4), 61.

[24] Ibn al-Qalānisī, übers. v. Roger LE TOURNEAU als: Damas de 1075 à 1145: traduction d'un fragment de l'Histoire de Damas d' Ibn al-Qalanisi (Institut français de Damas), Damascus 1952 (künftig: Ibn al- Qalānisī), 43 zur Massenflucht der muslimischen Einwohner Jerusalems vor Beginn der Belagerung durch die Kreuzfahrer. Nach den Massakern unter der verbliebenen Bevölkerung und dem Erlaß eines Ansiedlungsverbotes für alle Nichtchristen bereits kurz nach der Eroberung 1099 war die Stadt weitestgehend entvölkert. Da fränkische Einwanderung das Bevölkerungsdefizit nicht ausglich, bemühte sich König Balduin I. durch Schaffung besonderer materieller Anreize für als Bauern in Transjordanien lebende christliche Syrer, diese als Neusiedler in die Heilige Stadt zu ziehen: Wilhelm von Tyrus, XI.27, 535f. Vgl. GROUSSET, Histoire (wie Anm. 8), Bd. I, 285f.; RICHARD, Latin Kingdom (wie Anm. 20), 133f.

[25] So verfuhr man z. B. 1101 in Arsuf: Ibn al- Qalānisī (wie Anm. 24), 46.

[26] Vom Massaker in Caesarea (1101) berichtet Ibn al-Qalānisī (wie Anm. 24), 46. Marie-Luise FAVREAU-LILIE, Die Italiener im Heiligen Land vom ersten Kreuzzug bis zum Tode des Grafen Heinrich von Champagne (1098-1197), Amsterdam 1989, 94.

Kauf nahm, das Wirtschaftsleben nicht nur in den Städten sondern im ganzen Königreich massiv schädigte.

Der Pragmatismus der siegreichen Kreuzfahrer im Umgang mit der unterworfenen Stadtbevölkerung ersparte den nichtchristlichen Einwohnern von Sidon (1110)[28], Tyrus (1124)[29] und Askalon (1153)[30] – aber wohl auch den Einwohnern anderer, weniger prominenter im Binnenland des Königreichs gelegener, Ortschaften – jenes Sklavendasein, das die bei der Erstürmung von Städten und Ortschaften in Syrien überlebende und in Gefangenschaft geratene Bevölkerung seither vielfach erdulden mußte.

Für die muslimischen Einwohner des Kreuzfahrerkönigreichs hatte der Sieg der Franken den Verlust ihrer bisherigen sozialen und rechtlichen Stellung zur Folge. Sie wurden zu Unterworfenen. Nun mußten auch sie eine Kopfsteuer zahlen. Im wesentlichen wurden sie so behandelt wie alle anderen Unterworfenen, das heißt die im Lande lebenden, dem griechischen und arabischen Kulturkreis verbundenen Christen[31] und die Juden, deren

---

[27] Vgl. z. B. das Schicksal der Bevölkerung von Caesarea (1101), Tripolis (1109) und Bairut: Ibn al-Qalānisī (wie Anm. 24), 86, 94f.; FAVREAU-LILIE, Italiener (wie Anm. 26), 94.

[28] Nach Ibn al-Qalānisī (wie Anm. 24), 100f. zog aus Sidon ein großer Teil der Bevölkerung ab, während der Besitz eines großen Teils der Zurückgebliebenen konfisziert wurde.

[29] Folgen wir Ibn al-Qalānisī (wie Anm. 24), 163, so blieben in Tyrus nur die Muslime zurück, die physisch nicht imstande waren, die Stadt zu Fuß zu verlassen, also Alte und Gebrechliche. Nach Ibn Ġubair (wie Anm. 13), 228f. verließ 1124 ein großer Teil der Bevölkerung die Stadt; ein Teil der muslimischen Emigranten kehrte später jedoch wieder zurück und konnte problemlos wieder Fuß fassen. Dieser Rückkehr von muslimischen Einwohnern, die nach der Einnahme der Stadt durch die Kreuzfahrer zunächst in die unter muslimischer Herrschaft stehenden Gebiete emigriert waren, legten weder der König noch die Venezianer, die Tyrus unter sich aufgeteilt hatten, Hindernisse in den Weg. Man war an einer friedlichen Koexistenz der Muslime mit den anderen Bevölkerungsgruppen, in erster Linie den einheimischen und lateinischen Christen, so sehr interessiert und darauf bedacht, den Status der Muslime abzusichern, daß man verbindliche Vorschriften, die das friedliche Miteinander des muslimischen und des christlichen Bevölkerungsteils regeln sollten, schriftlich fixierte. So wurde – anders als in der Stadt Akkon, wo es nach der für die Bevölkerung verlustreichen Eroberung im Jahre 1104 nicht wieder zur Ansiedlung von Muslimen kam – in Tyrus jenes friedliche Miteinander zwischen den in Tyrus lebenden Christen und Nichtchristen möglich, das im Jahr 1184 den muslimischen Mekkapilger Ibn Ġubair (wie Anm. 13), 229 in Erstaunen versetzte. Zur Person und zum Reisebericht des Ibn Ġubair vgl. Ibn Jobair, Voyages, ed. und übers. Godefroid DEMOMBYNES (DHC 6), Paris 1949-1965, 1-29.

[30] Von Ibn al-Qalānisī (wie Anm. 24), 333 erfahren wir, daß alle, die dazu imstande waren, entweder zu Schiff nach Ägypten oder auf dem Landweg in das noch unter islamischer Herrschaft stehende Hinterland flohen.

[31] Zur Lage der einheimischen Christen in den Kreuzfahrerstaaten vgl. allg. PRAWER,

Zahl im 13. Jahrhundert durch Zuwanderung aus Europa merklich anstieg[32]. Für jene Landesbewohner, die keine Muslime waren – griechische und orientalische Christen, Juden, Samaritaner – änderte sich im Grunde nicht viel, da sie als Schutzbefohlene des Kalifen schon unter dem alten islamischen Regime zur Zahlung einer Kopfsteuer verpflichtet waren[33].

Für die Muslime war der Sieg der Kreuzfahrer nicht nur wegen der daraus folgenden erstmaligen Kopfsteuerpflicht ein Ereignis mit meßbaren materiellen Folgen, die gravierender waren als für die anderen Einheimischen, denn zur Kopfsteuerpflicht kam, zumindest für die muslimischen Bauern, wie Hans Eberhard Mayer gezeigt hat[34], eine viel stärkere Belastung mit sonstigen Abgaben an die Grundherren, als sie den anderen Gruppen der einheimischen Bevölkerung auferlegt war.

Wir werden im Folgenden sehen, daß die Rechtsüberlieferung des Königreichs Jerusalem sowie die Generalkapitelbeschlüsse und Statuten der beiden großen Ritterorden, der Johanniter und der Templer, einige bisher in diesem Kontext noch nicht herangezogene Bestimmungen enthalten, die für eine präzisere und differenziertere Beschreibung der Lage der im Kreuzfahrerkönigreich lebenden Muslime und deren Verhältnis zur fränkischen Oberschicht durchaus von Nutzen sind.

Da diese Bestimmungen ein Konfliktpotential im Auge haben, das aus den latenten Spannungen zwischen Eroberern und Unterworfenen resultiert, begeben wir uns gewissermaßen auf das schwierige Feld der „Konfliktforschung". Zu Konflikten zwischen den Nichtchristen und den Franken konnte es überall dort kommen, wo beide Gruppen miteinander zu tun hatten, auf dem Lande und in der Stadt. Es ist daher angebracht, einen Blick auf die Beziehungen zwischen Franken und autochthoner Bevölkerung zu werfen.

Minorities (wie Anm. 4), 65-94. Einen knappen Überblick über die verschiedenen Kirchen im Königreich Jerusalem gibt DERS., The Latin Kingdom of Jerusalem: European Colonialism in the Middle Ages, London 1972, 214-232.

[32] Zur Stellung der Juden im Königreich Jerusalem vgl. ebd., 233-251; PRAWER, Minorities (wie Anm. 4), 94-101; DERS., The History of the Jews in the Latin Kingdom of Jerusalem. Oxford 1988, passim.

[33] Dazu vgl. Wilhelm HEFFENING, Das islamische Fremdenrecht bis zu den islamisch-fränkischen Staatsverträgen. Eine rechtshistorische Studie zum Fiqh (Beiträge zum Rechts- und Wirtschaftsleben des islamischen Orients 1), Hannover 1925.

[34] MAYER, Latins (wie Anm. 21), 181f.

I. Fränkische Grundherren und einheimische Bauern

Beginnen wir mit der Situation in den ländlichen Gebieten. Unter den Bauern dominierten im Königreich Jerusalem die Muslime, gefolgt von den syrischen Christen, den fränkischen Kolonisten[35] und ganz am Ende den Juden, die sich in Galiläa konzentrierten, sowie den Samaritanern im Gebiet um Nablus[36]. Es gab keine Mischsiedlungen[37]: die Angehörigen der verschiedenen Glaubensgemeinschaften lebten getrennt jeweils für sich in ihren eigenen Dörfern. Es spricht alles dafür, daß man den Bauern eine auf interne Streitigkeiten und das Zivilrecht beschränkte rechtliche Autonomie konzedierte, so daß sie sich an ihre eigenen kleinen Gerichte unter dem Vorsitz ihrer Dorfvorsteher (*cour du raïs*) wenden konnten[38].

Alle Bauern waren prinzipiell an Fremdherrschaft gewöhnt[39], allerdings nur an landfremde muslimische Grundherren und nicht an die Herrschaft von „Schweinen", wie die Muslime die Christen nannten[40]. Doch sie neigten nicht sehr zum offenen Widerstand gegen die Kreuzfahrerherrschaft. Widerstand der muslimischen Bauern artikulierte sich, wie wir im Folgenden sehen werden, auf ganz unterschiedliche Weise. Offene Aufstände gegen die Fremdherrschaft an sich waren extrem selten; vor dem Kollaps des Königreichs 1187 ereigneten sie sich nur wenige Male, niemals im Norden des Reiches und meist dann, wenn Vergeltungsmaßnahmen von seiten der Könige nicht zu befürchten waren[41]. Die muslimischen Bauern zogen es im allgemeinen vor, in ihrer Heimat zu bleiben und auf verschiedene Weise heimlichen Widerstand zu leisten. Sie nutzten offenbar – zumindest zeitweilig – fast jede Gelegenheit, um zu einer Schwächung der Franken, nicht nur ihrer persönlichen Grundherren, beizutragen und den islamische Macht-

---

[35] Zu den fränkischen Dörfern vgl. zuletzt Ronnie ELLENBLUM, Frankish Rural Settlement in the Latin Kingdom of Jerusalem, Cambridge 1998.

[36] Zur jüdischen Siedlung in Galiläa vgl. PRAWER, Latin Kingdom (wie Anm. 31), 58f., 233, 242f.; DERS., Jews (wie Anm. 32), 49.

[37] Claude CAHEN, Orient et Occident au temps des croisades, Paris 1983, 158.

[38] Ebd., 164-166.

[39] Ebd., 161.

[40] Vgl. z. B. Ibn Ġubair (wie Anm. 13), 224, 226, 230.

[41] Vgl. zu den Details der Revolten in Samaria um Nablus und in Transjordanien im Wadi Musa z. B. RICHARD, Latin Kingdom (wie Anm. 20), 133. Emmanuel SIVAN, Réfugiés syropalestiniennes à l'époque des Croisades, Revue des études islamiques 35 (1967), 135-147, hier: 138. MAYER, Latins (wie Anm. 21), 183f.

habern, die Rekuperationspolitik betrieben, und deren Truppen im Rahmen ihrer Möglichkeiten behilflich zu sein.

Der aufmerksame und kritische Beobachter der Verhältnisse im Königreich in den letzten Jahrzehnten vor dem Zusammenbruch von 1187 wußte oder ging davon aus, daß die im Gebiet der Herrschaft Akkon oder auch andernorts im Königreich Jerusalem lebenden muslimischen Bauern, die nach Auffassung des Mekkapilgers Ibn Ġubair zumindest um die Mitte der achtziger Jahre des 12. Jahrhunderts dort deutlich besser gestellt waren als die Bauern in den unter muslimischer Herrschaft stehenden Gebieten Syriens[42], sich dennoch nach Kräften darum bemühten, die Flucht von in Gefangenschaft geratenen und versklavten Glaubensgenossen[43] in das muslimische Hinterland zu unterstützen[44]. Da zwischen Akkon an der Küste und Tibnin / Toron unweit der Grenze zwischen dem Kreuzfahrerkönigreich und Damaskus ausschließlich Muslime siedelten[45], waren die Voraussetzungen für erfolgreiche Fluchthilfe zweifellos günstig.

Den Eindruck, daß die muslimischen Bauern im Königreich bei genauerem Hinsehen keine gehorsamen und loyalen Untertanen der Lateiner waren, gewann bereits im Jahre 1164 der armenische Fürst Thoros auf jener Reise, die ihn als Pilger nach Jerusalem führte[46]. Er glaubte, daß bei einem Einfall muslimischer Truppen in das Königreich die muslimischen Bauern den Invasoren jede nur denkbare Hilfe zuteil werden lassen würden: Sie würden jene nicht nur mit Lebensmitteln versorgen, sondern ihnen, wie Thoros angeblich König Amalrich bei einem Gespräch über die eventuelle Ansiedlung armenischer Wehrbauern prophezeit hatte, auch auf andere Weise von Nutzen sein. Gemeint hat Thoros damit sicher Führer- und Kundschafterdienste, also Spionage, das heißt Verrat, der im Königreich Jerusalem selbstverständlich als Kapitalverbrechen mit dem Tode bestraft wurde[47].

---

[42] Ibn Ġubair (wie Anm. 13), 224f.

[43] Vom Elend muslimischer Gefangener und Sklaven im Königreich Jerusalem berichten z. B. Usāma ibn Munqid̲ (wie Anm. 1), 101f. u. Ibn Ġubair (wie Anm. 13), 229; vgl. die etwas abweichende Übers. v. DEMOMBYNES, Ibn Jobair (wie Anm. 29), 360.

[44] Usāma ibn Munqid̲ (wie Anm. 1), 102.; Ernoul, Chronique, ed. Louis de MAS-LATRIE, Chronique d'Ernoul et de Bernard le Trésorier (Société de l'histoire de France 157), Paris 1871, hier: 28 (c. 4).

[45] Das berichten übereinstimmend Usāma ibn Munqid̲ (wie Anm. 1), 102; Ibn Ġubair (wie Anm. 13), 224.

[46] Hierzu und zum Folgenden vgl. den Brief Thoros' an König Amalrich von Jerusalem bei Ernoul, c. 4 (wie Anm. 44) hier: 28; vgl. RICHARD, Latin Kingdom (wie Anm. 20), 133.

[47] Livre de Jean d'Ibelin (künftig: Johann von Ibelin) c. 14, Livre de Philippe de Navarre

Ganz unbegründet ist das Mißtrauen des armenischen Fürsten gegenüber der Zuverlässigkeit der im Königreich lebenden Muslime wohl nicht gewesen. Ja, leichtfertig groß scheint beispielsweise das Vertrauen gewesen zu sein, das ein im Königreich aufgewachsener Baron wie Rainald, der Herr von Sidon, der selbst fließend Arabisch sprach, dem 'Sarazenen' (*saracin*) entgegenbrachte, den er in seinen Dienst genommen hatte, denn dieser muslimische Schreiber, der möglicherweise die Aufgaben eines Sekretärs versah, fühlte sich seinem Herrn weniger verpflichtet als der Sache Saladins: Er lieferte Rainald von Sidon im Jahre 1189 an die Muslime aus[48].

Eine weitere Form gewaltlosen Widerstandes, eine unübersehbare Form des Protestes gegen Verhältnisse, welche die Bauern nicht verändern konnten, aber auch nicht länger ertragen wollten, war die Flucht. Betrachten wir zunächst die bäuerliche Landflucht. Genauso wie die in einem guten Dutzend Dörfern Galiläas lebenden Juden[49], die Samaritaner im Bergland von Nablus[50] oder auch die syrischen Christen[51] waren auch die muslimischen Bauern im Königreich Jerusalem an die Scholle gebunden[52]. Ähn-

---

(künftig: Philipp von Novara) c. 17, beide ed. Comte Auguste BEUGNOT, in: Les Assises de Jérusalem ou recueil des ouvrages de jurisprudence composés pendant le XIIIe siècle dans les royaumes de Jérusalem et de Chypre 1: Assises de la Haute Cour = RHC, Lois, Bd. II, Paris 1841, 487, 491; Abrégé du Livre des Assises de la Cour des Bourgeois, ed. Comte Auguste BEUGNOT, in: RHC, Lois, Bd. II, 227-352, hier: c. 341, 342f.

[48] GROUSSET, Histoire (wie Anm. 8) Bd. II, 833 (hier Auswertung der arabischen und der fränkischen Überlieferung).

[49] Vgl. zur Verteilung der jüdischen Gemeinden im Königreich Jerusalem vor und nach 1187 Benjamin Z. KEDAR, Notes on the History of the Jews in Palestine in the Middle Ages (Hebr.), Tarbiz 42 (1972/73), VIII-IX (engl. Zusammenfassung), 401-418; DERS., The Jewish Communitiy of Jerusalem in the Thirteenth Century (Hebr.), Tarbiz 41 (1971/72), VI-VII (engl. Zusammenfassung), 82-94; PRAWER, Latin Kingdom (wie Anm. 31), 239-243; DERS., Minorities (wie Anm. 4), 95-101; DERS., Jews (wie Anm. 32), 46-63, zu Galiläa bes. 54-60, 112 (Karte).

[50] RICHARD, Latin Kingdom (wie Anm. 20), 135; BENVENISTI, Crusaders (wie Anm. 3), 18 u. ö.; Benjamin Z. KEDAR, Jews and Samaritans in the Crusading Kingdom of Jerusalem (Hebr.), Tarbiz 53/3 (1983, april-june), 387-408; engl. Zusammanfassung ebd., III-IV; PRAWER, Latin Kingdom (wie Anm. 31), 59; DERS., Minorities (wie Anm. 4), 69-71.

[51] Zur Verteilung der christlichen Landbevölkerung im Königreich Jerusalem vgl. PRAWER, Latin Kingdom (wie Anm. 31), 225. Zur Situation der Christen und christlichen Kirchen in allen Kreuzfahrerstaaten vgl. DERS., Minorities (Anm. 4), 65-94.

[52] BENVENISTI, Crusaders (wie Anm. 3), 17. Zur rechtlichen Lage der im Königreich Jerusalem mehrheitlich auf dem Lande als Bauern, im Norden aber auch, wie im nördlichen Syrien allgemein, zahlreich in den Städten lebenden muslimischen Bevölkerung vgl. RICHARD, Latin Kingdom (wie Anm. 20), 133f.; PRAWER, Minorities (Anm. 4), 61. Vgl. auch DERS., Serfs

lich wie ihre Standesgenossen im Westen durften sie sich nur mit Erlaubnis ihrer christlichen Grundherren aus ihren Dörfern entfernen, und sie konnten zusammen mit ihrem Hof von ihrem Herrn verkauft werden[53]. Die Bauern verließen ihre Hofstellen, ja sie entfernten sich offenbar schon im frühen 12. Jahrhundert häufig unerlaubt von den Gütern ihrer adeligen Herren, ohne eine Rückkehr in Erwägung zu ziehen. Das Problem war so drängend – durch die Fluchtbewegung verloren die Kreuzfahrer zu viele der für die Bewirtschaftung der eroberten Güter unerläßlichen Arbeitskräfte –, daß wohl schon in der ersten Hälfte des 12. Jahrhunderts im Königreich Jerusalem das Problem der Landflucht durch ein Gesetz geregelt werden mußte: 'L'Assise et l'établissement des vilains et des vilaines'[54].

Dieses Gesetz behandelte die einheimischen Bauern ungeachtet ihrer Religionszugehörigkeit gleich, und es schuf vor allem Verfahrensvorschriften für den Umgang mit der bäuerlichen Landflucht, für die Behandlung der gefaßten Flüchtlinge und die Belohnung der Personen, denen die Festnahme und Auslieferung der Flüchtigen an ihre Herren zu verdanken war[55]. Es sicherte die Rechte der adeligen Grundherren im Königreich Jerusalem an ihren Bauern. Verfügt wurde die Einrichtung von Sondergerichten, die sich mit den flüchtigen Bauern und ihrer Aburteilung zu befassen hatten. Der Lehnsoberherr (das heißt der König oder der Lehnsherr des betroffenen Grundherrn) mußte die Richter an diesen Gerichten ernennen. Vorgeschrieben war eine Mindestzahl von Richtern, nämlich drei, die unter den Vasallen des Grundherrn rekrutiert wurden.

Schon Joshua Prawer hat auf die Aufgaben hingewiesen, die das für die Flucht von hörigen Bauern zuständige Gericht hatte. Erstens fällte es Entscheidungen in Streitfällen zwischen verschiedenen Grundherren wegen der Herrschaftsrechte über hörige Bauern. Zweitens mußte es, sobald es über die Flucht eines Bauern informiert wurde, Alarm auslösen und die Verfolgung

---

(wie Anm. 10), 204, 208 (er verweist auf die genaue begriffliche Differenzierung zwischen Hörigen und Sklaven bei Johann von Ibelin).

[53] RICHARD, Latin Kingdom (wie Anm. 20), 134.

[54] Seinen Inhalt resümierte Johann von Ibelin, c. 251-255 (wie Anm. 47), 403-406. Bekannt war diese Assise auch den Juristen Philipp von Novara, c. 65, 66 (wie Anm. 47), 535-536 u. Geoffroy Le Tort, Livre, c. 8, in: RHC, Lois, Bd. I, 437. Dazu auch PRAWER, Serfs (wie Anm. 10), 204.

[55] Johann von Ibelin, c. 251-252; c. 255 (wie Anm. 47), 403f., 406. Zu den Problemen, die bei Eheschließungen zwischen Hörigen zweier Grundherren entstanden, vgl. ebd., c. 253-254, 404f. Hierzu und zum Folgenden vgl. auch PRAWER, Serfs (wie Anm. 4), 204.

des Flüchtigen einleiten. Seine dritte Aufgabe war die Auslieferung fest-
genommener Höriger an ihre Grundherren.

Das Gericht hatte bei der Untersuchung besonders kontroverser Streitigkeiten über Eigentumsrechte an einem Hörigen das Recht zur Zeugenbe-
fragung; das heißt es durfte andere hörige Bauern als Zeugen heranziehen
und deren Aussagen berücksichtigen. Für dieses Inquisitionsverfahren haben,
wie zuletzt Prawer treffend hervorhob, nordfranzösische Rechtsbräuche Pate
gestanden. Dieses Gesetz galt allerdings nicht für alle Grundherren im
Königreich, denn es behandelte nur die Bauern der in den Reichslehns-
verband integrierten adeligen Grundherren, und es verpflichtete letztere zu
gegenseitiger Unterstützung bei der Suche nach flüchtigen Bauern und bei
deren Festnahme und Überstellung an den rechtmäßigen Grundherrn, gab
diesem auch das Recht, notfalls von einem nicht kooperationsbereiten
Standesgenossen auf dem Klageweg die Herausgabe flüchtiger Höriger zu
verlangen[56].

Keine Geltung hatte dieses Gesetz für die geistlichen Grundherrschaften,
beispielsweise die Territorien der geistlichen Ritterorden. Nicht nur untereinander schlossen diese Auslieferungsabkommen[57], sondern auch mit ihren
adeligen Nachbarn. Das im Jahre 1186 geschlossene Abkommen zwischen
dem Johanniterorden und dem Fürsten von Antiochia über die gegenseitige
Auslieferung von hörigen Bauern, landflüchtigen Muslimen und griechischen Christen[58], ist sicherlich keine Ausnahme gewesen.

Die autochthone christliche Landbevölkerung, das heißt die syrischen
Christen und die Griechen, die in den Territorien der Ritterorden vor allem
im nördlichen Syrien – zum Beispiel im Gebiet der Herrschaften von Margat
und Krak des Chevaliers – siedelten[59], hat man wohl nicht ganz so schlecht

---

[56] Vgl. Johann von Ibelin, c. 255 (wie Anm. 47), 406.

[57] Vgl. die am 9. Oktober 1258 in Akkon geschlossene Vereinbarung zwischen Johannitern,
Templern und Deutschem Orden über die Sicherung ihrer Rechte an landflüchtigen bäuerlichen Hintersassen (*homines*), die ohne Erlaubnis und teilweise ohne Erfüllung ihrer
Zahlungsverpflichtungen gegenüber dem Grundherrn von den jeweils eigenen Gütern auf das
benachbarte Land eines der beiden anderen Ritterorden abgewandert waren, um dort seßhaft
zu werden: DELAVILLE LE ROULX, Bd. II, Nr. 2902, hier: 862.

[58] DELAVILLE LE ROULX, Bd. II, Nr. 783, hier: 495; Jonathan RILEY-SMITH, The Knights of St.
John in Jerusalem and Cyprus 1050-1310 (A History of the Order of the Hospital of St. John
of Jerusalem 1), London 1967, 465. PRAWER, Serfs (wie Anm. 10), 206.

[59] Im Fürstentum Antiochia war mit der Landflucht muslimischer Bauern (*villani Saraceni*)
anders umzugehen als mit der Landflucht christlicher Bauern: DELAVILLE LE ROULX, Bd. I,
Nr. 783.

behandelt wie die muslimischen Bauern. Sie dürften etwas sicherer gewesen sein vor grober körperlicher Mißhandlung, da Tätlichkeiten der Ordensbrüder gegen Christen gleich welcher Konfession gewiß nicht nur im Templerorden streng untersagt waren und mit Ausschluß aus dem Orden bestraft wurden. Aber im Grunde war die Leibherrschaft der Ritterorden für die christlichen Bauern keineswegs angenehmer als die Leibherrschaft der weltlichen Grundherren. Sie hatten prinzipiell keine Möglichkeit, sich gegen eine Umsiedlung zu wehren, zum Beispiel gegen Umsiedlungsaktionen, wie sie vor 1262 die syrischen und griechischen Christen in den Gebieten von Margat und Krak des Chevaliers betrafen[60].

Das Fluchtziel eines entlaufenen muslimischen Bauern war das unter islamischer Herrschaft stehende Gebiet: Nur dort war er im allgemeinen sicher vor Festnahme und Auslieferung an seinen ehemaligen Herrn. Sicherheit gab es allerdings nicht überall in den muslimischen Gebieten; vor allem wurde eine Flucht riskant, wenn die in den Grenzregionen herrschenden muslimischen Emire um materieller Vorteile willen mit den fränkischen Baronen kooperierten. So konnte zum Beispiel im Jahre 1280 Humfred von Montfort, der Herr von Bairut, bei dem Emir des Hügellandes südöstlich von Bairut (Ġarb), der die Straße von Bairut nach Damaskus kontrollierte, den Verzicht auf eine Unterstützung flüchtiger Glaubensgenossen durchsetzen[61]: Kein muslimischer Bauer aus der Herrschaft Bairut sollte nach Möglichkeit im Ġarb Aufnahme finden. Hier haben wir einen deutlichen Hinweis auf die – wenige Jahre vor dem endgültigen Zusammenbruch des zweiten Kreuzfahrerkönigreichs vielleicht mehr als je zuvor lebendige – Neigung der im Gebiet von Bairut lebenden Muslime, sich ihren fränkischen Herren durch Abwanderung über die Grenze in das Gebiet von Damaskus zu entziehen.

Das Gesetz über die Bauern rechnete offenkundig nicht mit einer „massenhaften" gleichzeitigen Flucht ganzer Dorfgemeinschaften. Dazu kam es wohl nicht so häufig. Es bedurfte schon außergewöhnlicher Vorkommnisse, bevor alle Bauern eines Dorfes sich mit ihren Familien durch Emigration in das unter islamischer Herrschaft stehende syrische Hinterland

---

[60] DELAVILLE LE ROULX, Bd. III, Nr. 3032, § 12, hier: 46.

[61] Charles CLERMONT-GANNEAU, Deux chartes des croisés dans les archives arabes, in: DERS., Recueil d'archéologie orientale 4, Paris 1903-1905, 9-14. Kamal S. SALIBI, The Buhturids of the Garb: Medieval Lords of Beirut and of Southern Lebanon, Arabica, Revue des études arabes 8 (1961), 74-97, hier: 87 Anm. 4 greift auf die Nachrichten in einer im 15. Jahrhundert verfaßten Familienchronik jener muslimischen Herren von Bairut zurück; dazu auch PRAWER, Serfs (wie Anm. 10), 206.

dem Zugriff ihres Grundherrn entzogen. Die allgemeine Unsicherheit auf dem Land, die Übergriffe von durchziehenden Lateinern oder gar fränkischen Räuberbanden auf das Hab und Gut der waffen- und wehrlosen muslimischen Landbevölkerung[62] reichten allein nicht aus, um diese zur Aufgabe ihrer Hofstellen und zur Auswanderung zu bewegen.

Um die Mitte des 12. Jahrhunderts (1156/57) ereignete sich der einzige bisher aus den Kreuzfahrerstaaten bekannte Fall dieser Art, über den wir nur durch eine arabische Quelle unterrichtet sind. Die Bauern aus einer Handvoll Dörfern in der Umgegend von Nablus flohen mit ihren Familien vor ihrem Grundherrn und wanderten nach Damaskus aus[63]. Die stark überhöhte Kopfsteuer, die sie ihm zahlen mußten – das Vierfache des Üblichen – und seine Vorliebe für die körperliche Züchtigung als Strafe für seine Bauern hätten diese noch nicht dazu bringen können, ihre Heimat zu verlassen. Das Maß war jedoch voll, als Balduin von Ibelin daran ging, ihnen ihren heiligen, arbeitsfreien Wochentag (den Freitag) zu nehmen. An jenem Tag kamen sie damals allwöchentlich aus verschiedenen Dörfern zusammen, um Predigten zu lauschen, deren Inhalt dem Grundherrn mißfiel. Er beschuldigte den Rechtsgelehrten und Prediger Aḥmad ibn Muḥammad ibn Qudāma, den Anhänger einer extrem orthodoxen Richtung im Islam[64] aus dem unweit von Nablus gelegenen Dorf Ǧammāʿīl, das zu seiner Grundherrschaft gehörte, die Bauern mit seinen Ansprachen von der Arbeit abzuhalten. Wohl um der drohenden Festnahme zu entgehen, beschloß der gelehrte Mann, nach Damaskus zu emigrieren, und er gewann für dieses Vorhaben zahlreiche Mitglieder seiner eigenen Familie und viele andere Bauernfamilien aus dem

---

[62] Daniella TALMON-HELLER, Arabic Sources on Muslim Villagers under Frankish Rule, in: From Clermont to Jerusalem. The Crusades and Crusader Societies 1095-1500, hg. v. Alan V. MURRAY (International Medieval Research 3), Turnhout 1998, 103-115, hier: 111ff.

[63] SIVAN, Réfugiés (wie Anm. 41), 138f.; Joseph DRORY, Hanbalis of the Nablus Region in the Eleventh and Twelfth Centuries, Asian and African Studies 22 (1988), 93-112. Wir verdanken unsere Kenntnis der Geschehnisse Ibn Ṭūlūn aus Damaskus, der im 16. Jahrhundert in sein Geschichtswerk große Teile des Traktates aufnahm, in dem ein Enkel des emigrierten Predigers auf der Basis der Familienüberlieferung die Flucht und ihre Vorgeschichte beschrieben hatte. Dazu auch TALMON-HELLER, Arabic Sources (wie Anm. 52), 104, 108, 115f. Sie bezeichnete zu Recht diesen Exodus als religiös motivierte Form von Widerstand, den der Chronist als Hiǧra gewertet wissen wollte. Zur religiösen Notwendigkeit der Emigration aus einem nichtmuslimischen Land vgl. auch Ibn Ǧubair (wie Anm. 13), 229.

[64] Zur Erneuerung der islamischen Orthodoxie vgl. Nikita ELISSÉEFF, The Reaction of the Syrian Muslims after the Foundation of the First Latin Kingdom of Jerusalem, in: Crusaders and Muslims in Twelfth Century Syria, hg. v. Maya SHATZMILLER, Leiden 1993, 162-172, hier: 168.

Kreis seiner Anhänger. Dank sorgfältiger Vorbereitung und Abwanderung in kleinen Gruppen gelang der Plan[65]. Die Emigranten hatten im übrigen das islamische Gesetz auf ihrer Seite, das damals wie heute von streng gläubigen Muslimen die Auswanderung aus einem nichtislamischen Land verlangt, wenn ihnen dort die Ausübung ihrer Religion untersagt ist.

Mit der Flucht demonstrierten diese muslimischen Bauernfamilien aus Samaria gegen den Machtmißbrauch ihres fränkischen Grundherren. Ihnen blieb aus ihrer Sicht als einzige Möglichkeit des Protestes die Emigration. Die Flucht erregte Aufsehen. Andere Bauern in der Region Nablus fanden darin später ein Vorbild für eigenes Handeln: In den sechziger und siebziger Jahre des 12. Jahrhunderts verließen die Bewohner von mindestens acht weiteren Dörfern im Gebiet um Nablus das Königreich, auch Muslime aus Nablus selbst emigrierten nach Damaskus[66].

Die Nachrichten in den wenigen erzählenden Quellen, die uns zur Verfügung stehen, vermitteln den Eindruck, daß es insgesamt eher relativ wenige Bauern waren, die in das Gebiet von Damaskus abwanderten, und daß es sich im wesentlichen um Muslime handelte. Der größte Teil der einheimischen Bevölkerung des Königreichs Jerusalem wanderte jedoch nicht ab. Die Liebe zur Heimat war wohl nicht nur bei den in ihre Geburtsstadt Tyrus zurückgekehrten Muslimen[67] größer als die Abneigung gegen ein Leben unter fränkischer Herrschaft. Nur für besonders strenggläubige Muslime war ein Leben unter christlicher Herrschaft selbst dort undenkbar, wo sie ihren Glauben praktizieren und ihre Sitten und Gebräuche pflegen konnten[68]. Für die meisten muslimischen Einwohner im Königreich waren trotz des auch für Muslime seit dem Sommer 1099 geltenden Ansiedlungsverbotes in Jerusalem[69], trotz der Umwandlung von einigen, in Küstenstädten gelegenen,

---

[65] Über die Zahl und die genaue Herkunft jener Muslime, die zwischen 1156 und 1173 nach Damaskus gingen, vgl. zuletzt die demographiegeschichtliche und namenskundliche Studie von Benjamin Z. KEDAR u. Muhammad ḤAJJŪJ, Muslim Villagers of the Frankish Kingdom of Jerusalem. Some Demographic and Onomastic Data, in: Itinéraires d'Orient. Hommages à Claude Cahen, hg. v. Groupe pour l'Etude de la Civilisation du Moyen-Orient (Res Orientales 6), Leuven 1994, 145-156, hier: 147-154.

[66] Vgl. dazu SIVAN, Réfugiés (wie Anm. 41), 137f.

[67] Vgl. Ibn Ġubair (wie Anm. 13), 229.

[68] Ebd.

[69] Für das Ansiedlungsverbot für Juden und Muslime in Jerusalem ist von grundlegender Bedeutung der Hinweis bei Wilhelm von Tyrus, XI.27, 535f. Vgl. Joshua PRAWER, The Latin Settlement of Jerusalem (1952), in: DERS., Crusader Institutions (wie Anm. 10), 85-101, hier: 90; DERS., Minorities (wie Anm. 4), 95.

großen Moscheen in Kirchen während der Eroberungsphase[70] die Lebensbedingungen nicht unerträglich, da ihnen die Pflege von Sitten und Gebräuchen und die Praktizierung ihres Glaubens im allgemeinen nicht untersagt wurde. Balduin von Ibelin war wohl eher eine unrühmliche Ausnahme.

II. Franken und Einheimische in den Städten

Wenden wir uns nun dem potentiellen Konfliktstoff zu, der zu Spannungen in den Beziehungen zwischen Franken und Nichtchristen in den Städten des Kreuzfahrerkönigreichs führen konnte. Worüber stritt man sich und wo?

Der Erlaß von Kleidervorschriften für Muslime durch das Konzil von Nablus vom Jahre 1120, die den Muslimen als einziger einheimischer Bevölkerungsgruppe im Königreich Jerusalem das Anlegen der fränkischen Tracht ausdrücklich untersagte[71], dürfte bei den Betroffenen keine freundlichen Gefühle für die fränkische Herrschaft ausgelöst haben. Vor allem in den Städten mit einem muslimischen Bevölkerungsteil und namentlich dort, wo sich die verschiedenen Bevölkerungsgruppen täglich im öffentlichen Raum begegneten, das heißt auf den öffentlichen Marktplätzen, mußten sich die Muslime diskriminiert und erniedrigt fühlen, denn der Kleidererlaß nahm ihnen die Möglichkeit, sich äußerlich anzugleichen. Mit der Kleidervorschrift, deren Vorbild zweifellos Anordnungen für die unter islamischer Herrschaft lebenden Christen und Juden waren, hat man in Nablus vielleicht eine Verwechslung der muslimischen Sarazenen mit jenen christlichen Landesbewohnern ausschließen wollen, die mittlerweile als Kinder fränkischer Väter und christlich-orientalischer Mütter im Lande lebten und eine allzu ähnliche Physiognomie hatten. Die erste Generation dieser Kinder aus Mischehen war immerhin um das Jahr 1120 bereits herangewachsen. Zwar ist nicht bekannt, daß es wegen Mißachtung der 1120 erlassenen Kleidervorschrift in den Städten zwischen Muslimen und Lateinern zu Kon-

---

[70] Von der Umwandlung eines Teiles der Moscheen in Akkon in Kirchen berichtet Ibn Ġubair (wie Anm. 13), 226. PRAWER, Jews (wie Anm. 32), 106 Anm. 43 gegen MAYER, Latins (wie Anm. 21), 185 plädiert für das Fortbestehen der Moscheen nach der Eroberung zumindest außerhalb der größeren Städte. Zu der Frage vgl. auch Rainer Christoph SCHWINGES, Kreuzzugsideologie und Toleranz. Studien zu Wilhelm von Tyrus (Monographien zur Geschichte des Mittelalters 15), Stuttgart 1977, hier: 274, 278f.

[71] Johannes Dominicus MANSI, Sacrorum Conciliorum nova et amplissima collectio, Bd. XXI, ND Paris 1903, c. 16, 264. Dazu vgl. PRAWER, Jews (wie Anm. 32), 105.

flikten gekommen wäre, doch auszuschließen sind solche Streitigkeiten keineswegs. Die Kleidervorschrift grenzte die Muslime als einzige einheimische Bevölkerungsgruppe aus der Gesellschaft des Königreichs Jerusalem sichtbar aus, eine Diskriminierung, die man den Juden im Königreich Jerusalem niemals zufügte. Die einschlägigen Vorschriften, die auf dem Dritten und Vierten Laterankonzil verabschiedet wurden[72], hat man im Königreich Jerusalem ebensowenig beachtet wie in den anderen Kreuzfahrerstaaten.

Zur Sicherung des inneren Friedens in den Städten trug sicherlich die Tatsache bei, daß auch unter fränkischer Herrschaft die Wohnquartiere der verschiedenen Bevölkerungs- und Religionsgruppen in den Städten voneinander separiert waren, so wie es übrigens auch auf dem Lande keine Mischsiedlungen gab. In Akkon beispielsweise erhielten Juden und mit ihnen alle anderen Nichtlateiner nach dem Ende des Dritten Kreuzzuges ein Niederlassungsrecht lange Zeit nur noch für die neue Vorstadt Montmusard[73]. Erst Jahrzehnte später, nach dem Krieg von St. Sabas in der zweiten Hälfte des 13. Jahrhunderts, lockerte sich diese Vorschrift, jedoch nur für die Juden, denen die Venezianer, zu jener Zeit die faktischen Herren der Stadt, die Ansiedlung in dem von den ihnen kontrollierten Teil der Stadt in Hafennähe gestatteten. Finanzielle Interessen waren die Ursache für diese Großzügigkeit, und es waren auch fiskalische Gründe, die Venedig einige Jahre später zu einigen Maßnahmen bewogen, welche die Abwanderung dieser Juden in andere Teile der Stadt verhindern sollten[74].

---

[72] Ebd., 104f.

[73] Nach CAHEN, Orient et Occident (wie Anm. 37), 158f., war das Fehlen von Mischsiedlungen bzw. die Beibehaltung separater Wohnquartiere in den Städten eine wichtige Voraussetzung für den inneren Frieden im Königreich Jerusalem. Zur Entwicklung der Vorstadt Montmusart in Akkon und der Ansiedlung von Juden und einheimischen Christen dort vgl. David JACOBY, Crusader Acre in the thirteenth Century: Urban Layout and Topography, Studi Medievali 3a ser. 20 (1979),1-45, hier: 41, 43 u. Fig.1-2; PRAWER, Minorities (wie Anm. 4), 113; DERS., Jews (wie Anm. 32), 95.

[74] Beschluß vom 15. August 1271 *De revocacione facta de consilio, quod Iudei de Accon stare debeant intra rugam Veneciarum, in tantum quod stare debeant sicut prius*: Deliberazioni del Maggior Consiglio di Venezia, ed. Roberto CESSI, 3 Bde. Bologna 1930-1934, Bd. II, 402; vgl. PRAWER, Serfs (wie Anm. 10), 212, der versehentlich auf zwei in diesem Zusammenhang unerhebliche Ratsbeschlüsse verwies. – Die Bedeutung der von allen einheimischen Bevölkerungsgruppen geforderten Kopfsteuer für den Fiskus wird an den finanziellen Konzessionen deutlich, die König Johann von Brienne den im venezianischen Drittel von Tyrus lebenden melkitischen Christen zugestand, um sie zur Übersiedlung in den Teil der Stadt zu bewegen, den er selbst kontrollierte: Oliver BERGGÖTZ, Der Bericht des Marsilio Zorzi:

Ansonsten trug zur Sicherung des inneren Friedens zwischen den einheimischen Bevölkerungsgruppen auch in den Städten zweifellos deren begrenzte rechtliche Autonomie bei[75]. Es wird sich nicht mit letzter Bestimmtheit sagen lassen, ob diese Autonomie dort verloren ging, wo auf Initiative der Stadtherren ein eigenes Marktgericht entstand, das die Aufgaben der von den jeweiligen Gemeindevorstehern geleiteten Gerichtshöfe übernahm[76].

Streitigkeiten und Tätlichkeiten ereigneten sich in erster Linie auf den öffentlichen Märkten der Städte, den vermutlich wichtigsten Stätten der Begegnung zwischen Franken und Einheimischen. Dort trafen gelegentlich auch ausländische Fernhändler auf Franken und Einheimische: Die Basare wurden Bühnen, auf denen Konflikte zwischen Angehörigen der verschiedenen Bevölkerungsgruppen des Kreuzfahrerkönigreichs öffentliche Ereignisse wurden. Man stritt sich dort, wo Handwerker und Händler selbst produzierte und angekaufte Waren feilboten, Geldverleiher und -wechsler ihre Dienste anboten, an jenen Orten, wo man sich über Geschäftsbeteiligungen einigte, wo sich die einen um Kredit bemühten und die anderen Investitionsmöglichkeiten für ihr Kapital suchten; wo man mit Alltäglichem und mit Luxusgütern handelte und auch den Folgen von Fehlinvestitionen und Pleiten zu entkommen suchte[77].

Wenn Franken in den Städten des Königreichs Jerusalem mit Nichtchristen zu tun hatten, so handelte es sich einerseits um Juden, die als Mitglieder der dort in Städten und Dörfern existierenden Gemeinden ihrem Broterwerb als Handwerker, Bauern und Fischer, aber auch als Ärzte,

---

Codex Querini-Stampalia IV 3 (1064) (Kieler Werkstücke, Reihe C/2), Frankfurt am Main etc. 1991, 166f. Die Kopfsteuereinnahme waren nach Meinung des Königs offenbar höher als sein Verlust durch die Befreiung der Melkiten von den Ein- und Ausfuhrzöllen am Hafen. Venedig durfte in seinem Teil von Tyrus, in dem es volle Souveränität genoß, die Kopfsteuer der einheimischen Bevölkerung – hier waren es Juden und syrische (melkitische) Christen – einfordern.

[75] Zur rechtlichen Autonomie und zur Existenz eigener Gerichtshöfe unter dem Vorsitz der jeweiligen Gemeindevorsteher vgl. CAHEN, Orient et Occident (wie Anm. 37), 158; PRAWER, Minorities (wie Anm. 4), 102-106. Nach Jonathan RILEY-SMITH, Some lesser officials in Latin Syria, English Historical Review 87 (1972), 1-26, hier: 6f. ging die rechtliche Autonomie der Nichtlateiner nur in Akkon verloren.

[76] Für die Ablösung der *Cour du rais* durch die *Cour de la fonde* plädierte RICHARD, Latin Kingdom (wie Anm. 20), 139; MAYER, Latins (wie Anm. 21), 185.

[77] Alle diese wirtschaftlichen Aktivitäten lassen sich nicht zuletzt aus diversen Bestimmungen des LACB (wie Anm. 10), passim erschließen.

Schiffer, Händler und Geldverleiher nachgingen[78]; zum anderen handelte es sich um Muslime, aber weniger um die nicht sehr zahlreichen muslimischen Ärzte, die auch von Franken zu Rate gezogen wurden[79], sondern vor allem um die zahlreichen muslimischen Bauern, die auf den städtischen Märkten Brotgetreide, Gemüse, Fleisch und Milchprodukte feilboten. Von ihren Nahrungsmittellieferungen hing zu großen Teilen das Überleben der fränkischen Stadtbevölkerung des Königreichs ab, deren Versorgung nach den territorialen Verlusten des Jahres 1187 immer schwieriger wurde.

Als eine Form stillen Widerstandes gegen die Kreuzfahrerherrschaft ließe sich daher vielleicht die in den ersten Jahrzehnten nach der Eroberung der Stadt erkennbare Weigerung der muslimischen Bauern im Umland von Jerusalem begreifen, den bestmöglichen Beitrag zur Versorgung der fränkischen Bevölkerung Jerusalems zu leisten, alle entbehrlichen Nahrungsmittel dort feilzubieten (Milch und Milchprodukte, Fleisch, Gemüse und Obst, Getreide) und damit zur Stabilisierung der fränkischen Herrschaft beizutragen. König Balduin II. bemühte sich um die Lösung des Versorgungsproblems, indem er finanzielle Anreize auch für die muslimischen Bauern schuf: vor allem durch ihre Befreiung von allen Abgaben (Zöllen und Markgebühren), die bisher bei der Einfuhr von Lebensmitteln an den Stadttoren Jerusalems und beim Verkauf auf dem Markt vom Verkäufer zu zahlen waren[80].

Nur in wenigen Städten hatte die muslimische Einwohnerschaft die Machtübernahme der Kreuzfahrer ohne Ermordung, Vertreibung oder dauerhafte Emigration überstanden. Selbst friedliches Verhalten der Kreuzfahrer bei der Besetzung einer Stadt wie Tyrus hielt einen Großteil der muslimischen Einwohnerschaft zunächst nicht von der Emigration ab, doch immerhin kehrten gerade dorthin nach einiger Zeit etliche von ihnen aus Heimweh zurück[81]. So gab es in Tyrus am Vorabend des Dritten Kreuzzuges außer den einheimischen Christen und den Juden, welche die Stadt beim Einzug der Kreuzfahrer 1124 nicht verlassen hatten[82], und außer den seit

---

[78] Dazu vgl. Jonathan RILEY-SMITH, The Feudal Nobility and the Kingdom of Jerusalem, 1174-1277, London 1973, 79, 81; Marie-Luise FAVREAU-LILIE, Die Kreuzfahrerherrschaft Scandalion (Iskanderune), Zeitschrift des Deutschen Palästina-Vereins 93 (1977), 12-29, hier: 19, 24; PRAWER, Jews (wie Anm. 32), 107f., 121-127.

[79] Usāma ibn Munqiḏ (wie Anm. 1), 151f.; Wilhelm von Tyrus, XVIII.34, 859. Dazu vgl. PRAWER, Jews (wie Anm. 32), 107f.

[80] Wilhelm von Tyrus, XII.15, 565; RICHARD, Latin Kingdom (wie Anm. 20), 133.

[81] Ibn Ġubair (wie Anm. 13), 229.

[82] Zu dieser Gemeinde vgl. PRAWER, Jews (wie Anm. 32), 51-54.

1124 dort ansässigen Franken anders als in Akkon auch eine muslimische Bevölkerungsgruppe[83].

Alle Einheimischen durften nur den öffentlichen Markt aufsuchen, um ihre Geschäfte abzuwickeln. Zugang zu den Märkten der italienischen Seehandelsstädte hatten sie nicht[84]. Der Handel der einheimischen Kaufleute war durchweg durch höhere Abgaben belastet als der Handel der privilegierten italienischen Händler, und die Einheimischen waren ausnahmslos vom Außenhandel des Königreichs mit Europa ausgeschlossen. Wenn es auf diesen Märkten zu Rechtsstreitigkeiten kam, dann waren für die Behandlung der Klagen eigene Marktgerichte zuständig. Allerdings ist nur für Akkon die Existenz eines solchen Gerichtes im königlichen Teil der Stadt ausdrücklich bezeugt[85]. Nichtchristen – Muslime wie Juden oder Samaritaner, die dort ihr Recht suchten – mußten mit einem nur von Christen aller im Königreich vertretenen Glaubensrichtungen besetzten und durch syrische Christen majorisierten Gerichtshof Vorlieb nehmen, der unter dem Vorsitz eines fränkischen Vogtes (*bailli*) als Vertreter des Stadtherrn tagte[86].

---

[83] Ibn Ġubair mußte sich in Akkon zweifellos deshalb bei einer Christin einmieten, weil es dort – anders als in Nablus (vgl. Usāma ibn Munqiḏ [wie Anm. 1], 154) – weder eine spezielle Herberge für muslimische Reisende noch überhaupt muslimische Einwohner gab, bei denen er sich hätte einquartieren können: vgl. Ibn Ġubair (wie Anm. 13), 225; vgl. die etwas abweichende Übersetzung von DEMOMBYNES, Ibn Jobair (wie Anm. 29), 354.

[84] Zur Monopolisierung der Handelsschiffahrt zwischen den Kreuzfahrerstaaten und Europa durch westliche, v. a. italienische Schiffer und Kaufleute vgl. FAVREAU-LILIE, Italiener (wie Anm. 26), passim.

[85] LACB, c. 243 (wie Anm. 10), 178-181. Bis heute sind die Verbreitung der unter der Aufsicht der Stadtherren stehenden Marktgerichte (*Cour de la fonde*) und die Konsequenzen ihrer Etablierung für die rechtliche Autonomie der einheimischen Bevölkerung in den Städten und Marktorten des Köngreichs, namentlich in Akkon, umstritten: Joshua PRAWER, L'établissement des coutumes du marché à St.-Jean d'Acre et la date de composition du Livre des Assises des Bourgeois, Revue d'histoire du droit français et étranger 4. Ser. 29 (1951), 329-351; Jean RICHARD, Colonies marchandes privilégiées et marché seigneurial. La fonde d'Acre et ses ''droitures'', Le Moyen Age 59 = 4. Ser. 8 (1953), 325-340; DERS., Latin Kingdom (wie Anm. 20), 136;. RILEY-SMITH, Some lesser officials (wie Anm. 75), 6f.; MAYER, Latins (wie Anm. 21), 185; CAHEN, Orient et Occident (wie Anm. 37), 164f. PRAWER, Minorities (wie Anm. 4), 113f. Diese unter der Aufsicht des Stadtherren stehenden Märkte waren für den lokalen und internationalen Handel, für einheimische Händler sowie orientalische und westliche Fernkaufleute größer als von PRAWER, Latin Kingdom (wie Anm. 20), 412f. seinerzeit angenommen. Vgl. FAVREAU-LILIE, Italiener (wie Anm. 26), 463-483.

[86] LACB, c. 241 (wie Anm. 10), 171-173.

Die Verfahrensregeln, die für die Abwicklung von Klagen zwischen den Angehörigen aller im Königreich nur denkbaren Religionen vor diesem Gericht vorgesehen waren, dienten dem Ausgleich zwischen den verschiedenen Gruppen in der einheimischen Bevölkerung. Sie benachteiligten niemanden, auch nicht die Nichtchristen unter den Klägern und Beklagten. Nach diesen Verfahrensregeln wurden Darlehensprozesse unter Einheimischen vor dem Marktgericht abgewickelt. Nur Darlehensprozesse, in denen der fränkische Schuldner eines einheimischen Geldverleihers nicht zahlte, gelangten vor das Stadtgericht.

Um bei Klagen gegen zahlungsunwillige fränkische Schuldner nicht von vornherein zu unterliegen, mußten sich sämtliche einheimischen Geldverleiher, Muslime ebenso wie Juden oder Christen, stärker absichern als fränkische Bourgeois[87]. Sie waren gut beraten, wenn sie nur in Anwesenheit von Zeugen über ein Darlehen verhandelten und einen Kreditvertrag schlossen, denn nur, wenn sie im Streitfall bei der Klage vor der *Cour des Bourgeois* gegen einen säumigen fränkischen Schuldner einen oder mehrere Zeugen präsentieren konnten, war es ihnen möglich, einen Franken, der seine Schulden bestritt, zur Leistung des Reinigungseides vor Gericht zu zwingen. Ohne eine solche Zeugenpräsentation war der beklagte Franke nicht einmal zur Leistung eines solchen Eides gegenüber dem Kläger verpflichtet. Hinsichtlich der Religionszugehörigkeit der Zeugen, die ein solcher Gläubiger beizubringen hatte, gab es im Königreich Jerusalem – anders als etwa im Königreich Aragonien seit 1241, wo die Geschäftsbeziehungen zwischen Christen und Juden regelungsbedürftig schienen[88] – keinerlei Vorschriften. Sie mußten keinen christlichen Zeugen beibringen.

Die Gesetzgebung ging davon aus, daß es auf dem öffentlichen Markt zu Handgreiflichkeiten zwischen fränkischen Bourgeois beiderlei Geschlechts und Muslimen kam. Man ging davon aus, daß es bei solchen Vorfällen mitunter auch Verletzte gab[89]. Von Juden und einheimischen Christen als

---

[87] Zum Folgenden vgl. ebd., c. 59-60, 53.

[88] Fritz BAER, Studien zur Geschichte der Juden im Königreich Aragonien (Historische Studien 106), Berlin 1913, 82f. – Auch von einer Differenzierung der von den Zeugen zu leistenden Eidesformeln in Abhängigkeit vom Streitwert der Verfahrens oder gar von der Einführung spezieller Eidesformeln für Christen und Nichtchristen, etwa in der Art des Judeneides, wie er beispielsweise im 13. Jahrhundert im Königreich Aragon eingeführt wurde (ebd., 75-87), ist nicht die Rede in den Verfahren, für die das Marktgericht im Königreich Jerusalem zuständig war.

[89] LACB, c. 241 (wie Anm. 10)' 172f.

potentiellen Tätern ist in den Bestimmungen, die sich auf derartige Situationen beziehen, nicht die Rede. In die Kompetenz des Marktgerichtes fiel nur die Behandlung von Klagen gegen Muslime, die auf dem Markt Christen verletzt hatten und deshalb zur Rechenschaft gezogen wurden. Bei der Verhandlung über diesen Straftatbestand in der *Cour de la fonde* sollte keines der dort üblichen, oben bereits geschilderten, Beweisverfahren Anwendung finden. Man wartete, bis das Opfer selbst soweit wiederhergestellt war, daß es vor Gericht eine Klage einreichen konnte. Nicht nur, wenn ein Muslim gefaßt wurde, während er seine Tat beging, sondern auch wenn er erst zu einem späteren Zeitpunkt wegen Körperverletzung verklagt wurde, sollte er vor Gericht gestellt werden. Das Gericht sollte für die Genesung des Opfers sorgen und dem Täter das Leben schenken, denn das Opfer sollte Gelegenheit erhalten, sich selbst zu rächen. Verzichtete es jedoch auf Rache, dann sollte in jedem Fall das Gericht eine angemessene Strafe verhängen: öffentliche Auspeitschung in der Stadt und anschließende Verbannung[90]. Einem Wiederholungstäter drohte ein unehrenhafter Tod durch Erhängen. Körperverletzung in einem Wiederholungsfall galt also, ebenso wie Mord oder Hochverrat[91], als Kapitalverbrechen, wenn der Täter ein Muslim und das Opfer ein Christ oder eine Christin war.

Einwohner des Königreichs Jerusalem, die keine Franken waren, denen deshalb das Waffentragen untersagt war und die daher im Kampf völlig ungeübt waren, erhielten, wenn sie wegen eines Kapitalverbrechens verklagt wurden, ausnahmsweise das Recht, den Kläger zum Zweikampf fordern zu dürfen. Doch mußten sie diesen Kampf nicht in jedem Fall selbst bestehen. Waren ihre Herren ihnen wohlgesonnen und an ihrem Überleben interessiert, so beschafften sie trainierte Ersatzkämpfer. Dadurch wurde vermutlich mehr als einem muslimischen Bauern das Leben gerettet. Über den Verlauf eines solchen Zweikampfes, den der betroffene Grundherr durch einen erfolgreichen Stellvertreter hatte bestreiten lassen, sind wir durch die Usāma ibn Munqiḏ informiert[92].

---

[90] Dieselbe Strafe, allerdings verbunden mit anschließender lebenslanger Haft, wurde wegen der Anstiftung zum Mord an Christen gegen Templerbrüder verhängt: The Rule of the Templars. The French Text of the Rule of the Order of the Knights Templars, transl. and introd. by Judith M. UPTON-WARD, Woodbridge 1992, c. 554, 144.

[91] Vgl. LACB, c. 276 (wie Anm. 10), 209. Zur grundsätzlichen Behandlung dieser Kapitalverbrechen vgl. auch ebd., c. 278-279, 210f.; Abrégé du Livre des Assises de la Cour des Bourgeois (wie Anm. 47), c. 30, hier: 342.

[92] Usāma ibn Munqiḏ (wie Anm. 1), 157f.

III. Franken und Sklaven

Wenden wir uns nun den Auseinandersetzungen zwischen Franken und ihren Sklaven zu, mit denen sich auch und vor allem die städtische Gesetzgebung befassen mußte. Sklaverei war im islamischen Orient etwas Selbstverständliches. Wer immer es sich leisten konnte, hatte keine Bedenken, Sklaven zu besitzen. In den Kreuzfahrerstaaten, das Königreich Jerusalem eingeschlossen, knüpfte man an diese Tradition an. Sklaverei war hier im 12./13. Jahrhundert verbreiteter als im Europa jener Zeit, und nicht nur Franken, sondern auch orientalische Christen, Muslime und Juden hielten in den Kreuzfahrerstaaten Sklaven[93]. Sogar die Kirche bzw. geistliche Gemeinschaften im Königreich Jerusalem bedienten sich dieser uralten Möglichkeit zur Rekrutierung billiger Arbeitskräfte, die unbezahlte Dienste in beliebigem Umfang leisten mußten, und sie erhielten sogar zuweilen vom König Gefangene, für die keine Lösegeldzahlungen zu erwarten waren, als Geschenk[94].

Die Sklaven waren, so lesen wir in den Statuten des Templerordens[95], wie Packpferde und Vieh ein Teil der Kriegsbeute, die dem Provinzkomtur des Königreichs Jerusalem unterstand und von ihm zur Hälfte an den Stadtkomtur von Jerusalem abzutreten war. Zumindest auf die Hälfte der Kriegsgefangenen, die der Templerorden auf Kriegszügen in den Gebieten jenseits des Jordan machte (in Transjordanien), bestand ein Anspruch des Jerusalemer Stadtkomturs. Von der Pflicht, einen Teil ihrer Kriegsbeute und damit auch Gefangene an den König abzutreten, waren die Templer seit 1139 entbunden[96]. Aber nicht nur als Kriegsbeute gelangten künftige Sklaven in das Königreich Jerusalem, denn auch muslimischen Reisenden, die in die Hände

---

[93] Zur mittelalterlichen Sklaverei auch im Mittelmeerraum immer noch grundlegend Charles VERLINDEN, L'Esclavage dans l'Europe médiévale, 2 Bde., Brugge/Gent 1955-1977. Zum italienischen (genuesischen und venezianischen) Sklavenhandel im Königreich Jerusalem auch FAVREAU-LILIE, Italiener (wie Anm. 26), 94, 502, 534.

[94] König Amalrich bewilligte im Jahre 1164 dem St. Lazarus-Orden, der damals noch ein reiner Hospitalorden zur Pflege der Leprakranken war (vgl. Kay Peter JANKRIFT, Leprose als Streiter Gottes. Institutionalisierung und Organisation des Ordens vom Heiligen Lazarus zu Jerusalem von seinen Anfängen bis zum Jahre 1350 [Vita Regularis. Ordnungen und Deutungen religiosen Lebens im Mittelalter 4], Münster 1995), aus dem königlichen Anteil der zu erwartenden Kriegsbeute zehn Prozent jener muslimischen Kriegsgefangenen, für die wegen ihrer geringen Herkunft keine Lösegeldzahlung zu erwarten sein würde: RRH, Nr. 397; RICHARD, Latin Kingdom (wie Anm. 20), 132.

[95] UPTON-WARD, The Rule, c. 116, 123 (wie Anm. 90), 48, 50.

[96] Vgl. HIESTAND, Templer und Johanniter, Nr. 3, 206; DERS., Templer und Johanniter NF, 96.

von Räubern oder Piraten gefallen waren, drohte ein lebenslängliches Sklavendasein, wenn sie sich nicht selbst freikaufen konnten oder von frommen Muslimen freigekauft wurden[97].

Die männlichen Sklaven hatten die niedrigsten Arbeiten zu verrichten, vermutlich nicht selten gemeinsam mit straffällig gewordenen und bei Sklavenarbeit büßenden Ordensmitgliedern[98]. Im Templerorden und nicht nur dort, im Lateinischen Orient nicht anders als in den Ordensniederlassungen im Westen[99], waren Sklaven zur Unterstützung der Brüder als Handwerker in den Werkstätten beschäftigt, und sie wurden zu körperlich schwerer Arbeit beim Bau von Ordensburgen herangezogen[100]. Auf der Templerfestung Safad beispielsweise gehörten nach Abschluß des Wiederaufbaus angeblich vierhundert Ordenssklaven zur ständigen Besatzung; sie stellten etwa ein Viertel aller dort beschäftigten Menschen[101].

Das Los muslimischer Frauen, die nicht nur während der Eroberungsphase in Gefangenschaft gerieten, sondern auch später noch, etwa unterwegs auf einer Pilgerfahrt nach Mekka, in die Hände von Seeräubern und Sklavenhändlern fielen und dann in den Kreuzfahrerstaaten, unter anderem im

---

[97] Vgl. z. B. Usāma ibn Munqiḏ (wie Anm. 1), 101-103; Ibn Ǧubair (wie Anm. 13), 20, 229f.

[98] UPTON-WARD, The Rule, c. 77, 637 (wie Anm. 90), 39, 163.

[99] Vgl. den kurzen Hinweis von Malcolm BARBER, The New Knighthood. A History of the Order of the Temple, Cambridge 1994, 240, 378f. Anm. 60.

[100] Die Zuordnung von Sklaven zu Handwerkern, die dem Templerorden angehörten, ergibt sich aus einer Strafbestimmung: UPTON-WARD, The Rule, c. 336 (wie Anm. 90), 94. Zur Heranziehung von Sklaven zum Burgenbau vgl. Robert B. C. HUYGENS, De constructione castri Saphet. Construction et fonctions d'un château fort franc en Terre Sainte (Koninklijke Nederlandese Akademie van Wetenschapen, Afdeling Letterkunde, Verhandelingen Nieuwe Reeks, deel 111), Amsterdam-Oxford-New York 1981, 38. Vgl. auch Paul DESCHAMPS, Les Châteaux des Croisés en Terre Sainte 2 (La défense du royaume de Jérusalem), Paris 1939, 141; Hugh KENNEDY, Crusader Castles, Cambridge ²1995, 194. – Um einen Sklaven handelte es sich weder bei dem muslimischen Schreiber, der als Sekretär Rainalds von Sidon Verwaltungsaufgaben wahrnahm und eine Vertrauensstellung innehatte (Quellen bei GROUSSET, Histoire [wie Anm. 8] Bd. II, 833) noch dürfen wir die muslimischen Schreiber, die zum engsten Gefolge der Templermeister und anderer Inhaber führender Ordensämtern gehörten (UPTON-WARD, The Rule, c. 77, 99, 110, 125 [wie Anm. 90], 39, 44, 47, 50) und für die Abwicklung des arabischen Schriftverkehrs sowie die Verständigung mit den einheimischen, durchweg Arabisch sprechenden Bauern und Sklaven unentbehrlich waren, als Sklaven ansehen.

[101] De constructione castri Saphet (wie Anm. 100), 41; Marie-Luise FAVREAU-LILIE, Landesausbau und Burg während der Kreuzfahrerzeit: Safad in Obergalilaea, Zeitschrift des Deutschen Palästina-Vereins 96 (1980), 67-87, hier: 82-84.

Königreich Jerusalem, zum Eigentum fränkischer Herren wurden, war nicht minder hart[102].

Erst zwanzig Jahre nach der Gründung des Königreichs wurde von kirchlicher Seite ein Anlauf unternommen, um muslimische Sklavinnen vor sexueller Gewalt fränkischer Männer zu schützen. Die Strafbestimmungen des Konzils von Nablus von 1120[103] setzten allerdings voraus, daß die Täter verklagt wurden, und belegten diese auch nur mit Geldstrafen. Ausgereicht hat das sicher nicht. Die Geldstrafen waren unerheblich im Vergleich zu der Strafe, die Muslimen drohten, die von Christinnen der Vergewaltigung beschuldigt wurde: ihnen drohte die Kastration.

Nicht alle muslimischen Gefangenen hatten das Glück, sich selbst freikaufen zu können oder aber durch Lösegeldzahlungen Dritter die Freiheit zu erlangen[104]. Man verlangte sehr unterschiedliche Preise, je nach sozialem Status und politischer Bedeutung der Einzelnen. Gelegentliche spektakuläre Lösegeldzahlungen brachten nur vermögenden und hochgestellten Muslimen, die die Franken in ihre Gewalt gebracht hatten, unter Umständen die Freiheit[105]. Da Sklaven nicht selten wertvolle, ja unentbehrliche Arbeitskräfte waren, auf die man im allgemeinen nur ungern verzichtete, war die Höhe der geforderten Lösegeldsummen so bemessen, daß sich daraus der Kauf neuer Sklaven finanzieren ließ. Der Johanniterorden beispielsweise trennte sich zum Marktpreis nur von alten und kränklichen Sklaven, im allgemeinen sollte die Freikaufsumme so hoch sein, daß sie dem aktuellen Kaufpreis für zwei bis drei neue Sklaven entsprach[106], die man sich auf den Sklavenmärkten des Königreichs beschaffen konnte, wo die italienischen Kaufleute neben vielem anderen auch diese begehrte Ware feilboten[107].

---

[102] Vgl. Ibn Ğubair (wie Anm. 13), 229.

[103] MANSI (wie Anm. 71), c. 13-14, 15, 264: *Si quis Saracenam suam vi oppresserit, ipsa quidem infiscabitur, ipse vero extestificabitur. – Si quis Saracenam alterius vi supposuerit, similem sententiam subibit. – Si Christiana Saraceno sponte commisceatur, ambo moechantium sententia judicentur. Si vero vi ab eo oppressa fuerit, ipsa quidem culpa non tenebitur, sed Saracenus eunuchizabitur.* Zu diesen Bestimmungen des Konzils von Nablus vgl. Benjamin Z. KEDAR, Crusade and Mission. European Approaches toward the Muslims, Princeton 1984, 79 Anm. 103.

[104] Usāma ibn Munqiḏ (wie Anm. 1), 101-103; Ibn Ğubair (wie Anm. 13), 229f.

[105] Dazu vgl. z. B. Claude CAHEN, Indigènes et croisés. Quelques mots à propos d'un médecin d'Amaury et de Saladin, Syria 15 (1934), 351-360, hier: 354. Vgl. zur Lösegeldpraxis im Templerorden UPTON-WARD, The Rule, c. 113 (wie Anm. 90), 47.

[106] DELAVILLE LE ROULX, Bd. III, 53 Nr. 3939, § 48.

[107] Vgl. dazu FAVREAU-LILIE, Italiener (wie Anm. 26), 502, 534.

Die meisten der versklavten muslimischen Kriegsgefangenen im Königreich hatten keine Hoffnung auf Wiedererlangung der alten Freiheit oder auf
Freilassung. Die Freilassung war geknüpft an den Übertritt zum Christentum[108], und das war nicht jedermanns Sache. Freilassungen kamen aber auch
im lateinischen Orient vor, auf verschiedene Weise: zu Lebzeiten des Herrn
durch mündlichen Rechtsakt oder Ausfertigung einer entsprechenden Urkunde, aufgrund einer testamentarischen Verfügung nach dem Tode des
Herrn, ja sogar die Einsetzung eines Sklaven zum Erben seines Herrn bedeutete automatisch dessen Freilassung[109].

Wer sich jedoch nicht in sein Schicksal ergeben wollte und an seinem
Glauben festhielt, wer mit seinem Herrn im Streit lag und im Rahmen dieses
Streites möglicherweise physische Gewalt als Ausdruck von Macht erlebt
hatte und Wiederholung fürchtete, wer gegen einen Christen (Geschlecht und
Konfession waren unerheblich) die Hand erhoben, ihn bedroht oder gar ge-
schlagen hatte und deshalb mit einer Auslieferung an den Stadtherrn oder gar
mit grausamer Todesstrafe rechnen mußte[110] – der setzte wohl alles auf eine
Karte und floh.

Die Flucht war der einzige Ausweg, denn Sklaven war körperliche
Gegenwehr gegen physische Gewaltanwendung ihrer Herren nicht gestattet:
Nicht einmal nach ihrer Freilassung war es den Neugetauften erlaubt, ihre
ehemaligen Herren vor Gericht zu verklagen, denn die Freigelassenen galten
ebenso wie minderjährige Söhne nicht als voll rechtsfähig. Riskierten sie die
Klage trotzdem, so drohte ihnen Haft, aus der sie sich nur durch die Zahlung
eines Bußgeldes in Höhe der nicht geringen Summe von fünfzig Byzantinern
befreien konnten, oder – im Falle ihrer Zahlungsunfähigkeit – der Verlust
ihrer Zunge[111].

Einige Hinweise auf die alltägliche Unterdrückung der Sklaven liefern die
Templerstatuten[112]. Templerbrüder haben, vermutlich nicht anders als An-

---

[108] LACB, c. 255 (wie Anm. 10), 191; PRAWER, Serfs (wie Anm. 10), 209.

[109] Zu Voraussetzungen und Formen der Freilassung s. oben Anm. 10. Vgl. ferner als Beispiel
für die testamentarisch verfügte Freilassung zweier Hausklaven: DELAVILLE LE ROULX,
Bd. III, 91f. Nr. 3105, hier: 92: *manumitto Ametum sclavum meum et Sofiam sclavam meam
et jubeo dictos Ametum et Sofiam Christianos esse.* Dazu Jean RICHARD, La confrérie des
Mosserins d'Acre, L'Orient Syrien 11 (1966), 451-460, hier: 454 Anm. 11.

[110] LACB, c. 212 (wie Anm. 10), 144.

[111] Minderjährige Söhne konnten ihre Väter auch nicht verklagen: ebd., c. 16, 29; vgl. PRAWER,
Serfs (wie Anm. 10), 209.

[112] Zum Folgenden vgl. UPTON-WARD, The Rule, c. 254, 336 (wie Anm. 90), 77, 94.

gehörige anderer Ritterorden oder adelige Grundherren, muslimische Sklaven und Leibeigene ihres Ordens im allgemeinen durch körperliche Züchtigung bestraft. Die Templerstatuten sind allerdings die einzige erhaltene Quelle, die bezeugt, daß die Frage nach dem zulässigen Ausmaß der Gewaltanwendung gegenüber Sklaven für diesen Ritterorden Bedeutung hatte und man, um Gewaltexzessen vorzubeugen, feste Regeln einführte : Mit seinem Ausschluß aus dem Templerorden mußte der Ordensbruder rechnen, der einen Leibeigenen des Ordens tötete, verstümmelte oder Schuld daran trug, daß dieser der Gemeinschaft auf irgend eine andere Weise, wie es in den Statuten heiß, das heißt wohl durch Flucht, verloren ging. Willkür und Grausamkeit gegenüber den Leibeigenen war an der Tagesordnung: Prügel, öffentliche Zurschaustellung, Folter. Niemand, auch kein Bruder Handwerker, dem Ordenssklaven zur Hand gingen, und kein Gefangenenwärter – mit einem solchen hatten muslimische Kriegsgefangene, die zu Arrest verurteilt waren, offenbar des öfteren zu tun – sollte befugt sein, einem Sklaven ohne Genehmigung seines Ordensoberen, zum Beispiel des Hauskomturs, das Halseisen umzulegen; sie hatten nicht das Recht, den Wehrlosen anschließend zu schlagen, selbst wenn dieser eine Züchtigung verdient haben sollte. Verboten war allen Templern auch, einen Sklaven an den Pranger zu stellen, o h n e sich zuvor eine Genehmigung dazu besorgt zu haben, oder aber ihn (alternativ) mit dem Schwert zu stechen. Grundsätzlich verboten war so etwas nicht!

Interessant ist auch, was jedem Ordensbruder ohne weiteres erlaubt war: Man benötigte keine Erlaubnis für Prügel mit einem Lederriemen. Jedem Templer war gestattet, auch ohne besondere Erlaubnis des zuständigen Ordensoberen einen Sklaven mit einem Lederriemen auszupeitschen, wenn der Betreffende solches verdient habe. Bei dieser Züchtigung durfte nur eine Grenze nicht überschritten werden: um keinen Preis durfte der Peiniger sein Opfer verstümmeln. Wurde diese Grenze mißachtet, verlor das Opfer etwa das Auge(n)licht, das Gehör oder eines seiner Gliedmaßen und wurde es dadurch dauerhaft arbeitsunfähig (und somit für den Orden wertlos), so war dem Schuldigen der Ausschluß aus dem Templerorden sicher.

Sklaven ließen sich nicht alles gefallen. Die Assisen gehen von der Möglichkeit aus, daß muslimische Sklavinnen und Sklaven Christen entweder bedrohten, physisch angriffen und zuweilen sogar einen Totschlag begingen; sie behandelten diese Taten als Kapitalverbrechen, die mit drakonischen Strafen belegt wurden: Rädern und Aufhängen bzw. Tod auf dem Scheiterhaufen.

Das Weite gesucht haben Sklaven wohl um so häufiger, je willkürlicher und brutaler ihre Herren sie behandelten. Die Flucht von Sklaven aus den Städten ist ein Thema der städtische Gesetzgebung gewesen: War ein Sklave entflohen, so wurde dieses öffentlich durch den Ausrufer in der Stadt bekannt gemacht, und jedermann wußte, daß das Verstecken des Flüchtlings mit dem Tode durch Erhängen bestraft wurde, wenn man den Fluchthelfer entdeckte[113]. Das hielt die muslimischen Bauern im Umland der Städte, namentlich in der Umgebung Akkons, nicht von ihrem Tun ab[114].

Die Assisen von Jerusalem behandeln auch die Probleme, die sich aus der freiwilligen Rückkehr flüchtiger Sklaven ergeben konnten. Wie oft es dazu kam, verraten uns die Quellen leider nicht. Aus den Bestimmungen ist ersichtlich, daß unter den Sklaven im Königreich Jerusalem sich sowohl Nichtchristen (Muslime, Juden) als auch Christen befanden. Die muslimischen und jüdischen Sklaven, die reumütig aus dem muslimischen Hinterland ins Königreich Jerusalem zurückkehrten, waren freizulassen, wenn sie sich nach ihrer Rückkehr zum Christentum bekehrten[115]. Diese Bestimmung stammt offenbar noch aus der Zeit, in der in der fränkischen Gesellschaft noch unbestritten der Rechtsgrundsatz galt, daß Freilassung und Konversion einander bedingten, erstere nicht ohne letztere zu haben sei, die Freilassung aber auch nicht verweigert werden dürfe, wenn der Übertritt erfolgt sei.

Christlichen Sklaven, die sich nach einer gelungenen Flucht in das unter muslimischer Herrschaft stehende syrische Hinterland dennoch zur Rückkehr ins Königreich Jerusalem entschlossen, wurde ein solches Angebot natürlich nicht gemacht, aber man garantierte ihnen Sicherheit vor dem Verkauf an Nichtchristen. Ihr Leib solle in die Knechtschaft zurückkehren, verfügte die Assise, das heißt sie wurden, sofern man ihrer habhaft wurde, an ihre Eigentümer ausgeliefert, deren Veräußerungsfreiheit nun allerdings stark eingeengt wurde: Der zugelassene potentielle Käuferkreis wurde auf christliche Interessenten – solvente Franken und einheimische Christen[116] – eingeschränkt[117].

---

[113] LACB, c. 210 (wie Anm. 10), 142f. Vgl. PRAWER, Serfs (wie Anm. 10), 208f.

[114] Dazu vgl. oben Anm. 40.

[115] LACB, c. 255 (wie Anm. 10), 191.

[116] Ein solcher war jener Melkite Saliba, der sich in fortgeschrittenem Alter dem Johanniterorden als Confrater anschloß: DELAVILLE LE ROULX, Bd. III, 91f. Nr. 3105; RICHARD, Confrérie (wie Anm. 109), 454.

[117] Ebd.

IV. Mission

Interesse an einer Bekehrung der nichtchristlichen Bevölkerung von Palästina und Syrien hat die Lateinische Kirche im Königreich Jerusalem während des gesamten 12. Jahrhunderts ebensowenig entwickelt wie in der Grafschaft Tripolis oder im Fürstentum Antiochia. Die Kirche bestand auf einer Konversion von Musliminnen und Muslimen als notwendiger Voraussetzung für die Ehe mit katholischen Christen, doch zumindest während der Eroberungsphase zu Beginn des 12. Jahrhunderts haben sich wohl nur relativ wenige muslimische Frauen taufen lassen, um eine rechtsgültige Ehe mit einem Franken einzugehen. Lesen wir das hohe Lied Fulchers von Chartres auf die Entstehung einer neuen Identität der eingewanderten Franken im Königreich Jerusalem und auf die durch Eheschließungen zwischen Kreuzfahrern und europäischen Einwanderern einerseits und Orientalinnen andererseits angeblich geförderte Assimilation der Europäer genauer[118], so kamen zwar in den Anfangsjahrzehnten des Königreichs zahlreiche Mischehen zustande, aber es waren vor allem Ehen mit Armenierinnen und syrischen Christinnen. Selbst nach Fulchers Bericht heirateten Franken getaufte Musliminnen eher selten (*interdum*), und vermutlich handelte es sich bei diesen Frauen vorwiegend um solche, die während der Eroberungsphase als Kriegsbeute in den Besitz ihrer späteren Männer gelangt waren.

Aus dem 12. Jahrhundert sind im Königreich Jerusalem nur wenige Fälle von Konversionen zum Christentum bekannt. Von aktiver Missionsarbeit kann damals wohl noch nicht die Rede gewesen sein, aber es ließen sich nicht nur im Kreuzfahrerreich beheimatete Muslime oder Juden, sondern auch andere Muslime taufen, die auf Handelsreisen in die Kreuzfahrerstaaten kamen und dort die christliche Lehre kennenlernten[119]. Völlig unklar bleibt allerdings, wie die religiöse Unterweisung jenes muslimischen Sklaven König Balduins I. erfolgt war, der nach Wilhelm von Tyrus weniger aus eigenem Antrieb als auf Betreiben seines Herrn getauft wurde und anschließend zum königlichen Kämmerer aufstieg und sich dennoch für einen Mordanschlag gegen den König hergab. Als geständiger Verräter kam er durch den Strang um, weil er sich 1110 von Bewohnern der Stadt Sidon während der Belagerung dieser Stadt für einen Mordanschlag auf den König

---

[118] Fulcher von Chartres, III 37.4, 718.
[119] Vgl. Ibn Ğubair (wie Anm. 13), 230.

hatte gewinnen und bezahlen lassen[120]. Wilhelm von Tyrus, dem wir diese Nachricht verdanken, läßt durch die Art seiner Darstellung erkennen, wie wenig er von dieser Taufe und von diesem treulosen Günstling Balduins I. hielt.

Zwar sind nur sehr wenige vormals muslimische und jüdische Konvertiten namentlich bekannt, doch spricht das nicht gegen die Vermutung, daß solche Übertritte zum Christentum möglicherweise doch nicht in dem Maße Einzelfälle waren, wie man bisher vermutet hat[121]. Zwar ist die Beobachtung sicher richtig, daß individuelle Missionsarbeit vor dem frühen 13. Jahrhundert, besonders vor dem Eintreffen des engagierten Predigers Jakob von Vitry in seinem Bistum Akkon[122], nicht stattfand. Wir dürfen aber die Bemühungen der Kreuzfahrer und später der Ritterorden um die Bekehrung von gefangenen muslimischen Kriegern nicht vergessen, die man nach der Taufe als leicht bewaffnete Reiter in fränkischen Heeren gegen die Muslime einsetzen konnte. Aus muslimischer Sicht machten sich diese Konvertiten, wie seit dem 7./ 8. Jahrhundert schon unzählige andere vor ihnen, der Apostasie und damit eines todeswürdigen Verbrechens schuldig. Sie wurden, wenn sie in die Gefangenschaft der Muslime gerieten, hingerichtet, sobald ihr Vergehen bekannt wurde[123].

Erst die Aktivitäten des Bischofs Jakob von Akkon seit 1216 und mehr noch die Mission der Bettelorden seit den späten zwanziger Jahren des 13. Jahrhunderts[124] beschworen den Konflikt zwischen lateinischen Grundherren

---

[120] Wilhelm von Tyrus, XI.14, 518.

[121] Zur Konversion von Muslimen im Königreich Jerusalem während des 12. Jahrhunderts vgl. KEDAR, Crusade and Mission (wie Anm. 103), 74f. Zur Konversion von Juden zum Christentum im Königreich Jerusalem bzw. zu den Bemühungen von Kreuzfahrern, Übertritte zu erzwingen, vgl. DERS., Jews and Samaritans (wie Anm. 50), IV; CAHEN, Orient et Occident (wie Anm. 37), 225 (Dok. V. 1).

[122] Zu seinen Missionsaktivitäten im Königreich Jerusalem und in Ägypten vgl. bes. KEDAR, Crusade (wie Anm. 103), 116-120, 126-129.

[123] Vgl. GROUSSET, Histoire (wie Anm. 8) Bd. II, 679; RICHARD, Latin Kingdom (wie Anm. 20), 140; DERS., Les Turcoples au service des royaumes de Jérusalem et de Chypre: Musulmans convertis ou Chrétiens orientaux?, in: Mélanges D. Sourdel (Revue des études islamiques 56 (1986, ersch. 1989), 259-270; dazu vgl. auch KEDAR, Crusade (wie Anm. 103), 76.

[124] Zur Geschichte der Franziskaner- und Dominikanermission und der Bettelordenkonvente in den Kreuzfahrerstaaten vgl. Odulphus VAN DER VAT, Die Anfänge der Franziskanermission und ihre weitere Entwicklung im Nahen Orient und in den mohammedanischen Ländern während des 13. Jahrhunderts (Missionswissenschaftliche Studien, Neue Reihe 6), Werl 1934, 60-103; Martiniano RONCAGLIA, I Francescani in Oriente durante le crociate (secolo

und ihren Leibeigenen und hörigen Bauern herauf, da die Konversion auch zur Entlassung aus dem Sklavenstand führte.

Nach Einsetzen der Mendikantenmission forderte im Lateinischen Orient eine wachsende Zahl muslimischer Bauern mit der christlichen Taufe auch die Freilassung durch ihre Grundherren, die ihrerseits jedoch nicht gewillt waren, sich auf diesen Tausch einzulassen[125]. Während die Taufe von Muslimen, von denen man nach ihrer Taufe Waffendienst im Krieg gegen die muslimischen Gegner erwarten konnte, von den Führungsgruppen des Kreuzfahrerkönigreichs gern hingenommen wurde, ließ man es seit Mitte der dreißiger Jahre des 13. Jahrhunderts im Königreich Jerusalem auf einen Konflikt mit den taufwilligen Angehörigen der muslimischen Landbevölkerung ankommen. Man scheute nicht offenen Streit sowohl mit den Missionaren aus dem Franziskaner- und dem Dominikanerorden, welche die Früchte ihrer Arbeit gefährdet sahen, als auch mit Papst Gregor IX. Es reichte der fränkischen Oberschicht nicht aus, daß dieser Papst sich zunächst von der Rechtsvorstellung seiner Vorgänger Innozenz III. und Honorius III. distanzierte, daß Konversion die Freilassung nach sich ziehen müsse[126]. Er distanzierte sich damit auch vom Gewohnheitsrecht im Königreich Jerusalem, das eben diesen Grundsatz vertrat. Grund für die Weigerung der Ritterorden und aller anderen Grundherren war ganz ohne Zweifel der Arbeitskräftemangel auf dem Lande. Die Einwanderung europäischer Bauern ins Kreuzfahrerkönigreich, die schon um die Mitte des 12. Jahrhunderts praktisch zum Erliegen gekommen war[127], hatte diesen Mangel nicht ausgleichen können. Anders als etwa das Baltikum im Nordosten Europas lockte das Heilige Land nicht in dem von der fränkischen Herrenschicht gewünschten und für einen erfolgreichen Landesausbau notwendigen Maße Siedler an, die sich auf dem Lande neue Existenzen aufbauen wollten.

XIII) (Biblioteca bio-bibliografica della Terra Santa e dell'Oriente Francescano IV/1), Cairo 1954, 33-36, 44f., 53-57, 85-89, 91-94; F. M. ABEL, Le couvent des Frères prêcheurs à St-Jean d'Acre, Revue Biblique 43 (1934), 265-284. Zur Verbindung von Mission und Kreuzzugspredigt bei den Mendikanten auch im Lateinischen Orient vgl. Elizabeth SIBERRY, Missionaries and Crusaders, 1095-1274. Opponents or Allies?, Studies in Church History 20 (1983), 103-110.

[125] Zum Folgenden vgl. auch KEDAR, Crusade (wie Anm. 103), 146-154.

[126] Zum Verhältnis von Taufe und Freiheit vgl. LACB, c. 255 (wie Anm. 10), 191; PRAWER, Serfs (wie Anm. 10), 209.

[127] Joshua PRAWER, Histoire du royaume latin de Jérusalem, 2 Bde., Paris ²1975, hier: Bd. I, 568-576; Bd. II, 392-395.

Im Sommer 1237 war der Streit um Taufe und Freilassung an der Kurie anhängig, und der Papst suchte ihn durch einen Kompromiß zu beenden. Gegenüber dem Patriarchen von Jerusalem und den Meistern der drei Ritterorden – Johannitern, Templern und Deutschem Orden – bestand er auf der Taufe, aber er hielt nicht mehr an der Pflicht zur Freilassung fest. Gregor IX. verfügte in seinem Mahnschreiben vom 28. Juli 1237[128], die Neugetauften sollten in ihrem bisherigen Status als Leibeigene (Hörige) verbleiben. Leider wissen wir nicht, ob die speziell an die Ritterorden adressierte Aufforderung Gregors, den Neophyten nicht den Gottesdienstbesuch oder den Empfang der Sakramente zu verweigern und sie nunmehr – ganz im Sinne des Kanonisten Hostiensis[129] – menschenfreundlich zu behandeln[130], die erhoffte Wirkung hatte.

Trotz der päpstlichen Intervention vom 28. Juli 1237 und eines weiteren Papstschreibens, das im darauffolgenden Jahr in dieser Angelegenheit an den Patriarchen von Jerusalem ging[131], hielt die grundbesitzende fränkische Herrenschicht im Königreich an ihren Vorstellungen fest. Klagen halfen den Muslimen wenig, denn Papstschreiben vermochten die Realität im Lateinischen Orient nicht zu ändern. Die Konflikte zwischen Herren und Knechten endeten auch nicht während des Pontifikates Papst Innozenz' IV.[132]: Man stritt um die Beurlaubung der neu getauften Bauern zu einer Mindestzahl von Gottesdiensten pro Jahr, um ihre Freistellung zum Besuch von Missionspredigten und um die für eine Taufe erforderliche Einverständniserklärung der Grundherren.

Da die muslimischen Bauern im Königreich Jerusalem, die auf die Freilassung in Verbindung mit der Taufe gehofft hatten, niemals den offenen Aufstand gegen die Grundherren wagten, um ihre Interessen durchzusetzen, konnten sie nicht erreichen, was zwölf Jahre später im weit entfernten Territorium des Deutschen Ordens die Prußen nur nach jahrelangem Aufstand gegen die Ordensherrschaft durchsetzen: die an gewisse Bedingungen

---

[128] PRAWER, Serfs (wie Anm. 10), 210; KEDAR, Crusade (wie Anm. 103), 212 (Appendix II. Dok. a).

[129] Vgl. Hostiensis, Summa Aurea, De servis Iudeorum et Saracenorum (München, BSB, Hss. Clm 14006, fol. 170vb; Clm 15707, fol. 240va, zit. nach KEDAR, Crusade (wie Anm. 103), 150 Anm. 42.

[130] Siehe oben Anm. 128.

[131] KEDAR, Crusade (wie Anm. 103), 213 (Appendix II. Dok. c).

[132] Zum Folgenden vgl. ebd., 151.

geknüpfte Aufnahme päpstlicher Freiheitsgarantien zugunsten der Neugetauften in den Christburger Vertrag vom 7. Februar 1249[133].

Wenige Jahre später, im Jahre 1253, nahm sich im Lateinischen Orient nicht ohne Grund der damalige päpstliche Legat im Heiligen Land Odo von Châteauroux des Konfliktes noch einmal im Sinne von Missionaren und taufwilligen Muslimen an: Er drohte den hartnäckigen Gegnern einer Taufe muslimischer Leibeigener die Exkommunikation an, hielt aber fest an der Trennung von Taufe und Freilassung und wich somit nicht ab von dem Weg, den Gregor IX. beschritten hatte. Zugleich verfügte er die regelmäßige öffentliche Verlesung seines Erlasses in allen Kirchen des Königreichs Jerusalem und auf Zypern, um ihn den Grundherren einzuschärfen.

Von einem Erlöschen des Widerstandes gegen die Taufe ist zwar nichts bekannt doch ebensowenig berichten die Quellen von einer weiteren Gegenwehr der fränkischen Grundherren im Kreuzfahrerkönigreich. Allerdings erachtete es der Meister des Johanniterordens im Jahre 1262, also ein Vierteljahrhundert nach dem Vorstoß Gregors IX. für notwendig, sich noch einmal ausdrücklich die letzte Entscheidungsgewalt über alle Taufbegehren vorzubehalten, die muslimische Leibeigene des Ordens vorbrachten. Auf dem Generalkapitel von 1262 beschloß man, die Genehmigung des Ordensmeisters sei für die Taufe jedes einzelnen muslimischen Sklaven (*servus*) erforderlich; kein Ordensbruder, namentlich kein *bailli* (Burgvogt) dürfe ohne des Meisters Einverständnis eine solche Taufe zulassen oder gar veranlassen[134].

Alle anderen Konflikte, die sich aus den Erfolgen der missionarischen Bemühungen der Mendikanten ergaben, betrafen nicht mehr das Verhältnis zwischen Muslimen oder Neugetauften und deren fränkischen Herren. Sie betrafen vielmehr die materielle Absicherung jener, welche die Botschaft der Missionare erreicht hatte, aber nun offensichtlich ohne materiellen Rückhalt ihrer Familien waren und dennoch durch die lateinische Kirche im Königreich Jerusalem nicht aus freien Stücken unterstützt wurden. Aus jenen Jahren stammen die letzten Quellennachrichten zu diesem Problem.

---

[133] Zum Verhältnis des Deutschen Ordens zur Bettelordenmission in Preußen vgl. Marie-Luise FAVREAU-LILIE, Die Bedeutung der Ritterorden für die Mission im östlichen Mitteleuropa (13. Jahrhundert), in: Auf den Spuren der Freiheit. Einheit Europas, was ist das? (Trigon. Kunst Wissenschaft und Glaube im Dialog 7), Berlin 1997, 56-69, hier: 64-66.

[134] DELAVILLE LE ROULX, Bd. III, Nr. 3039, hier: 53; RILEY-SMITH, The Knights (wie Anm. 58), 261 Anm. 4.

Vielleicht ist es den Anordnungen Odos von Châteauroux zu verdanken, daß die Missionsbemühungen der Mendikanten auch noch in den sechziger Jahren des 13. Jahrhunderts Früchte trugen. Sie konnten nicht nur Muslime gewinnen, sondern auch Juden. Die Grundherren konnten nicht verhindern, daß diese Menschen ihre Dörfer verließen und sich nach Akkon aufmachten, um dort, wo die Bettelorden ihre größten Konvente unterhielten[135], die Taufe zu begehren. Sie kamen offenbar nicht selten völlig mittellos nach Akkon und waren dort in Gefahr, noch vor der Taufe auf der Straße Hungers zu sterben. Sobald Papst Urban IV. davon erfuhr, wies er im Sommer 1264 den Patriarchen von Jerusalem an, dafür zu sorgen, daß Kirchen und Klöster in Akkon die bedürftigen Taufbewerber zumindest während der recht kurzen Zeit ihrer Vorbereitung auf die Taufe mit einer Unterkunft und allem Lebensnotwendigen versorgten[136].

Die Bemerkung des Papstes, es handele sich nach seinen Informationen um *pauperes,* beweist nicht eine niedere soziale Herkunft dieser Menschen, denn mittellos kamen sie zur Taufe möglicherweise nur deshalb nach Akkon, weil sie wegen der beabsichtigten Konversion nicht mehr auf Unterstützung durch die Familie rechnen konnten. Völlig ungeklärt ist das weitere Schicksal der Neugetauften: Weigerten sich die Grundherren auch deshalb so hartnäckig gegen die Taufe, weil sie voraussahen, daß ein weiteres Zusammenleben und eine Zusammenarbeit der zum Christentum bekehrten Bauern mit den übrigen Dorfbewohnern unmöglich sein würde? Die Neophyten ließen sich nicht mehr in ihre frühere muslimische oder jüdische Umgebung inte-

---

[135] Nach den ältesten Stadtplänen lag die Dominikanerniederlassung in der Altstadt, die der Franziskaner in der Vorstadt Montmusard: ABEL, Couvent (wie Anm. 124), 266-272.; VAN DER VAT, Anfänge (wie Anm. 124), 68-72; RONCAGLIA, Francescani (wie Anm. 124), 33f., 36, 53; vgl. die Abb. der ältesten Stadtpläne bei David JACOBY, L'évolution urbaine et la fonction méditerranéenne d'Acre à l'époque des croisades, in: Città portuali del Mediterraneo, storica e archeologia. Atti del Convegno internazionale di Genova 1985, hg. v. Ennio POLEGGI, Genova 1989, 95-109, hier: 97, 99.

[136] Les Registres d'Urbain IV, hg. v. Jean GUIRAUD, Paris 1899-1958, Nr. 2518; KEDAR, Notes (wie Anm. 50), IX, 416; DERS., Crusade (wie Anm. 103), 151f. PRAWER, Serfs (wie Anm. 10), 211 Anm. 49 nahm irrig an, für die Konversen habe man in Akkon auf Weisung des Papstes ein besonderes Haus eingerichtet, eine Herberge, in der man sie mit allem Lebensnotwendigen versorgt habe. Ob schon im 12. Jh. mittellosen Neugetauften nichts anderes übrig blieb, als in einen Orden einzutreten, sei dahingestellt. In diesem Sinne ist zumindest der Hinweis des Ibn Ġubair (wie Anm. 13), 230 verstanden worden, der von einem bekehrten nordafrikanischen Muslim in Akkon berichtet, dieser habe im Anschluß an seine Taufe "den Mönchsgürtel umgelegt". Vgl. aber die vorsichtigere Übersetzung und Interpretation von DEMOMBYNES, Ibn Jobair (wie Anm. 29), 361 mit Anm. 2.

grieren, wenn sich nicht ganze Dorfgemeinschaften gemeinsam zur Konversion entschlossen und gemeinsam übertraten, was aber offenbar nicht vorkam.

Kehren wir zurück zu der Frage, ob die Beziehungen zwischen den Franken und der einheimischen Bevölkerung, in erster Linie die Beziehungen zwischen den Franken und den Muslimen im Königreich Jerusalem, mit dem Begriff der „persecuting society" angemessen umschrieben werden. Die Beschäftigung mit den uns zur Verfügung stehenden Quellen hat ergeben, daß dieses Schlagwort ebenso unpassend ist wie der Begriff „multikulturelle Gesellschaft". Die Franken dachten weder an Ausrottung noch an Gewaltmission. Im Interesse ihres politischen und vor allem auch wirtschaftlichen Überlebens in Palästina und Syrien und im Bemühen um eine Stabilisierung der inneren Verhältnisse im Königreich Jerusalem bemühten sie sich um eine Politik des begrenzten Ausgleichs unter den Nichtlateinern, um eine weitgehende Gleichbehandlung der verschiedenen Gruppen und um die Schaffung von Rechtssicherheit. Daran ändert auch die objektive Strenge der Bestimmungen nichts, die für die Muslime als die mit Abstand größte Gruppe unter Einheimischen ebenso galten wie für alle anderen „Minderheiten". Diese Bemühungen um eine innere Befriedung des Königreichs dürfen allerdings nicht darüber hinwegtäuschen, daß die Franken sich gegenüber den Muslimen, das heißt in erster Linie den muslimischen Bauern, die erheblich schlechter gestellt waren als die Muslime in den Städten, viel restriktiver verhielten als gegenüber allen anderen einheimischen Bevölkerungsgruppen, und erst recht taten sie dieses natürlich gegenüber ihren muslimischen Sklaven. Es mag an der vergleichsweise unbedeutenden Zahl der Juden im Königreich und an ihrem Verhalten gelegen haben, daß die Assisen ihnen keine große Aufmerksamkeit zuwandten. Da Muslime im Kreuzfahrerreich schlecht gestellt waren und die muslimischen Sklaven sich offenbar in den Städten konzentrierten, rechnete man dort – ob zu Recht oder Unrecht, sei dahingestellt – mit einem relativ großen Konflikt- und Gewaltpotential von muslimischer Seite, nicht aber von seiten der einheimischen Christen und Juden. In Handel und Gewerbe wurden die Aktivitäten muslimischer Handwerker und Kaufleute zwar nicht offen und nicht stärker behindert als die Aktivitäten aller anderen einheimischen Bevölkerungsgruppen, aber man schützte ihre Geschäftsinteressen auch nicht in dem Maße wie die Interessen von Franken. Und schließlich waren die fränkischen Grundherren keine Anhänger von Mission und Bekehrung ihrer muslimischen Hörigen, solange deren Taufe für die grundbesitzende Oberschicht im Kreuzfahrerkönigreich negative materielle Folgen hatte.

Eine Verfolgung im eigentlichen Sinne mit dem Ziel, die Emigration der Muslime zu erreichen, gab es im Königreich Jerusalem niemals, denn die fränkische Herrenschicht erkannte rasch, daß man auf die Muslime – auf die einheimische muslimische Bevölkerung und die aus der Fremde ins Reich gelangten versklavten Glaubensgenossen – ebensowenig, ja wohl auf dem Lande noch weniger verzichten konnten als auf die einheimischen Christen und die Juden. Dennoch wurden die Muslime als „Ungläubige" stärker ausgegrenzt als die orientalischen Christen. Gewerbefleiß und kommerzielle Aktivitäten muslimischer Handwerker und Kaufleute, die sich in Städten wie Tyrus, Bairut und Sidon konzentrierten, waren unter fiskalischen Aspekten ebenso wünschenswert wie vergleichbare Aktivitäten von Juden und orientalischen Christen, sie wurden daher nicht offen behindert.

Die volle Gleichstellung der Muslime mit den Christen, die vollkommene Integration der Sarazenen in die *Societas Christiana* war für die landbesitzende fränkische Oberschicht allerdings so lange inakzeptabel, wie sie darin eine Gefährdung ihrer eigenen ökonomischen Interessen erblickte. Barone und Ritterorden waren in erster Linie an der Erhaltung ihrer Macht interessiert. Es ging ihnen darum, eine Abwanderung der Muslime zu verhindern, ohne deren Arbeitskraft die Bewirtschaftung der eroberten Gebiete, die wünschenswerte Nutzung der Ressourcen des Königreichs Jerusalem nicht möglich war. Es ging ihnen um die Ausbeutung muslimischer Sklaven und Höriger, erst an letzter Stelle um die Ausbreitung des Christentums. Die Franken bemühten sich zwar, soweit es im Rahmen ihrer wirtschaftlichen Interessen, des innenpolitischen Friedens und der Sicherheit des Königreichs vertretbar schien, um eine Gleichbehandlung aller Nichtlateiner. Doch hielten sie auch mit der Unbeugsamkeit und Selbstüberheblichkeit, die ihnen der eingangs zitierte Usāma Ibn Munqid attestiert hatte, bis zum Untergang des Königreichs am absoluten Vorrang ihrer Herrenrechte fest.

Pacem in omnibus servare.
Konflikte und Konfliktlösungen in der lateinischen Kirche der Kreuzfahrerstaaten

Rudolf Hiestand

Im ersten erhaltenen päpstlichen Schreiben an die Kreuzfahrer, seit sie im Spätherbst 1096 Italien verlassen hatten, drückte Paschalis II. Ende April 1100 seine große Freude über die Erfolge der *militia Christi in Asia triumphans* aus[1]. Gott habe die alten Wunder wiederholt, daß einer tausend und zwei zehntausend in die Flucht schlugen (5 Mos 32,30), er habe den Kreuzfahrern die Heilige Lanze und ein Stück des Heiligen Kreuzes vor Augen gebracht, und die östliche Kirche sei nun nach einer langen Zeit der Gefangenschaft zum großen Teil befreit – dies alles freilich auffälligerweise, ohne im ganzen Text auf 47 Druckzeilen je Jerusalem wörtlich zu nennen oder auch nur ein eindeutiges Zeichen, daß er die Eroberung der Stadt schon kannte, denn ein Stück des Heiligen Kreuzes hatten die Kreuzfahrer auch in Konstantinopel bestaunen können[2].

Darauf folgen, zusammen mit der Ankündigung eines neuen Legaten, dessen Sendung den Papst der Notwendigkeit enthebe, viel Tinte für eine *charta* zu verwenden, die Worte: „Deshalb hält euch vor Augen, wieviel ihr aus Liebe zu Gott zurückgelassen habt, und sorgt nun dafür, stets nach dem Besseren zu streben *und in allem Frieden zu wahren, damit ihr zum ewigen Frieden kommen möget* durch die Barmherzigkeit des Herren" (vgl. 2 Kor 13,11 und Röm 12,18). Dem Legaten, der päpstliche Aufträge mitführe,

---

[1] JL 5835; ed. HIESTAND, Kirchen, 90 (Nr. 4).

[2] Vgl. den Brief Alexios' I. an den Grafen Robert von Flandern, in: HAGENMEYER, 129 (Nr. 1, § 17); vgl. auch Anatole FROLOW, La relique de la Vraie croix (Archives de l'Orient chrétien 7), Paris 1961, 301ff. (Nr. 283).

durch ihn dem Papst; vielmehr dem hl. Petrus sollten sie gehorchen, was gleich noch zweimal wiederholt wird: zuerst „daß ihr ihn – gemeint den Legaten – mit allem Respekt aufnehmen, hören und durch ihn uns, vielmehr dem hl. Petrus gehorchen müßt", dann *ei* – wieder gemeint dem Legaten – *in omnibus obedire curetis*, „Sorgt dafür, daß ihr ihm in allem gehorcht"[3].

Dies sind Worte, die unmittelbar nach einem Glückwunsch für einen Erfolg, wenn ihn auch eigentlich Gott gegeben hat, für einen Erfolg zudem, der die kühnsten realistischerweise zu hegenden Erwartungen übertraf, gewiß überraschend, ja befremdlich klingen[4]. Was bewog den Papst, schon im Frühjahr 1100 so sehr auf Gehorsam und Frieden zu insistieren? Hatte er Grund dazu, beides gefährdet zu sehen? Schickte er deswegen den eigentlichen Spezialisten für Kirchenrecht aus dem Kardinalkollegium jener Jahre, den (Kardinal-)Bischof Mauritius von Porto, in den Osten[5]? Waren ihm die Auseinandersetzungen um die Herrschaft über Antiochia zu Ohren gekommen[6]? Oder bezog er sich doch auf die Auseinandersetzungen in Jerusalem nach der Eroberung der Stadt, als bei der Bestellung eines weltlichen und eines geistlichen Leiters ein Teil des Klerus energisch, wenn auch erfolglos die Präzedenz für die Kirche gefordert hatte[7]? Auf die Vorgänge in Jerusalem an Weihnachten 1099, als der Erzbischof Daimbert von Pisa, dem Urban II. die *cura animarum* für die von ihm geführte Flotte, vielleicht sogar in Nachfolge Adhemars von Le Puy für das ganze Kreuzfahrerheer übertragen hatte, zum ersten lateinischen Patriarchen gewählt worden war und fast alsbald in einen schweren Konflikt mit Gottfried von Bouillon geriet, kann sich Paschalis II. aus chronologischen Gründen nicht beziehen[8]. Dies

---

[3] Ebd.: *Curate nunc ad meliora semper tendere, pacem in omnibus* (Var. *cum*) *omnibus conseruare, ut possitis ad eternam pacem domini misericordia peruenire.*

[4] Zur Geschichte der Kreuzzüge und der Kreuzfahrerstaaten sei – unter Verzicht auf eine mittlerweile uferlose Literatur – verwiesen auf Hans Eberhard MAYER, Geschichte der Kreuzzüge, Stuttgart [8]1995; Steven RUNCIMAN, A History of the Crusades, 3 Bde., Cambridge 1951-1954; A History of the Crusades, hg. v. Kenneth M. SETTON, 6 Bde., Madison/Wisc. 1955-1989; dort in Bd. VI, 511-664 auch eine Bibliographie von Hans Eberhard MAYER und Joyce MC LELLAN.

[5] Zu Mauritius von Porto vgl. Rudolf HÜLS, Kardinäle, Klerus und Kirchen Roms 1049-1130 (Bibliothek des Deutschen Historischen Instituts in Rom 48), Tübingen 1977, 121f.; Rudolf HIESTAND, Die päpstlichen Legaten auf den Kreuzzügen und in den Kreuzfahrerstaaten vom Konzil von Clermont (1095) bis zum vierten Kreuzzug (Habil. schr. masch. Kiel 1972).

[6] RUNCIMAN, History (wie Anm. 4) 1, 249ff.

[7] Raimund von Aguilers, Liber, ed. John H. und Laurita L. HILL (DHC 9), Paris 1969, 152.

[8] Zur Kirchengeschichte der Kreuzfahrerstaaten vgl. vor allem Wilhelm HOTZELT, Kirchen-

gilt erst recht für die in Antiochia im Sommer 1100 nach der Gefangennahme Bohemunds durch die Danischmendiden ausbrechenden Spannungen zwischen Lateinern und Griechen, die zum Rückzug des zuerst wiedereingesetzten Patriarchen Johannes V. Oxeites nach Konstantinopel führten[9]. Ohne einen konkreten Anlaß andererseits hatte Paschalis II. seine Worte sicher nicht gewählt, auch wenn wir heute nicht mehr festlegen können, welchen er im Auge hatte. In jedem Fall scheinen aus der Rückschau für die folgenden Jahre die wiederholten Mahnungen weit mehr von aktueller Brisanz in Jerusalem als in Antiochia, denn zum Zeitpunkt der Abfassung des Briefes Ende April 1100 war nicht nur der Streit zwischen Gottfried von Bouillon und Daimbert über die staatsrechtliche Struktur der neuen Herschaft und um den Besitzanteil des Königs an der Stadt voll entbrannt[10], sondern auch gleich zu erwähnende Konflikte um die innerkirchliche Organisation waren bereits im Gange.

Wie die Tätigkeit des Mauritius von Porto weitgehend dem Konflikt zwischen Daimbert und Gottfrieds Nachfolger und erstem König Balduin I. galt, so auch diejenige des im Sommer 1102 nach dem Tode des Mauritius in den Osten geschickten neuen Legaten, Robertus Parisiensis, Kardinaldiakon von S. Eusebio, als der Konflikt bereits zu Absetzung, Wiedereinsetzung und erneuter Absetzung des Patriarchen eskalierte[11]. Noch drei weitere Legaten, der Erzbischof Gibelin von Arles, der (Kardinal-)Bischof Kuno von Porto und Bischof Berengar von Orange waren mit den sich über 17 Jahre hinziehenden Affären um Daimbert von Pisa und seinen Gegenspieler Arnulf von Chocques beschäftigt, bei denen es um weit mehr als einen persönlichen

---

geschichte Palästinas im Zeitalter der Kreuzzüge 1099-1291, Köln 1940; Bernard HAMILTON, The Latin Church in the Crusader States. The Secular Church, London 1980; wichtige Einzelstudien bei Hans Eberhard MAYER, Bistümer, Klöster und Stifte im Königreich Jerusalem (Schriften der MGH 26), Stuttgart 1977. Eine Gesamtdarstellung der regulierten Kirche bereitet Catherine OTTEN vor. Für viele der hier angesprochenen Konflikte vgl. auch HIESTAND, Legaten (wie Anm. 5) und künftig DERS., Oriens Pontificius im Rahmen der Regesta Pontificum Romanorum.

[9] Zu Johannes V. Oxeites vgl. jetzt auch Klaus-Peter TODT, Region und griechisch-orthodoxes Patriarchat von Antiochia in mittelbyzantinischer Zeit und im Zeitalter der Kreuzzüge (969-1204) (Habilitationsschrift, Mainz 1999).

[10] Vgl. MAYER, Bistümer (wie Anm. 8); HIESTAND, Legaten (wie Anm. 5); jetzt auch Michael MATZKE, Daibert von Pisa zwischen Papst, Kommune und erstem Kreuzzug (Vorträge und Forschungen. Sonderband 45), Sigmaringen 1998.

[11] Zu Robert Parisiensis vgl. HÜLS, Kardinäle (wie Anm. 5), 165; HIESTAND, Legaten (wie Anm. 5).

Gegensatz zweier Protagonisten ging, sondern um die Struktur des Staates und die Rolle der Kirche in ihm[12].

Neben diesen Auseinandersetzungen um Grundfragen der Kreuzfahrerstaaten stand fast von Anfang an eine Anzahl von scheinbar kleineren Konflikten, die jedoch ebenso tief in die Probleme der im Aufbau befindlichen Kreuzfahrerkirche hineinleuchten. Das zweite päpstliche Schreiben in den „befreiten" Osten, ein feierliches Privileg für die Abtei auf dem Berge Thabor in Galiläa vom 29. Juli 1103, stieß nach außen nicht erkennbar gleichfalls in eine Konfliktsituation hinein, ja provozierte eine solche, die mindestens sechzig Jahre andauerte[13]. Wahrscheinlich bereits der fünf Jahre nach Robert von S. Eusebio folgende Legat, Erzbischof Gibelin von Arles, hatte neben der Daimbert-Affäre zum ersten Mal mit einem Streit zwischen den beiden lateinisch gewordenen Patriarchensitzen von Antiochia und Jerusalem um die Zugehörigkeit der Kirchenprovinz Tyrus zu tun, der auch am Ende der lateinischen Herrschaft in Syrien, also nach 180 Jahren, nicht beigelegt, sondern nur mangels noch als unmittelbares Streitobjekt verfügbarer Masse versandet war[14]. Derselbe Legat mußte die Fragen lösen, die die Neuerrichtung eines Bistums in Bethlehem mit sich brachten[15].

In der Tat, die Mahnung Paschalis' II., *pacem in omnibus conservare*, traf ins Schwarze. In den Papsturkunden der ersten zwanzig Jahren des 12. Jahrhunderts kehren denn auch *pax* auf der einen Seite und *scandalum*, oft in der Formulierung *scandala ecclesiae vestrae*, auf der anderen wie ein Leitmotiv immer wieder[16], oder anders gesagt, die Geschichte der lateinischen Kirche der Kreuzfahrerstaaten gibt sich in vieler Hinsicht als eine einzige Abfolge von Konflikten: wahrhaft abstoßend, so möchte man formulieren, als Er-

---

[12] Zu diesen Konflikten HIESTAND, Legaten (wie Anm. 5), passim.

[13] Vgl. HIESTAND, Kirchen, 92 (Nr. 5), 109 (Nr. 11), 187 (Nr. 61) und 227 (Nr. 84) und Margarete POLOK, Ein Kreuzfahrerkloster unter strukturellen und prosopographischen Aspekten. Die Abtei auf dem Berge Thabor im 12. und 13. Jahrhundert (Staatsexamensarbeit, Düsseldorf 1995).

[14] Vgl. vor allem John Gordon ROWE, The Papacy and the Ecclesiastical Province of Tyre (1100-1187), Bulletin of the John Rylands Library 43 (1960), 160-189; zu ergänzen durch HIESTAND, Kirchen, 203 (Nr. 69); vgl. HIESTAND, Legaten (wie Anm. 5) und DERS., Les Canons de Clermont et d'Antioche sur l'organisation ecclésiastique des Etats croisés – authentiques ou faux?, in: Autour de la première croisade, hg. v. Michel BALARD, Paris 1997, 29-37.

[15] Vgl. MAYER, Bistümer (wie Anm. 8), 71ff.

[16] *pax*: HIESTAND, Kirchen, 109 (Nr. 11), 116 (Nr. 13); *scandalum/scandala*: ebd., 104 (Nr. 8), 109 (Nr. 11), 116 (Nr. 13), 124 (Nr. 19).

gebnis eines Unternehmens, das mit den Worten des Papstes zum ewigen Frieden (*pacem aeternam*) führen sollte oder mit denjenigen von Jonathan Riley-Smith als ein „act of love" zu verstehen war[17].

Der Historiker muß daher Fragen auf zwei Ebenen stellen: zum einen ob dieses Bild der Wirklichkeit entspricht, zum anderen ob es sich in den Kreuzfahrerstaaten um eine besondere Situation handelt und wie sich diese Konfliktdichte erklärt.

Beginnen wir mit der ersten Ebene. Das nur kurz skizzierte Bild ist ohne Vorbehalt ganz eindeutig dasjenige, das die überlieferten Quellen ergeben. Es handelt sich also nicht um eine Optik der Nachwelt, doch es stellt sich die Frage nach den dieses Bild überliefernden Quellen. Was wir über die äußere und innere Geschichte der Kirche in den Kreuzfahrerstaaten wissen, beruht, soweit es sich um erzählende Quellen handelt, nach dem Ende der großen Darstellungen des ersten Kreuzzuges und der anschließenden Jahre bei Albert von Aachen (bis 1120) und bei Fulcher von Chartres (bis 1126/27) für das 12. Jahrhundert fast ausschließlich auf der großen Chronik Wilhelms von Tyrus[18], und für das 13. Jahrhundert sind es neben der 'Historia Orientalis' Jakobs von Vitry, Oliver von Paderborn und einigen kleineren Schriften in erster Linie die verschiedenen altfranzösischen Fortsetzungen von Wilhelms Chronik[19]. Wie einseitig diese Überlieferung für beide Jahrhunderte ist, ergibt sich, wenn man bedenkt, daß Bistums- und Klosterchroniken, Lebensbeschreibungen von Patriarchen, Bischöfen, Äbten und Heiligen, liturgische Bücher, theologische und pastorale Schriften bis auf Splitter fehlen. Selbst die Chronik Wilhelms von Tyrus, eine unbestrittene Spitzenleistung der Historiographie des 12. Jahrhunderts, ist für unsere Frage enttäuschend: die innere Geschichte der eigenen Kirche wird weitgehend ausgeklammert, anderes wie die Palliumsfrage bewußt verschleiert, vom zweiten Vorgänger Erzbischof Petrus heißt es zwar ausdrücklich, er wäre ein dankbarer Gegenstand für eine eingehende Lebensbeschreibung, doch diese folgt nicht und wird auch nicht als ein in anderem Zusammenhang verfaßtes Werk erwähnt[20]; von dem großen Konflikt der Kirche von Tyrus mit den Venezianern und deren Kirche S. Marco in Tyrus um die Parrochialrechte verlautet

---

[17] Jonathan RILEY-SMITH, Crusading as an act of love, History 65 (1980), 177-192.

[18] Wilhelm von Tyrus; Albert von Aachen, Historia Hierosolymitana (RHC, Hist. Occ., Bd. IV, Paris 1879, 265-712); Fulcher von Chartres.

[19] Estoire d'Eracles (RHC, Hist. Occ., Bd. II, Paris 1859), und Chronique d'Ernoul et de Bernard le Trésorier, ed. Louis de MAS-LATRIE, Paris 1871.

[20] Wilhelm von Tyrus, XVI 17 (739).

keine Silbe, als ob es ihn überhaupt nicht gegeben hätte, obwohl Wilhelm selber in ihm eine wichtige Rolle spielt[21]; sogar der bereits erwähnte Streit um die Zugehörigkeit der eigenen Kirchenprovinz wird nur bis zum Jahre 1139/40 verfolgt; was darauf in den fast fünfzig Jahren bis zum Ende der Chronik geschah – und es war nicht wenig – hört man nicht[22].

Es reicht selbstverständlich für eine solche Fragestellung nach Konflikten und Konfliktbewältigung nicht aus, Chroniken und ähnliche Werke zu betrachten, sondern wichtiger sind Urkunden und Akten. Auf die katastrophale Überlieferungslage braucht nicht mehr eingegangen zu werden; mindestens für das 12. Jahrhundert ist sie allgemein bewußt[23]. Im Einzelnen heißt dies, daß neben dem für beide Jahrhunderte etwa gleich umfangreichen, zahlenmäßig erdrückenden Johanniterarchiv samt den in ihm enthaltenen Templerstücken und den Chartularen des Heiligen Grabes für das 12. Jahrhundert eine sehr beschränkte Zahl von Urkunden aus den Archiven bzw. Archivtrümmern für einige Klöster und Stifte wie für die Abtei im Tale Josaphat, die Abtei auf dem Thabor, die Lazariter, außerdem wenige Stücke je für S. Maria Latina und Zionsberg und einige weit verstreute Einzelstücke erhalten sind[24]. Für das 13. Jahrhundert kommt zum Johanniterarchiv das Chartular des Deutschen Ordens hinzu, dafür fallen die Chartulare des Heiligen Grabes fast völlig weg, so daß die vorhandenen Quellen zeitweise zu ungefähr 80 % aus Einträgen in den päpstlichen Registern von Innozenz III. bis Nikolaus IV. und aus kurialen Briefsammlungen bestehen, insgesamt tausenden von Stücken[25].

Dies scheint auf den ersten Blick vielversprechend, doch ist zu bedenken, daß es in den päpstlichen Registern in vielen Stücken um Personalfragen, nicht um Konflikte geht und die zu erschließenden Konflikte nur beschränkt dem „Alltag" vor Ort und Stelle angehören: niemand nahm die kostspielige und obendrein gefährliche Reise an die Kurie auf sich, ohne daß wichtige Interessen berührt waren und ohne daß die Mittel zur Verfügung standen –

---

[21] Vgl. dazu Marie-Luise FAVREAU-LILIE, Die italienischen Kirchen im Heiligen Lande, Studi Veneziani n.s. 13 (1987), 15-101.

[22] Vgl. ROWE, Tyre (wie Anm. 14) und HIESTAND, Legaten (wie Anm. 5).

[23] Vgl. HIESTAND, Kirchen, 19-81.

[24] Eine Übersicht vor allem auch unter quantitativem Gesichtspunkt in Rudolf HIESTAND, Vom Einfluß der Papsturkunde auf das kirchliche Urkundenwesen im Heiligen Lande, in: Documenti medievali greci e latini. Studi comparativi, hg. v. Giuseppe DE GREGORIO und Otto KRESTEN, Spoleto 1997, 59-86.

[25] Eine Liste der einschlägigen Editionen vgl. MAYER und MC LELLAN (wie Anm. 4), 554f.

3000 Byzantiner oder der Gegenwart von fünf Ritterlehen scheinen für „normale" Fälle das übliche gewesen zu sein[26] – und in jedem Fall, nachdem man – „last but not least" – gewiß zuerst an Ort und Stelle eine Lösung versucht hatte. Es handelte sich also meist um an höhere Instanzen weitergezogene Streitfälle. Häufiger konnten zudem einen solchen Weg an die Kurie nur diejenigen Institutionen beschreiten, die im Westen verankert waren, also Ritterorden und das Kapitel des Heiligen Grabes, die sich ganz früh Häuser und Niederlassungen in Rom gesichert hatten, während selbst die in Süditalien reich begüterten Abteien Santa Maria im Tale Josaphat und Santa Maria Latina in den Registern kaum erscheinen[27]. Es sind damit für das 13. Jahrhundert vor allem Konflikte erfaßbar, die – nach nur noch in wenigen Fällen zu ermittelnden Vorstufen – auf der höchsten Ebene anlangten, während die untere Ebene weitestgehend ausfällt.

Doch viel entscheidender als diese vor allem quantitativen und verfahrensgeschichtlichen Aspekten sind einige qualitative. Alle Archivbestände des 12. Jahrhunderts stammen, sieht man vom Grabeskapitel ab[28], das eine Zwischenposition einnimmt, von regulierten Institutionen und von den Ritterorden. Weder aus Palästina noch aus Nordsyrien hat sich ein einziges Bistums- oder gar Pfarrarchiv erhalten. Damit fehlt nicht nur ein Einblick in Konflikte zwischen verschiedenen Institutionen der Weltkirche und zwischen ihr und ihrer Umwelt, sondern gravierender generell der Zugriff auf jene Ebene, auf der verfahrensrechtlich kirchliche Konflikte in erster Instanz zu behandeln waren, Bischofskurie bzw. später Offizial, zudem auch auf die zweite, sicher in vielen Fällen abschließende Instanz: die beiden Patriarchengerichte. In dieser Hinsicht liefern die päpstlichen Register ein sehr wichtiges Korrektiv, weil in ihnen die regulierten Institutionen zahlenmäßig gegenüber der Diözesankirche völlig zurücktreten, mit überdies stark fallender Tendenz von etwa eins zu zehn um 1200 auf vielleicht noch eins zu dreißig um 1290. Was dies in einer Extrapolation für die Bewertung der Überlieferung für das

---

[26] RRH 657e, ed. künftig in einem Band mit unbekannten oder unzureichend edierten Urkunden für die Kreuzfahrerstaaten.

[27] Die Zahlen für die Abteien lauten für die Zeit von 1216-1291 provisorisch: S. Anna 1, S. Maria Latina 2, Bethanien 4, Sionsberg 3, S. Maria im Tale Josaphat 1, Templum Domini 2, Hlg. Grab über 20, für die Patriarchen dagegen hunderte von Einträgen.

[28] Neben der Neuedition der Chartulare von Geneviève BRESC-BAUTIER, Cartulaire du Chapitre du Saint-Sépulcre de Jérusalem (DHC 15), Paris 1984, ist immer noch die ältere Edition: Cartulaire de l'Eglise du Saint-Sépulcre de Jérusalem, ed. Eugène de ROZIÈRE, Paris 1849, heranzuziehen.

12. Jahrhundert bedeutet, ist offenkundig. Mit anderen Worten kennen wir zusammenfassend aus beiden Jahrhunderten vor allem je Sonderfälle, nicht den kirchlichen Alltag.

Damit sind im Nebenhinein schon grundlegende Charakterzüge, besser eben Sonderzüge der Kreuzfahrerkirche angeschnitten, die sie von weiten Teilen der lateinischen Kirche unterscheiden, wenn wir fragen, wer Konflikte austrägt, um was es dabei geht, aber auch was sich in den zwei Jahrhunderten von Clermont 1095 bzw. Antiochia 1098 bis Akkon 1291, zu Beginn noch mitten in der Epoche des Investiturstreites, am Ende bereits im Vorfeld des großen Gegensatzes zwischen universalem Papsttum und den sich verfestigenden westeuropäischen Monarchien, der zu Anagni führt, vielleicht verändert hat.

Entstanden war die lateinische Kirche in Syrien seit dem Sommer 1098, als in der kleinen nordsyrischen Stadt Albara in der Nähe von Apamea zum ersten Mal sozusagen mit dem Ruf „Wir wollen einen Lateiner!" ein Südfranzose aus der Umgebung des Raimund von Toulouse auf den verwaisten Bischofssitz gesetzt worden war[29]. Geschaffen wurden in der Folge bis zur Mitte des 12. Jahrhunderts mit drei „Nachzüglern" in den 1150er und 1160er Jahren zwei Patriarchate in Antiochia und Jerusalem, elf Erzbistümer und mindestens 22 Bistümer, zu denen am Ende des Jahrhunderts auf Zypern nochmals ein Erzbistum und drei Bistümer hinzukamen[30]. Die meisten beruhten genaugenommen auf der Einsetzung lateinischer Titulare auf einen bestehenden, bisher von Griechen besetzten oder mindestens in den alten 'Notitiae episcopatuum' als solcher ausgewiesenen Sitz, freilich mit einigen charakteristischen Neugründungen an wichtigen Orten der Heilsgeschichte, wie Bethlehem, Nazareth, wohl auch Hebron, die bisher weder im zivilen Verwaltungsbereich noch in der kirchlichen Organisationsstruktur besonders herausgehoben gewesen waren, oder an neugeschaffenen politischen Verwaltungszentren wie in Tellbascher/Turbessel zwischen Antiochia und Edessa.

Noch viel unübersichtlicher ist wegen der Quellenlage die monastische Welt außerhalb Jerusalems: neben einem Dutzend einigermaßen erfaßbarer Klöster und Stifte, im 13. Jahrhundert zusätzlich knapp einem Dutzend Kon-

---

[29] Wilhelm von Tyrus, VII 8 (353).

[30] Vgl. HAMILTON, The Latin Church (wie Anm. 8) und Rudolf HIESTAND, Der lateinische Klerus der Kreuzfahrerstaaten: geographische Herkunft und politische Rolle, in: Die Kreuzfahrerstaaten als multikulturelle Gesellschaft, hg. v. Hans Eberhard MAYER (Schriften des Historischen Kollegs. Kolloquien 37), München 1997, 43-68, hier 49f.

venten von Bettelorden gab es noch mindestens zwanzig bis dreißig kleinere Gemeinschaften, vor allem aber auch Eremiten, über die wir fast nichts wissen[31].

Um dies alles in die richtigen Zusammenhänge zu rücken, ist als erstes immer wieder zu betonen, daß die Kreuzfahrerkirche nicht geplant, in jeder Hinsicht – personell, materiell, geistig – unvorbereitet entstand, so daß sowohl Unkenntnis als oft auch Unverständnis die Kreuzfahrer und dann die mit den folgenden Schritten konfrontierte Kurie prägten, als sie seit dem Sommer 1098, vor allem seit dem Sommer 1099 unversehens vor einer Organisationsaufgabe standen.

Die Kreuzfahrerkirche war zwar zweitens eine „neue" Kirche, aber nicht wie eine Missionskirche in einem vorher leeren Raum, sondern neben vollentwickelten administrativen und kirchlichen Strukturen, die freilich weder je lateinisch noch je Rom unterstellt gewesen waren. Sie war damit die Kirche neuer Herren für diese und ihre tragenden Schichten, härter noch, sie war ein Fremdkörper in ihrer Umgebung.

Drittens hatte diese Kreuzfahrerkirche nicht nur mit einer chalkedonensischen Vorgängerin zu tun, in die sie eigentlich nach dem Kirchenrecht hätte eingehen müssen, das heißt die Kreuzfahrer in die griechische, nicht die Griechen in die Kreuzfahrerkirche[32], sondern auch mit nichtchalkedonensischen Gemeinschaften und mit Muslimen. Sie befand sich damit völlig anders als im Abendland – mit teilweiser Ausnahme Süditaliens und Spaniens – in einem religiös nicht homogenen Raum, in welchem überdies der Versuch einer von vornherein nur zwangsweise zu erreichenden Einheitlichkeit für die militärisch-politische Herrschaft der Kreuzfahrer tödlich geworden wäre. Denn mindestens im 12. Jahrhundert war sie mit einem Hinterland über die Jordansenke hinaus immer die Kirche einer Bevölkerungsminderheit, nicht nur im Blick auf die Muslime, sondern wohl auch unter den christlichen Einwohnern Palästinas und Syriens, was sich erst in den letzten Jahrzehnten ihres Bestehens änderte, als der lateinische Besitz auf wenige Burgen und einige Küstenstädte zusammengeschrumpft war[33].

---

[31] Einige wertvolle Hinweise verdanken wir den von Benjamin Z. KEDAR, Gerard of Nazareth. A Neglected 12th Century Writer of the Latin East, Dumbarton Oaks Papers 37 (1983), 55-77, erstmals zugänglich gemachten Auszügen aus den Werken des Gerald von Laodicea oder Nazareth.

[32] Zu den griechischen Patriarchen von Jerusalem vgl. künftig die Dissertation von Johannes PAHLITZSCH (Berlin 1998).

[33] Allgemein zur Frage eines kolonialen Charakters vgl. Rudolf HIESTAND, *Nam qui fuimus*

Für einen Einblick in die Vielfältigkeit der nach 1098/1099 entstehenden Konfliktebenen diene exemplarisch jene bereits erwähnte Papsturkunde vom Sommer 1103 für die Abtei auf dem Berge Thabor[34]. Auf den ersten Blick bestätigte sie Besitz und Rechte, ein dutzend-, ja hundertfacher Vorgang, daß ein Papst frühere Verfügungen wiederholte. Bei näherem Hinsehen lag freilich eine Brisanz schon in der Adresse: *Venerabili fratri Giraldo Montis Thabor archiepiscopo eiusque successoribus*, und erst recht in der im Kontext folgenden Bestätigung von *archiepiscopatus totius Galilee et Tyberiadis*, letzteres offensichtlich im Sinne eines Suffraganbistums, wie es ein Erzbischof haben mußte. Doch die alte kirchliche Geographie kannte kein „Galiläa" als kirchliche Organisationseinheit, sondern eine Kirchenprovinz Palaestina II mit Sitz in Scythopolis, noch kannte sie einen *archiepiscopatus* des Thabors, dem das gleichfalls altkirchliche Bistum Tiberias je untergeordnet gewesen wäre. Man setzte sich also von Anfang an über die bestehenden kirchlichen Strukturen, wie sie in den 'Notitiae episcopatuum' festgehalten waren, hinweg[35]. Da „Galiläa" dagegen die offizielle Bezeichnung des von Tankred als erste Großbaronie des neuen Staates gegründeten Fürstentums war[36], entsprach der Titel „Erzbistum von ganz Galiläa" dem anderen Verfahrensgrundsatz bei Neugründungen, möglichst eine Kongruenz weltlicher und kirchlicher Ordnung herzustellen, sie entsprach damit dem Eroberungsrecht, verletzte jedoch die Tradition, die eigentlich die Präzedenz vor diesem haben sollte.

Dieses „ganz Galiläa", wie es bei Paschalis II. hieß, bedeutete nicht nur das offen genannte Tiberias, wo die Fürsten residierten, sondern auch das nicht genannte Nazareth, das wie die beiden anderen biblischen Stätten Bethlehem und Hebron in der altkirchlichen Zeit keine Polis und daher auch kein Bistum gewesen war, jedoch sehr früh ein beliebtes Wallfahrtsziel. Kurz nach 1103, spätestens im Jahre 1108 wurde in einer allgemeinen Neuaus-

---

Occidentales, *nunc facti sumus Orientales*. Siedlung und Siedleridentität in den Kreuzfahrerstaaten, in: Siedleridentität. Neun Fallstudien von der Antike bis zur Gegenwart, hg. v. Christof DIPPER und Rudolf HIESTAND Frankfurt u.a. 1995, 61-80, und DERS., Der lateinische Klerus (wie Anm. 30).

[34] HIESTAND, Kirchen, 92 (Nr. 5).

[35] Eine 'Notitia Antiochiae et Ierosolymae patriarchatuum' des 6. Jahrhunderts findet sich in: Itinera Hierosolymitana et descriptiones terrae sacrae bellis sacris anteriora, hg. v. Titus TOBLER und Augustus MOLINIER, Bd. I, Paris 1882, 329-343. Sie entspricht der Liste im Anhang zu Wilhelm von Tyrus, ed. RHC, Hist. Occ., Bd. I, Paris 1844, 1136f., stellt aber nur teilweise ein kirchliches, sondern streckenweise ein weltliches Verzeichnis dar.

[36] Martin RHEINHEIMER, Das Kreuzfahrerfürstentum Galiläa, Frankfurt-Bern 1990.

richtung der kirchlichen Organisation unter stärkerer Betonung religiöser Gesichtspunkte Nazareth zum Bistum erhoben, mit dem Anspruch auf die Rechtsnachfolge von Scythopolis, da man unterdessen die alte kirchliche Einteilung kennen gelernt hatte[37]. Mit der Neugründung in Nazareth wurde für die wirtschaftliche Ausstattung sowohl des Thabors als auch des neuen Bistums die Zehntenfrage zu einem drängenden Problem, nachdem schon 1103 ein erheblicher Teil der Besitzansprüche des Thabors und damit auch die aus ihnen fließenden Einkünfte nur auf dem Pergament gestanden hatten, weil manche Casalien von Tankred an seine Vasallen ausgegeben worden waren, andere sich noch in türkischer Hand befanden[38]. Dies führte in der, abgesehen von der Daimbertfrage, ersten erhaltenen Urkunde einer Konfliktlösung überhaupt, einer Legatenurkunde, also verfahrensrechtlich bereits auf der kurialen Ebene, in den letzten Monaten des Jahres 1111 zu einer Aufteilung, die dem Thabor nur noch ein Drittel der Zehnten von Tiberias beließ, die Einsetzung seines unterdessen wieder korrekt als Abt bezeichneten Vorstehers dagegen dem Patriarchen von Jerusalem übertrug[39]. Sie bestätigte damit den bereits im Jahre 1100, unter Verletzung der alten Struktur, vollzogenen Schritt, als der Patriarch – es war wieder Daimbert von Pisa – den weder in der Erzdiözese Jerusalem noch in einem seiner eigenen Suffraganbistümer liegenden Thabor sich direkt unterstellt, ihn also aus der Palaestina II herausgelöst hatte[40].

Die Konflikte um den Thabor waren mit der Urkunde Gibelins keineswegs endgültig beigelegt. Nach der Erhebung von Tiberias zum lateinischen Bistum (vor 1144)[41] ließ sich der Thabor am 4. Mai 1146 von Eugen III. wieder ein feierliches Privileg erteilen, das nun *fratri Pontio venerabili Montis Thabor abbati eiusque successoribus* galt[42]. Es gestand also noch die Bruder- statt der Sohnesanrede zu, dementsprechend *venerabili* statt *dilecto*, jedoch dieses *venerabili* nachgestellt und auf den Titel *abbas* bezogen statt auf *fratri* und *archiepiscopo*, denn unterdessen hatte der Bischof von Nazareth von Papst Honorius II. den früheren Erzbischofstitel von Scythopolis

---

[37] MAYER, Bistümer (wie Anm. 8), 81ff.; HIESTAND, Kirchen, 66, 131 (Nr. 25).

[38] RRH. 36; ed. DELAVILLE LE ROULX, Bd. II, Paris 1896, 897 (Nr. 1); vgl. POLOK (wie Anm. 13) und RHEINHEIMER, Galiläa (wie Anm. 36).

[39] HIESTAND, Kirchen, 109 (Nr. 11).

[40] Wie Anm. 38.

[41] Vgl. dazu MAYER, Bistümer (wie Anm. 8), 81-97.

[42] HIESTAND, Kirchen, 187 (Nr. 61).

offiziell zuerkannt erhalten[43]. Nur im Kontext folgt zweimal unter hervorge-hobenem Bezug auf die Vorurkunde Paschalis' II., als ob Eugen III. nicht anders könne, weil sein Vorgänger es schließlich einst so geschrieben habe, die Bestätigung des *archiepiscopatus totius Galilee*. Neu war dagegen im Jahre 1146 die Festlegung der freien Wahl, eigentlich selbstverständlich, wenn es denn ein Erzbischof gewesen wäre und nicht ein Abt. Im 'Pro-vinciale Romanum' und im 'Liber Censuum' taucht der Thabor nicht unter den Erzbistümern auf, und nach einem vergeblichen Versuch, das Schisma von 1159 auszunützen, um von Alexander III. doch noch den Erzbischofstitel zugesprochen zu bekommen[44], blieb es bei einer Abtei statt einer Metropole auf dem Thabor. Von weiteren feierlichen Privilegien für den Thabor hören wir nichts, bis in der Mitte des 13. Jahrhunderts die Johanniter sich die Abtei inkorporierten[45].

Noch nicht beantwortet ist die Frage, wie der Thabor dazu kam, für seinen Abt den Erzbischofstitel zu reklamieren oder wessen Verfügung Paschalis II. „bestätigte", nicht „verlieh". Auch dieses *confirmare* ist freilich ein irre-führendes Wort, das keineswegs stets meint, daß ein vorangehender römi-scher Bischof eine entsprechende Verfügung getroffen habe, sondern ein-fach, daß der gegenwärtige Papst ein von wem auch immer verliehenes Recht mit seiner Autorität bekräftige[46]. Vor Paschalis II. hatte natürlich nie ein römischer Bischof dem Thabor ein Privileg erteilt. „Erfunden" hatte der Abt auf dem Thabor seinen Erzbischofstitel dennoch nicht; nach griechischem Kirchenrecht stand er ihm zu. Doch beim Aufeinanderstossen der lateini-schen und griechischen ekklesiologischen Vorstellungen zeigte sich, daß scheinbar Entsprechendes ganz Unterschiedliches bezeichnen konnte. ἀρχιεπίσκοπος war in der byzantinischen Kirche nicht ein *archiepiscopus* lateinischen Zuschnitts, nicht ein Leiter einer Kirchenprovinz, dies war der Metropolit, sondern ein Ehrentitel für Bischöfe, die es gerade nicht zum

---

[43] Ebd., 131 (Nr. 25).

[44] Ebd., 227 (Nr. 84).

[45] RRH 1230, ed. DELAVILLE LE ROULX, Bd. II, 777 (Nr. 2726), 823ff. (Nr. 2829-2833); Jonathan RILEY-SMITH, The Knights of St. John in Jerusalem and Cyprus, c. 1050-1310, London 1967, 413-417.

[46] Zu einem ähnlichen Fall *firmare/infirmare/confirmare*, wenn auch genau umgekehrt, vgl. die Verhandlungen des Jahres 1148 über ein deutsch-byzantinisches Bündnis, vgl. Rudolf HIESTAND, *neptis tua* und *fastus Grecorum*. Zu den deutsch-byzantinischen Verhandlungen um 1150, DA 49 (1993), 501-551, hier: 503f.

Metropoliten gebracht hatten, also eine Art „Trostpflaster"[47]. In der Tat war ein am Fusse des Thabors gelegenes Bistum Exalous im 6./7. Jahrhundert aus Sicherheitsgründen in die Abtei auf dem Berge verlagert worden und hatte dann dessen Namen angenommen, worauf der Bischof gleichzeitig der Abt oder der Abt gleichzeitig der Bischof war, der später den Ehrentitel ἀρχιεπίσκοπος führen durfte[48]. Diese von den griechischen Mönchen für ihren Vorsteher verwendete Bezeichnung war rein lautlich von einem Lateiner auch ohne Griechischkenntnisse zu verstehen, nur wußte er nicht, was er in der griechischen Kirche bedeutete und leitete daraus ein Erzbistum lateinischen Rechts ab. Seit Nazareth die Nachfolge von Scythopolis beanspruchte, war der Konflikt da.

Wahrscheinlich handelt es sich jedoch, und damit stoßen wir auf eine weitere Ebene vor, nicht um einen erst in der Kreuzfahrerzeit entstandenen, sondern um einen ererbten Streit. Während die Metropoliten von Scythopolis seit dem 8. Jahrhundert aus den Quellen verschwinden, zeigen Siegel, die dem 11./12. Jahrhundert zugeordnet werden können, daß der ἀρχιεπίσκοπος auf dem Thabor eine beträchtliche Aktivität entfaltet haben muß[49]. Vermutlich war wie an anderen Stellen Syriens und Palästinas bereits vor 1099 eine Umgestaltung der Kirchenstruktur im Gange in Richtung einer Anpassung an die faktischen Gegebenheiten, die in der Palaestina II den Thabor an der Stelle des längst verfallenen Scythopolis sahen, so daß Nazareth mit seiner Ableitung aus Scythopolis auf eine in Wirklichkeit überholte Tradition zurückgriff.

Wie üblich hatte Paschalis II. mit seinem Privileg von 1103 einer ihm vorgetragenen Bitte entsprochen. Er hatte es jedoch unterlassen, sich hinreichend kundig zu machen, und löste so einen 60 Jahre dauernden Konflikt aus, der nur deshalb zu „bloß" drei feierlichen Privilegien führte, weil dem Thabor nach den Zehnten für das um 1108 neuerrichtete Nazareth zuerst mit der Kompromißformel von 1111 zwei Drittel der Zehnten von Tiberias, mit dessen Erhebung zum lateinischen Bistum auch noch dessen letztes Drittel abhanden gekommen waren. Ohne Zehnten und damit ohne Geld war es schwierig, an die Kurie zu reisen, Prozeß zu führen, geschweige – ohne eine „Kriegskasse", um Fürsprecher zu gewinnen – mit Aussicht auf Erfolg.

---

[47] Vgl. dazu Hans Georg BECK, Kirche und theologische Literatur im byzantinischen Reich, München 1959, 67ff.

[48] Oriens Christianus, Bd. III, hg. v. Michael LE QUIEN, Paris 1740, 695ff., 714ff.

[49] Vitalien LAURENT, Le Corpus des sceaux de l'Empire byzantin, Paris 1963-1972, passim.

Was wir mit dem Konflikt zwischen dem Thabor, Nazareth und Tiberias und im Hintergrund dem Patriarchen von Jerusalem vor uns haben, ist ein sozusagen klassischer Verlauf eines Konfliktes in der lateinischen Kirche der Kreuzfahrerstaaten. Er hatte einen dreifachen Auslöser: ein linguistisches und materielles Mißverständnis der vorgefundenen Kirchenstruktur, eine voreilige päpstliche Entscheidung und das lateinische Eroberungsrecht, die Zehntenfrage und die Weihe. Inhaltlich berührte er die Neugliederung der Kirche Palästinas durch die neuen Herren, die Stellung des Patriarchen, die Rolle der Kurie, ja im Hintergrund auch das Verhältnis zu den Griechen. Was in diesem Konflikt nicht auftaucht, sind die im Daimbert-Arnulf-Konflikt virulenten, zu allen Zeiten einen eigenen Reiz ausübenden Personalquerelen, die – es sei für das weitere 12. Jahrhundert nur an die skandalträchtige Geschichte des Patriarchen Heraklius erinnert[50] – auch ein für sich abendfüllendes Thema wären.

Ziehen wir einige Schlüsse und gehen wieder auf eine allgemeinere Ebene, so lassen sich Konflikte in der Kreuzfahrerkirche nach verschiedenen Kriterien einteilen:

– an Ort und Stelle ererbte oder aus dem Westen importierte Konflikte;
– Konflikte, die auf den Gründungsvorgang zurückgehen, auf die Probleme der Ausstattung und kirchlichen Neustrukturierung;
– Konflikte innerhalb einzelner Institutionen oder zwischen verschiedenen kirchlichen Institutionen im Heiligen Lande: lateinischen, griechischen und nichtchalkedonensischen oder mit kirchlichen Institutionen außerhalb des Heiligen Landes wie dem Papsttum oder Konstantinopel, mit anderen Worten in Abwandlung eines kürzlichen Buchtitels „cross institutional conflicts"[51];
– Konflikte mit weltlichen Institutionen;
– zuletzt solche mit den Muslimen.

Es kann nicht darum gehen, diese Punkte einzeln zu behandeln, um so mehr als ihnen zum Teil andere Beiträge gelten[52]. Von vornherein übergangen seien die zeittypischen Konflikte, die auch in den Kirchen im Westen be-

---

[50] Vgl. B. Z. KEDAR, The Patriarch Eraclius, in: Outremer. Studies in the History of the Crusading Kingdom of Jerusalem presented to Joshua Prawer, hg. v. B. Z. KEDAR, H. E. MAYER und R. C. SMAIL , Jerusalem 1982, 177-204.

[51] Cross cultural convergences in the Crusader Period. Essays presented to Aryeh Graboïs, hg. v. Michael GOODICH, Sophia MENACHE und Sylvia SCHEIN, New York u.a. 1995.

[52] Zu den Ritterorden vgl. Jochen BURGTORF, zu den Griechen, Syrisch-Orthodoxen bzw. Jakobiten Johannes PAHLITZSCH und Dorothea WELTECKE, jeweils in diesem Bande.

gegnen, wie Streitigkeiten um Wahlverfahren, Titel, Weihe, Präzedenz bei Prozessionen, Stellvertretung des abwesenden Diözesans, Aussonderung der Mensa zwischen Bischof und Kapitel, Abt und Konvent, Aufteilung von Abgaben, Almosen und kirchlichen Diensten, Gastung, Angriffe auf Kleriker[53]. Nur ein in der Gesamtkirche gewiß hundertfach ausgetragener Punkt erhalte kurze Erwähnung: die Regelung der dem Osten vorher völlig unbekannten Zehntpflicht, die als materielle Basis für jede nach westlichen Prinzipien organisierte Kirche unentbehrlich war[54]. Weil kirchenrechtlich Nicht-Chalkedonenser und erst recht Muslime, die einen großen Teil der grundherrlichen Hintersassen bildeten, nicht herangezogen werden konnten, da für sie keine Seelsorge zu leisten und keine Sakramente zu spenden waren, damit aber kaum mehr Einnahmen angefallen wären, wurde mit einer beachtlichen Flexibilität für den gesamten Besitz und die Einkünfte dieser Bevölkerungsschicht die Zehntpflicht auf die Grundherren und zwar direkt gegenüber dem Bischof statt, soweit überhaupt vorhanden, gegenüber der einzelnen Pfarrkirche verlagert. Von den Griechen dagegen als Chalkedonensern, soweit sie wie vielerorts in die lateinische Pfarrorganisation integriert waren, wurden die Zehnten systemkonform eingezogen[55]. Daß hier zu Beginn der lateinischen Herrschaft Konflikte aufgebrochen waren, darf als sicher angenommen werden, sie müssen sehr früh zu dieser fast genial zu nennenden Lösung geführt haben, die später zu den als *consuetudo regni Hierosolymitani* bezeichneten Regelungen gehörte[56].

In systematischer Betrachtensweise sollen zuerst drei spezifischere Konfliktfelder nur kurz berührt werden; ein großer Teil der kirchlichen Konflikte während der ganzen Kreuzfahrerzeit berührte Fragen des hierarchischen Kirchenaufbaus und ging letztlich auf die Eroberungsphase zurück: neben dem Streit um Tyrus der bereits erörterte Konflikt um den Thabor, dann ein nur undeutlich zu erkennender Konflikt zwischen Caesarea und

---

[53] Für den monastischen Bereich immer noch unentbehrlich Georg SCHREIBER, Kurie und Kloster im 12. Jahrhundert, Stuttgart 1910.

[54] Giles CONSTABLE, Monastic Tithes from their origins to the twelfth century, Cambridge 1964.

[55] Zum Zehntenproblem Jean RICHARD, Le paiement des dîmes dans les Etats croisés, Bibliothèque de l'Ecole nationale des Chartes 150 (1992), 71-89, und Rudolf HIESTAND, Die Integration der Maroniten in die römische Kirche. Zum ältesten Zeugnis der päpstlichen Kanzlei (12. Jahrhundert), Orientalia Christiana Periodica 54 (1988), 110-151, hier: 131-134.

[56] Vgl. Louis de MAS LATRIE, Histoire de l'île de Chypre sous le règne des princes de la maison de Lusignan, Paris 1852-1861, Bd. III, 619 von 1222 September.

Jerusalem, in dem vielleicht noch einmal die Gründung des Patriarchats im Jahre 450/51 auf Kosten von Caesarea und die Präzedenz der beiden Sitze aufgegriffen wurde[57], später die umstrittenen Ausbaugründungen im Inneren der schon bestehenden Organisation, weil dafür Kompensationen an die früheren Besitzer geleistet werden mußten. Für Bethlehem, Sebaste, Paneas, Tiberias gelang dies, doch in Askalon und Joppe scheiterte es[58]. Im Norden wurden dagegen die vorerst nicht wiederhergestellten Diözesen als rechtlich eigene Institutionen nur personell mit anderen verbunden, mit dem ausdrücklichen Vorbehalt, daß sie eines Tages wieder herausgelöst werden könnten, was freilich, soweit wir sehen, nie erfolgte[59]. Doch die Konflikte, die es im Süden gab, waren damit von vornherein vermieden. Der eigentliche Gegner war in den beiden nicht geglückten Neugründungen wie schon bei der Errichtung eines Bistums in Bethlehem nicht ein anderer Bischof oder ein anderer Metropolit, sondern das bistumsähnlichen Charakter besitzende Kathedralkapitel des Patriarchen bzw. die Kanoniker des Heiligen Grabes[60].

Obwohl das Schwergewicht der Überlegungen auf den inneren Konflikten in den Kreuzfahrerstaaten liegen soll, kann zweitens doch nicht völlig an der Beziehung zum Papsttum vorbeigegangen werden. Aufgrund des in der Reformzeit entwickelten Jurisdiktionsprimats und der neuen Ekklesiologie war das Papsttum im lateinischen Osten stets präsent, wenn auch keineswegs nur, wie es selber es gefordert hatte, friedensstiftend, sondern oft mehr um des *obedire in omnibus* als des *pacem in* (oder *cum*) *omnibus conservare* willen. Wie die Kreuzfahrer im Sommer 1099 sich sowohl wegen der staatlichen als auch wegen der kirchlichen Ordnung in eigener Hilflosigkeit an den Papst wandten, aber wegen dessen Unkenntnis der Verhältnisse viele Probleme erst provozierten, so veränderte umgekehrt die Entstehung einer lateinischen Kirche im Osten die Struktur der Gesamtkirche[61]. Entgegen den Erwartungen Roms, gehorsame Söhne im Osten zu haben, griffen die neuen Patriarchen rasch die Idee der Gleichberechtigung und Autonomie der alten Pentarchie auf, am deutlichsten in der Frage des Palliums, das sie sich selber

---

[57] RRH. 232; ed. Cartulaire, ed. ROZIÈRE (wie Anm. 28), 32 (Nr. 21).

[58] Vgl. MAYER, Bistümer (wie Anm. 8), passim.

[59] Vgl. z. B. RRH. 107; ed. DELAVILLE LE ROULX, Bd. I, 69 (Nr. 72) für die Zehnten von Archas: *Decimas vero quas in Archarum episcopatu essent habituri, episcopus et prelibati clerici eis tamdiu assenserunt, quamdiu Archarum ecclesiam essent possessuri.*

[60] Zu diesen Stiftsbistümern vgl. MAYER, Bistümer (wie Anm. 8), 21 für den Begriff und passim zu Nablus und Jaffa.

[61] Vgl. allgemein Wilhelm de VRIES, Rom und die Patriarchate des Ostens, Freiburg 1963.

vom Altar nahmen oder erst nach vielen Jahren verleihen ließen und auch selber an die Erzbischöfe weitergaben. Hinzu kamen verdeckte Angriffe, in Antiochia durch die Berufung auf die Stellung als *prima sedes beati Petri*, in Jerusalem durch die Betonung der Dignität des Ortes, wo nicht nur das Grab des Herrn, sondern eben auch der Ort der Auferstehung sei, wie statt der Grabeskirche die *ecclesia sanctae resurrectionis* Teil der Patriarchentitulatur wurde[62]. Auch auf der unteren Ebene wurde das Recht des Papstes zu Eingriffen bestritten bis hin zum Fall jenes Erzbischofs von Nazareth, der offen erklärte: „Was gehen mich römische Privilegien an?" und in bewußter Provokation von einer Abtei einen höheren Zins für sich als den an Rom abzuführenden forderte[63]. Allgemeiner muß man freilich darin das im Westen nicht anders festzustellende Bestreben sehen, Kontakte der unteren Ebenen mit Rom, insbesondere Appellationen, zu unterbinden.

Drittens ist im Gegensatz zu den bisher erörterten ein Feld weitgehender Konfliktlosigkeit hervorzuheben. Überraschenderweise herrscht auf dem syrischen Festland während der ganzen zwei Jahrhunderte der Kreuzfahrerstaaten ein fast völliges Schweigen über Konflikte zwischen Lateinern und Griechen[64], sieht man von der Besetzung des Patriarchenstuhls in Antiochia ab, wo es aber nicht um eine religiöse, sondern eine (kirchen-)politische Frage geht. Dementsprechend beriefen sich auf Zypern, wo seit 1218/20 eine ganz andere Situation bestand, die eher auf Ausgleich bedachten Kräfte immer wieder auf die *consuetudo regni Hierosolymitani* auf dem Festland[65]. Gleichsam als Verifizierung kennen die päpstlichen Register des 13. Jahrhunderts, die die ganze Fülle von Konflikten auf Zypern festhalten, von ähnlichen Problemen im Königreich nichts.

Etwas ausführlicher seien zwei andere Konfliktfelder untersucht. Eine ganz neue Konfliktebene innerhalb der lateinischen Kirche brachten die entstehenden Ritterorden[66]. Anfangs wegen der karitativen, für das wirt-

---

[62] Rudolf HIESTAND, Die Urkunden der lateinischen Patriarchen von Jerusalem und Antiochia im 12. Jahrhundert, in: Akten des VIII. Internationalen Diplomatikerkongresses, Innsbruck 1996, 85-95, hier: 88f.

[63] RRH 239, ed. HIESTAND, Kirchen, 183 (Nr. 60): *Quid michi et Romanis privilegiis?*

[64] Der einzige Anklang in den lateinischen Quellen des 12. Jahrhunderts findet sich in einem der Exzerpte bei KEDAR, Gerard of Nazareth (wie Anm. 31), 77: Contra Salam presbyterum. Bei Hans Eberhard MAYER, Latins, Muslims and Greeks in the Latin Kingdom of Jerusalem, History 63 (1978), 175-192 wird ein meines Erachtens etwas zu düsteres Bild der lateinisch-griechischen Beziehungen gezeichnet.

[65] Wie Anm. 56.

[66] Vgl. auch den Beitrag von Jochen BURGTORF.

schaftliche Überleben der Kreuzfahrerstaaten lebensnotwendigen Aufgabe der Pilgerbetreuung bzw. der Beteiligung am existenzsichernden militärischen Schutz nach außen auch von Welt- und Regularklerus mit Grundbesitz und Zehnten ausgestattet, wurden sie wegen der Förderung durch die Herrscher für die Diözesankirche und die monastische Welt eine Gefahr, vor allem als sich über sie eine Flut päpstlicher Privilegien zu ergießen begann[67].

Aufgrund ihrer militärischen Funktion für die Herrscher und für das Papsttum bald unentbehrlich, spielten sie dies in Konflikten als Kläger oder Beklagte rücksichtslos aus – man denke an den Mord an einem Assassinen-Gesandten, der, obwohl er der königlichen Politik schwersten Schaden zufügte, ungesühnt blieb[68]. Hinzu kam die überlegene straffe zentralistische Organisation, die Prozesse führen ließ, bis der Gegner ermattet war, so daß nur wenige solcher Auseinandersetzungen zu ihren Ungunsten ausgingen. In der Regel waren die Gegner froh, durch einen Kompromiß wenigstens eine Aufteilung des umstrittenen Besitzes oder Rechtes zu erreichen. Wurde der Konflikt an die Kurie gezogen, so waren die Ritterorden durch ihre dort niedergelassenen Brüder erst recht in einem Zeit- und Informationsvorsprung; wie „begossene Pudel", etwas salopp gesagt, mußten der Patriarch von Jerusalem und fast der gesamte Episkopat im Jahre 1156 mit leeren Händen die Heimreise antreten, nachdem sie vergeblich gegen die Präpotenz des Hospitals geklagt hatten. Vor allem die Zehntbefreiung fügte den anderen kirchlichen Institutionen schweren Schaden zu, weshalb das Heilige Land sich wohl auch gegen die Niederlassung anderer Reformorden, die ebenfalls eine solche in Anspruch nehmen konnten, sehr zurückhaltend verhielt. Die Bischöfe hatten nichts mehr zu verlieren und erteilten den zwingend geforderten Verzicht auf solche Abgaben nicht. Erst 1157 entstand eine Niederlassung der Zisterzienser, während kurz nach 1130 zwei Prämonstratenserabteien gegründet wurden, die aber keine einzige Schenkung von Seiten des Klerus erhalten zu haben scheinen[69]. Keiner der anderen Reformorden wie Karthäuser, Fontevrault, Grammont, Arrouaise, Savigny usw.

---

[67] Vgl. neben dem Cartulaire von DELAVILLE LE ROULX für die Johanniter vor allem die beiden Bände: HIESTAND, Templer und Johanniter und HIESTAND, Templer und Johanniter, NF.

[68] Wilhelm von Tyrus, XX 30 (954f).

[69] Vgl. das Diplom Balduins V. für Sankt Samuel auf dem Freudenberg mit einer Aufzählung des Besitzes und der Wohltäter, ed. Hans Eberhard MAYER, Sankt Samuel auf dem Freudenberg und sein Besitz nach einem unbekannten Diplom König Balduins V., Quellen und Forschungen aus italienischen Archiven und Bibliotheken 44 (1964), 35-71.

konnte nachziehen, obwohl etwa Fontevrault dem aus dem Anjou stammenden König Fulko durchaus nahestand.

Wenn die meisten hier angedeuteten Konflikte ins 12. Jahrhundert gehören, so erklärt sich dies leicht: das 13. Jahrhundert war viel konventioneller, viel westlicher, das neue Kirchenrecht und der Gang an die Kurie hatten sich durchgesetzt, die äußere Situation sprach zunehmend gegen Selbständigkeitsregungen. Dem entsprach, daß das Heilige Land seine Attraktivität für viele abendländische Kleriker verloren hatte, die lieber im Westen blieben, wenn auch einzelne immer noch fast in einer Art Goldgräberhaltung die labile Situation durch ein Pfründen-Hüpfen bzw. -sammeln ungeahnten Ausmaßes auszunützen trachteten, wie die von Wolfgang Antweiler untersuchten Philipp von Tripolis und Gottfried de Praefectis oder ein Hugo von Nissun in Jerusalem[70]. Damit häuften sich Streitigkeiten um Provisionen, Prokurationen, Mehrfachpfründen und bildeten jetzt die Masse der bekannten Vorgänge. Doch die Kirche der Kreuzfahrerstaaten – besser dasjenige, was noch von ihnen geblieben war – war homogener geworden, weil der Anteil der Lateiner innerhalb dieses geschrumpften Gebietes zunahm, so daß eine ganz Reihe von Konfliktfeldern und zum Teil die in ihnen sich abspielenden Konflikte hinfällig wurden.

Diese zweite Phase der lateinischen Kirche im Osten brachte noch einmal eine ganz eigene Form von innerkirchlichen Konflikten. Damit sind nicht etwa die auch im Westen ausgetragenen Auseinandersetzungen mit den Bettelorden gemeint. Nachdem es im dritten Kreuzzug gelungen war, mit Akkon einen Mittelpunkt für die Kreuzfahrerherrschaft zurückzugewinnen, wo sich der König niederließ, soweit er überhaupt im Königreich weilte, drängten sich dort die Inhaber der verlorenen Bischofssitze in der Hoffnung, eines Tages in die alten Diözesen zurückkehren zu können – vorerst jedoch im täglichen Überlebenskampf, aus den noch in christlicher Hand befindlichen Besitzungen ihrer Kirchen eine meist kümmerliche Existenz zu fristen[71]. Für Land und Rechte war die Lage relativ eindeutig; anders für die Personen: galt für sie nun das Herkunftsprinzip, die ursprüngliche Zugehörigkeit zur Diözese X, obwohl deren Titular in Akkon weilte, oder das Territorialprinzip nach dem augenblicklichen Aufenthaltsort, was zu einer

---

[70] Wolfgang ANTWEILER, Das Bistum Tripolis im 12. und 13. Jahrhundert. Personengeschichtliche und strukturelle Probleme (Studia Humaniora 20), Düsseldorf 1991, 279-292 (Philipp), 278 (Gottfried de Praefectis); zu Hugo de Nissun viele Registereinträge, vgl. auch HAMILTON, Latin Church (wie Anm. 8), 266f.

[71] HAMILTON, Latin Church (wie Anm. 8), 243ff.

Unterstellung unter den Bischof von Akkon führte? Um den gravierendsten Folgen abzuhelfen, wurde nach der Mitte des 13. Jahrhunderts der Bischofssitz von Akkon mit dem Patriarchat zusammengelegt. Doch wem waren sie zur Zehntabgabe und zur Entgegennahme aller kirchlichen Sakramente verpflichtet? Daß in den konkreten Fällen meist das Herkunftsprinzip sich durchsetzte, obwohl es dem Kirchenrecht eigentlich widersprach, ist kein Zufall, da längst auch in der nach Rom ausgerichteten Kirche mehrere Gemeinden – seit 1180/81 Lateiner und Maroniten, seit 1198 auch Lateiner und Armenier – offiziell nebeneinander wirkten, von Anfang an auch Lateiner und Griechen, und erst recht gab es nebeneinander Lateiner und orientalische Kirchen.

Wie sehr einzelnen Prälaten finanziell das Wasser am Halse stand, zeigen vorerst absurd wirkende Prozesse um die Zuordnung eines einzelnen Klerikers bis vor die Kurie. Vielleicht sind sie eher als „Musterprozesse"im modernen Sinne anzusehen, auf die man sich künftig berufen wollte[72]. In ähnlicher Weise ging es um die heikle Frage, ob und wie gegebenenfalls die wenigen verbliebenen, vor allem die letzten im Osten anwesenden Kanoniker eines Kapitels – einmal waren nur noch drei übrig geblieben – eine Bischofswahl durchführen konnten: durften sie sich fast im wahrsten Sinne einstimmig selbst wählen?[73] Denn die räumlich längst in der Hand der Muslime befindlichen Diözesen bestanden im Osten personell nur noch aus dem Bischof und dem Kapitel ohne eigene Gläubige und materiell aus dem ihnen in Akkon überlassenen Haus mit Kirche oder Hauskapelle. In den meisten Fällen ging es in Wirklichkeit nicht um diese, sondern um die manchmal umfangreichen Besitzungen im Abendland: Bethlehem, Hebron, Sebaste hatten solche, auf die man zuzugreifen hoffte[74]. Nur deshalb stritt man an der Kurie um einen Sitz *in stallo et choro*. Durch eine päpstliche Provision in die Stelle eingerückt, im Abwehrkampf gegen andere Aspiranten begriffen, konnte ein Kleriker gar nicht daran denken, gegen Rom Stellung zu beziehen. Auch diese Ebene von Konflikten erlosch von selbst.

Zum Schluß sollen noch einige Hinweise auf die Lösungswege, aber auch die Hindernisse bei der Konfliktbewältigung folgen. Die Lösungswege sind in den wenigen genauer faßbaren Fällen die üblichen: Prozesse vor dem

---

[72] Reg. Innozenz' III. (wie Anm. 86), Bd. I, 751 (Nr. 517).

[73] Les Registres de Nicolas IV, hg. v. Ernest LANGLOIS, 4 Bde. (Bibliothèque de l'École Française de Rome, 2ᵉ série 5), Paris 1886-1893, Bd. I, 27 (Nr. 165).

[74] Vgl. HAMILTON, Latin Church (wie Anm. 8), 282ff., künftig auch Oriens Pontificius.

Bischof, gegebenfalls bis an die Kurie weitergetragen, später vor Offizialen, die freilich keine große Rolle spielten[75]. Dagegen fällt das fast völlige Fehlen von Legationen und ad-hoc-Nuntien auf, wie auch das Instrument der delegierten Richter nur eine geringe Rolle spielt. Im Gegensatz zum Westen gab es im 12. Jahrhundert wohl wegen der besonderen kirchenrechtlich-kirchenpolitischen Situation und des Patriarchenrangs von Jerusalem und Antiochia auch keine ständigen Legationen, wie sie dort einzelnen Erzbischöfen zuteil wurden, dagegen öfters Einzelaufträge an den Patriarchen von Jerusalem[76], bis nach der ganz ungewöhnlichen Doppelstellung des Kardinallegaten Soffred von S. Prassede, der seine Legation a latere und die Patriarchenwürde verbinden dürfen sollte, im Jahre 1205 der de facto von Rom providierte Albert von Vercelli eine ständige Legation zugesprochen bekam[77]. Eine der üblichen Dreierbeauftragungen begegnet zum ersten Mal im Jahre 1190 charakteristischerweise beim Streit um S. Marco in Tyrus[78], dann wieder kurz vor 1200 im Streit um das im südlichen Libanon gelegene Nefin (heute Enfé)[79]. In ihrer Mehrzahl endeten Konflikte mit einem mehr oder weniger haltbaren, oft aber einem eher als „faul" zu bezeichnenden Kompromiß, in dem, wie bereits gesagt, die Ritterorden, so beteiligt, eigentlich immer die Sieger waren.

Doch damit bliebe der sehr häufig eintretende, bereits öfters angedeutete Ausgang von Konflikten unerwähnt: das vor allem seit Hattin immer häufigere Erlöschen durch den Wegfall von Streitgegenstand, Klägern und Beklagten. Auf diese Weise verschwand kurz nach 1200 der sich an den Streit um Tyrus anheftende Streit zwischen Antiochia und Jerusalem um die Kirchenprovinz Petra jenseits des Jordans[80].

---

[75] Die Liste der Juristen bei James A. BRUNDAGE, Latin Jurists in the Levant. The Legal Elite of the Crusader States, in: Crusaders and Muslims in Twelfth Century Syria, hg. v. Maya SHATZMILLER, Leiden 1993, 18-42, ist unvollständig.

[76] RRH. 631, ed. HIESTAND, Kirchen, 301 (Nr. 126) an Heraklius, der auch einer der Beauftragten (mit dem Patriarchen von Antiochia) für den Streit zwischen den Genuesen und den Herren von Byblos ist, vgl. HIESTAND, Kirchen, 307ff. (Nr. 130ff.).

[77] Zu Albert von Vercelli vgl. POTTH. 2640.

[78] HIESTAND, Kirchen, 337 (Nr. 161) von 1190 August 11, dann wieder 1196 August 5, ed. ebd., 355 (Nr. 175).

[79] DELAVILLE LE ROULX, Bd. I, 659 (Nr. 1054) nur zwei delegierte Richter, der Erzbischof von Tyrus und der Bischof von Sidon.

[80] Zum Petra-Streit vgl. ROWE, Tyre (wie Anm. 14).

Interessanter sind die Lösungshindernisse. Beginnen wir nochmals mit dem mangelnden Wissen und Verständnis der Kreuzfahrer wie der Kurie, die alle vor 1095 nie näher mit den neugewonnenen Gebieten, schon gar nicht mit ihren inneren Angelegenheiten zu tun gehabt hatten. Es war etwas anderes, gegebenfalls als Wallfahrer für kurze Zeit staunend die biblische Welt wiederzuentdecken oder sich nun auf Dauer niederzulassen und einzurichten. Der spezifische Blickwinkel von Pilgerhandbüchern reichte nicht aus, man besaß nach eigenem Eingeständnis keine genaueren Kentnnisse der Geographie und noch weniger der kirchlichen Geographie[81], geschweige des östlichen Kirchenrechts und der Liturgie und der dogmatischen Besonderheiten der dort lebenden christlichen Gemeinschaften, was schon auf die sprachlichen Barrieren stieß. Während jedoch zweitens die Kreuzfahrer an Ort und Stelle erstaunlich rasch die vorhandenen Strukturen und Ideen sich anzueigen begannen und eine beachtliche Assimilationsfähigkeit bewiesen, ließ sich die Kurie immer wieder von der jeweils zuerst vorstellig werdenden Partei zu überhasteten Entscheidungen verleiten, umso mehr als die Kläger gerne die weite Reise als Argument verwendeten, um rasche Entscheidungen zu fordern, ehe die Gegenpartei eingetroffen war[82]. Dies war wohl beim Thabor im Jahre 1103 so, viel verhängnisvoller kurz darauf beim beginnenden Streit zwischen Jerusalem und Antiochia um die Kirchenprovinz Tyrus und ihre Suffragane[83], schon im Streit um Daimbert und Arnulf, dann später auch in der Auseinandersetzung zwischen dem Hospital und dem Episkopat[84].

---

[81] Paschalis II. 1112, ed. HIESTAND, Kirchen, 116 (Nr. 13): *multa post haec tempora* (Apostelzeit) *transierunt, quibus infidelium dominatio unitatem hanc in personis praesidentium impediuit... nec leuitati est nec malitiae ascribendum nec propter hoc apud uos* (so richtig statt ed. *nos*) *scandalum concitandum, quoniam et locorum prolixa longinquitas et antiquorum nominum commutatio, quae civitatibus uel provinciis accidit, magnam nobis ambiguitatem uel ignorantiam intulerunt.*

[82] Paschalis II. im Bericht über die Synode von 1113, ed. HIESTAND, Kirchen, 119 (Nr. 15): *Non soleo de tractatibus ecclesiarum cito respondere, sed petitioni vestre, qui de longe venistis et longa uos uia redituros expectat, non est differendum;* DERS. in der Arnulfaffäre 1116 Juli 19, ebd., 124 (Nr. 19): *Eos ... penes nos prolixiori tempore detinuimus, legati nostri reditum prestolantes ... sed cum nec eumdem legatum nec certius de eo responsum habere possemus ...*

[83] Vgl. Anm. 14.

[84] Vgl. Wilhelm von Tryus, XVIII 6-8 (817-822); Gerhoh von Reichersberg, De investigatione Antichristi c. 62, MGH Libelli de Lite, Bd. III, 378.

Prinzipieller noch hatte das Papsttum drittens durch das neue Kirchenrecht vorerst die Flexibilität eingebüßt, auf komplexe Situationen adäquate Antworten zu finden. Aus sozusagen ideologischen Gründen wurde ein einmal gefällter Entscheid, auch wenn er längst als falsch erkannt worden war, kaum umgestoßen. Daß er im Streit um Tyrus unsachgemäß vorgegangen war, wußte Paschalis II. bereits nach einem Jahr; dennoch nahm er seinen Entscheid nicht zurück, sondern entschuldigte nur dessen Entstehung, weil sonst gravierende Folgen drohten[85]. Daher kam es zu ständigem Lavieren zwischen Streicheleinheiten und letztlich leeren Drohungen. In Wirklichkeit folgte trotz vielfacher Ankündigung kaum je eine Exkommunikation oder ein Interdikt. Suspensionen waren das höchste und mußten zudem oft umgehend zurückgenommen werden[86].

In nicht wenigen Fällen wurden zudem Entscheidungen bzw. Lösungen dadurch erschwert, wenn nicht überhaupt unmöglich, daß diese neue lateinische Kirche mit ihrer Rombindung nach altem Kirchenrecht illegal auf dem Boden der griechischen Patriarchate errichtet worden war und nun aus kirchenpolitischen Gründen eine neue, in Wirklichkeit traditionelle Ausrichtung nach Konstantinopel verhindert werden mußte[87].

Hinzu kam viertens die Distanz, sobald in Prozessen die Kurie mitwirken mußte, wie es dem sich allgemein ausbreitenden Zentralismus im 13. Jahrhundert zunehmend entsprach. Obwohl manchmal wenige Wochen reichten, um von Italien nach dem Osten zu gelangen, verging im Durchschnitt fast ein Jahr vom Aufbruch einer Gesandtschaft oder eines Boten bis zum Eintreffen der Entscheidung. In vielen Fällen war die Ausgangslage beim Bekanntwerden der Antwort rechtlich, personell und materiell überholt, wenn nicht gar wie im Daimbert-Konflikt gestützt auf gewiß nicht uninteressiert ausgestreute Gerüchte im voraus neue Fakten geschaffen worden waren. Zudem fand die „dishonest litigation", wie es Stanley Chodorow genannt hat, im lateinischen Osten[88] fast ideale Voraussetzungen vor, da man durch fortgesetzte Appellationen und Bitten um Verlängerung der Ladefristen wegen

---

[85] Vgl. HIESTAND, Kirchen, 116 (Nr. 13).

[86] Vgl. Innozenz III. und Patriarch Peter I. von Antiochia, Die Register Innozenz' III., ed. Othmar HAGENEDER und Anton HAIDACHER, Graz-Köln 1964, Bd. I, 77-79 (Nr. 50/51) und 729-733 (Nr. 502/503).

[87] Vgl. am schärfsten Alexander III. 1178 (Anfang), ed. HIESTAND, Kirchen, 278 (Nr. 111).

[88] Stanley CHODOROW, Dishonest litigation in the Church Courts 1140-1198, in: Law, Church and Society. Studies in honor of Stephen Kuttner, Philadelphia/Mass. 1977, 187-206.

angeblich anderer drängender Fragen sich Entscheidungen entziehen konnte[89].

Als letztes kam hinzu, was wir heute, ohne gleich Georg Picht zu bemühen, wenigstens ein Bildungs- oder Ausbildungsdefizit nennen würden. Trotz einzelner hervortretenden Gestalten im 12. Jahrhundert: Wilhelm von Tyrus, Albert von Tarsus, Gaufrid vom Templum Domini, Stephan von Antiochia, trotz einiger *magistri* im 13. Jahrhundert[90], fehlte es anscheinend an juristisch ausgebildetem Personal in größerer Zahl, das aus dem Lande selber stammend, dann an den hohen Schulen, später den Universitäten ausgebildet, nach einer Rückkehr in den Osten mit Kenntnis der spezifischen Probleme von Land und Leuten einerseits und aktuellen Entwicklungen des Kirchenrechts andererseits Streitigkeiten hätte lösen, ja vielleicht selber einen Beitrag zum Kirchenrecht, etwa für Fragen des Verhältnisses verschiedener Gemeinschaften leisten können. So galt der für die äußere Situation des Kreuzfahrerstaaten geprägte Satz von Reichen, für die „peace never established" war, auch für die Kreuzfahrerstaaten nach innen. Es war freilich nicht bloße Streitlust, sondern oft ein Zwang in bedrängter Lage, ein eigentlicher Existenzkampf, der untereinander und gegeneinander ausgetragen wurde. Dennoch – ganz unbestreitbar: der Wunsch, vielmehr die Mahnung Paschalis' II. an die Kreuzfahrer im April 1100 *pacem in omnibus conservare* war unerfüllt geblieben, bis ihn das Ende der Kreuzfahrerstaaten in anderer Weise Wirklichkeit werden ließ; ob die Kreuzfahrer die *pax aeterna* erhielten, entzieht sich der Frage des Historikers.

---

[89] Vgl. für den Streit zwischen Jerusalem und Antiochia Terminsetzungen durch Innozenz III. zuerst 1199 Januar 3 für 1199 November 3, Register Innozenz' III. (wie Anm. 86), 1, 735 (Nr. 505); dann immer wieder bald von der einen, bald von der anderen Seite verschoben. Zu einer Verhandlung an der Kurie in Gegenwart beider Parteien kam es, soweit wir erkennen können, für Jahrzehnte nicht.

[90] Vgl. auch Rudolf HIESTAND, Un centre intellectuel en Syrie du Nord. Notes sur la personnalité d'Aimery d'Antioche, Albert de Tarse et *Rorgo Fretellus*, Le Moyen Age 100 (1994), 7-36; zuletzt wichtige Hinweise bei Luisa MINERVINI, Produzione e circolazione di manoscritti negli stati crociati: biblioteche e scriptoria latini, in: Medievo romanzo e orientale. Il viaggio dei testi, Venezia-Soveria Mannella 1999, 79-96.

Konflikte zwischen den nicht-lateinischen Kirchen im Königreich Jerusalem

Johannes Pahlitzsch / Dorothea Weltecke

Überlegungen zur Sozialgeschichte der orientalischen Christen in den Kreuzfahrerstaaten werden selten unternommen[1]. Fast keine Beachtung finden die Beziehungen der orientalischen Christen untereinander. Dabei könnten Nachrichten über derartige Verbindungen dazu beitragen, die Mitglieder der altorientalischen Konfessionen nicht nur als Objekte von Herrschaft, sondern auch als Handelnde erkennbar werden zu lassen, die Beziehungen mitgestalteten. Diese könnten sie als Bevölkerungsgruppen sichtbar machen, die vor den Kreuzfahrern im Vorderen Orient siedelten und dort blieben, als diese wieder abgezogen waren. Vorläufig liegt wenig gesicherte Erkenntnis vor, auf die sich die Untersuchung dieses Gegenstandes stützen könnte, wird man doch bei der Behandlung von Konflikten und Methoden der Konfliktlösung zwischen Angehörigen der einheimischen nicht-lateinischen Kirchen in noch größerem Maße, als dies auch für andere Fragestellungen der Geschichte der Kreuzfahrerstaaten gilt, mit einer äußerst bruchstückhaften

---

[1] Vgl. neuerdings East and West in the Crusader States. Context – Contacts – Confrontations (Orientalia Lovanensia Analecta 90), hg. v. Krijnie N. CIGAAR / Adelbert DAVIDS und Herman TEULE, Leuven 1996; East and West in the Crusader States, Bd. II: Cultural and Religious Crossroads (Orientalia Lovanensia Analecta 92), hg. v. Krijnie N. CIGAAR und Herman TEULE, Leuven 1999. Die Folgen der Kreuzzüge für die orientalischen Religionsgemeinschaften. Internationales Kolloquium vom 16.-18.10.1996 in Halle/Saale (Hallesche Beiträge zur Orientwissenschaft 22), hg. v. Walter BELTZ, Halle 1996; The Christian Heritage in the Holy Land, hg. v. Anthony O'MAHONY / Göran GUNNER und Kevork HINTLIAN, Cavendish 1995; Gérard DÉDÉYAN, Le rôle politique et militaire des Arméniens dans les Etats croisés pendant la premiere partie du XIIᵉ siecle, in: Die Kreuzfahrerstaaten als multikulturelle Gesellschaft. Einwanderer und Minderheiten im 12. und 13. Jahrhundert, hg. v. Hans Eberhard MAYER, (Schriften des Historischen Kollegs 37), München 1997, 153-163.

Quellenlage konfrontiert. Die lateinische Überlieferung bietet außer in den Rechtstexten, die die Zuständigkeiten der verschiedenen Gerichte im Königreich Jerusalem beschreiben, nahezu keinerlei Hinweise. Eine lokale griechisch-orthodoxe Chronistik hat sich in Palästina und Syrien nicht herausgebildet. Von inneren Konflikten berichten systematisch nur die syrisch-orthodoxen Chronisten des 12. und 13. Jahrhunderts, das heißt der syrisch-orthodoxe Patriarch Michael der Große (1126-1199), der Anonyme Chronist ad a. 1234 und der Maphrian[2] des Ostens, Gregorius, genannt Bar Hebraeus (1226-1286), während die armenische Historiographie aufgrund anders gelagerter Zielsetzung nicht auf diese Probleme eingeht[3].

Die hier vorgelegte Skizze kann daher nicht beanspruchen, ein Panorama zu bieten. Sie muß sich vielmehr darauf beschränken, sich fragend einem Gegenstand zu nähern: Welcher Art waren die Konflikte zwischen den nichtlateinischen Konfessionen und auf welchen Ebenen bzw. in welchen Formen wurden sie ausgetragen? Zu unterscheiden wäre etwa zwischen dogmatisch bedingten und durch rituelle Differenzen entfachten Konflikten. Nach den Inhalten zivil- und strafrechtlicher Streitfälle ist ebenso zu fragen wie nach den Folgen möglicher Konkurrenzverhältnisse im Zugriff auf Ressourcen.

---

[2] Die Stellung des Maphrians innerhalb der syrisch-orthodoxen Kirche läßt sich vielleicht am besten mit der eines Primas vergleichen. Er stand an der Spitze des ehemals persischen Teiles der syrisch-orthodoxen Kirche, sein Titularsitz war Tagrit, seine Beziehungen zum Patriarchen waren geregelt, aber nicht frei von gelegentlichen Spannungen. Maßgeblich dazu die Forschung von Jean-Maurice FIEY, u.a. Les diocèses du „maphrianat" syrien 629-1860, Parole de l'Orient 5 (1974), 133-164, 331-393; 8 (1977-1978), 347-378.

[3] Chronique de Michel le Syrien. Patriarche Jacobite d'Antioch (1166-1199) (künftig: Michael), ed. u. übers. v. Jean-Baptiste CHABOT, 4 Bde., Paris 1899-1924; zu Michael demnächst Dorothea WELTECKE, Mōr Michael der Große (1126-1199): Die Beschreibung der Zeiten (Diss., Freie Universität Berlin 2000). Anonymi Auctoris chronicon ad annum Christi 1234 pertinens, ed. Jean-Baptiste Chabot, Louvain 1952-1953 (Corpus Scriptorum Christianorum Orientalium 81, Scriptores Syri 36 [syr.]; CSCO 82, SS 37 [syr.], CSCO 109, SS 56 [lat. von CSCO 81]). Anonymi auctoris chronicon ad a.C. 1234 pertinens, II (CSCO 354, SS, 154 [frz. von CSCO 82]) (künftig Anonymus ad a. 1234), übers. v. Albert ABOUNA, introduction, notes et index de Jean-Maurice FIEY, Louvain 1974; Gregorii Barhebrei Chronicon Ecclesiasticum (künftig: Bar Hebraeus, Chronicon Ecclesiasticum), 3 Bde., ed. u. übers. v. Johannes B. ABBELOOS u. Thomas J. LAMY, Louvain 1872, Paris 1874-1877; Bar Hebraei Chronicon Syriacum, ed. v. Paul BEDJAN, Paris 1890; The Chronography of Gregory Abu'l Faraj. The son of Aaron, the Hebrew Physician, Commonly Known as Bar Hebraeus, Being the First Part of His Political History of the World, übers. v. Ernest W. BUDGE, Oxford - London 1932. Die armenische Geschichtsschreibung weist eine stark gruppenstabilisierende und legitimierende Tendenz auf. Die Diskussion interner Verwerfungen gehört deshalb nicht zu ihren Themen.

Gab es schließlich institutionalisierte Formen der Friedenswahrung, werden daneben weitere Kommunikationswege zur Konfliktregelung erkennbar?

Die Gruppe der nicht-lateinischen Kirchen im lateinischen Königreich von Jerusalem umfaßte eine Vielzahl von Konfessionen. Johannes von Würzburg, der 1165 das Heilige Land bereiste, gab als erster Abendländer eine ausführliche Liste der verschiedenen in Jerusalem zur Zeit der Kreuzfahrerherrschaft anwesenden lateinischen und nicht-lateinischen Christen: *Sunt namque ibi Greci, Latini, Alemanni, Ungari, Scoti, Navarri, Brittanni, Anglici, Rutheni, Boemi, Gorgiani, Armeni, Suriani, Iacobitae, Syri, Nestoriani, Indi, Egiptii, Cephti, Capheturici, Maroni et alii quamplures, quos longum esset enumerare [...].*[4] Zu unterscheiden ist dabei zunächst zwischen den Glaubensgemeinschaften, die das Konzil von Chalkedon von 451 anerkannten und den nicht-chalkedonensischen Kirchen. Zu den ersteren gehören neben den Lateinern die Maroniten und die griechisch-orthodoxe Kirche einschließlich der Georgier und der Melkiten, das heißt der arabischsprachigen Angehörigen der byzantinischen Reichskirche, die von lateinischer Seite in den Quellen zur Geschichte des Königreichs Jerusalem in der Regel als *Syri* bzw. *Suriani* oder auch *Suriens* bezeichnet werden[5]. Die

---

[4] Johannes von Würzburg, in: Peregrinationes tres (CC CM 139), hg. v. Robert B. C. HUYGENS, Turnhout 1994, 137f. Wir folgen hier der nur bei der Aufzählung der westeuropäischen Völker abweichenden Variante T. Mit den Cephti sind die Nubier gemeint, s. ebd. 215. Zu den verschiedenen Gruppen und ihren Bezeichnungen s. Anna-Dorothee VON DEN BRINCKEN, Die "Nationes christianorum orientalium" im Verständnis der lateinischen Historiographie von der Mitte des 12. bis in die zweite Hälfte des 14. Jahrhunderts (Kölner historische Abhandlungen 22), Köln - Wien 1973. Zur rechtlichen und kirchlichen Stellung der orientalischen Christen s. die zusammenfassenden Darstellungen bei Bernard HAMILTON, The Latin Church in the Crusader States. The Secular Church, London 1980, 159-211, 310-360; sowie Joshua PRAWER, Social Classes in the Crusader States: the "Minorities", in: A History of the Crusades, Bd. V: The Impact of the Crusades on the Near East, hg. v. Norman P. ZACOUR und Harry W. HAZARD, Madison 1985, 59-115.

[5] George EVERY, Syrian Christians in Palestine in the Early Middle Ages, Eastern Churches Quarterly 6 (1946), 363-366; VON DEN BRINCKEN, Die „Nationes christianorum orientalium" (wie Anm. 4), 78f.; Joseph NASRALLAH, Syriens et Suriens, in: Symposium Syriacum 1972 (Orientalia Christiana Analecta 197), Roma 1974, 493; HAMILTON, The Latin Church (wie Anm. 4), 159-161; Lucy-Anne HUNT, Art and Colonialism: The Mosaics of the Church of the Nativity in Bethlehem (1169) and the Problem of „Crusader" Art, Dumbarton Oaks Papers 45 (1991), 76. Auch in griechischen Quellen wurden sie als *Syroi* bezeichnet, s. zum Beispiel Theodosios Goudeles, The Life of Leontios. Text, Translation, Commentary (The Medieval Mediterranean 2), ed. DIMITRI TSOUGARAKIS, Leiden - New York - Köln 1993, 138 (§ 88). Zur Ambivalenz des Begriffes s. u. Anm. 11. Die Maroniten, deren Siedlungsgebiet sich im Wesentlichen auf den Libanon beschränkte, sollen hier nicht weiter

Gruppe der nicht-chalkedonensischen Konfessionen setzt sich, um nur die wichtigsten zu nennen, einerseits aus den Miaphysiten, also der syrisch-orthodoxen, armenischen und koptischen Kirche, und andererseits der apostolischen Kirche des Ostens, den sogenannten Nestorianern, zusammen[6].

Eine Integration der östlichen Christenheit in die Kreuzfahrergesellschaft, wie sie in jüngster Zeit von Ronnie Ellenblum postuliert wurde[7], fand zumindest auf dem Gebiet der Rechtsprechung nicht statt. Vielmehr begründeten die Kreuzfahrer eine Zweiklassengesellschaft, in der die Lateiner die

---

behandelt werden. Zu Griechen und Melkiten s. Johannes PAHLITZSCH, Graeci und Suriani im Palästina der Kreuzfahrerzeit. Beiträge und Quellen zur Geschichte des griechisch-orthodoxen Patriarchats von Jerusalem (Berliner Historische Studien 33, Berliner Ordensstudien 15), Berlin 2001; zu den Georgiern DERS., Die Bedeutung Jerusalems für Königtum und Kirche in Georgien zur Zeit der Kreuzzüge im Vergleich zu Armenien, in: L'idea spirituale di Gerusalemme nel Medioevo, hg. v. Walther BRANDMÜLLER, Città del Vaticano (im Druck).

[6] Es empfiehlt sich aus Gründen theologischer Korrektheit auf den Begriff „Monophysiten" zu verzichten. Zu dem dieser Bezeichnung zugrunde liegenden Mißverständnis s. u. Anm. 52. Als Alternative kommt der auch hier verwandte Begriff „Miaphysiten" in Gebrauch. Andrew PALMER, The History of the Syrian Orthodox in Jerusalem, Oriens Christianus 75 (1991), 16-43; DERS., The History of the Syrian Orthodox in Jerusalem, Part Two: Queen Melisende and the Jacobite Estates, Oriens Christianus 76 (1992), 74-94; Johannes PAHLITZSCH, St. Maria Magdalena, St. Thomas und St. Markus: Tradition und Geschichte dreier syrisch-orthodoxer Kirchen in Jerusalem, Oriens Christianus 81 (1997), 82-106; WELTECKE, Mōr Michael (wie Anm. 3). Die Armenier in Jerusalem behandelt Joshua PRAWER, The Armenians in Jerusalem under the Crusaders, in: Armenian and Biblical Studies, hg. v. Michael E. STONE, Jerusalem 1976, 223-236; Kevork HINTLIAN, History of the Armenians in the Holy Land, Jerusalem[2] 1989. Zu den Kopten und Nestorianern s. Otto MEINARDUS, The Copts in Jerusalem, Kairo 1960; DERS., The Copts in Jerusalem and the Question of the Holy Places, in: The Christian Heritage in the Holy Land (wie Anm. 1), 112-128; sowie DERS., A Note on the Nestorians in Jerusalem, Oriens Christianus 51 (1967), 123-129.

[7] Ronnie ELLENBLUM, Frankish Rural Settlement in the Latin Kingdom of Jerusalem, Cambridge 1998, geht aufgrund des von ihm nachgewiesenen Siedlungsverhaltens der Franken, die sich bewußt in der Nähe der einheimischen orientalischen Christen niederließen, von einer gemischten syro-fränkischen Gesellschaft aus. Kulturelle und religiöse Gemeinsamkeiten seien der Grund für das Siedlungsverhalten der Kreuzfahrer, woraus sich eine regelrechte Symbiose auch auf kirchlichem Gebiet ergeben habe. Dabei wird jedoch zuwenig herausgestellt, daß der Hauptgrund für die Siedlung in der Nähe der christlichen einheimischen Bevölkerung darin bestanden haben dürfte, daß sich die Kreuzfahrer dort sicherer fühlten. Tatsächlich dürfte das von Ellenblum entworfene Bild eines engen Zusammenlebens auf dem Land wohl auf den verwandten Quellen, vornehmlich lateinischen Urkunden zur Regelung besitzrechtlicher Fragen, beruhen. Bei der Verwaltung der landwirtschaftlichen Güter war eine Kooperation unvermeidlich. Ohne orientalisch-christliche Verwalter und Hilfskräfte war den Franken die Bewirtschaftung des Landes nicht möglich, s. dazu Anm. 9.

herrschende Gruppe bildeten. Rechtlich nachgeordnet waren die Christen, die, wie es in den Assisen des Königreichs Jerusalem heißt, nicht dem Gesetz Roms folgten, sowie die nichtchristliche Bevölkerung. Das entscheidende Kriterium bestand also nicht in der Zugehörigkeit zu einer bestimmten Nation, sondern ausschließlich darin, ob man der römischen Kirche angehörte oder nicht[8]. Die Franken schufen damit jedoch keine neue Gesellschaftsordnung, sondern übernahmen im wesentlichen das muslimische *dimmī*-System, in dessen Rahmen den verschiedenen nicht-islamischen Glaubensgemeinschaften weitgehende interne Autonomie vor allem auf dem Gebiet des Ehe- und des Erbschaftsrechts gewährt worden war, wobei ihr Status sich als religiöse Gemeinschaft definierte und die Führung und Rechtsprechung bei den jeweiligen kirchlichen Oberhäuptern lag[9].

---

[8] „Grés et Suriens et tous autres Crestiens qui ne sont de la ley de Rome", Philipp von Novara, Livre, ed. Comte Auguste BEUGNOT, in: RHC, Lois, Bd. I: Assises de la Haute Cour, Paris 1841, 502 (c. 28). PRAWER, Social Classes (wie Anm. 4), 70f. Die von Richard B. ROSE, Pluralism in a Medieval Colonial Society: The Frankish Impact on the Melkite Community During the First Crusader Kingdom of Jerusalem, 1099-1187 (Diss. phil., University of California, Berkeley 1981), 281f. u. 286-288, vertretene Ansicht, die Kreuzfahrer hätten eine Kategorisierung der verschiedenen Bevölkerungsgruppen nach nationalen bzw. ethnischen Kriterien vorgenommen, überzeugt nicht.

[9] Zum *dimmī*-System s. einführend die Standardwerke von Arthur S. TRITTON, The Caliphs and their Non-Muslim Subjects. A Critical Study of the Covenant of ʿUmar (Islam and the Muslim World 14), London 1930 (ND London 1970); Antoine FATTAL, Le statut légal des non-musulmans en pays d'Islam, Beirut 1958; sowie Claude CAHEN, s.v. dhimma, Encyclopedia of Islam. New Edition 2 (1965), 227-231. Auf die Situation in Palästina gehen ein C. E. BOSWORTH, The „Protected Peoples" (Christians and Jews) in Medieval Egypt and Syria, Bulletin of The Charles John Rylands University Library of Manchester, 62 (1979-80), 11-36 (ND in: DERS., The Arabs, Byzantium and Islam. Studies in Early Islamic History and Culture [Collected Studies Series 529], London 1996); Moshe GIL, A History of Palestine, 634-1099, Cambridge 1992, 139-168; DERS., The Authorities and the Local Population, in: The History of Jerusalem. The Early Muslim Period 638-1099, hg. v. Joshua PRAWER und Haggai BEN-SHAMMAI, Jerusalem - New York 1996, 101-120; Robert SCHICK, The Christian Communities of Palestine from Byzantine to Islamic Rule. A Historical and Archaeological Study (Studies in Late Antiquity and Early Islam 2), Princeton 1995, 159-179. Zur Übernahme des *dimmī*-Systems durch die Kreuzfahrer s. Joshua PRAWER, The Latin Kingdom of Jerusalem: European Colonialism in the Middle Ages, London 1972, 231f.; DERS., Social Classes (wie Anm. 4), 101f. mit weiterer Literatur in Anm. 152 u. 153; Claude CAHEN, Orient et Occident au temps des croisades, Paris 1983, 158. So blieb auch in der Bewirtschaftung des Landes für die Bauern alles beim alten, nur der Grundbesitzer wechselte. Die alten Strukturen blieben dabei als Basis für den feudalen Überbau der Kreuzfahrer erhalten. Allerdings mußten die orientalischen Christen im Gegensatz zu den nichtchristlichen Einwohnern keine Kopfsteuer, in der muslimischen Terminologie die sogenannte *ğizya*, entrichten. Das System der Verwaltung und Besteuerung des ländlichen Besitzes be-

Da sowohl die Kirchenorganisation der melkitischen wie auch der syrisch-orthodoxen, der armenischen und der anderen orientalischen Kirchen nicht mit den Grenzen der fränkischen Herrschaften übereinstimmte, konnten Ereignisse in Syrien direkten Einfluß auch auf die Beziehungen im Königreich Jerusalem haben. Daraus läßt sich bereits als eine Voraussetzung dieser Untersuchung festhalten, daß das Herrschaftsgebiet des fränkischen Königs von Jerusalem bezogen auf die nicht-lateinischen Kirchen keinen eigenständigen Raum darstellt.

Eine Beschränkung der Fragestellung allein auf das lateinische Königreich ist daher aus systematischen Gründen nicht sinnvoll, auch wenn durch eine Öffnung des geographischen Horizontes sich zugleich die Anzahl der Variablen an regionalen Spezifika erhöht, die, wenngleich nicht vollständig bekannt, so doch in Rechnung gestellt werden müssen. Noch wenig erforscht ist ferner die Zusammensetzung und, daraus folgend, die interne Dynamik dieser Gruppen, die zugleich eine der Voraussetzungen dafür ist, wie ihre Beziehungen zu anderen Konfessionen strukturiert waren. Waren diese Konfessionen religiös und sprachlich-kulturell monolithische Blöcke, oder wären Differenzierungen vorzunehmen? Ist zwischen ihnen mit Bewegung, mit Konfessionswechseln zu rechnen? Da sie rechtlich einer dominierenden Schicht – Lateinern oder Muslimen – nachgeordnet waren, muß als ein determinierender Faktor immer auch ihre Beziehung zu dieser Schicht und ihr Integrationsgrad berücksichtigt werden. Daran schließt sich unmittelbar die Frage an, welche Bedeutung die Errichtung der Kreuzfahrerstaaten für das interne Verhältnis der orientalischen Christen gehabt haben mag und ob Entwicklungsstufen festgemacht gemacht werden können.

---

handeln Jonathan RILEY-SMITH, The Survival in Latin Palestine of Muslim Administration, in: Eastern Mediterranean Lands in the Period of the Crusades, hg. v. Peter M. HOLT, Warminster 1977, 9-22; Hans Eberhard MAYER, Latins, Muslims and Greeks in the Latin Kingdom of Jerusalem, History 8 (1978), 175-192, hier: 177-183, und Benjamin Z. KEDAR, The Subjected Muslims of the Frankish Levant, in: Muslims under Latin Rule, 1100-1300, hg. v. James M. POWELL, Princeton 1990, 135-174, hier: 168-171; s. auch DERS., Some New Sources on Palestinian Muslims before and during the Crusades, in: Die Kreuzfahrerstaaten als multikulturelle Gesellschaft (wie Anm. 1), 129-140.

I. Institutionen der Konfliktregelung

Nach der in dieser Form wohl legendären Schilderung des Grafen Jean von Ibelin (ca. 1216-1266) in seinem in den 1260er Jahren verfaßten Rechtsbuch sprachen die sogenannten *Suriens* unmittelbar nach Errichtung der Kreuzfahrerherrschaft bei Gottfried von Bouillon vor und baten um die Einrichtung eines eigenen Gerichts, das ihre internen Auseinandersetzungen, sofern es sich nicht um Kapitalverbrechen handelte, nach ihren eigenen Traditionen regeln sollte. Dieses als *Cour des Suriens* bezeichnete Gericht setzte sich aus einem Vorsitzenden, der, wie es bei Jean von Ibelin heißt, *est apelé rays* (d. h. *raʾīs) en lor lenguage Arabic*, und weiteren Geschworenen zusammen[10]. In der Darstellung Jeans von Ibelin scheint die *Cour des Suriens* allgemein als Beispiel für die Entstehung oder besser die Beibehaltung der schon unter muslimischer Herrschaft eingerichteten autonomen Gerichtsbarkeit der Einheimischen gedient zu haben[11]. Die Tätigkeit dieser einheimischen Gerichte, die es wohl in allen größeren Städten gab, ist allerdings praktisch nicht belegt[12], und auch von dem ihnen zugehörigen Personal sind nur einige wenige Personen in der Funktion eines *raʾīs* zumeist aus dem 12. Jahrhundert bekannt[13].

Nach Jean von Ibelin hat nun die *Cour de la Fonde*, das für den Markt zuständige Gericht, an einem Ort, womit wohl Akkon gemeint ist, die *Cours des Suriens* verdrängt[14]. Im zwischen 1240-1244 verfaßten 'Livre des Assises

---

[10] Jean von Ibelin, Livre, ed. Comte Auguste BEUGNOT, in: RHC, Lois, Bd. I (wie Anm. 8), 25f. (c. 4). Jonathan RILEY-SMITH, Some Lesser Officials in Latin Syria, English Historical Review 87 (1972), 1-26, hier: 2; PRAWER, Social Classes (wie Anm. 4), 102. Zur Person Jeans von Ibelin und seinem Werk s. Peter W. EDBURY, John of Ibelin and the Kingdom of Jerusalem, Woodbridge 1997, 58-108.

[11] So wurden nach Jean RICHARD, Le peuplement latin et syrien en Chypre au XIIIᵉ siècle, Byzantinische Forschungen 7 (1979), 157-173, hier: 166, im Sprachgebrauch der zypriotischen Rechtstexte unter *Suriens* auch Syrisch-orthodoxe, Nestorianer und andere orientalische Christen subsumiert. Zum Begriff s. o. Anm. 5. Tatsächlich dürfte die Bezeichnung *Cour du Rais* besser als Oberbegriff geeignet sein, s. auch PRAWER, Social Classes (wie Anm. 4), 102; ROSE, Pluralism in a Medieval Colonial Society (wie Anm. 8), 266.

[12] Zur Verbreitung der *Cour des Suriens* s. Jonathan RILEY-SMITH, The Feudal Nobility and the Kingdom of Jerusalem, 1174-1277, London 1973, 90f.; s. auch unten Anm. 16.

[13] Eine Auflistung der städtischen *ruʾasā* bei RILEY-SMITH, Some Lesser Officials (wie Anm. 10), 5. Dort auch, 9-15, zu den unterschiedlichen Funktionen eines *raʾīs* auf dem Land. Siehe auch DERS., The Feudal Nobility (wie Anm. 12), 47-49 u. 90f.; CAHEN, Orient et Occident (wie Anm. 9), 164f.

[14] Jean von Ibelin (wie Anm. 10), 26 (c. 4). Dazu RILEY-SMITH, Some Lesser Officials (wie

des Bourgeois' wird die Zuständigkeit und Arbeitsweise der akkonensischen *Cour de la Fonde* näher beschrieben. Sie setzte sich aus einem fränkischen Vorsitzenden (*bailli*) sowie vier *Suriens* und zwei Franken als Geschworenen zusammen. Tatsächlich war dieses Gericht nach dem 'Livre des Assises des Bourgeois' für alle Fälle, in die Angehörige verschiedener nicht-lateinischer Religionsgruppen involviert waren, zuständig. So wurden auch ausstehende Schulden oder Löhne und Mietsachen verhandelt. Dabei mußten zur Gewährleistung der Vertrauenswürdigkeit die Zeugen jeweils der Religion desjenigen angehören, gegen den sie aussagten[15]. Außerhalb Akkons ist die Regelung von Fällen, an denen Angehörige unterschiedlicher einheimischer Glaubensgemeinschaften beteiligt waren, schon weniger klar[16]. Man konnte sich wohl wie schon unter muslimischer Herrschaft entweder auf eines der Gerichte der beteiligten Parteien einigen oder sich an Richter der herrschenden Schicht wenden[17].

Bezüglich der Auswahl der Zeugen findet sich in den 'Livre des Assises des Bourgeois' im Kapitel zur *Cour de la Fonde* in Akkon noch der Hinweis, daß bei Streitfällen innerhalb einer Glaubensgemeinschaft die religiöse Zugehörigkeit der Zeugen nicht von Bedeutung sei[18]. Dieser letzte eher beiläufige Zusatz zeigt, daß die *Cour de la Fonde* in Akkon auch bei internen Fällen angerufen wurde. Von einer generellen Aufhebung der rechtlichen Autonomie der einheimischen Bevölkerung Akkons durch die unter fränkischem Vorsitz stehende *Cour de la Fonde* kann dennoch nicht

---

Anm. 10), 6, der gegen PRAWER, Social Classes (wie Anm. 4), 104f., zeigt, daß Akkon hierbei tatsächlich die Ausnahme darstellte.

[15] Livre des Assises de la Cour des Bourgeois, ed. Comte Auguste BEUGNOT, in: RHC, Lois, Bd. II: Assises de la Cour des Bourgeois, Paris 1848, 1-226, hier: 171-173 (c. 241). PRAWER, Social Classes (wie Anm. 4), 104-106; DERS., The History of the Jews in the Latin Kingdom of Jerusalem, Oxford 1988, 98-100. Zur *Cour de la Fonde* s. auch den Beitrag von Marie-Luise FAVREAU -LILIE in diesem Band.

[16] Auch in anderen Städten mit gößeren Märkten mag es Marktgerichte gegeben haben, s. Jean RICHARD, Colonies marchandes privilégiées et marché seigneurial. La fonde d'Acre et ses „droitures", Le Moyen Age 59 (1953), 325-340, hier: 327f.; CAHEN, Orient et Occident (wie Anm. 9), 164f.; PRAWER, Social Classses (wie Anm. 4), 104f. Doch dürften diese Gerichte nach der Aussage Jeans von Ibelin, wonach die *Cour de la Fonde* nur an einem Ort die *Cour des Suriens* verdrängt habe, entgegen der Auffassung der eben genannten Autoren nicht in dem selben Maße wie in Akkon auch für die Nicht-Lateiner zuständig gewesen sein. Für Tyrus gibt es einen schwachen Hinweis auf die Existenz einer *Cour des Suriens* auch im 13. Jahrhundert, s. RILEY-SMITH, The Feudal Nobility (wie Anm. 12), 91 u. 271f., Anm. 236.

[17] ROSE, Pluralism in a Medieval Colonial Society (wie Anm. 8), 47-49, 278 u. 285.

[18] Livre des Assises de la Cour des Bourgeois (wie Anm. 15), 172f. (c. 241).

ausgegangen werden, kamen doch der Sphäre des kanonischen Rechts zugehörige interne Fälle sicher nicht vor das rein säkulare Marktgericht[19]. Der Grund dafür, daß die akkonensische *Cour de la Fonde* die Funktion der *Cour des Suriens*, die somit ebenfalls als weltliches Gericht eingestuft wird, übernehmen konnte, lag wohl an den besonderen Verhältnissen in Akkon, dem Haupthandelsplatz des Königreichs. Der Wirtschaftsverkehr bestimmte hier offenbar die Beziehungen untereinander[20].

Allgemein wird daher davon ausgegangen, daß unter fränkischer Herrschaft auch in den nicht-lateinischen Gemeinschaften eine Trennung zwischen weltlicher und kirchlicher Gerichtsbarkeit stattgefunden habe, indem neben den weltlichen Gerichten der *rayse/ru'asā'* die jeweiligen religiösen Instanzen weiterhin tätig gewesen seien[21]. Allerdings sind lediglich für die 1170er und 80er Jahre ein muslimischer Qāḍī aus Jabala in Syrien[22] sowie entsprechende rabbinische Gerichte in Akkon und Tyrus belegt. Inwieweit ein für die Mitte des 12. Jahrhunderts erwähnter ḥanafitischer Qāḍī

---

[19] So auch PRAWER, Social Classes (wie Anm. 4), 105; DERS., The History of the Jews (wie Anm. 15), 98-100.

[20] S. dazu den Beitrag von Marie-Luise FAVREAU-LILIE in diesem Band.

[21] So RILEY-SMITH, Some Lesser Officials (wie Anm. 10), 3f., der allerdings zugibt, daß diese Trennung wohl eher theoretischer Natur war, da schon der Charakter des islamischen und jüdischen Rechts eine klare Scheidung unmöglich mache; PRAWER (wie Anm. 9), 153.

[22] KEDAR, The Subjected Muslims (wie Anm. 9), 141f., weist darauf hin, daß der Mangel an Belegen nicht bedeutet, es hätte keine weiteren Qāḍīs gegeben. Ähnlich bei MAYER, Muslims, Latins and Greeks (wie Anm. 9), 185. Für eine Ausnahme hält diesen Fall dagegen Claude CAHEN, La Syrie du Nord à l'époque des croisades et la principauté franque d'Antioche (Institut Français de Damascus, Bibliothèque Orientale 1) Paris 1940, 428 u. 462. Ḍiyā' ad-Dīn al-Maqdisī berichtet über das ländliche Leben in der Gegend um Nablus in den 1150er Jahren, wobei eine Reihe von Juristen (*fuqahā'*) genannt werden, die Ḥadīṯ und hanbalitisches Recht in Damaskus studiert hatten, KEDAR, ebd., 151; Daniella TALMON-HELLER, Arabic Sources on Muslim Villagers under Frankish Rule, in: From Clermont to Jerusalem. The Crusades and Crusader Societies 1095-1500 (International Medieval Research 3), hg. v. Alan V. MURRAY, Turnhout 1998, 103-115. Auf dem Land war wohl der *ra'īs* für die innermuslimische Rechtsprechung verantwortlich, KEDAR, The subjected Muslims (wie Anm. 9), 163f. Als weitere Quellen kann die schon bei KEDAR, ebd., 161, angeführte Äußerung von 'Imād ad-Dīn al-Iṣfahānī gelten, wonach die Franken „did not change a single law or cult practice (*šar'an wa-širā'an*)". Allerdings scheint Kedar *šar'* nur im engeren Sinne als religiöse Vorschrift zu verstehen. Meines Erachtens kann diese Stelle jedoch als Hinweis auf die fortgeführte richterliche Tätigkeit gelten. Zur schwierigen Rekonstruktion dieses Zitats s. D. S. RICHARDS, A Text of 'Imād ad-Dīn on 12th-Century Frankish-Muslim Relations, Arabica 25 (1978), 202f., die jedoch bezüglich des hier zitierten Satzes eindeutig sein dürfte.

von Jerusalem tatsächlich jemals zumindest in der Umgebung der Stadt tätig gewesen war und nicht nur im Exil in Damaskus diesen Titel führte, wäre noch zu klären[23]. Das einzig bekannte Fallbeispiel besteht in der um 1170 vom rabbinischen Gericht in Akkon behandelten Frage nach dem Status einer Frau, deren Mann verschwunden war, also einem Thema, das typischerweise in den Bereich der religiösen Gerichtsbarkeit fiel[24].

Eine Beschäftigung mit dem griechisch-orthodoxen Patriarchat von Jerusalem erlaubt allerdings genauere Einblicke in das Verhältnis von weltlicher und kirchlicher Gerichtsbarkeit. Vor den Kreuzzügen hatten die griechischen Patriarchen die Leitung der Melkiten in Palästina in geistlichen wie in weltlichen Belangen inne[25]. Die Errichtung der Kreuzfahrerherrschaft und die Ernennung eines lateinischen Patriarchen von Jerusalem führte jedoch zur Verdrängung der orthodoxen Patriarchen von Jerusalem sowie eines Teils des Episkopats, der ins Exil nach Konstantinopel auswich[26]. Ergab sich daraus nun die Errichtung eigener weltlicher Gerichte, wie sie in den *Cour des Suriens* vorzuliegen scheinen? Wie ließ sich überhaupt unter diesen Bedingungen die melkitische Rechtsprechung, die ja dem Episkopat oblag, aufrechterhalten?

Tatsächlich entging der niedere griechisch-orthodoxe Klerus der Anastasis der Vertreibung durch die Lateiner. So wird im Kolophon der Handschrift eines 1122 in Jerusalem angefertigten Typikons der Anastasis mit der Liturgie der Osterwoche als Auftraggeber Georgios, der *archon* und *krites* sowie

---

[23] Heinz HALM, Die Ausbreitung der šāfiʿītischen Rechtsschule von den Anfängen bis zum 8./14. Jahrhundert (Beihefte zum Tübinger Atlas des Vorderen Orients, Reihe B: Geisteswissenschaften, 4), Wiesbaden 1974, 221 Anm. 2.

[24] PRAWER, The History of the Jews (wie Anm. 15), 97.

[25] So ausdrücklich bei Wilhelm von Tyrus, 444. Joshua PRAWER, Crusader Institutions, Oxford 1980, 298.

[26] Da im Gegensatz zu den anderen orientalischen Kirchen die Melkiten weiterhin von den Lateinern als Teil der einen rechtgläubigen Kirche angesehen wurden, war nach Auffassung der lateinischen Hierarchie die Besetzung eines Bischofsitzes mit zwei Bischöfen, einem griechisch-orthodoxen und einem lateinischen, unmöglich. Im 9. Kanon des 4. Laterankonzils wurde schließlich festgelegt, daß sich ein lateinischer Bischof zur Betreuung bestimmter Volksgruppen in seinem Bistum einen ihm untergeordneten Stellvertreter nehmen konnte, der diese Gruppe betreute, Innocentii III., hg. v. T. HALUʿCYNSKYJ, (Pontificia Commissio ad redigendum codicem iuris canonici orientalis), Fontes ser. III, Bd. II, Città del Vaticano 1944, 483f. HAMILTON, The Latin Church (wie Anm.4), 181f. u. 317f. Besonders auf Zypern fand dieser Kanon im 13. Jahrhundert Anwendung, s. Joseph GILL, The Tribulations of the Greek Church in Cyprus 1196-c. 1280, Byzantinische Forschungen 5 (1977), 76f.

sakellion, *chartophylax* und *Großskeuophylax* der Anastasis genannt[27]. Die außerordentliche Ämterhäufung in der Person des Georgios veranschaulicht die schwache personelle Ausstattung des orthodoxen Klerus an der Grabeskirche. Georgios vereint dabei bezeichnenderweise die weltlichen Ämter des Archon, also ursprünglich des zivilen byzantinischen Verwaltungsbeamten und des Richters (*krites*) mit kirchlichen Würden, die ihn als zuständig für die Verwaltung der Pfarreien, die Kanzlei sowie den beweglichen Kirchenbesitz bezeichnen. Da gerade der *chartophylax* in der Regel als Vertreter eines abwesenden Patriarchen fungierte[28], dürfte es sich bei dem Kleriker Georgios um den damaligen Leiter der melkitischen Gemeinde handeln, der ganz in der Tradition der Vorkreuzzugszeit sowohl für die weltlichen wie auch kirchlichen Belange zuständig war[29].

Daß nun nicht die Rede davon sein kann, unter lateinischer Herrschaft seien mit den *Cours des Suriens* sozusagen an den bestehenden kirchlichen Institutionen vorbei neue rein weltliche Gerichte eingerichtet worden, belegt die Bezeichnung des eben genannten Georgios in zwei lateinischen Urkunden von 1124/25 als Georgius *rais* oder *raicius*[30]. Offenbar wurde der

---

[27] Das Τυπικὸν τῆς ἐν Ἱεροσολύμοις ἐκκλησίας wurde herausgegeben von Anastasios PAPADOPOULOS-KERAMEUS, in: Ἀνάλεκτα ἱεροσολυμιτικῆς σταχυολογίας, Bd. II, St. Petersburg 1894 (ND Brüssel 1963), 1-254, hier: 252. Zum Typikon s. Anton BAUMSTARK, Die Heiligtümer des byzantinischen Jerusalem nach einer übersehenen Urkunde, Oriens Christianus 1. Ser. 5 (1905), 227-289; S. PETRIDES, Les monastères de Spoudaei a Jérusalem et les Spoudaei de Constantinople, Echos d'Orient 4 (1900-1901), 225-231, hier: 227. Die Frage der Datierung der tradierten Liturgie behandelt Anton BAUMSTARK, Liturgie comparée, Chevetogne³ 1953, 155. Ebenso J.-B. THIBAUT, Ordre des offices de la Semaine Sainte à Jérusalem (Études de liturgie et de topographie palestiniennes), Paris 1926, 80f., der ansonsten ebd., 72-90, 109-113 u. 125ff., verschiedene Teile des Typikons liturgiegeschichtlich untersucht und in Übersetzung bringt.

[28] Allgemein zum Amt des Chartophylax s. Jean DARROUZÈS, Recherches sur les ὀφφίκια de l'Église byzantine (Archives de l'Orient chrétien 11), Paris 1970, 334-353; R. J. MACRIDES, s.v. Chartophylax, The Oxford Dictionary of Byzantium 1 (1994), 415f.

[29] Nach Hans Eberhard MAYER, Bistümer, Klöster und Stifte im Königreich Jerusalem (Schriften der Monumenta Germaniae Historica 26), Stuttgart 1977, 406-409, sowie DERS., Latins, Muslims and Greeks (wie Anm. 9), 188-192, wurde der griechisch-orthodoxe Klerus erst in den 1160er Jahren im Zuge der Annäherung der Königreichs von Jerusalem an Byzanz wieder an der Grabeskirche zugelassen. Auch wenn sich anhand des Kolophons des Typikons nicht belegen läßt, daß der dort unterzeichnende griechisch-orthodoxe Klerus tatsächlich seinen Dienst in der Grabeskirche leisten konnte, so wurde er zumindest nicht aus Jerusalem vertrieben, s. dazu PAHLITZSCH, Graeci und Suriani (wie Anm. 5), 188-192.

[30] Charles KOHLER, Chartes de l'abbaye de Notre-Dame de la Vallée de Josaphat en Terre Sainte (1108-1291), Revue de l'Orient Latin 7 (1900), 108-222, hier: 120f. Le Cartulaire du

für die Rechtsprechung zuständige Leiter der jeweiligen Glaubensgemeinschaft von den Lateinern generell als *rais* bezeichnet, obwohl es sich in diesem Fall um einen Griechen gehandelt haben dürfte. Die Begriffe *Cour des Suriens* oder allgemein *Cour du rais* stellen somit nur fränkische Bezeichnungen für die alten, unverändert weiterbestehenden Gerichte der religiösen Gemeinschaften dar. Die scheinbare Trennung in weltliche und kirchliche Gerichtsbarkeit beruhte dabei auf dem Desinteresse der Lateiner an den von diesen Gerichten ebenfalls behandelten Fällen des kanonischen Rechts. Dies waren Interna, die in den fränkischen Rechtsbüchern nicht erwähnt zu werden brauchten.

Von Kontinuität inerhalb der melkitischen Kirchen im Königreich Jerusalem kann auch bezüglich der Rechtsbücher sowie der allgemeinen Rechtspraxis ausgegangen werden. So ist vom 'Procheiros Nomos', das vom Anfang des 9. Jahrhunderts stammt und das in Byzanz am weitesten verbreitete Rechtsbuch darstellt, eine von Melkiten angefertigte Übersetzung ins Arabische vom Beginn des 13. Jahrhunderts an belegt[31]. Daß schon vorher byzantinisches Recht in Jerusalem bekannt war, zeigte kürzlich Benjamin Kedar in seiner Untersuchung zu den Kanones des Kreuzfahrer-Konzils von 1120 in Nablus, in der er nachweist, daß einigen der dort erlassenen Vorschriften zum Eherecht byzantinische Vorbilder zugrunde lagen. Sie könnten von dem zu dieser Zeit amtierenden oben genannten griechischen Richter Georgios vermittelt worden sein, dessen Rechtsprechung mit Sicherheit auf byzantinisch-römischem Recht beruhte. Zur Regelung ihrer Geschäftsbeziehungen folgten die arabischsprachigen Melkiten dagegen Rechtstraditionen, die sie sich in der Zeit der islamischen Herrschaft angeeignet hatten, wie ein wohl von Melkiten auf Arabisch verfaßter Kaufvertrag von 1169 zeigt, der ganz dem Formular islamischer Verträge entspricht[32].

---

chapitre du Saint-Sépulcre de Jérusalem (DHC 15), ed. Geneviève BRESC-BAUTIER, Paris 1984, 212f.

[31] Eine Edition des melkitischen Procheirons wird von Johannes Pahlitzsch vorbereitet.

[32] Benjamin Z. KEDAR, On the Origins of the Earliest Laws of Frankish Jerusalem: The Canons of the Council of Nablus, 1120, Speculum 74 (1999), 310-335. Der Kaufvertrag wird ediert, übersetzt und kommentiert in PAHLITZSCH, Graeci und Suriani (wie Anm. 5). Zur Verwendung der arabischen Sprache heißt es bei Jakob von Vitry, Libri duo quorum prior orientalis sive Hierosolymitanae alter occidentalis historiae nomine inscribitur, hg. v. Franziskus MOSCHUS, Douai 1597 (ND Farnborough 1971), 139 (lib. 1, c. 75), über die Suriani: *Littera etiam et scriptura Saracenica utuntur in contractibus et negotiationibus ...*

II. Rituelle und dogmatische Konflikte

Die religiösen Differenzen zwischen den Konfessionen datieren wie schon angedeutet in die Zeit der Kirchenspaltungen im 5. und 6. Jahrhundert. Man kann daher annehmen, daß Veränderungen in der politischen Herrschaft, wie hier die Errichtung der lateinischen Kreuzfahrerstaaten, auf diese Konflikte keinen Einfluß hatten, sie sich vielmehr unabhängig davon in den ihnen eigenen traditionellen Strukturen vollzogen. Wenig überraschend blieben deshalb sowohl auf rituellem als auch auf theologischem Gebiet die griechisch-orthodoxe Kirche auf der einen und die nicht-chalkedonensischen Syrer und Armenier auf der anderen Seite die Hauptkontrahenten.

Strittig zwischen diesen Konfessionen war beispielsweise seit jeher die Festlegung des Osterdatums. So berichtet der armenische Chronist Matthäus von Edessa für 1102 von heftigen Auseinandersetzungen über diesen Gegenstand. Da Griechen und auch Lateiner im Gegensatz zu Armeniern und Syrern unterschiedliche Berechnungsmethoden anwandten, ergaben sich in Abständen von 95 Jahren zwei verschiedene Ostertermine. Matthäus weist daher auch ausdrücklich darauf hin, daß es sich um einen alten, immer wiederkehrenden Streitpunkt handelte. Während die Franken allerdings einen Konflikt mit den Armeniern gemieden hätten, sei es mit den Griechen in ganz Nordsyrien und Kilikien zum Teil sogar zu gewaltsamen Auseinandersetzungen gekommen[33]. Vor allem in Edessa mit seiner multi-konfessionellen Bevölkerung scheint die Lage für die Armenier und Syrer bedrohlich geworden zu sein[34]. In der Grabeskirche in Jerusalem als zentralem Ort der Osterfeierlichkeiten für alle Christen kulminierte der Streit schließlich in der gegenseitigen Verunglimpfung des Osterfeuerwunders[35]. Die Regelmäßigkeit

---

[33] Armenia and the Crusades. Tenth to Twelfth Centuries. The Chronicle of Matthew of Edessa (künftig: Matthäus von Edessa), übers. v. Ara Edmond DOSTOURIAN, Lanham - New York - London 1993, 186-191.

[34] Daß sogar Gefahr für Leib und Leben bestand, klingt in einem bei Matthäus von Edessa (wie Anm. 33), 188-190, zitierten Brief des armenischen Katholikos zu diesen Auseinandersetzungen an. Bei Michael (wie Anm. 3) Bd. I, 588 (syr.) (Bd. III, 189f., frz. Übers.), wird auch auf Melitene verwiesen. Allerdings scheinen sich dort keine außergewöhnlichen Übergriffe ereignet zu haben.

[35] Die Griechen hätten in betrügerischer Weise ihre Lampen mit einem „alien fire" entzündet, Matthäus von Edessa (wie Anm. 33), 190. Bei Michael (wie Anm. 3) Bd. I, 588 (Bd. III, 190), heißt es: „[...] da lästerten die Griechen auch gegen das Licht, durch das die Syrer und die Armenier bestätigt wurden [d. h. ihr Ostertermin] [...]." Aber auch gegen die Lateiner wurde zur Rückgewinnung entfremdeten Besitzes ein Jahr zuvor von den orientalischen

dieses Konflikts zeigt der Bericht von Bar Hebraeus über die Ereignisse von 1197. Als nämlich an einem nicht näher bestimmten Ort wohl im armenisch-georgischen Grenzgebiet die dortigen Georgier sahen, daß die Armenier an einem anderen Tag Ostern feierten, steckten sie kurzerhand deren Kirche in Brand. Ein armenisch-georgischer Krieg, zu dem sich schon 40 000 Armenier gerüstet hatten, konnte nur durch die Zahlung einer Entschädigung seitens der Georgier verhindert werden[36].

Neben diesen rituellen Differenzen, deren Bedeutung für das Zusammenleben als äußeres Kennzeichen der eigenen Identität nicht unterschätzt werden darf[37], blieben aber auch die alten christologischen Gegensätze bestehen. Als ein Beispiel könnte der auf Arabisch verfaßte Traktat des melkitischen Bischofs Paulus von Sidon (Būlus ar-Rāhib al-Antākī) über die zu seiner Zeit bekannten christlichen Gruppierungen (*firaq*) dienen, dessen Entstehungszeit der Herausgeber Paul Khoury auf zwischen 1140 und 1180 datiert, wobei diese Datierung noch zu diskutieren ist[38]. Hier zeigt sich in aller Deutlichkeit, daß die politischen und konfessionellen Grenzen nicht übereinstimmten, lag doch das Bistum Sidon einerseits im Gebiet des Königreichs Jerusalem, unterstand aber andererseits nach griechisch-orthodoxer Auffassung dem griechischen Patriarchen von Antiochia.

Christen die pünktliche Entzündung des Osterfeuers manipuliert, s. Matthäus von Edessa (wie Anm. 33), 178f.

[36] Bar Hebraeus, Chronicon Ecclesiasticum (wie Anm. 3), Bd. II, Paris u. Leuven 1874, 599-604.

[37] Zumindest gilt dies für das Verhältnis der griechisch-orthodoxen Kirche zu anderen Konfessionen, s. Johannes PAHLITZSCH, Die Bedeutung der Azymenfrage für die Beziehungen zwischen griechisch-orthodoxer und lateinischer Kirche in den Kreuzfahrerstaaten, in: Die Folgen der Kreuzzüge für die orientalischen Religionsgemeinschaften (wie Anm. 1), 75-92.

[38] Paulus' Werke wurden mit französischer Übersetzung herausgegeben von Paul KHOURY, Paul d'Antioche, évêque melkite de Sidon (XIIᵉ s.) (Recherches publiées sous la direction de l'Institut de Lettres Orientales de Beyrouth 24), Beirut 1965, zur Person und zur Datierung ebd., 8-17. Der Traktat 'Sectes chrétiennes', ebd., arab. 84-97 (Übers. 188-199). Die Übersetzung von *firaq* mit *sectes* scheint mir nicht gelungen, zumal Paulus darunter auch die Melkiten zählt. Zu Paulus von Sidon s. Samir Khalil SAMIR, Bibliographie du dialogue islamo-chrétien (2ème partie: auteurs chrétiens arabes, XIᵉ et XIIᵉ siècles); Islamochristiana 2 (1976), 231f. sowie Heribert BUSSE, Antichristliche Polemik und Apologetik im Islam und die Kreuzzüge, in: Die Folgen der Kreuzzüge für die orientalischen Religionsgemeinschaften (wie Anm. 1), 51-62, der darauf hinweist, daß sich an christlich-islamischen Kontroversen im 12. und 13. Jahrhundert im syrisch-palästinensischen Raum ausschließlich orientalische Christen beteiligten.

Hervorzuheben ist bei der Beurteilung des Traktats der verbindliche Ton Paulus' von Sidon, der auf jede Form der Beschuldigung oder Beschimpfung verzichtet, wie er es auch in seinen anderen Werken gegen den Islam oder den jüdischen Glauben praktiziert[39]. Zunächst verweist Paulus auf das allen Christen Gemeinsame. Es gebe vier christliche Gruppierungen „in dieser unserer Zeit", nämlich „Melkiten, Nestorianer, Jakobiten und Maroniten", die alle an dem Glaubensbekenntnis von Nicäa festhielten. Ebenso stimmten sie in ihrer Auffassung zur Trinität überein. Lediglich über Christus seien sie unterschiedlicher Meinung[40]. Dieser das Gemeinsame betonende Ansatz bestimmt auch Paulus' weitere Methode, verzichtet er doch ganz auf die Heranziehung von Kirchenvätern, sondern beschränkt sich auf die von allen anerkannten Texte, das Evangelium und das von ihm vollständig zitierte Nizänum[41]. Es folgt dann die systematische Darlegung der melkitischen Christologie. Daß in Christus zwei Naturen vereint waren, beweist Paulus beispielsweise durch den Hinweis auf das Nebeneinander von menschlichen Eigenschaften wie dem Bedürfnis nach Essen und Trinken oder Christi Tod und von göttlichen Merkmalen, die sich in seinen Wundern und seiner Auferstehung manifestierten[42]. Bei der anschließenden Widerlegung der anderen drei Glaubenslehren geht Paulus nach dem Verfahren vor, erst eine bestimmte Aussage der jeweils behandelten Gruppe zu zitieren, um dann anzuführen, wie darauf zu antworten sei[43]. Offensichtlich verfaßte er seinen Traktat nicht für eine interkonfessionelle Disputation, dafür ist ihr theologischer Gehalt zu gering. Vielmehr handelt es sich eher um ein Handbuch für den eigenen Klerus, der darin unterwiesen werden sollte, auf etwaige Vorwürfe, die sich im alltäglichen Zusammenleben ergeben konnten, oder auf Fragen der Gemeinde, die sich ihrer melkitischen Identität vergewissern wollte, zu reagieren.

Allerdings ist die von Khoury vorgeschlagene Datierung fragwürdig. Eine sichere Eingrenzung Paulus' von Sidon läßt sich aufgrund der Abhängigkeit von Teilen seines Werkes von Elias von Nisibis (gest. nach 1049) nur auf die Zeit von der zweiten Hälfte des 11. Jahrhunderts bis zum Einsetzen der

---

[39] KHOURY, Paul d'Antioche (wie Anm. 38), 65.

[40] Paulus von Sidon, Sectes chrétiennes, (wie Anm. 38), § 4 arab. 84f. (188f.).

[41] Das gleiche Verfahren wandte er auch in seiner Widerlegung des Islam an, die er anhand des Koran vornahm, KHOURY, Paul d'Antioche (wie Anm. 38), 65.

[42] Paulus von Sidon, Sectes chrétiennes (wie Anm. 38), § 11f. arab. 87f. (191f.).

[43] Paulus von Sidon, Sectes chrétiennes (wie Anm. 38), § 23-40 arab. 92-97 (195-199).

handschriftlichen Überlieferung 1221 machen[44]. Die Hypothese Khourys, Paulus müsse vor der Union der Maroniten mit den Lateinern 1180 geschrieben haben, da sie sonst nicht mehr als monotheletische Häretiker behandelt worden wären, überzeugt nicht[45]. Für die Melkiten waren die maronitisch-lateinischen Beziehungen wohl nicht von Belang[46]. Weiterhin kann die Ansicht, die rationale Argumentationsweise des Paulus passe besonders in das 12. Jahrhundert, ebensowenig als stichhaltiges Argument dienen, wie die Behauptung Khourys, daß Paulus' Romreise aus Anlaß des Dritten Lateranums 1179 stattgefunden habe[47].

Dagegen fällt auf, daß in Paulus' Traktat von den Lateinern keine Rede ist, obwohl er doch über die zu seiner Zeit bekannten christlichen Gruppierungen schreibt. Könnte man dagegen noch anführen, es gehe in dieser Schrift eben nur um christologische Fragen, in denen zwischen Lateinern und Orthodoxen tatsächlich keine Differenz bestand[48], so findet sich auch in seinen sonstigen Schriften keinerlei Hinweis auf die Franken. Hauptthema seines literarischen Werks ist vielmehr die Auseinandersetzung mit dem Islam, wozu im fränkischen Sidon, das von 1117-1187 in der Hand der Kreuzfahrer war, nun kaum Anlaß bestanden haben dürfte. Für eine Datierung auf die Vorkreuzzugszeit spricht die Auflistung christlicher Autoren bei Makarius az-Zaʿīm, einem antiochenischen Patriarchen des 18. Jahrhunderts, wo Paulus in einer Reihe mit Schriftstellern des 11. Jahrhunderts steht[49]. Ob Makarius jedoch über bessere Quellen verfügte, als uns heutzutage vorliegen, ist fraglich. Ebenso gut wäre es vorstellbar, daß Paulus um 1200 in Sidon tätig war. Tatsächlich paßt sein Traktat gut in die von Jakob von Vitry, dem

---

[44] S. dazu Joseph NASRALLAH, Histoire du mouvement littéraire dans l'église melchite du Ve au XXe siècle. Contribution à l'étude de la littérature arabe chrétienne, Bd. III / 1 (969-1250), Louvain - Paris 1983, 258f., der auch die verschiedenen Datierungen anführt. Zum Todesdatum von Elias von Nisibis s. Georg GRAF, Geschichte der christlichen arabischen Literatur, Bd. II: Die Schriftsteller bis zur Mitte des 15. Jahrhunderts (Studi e Testi 133), Città del Vaticano 1947, 177.

[45] KHOURY, Paul d'Antioche (wie Anm. 38), 11. Zur Union der Maroniten mit Rom s. Rudolf HIESTAND, Die Integration der Maroniten in die römische Kirche. Zum ältesten Zeugnis der päpstlichen Kanzlei (12. Jahrhundert), Orientalia Christiana Periodica 54 (1988), 153-173.

[46] So auch NASRALLAH, Histoire du mouvement littéraire (wie Anm. 44), 259.

[47] KHOURY, Paul d'Antioche (wie Anm. 38), 15-17.

[48] So KHOURY, Paul d'Antioche (wie Anm. 38), 15f.

[49] Im Vorwort seines Kitāb an-naḥla, das als Auszug herausgegeben wurde von Ḥabīb AZ-ZAYYĀT, Ġazāʾir al-kutub fī Dimašq wa-ḍawāḥīhā, o. O. 1902, 150. Ich danke Dr. Carsten Walbiner für den Hinweis auf diese Ausgabe.

seit 1216 amtierenden Bischof von Akkon, beschriebene Stimmung: Auf die Frage, warum die Griechen und *Suriani* die *Jacobitae* verachteten, hätten diese nämlich geantwortet, wegen ihres Glaubens an eine einzige Natur in Christus, worauf Jakob zur Widerlegung dieser Auffassung ganz im Stil Paulus' von Sidon auf die menschlichen und göttlichen Eigenschaften Christi verweist[50]. Die Praxisnähe von Paulus' Handbuch in der alltäglichen theologischen Debatte wird hier bestätigt. Da zudem Jakob von der Begegnung mit einem surianischen Bischof von Sidon berichtet, der ihm aus der muslimisch beherrschten Stadt entgegen kam[51], ist die Versuchung groß, hierin Paulus zu sehen, doch würde dies wohl zu weit führen. Eine Festlegung Paulus' von Sidon auf die Zeit vor oder nach der Kreuzfahrerherrschaft in Sidon ist nicht möglich. Doch auch wenn er dem 11. Jahrhundert zuzuordnen ist, zeigt der Vergleich mit Jakob von Vitry, daß sich die Inhalte der Auseinandersetzung zwischen den orientalischen Kirchen auch nach der Errichtung der fränkischen Herrschaft in Syrien und Palästina nicht verändert hatten.

Neben eher banalen Auseinandersetzungen auf der Straße oder der gehobeneren Beschäftigung unter Klerikern wie bei Paul von Sidon oder Jakob von Vitry, die die konfessionellen Differenzen auf griffige und deshalb letztlich falsche Sätze verkürzten[52], ist eine weitere Ebene des Disputes nachzuweisen. Für diese reichten die Kenntnisse von Klerikern mit einer normalen Ausbildung nicht aus; vielmehr bedurfte es spezialisierter Gelehrter, für die neben der theologischen eine profanphilosophische Gelehrsamkeit nachzuweisen ist, wenn auch regionale Differenzen in der Qualität nicht ausge-

---

[50] Jacob von Vitry, Historia orientalis (c. 76) (wie Anm. 32), 146-148.

[51] Jacques de Vitry, Lettres de la Cinquième Croisade, ed. Robert B. C. HUYGENS, übers. G. DUCHET-SUCHAUX, Turnhout ²1998, 62 (63).

[52] Paul und Jakob mißverstehen das Beharren der Miaphysiten auf der einen Natur Christi als Monophysitismus im Sinne des Eutychios und bringen zu dessen Widerlegung Belege für die Menschlichkeit Christi. Damit argumentieren sie indessen an den Miaphysiten vorbei, denn die Menschlichkeit wird von den Miaphysiten keineswegs bestritten, im Gegenteil, Eutychios' Formulierungen wurden von Anfang an zurückgewiesen. Das Verständnis für die christologische Kontroverse, die nicht ein Streit um die Menschlichkeit Christi, sondern um den Naturenbegriff gewesen ist, setzt sich im Westen erst seit Beginn des 20. Jahrhunderts allmählich durch. Zur miaphysitischen Christologie und zur theologischen Diskussion vgl. Pauline ALLEN, s. v. Monophysiten, Theologische Realenzyklopädie 23 (1994), 219-233. Ebenso verkürzend ist die miaphysitische polemische Gleichsetzung der griechisch-orthodoxen Christologie mit der der apostolischen Kirche des Ostens, vgl. unten, S. 138 u. Anm. 58.

schlossen werden können[53]. Diese Gelehrten waren diejenigen, bei denen sich zu versichern war, was denn recht zu glauben sei und aus welchen Gründen die Positionen der anderen Konfessionen als häretisch anzusehen waren. Auf deren rhetorische Fähigkeiten waren die Gemeinden angewiesen, wenn es zu Disputen kam. Aufgrund ihrer speziellen Fähigkeit wuchs diesen Gelehrten in den Gemeinden offenbar eine besondere Bedeutung zu. Dies wird an dem bisweilen hohen Selbstbewußtsein deutlich, daß sie entwickeln konnten[54]. So heißt es über den syrisch-orthodoxen Bischof Johannes bar Andreas, der aus mangelnder Ehrerbietigkeit gegen den Patriarchen Johannes X. abgesetzt worden war:

„Da er jedoch nicht die Ehrerbietung einhielt, die dem Patriarchen gebührt, sondern dessen Einfachheit verspottete, wurde er von vielen zu Recht angeklagt. Aber er konnte überhaupt nicht dazu bewegt werden, um Vergebung zu fragen, weil er sich darauf verließ, daß er der einzige Sprecher für alle Kleriker seiner Generation war in der Disputation mit den Armeniern und den Franken, weil niemand außer ihm solcherart geübte und wendige Redefertigkeit besaß."[55]

Interkonfessionelle Debatten konnten wohl ebenso in eher freundlicher wie auch in feindlicher Absicht geführt werden, je nach Anlaß und Bedeutung. In jedem Fall müssen sie abgrenzende, gruppenstabilisierende Funktion gehabt haben: Detaillierte Kenntnis der Positionen des Gegners führte in der Regel *nicht* zum Ausgleich. Vielmehr wurden die Grenzen zwischen den

---

[53] Vgl. J. J. S. WEITENBERG, Literary Contacts in Cilician Armenia, in: East and West in the Crusader States (wie Anm. 1), 63-72; I. HAVENER, The Prologue to the Rule of Benedict, Journal of the Society of Armenian Studies 3 (1987), 35-62; Hubert KAUFHOLD, Zur syrischen Kirchengeschichte des 12. Jahrhunderts. Neue Quellen über Theodoros bar Wahbun, Oriens Christianus 74 (1990), 115-151. Im 13. Jahrhundert war solche Unterstützung nicht mehr nötig, im Gegenteil, vgl. Andrea SCHMIDT, Die zweifache Armenische Rezension der syrischen Chronik Michaels des Großen, Le Muséon 109 (1996), 299-319.

[54] Vgl. Notizen zu den Brüdern Saʿīd und Abū Ġālib Bar Sabūnī, Michael (wie Anm. 3), Bd. I, 589 (Bd. III, 191-192); zu Ignatius von Melitene, Michael, Bd. I, 575 (Bd. III, 165); zu Johannes Bar Andreas, Michael, Bd. I, 615 (Bd. III, 238). Vom literarischen Werk dieser Gelehrten ist so gut wie nichts erhalten, vgl. die entsprechenden Abschnitte bei Anton BAUMSTARK, Geschichte der syrischen Literatur mit Aussschluß der christlich-palästinensischen Texte, Bonn 1922.

[55] Michael (wie Anm. 3), Bd. I, 615 (Bd. III, 238). Vgl. zur polemischen Literatur des 12. Jahrhunderts neben BAUMSTARK, Geschichte der syrischen Literatur (wie Anm. 54), auch GRAF, Geschichte der christlichen arabischen Literatur, Bd. II (wie Anm. 44). P. P. TEKEYAN, Controverses Christologiques en Arméno-Cilicie dans la seconde moité du XIIe siècle (1165-1198), Roma 1939.

Konfessionen während des Mittelalters immer wieder neu gezogen und durch die gegenseitige Bestätigung der Differenz aktiv aufrechterhalten[56]. Diese Konflikte entzogen sich ihrer Natur nach der Regelung durch Institutionen, waren sie doch nicht zuletzt auch durch den Versuch gesetzlicher Vereinheitlichung theologischer Positionen entstanden.

III. Spezifische Konfliktsituationen im 12. Jahrhundert

Trotz der relativ stabilen Konfliktkonstellation in den Beziehungen der nicht-lateinischen Glaubensgemeinschaften im Vorderen Orient beobachtete der in den Jahren des 12. Jahrhunderts schreibende syrisch-orthodoxe Patriarch Michael der Große einen Zusammenhang zwischen Herrschaftswechsel und interkonfessionellen Beziehungen:

„Was nun aber diese Jahre betrifft [das 12. Jahrhundert], so hatte unsere rechtgläubige Kirche Ruhe und Frieden aus dem folgendem Grund: Da die chalkedonensischen Griechen eingesperrt waren hinter dem Meer Pontus und die Söhne Magogs herrschten durch den Willen von oben [...], konnten [die Griechen] nicht, ihrer verfluchten Gewohnheit folgend, den rechten Glauben mit ihrer Häresie korrumpieren [...] Und was die Franken, das heißt die Römer, betrifft, die in Antiochia und in Jerusalem herrschten, so hatten sie, wie wir bereits erläuterten, Patriarchen in ihrem Gebiet. Und ohne Verfolgung und ohne Belästigung ihrerseits waren die Bischöfe und Priester unserer Kirche unter ihnen, weil die Franken, obschon sie im Diaphysitismus mit den Griechen übereinstimmen, doch in vielerlei Weise des Glaubens von ihnen getrennt, und gar in ihren Gewohnheiten gänzlich von ihnen entfernt sind. [...] [Was wir hier nur zu zeigen beabsichtigen, ist], daß es, als die Franken, die in dieser Zeit in den Gebieten Palästinas und auch Syriens herrschten und Patriarchen in ihren Kirchen hatten, überhaupt keinen Zwang gab in Hinsicht auf den Glauben und auch nicht hinsichtlich eines einzigen Bekenntnisses für alle Völker und Sprachen, sondern jedermann, der das Kreuz verehrt, den erkennen sie als Christen an. [...] Auch die Türken andererseits [...], die die heiligen

---

[56] Dies konnte zum Ausschluß bestimmter Positionen führen, auch wenn sich die Devianz eher durch Tradition und Ritus als durch echte theologische Abweichung ergab, vgl. den Fall Markus ibn al-Qanbar (gest. 1208) bei Georg GRAF, Über den Gebrauch des Weihrauchs bei den Kopten, in: Ehrengabe Deutscher Wissenschaft. Dargeboten von katholischen Gelehrten, hg. v. Fr. FESSLER, Freiburg i. Br. 1920, 223-232; DERS., Ein Reformversuch innerhalb der koptischen Kirche im zwölften Jahrhundert, Paderborn 1923.

Mysterien nicht kennen [...], hatten überhaupt keine Gesetze, das Bekenntnis zu überprüfen und das Bekenntnis zu verfolgen, wie die bösen und häretischen Griechen. Und während die bösen Griechen den rechten Glauben nicht in der Weise bedrängen konnten, wie sie es vor Zeiten getan hatten, so hörten sie doch mit ihrer Roheit nicht auf. [...] Weil es in Syrien und Armenien und auch in Palästina und Ägypten neben den Patriarchen und Bischöfen unseres Volkes und unserer Brüder, der Ägypter und Armenier, auch welche von den chalkedonensischen Griechen gab, die gegen diese drei Völker, und, wenn es sich ergab, auch gegen die Nubier und die Abessinier hetzten, wo sie nur konnten, hatte das Volk des rechten Glaubens Kampf mit den Chalkedoniern, gleichwie mit ihren Brüdern, den Nestorianern in Persien und Assyrien. Daher herrschte, während in Jerusalem und in Antiochia die beständig zur Bösartigkeit neigenden Griechen die Patriarchen der Franken aufhetzten wegen der Rechtgläubigen, unter ihren drei Völkern das beste Einvernehmen."[57]

Was mit dem Kampf zwischen Griechen und Armeniern und Syrern gemeint sein kann, veranschaulicht der oben behandelte Streit um das Osterdatum. Während es im 12. Jahrhundert im nördlichen Raum durchaus zu christologischen Disputationen zwischen Syrern und Armeniern gekommen ist, liegen über religiöse Differenzen zwischen Kopten, Syrern und Armeniern für das Königreich Jerusalem und für Antiochia keine Angaben vor[58]. Möglicherweise fehlen nur die Quellen über solche Auseinandersetzungen. Doch ist in diesem Zusammenhang die Schlußwendung in der Darstellung Michaels zu bedenken: Er betonte *badgun*, also keineswegs „trotz", wie Jean-Baptiste Chabot übersetzte[59], sondern „weil" die Griechen die lateinischen Patriarchen aufgehetzt hätten, habe Eintracht unter den Miaphysiten geherrscht. Sie wird demnach als ein Zusammenrücken beschrieben, das in diesem Raum durch äußere Bedrohung veranlaßt wurde.

Als eine spezifische Grundkonstellation der Kreuzfahrerzeit kann tatsächlich das von Michael beschriebene Verhältnis der Lateiner zu den Syrern und

---

[57] Michael (wie Anm. 3), Bd. I, 606-608 (Bd. III, 221-226).

[58] Syrer warfen den Armeniern gelegentlich nach wie vor Julianismus vor, ein Vorwurf, gegen den sich Katholikos Narses in einem Brief an Patriarch Michael scharf verwehrte: Sancti Nersetis Clajensis Armeniorum Catholici Opera, ed. J. CAPPELLETTI, Venezia 1833, 249. Zu Editionen polemischer Werke von Dionysius bar Salibi, der sich unter anderem gegen die Armenier wandte, vgl. G. G. BLUM, s.v. Dionysius bar Salibi, Theologische Realenzyklopädie 9 (1982), 6-10; s.o. TÉKÉYAN, Controverse christologique (wie Anm. 55).

[59] „Or, malgré qu'à Jérusalem et à Antioche, ces Grecs, assidus dans le mal, excitassent les pontifes des Francs contre les Orthodoxes, les trois nations demeuraient dans la concorde...", Michael (wie Anm. 3), Bd. III, 226.

den Armeniern gelten, die deren kirchliche Eigenständigkeit akzeptierten und mit denen sie trotz religiöser Differenzen kooperierten[60]. Die Melkiten wurden dagegen wesentlich anders von den Kreuzfahrern behandelt als die altorientalischen Kirchen. Da sie eben nicht als Häretiker angesehen wurden, man vielmehr weiterhin von der Vorstellung einer christlichen Gemeinschaft von Lateinern und Griechisch-orthodoxen ausging, hatten sich Griechen und Melkiten der lateinischen Hierarchie unterzuordnen[61].

Obschon im Verhältnis zwischen Miaphysiten und Lateinern selten echte Spannungen nachweisbar sind, mußte offenbar mit gelegentlichen Konstellationswechseln oder wenigstens mit einer gewissen Labilität der Beziehungen gerechnet werden, die vermutlich für die Zeitgenossen mehr oder weniger unberechenbar war. So versuchten nach Michael die mit einem gewissen Automatismus gleichbleibend als „ruchlos" und „böse" bezeichneten Griechen, die Lateiner gegen die Miaphysiten aufzuhetzen. Für Jerusalem selbst ist zwar das „Aufhetzen" durch die Griechen nicht in konkreten Einzelfällen nachweisbar, doch beschreibt Michael Vorfälle an anderen Orten, die eine Vorstellung von der Struktur dieser Konflikte vermitteln können: Für 1134 verzeichnet er einen Reliquienfrevel, den der lateinische Bischof von Edessa an der Reliquie des wichtigsten Heiligen der Region, an Bar Ṣaumō (†. 458), einem militanten Gegner des Konzils von Chalkedon 451, verübte[62]. Die Handreliquie des Heiligen war von Mönchen des mächtigen Klosters Mōr Bar Ṣaumō bei Melitene nach Edessa verbracht worden, von wo sie wegen Heuschreckenbefalls angefordert worden war. Die Reliquie sei erfolgreich gewesen, teilt Michael mit. Im folgenden heißt es:

---

[60] PALMER, The History of the Syrian Orthodox in Jerusalem (wie Anm. 6), 16-43; DERS., The History of the Syrian Orthodox in Jerusalem, Part Two: Queen Melisende and the Jacobite Estates (wie Anm. 6), 74-94; s. ansonsten die in Anm. 4-6 genannte Literatur. Die Armenier hatten schon aufgrund der Tatsache, daß sie unabhängige Herrschaften in Kilikien errichten konnten und so zu wichtigen Bündnispartnern wurden, ein eigenes Verhältnis zu den Kreuzfahrern, s. dazu Thomas S. R. BOASE, The History of the Kingdom, in: The Cilician Kingdom Armenia, hg. v. DEMS., Edinburgh - London 1978, 1-33; DÉDÉYAN, Le rôle politique et militaire des Arméniens (wie Anm. 1), 153-163.

[61] S. o. Anm. 26.

[62] Michael (wie Anm. 3), Bd. I, 615-617 (Bd. III, 238-239). S. zu Bar Ṣaumō und dem gleichnamigen Kloster immer noch Ernst HONIGMANN, Le couvent de Barsauma et le patriarchat jacobite d'Antioche et de Syrie (Corpus Scriptorum Christianorum Orientalium 146, Subs. 7), Louvain 1954. Hubert KAUFHOLD, Notizen zur späteren Geschichte des Barsaumöklosters, Hugoye. Journal for Syriac Studies (http://syrcan.cua.edu/Hogoye) 3,2 (2000).

„Die Griechen aber, nach ihrer bösen Gewohnheit, brannten vor Neid, und stachelten den Pafios [den Bischof] der Franken an, aus Eifersucht das Kästchen zu öffnen, um die rechte Hand zu zeigen. Und als die Mönche sagten, daß es nicht recht sei, es zu öffnen, weil deshalb der Zorn auf diesen Ort kommen könnte, da lachten sie und sagten: ‚Sie haben gar nichts in dem Kästchen.‘ Deshalb ärgerten sich die Mönche und öffneten es in der Kirche der Franken.“[63]

Nach dem daraufhin einsetzenden Unwetter fielen die Lateiner, der Bischof eingeschlossen, vor der Reliquie nieder, während sich die Griechen beschämt versteckten[64]. Es ist ersichtlich, daß die griechisch-orthodoxen Christen über diesen Heiligen Syrisch- und Armenisch-orthodoxe zu treffen versuchten. Dahinter wird ein Konkurrenzverhältnis um Einfluß und Beziehungen zur fränkischen Herrschaft in Edessa deutlich: Das Verhältnis zwischen dem Haus Courtenay und edessenischen Armeniern war relativ eng, Joscelin I. griff energisch in syrisch-orthodoxe Belange ein und hatte darauf bestanden, „mit seinen Großen“ dem feierlichen Amt zur Einsetzung des Patriarchen Johannes X. (1130-1137) beizuwohnen[65]. Der lateinische Bischof, der hier als Adressat eines griechisch-orthodoxen Kommunikationsangebotes zu sehen ist, verfolgte dagegen womöglich andere Ziele.

Im Jahr 1141 versuchten Griechisch-orthodoxe nach Auskunft Michaels erneut, die Lateiner gegen die Syrer und die Armenier einzunehmen[66]. Adressat war nun der landfremde Legat des Papstes. Die Griechen hätten sich an ihn gewandt mit den Worten: „Die sind Häretiker. Und sie füllten seinen Sinn mit Zorn.“ Dieser Konflikt wurde nach Jerusalem hineingetragen. Denn der Legat habe nach dieser Information – die ihm zur Mitte des Jahrhunderts hin kaum ganz neu gewesen sein kann – den armenischen Katholikos laut Michael buchstäblich gezwungen, ihn nach Jerusalem zu begleiten, wo eine Synode einberufen wurde, die den Fall prüfen und auf der die Griechen ihre Anklage begründen sollten:

„Und sie beriefen die Griechen dreimal zur Synode, sagend: ‘Ihr habt über die Syrer und die Armenier gesagt, daß sie Häretiker seien. Kommt jetzt, zeigt uns ihre Häresie!’ Aber sie antworteten: ‚Wir kommen nicht zur Synode, ohne daß unser König anwesend ist‘.“[67]

---

[63] Michael (wie Anm. 3), Bd. I, 615 (Bd. III, 238).

[64] Michael (wie Anm. 3), Bd. I, 615 (Bd. III, 238).

[65] Michael (wie Anm. 3), Bd. I, 612 (Bd. III, 231-232).

[66] Michael (wie Anm. 3), Bd. I, 625 (Bd. III, 255).

[67] Michael (wie Anm. 3), Bd. I, 625 (Bd. III, 255); vgl. Samuel von Ani, Extrait de la Chrono-

Die Synode habe daraufhin in Abwesenheit der Griechisch-orthodoxen die Rechtgläubigkeit des armenischen und des syrischen Bekenntnisses beschlossen.

Diese Beispiele zeigen, wie die griechisch-orthodoxen Gläubigen in den Kreuzfahrerstaaten versuchten, den mit der Herrschaft von Muslimen und Lateinern in Palästina und in Syrien verbundenen Ausfall der diskriminierenden byzantinischen Häresiegesetze zu revidieren[68]. Offenbar beabsichtigten sie, sich dabei der Lateiner, die ihnen in dogmatischen Fragen sehr viel näher standen, zu bedienen. Doch scheiterten sie anscheinend im Großen und Ganzen damit. Daß sie sich nicht einmal beim byzantinischen Kaiser mit diesem Anliegen durchsetzen konnten, veranschaulicht ein anderer Vorfall. Über diesen liegt durch Textverlust nicht der Bericht Michaels vor, der hier als Augenzeuge hätte gehört werden können, sondern nur eine kürzende Paraphrase des Bar Hebraeus. Über den Aufenthalt Michaels in Antiochia 1168 teilt Bar Hebraeus mit:

„Weil in der Zeit, als der Patriarch nach Antiochia ging, die Griechen eine Kontroverse über das Bekenntnis entfachten, schrieb der Patriarch ein Libellum, das die Definition unseres Bekenntnisses darlegte."

Dieses Bekenntnis wurde nach Konstantinopel geschickt. Doch obwohl zu dieser Zeit ein griechisch-orthodoxer Patriarch in Antiochia residierte, versuchte Kaiser Manuel nicht, beim fränkischen Fürsten die Ausweisung des Syrers zu erwirken. Im Gegensatz zum lokalen griechisch-orthodoxen Klerus lag Manuel mehr an einem Ausgleich mit den Miaphysiten, um so

---

graphie de Samuel d'Ani, in: RHC. Documents arméniens, Bd. I, Paris 1869, 449f., und ebenso bei Kirakos von Ganjak, in: Deux historiens arméniens: Kiracos de Gantzac, XIIIe s., Histoire d'Arménie; Oukhtanès d'Ourha, Xe s., Histoire en trois parties, übers. v. M. BROSSET, St. Petersburg 1870, 61; Bernard HAMILTON, The Armenian Church and the Papacy at the Time of the Crusades, Eastern Churches Review 10 (1978), 61-87, hier: 65f., mit Korrekturen gegenüber PRAWER, The Armenians in Jerusalem under the Crusaders (wie Anm. 6), 227f.; u. DERS., Social Classes (wie Anm. 4), 85. Zur Datierung des Jerusalemer Konzils auf das Frühjahr 1141 s. Rudolf HIESTAND, Ein neuer Bericht über das Konzil von Antiochia 1140, Annuarium Historiae Conciliorum 19 (1987), 314-350, hier: 340. Neues Licht in dieses Konzil bringt die Besprechung und Übersetzung eines Briefes von Innozenz II. an Katholikos Gregor: Andrea B. SCHMIDT, Peter HALFTER, Der Brief Papst Innozenz' II. an den armenischen Katholikos Gregor III.: Ein wenig beachtetes Dokument zur Geschichte der Synode von Jerusalem (Ostern 1141), Annuarium Historiae Conciliorum, 31 (1999), 450-71, die der armenischen Darstellung gegenüber Michael mehr Gewicht verleihen.

[68] Vgl. dazu Thomas BENNER, Die syrisch-jakotibitsche Kirche unter byzantinischer Herrschaft im 10. und 11. Jahrhundert, Marburg 1989.

seine Stellung als Schutzherr der Kreuzfahrerstaaten zu festigen[69]. Daher antwortete er:

„Manuel, gläubiger König, geboren auf Purpur [...] an den Mōr Michael, Obersten der Jakobiten! Was das Glaubensbekenntnis betrifft, das er zur Kenntnis brachte: Unsere Majestät war außerordentlich erfreut, als sie das Dokument sah, das Ihr geschrieben habt. Wahrheit des rechten Glaubens zeigt es und weise Lehre. Und unsere Majestät wünscht sehr, Euch zu sehen."[70]

Zudem sagte der Kaiser selbst Patriarch Michael die Suspension der Häresiegesetzgebung in einer Einladung zur Disputation sogar für das byzantinische Gebiet zu:

„Du bist berechtigt, alles zu sagen, was Du willst. Du wirst weder Demütigung noch Erniedrigung sehen, sondern Du wirst anerkannt, wirst geehrt und wirst zu Deinem Sitz zurückkehren, der Dir gehört. Und wenn Eure Heiligkeit unser Bekenntnis nicht wünscht, so wird sie in dem Ihrigen verbleiben."[71]

Eine Reaktion der Antiochener Griechen darauf ist nicht bekannt.

IV. Ethnische und kulturelle Heterogenität

Insgesamt könnten sich alle Konfessionen als weitaus brüchiger erweisen als dies in der Forschung bisher erfaßt worden ist: Als zu Beginn des 12. Jahrhunderts ein Streit zwischen dem syrisch-orthodoxen Patriarch Athanasius VII. und dem Bischof von Edessa, Basilius bar Sabuni, eskalierte, zog Basilius den lateinischen Patriarchen in die Auseinandersetzung hinein und erwirkte, daß der Patriarch nach Antiochia verschleppt wurde. Dem Patriarchen seinerseits gelang es indessen, den Fürsten von Antiochia gegen seinen Bischof und gegen den lateinischen Patriarchen auszuspielen. Dieser Erfolg war möglich mit der Hilfe eines weiteren einflußreichen Mannes, der ausdrücklich als enger Freund des Patriarchen vorgestellt wird: Es war dies der Philosoph ʿAbd al-Masīḥ BR ᾽BW RD᾽ aus Edessa, ein melkitischer Christ[72].

---

[69] HAMILTON, The Latin Church (wie Anm. 4), 197.

[70] Bar Hebraeus, Chronicon Ecclesiasticum (wie Anm. 3), Bd. I, 549 (550).

[71] Bar Hebraeus, Chronicon Ecclesiasticum (wie Anm. 3), Bd. I, 549 (550).

[72] Michael (wie Anm. 3), Bd. I, 599 (Bd. III, 209).

Edessenische Vardapeds, also Angehörige der erwähnten intellektuellen Elite, bedienten sich um 1172 ebenfalls eines griechisch-orthodoxen Christen aus Alexandria, um mit Hilfe seiner Arabischkenntnisse den zengidischen Herrscher Nūr ad-Dīn gegen den armenischen Katholikos und den Patriarchen Michael auszuspielen. Tatsächlich erreichten sie, daß wenigstens der Erzbischof von Edessa in Aleppo mit Gewalt vorgeführt wurde[73].

Diese Beispiele verweisen auf Streit innerhalb der Konfessionen. Interne Brüchigkeit bei den Melkiten ist mangels Quellen für diese Zeit nicht nachweisbar, ohne, daß sie deshalb ausgeschlossen werden darf. Bei syrisch- und armenisch-orthodoxen Christen[74] ist ein hohes internes Konfliktpotential zu beobachten. Dieses wurde einerseits aus der politischen Zersplitterung gespeist, zu der die Bildung der Kreuzfahrerstaaten beitrug. Sie verursachte eine administrative Schwäche der zentralen kirchlichen Instanzen, die ihre Prärogative nicht durchsetzen konnten, weshalb sich Konflikte verhärteten und es zu Pattsituationen kam[75]. Zudem erscheint die kulturelle Heterogenität der Konfessionen in den verschiedenen Regionen zwischen Ägypten, Kilikien und Mesopotamien bisher kaum berücksichtigt.

In diesem Zusammenhang stellt sich die Frage, ob das Selbstverständnis der einzelnen Konfessionen über die Bindung an das Bekenntnis hinaus in einer kulturell-historischen bzw. ethnischen Identität wurzelte. Für die armenische Identität ist dieser Faktor wohlbekannt[76], kaum jedoch für die Melkiten oder Syrisch-orthodoxen. Einen Hinweis auf die komplizierten Konsequenzen, die dies für das Zusammenleben der unterschiedlichen Gruppen

---

[73] Michael (wie Anm. 3), Bd. I, 703 (Bd. III, 351).

[74] Narses von Lampron, Lettre adresseé au roi Leo II, RHC: Documents arméniens, Bd. I, Paris 1869, 579-603; neue Forschungsergebnisse zur armenischen Gesellschaft verarbeitet J. J. WEITENBERG, Literary Contacts in Cilican Armenia, in: East and West in the Crusader States. Context-Contacts-Confrontations (wie Anm. 1), 63-72.

[75] Zur Beurteilung der Situation der syrisch-orthodoxen Patriarchen entscheidend: Walter SELB, Orientalisches Kirchenrecht, Bd. II: Die Geschichte des Kirchenrechts der Westsyrer (von den Anfängen bis zur Mongolenzeit) (Österreichische Akademie der Wissenschaften. Philosophisch-historische Klasse. Sitzungsberichte 543), Wien 1989. Zum Auseinanderdriften der westlichen und östlichen Bereiche des armenischen Katholikats vergleiche Narses von Lampron, Lettre (wie Anm. 74).

[76] Die armenisch-orthodoxe Kirche gilt als eine frühe Nationalkirche, vgl. Wolfgang HAGE, s. v. Armenien. Alte Kirche und Mittelalter, Theologische Realenzyklopädie 6 (1979), 40-57; Robert THOMPSON, Mission, Conversion, and Christianization: The Armenian Example, in: Proceedings of the International Congress Commemorating the Millenium of Christianity in Rus'-Ukraine, Havard Ucrainian Studies 12/13 (1988-89), 28-45.

gehabt haben kann, bietet etwa der Bericht eines Zwischenfalles um die Wende zum 12. Jahrhundert: Der syrisch-orthodoxe Patriarch Athanasius verweigerte dem armenischen (N. B.) Präfekten griechisch-orthodoxer Konfession von Melitene die obligatorische Ehrung mit den Worten: „Du bist Grieche, wir sind Syrer."[77] Der Konflikt zwischen Angehörigen unterschiedlicher Konfessionen mit unterschiedlichem Zugang zu Macht und Einfluß wird hier eindeutig als ethnischer Konflikt deklariert, ausschlaggebend für die Zuordnung des Präfekten ist jedoch seine Konfession.

Nicht alle Syrer waren syrisch-orthodox; sie gehörten unterschiedlichen Konfessionen an, ohne auf ihr syrisches Selbstverständnis zu verzichten. Dies führte offenbar zu konkurrierenden Ansprüchen. Die in den lateinischen Quellen sogenannten *Suriani* erscheinen in den syrischen Quellen nirgends, vielmehr findet die entsprechende syrische Bezeichnung *Sūryōyē* = „Syrer" hier ausschließlich für die Angehörigen der syrisch-orthodoxen Konfession Verwendung. Auf der Grundlage der lateinischen, arabischen und syrischen Evidenz kann kein Zweifel daran bestehen, daß *Suriani*, bzw. auf Arabisch *as-Suryānīyūn* und *Sūryōyē* dieselbe Selbstbezeichnung benutzt haben müssen[78].

Zugleich findet eine ethnisch-kulturelle Dissoziierung von Angehörigen anderer Konfessionen statt; denn diese werden als „Jakobiten" einerseits und andererseits als *Yawnōyē bīshē* = „böse Griechen" deklariert. Und trotz oder wegen dieses Konfliktes um Nomenklatur und kulturelle Identität erscheint es bemerkenswert, daß der *Sūryōyō* Athanasius und der *Surianus* ʿAbd al-Masīḥ Freundschaft pflegten. Entsprechend wäre vergleichend zu fragen, in welcher Weise innerhalb der armenischen Bevölkerung die Beziehungen zwischen armenisch-orthodoxen, griechisch-orthodoxen beziehungsweise muslimischen Armeniern strukturiert waren.

---

[77] Michael (wie Anm. 3), Bd. I, 585 (Bd. III, 181), zitiert bei Bar Hebraeus, Chronicon Ecclesiasticum (wie Anm. 3), Bd. I, 461 (462). Zum ethnisch-kulturellen Selbstverständnis der syrisch-orthodoxen Christen demnächst WELTECKE, Mōr Michael (wie Anm. 3).

[78] Milka RUBIN, Arabization versus Islamization in the Palestinian Melkite Community during the Early Muslim Period, in: Sharing the Sacred. Religious Contacts and Conflicts in the Holy Land, First-Fifteenth Centuries CE, hg. v. Arieh KOFSKY und Guy STROUMSA, Jerusalem 1998, 149-162; s. auch oben, Anm. 5. Allgemein wird davon ausgegangen, daß der Begriff *Suriani* immer griechisch-orthodoxe bzw. melkitische Christen meint.

* * *

Diese Überlegungen scheinen vom lateinischen Königreich Jerusalem weit wegzuführen. Es ist dennoch notwendig anzudeuten, daß in den Gruppenbildungen orientalischer Christen unterschiedliche Fäden zusammenlaufen, um die Bewegungen und Überlagerungen anzuzeigen, die zwischen ihnen angenommen werden müssen und die Konflikte wie Koalitionsbildungen und friedliches Zusammenleben bedingten. Dabei darf der nur scheinbar banale Umstand nicht außer acht gelassen werden, daß übergeordneter Instanzen zur Konfliktregelung nur schwach ausgebildet waren.

In dieses System regionaler konfessioneller und kultureller sozialer Ballungen mit seinen verschiedenen personalen Bindungen wurden die Lateiner durch die Orientalen integriert. Konflikte zwischen nichtlateinischen Christen unter fränkischer Herrschaft waren deshalb gleichzeitig spezifisch und unspezifisch. Spezifisch waren sie, weil sich bestimmte neue Formen der Konfliktregelung in der *Cour de la Fonde* andeuteten, spezifisch auch in der Konstellation zwischen Miaphysiten und Griechisch-orthodoxen, die sich durch die lateinische Herrschaft zum Nachteil der Griechen verschoben hatte. Unspezifisch waren sie zugleich, weil die wesentlichen Institutionen der autonomen Gerichtsbarkeit der orientalischen Christen unverändert fortbestanden. Zudem bemühten sich die Orientalen ganz in derselben Weise wie unter muslimischer Herrschaft darum, ihre Beziehungen zu den Lateinern in der Auseinandersetzung mit den anderen Gruppen jeweils für die eigenen Interessen nutzbar zu machen. Inhaltlich blieben die Konflikte um das Osterdatum, rituelle Fragen oder die Christologie bestehen und wurden perpetuiert. Damit war ein erheblicher intellektueller Aufwand verbunden. Auch unter lateinischer Herrschaft bedeutete die Existenz konkurrierender Konfessionen eine ständige Herausforderung.

Konfliktlösungen im lateinischen Orient. Politik, Patriarchen und Heiratsabkommen (1099-1187)

Jonathan Phillips

Die vorliegende Studie untersucht die Ursachen und Lösungen einer Reihe politischer und diplomatischer Auseinandersetzungen im lateinischen Orient vor der Schlacht von Hattin[1]. Zu dieser Zeit nahmen Auseinandersetzungen verschiedene Formen an: Fragen feudaler Rechtsprechung, Streit über Handelsechte oder Verratsvorwürfe – all dies konnte zu Konflikten führen. Alle Auseinandersetzungen jedoch, die unten diskutiert werden, wurden im wesentlichen durch Heiratsabkommen entweder verursacht oder gelöst (manchmal beides). Das grundlegende Anliegen, das mit Ehen verbunden war, war die Notwendigkeit, Thronfolger zu stellen, und wenn die regierenden Häuser des lateinischen Ostens bei solchen Vereinbarungen versagten, dann konnten die Konsequenzen ernst sein. Umstrittene oder ungelöste Thronfolgen konnten Bürgerkriege oder Wehrlosigkeit gegen äußere Einmischung bedingen. Die Wahrscheinlichkeit solcher Unruhen wurden vor allem durch zwei Faktoren erhöht: zum einen durch die hohe Sterberate unter den führenden Gruppen, zum anderen durch die Tatsache, daß die lateinischen Staaten im Grunde neue politische Gebilde mit sich noch entwickelnder institutionellen Rahmenbedingungen waren. Andererseits wurde die Dringlichkeit, derartige Krisensituationen zu regeln, durch die besagte hohe Sterberate verstärkt. Die Regelung solcher Fragen bedeutete meistens, daß

[1] Für tatkräftige Hilfe bei der Entstehung dieses Artikels bin ich Jean Gershon, Dr. Christoph Maier und Dr. Nikolas Jaspert dankbar. Mein ganz besonderer Dank geht jedoch an Juliette Constantinou, die liebenswürdigerweise die Übersetzung aus dem Englischen mit ebensoviel Umsicht wie Einsicht besorgt hat.

147

ein Heiratspartner außerhalb der Kreuzfahrerstaaten gefunden werden mußte, was wiederum eine Reihe anderer bedenkenswerter Konsequenzen mit sich brachte. Zum Beispiel boten Heiratsverbindungen die Möglichkeit, Verbindungen zu anderen politischen Mächten herzustellen oder zu stärken, und dieses konnte dem fränkischen Orient den Weg zu neuen Einflüssen und Entfaltungsmöglichkeiten öffnen[2]. Dies mochte das Verhältnis zwischen einem Herrscher und seinem Adel beeinflussen oder Auswirkungen auf die Beziehungen mit politischen Mächten außerhalb des lateinischen Orients sowie auf das Verhältnis zwischen den Kreuzfahrerstaaten selbst haben. Die Außenbeziehungen wurden dadurch kompliziert, daß mehrere Parteien in die politischen Verhältnisse im östlichen Mittelmeer eingebunden waren. Ihre Motive und Prioritäten unterschieden sich auf dramatische Weise, und dennoch mußten die Franken aufpassen, die verschiedenen Ziele der anderen Herrschaften zu bedenken, wenn sie durch Ehen diktierte diplomatische Politik betrieben. Die Sunniten, die Shiiten, die Armenier, Byzanz, westeuropäische Regionen wie Poitou, Anjou und Sizilien hatten alle starke Beziehungen und Interessen bezüglich der Franken im Osten.

Ehen und deren Folgen konnten auf aktive Weise benutzt werden, um politische Entscheidungen in spezifische Richtungen zu steuern. Eines der Ziele dieser Studie ist es, diesen Prozeß zu untersuchen. Welche Gruppe beziehungsweise Gruppen waren dafür verantwortlich, diese Politik zu steuern? Welche Umstände waren nötig, um einen durch eine Ehe hervorgerufenen Politikwechsel entweder durchzusetzen oder zu bekämpfen? Es ist hier zu untersuchen, auf welche Weisen und mit welchen Absichten Eheschließungen benutzt werden konnten – manchmal erstaunlich weitsichtig –, um Politik und Diplomatie zu gestalten beziehungsweise den Versuch dazu zu unternehmen oder um Auseinandersetzungen zu lösen. Dies erlaubt auch, einige beiläufige Bemerkungen über die Macht (beziehungsweise Ohnmacht) der fränkischen Herrscher und ihre Beziehungen zum Adel zu machen. Wer führte die Waffe der Ehe: die Krone oder der Adel? Von großem Interesse ist auch die Stellung der leitenden kirchlichen Würdenträger, der Patriarchen von Antiochia und Jerusalem, innerhalb dieses Rahmens. Diese Studie bietet keine vollständige Übersicht aller Ehen, die im 12. Jahrhundert im lateinischen Osten stattfanden, sondern konzentriert sich auf diejenigen, welche die größten Meinungsverschiedenheiten hervorriefen.

---

[2] Jonathan PHILLIPS, Defenders of the Holy Land: Relations between the Latin East and the West, 1119-87, Oxford 1996.

Bei Ehefragen sind zwei weitere Elemente zu beachten: Erstens, trotz der Politisierung der Ehen durch Heiratsabkommen, die aus diplomatischen Gründen geschlossen wurden, waren ab und zu auch persönliche Gefühle eingeschlossen. Zweitens, waren Ehen eine Sache des Kirchenrechts und damit Regeln unterworfen, die entweder je nach Interesse ins Spiel gebracht oder gar nicht beachtet werden konnten.

Mein erstes Beispiel einer Ehe, die zur Lösung einer politischen Aus-einandersetzung benutzt wurde, betrifft König Balduin II. von Jerusalem (1118-1131). Balduins eigene Thronfolge war etwas kontrovers. Graf Eustachius von Boulogne war der nächste männliche Verwandte König Balduins I. (1100-1118), er weilte jedoch in Westeuropa, als sein Bruder im Jahre 1118 starb. Graf Balduin von Edessa, ein anderer Verwandter des ver-storbenen Herrschers, war dagegen im Osten, und politischer Opportunismus sowie Zweckdienlichkeit diktierten, daß er statt Eustachius gekrönt werden sollte. Balduin besaß eine Gruppe von Anhängern im Königreich Jerusalem, und ihr Argument, daß er mit den Angelegenheiten des Heiligen Landes bestens vertraut war und das Königreich sofort übernehmen konnte, setzte sich durch, so daß er gekrönt wurde. Es ist jedoch klar, daß einige Mitglieder des Adels sich seiner Kandidatur entgegengestellt hatten, und als sich in den frühen zwanziger Jahren des 12. Jahrhunderts die Gelegenheit bot, handelte diese Gruppe[3]. Die militärische Lage der Franken hatte sich gewaltig ver-schlimmert, da Balduin sich von April 1123 bis Juni 1124 in muslimischer Gefangenschaft befand. Diese Situation ermöglichte seinen Gegnern, einen Versuch zu unternehmen, dem König vom Thron zu stürzen. Galbert von Brügge, ein zeitgenössischer Autor aus Flandern, notierte in seinem Werk, 'Der Mord des Grafen Karls des Guten', daß wegen Balduins „Habgier, Geiz und weil er das Volk Gottes nicht gut regiert hatte" der Thron Jerusalems dem Herrscher von Flandern angeboten wurde[4]. Der Graf lehnte dieses An-gebot ab, da er seinem Heimatland treu bleiben wollte, wichtiger jedoch ist hier anzumerken, wie ernsthaft Balduins Stellung bedroht war. Die Be-hauptung, daß er geizig war, müssen wir für bare Münze nehmen, aber der Vorwurf, daß er sein Königreich nicht beschützt habe, ist zweifellos auf

---

[3] Alan V. MURRAY, Dynastic Continuity or Dynastic Change? The Accession of Baldwin II and the Nobility of the Kingdom of Jerusalem, Medieval Prosopography 13 (1992), 1-25; DERS., Baldwin II and His Nobles: Baronial Factionalism and Dissent in the Kingdom of Jerusalem, 1118-1134, Nottingham Medieval Studies 38 (1994), 60-85.

[4] Galbert von Brügge, De multro, traditione et occisione gloriosi Karoli comitis Flandriarum, ed. Jeff RIDER (CC CM, Bd. 131), Turnhout 1994, 93.

seine Interessen in Nordsyrien zurückzuführen. Im Jahre 1119 wurden Fürst Roger und die antiochienische Adel in der Schlacht vom *Ager Sanguinis* niedergemetzelt[5]. Balduin hetzte nach Norden, um die Regentschaft zu übernehmen, und er blieb mehrere Monate dort. Fünf aufeinanderfolgende Feldzüge (von 1119 bis einschließlich 1123) stellten im Fürstentum Antiochia eine gewisse politische und militärische Stabilität wieder her, aber vom April 1122 bis zu seiner eigenen Gefangenschaft im nächsten Jahr war Balduin zusätzlich für Edessa verantwortlich, da auch Graf Joscelin II. von den Muslimen gefangen genommen wurde. Man kann annehmen, daß Balduin nach seiner Freilassung vom Angebot hörte, das dem Grafen Karl von Flandern gemacht worden war, und auch über die Gründe dafür informiert wurde. Infolgedessen ergriff er Maßnahmen, um seine Krone zu sichern. Eine andere äußerst wichtige Angelegenheit, die Balduin nicht geregelt hatte, war seine eigene Thronfolge. Er hatte vier Töchter, aber keinen Sohn; anders gesagt, es mußte ein Ehemann und ein militärischer Führer gefunden werden. In der Folge löste Balduin mit einer positiven Maßnahme sowohl das Problem der Thronfolge als auch das seiner eigenen Stellung.

Dies gelang ihm durch die Heirat seiner seine ältesten Tochter Melisende. Wilhelm von Tyrus berichtete, daß die Wahl ihres zukünftigen Gatten, des Grafen Fulko V. von Anjou, „nach einer langen Debatte" und mit „dem einmütigen Rat aller Fürsten, sowohl der weltlichen wie der geistlichen", und „auch mit der Zustimmung aller Leute", erfolgte[6]. Mit anderen Worten, alle unterstützten diese Wahl, und dieses alleine verbesserte die Position des Königs. Viel wichtiger jedoch war, daß im Zuge der Bemühungen, Fulko davon zu überzeugen, seine Heimat zu verlassen, die Gesandten des Königreich von Jerusalem Papst Honorius II. besuchten, um seine Zustimmung zur Vermählung zu erbitten und damit auch indirekt die Herrschaft Balduins II. zu bestätigen. Unter den umstrittenen Umständen der Thronfolge Balduins wollte Fulko sicherstellen, daß er sich mit einer legitim regierenden Jerusalemer Dynastie verheiratete, und dieses wurde durch die päpstliche Zustimmung gewährleistet. Honorius gab wie erbeten seine Zustimmung zu der Vermählung, wodurch auch der Königstitel sowie die Wahl des Gemahles durch die Großen des Königreiches bestätigt wurde[7]. Nun gab

---

[5] Thomas ASBRIDGE, The Significance and Causes of the Battle of the Field of Blood, Journal of Medieval History 23 (1997), 301-316.

[6] Wilhelm von Tyrus, 618, 633.

[7] Honorius II, Epistolae, PL 166, cols. 1279-1280.

Fulko seine Einwilligung, Anjou zu verlassen und wurde Mitglied der herrschenden Familie vom Königreich Jerusalems. Im Wesentlichen hatte Balduin also die Eheverbindung erfolgreich dazu benutzt, seine eigene Autorität in Jerusalem zu festigen sowie sein Geschlecht fortzusetzen, und durch die Ankunft Fulkos im Jahre 1129 waren die Unruhen, die Anfangs seiner Herrschaft aufgebrochen waren, nun unterdrückt.

Balduin benutzte eine zweite Ehe, um seine Position weiter zu festigen. Diese Episode war, um genau zu sein, kein Heiratsdisput, aber sie war sehr wohl mit der Sicherheit seiner Position verbunden und betraf seine Rolle im fränkischen Osten sowie das Verhältnis zwischen Jerusalem und den anderen Kreuzfahrerstaaten. Wie oben erwähnt, lag ein Grund für die Unzufriedenheit mit Balduins Herrschaft in seinen wiederholten Eingriffen in Nordsyrien. Im September 1126, wahrscheinlich zur gleichen Zeit als die Diskussionen über die Kandidatur Fulkos stattfanden, traf Bohemund der Jüngere von Taranto im Fürstentum Antiochia ein, um seine Erbschaft anzutreten[8]. Balduin hatte dem jungen Fürsten versprochen, daß seine Ansprüche nicht bestritten werden würden, und Bohemund II. wurde entsprechend freundlich im lateinischen Orient empfangen. Es war offensichtlich in Balduins Interesse, seiner Verantwortungen im Norden enthoben zu werden, obwohl eine solche Rolle seine Stellung als führender Herrscher der vier lateinischen Staaten erhöht hatte. Es war jedoch angebracht, eine Verbindung mit dem Fürstentum Antiochia zu erhalten, und dies wurde durch die Vermählung seiner zweiten Tochter, Alice, mit dem jungen Antiochener Fürst erzielt. Dadurch „könnten (möglicherweise) freundliche Beziehungen und Ehre zwischen ihnen entstehen und wachsen", berichtete Wilhelm von Tyrus später[9]. Wichtig ist hier zu bemerken, daß Balduin durch die Vermählung von Alice mit Bohemund vermeiden konnte, daß Außenmächte selbst durch eine Ehe eine Stellung im lateinischen Orient erlangen konnten.

Die Notwendigkeit, das Fürstentum von Antiochia vor Außeneinflüssen zu schützen, war der Grund für eine weitere Vermählung, die dem Zweck diente, eine Auseinandersetzung zu lösen. Im Jahre 1130 wurde Fürst Bohemund II. getötet. Seine Witwe, Alice, wollte ihre Unabhängigkeit bewahren, indem sie ihre Tochter Konstanze enterbte und allein regierte. Wir müssen hier aber acht geben, denn unsere Hauptquelle ist Wilhelm von Tyrus, ein Chronist, der Alice verabscheute. Er sah ihre Aktionen als höchst gefährlich

---

[8] Fulcher von Chartres, 805-809, 819-822.
[9] Wilhelm von Tyrus, 635.

für die Sicherheit der Franken an und beschrieb Alice andauernd in äußerst feindlichen Worten (so behauptete er, sie sei „boshaft und tückisch")[10]. Es ist unwahrscheinlich, daß Wilhelm Alice je begegnete, und wir wissen auch nicht, ob er andere Quellen über die 1130er Jahre des 12. Jahrhunderts zur Verfügung hatte; er selbst war ein Kind in den 1140er Jahren, bevor er nach Europa zog, um seine Ausbildung zu beginnen[11]. Wilhelm behauptete, daß Alice heiraten wollte „ihres eigenen Vergnügens willen"[12]. Das ist eine interessante Wortwahl, möglicherweise mit einer sexuellen Konnotation und einem mißbilligenden Unterton Wilhelms, der als erfahrener Diplomat vielleicht die fehlende Berücksichtigung übergeordneter politischer Erwägungen bemängelte. Trotz Wilhelms Abneigung ist unzweifelhaft, daß ein ernsthafter Bruch zwischen Alice und einer Gruppe der Antiochener Nobilität entstand, die nicht wünschten, daß die Fürstin alleine herrschen sollte. Im Jahre 1130 sahen sich Balduin II., dann im Jahre 1132 Fulko gezwungen, auf Hilfeersuchen der Antiochener Barone nach einem militärischen Führer hin in Richtung Norden zu ziehen. Wilhelm von Tyrus behauptet sogar, daß Alice im Jahre 1130 Boten zu Zengi, dem muslimischen Herrscher von Mossul und Aleppo, mit der Bitte um Unterstützung geschickt habe, um ihre Macht zu bewahren. Solches Benehmen war an sich nicht außergewöhnlich – es gab frühere Beispiele für derartige Bündnisse zwischen Antiochia und den muslimischen Mächten in Nordsyrien[13]. Im Jahre 1132 verschärfte sich die Lage noch mehr, als Alice Unterstützung des Grafen Joscelin II. von Edessa, Pons, des Grafen von Tripolis, und Wilhelm, des Sohnes des Herren von Saône und Zerdana, erlangte, um ihre Position zu festigen. Als ihre Rivalen Fulko um Hilfe baten, sah sich der König dem Widerstand von drei der vier lateinischen Herrschaften ausgesetzt. Solche Uneinigkeit wurde von den Muslimen notiert[14]. Kamāl-ad Din dokumentierte, daß „Uneinigkeit und Krieg unter den Franken (wuchsen)"[15]. Eine andere Gefahr kam vom armenischen Prinzen Leon, der die wichtigen Städte von Tarsus, Adana und Mamistra eroberte, wodurch die Bedrohung

---

[10] Ebd.,635.

[11] Peter EDBURY und John ROWE, William of Tyre: Historian of the Latin East, Cambridge, 1988, 13-14, 45-46.

[12] Wilhelm von Tyrus, 635-636.

[13] Ebd., 623-624; ASBRIDGE, Significance and Causes of the Battle of the Field of Blood (wie Anm. 5), 301-316.

[14] PHILLIPS, Defenders (wie Anm. 2), 45-47.

[15] Kamal ad-Din, Extraits de la Chronique d'Alep, RHC, Hist. Or., Bd. III, 664.

gegen den Franken weiter anwuchs. Fulko begab sich nach Norden, seine Anhänger entfernten Alice vom Thron, und er wurde als Prinzregent akzeptiert. Er stellte die Ordnung im Fürstentum wieder her, bevor er nach Süden zurückkehrte, um den Grafen Pons bei der Schlacht von Rugia zu besiegen und seine Autorität somit zu bestätigen. Spät im Jahre 1133, oder im Frühjahr 1134, mußte der König schon wieder nach Norden, jetzt jedoch aufgrund eines bedeutenden muslimischen Angriffs. Dieses Mal traf er Maßnahmen, um eine dauerhafte Lösung der Situation zu finden, und er entschied sich dafür, dies mittels eines Heiratsabkommens zu bewerkstelligen[16]. Die Kandidatin war Konstanze, die Tochter von Alice. Ihre Vermählung mit einem geeigneten Kandidaten würde vier dringende Probleme lösen. Erstens würde sie dazu beitragen, die Verantwortungen Fulkos im Norden zu reduzieren – es war ja immerhin aufgrund der Verwicklung in die Antiochener Angelegenheiten, die solch ernsthafte Opposition gegen Balduin II. hervorgerufen hatte (etwas, was dessen Nachfolger bestimmt bewußt war). Zweitens würde Alice damit von der Macht entfernt und die Instabilität, die sie verursacht hatte, ein Ende finden. Drittens würde damit ein militärischer Führer gestellt werden, der die muslimische und armenische Drohung bekämpfen könnte. Schließlich würde es andere politische Mächte daran hindern, einen Position in Nordsyrien zu erlangen. Dieser letzte Punkt benötigt eine nähere Ausführung. Es scheint, als ob Fulko nach dem Rat des Adels von Antiochia einen jungen Adligen aus dem Westen, Raimund von Poitiers, als Konstanzes zukünftigen Ehemann ausgesucht hätte. Der König ging dann wieder nach Jerusalem zurück, wo er mit dem Aufstand von Hugo, Graf von Jaffa, konfrontiert wurde, und infolgedessen war er gezwungen, einen größeren Einfluß in der Regierung Jerusalems seitens seiner Frau Melisende (der Schwester von Alice) anzuerkennen[17]. Deshalb konnte oder wollte Fulko im Jahre 1135 nicht einschreiten, als Alice wiederum ihre Kontrolle im Fürstentum geltend machte. Der Fürstin war offensichtlich die Einladung an Raimund bewußt, und sie versuchte ihrerseits, mit einem Heiratsabkommen einen Weg zu finden, um ihre Autorität zu behalten. Wahrscheinlich waren ihre Anhänger für die Gesandtschaft verantwortlich, die zum byzantinischen Kaiser Johannes II. Komnenos geschickt wurde. Der griechische Schreiber Johannes Kinnamos hielt fest, daß

---

[16] PHILLIPS, Defenders (wie Anm. 2), 49-50.

[17] Hans Eberhard MAYER, Studies in the History of Queen Melisende of Jerusalem, Dumbarton Oaks Papers 26 (1972), 98-111; MURRAY, Dynastic Continuity or Dynastic Change? (wie Anm. 3), 16-24.

„die Hauptpersonen des Landes (Antiochia) sich mit dem Kaiser in Verbindung setzten und sagten, daß, wenn er sich mit der Heirat der Tochter Bohemunds mit Manuel einverstanden erkläre, das Reich des Antiochieners unmittelbar nach der Vermählung in seine Macht übergehen würde"[18]. Es war ein außerordentlicher kühner Zug, aber Alice hatte dabei die Chance, einen gewissen Einfluß zu behalten und dabei militärischen Schutz für ihre Herrschaft von einer starken und interessierten Macht erhalten. Byzantinische Interessen in Nordsyrien datierten schon aus dem zehnten Jahrhundert, und die Region hatte zum oströmischen Reich gehört, bis Antiochia 1085 an die Seldschuken fiel. Im Jahre 1097 versprachen die Führer des Ersten Kreuzzuges, die ehemaligen byzantinischen Gebiete an die Griechen zurückzugeben, aber Bohemund von Tarent hatte dieses Versprechen nicht beachtet und sich selber als Fürst von Antiochia eingesetzt. Der Kaiser Alexios erhielt jedoch im Jahre 1108 die Gelegenheit, seinen Anspruch wieder durchzusetzen, nachdem er bei Bohemunds Einfall in Griechenland obsiegt hatte. Beim Vertrag von Devol zwang der Kaiser Fürst Bohemund, ihm zu schwören, sein treuer Lehnsmann zu sein und anzuerkennen, daß Antiochia der byzantinischen Oberherrschaft unterworfen war[19]. Weitere Ereignisse im byzantinischen Reich hinderten Alexios (er starb in Jahre 1118) oder seinen Nachfolger Johannes (1118-1143) daran, die Bedingungen des Vertrags von Devol durchzusetzen, aber Mitte der dreißiger Jahre des 12. Jahrhundert war die byzantinische Situation hinreichend stabilisiert, um im Fürstentum zu intervenieren. Wilhelm von Tyrus schrieb, daß Johannes gleich aus zwei Gründen über die Antiochener erzürnt war: Zunächst hatten sie sich geweigert, die byzantinische Oberherrschaft anzuerkennen, weiterhin war die Diskussion über den zukünftigen Ehegemahl der Konstanze sowie die Entscheidung, Raimund kommen zu lassen, ohne Rücksprache mit Johannes als Oberlehnsherren getroffen worden. Diese Vorfälle trieben den Kaiser zum Handeln[20]. Man ersieht hieraus, wie realistisch die Möglichkeit einer byzantinischen Intervention im Fürstentum war. Raimund mußte daher in seinem Versuch, Fürst von Antiochia zu werden, mit mindestens zwei Hindernissen rechnen, nämlich sowohl mit Alice als auch mit den Byzantinern.

---

[18] Johannes Kinnamos, The Deeds of John and Manuel Comnenus by John Kinnamos, ed. und übers. v. Charles BRAND, New York 1976, 22.

[19] Anna Komnene, The Alexiad, übers. v. Elizabeth DAWES, London 1967, 349-357.

[20] Wilhelm von Tyrus, 662.

Eine weitere Schwierigkeit lag im sizilianischen Interesse an der Erbschaft, das daraus resultierte, daß König Roger II. von Sizilien Konstanzes engster lebender Verwandter auf der Familienseite Bohemunds II. war. Roger konnte deshalb das Recht beanspruchen, einen Ehegemahl für die Fürstin zu wählen, und Bernard Hamilton hat vorgeschlagen, daß er einen normannischen Regenten ernannt hätte und Konstanze danach mit einem seiner Söhne vermählen wollte[21]. Die Wahl Raimunds von Poitiers, eines Mannes, dessen Familie keine Verbindungen in die östliche Mittelmeerregion hatte, demonstriert Fulkos Entschlossenheit und diejenige des Antiochener Adels, eine eventuelle sizilianische Kontrolle auszuschließen. Die Rolle Rogers im päpstlichen Schisma hinderte ihn daran, sich zu eng in der Situation zu verfangen, obwohl es eine anerkannte Tatsache war, daß der König versuchte, Raimunds Reise in den Osten zu behindern, so daß dieser sich sogar verkleiden mußte, um sein Ziel zu erreichen.

Als er im lateinischen Osten ankam, mußte Raimund den Widerstand von Alice brechen, und er mußte dies, wie oben schon diskutiert wurde, aufgrund der Rebellion Hugos von Jaffa ohne Fulkos Unterstützung schaffen. Es gelang Raimund jedoch, vor allem durch die Hilfe des Patriarchen Radulf von Domfront, Konstanze zu heiraten. Radulf wird als einer der Anhänger der Alice betrachtet, und wir müssen deshalb überlegen, was ihn dazu veranlaßte, sich auf die andere Seite zu schlagen[22]. Ich glaube, die Antwort liegt in Alices Annäherung an die Byzantiner; denn die Interessen sowohl Radulfs wie auch Raimunds wurden am besten durch einen entgegengesetzten Kurs gewahrt. Eine Vermählung zwischen Konstanze und Manuel hätte den Fürsten wie auch den Patriarchen von der Macht ausgeschlossen; die Reise des Poitevinen wäre umsonst gewesen, und die Autorität Radulfs als katholischer Patriarch wäre ernsthaft gefährdet oder sogar vollständig beendet gewesen sein. Die Wiedereinsetzung eines orthodoxen Patriarchen in Antiochia wäre fast unvermeidlich, sollte Manuel das Fürstentum kontrollieren. Zwar konnte die Ehe zwischen Raimund und Konstanze eine militärische Reaktion der Byzantiner zur Durchsetzung ihrer Herrschaft provozieren, aber die Ehe würde mindestens die Eventualität verschieben oder (so muß gehofft worden sein) helfen, es völlig zu vermeiden. Aus der feindseligen Reaktion gegen die byzantinische Gegenwart in den Jahren 1137-1138 und

[21] Bernard HAMILTON, Ralph of Domfront, Patriarch of Antioch (1135-1140), Nottingham Medieval Studies 28 (1984), 1-15, 3.

[22] PHILLIPS, Defenders (wie Anm. 2), 60.

im Jahre 1142 wird ersichtlich, daß die Antiochiener sich gegen eine byzantinische Dominanz stellten, und in diesem Sinne können wir vielleicht die Aktionen Raimunds, wie auch die Radulfs, als eine Reflektion der allgemein vorherrschenden Meinung ansehen[23].

Der Ehe stand jedoch noch ein letztes Hindernis im Wege. Im Jahre 1136 war Konstanze höchstens acht Jahre alt. Das gesetzliche Mindestheiratsalter war zwölf Jahre, und sie durfte deshalb eigentlich nicht heiraten. Konnte Raimund vier Jahre lang warten, um sie zu heiraten? Die Antwort musste „nein" lauten! Das Ausmaß der muslimischen Angriffe war auf dramatische Weise gestiegen, im Jahre 1135 hatte Prinz Leon von Kleinarmenien fränkische Länder geplündert, und die byzantinische Drohung war groß. Das Kirchenrecht mußte jetzt unbeachtet bleiben, nur die Autorität eines hohen lateinischen Kirchenmannes konnte diese in Frage stellen. Wilhelm von Tyrus berichtet, daß „alle die leitenden Adelsleute verlangten, daß die Vermählung stattfände", obwohl Konstanze nicht im heiratsfähigen Alter war. Die Barone, die Fulko vom Anfang an gebeten hatten, einen Ehemann für Konstanze zu suchen, wollten die Angelegenheit gelöst sehen, und so wurden Raimund und Konstanze vermählt[24].

Mit einem Wort, Fulko und eine Gruppe des Antiochener Adels hatten einen sehr schwierigen Balanceakt vollbracht. Durch die Ehe zwischen Raimund und Konstanze schafften sie es, die Absichten der Fürstin Alice, der Byzantiner und der Sizilianer zu blockieren; trotz der muslimischen und armenischen Bedrohung war es ihnen gelungen, ein hohes Maß an Unabhängigkeit für das Fürstentum zu bewahren.

Die dritte Auseinandersetzung, die wir hier analysieren werden, betrifft die Ehe König Amalrichs von Jerusalem mit Agnes von Courtenay. Hans Eberhard Mayer hat dieses Thema ausführlich analysiert, aber gewisse Aspekte der Situation gehören in unseren Diskussionszusammenhang[25]. Wilhelm von Tyrus schrieb, daß auf den Tod des Königs Balduin III. im Jahre 1163 eine kurze, aber intensive Periode ernsthafter politischer Spannungen im Königreich folgte[26]. Mayer hat auf überzeugende Weise diskutiert, daß diese Spannungen aus dem Verhältnis zwischen Amalrich und Agnes von

---

[23] Ebd.,69-71.

[24] Wilhelm von Tyrus, 658-659.

[25] Hans Eberhard MAYER, The Beginnings of King Amalric of Jerusalem, in: The Horns of Hattin, hg. v. Benjamin Z. KEDAR, London 1992,121-135.

[26] Wilhelm von Tyrus, 864, 869-870.

Courtenay herrührten, – einer Verbindung, die bigamistisch war, da Agnes schon mit Hugo von Ibelin verheiratet war. Amalrich hatte Agnes 'verführt' (er besaß den Ruf, laut Wilhelm von Tyrus, Verhältnisse mit verheirateten Frauen zu haben) und zwei Kinder gezeugt, Balduin und Sibylle[27]. Aber bevor die Barone und der Patriarch der Krönung Amalrichs zustimmen konnten, war er gezwungen, Agnes als mögliche Partnerin aufgrund ihrer Blutsverwandtschaft aufzugeben (dieses war strenggenommen die Wahrheit, da sie im vierten Grad verwandt waren, obwohl die Kirche zu jener Zeit oftmals über derart entfernte Beziehungen hinwegsah). Es scheint aber, daß die Blutsverwandtschaft ein Vorwand war, denn der wahre Scheidungsgrund war das bigamistische Verhältnis. Obwohl diese Sache während mehrerer Jahren offensichtlich bekannt war, wurde unter der Herrschaft Balduins nichts unternommen, um etwas daran zu ändern. Erst nach dem Tode des Königs – und es war eine Überraschung gewesen, als er mit 34 Jahren ohne Erben starb – glaubten sich die Ibelinen in der Lage, etwas dagegen zu unternehmen. Dieses bringt vielleicht die politische Autorität Balduins III. zum Ausdruck und hebt hervor, wie zum Zeitpunkt der Thronfolge Amalrich gezwungen wurde, einen Kompromiß zu schließen. Er mußte eine doppelte Herausforderung lösen, nämlich erstens den politischen Druck von der starken Adelsfraktion und zweitens seinen Verstoß gegen das Kirchenrecht. Die Frage der Legitimität seiner Kinder war auch äußerst wichtig, da sie wegen des unerwarteten Todes Balduins sowohl die Erben des Amalrich wie die des Königreichs Jerusalems wurden. Nur mit dem Verzicht auf Agnes unter dem Vorwand der Blutsverwandtschaft war es ihm möglich, eine Dispens auszuhandeln, um die Legitimität der Kinder zu bestätigen. Diese Kombination von politischer Belastung und den Druckmitteln des kirchlichen Gesetzes wirkte auf einen Mann, der aufgrund seines Eheverhältnisses keine andere Wahl hatte als zu kapitulieren. Mit anderen Worten, der Adel war in diesem Fall stark genug, seinen Willen durchzusetzen, im Gegensatz zu der Situation unter der Herrschaft von Balduin III. – ein krasses Beispiel dafür, wie weit die Autorität des Königtums fortgeschritten war, und in diesem Falle, wie es an einer alternativen Herrscherpersönlichkeit mangelte.

Die Ehe Guidos von Lusignan mit Sibylle ist ein weiterer Fall, wo eine Vermählung benutzt wurde, um eine politische Auseinandersetzung zu lösen, obwohl sie hier keinen umfassenden Konflikt beendete. Da Balduin IV. an

---

[27] Ebd., 866.

Lepra erkrankt war, lag das Grundproblem darin, wer von den zwei Töchtern Amalrichs, Sibylle oder Isabella, die legitime Thronfolgerin war. Ein Teil der Schwierigkeiten lag in der eigentlichen Ehe Amalrichs, ein Teil in der unbefriedigenden Leistung Guidos von Lusignan, des Ehemanns der Sibylles, während seiner kurzen Zeit als Regent im Jahre 1183[28]. Im Sommer 1186, nach dem Tode König Balduins V., arrangierte Sibylle einen Staatsstreich, der es ihr ermöglichte, zusammen mit Guido die Krone Jerusalems zu erlangen. Um dies zu erzielen, hatte sie die Unterstützung des Patriarchen Heraclius gebraucht, dessen Rolle daher eine Erklärung benötigt. In den Jahren 1184-1185 hatte der Patriarch eine Gesandtschaft nach Europa geleitet, aber wie Benjamin Z. Kedar argumentiert hat, scheiterten seine Pläne, einen Herrscher im Westen davon zu überzeugen, die Verantwortung für das Jerusalemer Königreich auf sich zu nehmen[29]. Es war deswegen wahrscheinlich, daß Graf Raimund von Tripolis – ein Mann, mit dem der Patriarch nicht das beste Verhältnis hatte – entweder Regent oder absoluter Herrscher des Landes werden würde. Heraclius hatte also ein Interesse daran, die Position der Sibylle zu sichern, und es scheint so, als ob er mit ihr im Bunde gewesen wäre. Er leitete nämlich im Sommer 1186 die Zeremonie, bei der Sibylle zur Königin von Jerusalem gekrönt wurde, nachdem sie die Bedingung akzeptiert hatte, sich vom unbeliebten Guido zu scheiden. Heraclius lud sie daraufhin dazu ein, sich einen neuen Ehemann auszusuchen, der das Königreich regieren und verteidigen würde. Die Königin krönte Guido prompt als König und heiratete ihn wieder. Viele derjenigen, die dabei waren, hatten diesen Coup nicht erwartet, aber mit der stillschweigenden Duldung des Heraclius gelang es Sibylle, für den Mann, den sie liebte, die Opposition der Barone zu umgehen, und sie behielt dabei sowohl ihre Autorität als auch ihre Ehe. Die meisten akzeptierten diesen „fait accompli", wenigstens auf kurzer Zeit, und Sibylle und Guido wurden als Herrscher anerkannt. Hier ist wiederum die Rolle des Patriarchen zu notieren, da er Sibylle die Mittel an die Hand gab, mit denen sie ihre Pläne erzielen konnte. Heraclius jedoch hatte, wie Raimund von Poitiers und Radulf von Domfront, sein eigenes Ziel – die Bewahrung seiner eigenen politischen Macht –, und vor allem deswegen dürfte er diese Maßnahmen getroffen haben.

---

[28] Raymond C. SMAIL, The Predicaments of Guy of Lusignan, in: Outremer: Studies in the History of the Crusading Kingdom of Jerusalem, hg. v. Benjamin Z. KEDAR, Hans Eberhard MAYER und Raymond C. SMAIL, Jerusalem 1982, 159-176.

[29] Benjamin Z. KEDAR, The Patriarch Eraclius, in: Outremer (wie Anm. 38), 177-204.

Heiratsabkommen konnten natürlich Auseinandersetzungen sowohl verursachen als auch lösen. Bis zu einem gewissen Punkt, haben wir das mit der Ehe zwischen Amalrich und Agnes festgestellt, und zwei weitere Beispiele werden dieses ebenfalls demonstrieren. Zum ersten, die Vermählung Balduins I. von Jerusalem mit Adelheid von Sizilien[30]. Balduins erste Gemahlin, Godehilde, war während des Ersten Kreuzzugs gestorben. Er heiratete danach Arda, eine armenische Prinzessin – wahrscheinlich, um bessere Verhältnisse zwischen den Kreuzfahrern und den einheimischen Christen im Osten anzubahnen, und wohl auch, da ihr Vater dem verarmten Franken eine beträchtliche Mitgift versprochen hatte. Die Ehe war kinderlos, und Balduin verstieß sie um die Jahre 1102-1108 mit der (wahrscheinlich) falschen Begründung, sie sei ihm untreu gewesen. Hätte der Vorwurf der Wahrheit entsprochen, hätte sich der König bestimmt an ein kirchliches Gericht gewandt, um seine Ehe aufzulösen. Er tat dies jedoch nicht. Arda ging nach Konstantinopel, wo sie angeblich als Prostituierte ihr Leben beendet haben soll[31]. Balduin blieb ohne Frau, und im Jahre 1113 wurden seine Barone unruhig, da eine Thronfolge immer noch ausblieb – Balduin war jetzt 42 Jahre alt. Angeblich auf Rat des Patriarchen Arnulf von Jerusalem wurde ein Heiratsabkommen mit Adelheid von Sizilien arrangiert, seit 1101 Witwe Rogers I von Sizilien. Eine Beziehung mit Sizilien würde dem Jerusalemer Königreich eine finanzielle Unterstützung ermöglichen, wie auch die Aussicht auf militärische Kooperation, mit dem Gebrauch der sizilianischen Flotte inbegriffen, eine äußerst wichtige Ressource, die den lateinischen Herrschaften fehlte. Hans Eberhard Mayer hat die These vorgelegt, daß Balduin und der Patriarch ihren Gesandten Blankovollmacht gaben, um eine Abmachung mit Adelheid auszuhandeln, und daß die Idee im Großen und Ganzen vorher wenig diskutiert worden war[32]. Die Gesandten stimmten darin zu, daß Adelheids Sohn Roger II. das Königreich von Jerusalem erben würde, sollte die Ehe kinderlos bleiben – eine bemerkenswerte Konzession, aber auch eine, die andeutet, wieviel Balduin daran lag, diese Verbindung zu sichern. Es gab wenig Möglichkeit für die Barone, sich dieser Vereinigung zu widersetzen, denn als Adelheid im Jahre 1113 mit beachtlichem Gepränge in Akkon ankam, war unmöglich sie abzuweisen. Auf jeden Fall scheint es, als ob die muslimische

---

[30] Hans Eberhard MAYER, Baudouin I de Jérusalem, Mélanges sur l'histoire du royaume latin de Jérusalem, Mémoires de l'académie des inscriptions et belles-lettres, nouvelle serie 5 (1984), 49-72.

[31] Wilhelm von Tyrus, 496.

[32] MAYER, Baudouin I (wie Anm. 30), 61.

Drohung zu der Zeit besonders groß gewesen wäre und das sizilianische Vermögen sowie die militärische Unterstützung dringend gebraucht wurden. Adelheid war über vierzig Jahre alt, und Balduin hatte bei seinen früheren Ehen keine Kinder gezeugt. So waren die Voraussetzungen für eine königliche Thronfolge nicht gut. Die Vermählung zwischen Balduin und Arda war noch in Kraft, dennoch krönte der Patriarch Adelheid zur Königin von Jerusalem und leitete möglicherweise auch die Hochzeitsfeierlichkeiten. Balduin erhielt das Geld seiner Frau, das er sofort verbrauchte, und die Vermählung blieb ohne Kinder. Die Barone sorgten sich mehr und mehr, da die ernste Gefahr drohte, daß die bisherige nordfranzösische Vorherrschaft über das Königreich Jerusalem bald von einer unwillkommenen sizilianischen abgelöst werden könnte. Da Balduin I. einen starken Einfluß auf seinen Adel hatte, hätten diese Sorgen wenig Bedeutung gehabt, aber es gelang den Baronen, die Unterstützung des Patriarchen Arnulf zu gewinnen. Man darf nicht vergessen, daß er der Hauptbefürworter der Vermählung gewesen war und ein enges Verhältnis zum König gehabt haben soll. Es scheint so, als ob das schillernde Privatleben Arnulfs die Aufmerksamkeit des päpstlichen Hofes erregt hätte. Vorwürfe der Simonie und des Umgangs mit Konkubinen wurden erhoben, und man beschuldigte ihn auch, die bigamistische Hochzeitszeremonie des Königs geleitet zu haben, so daß ihm schließlich das Patriarchat entzogen wurde. Arnulf kapitulierte, als Papst Paschalis II. ihm zu verstehen gab, daß seine Wiedereinstellung davon abhing, ob er der Ehe Balduins ein Ende bereite[33]. Im Winter 1116-1117 wurde Balduin schwer krank, und die steigende Angst vor einer sizilianischen Thronfolge zwang den König, den Gefahren des Heiratsvertrages Rechnung zu tragen. Bei einer Synode in Akkon, an der sowohl weltliche als auch kirchliche Persönlichkeiten anwesend waren, verstieß er Adelheid, und die gedemütigte Königin ging in ihr Heimatland zurück. Damit war die sizilianische Feindschaft für die folgenden Jahrzehnte garantiert. Bei diesem Beispiel lag die Durchsetzung des kirchlichen Rechts im Interesse sowohl des Patriarchen wie auch des Adels, und ihre gemeinsame Macht reichte aus, um einem machtvollen König zum einzigen Mal während seiner Herrschaft eine politische Niederlage zu bereiten. Arnulf hatte seine eigenen Pläne gehabt, um seine Position zu bewahren, und unglücklicherweise für den König deckten diese sich nicht mehr mit denen des Herrschers.

---

[33] Ebd., 65-69.

Das Problem um die Ehe der Konstanze von Antiochia, unser zweites Beispiel, gehört in die Kategorie einer Ehe, die Auseinandersetzung hervorrief. Im Juni 1149 fiel Fürst Raimund in der Schlacht von Inab. Er hinterließ zwei kleine Söhne, und wie in den 1120er Jahren und den frühen 1130er Jahren nahm der Jerusalemer König in einer Zeit schweren muslimischen Druckes die Rolle eines Beschützer des Fürstentums an. Ähnlich wie im Falle der Alice im vorangegangenen Jahrzehnt wollte die Antiochener Fürstin über ihre eigene Zukunft entscheiden und selbständig handeln.

Balduin war sich bewußt, daß er seine volle Aufmerksamkeit sowohl auf Antiochia als auch auf Jerusalem richten konnte, und so riet er der Fürstin, sich zu vermählen, damit ein Herrscher die Länder regieren konnte[34]. Konstanze lehnte jedoch drei Kandidaten ab. Balduin hielt danach Rat in Tripolis, um die Sache zu diskutieren. Die Größe dieser Versammlung war bemerkenswert; wir können annehmen, daß der gesamte einheimische Adel anwesend war; wir wissen, daß die „Barone des Königreiches und des Fürstentums" mit dem Patriarchen Amalrich, „seine Suffragane und die Fürstin mit ihren Baronen", der Graf und die Gräfin von Tripolis sowie Königin Melisende und der Adel Jerusalems zugegen waren[35]. Diese Liste deutet auf der Ernsthaftigkeit der Lage, aber gelöst wurde nichts. Wilhelm von Tyrus schrieb, daß Konstanze ein sorgloses und bequemes Leben führen und ihre eigene Autorität bewahren wollte. Wilhelm deutet auch an, daß Patriarch Amalrich gerne einen derartiges Verhalten unterstützte, da er damit seinen eigenen Einfluß geltend machen konnte[36]. Hans Eberhard Mayer vertritt den Standpunkt, daß aufgrund des Konflikts zwischen Balduin III. und Melisende kein Ehegemahl für Konstanze gefunden wurde und daß kein geeigneter Kandidat vorhanden war, der beiden Rivalen zusagte[37]. Diese Erklärung könnte zwar zutreffen, aber zwei weitere Punkte könnten sie ergänzen und erweitern. Erstens ist es möglich, daß kein Kandidat Konstanze gefiel – aus persönlichen Gründen, aber auch wegen ihrer eigenen hohen Geburt durch ihre Blutbande mit verschiedenen regierenden Häusern Europas wie der Kapetinger, der Poitevinen und der Sizilianischen Normannen. Wir sollten festhalten, daß im Jahre 1155 Fürst Rainald von Antiochien an König Ludwig VII. von Frankreich schrieb, um ihn zu bitten, einen geeigneten

---

[34] Wilhelm von Tyrus, 785.

[35] Ebd.,786.

[36] Ebd.

[37] Hans E. MAYER, The Crusades, übers. v. John GILLINGHAM, Oxford 1988, 108-110.

Gatten für die Töchter Konstanzes zu finden. Dies weist darauf hin, daß das Fürstenhaus von Antiochia sich als außerordentlich ehrwürdig empfand[38]. Zweitens ist die Idee nicht abwegig, daß Amalrich die Autorität selbst behalten wollte. Michael der Syrer schrieb, daß Balduin im Jahre 1149 die Regentschaft an Amalrich übergab, wie es übrigens im Jahre 1160 wieder geschehen würde[39]. Die Auseinandersetzung wurde schließlich von Konstanze selber geregelt, als sie – übrigens auf eigenen Wunsch – einen französischen Adligen namens Rainald von Chatillon ehelichte. Wilhelm von Tyrus notierte, daß sie ihre Wahl geheim behalten wollte, bis Balduin seine Zustimmung gab[40]. Dieses bedeutet möglicherweise, daß Widerstand gegen ihre Wahl bestand, und es scheint, als ob dieser vom Patriarchen Amalrich herrührte, der angeblich vom Anfang an", gegen diese Vermählung gewesen war, wahrscheinlich weil er befürchtete, dadurch Macht zu verlieren[41]. Wäre Konstanze Witwe geblieben, hätte er seine Autorität bis zur Mündigkeit ihres ältesten Sohnes Bohemund etwa im Jahre 1160 behalten. Amalrichs Widerstand war jedoch umsonst, da es Rainald und Konstanze gelang, das Erlaubnis Balduins III. zu erlangen. Der Jerusalemer König besaß die größte Autorität in Antiochia; er kannte den Franzosen persönlich und sah vermutlich in ihm eine militärische Stütze, die zu seiner eigenen Entlastung im Norden beitragen konnte. Aufgrund Rainalds späterer Karriere bezeichnete Wilhelm von Tyrus auf (jetzt) berühmte Weise den Fürsten als einen „gewöhnlichen Ritter" (Steven Runciman sah ihn als „einen Emporkömmling"); dabei war er – wie Jean Richard gezeigt hat – in Wirklichkeit durchaus von hohem Rang[42]. Im übrigen kann man sich aufgrund der vorangegangenen Ereignisse vorstellen, daß Balduin III. unwillig gewesen wäre, seiner Cousine zu erlauben, sich mit einen Mann von niedriger Stellung zu vermählen. Mit dem Heiratsabkommen zwischen Rainald und Konstanze wurden die Bedürfnisse der Versammlung von Tripolis, die drei Jahre vorher stattgefunden hatte, erfüllt. In diesem Fall – im Gegensatz zu den Ver-

---

[38] PHILLIPS, Defenders (wie Anm. 2), 125-129.

[39] Chronique de Michel le Syrien. Patriarche Jacobite d'Antioch (1166-1199), ed. und übers. v. Jean-Baptiste CHABOT, 4 Bde., Paris 1899-1924, III, 290.

[40] Wilhelm von Tyrus, 796.

[41] Ebd., 809.

[42] Ebd., 796; Steven RUNCIMAN, A History of the Crusades, 3 Bde., Cambridge 1951-1954, II, 345; Jean RICHARD, Aux origines d'un grand lignage: des Palladii à Renaud de Châtillon, in: Media in Francia: Recueil de Mélanges offert à Karl Ferdinand Werner à l'occasion de son 65e anniversaire par ses amis et collègues français, Paris 1989, 409-418.

bindungen zwischen Raimund und Konstanze, Amalrich und Agnes beziehungsweise Guido und Sibylle – war die Unterstützung des Patriarchen nicht notwendig gewesen, damit eine Ehe zustande kam. Der Patriarch war sogar bewußt außen vor gelassen worden. Der Unterschied war natürlich, daß die Unterstützung des Patriarchen in den ersten zwei Beispielen Fragen des kirchlichem Rechts betraf. Die Ehen zwischen Guido und Sibylle sowie zwischen Konstanze und Rainald betrafen stärker persönliche Interessen, und im Falle des erstgenannten stimmten die Pläne des Patriarchen und die der Protagonisten miteinander überein, während dies im letzten Fall nicht so war.

Der Hauptschluß dieser Studie besteht daher darin, die Rolle der Patriarchen in der Lösung politischer und diplomatischer Auseinandersetzungen hervorzuheben. Es ist klar, daß alles, was mit Ehen zu tun hatte, kirchliches Recht betraf. Aber aus der Verflechtung der Patriarchen mit den politischen und strategischen Bedürfnissen des lateinischen Orients resultierte, daß sie gelegentlich das kirchliche Recht mißachteten (wie in den Fällen Raimunds und Amalrichs), um ihre gewünschten Ziele zu erreichen. Ich möchte mit anderen Worten betonen, wie stark „politisiert" die Patriarchen waren und wie sogar im generellen Klima der Kirchenreform die Notwendigkeiten des lateinischen Orients im 12. Jahrhundert das kirchliche Recht außer Kraft setzten. Überdies sollte bewußt werden, daß Vermählungen – mit Bedacht und etwas Glück gebraucht – als politische Werkzeuge viele Probleme in einem Schritt lösen konnten, seien es Probleme der Thronfolge, der Innen- oder der Außenpolitik. Im Gegensatz zum zeitgenössischen Frankreich war beispielsweise im lateinischen Osten die Menge der potentiellen Ehegemahle relativ klein, und die Franken waren deshalb gezwungen, im „Ausland" geeignete Partner für ihre wichtigen Erbinnen zu suchen. Die hohen Todes-raten der Herrscher der Levante und die strategischen Bedürfnisse der latei-nischen Herrschaften veranlassten die Franken bei mehreren Gelegenheiten, diese Probleme mit den Mitteln der Ehe zu lösen. Bei der Anzahl der im öst-lichen Mittelmeer agierenden Mächte waren die Risiken außerordentlich hoch, aber – wie der Fall Raimunds von Poitiers zeigt – der Erfolg konnte ausgesprochen lohnend sein.

Die Ritterorden als Instanzen zur Friedenssicherung?*

Jochen Burgtorf

Im Jahre 1167 sah sich der fatimidische Kalif al-ᶜĀḍid in seinem Kairoer Palast mit einer für ihn ungewöhnlichen Forderung konfrontiert. Hugo von Cäsarea, ein fränkischer Adeliger, der gemeinsam mit dem Templer Gottfried Fulcher im Auftrag König Amalrichs von Jerusalem nach Ägypten gereist war, verlangte, der Kalif möge ihm zur Bekräftigung des gerade zwischen ihnen abgeschlossenen Rechtsgeschäfts seine bloße Hand reichen[1]. Dem Bericht Wilhelms von Tyrus zufolge ging es bei diesem Rechtsgeschäft um die Erneuerung alter Bündnisse und die Bekräftigung eines vertraglich vereinbarten ewigen Friedens zwischen dem König und dem Kalifen[2]. Zum Entsetzen seiner Höflinge entsprach der Kalif dem Wunsch der Gesandten[3], denn er brauchte diesen Frieden, vor allem aber den Schutz der lateinischen Christen, da seine Herrschaft durch die Begehrlichkeiten Nūr ad-Dīns, des Herrschers von Aleppo und Damaskus, akut bedroht war. Bereits im folgenden Jahr entschloß sich König Amalrich jedoch, erneut gegen Ägypten zu ziehen. Zum einen hatten die Fatimiden den vereinbarten Tribut nicht gezahlt, zum anderen drängte der Johannitermeister Gilbert von Assailly zu

---

* Für ergänzende Hinweise möchte ich Prof. Dr. Rudolf HIESTAND (Düsseldorf) und Dr. Marianne RIETHMÜLLER (Fulda) herzlich danken.

[1] Wilhelm von Tyrus, 886-889 (19, 17-19).

[2] Ebd., 886 (19, 17): *vetera innovare pacta pacisque perpetue federa inviolabili stabilitate inter dominum regem et calipham firmare.* Zu Wilhelm von Tyrus vgl. Peter W. EDBURY und John G. ROWE, William of Tyre. Historian of the Latin East, Cambridge 1988, ND 1990; Rudolf HIESTAND, Wilhelm von Tyrus, in: Hauptwerke der Geschichtsschreibung, hg. v. Volker REINHARDT, Stuttgart 1997, 728-732.

[3] Wilhelm von Tyrus, 889 (19, 19).

diesem Unternehmen, da er sich daraus erhebliche Gewinne für seinen Orden erhoffte. Die Templer dagegen verweigerten die Teilnahme[4], vielleicht weil einer der ihren, Gottfried Fulcher, an dem gerade erst geschlossenen Vertrag mitgewirkt hatte. Der Feldzug wurde dennoch durchgeführt, brachte den lateinischen Christen aber nicht den gewünschten Erfolg[5]. Den im Vorjahr mit Hilfe der Templer vereinbarten Frieden zwischen Ägypten und den Kreuzfahrerstaaten hatte man, nicht zuletzt durch das Agieren der Johanniter, verspielt.

Da die eingangs geschilderte Episode die Templer als Friedenstauben, die Johanniter dagegen als Kriegstreiber erscheinen läßt, jedoch weder das eine noch das andere der historischen Realität entspricht, scheint es gerechtfertigt, die Rolle der Ritterorden als Instanzen zur Friedenssicherung einmal genauer zu untersuchen. Bei den Ritterorden[6], die im folgenden betrachtet werden sollen, handelt es sich um die Johanniter, hervorgegangen aus einem bereits im Vorfeld des ersten Kreuzzugs in Jerusalem gegründeten Hospital[7], die Templer[8], jene 1120 gegründete und 1129 mit einer Regel ausgestattete

---

[4] Ebd., 918 (20, 5).

[5] Zur Bewertung der Ereignisse vgl. Hans Eberhard MAYER, Geschichte der Kreuzzüge, Stuttgart-Berlin-Köln 1965, [8]1995, 109-111; Steven RUNCIMAN, A History of the Crusades, 3 Bde., Cambridge 1951-1954, ND 1990, Bd. II, 362-400; Reinhold RÖHRICHT, Geschichte des Königreichs Jerusalem, 1100-1291, Innsbruck 1898, ND Amsterdam 1966, 323-324.

[6] Zur Geschichte der Ritterorden vgl. Hans PRUTZ, Die geistlichen Ritterorden, Berlin 1908; Die geistlichen Ritterorden Europas (Vorträge und Forschungen 26), hg. v. Josef FLECKENSTEIN und Manfred HELLMANN, Sigmaringen 1980; Alan J. FOREY, The Military Orders. From the Twelfth to the Early Fourteenth Centuries, London 1992; Helen NICHOLSON, Templars, Hospitallers and Teutonic Knights. Images of the Military Orders, 1128-1291, Leicester-London-New York 1993; Fighting for the Faith and Caring for the Sick (The Military Orders 1), hg. v. Malcolm BARBER, Aldershot 1994; Welfare and Warfare (The Military Orders 2), hg. v. Helen NICHOLSON, Aldershot 1997; Ordines Militares. Ritterorden und Kirche im Mittelalter (Colloquia Torunensia Historica), bisher 10 Bde., hg. v. Zenon H. NOWAK, Toruń 1983-1999; künftig ebenfalls Jochen BURGTORF, Führungsstrukturen und Funktionsträger in der Zentrale der Johanniter und Templer von den Anfängen bis zum frühen 14. Jahrhundert (Diss., Univ. Düsseldorf).

[7] Zu den Johannitern (bis ca. 1310) vgl. Joseph M. A. DELAVILLE LE ROULX, Les Hospitaliers en Terre Sainte et à Chypre, 1100-1310, Paris 1904; Jonathan RILEY-SMITH, The Knights of St. John in Jerusalem and Cyprus, c. 1050-1310, London 1967; Rudolf HIESTAND, Die Anfänge der Johanniter, in: Die geistlichen Ritterorden, hg. v. FLECKENSTEIN und HELLMANN (wie Anm. 6), 31-80.

[8] Zu den Templern vgl. Marion MELVILLE, La Vie des Templiers, Paris [2]1974; Marie L. BULST-THIELE, Sacrae domus militiae Templi Hierosolymitani magistri. Untersuchungen zur Geschichte des Templerordens, 1118/19-1314 (Abhandlungen der Akademie der Wissen-

Pilgerschutztruppe, und den Deutschen Orden, letzteren allerdings in geringerem Maße, da er erst 1198 in den Rang eines Ritterordens erhoben wurde[9]. Zwar waren beziehungsweise wurden diese Ritterorden im Laufe ihrer Geschichte internationale Organisationen, doch soll sich der Blick hier ausschließlich auf ihre Aktivitäten in den Kreuzfahrerstaaten bis zum Jahre 1291 richten.

Die im Titel des vorliegenden Beitrags verwendeten Begriffe „Instanz" und „Friedenssicherung" gilt es ebenfalls kurz zu erläutern. Eine Instanz ist nach dem heutigen Sprachgebrauch die „für einen Fall, eine Entscheidung zuständige Stelle"[10]. Daraus ergibt sich die Frage, inwieweit die Ritterorden bei der Sicherung des Friedens Entscheidungskompetenzen beanspruchen konnten. Was die Friedenssicherung angeht, war auch im 12. und 13. Jahrhundert der platonisch-augustinische Gedanke von zentraler ideologischer Bedeutung, daß ein zur Erlangung des Friedens geführter Krieg ein gerechter Krieg sei. Der Kreuzzug sollte der Rückgewinnung der *hereditas Christi* dienen, zugleich das durch blutige Auseinandersetzungen im Inneren zerrüttete Abendland entlasten, und galt daher als gerechter und zugleich als ein den Frieden sichernder Krieg. Auch wenn ein Friede von ewiger Dauer erst nach der Wiederkunft Christi, also in der Zukunft, kommen würde, galt die *pax in rebus terrenis* spätestens seit Augustinus als ein von den Christen zu erstrebendes, zu schützendes und zu förderndes Gut. Es war das erklärte Ziel der Gottesfriedensbewegung des 11. Jahrhunderts gewesen, den vor allem durch Fehden erheblich gestörten Frieden und die Ordnung wiederherzustellen, indem man für den Schutz der Armen, der Geistlichen und des

---

schaften in Göttingen, Philologisch-historische Klasse, 3/86), Göttingen 1974; Rudolf HIESTAND, Kardinalbischof Matthäus von Albano, das Konzil von Troyes und die Entstehung des Templerordens, Zeitschrift für Kirchengeschichte 99 (1988), 295-325; Alain DEMURGER, Vie et mort de l'ordre du Temple, Paris [2]1989; Malcolm BARBER, The New Knighthood. A History of the Order of the Temple, Cambridge 1994.

[9] Zum Deutschen Orden vgl. Frank MILTHALER, Die Großgebietiger des Deutschen Ritterordens bis 1440, Königsberg - Berlin 1940; Marie-Luise FAVREAU, Studien zur Frühgeschichte des Deutschen Ordens (Kieler Historische Studien 21), Stuttgart 1974; Udo ARNOLD, Entstehung und Frühzeit des Deutschen Ordens, in: Die geistlichen Ritterorden, hg. v. FLECKENSTEIN und HELLMANN (wie Anm. 6), 81-107; Hartmut BOOCKMANN, Der Deutsche Orden. Zwölf Kapitel aus seiner Geschichte, München 1981; Gerard MÜLLER, Jerusalem oder Akkon? Über den Anfang des Deutschen Ordens nach dem gegenwärtigen Stand der Forschung, Bad Münstereifel 1984, ND 1989.

[10] Duden. Das große Wörterbuch der deutschen Sprache in zehn Bänden, hg. v. Wissenschaftlichen Rat der Dudenredaktion, Bd. V, Mannheim [3]1999, 1955 (s.v. „Instanz").

Kirchenguts eintrat[11]. Zu diesem Zweck rief man sogenannte *militiae* ins Leben, die durch ihre Präsenz Frieden schaffen und schützen sollten.

Die Ritterorden entstanden in der direkten Nachfolge dieser *militiae*, entwickelten aber im Unterschied zu ihnen feste Strukturen und erlangten schließlich päpstliche Approbation. Die Johanniter widmeten sich der Armen und Kranken, die Templer schützten die Pilger. Beide Aktivitäten dienten ohne Zweifel der Friedenssicherung, denn sie förderten den Frieden und die Ordnung im Inneren der Kreuzfahrerstaaten. Johanniter und Templer empfingen schon früh zahlreiche Schenkungen, die die Übernahme neuer Aufgaben ermöglichten, gleichzeitig aber auch neue Verpflichtungen mit sich brachten. Die Kreuzfahrerstaaten sahen sich von feindlichen Nachbarn umgeben und hatten dabei das Problem einer notorischen Knappheit von kampfbereiten Männern. Aufgrund ihrer Rekrutierungsmöglichkeiten konnten die Ritterorden dem schon bald zumindest etwas entgegenwirken. Sie stellten Truppen, bemannten Burgen und dienten durch ihre militärische Präsenz der Abschreckung, eine uns aus der jüngsten Vergangenheit noch sehr vertraute Form der Außenpolitik, die zwar einerseits zur Friedenssicherung dienen, andererseits aber auch zur Provokation und damit zur Entstehung von Krieg führen kann. Zwischen lateinischen Christen und Muslimen konnte es allerdings schon aus ideologischen Gründen nie zu einem auf Dauer angelegten Frieden kommen, wie Jonathan Riley-Smith bereits 1978 in einem Aufsatz mit dem programmatischen Titel 'Peace Never Established. The Case of the Kingdom of Jerusalem' dargelegt hat[12]. So war der Hintergrund der eingangs geschilderten ägyptisch-fränkischen Übereinkunft von 1167 eben keineswegs ein Verlangen nach ewigem Frieden auf Seiten der Muslime, sondern vielmehr das Bestreben von al-ᶜĀḍids Großwesir Shawar gewesen, König Amalrich so lange in Ägypten zu halten, wie die Bedrohung durch Nūr ad-Dīns General Shīrkūh, den Onkel Saladins, bestand, der 1167 in Ägypten einmarschiert war[13].

Der Titel dieses Beitrags ist mit einem Fragezeichen versehen, denn die moderne Kreuzzugsforschung hat die Ritterorden bisher bei allem Respekt für ihre zukunftsweisenden Strukturen aus guten Gründen weniger als

---

[11] Vgl. Wolfgang HUBER, Frieden. V. Kirchengeschichtlich und ethisch, in: Theologische Realenzyklopädie, Bd. XI, hg. v. Gerhard KRAUSE und Gerhard MÜLLER, Berlin-New York 1983, ND 1993, 618-646, hier: 622.

[12] Jonathan RILEY-SMITH, Peace Never Established. The Case of the Kingdom of Jerusalem, Transactions of the Royal Historical Society, 5th series, 28 (1978), 87-102.

[13] Wilhelm von Tyrus, 886 (19, 17).

friedenssichernde, sondern vielmehr als konfliktfördernde Instanzen bewertet. Schon Hans Prutz (1908) hatte die „destruktive Rolle der geistlichen Ritterorden" innerhalb von Staat und Kirche betont. Steven Runciman (1952) sah in der „perpetual rivalry" zwischen Templern und Johannitern eine große Gefahr, da man die beiden Orden selten habe bewegen können, gemeinsam an militärischen Unternehmungen teilzunehmen, zudem hätten sie eigene diplomatische Beziehungen unabhängig von denen des Königreichs Jerusalem gepflegt (wie wir sehen werden, hatte man ihnen dieses Recht ausdrücklich eingeräumt). Nach Hans Eberhard Mayer (1995) bildeten die Ritterorden „einen Staat im Staat, der dem König und den Bischöfen nicht selten zu einer lästigen Konkurrenz wurde", und waren zudem untereinander „in eine ständige Kette von Konflikten verwickelt, die sich manchmal [...] zum offenen Krieg steigerten". Selbst Alan J. Forey (1992) räumte in seiner eher wohlwollenden Bewertung der Ritterorden ein, sie hätten sowohl beim Kampf gegen die Muslime als auch bei politischen Konflikten im Inneren der Kreuzfahrerstaaten zeitweilig „conflicting policies" verfolgt, die der christlichen Sache nicht gedient hätten, und sprach darüber hinaus von einer ständigen Bereitschaft seitens der Brüder, sich in Auseinandersetzungen mit anderen Orden verwickeln zu lassen. Alle diese Einschätzungen[14] beziehen sich weitgehend auf die Rolle der Ritterorden im Inneren der Kreuzfahrerstaaten. Inwieweit die Ritterorden ungeachtet solcher Kritik als Instanzen zur Friedenssicherung sowohl innerhalb der Kreuzfahrerstaaten als auch nach außen hin anzusehen sind, soll im folgenden untersucht werden. Dabei wird zunächst zu prüfen sein, welche Rolle die Friedenssicherung in den normativen Texten der Ritterorden spielt (I). Sodann gilt es, das friedenssichernde Engagement der Ritterorden im Inneren der Kreuzfahrerstaaten anhand der in den Urkunden und erzählenden Quellen enthaltenen Hinweise zu analysieren (II). Überlegungen zur Sicherung des Friedens zwischen den Ritterorden (III) und zur militärischen Präsenz der Ritterorden als Mittel zur Friedenssicherung (IV) schließen sich an. Weiterhin wird es um die Frage gehen, inwieweit die Ritterorden auf den Kreuzzügen zur Friedenssicherung beitrugen (V), und abschließend wird die Mitwirkung der Ritterorden an Gesandtschaften, Verhandlungen und Vertragsabschlüssen mit den Muslimen, vor allem auf Grundlage der Waffenstillstandsverträge des 13. Jahrhunderts, der arabischen Quellen und der Templerprozeßakten, zu interpretieren sein (VI).

---

[14] PRUTZ, Ritterorden (wie Anm. 6), 6; RUNCIMAN, Crusades (wie Anm. 5), Bd. II, 313-314; MAYER, Kreuzzüge (wie Anm. 5), 78, 243; FOREY, Military Orders (wie Anm. 6), 216.

I.

Welche Rolle spielt die Friedenssicherung in den normativen Texten der Ritterorden? In der Johanniterregel Raimunds von Puy taucht das Wort *pax* nicht auf, ebensowenig in der primitiven Templerregel. Die in letzterer enthaltene Formulierung, daß die Templer dem „allerhöchsten König" (Christus) mit Pferden und Waffen dienen[15], zeichnet das in unseren Augen wenig friedliche Bild von ständig Bewaffneten, jedoch belegen die wohl um die Mitte des 12. Jahrhunderts entstandenen *retrais*, die sogenannten „hierarchischen" Statuten der Templer, daß die Brüder manchmal unter Waffen standen, manchmal aber auch nicht[16]. In den Disziplinarbestimmungen der Templer und in den Vorschriften über die Wahl des Templermeisters ist vom *pais de la maison* die Rede[17], dem Frieden des Hauses, den es zu wahren galt, was sich sowohl auf den Zentralkonvent als auch auf den Orden insgesamt beziehen dürfte. Dies ist insofern von Belang, als nach einem bekannten Christuswort ein Haus, das in sich selbst uneins ist, nicht bestehen[18], also auch nicht zur Friedenssicherung beitragen kann. In dem *Liber ad milites Templi de laude novae militiae* Bernhards von Clairvaux erscheint das Wort *pax* nur an einer Stelle, nämlich der Übertragung eines Pauluswortes auf die Templer. Diese, so Bernhard, seien darauf bedacht, die Einheit im Geist durch das Band des Friedens (*vinculo pacis*) zu wahren[19]. Hier wird wie-

---

[15] Die Ursprüngliche Templerregel, ed. Gustav SCHNÜRER, Freiburg 1903, 135, § 1: *cum equis et armis summo regi militantes*; La Règle du Temple, ed. Henri DE CURZON, Paris 1886, 21, § 9: *servant au soveran roy o chevaus et o armes*.

[16] Règle (wie Anm. 15), 103, § 125: *ou a armes, ou sans armes*.

[17] Ebd., 147, § 211.

[18] Mt. 12, 25: *omnis [...] domus divisa contra se non stabit.* Dieses Christuswort wurde im Mittelalter häufig zitiert, unter anderem auch im Prolog der Goldenen Bulle Kaiser Karls IV. (1356).

[19] Bernard de Clairvaux, Eloge de la nouvelle chevalerie, ed. Pierre-Yves EMERY (Sources chrétiennes 367), Paris 1990, 68, § 7: *solliciti servare unitatem spiritus in vinculo pacis* (Eph. 4, 3). Vgl. Jean LECLERCQ, Saint Bernard's Attitude toward War, in: Studies in Medieval Cistercian History, Bd. II, hg. v. John R. SOMMERFELDT, Kalamazoo 1976, 1-39. LECLERCQ zufolge (ebd., 26) versicherte Bernhard den Templern: „you wage armed combat with the enemies of peace", allerdings findet sich eine Formulierung wie *inimici pacis* nicht im *Liber ad milites Templi*; dort werden die zu bekämpfenden physischen (nicht spirituellen) Feinde der Templer beispielsweise, häufig unter Verwendung entsprechender Bibelzitate, bezeichnet als *inimici crucis Christi* (52, § 1), *hostes* und *malefactores* (58, § 4), *pagani* (60, § 4), *divinae transgressores legis* (60, § 5), *gentes quae bellae volunt [...] qui nos conturbant [...] operantes*

derum der Frieden im Inneren des Ordens betont, der als Voraussetzung für friedenssicherndes Engagement nach außen angesehen werden muß. Darüber hinaus verwendet Bernhard im *Liber ad milites Templi* an zwei Stellen das Adjektiv *pacificus* (friedensstiftend): die Templer zögen gleich den wahren Israeliten als *pacifici* (Friedensstifter) in den Krieg[20], zudem ehrten sie den Tempel Gottes, das heißt die Kirche, um die Wette durch eifrige und ernste Gottesdienste, indem sie fortwährend in einer solchen Andacht nicht etwa das Fleisch von Tieren nach dem Ritus der Alten, sondern wahrhaft friedensstiftende Opfer (*hostias pacificas*) darbrächten, nämlich brüderliche Liebe, ergebene Unterordnung und freiwillige Armut[21]. Die Aktivitäten der Templer, und zwar durchaus die militärischen, sah Bernhard demnach als friedensstiftende Opfer der Liebe, sie selbst (die Templer) als Friedensstifter in der Nachfolge der Jünger an, denn durch das Aufgreifen des Titels *verus Israelita*, den Christus (Joh. 1, 47) für einen seiner Jünger (Nathanael) verwendet, stellte Bernhard die Templer in die Nachfolge der Jünger und unterstrich damit ihre besondere Bedeutung.

In den Papsturkunden erscheint die *defensio christiani nominis* (bzw. *defensio christianitatis, defensio orientalis ecclesie* oder *defensio fidei christiane*) etliche Male als ausdrücklicher Auftrag der Templer[22], besonders eindrücklich in dem Mandat *Milites Templi* Cölestins II. von 1144, wo die Templer als die neuen Makkabäer in der Gnadenzeit bezeichnet werden, die den weltlichen Begierden abgeschworen, jedweden Besitz hinter sich gelassen und ihr Kreuz in der Nachfolge des Herrn auf sich genommen hätten, die die orientalische Kirche, also die Kirche im Heiligen Land, von der Unterdrückung durch die Heiden befreien, die Feinde des christlichen Namens vertreiben, ihr Leben ohne Zögern für die Brüder geben und die Pilger auf dem Weg zu und von den Heiligen Stätten vor den Angriffen der Heiden schützen würden[23]. Die Päpste charakterisierten die Deutschordens-

---

iniquitatem (62, § 5), *adversarii* (70, § 8), *infideles* (74, § 9), *vastatores* und *oppugnatores* (78, § 10).

[20] Bernard (wie Anm. 19), 70, § 8: *Vero profecto Israelitae procedunt ad bella pacifici.*

[21] Ebd., 76, § 9: *Honorant certatim Dei templum sedulis et sinceris obsequiis, iugi in eo devotione immolantes, non quidem veterum ritu pecudum carnes, sed vere hostias pacificas, fraternam dilectionem, devotam subiectionem, voluntariam paupertatem.*

[22] Vgl. HIESTAND, Templer und Johanniter, Nr. 103, 107, 117, 133, 239.

[23] Ebd., 214-215, Nr. 8: *Milites Templi Ierusalemitani noui sub tempore gratię Machabei abnegantes secularia desideria et propria relinquentes, tollentes crucem suam secuti sunt Christum. Ipsi sunt, per quos Deus orientalem ecclesiam a paganorum spurcitia liberat et christiani nominis inimicos expugnat. Ipsi pro fratribus animos ponere non formidant et*

ritter später mit den gleichen Worten, vor allem seit diese sich auf dem Fünften Kreuzzug besonders engagiert gezeigt hatten[24]. Alle diese vom Papst genannten Aktivitäten dienten der Wiederherstellung beziehungsweise der Wahrung des Friedens, so wie der Papst ihn sah, nämlich dem Frieden Jerusalems in der Hand der lateinischen Christen. Bereits in der großen Bulle *Omne datum optimum* von 1139 waren die Templer allerdings auch als *impugnatores* (Angreifer) gegen die Feinde Christi, bezeichnet worden[25], einer Urkunde Alexanders III. von (1171-1181) zufolge kämpften die Templer *contra barbaras et exteras nationes*[26], und Urban III. sprach (1186-1187) ihnen gegenüber von den Orten, die sie mit der Hilfe des Himmels aus der Hand der Sarazenen würden befreien können[27]. Dies mag in unseren Ohren eher offensiv und aggressiv als defensiv und friedenssichernd klingen, aber im Verständnis der Zeit waren alle Maßnahmen zur Rückgewinnung und zum Schutz des Heiligen Landes gleichzeitig auch Maßnahmen zur Wiederherstellung des gestörten Friedens und der Ordnung, und damit zweifellos friedenssichernd, ohne daß dies besonders hervorgehoben werden mußte.

Bei den Johannitern war es um die *pais de la maison* offenbar schlechter bestellt als bei den Templern. Bereits Innozenz II. mahnte die Johanniter, sie möchten doch den Gehorsam gegenüber Gott und dem Meister wahren und Frieden und Liebe untereinander haben, *nam ubi est pax, ibi est Deus*[28], obgleich diese schönen Worte möglicherweise interpoliert sind[29]. Mit der Militarisierung der Johanniter hatte das Papsttum wohl vor allem deswegen Probleme, weil dieser Prozeß für Unfrieden im Inneren des Ordens sorgte, was den Orden der wesentlichen Voraussetzung für friedenssicherndes Engage-

---

peregrinos ad loca sancta proficiscentes in eundo et redeundo ab incursibus paganorum defensant.

[24] Vgl. FAVREAU, Studien zur Frühgeschichte (wie Anm. 9), 82-83.

[25] HIESTAND, Templer und Johanniter, 204-210, Nr. 3: *catholice ecclesie defensores et inimicorum Christi impugnatores.*

[26] Ebd., 325-326, Nr. 134 (*Cum nobis ex regimine*). HIESTAND zufolge (ebd.) griff Alexander III. in diesem Stück eine verlorene Vorurkunde Eugens III. auf.

[27] Ebd., 373-374, Nr. 187 (*Quanto maiora pro defensione*): *locis, que de Sarracenorum manibus poteritis cum auxilio celestis gratie liberare.* HIESTAND zufolge (ebd.) nahm Urban III. in diesem Stück Bezug auf Urkunden Alexanders III. und Lucius' III.

[28] Ebd., 210-211, Nr. 4 (*Quanto in Iherosolimitano xenodochio*): *Rogo vos fratres, qui ad seruicium Dei et pauperum Christi recepti estis, ut obseruetis obedienciam Deo et magistris uestris et habeatis pacem et dilectionem, nam ubi est pax, ibi est Deus.*

[29] Ebd., 210.

ment nach außen beraubte. Die Übernahme und das Befestigen von Grenz-
burgen durch den Meister ohne Zustimmung des Konvents spielte bei der
durch den Rücktritt des Johannitermeisters Gilbert von Assailly ausgelösten
Ordenskrise Anfang der 1170er Jahre eine wichtige Rolle, wie das Mandat
Constitutis in presentia nostra Alexanders III. von 1172 belegt[30]. 1178/1180
befahl Alexander III. dem Johannitermeister Roger von Moulins und den
Brüdern, sich auf ihre eigentliche Aufgabe, die *cura pauperum*, zu besinnen
und nur in besonderen Ausnahmefällen, nämlich zur Verteidigung des
Königreichs oder zur Belagerung einer Stadt der Muslime, zu den Waffen zu
greifen[31]. Auch die *cura pauperum* galt schließlich als eine friedenssichernde
Maßnahme. Ob die Johanniter die Bezeichnung *filios pacis et dilectionis*
(Söhne des Friedens und der Liebe) verdient hätten, möge dahingestellt bleiben. Das vermeintliche Privileg Clemens' III. von 1188/1190, welches diese
Formulierung enthält, ist Rudolf Hiestand zufolge eine Fälschung[32], und kann
daher nicht, wie bisher geschehen[33], als Beleg herangezogen werden, oder
wenn, dann erst für die Mitte des 13. Jahrhunderts.

Daß die Ritterorden in den Augen des Papstes einen wertvollen Beitrag
zur Friedenssicherung leisteten, zeigt ein Brief Gregors IX. an den Staufer
Friedrich II. aus dem Jahre 1228, in dem der Papst dem Kaiser vorwarf, die
Ausrottung der Häuser des Hospitals und der Templer im Sinn zu haben,
obgleich diese doch bisher die „Überreste des Heiligen Landes" gehütet
hätten[34]. Unter *reliquiae terrae sanctae* könnte man zum einen sicher die
tatsächlichen Überreste von unmittelbar am Heilsgeschehen beteiligten Personen und Gegenständen, zum anderen aber auch die den Christen im Jahre
1228 politisch-geographisch gesehen noch verbliebenen Landstriche des
Heiligen Landes verstehen. Zwar waren die Heiligen Stätten selbst 1187
verloren gegangen, doch ihre Rückeroberung war das Hauptziel der päpst-

---

[30] HIESTAND, Templer und Johanniter, NF, Nr. 20: *Statuentes, ut ille, qui fuerit in magistrum
domus uestre assumptus, [...] magna negotia domus sine communi consilio capituli uestri uel
maioris et sanioris partis nullatenus tractet, maxime in [...] castellis recipiendis aut firmandis,
quae sunt in confiniis Turcarum.*

[31] DELAVILLE LE ROULX, Bd. I, Nr. 527 (*Piam admodum et*).

[32] HIESTAND, Templer und Johanniter, 305-309, Nr. 101 (*Quot et quantis*).

[33] Jonathan RILEY-SMITH, Crusading as an Act of Love, History 65 (1980), 177-192, hier: 184.

[34] Überliefert bei Roger de Wendover, Chronica sive Flores Historiarum, ed. Henry O. COXE, 5
Bde. (English Historical Society, Publications, 8/1-5), London 1841-1844, Bd. IV, 167: *ad
exterminandas domos Hospitalis et fratrum militie Templi, per quas reliquiae terrae sanctae
hactenus sunt observatae.*

lichen Kreuzzugspolitik. Nach einer erneuten Inbesitznahme der Heiligen Stätten durch die lateinischen Christen würden die Ritterorden selbstverständlich erneut als deren Hüter aufzutreten haben. In den Augen des Papstes waren sie daher als bewahrende Kräfte Friedensstifter, der Kaiser dagegen ein Friedensbrecher, da er sie in ihrem Auftrag behinderte.

II.

Die Rolle der Ritterorden im Inneren der Kreuzfahrerstaaten wird, wie bereits eingangs angedeutet, in der Forschung eher negativ bewertet[35]. In der Tat waren die Ritterorden oft genug als Parteien an Konflikten beteiligt, vor allem an Konflikten mit anderen lateinischen geistlichen Institutionen[36], bei denen es um Zehntfragen und andere konkurrierende Rechtsansprüche ging. Gleichzeitig darf jedoch nicht übersehen werden, daß die Ritterorden die von Hugo von St. Viktor († 1141) für das Zusammenleben von Geistlichen postulierte Fähigkeit zur Eintracht, die *virtus concordiae*[37], eine der wichtigsten Voraussetzung für die Sicherung des Friedens, immer wieder erfolgreich unter Beweis stellten. Im Jahre 1125, um nur ein frühes Beispiel zu nennen, einigten sich die Johanniter und die Kirche von Tripolis in der Zehntfrage, um, wie es in der Urkunde sinngemäß heißt, Frieden und Eintracht zu fördern[38].

Das friedenssichernde Engagement der Ritterorden im Inneren der Kreuzfahrerstaaten läßt sich besonders gut an ihrer Vermittlerfunktion belegen. Es ist dabei bezeichnend, daß sie in dieser Funktion erst nach 1179 nachweisbar sind, also erst nachdem die Templer und Johanniter auf Druck Papst Alexanders III. ihre Streitigkeiten untereinander beigelegt hatten, wovon noch zu reden sein wird. Häufig, wenn auch nicht immer erfolgreich, waren die Ritterorden beziehungsweise einzelne ihrer Vertreter zwischen dem König und seinen Baronen, aber auch zwischen anderen Konfliktparteien vermittelnd tätig, wie die folgenden Beispiele zeigen. 1181 reisten der

---

[35] Siehe oben Anm. 14.

[36] Vgl. dazu den Beitrag von Rudolf HIESTAND im vorliegenden Band.

[37] Vgl. Ulrich MEYER, Soziales Handeln im Zeichen des „Hauses". Zur Ökonomik in der Spätantike und im früheren Mittelalter (Veröffentlichungen des Max-Planck-Instituts für Geschichte 140), Göttingen 1998, 316.

[38] DELAVILLE LE ROULX, Bd. I, Nr. 72: *propter bonum pacis et concordie confovende*; RRH, Nr. 107.

Templermeister Arnold von Torroja und der Johannitermeister Roger von Moulins im Auftrag König Balduins IV. von Jerusalem zu Fürst Bohemund III. von Antiochia, der sich durch seinen Lebenswandel und die Art, wie er mit der Kirche und dem Adel in seinem Fürstentum umgesprungen war, in tiefe innenpolitische Schwierigkeiten gebracht hatte[39]. Ob ihre Mission Erfolg hatte, ist nicht bekannt, doch unterstreicht die Tatsache, daß die beiden Ordensmeister diese heikle Aufgabe erhielten, daß man ihnen die Fähigkeit zum Friedensstiften zumindest zutraute. Dieses Zutrauen hatte nur wenige Jahre später im Frühjahr 1187 auch König Guido von Jerusalem, als er sich erneut der beiden Ordensmeister bedienen wollte, um den Frieden im Inneren der Kreuzfahrerstaaten wiederherzustellen. Er schickte den neuen Templermeister Gerhard von Ridefort und den Johannitermeister Roger von Moulins zu Graf Raimund III. von Tripolis, mit dem er im Zwist lag, um, wie aus einem chronikalisch überlieferten Brief der Prälaten und Fürsten des Heiligen Landes an den Papst und Kaiser Friedrich I. hervorgeht, die Aussöhnung mit diesem vorzubereiten[40]. Der Templermeister hatte jedoch allenfalls geringes Interesse an dieser Aussöhnung, denn er hatte mit dem Grafen noch eine alte Rechnung zu begleichen. Raimund hatte Gerhard vor dessen Ordenskarriere versprochen, ihn mit einer reichen Erbin zu verheiraten, dieses Versprechen dann aber später ignoriert. Als Raimund sich schließlich 1187 doch mit König Guido versöhnte und sich dessen gegen Saladin geführtes Heer anschloß, riet Gerhard mit Erfolg gegen die von Raimund empfohlene zurückhaltendere Strategie. Die Folge war die Schlacht von Hattin, eine katastrophale Niederlage für die Kreuzfahrerstaaten. Es wäre jedoch falsch, diese Niederlage den Templern oder gar den Ritterorden insgesamt anzulasten, denn sowohl der Johannitermeister als auch die hohen Funktionsträger des Templerordens (Seneschall und Marschall), die Gerhard

---

[39] BULST-THIELE, Magistri (wie Anm. 8), 100; Hans Eberhard MAYER, Varia Antiochena. Studien zum Kreuzfahrerfürstentum Antiochia im 12. und frühen 13. Jahrhundert (MGH, Studien und Texte 6), Hannover 1993, 166.

[40] Hugonis et Honorii Chronicorum Continuationes Weingartenses, ed. Ludwig WEILAND, in: MGH, Scriptores (in folio), Bd. XXI, Hannover 1869, ND Stuttgart-New York 1963, 473-480, hier: 475-476: *Accidit prima die Maii* [1187], *quod venerabilis frater Gyrardus de Bidefort* (bzw. anderen Handschriften zufolge: *Ridefort*) *magister miliciae Templi cum fratre Hursone, eiusdem domus senescalco, et fratre Robberto Frauiel marschalco et fratre Laquilino de Mali, strenuo milite, et venerabili fratre Rogerio de Molina, magistro Hospitalis, et aliis fratribus pro pace querenda cum Tripolitano comite, qui malignabatur adversus regem Hierosolimitanum, Tyberiadim pergerent.* Zu den Ereignissen vgl. Marshall W. BALDWIN, Raymond III of Tripolis and the Fall of Jerusalem (1140-1187), Princeton 1936, ND 1969, 85.

damals nach Galiläa begleiteten[41], hatten diesen immer wieder zur Mäßigung ermahnt, wobei die Templer natürlich weniger als Korrektiv wirken konnten, da sie ihr Gehorsamsgelübde an Gerhard und dessen Entscheidungen band. Der Fehler lag vielmehr bei den Einzelnen, bei Raimund von Tripolis und Gerhard von Ridefort, die beide, wenn auch zu unterschiedlichen Zeitpunkten, ihre Eigeninteressen über das Gemeinwohl stellten.

Vertreter der Ritterorden finden sich auch im Gefolge der im Heiligen Land vermittelnd tätigen päpstlichen Legaten. Der *generalis praeceptor Hospitalis* begleitete 1203 den Legaten Soffred, Kardinalpriester von St. Praxedis, ins Fürstentum Antiochia, wo nach dem Tod Bohemunds III. Erbstreitigkeiten ausgebrochen waren[42]. In den Jahren 1229/1230 hielten sich Anhänger der Staufer in der zyprischen Burg Dieu d'Amour verschanzt, wo sie von Johann von Beirut, dem Führer der Ibelin-Partei, belagert wurden. Als die Belagerten Verhandlungsbereitschaft signalisierten[43], schickte Johann von Beirut den ihm befreundeten Johanniter Wilhelm von Tinières zu ihnen[44], dem tatsächlich die Aushandlung einer Übereinkunft gelang[45]. Wilhelm von Tinières war als ehemaliger Johanniterpräzeptor von Tripolis (1216)[46] ein erfahrener Mann. Nach dem Frieden von Dieu d'Amour machte er Karriere, wurde Präzeptor in Akkon (1231)[47] und schließlich Prior seines Ordens in Frankreich (1232)[48]. In den frühen 1230er Jahren kam es noch mehrfach zu Verhandlungen zwischen Anhängern des Staufers und Anhängern Johanns von Beirut. Zu den erfolgreichen Vermittlern gehörte dabei

---

[41] Hugonis et Honorii Chronicorum Continuationes Weingartenses (wie Anm. 40), 475-476.

[42] Innocentii III romani pontificis Opera omnia, PL 214, Paris 1855, cliv; RRH, Nr. 794. Vgl. RILEY-SMITH, Knights (wie Anm. 7), 155; Rudolf HIESTAND, Die päpstlichen Legaten auf den Kreuzzügen und in den Kreuzfahrerstaaten vom Konzil von Clermont (1095) bis zum vierten Kreuzzug (Habilitationsschrift, Universität Kiel, 1972, maschinenschrift.), 330-333, 585-598 (Edition des Berichts der Kardinallegaten an Papst Innozenz III.).

[43] RÖHRICHT, Königreich Jerusalem (wie Anm. 5), 803-806.

[44] Les Gestes des Chiprois. Recueil des chroniques françaises écrites en Orient au XIIIᵉ & XIVᵉ siècles (Philippe de Navarre & Gérard de Monréal), ed. Gaston RAYNAUD, Genf 1887, 68, § 152: *frere Guillaume de Tineres* [...] *estoit mout privé de mon seignor de Baruth.*

[45] Ebd., 68, § 152; Chronique d'Amadi, ed. René DE MAS-LATRIE (Chroniques d'Amadi et de Strambaldi 1), Paris 1891, 145; Florio Bustron, Chronique de l'île de Chypre, ed. René DE MAS LATRIE, Paris 1886, 80.

[46] RRH, Nr. 885a.

[47] Ebd., Nr. 1027.

[48] DELAVILLE LE ROULX, Bd. II, Nr. 2036.

auch der Deutschordensmeister Hermann von Salza[49]. Dies ist insofern von Bedeutung, als Johanniter und Deutscher Orden in diesen Auseinandersetzungen auf verschiedenen Seiten waren, es ihnen aber dennoch gelang, friedensstiftend zu wirken. Daran zeigt sich erneut, wie stark Friedenssicherung von der Bereitschaft des Einzelnen abhängt, das Allgemeinwohl über das Eigenwohl zu stellen.

Im Jahre 1272 waren der Templermeister, der Johannitermarschall und der Deutschordenspräzeptor an den Vermittlungsbemühungen beteiligt, die den Streit zwischen König Hugo III. von Zypern und seinen Vasallen in der Frage der Festlandsheerfolgepflicht beilegen sollten. Auch wenn die Einigung erst im folgenden Jahr erzielt wurde[50], darf man sie mit auf das Engagement der Vertreter der Ritterorden zurückführen. Die 1278 nach Ablauf eines Waffenstillstandes neu entflammten Zwistigkeiten zwischen Bohemund VII. und den Templern, die bereits zu Kampfhandlungen zu Land und zur See geführt hatten, konnten noch im gleichen Jahr dank der Vermittlungsbemühungen des Johannitermeisters Nikolas Lorgne beigelegt werden[51]. In den Streit zwischen der französischen Garnison der Burg von Akkon und König Heinrich II. von Zypern im Sommer 1286 griffen die Vertreter der Ritterorden – der Templermeister Wilhelm von Beaujeu, der Johannitergroßpräzeptor Johann von Tassi und Deutschordensmeister Brochard – erst ein, nachdem die Vermittlungsbemühungen des Bischofs von Famagusta und des Abtes des Templum Domini in Akkon gescheitert waren. Die Ordensritter erreichten aber schließlich den Abzug der Franzosen[52]. Auch die im folgenden Jahr im Heiligen Land entbrannten und mit militärischen Mitteln ausgetragenen Auseinandersetzungen zwischen Genuesen und Pisanern konnten durch das vermittelnde Eingreifen von Templern und

---

[49] MGH, Epistolae saeculi XIII e regestis Pontificum Romanorum selectae, Bd. I, ed. Karl RODENBERG, Berlin 1883, Nr. 578; vgl. RÖHRICHT, Königreich Jerusalem (wie Anm. 5), 831.

[50] L'Estoire de Eracles empereur et la conqueste de la terre d'Outremer, in: RHC, Hist. Occ., Bd. II, Paris 1859, ND Westmead 1969, 1-481, hier: 463. Vgl. RÖHRICHT, Königreich Jerusalem (wie Anm. 5), 966.

[51] Gestes (wie Anm. 44), 208, § 402. Vgl. RÖHRICHT, Königreich Jerusalem (wie Anm. 5), 977-979.

[52] Louis de MAS LATRIE, Histoire de l'île de Chypre sous le règne des princes de la maison de Lusignan, Bd. III, Paris 1861, ND Famagusta 1970, 671-673; RRH, Nr. 1466. Vgl. Emmanuel G. REY, L'ordre du Temple en Syrie et à Chypre. Les Templiers en Terre Sainte, Revue de Champagne et de Brie 24 (1888), 241-256, 367-379, hier: 253; RUNCIMAN, Crusades (wie Anm. 5), Bd. III, 396.

Johannitern beendet werden[53]. Diese Beispiele zeigen, daß das friedenssichernde Engagement der Ritterorden in Form von Vermittlungsbemühungen als eine innenpolitische Konstante in der Geschichte der Kreuzfahrerstaaten angesehen werden muß.

Eine Rolle, die von Vertretern der Ritterorden und des hohen Klerus der Kreuzfahrerstaaten vor allem im 13. Jahrhundert mit großer Regelmäßigkeit gespielt wurde und die man prinzipiell wohl als friedensstiftend ansehen kann, war die von Testamentsvollstreckern, wofür hier nur ein Beispiel angeführt werden soll. Am 1. Juni 1254 benannte Margarete von Sidon den Erzbischof von Tyrus, den Abt von St. Samuel in Akkon, den Prior der Karmeliter, den Johannitermarschall Peter von Beaune und den Johannitergroßpräzeptor Hugo Revel als Testamentsvollstrecker für ihren Nachlaß[54]. Der damals amtierende Johannitermeister Wilhelm von Châteauneuf kam in den Augen Margaretes wohl deswegen nicht als Testamentsvollstrecker in Frage, weil er seit seiner Rückkehr aus ägyptischer Gefangenschaft (1244-1250) erheblich geschwächt war und sich häufig durch den Großpräzeptor vertreten lassen mußte[55]. Was bisher jedoch nicht beachtet wurde, ist, daß Peter von Beaune die Funktion des Testamentsvollstreckers nicht ausgeübt haben dürfte, denn er starb am 6. Juni 1254, einen Tag nach dem Tod Margaretes[56]. Sein Tod kam mit Sicherheit unerwartet, auch wenn er in seiner Funktion als Ordensmarschall mehr Gefahren ausgesetzt war als andere Funktionsträger. Daß die 'Annales de Terre Sainte' seinen Tod im Zusammenhang mit dem Tod Margaretes erwähnen, stimmt nachdenklich. Gab es einen Zusammenhang zwischen seiner Ernennung zum Testamentsvollstrecker und seinem Tod? Stand er etwa einer friedlichen Umsetzung des Testaments im Wege? Wir wissen es nicht, denn die Quellen schweigen.

Weit weniger mysteriös war das friedensstiftende Agieren von Vertretern der Ritterorden in der Rolle von Schiedsrichtern. Dabei fällt auf, daß es bei der Auswahl der Schiedsrichter offenbar nicht um Neutralität ging, sondern darum, daß die streitenden Parteien in den Reihen der Schiedsrichter gleich stark vertreten waren. So vermittelten im Jahre 1256 in der Auseinander-

---

[53] Gestes (wie Anm. 44), 228, § 456. Vgl. RUNCIMAN, Crusades (wie Anm. 5), Bd. III, 403.

[54] DELAVILLE LE ROULX, Bd. II, Nr. 2686 (Regest des 18. Jahrhunderts); RRH, Nr. 1215a.

[55] Vgl. RILEY-SMITH, Knights (wie Anm. 7), 186.

[56] Annales de Terre Sainte, ed. Reinhold RÖHRICHT und Gaston RAYNAUD, in: Archives de l'Orient latin, Bd. II, Paris 1884, ND Brüssel 1964, documents, 427-461, hier: 446 (B): *et Marguerite, dame de Sayete, morut à v jors de juing, et frere Pieres de Biaune, marescaus de l'Ospital de S. Jehan, morut l'endemain*; vgl. L'Estoire de Eracles (wie Anm. 50), 441.

setzung zwischen Bohemund VI. von Antiochia und Tripolis einerseits und dem Johannitermeister Wilhelm von Châteauneuf andererseits der Herr von Botron, ein Lehnsmann des ersteren, und der Großpräzeptor der Johanniter, während der dritte Schiedsrichter keiner Partei angehörte[57], und in dem ebenfalls 1256 ausgetragenen Streit zwischen Johann von Ibelin, Graf von Jaffa, und den Johannitern fungierten der Herr von Tyrus, der Konstabler von Tiberias und wiederum der Großpräzeptor der Johanniter als Schiedsrichter[58]. In beiden Fällen konnte weitgehend erfolgreich geschlichtet werden.

Mit ihrer militärischen Präsenz konnten die Ritterorden auch im Inneren zur Friedenssicherung beitragen. Im März 1256 erschienen die Marschälle der beiden großen Ritterorden, vermutlich der Johanniter Raimbald[59] und der Templer Stefan von Cissey[60], zusammen mit vielen ihrer Ritterbrüder zum Schutz des Erzbischofs von Tyrus, der damals als Richter im Prozeß der Kirche von Akkon gegen den Kleriker Signoretus fungierte. Dieser Schutz war notwendig, denn Signoretus selbst war *armatus* [...] *cum pluribus amicorum suorum* zum Prozeß erschienen. Angesichts der militärischen Übermacht konnte er inhaftiert werden[61].

Schließlich bezeugten hohe Funktionsträger der Ritterorden Einigungen zwischen Vertretern des Königreichs Jerusalem und der italienischen Seestädte und fungierten als Gastgeber für Vertragsabschlüsse. Daß beispielsweise die Übereinkunft zwischen dem Herrn von Tyrus und der Stadt Venedig 1277 in einem Zelt der Templer auf dem Grundstück eines nahe bei Akkon gelegenen Casale in Gegenwart des Meisters, Großpräzeptors, Marschalls, Drapiers, Turkopoliers und akkonensischen Präzeptors der Templer

---

[57] Marseille, Archives départementales (Bouches-du-Rhône), Ordre de Malte, 56 H 68, ms. s. XVI, Inventaire de Manosque a. 1531, fol. 312, 31 D (ich danke Prof. Rudolf HIESTAND, der mir freundlicherweise die Gelegenheit gab, seine Transkription dieses Textes einzusehen); DELAVILLE LE ROULX, Bd. II, Nr. 2857 (Regest des 18. Jahrhunderts); RRH, Nr. 1257b.

[58] DELAVILLE LE ROULX, Bd. II, Nr. 2810, 2816, 2817, 2845, 2853; RRH, Nr. 1247, 1249b, 1249c, 1245, 1246. Vgl. Hans Eberhard MAYER, John of Jaffa, His Opponents and His Fiefs, Proceedings of the American Philosophical Society 128/2 (1984), 134-163, ND in DERS., Kings and Lords in the Latin Kingdom of Jerusalem (Collected Studies Series 437), Aldershot 1994, Nr. XIII.

[59] Les registres d'Alexandre IV, ed. Charles B. DE LA RONCIERE, . I, Paris 1902, 329-330, Nr. 1096; DELAVILLE LE ROULX, Bd. II, Nr. 2785 (nur Regest des 18. Jahrhunderts); RRH, Nr. 1244b.

[60] 1260 als Templermarschall nachweisbar, vgl. Gestes (wie Anm. 44), 163-164, § 305.

[61] Paris, Bibliothèque nationale, fonds latin 9071 (Varia charta), fol. 12 (ms. s. XIII); RRH, Nr. 1226.

feierlich beurkundet wurde[62], legt die Vermutung nahe, daß die Templer hier schon im Vorfeld friedensstiftend tätig gewesen waren.

Überblickt man die genannten Funktionen, die die Ritterorden als Vermittler (übrigens auch als Ehevermittler)[63], Testamentsvollstrecker, Schiedsrichter, Schutzbeamte und Vertragszeugen erfüllten, so läßt sich ihr Beitrag zur Sicherung des Friedens im Inneren der Kreuzfahrerstaaten nicht leugnen.

III.

Durch ihre Auseinandersetzungen mit anderen Orden, aber auch untereinander vermochten die Ritterorden den Frieden im Inneren der Kreuzfahrerstaaten allerdings auch erheblich zu stören. Ihre Interessen waren oft genug gegenläufig. Zu nahe beieinander liegende Besitzungen und die daraus resultierenden Meinungsverschiedenheiten über Grenzverläufe, Einkünfte und Abhängigkeiten führten immer wieder zu Unstimmigkeiten, die das Miteinander der Ritterorden bei der Friedenssicherung erschwerten.

Auf Druck von Papst Alexander III. legten der Templermeister Odo von St. Amand und der Johannitermeister Roger von Moulins mit Zustimmung ihrer jeweiligen Ordenskapitel im Februar 1179 ihre weitreichenden Streitigkeiten bei, um einen gesicherten Frieden und eine zum allgemeinen Nutzen gereichende Eintracht *de omnibus querelis* zu erreichen[64]. Die *querelae* (Klagepunkte) betrafen durchweg zwischen den Orden umstrittene Besitzrechte, die im Vertragswerk mit den entsprechenden geographischen Angaben genannt sind. Fünf *querelae* brachten die Templer gegen die Johanni-

---

[62] Urkunden zur älteren Handels- und Staatsgeschichte der Republik Venedig, ed. Gottlieb L. F. Tafel und Georg M. Thomas, Bd. III (Fontes Rerum Austriacarum, Diplomataria et Acta 14), Wien 1857, ND Amsterdam 1964, 150-159, Nr. 369; RRH, Nr. 1413. Vgl. Rey, L'ordre du Temple (wie Anm. 52), 256; Bulst-Thiele, Magistri (wie Anm. 8), 266-267, 289.

[63] Vgl. dazu den Beitrag von Jonathan Phillips im vorliegenden Band. Um das Jahr 1252 wirkte der Johannitermeister Wilhelm von Châteauneuf beim Zustandekommen eines Ehevertrags für die in Aussicht genommene Heirat zwischen Euphemia, der Tochter König Hethoums von Kleinarmenien, und Julians von Sidon mit: Delaville le Roulx, Bd. II, Nr. 2581; RRH, Nr. 1202.

[64] Hiestand, Templer und Johanniter. Neue Folge, 239-247, Nr. 28: *firmam pacem et gratam concordiam fecimus de omnibus querelis*; RRH, Nr. 573. Vgl. Gesta regis Henrici secundi Benedicti abbatis. The Chronicle of the Reigns of Henry II and Richard I, AD 1169-1192, known commonly under the name of Benedict of Peterborough, ed. William Stubbs, Bd. I (Rolls Series 49/1), London 1867, ND Nendeln 1965, 243; Röhricht, Königreich Jerusalem (wie Anm. 5), 382, Anm. 6.

ter vor, vier waren es im umgekehrten Fall. Diese wurden nun beigelegt. Da beide Orden weitere Schenkungen und Erwerbungen und demzufolge auch neue rechtliche Überschneidungen erwarten konnten, entwarf man bereits in der 1179 geschlossenen *firma pax* einen Lösungsweg für alle künftigen *querelae* über Immobilienbesitz, Einkünfte, Nachlässe und sonstige Angelegenheiten. Es wurde festgelegt, daß je drei Brüder pro Orden solche Streitfälle zu untersuchen und zu klären haben würden[65]. Unter diesen Brüdern sollten sich dann die Präzeptoren der Häuser beziehungsweise der Provinzen befinden, zwischen denen der Streit ausgebrochen sein würde[66]. Die Einigung zwischen Templern und Johannitern von 1179 erfolgte in Gegenwart des Königs, des Fürsten von Antiochia und des Grafen von Tripolis, sowie *coram ceteris baronibus orientalis christianitatis*[67]. Dies unterstreicht die Bedeutung der Übereinkunft und zeigt, wie wichtig es auch in den Augen der Träger der politischen Macht im Königreich Jerusalem war, daß die beiden Orden Frieden miteinander hielten.

Mit dem Aufkommen des Deutschen Ordens brachen Zwistigkeiten aus, deren Stachel sich gegen diese neue Gemeinschaft richtete. Die Johanniter verlangten, man müsse ihnen den Deutschen Orden unterordnen, weil ihnen auch das deutsche Hospital in Jerusalem untergeordnet gewesen sei, die Templer klagten dagegen, daß die Deutschordensritter wie sie in weißen Gewändern einhergingen. Die Entscheidung dieser Fragen lag beim Papst, der in beiden Fällen letztlich zugunsten der neuen Gemeinschaft entschied[68].

Den traurigen Höhepunkt erreichte das Gegeneinander der Orden im sogenannten Krieg von St. Sabas, der Akkon in den Jahren 1256-1258 bürgerkriegsartige Zustände bescherte. Entzündet hatte sich der Konflikt am akkonensischen St. Sabas-Kloster, das zwischen dem genuesischen und dem venezianischen Viertel lag und von Genuesen wie Pisanern beansprucht wurde. 1256 nahmen es die Genuesen mit Hilfe der Pisaner im Handstreich in Besitz. Im folgenden unterstützten die Johanniter die Genuesen, die Templer und der Deutsche Orden die Venezianer. Die Genuesen verloren

---

[65] HIESTAND, Templer und Johanniter. Neue Folge, 237-239, Nr. 27; DELAVILLE LE ROULX, Bd. I, Nr. 558; RRH (wie Anm. 38), Nr. 572.

[66] HIESTAND, Templer und Johanniter. Neue Folge, 239-247, Nr. 28: *preceptores domorum illarum uel prouinciarum, inter quas fuerit oborta questio*; RRH, Nr. 573.

[67] HIESTAND, Templer und Johanniter. Neue Folge, 237-239, Nr. 27; DELAVILLE LE ROULX, Bd. I, Nr. 558; RRH (wie Anm. 38), Nr. 572.

[68] RILEY-SMITH, Knights (wie Anm. 7), 397-398; BULST-THIELE, Magistri (wie Anm. 8), 185; FAVREAU, Studien zur Frühgeschichte (wie Anm. 9), 67, 89-94.

den Krieg und kehrten daraufhin Akkon im Sommer 1258 den Rücken[69]. Am 9. Oktober 1258 schlossen der Templermeister, der Johannitermeister und der Deutschordensmeister in Akkon im Haus des Heiligen Grabes *ob salutem et prosperum statum christianitatis* (zum Heil und zum Gedeihen der gesamten Christenheit) eine *firma pax* gültig für die Königreiche Jerusalem, Zypern und Kleinarmenien, das Fürstentum Antiochia und die Grafschaft Tripolis. Für die Zukunft wurde festgelegt, daß beim Streit zwischen zwei Orden Schiedsrichter aus diesen den Streit zu schlichten haben würden. Sollten sich diese nicht einigen können, dann würde aus dem dritten, unbeteiligten Orden ein Schiedsrichter hinzugewählt werden. Weiterhin wurde bestimmt, daß alle neugewählten Meister und hohen Funktionsträger der Orden im Heiligen Land diesen Vertrag künftig nach ihrer Wahl in Gegenwart von Vertretern der anderen Orden zu beschwören haben würden[70]. Die Urkunden der Folgezeit zeigen[71], daß die Sicherung des friedlichen Miteinanders der Ritterorden mit Hilfe von Schiedsrichtern kein Ding der Unmöglichkeit war. Die großen Einigungsverträge von 1179 und 1258 belegen, daß bei den Ritterorden die *virtus concordiae*, die Fähigkeit zur Eintracht untereinander und damit die wichtigste Voraussetzung für gemeinsames friedensstiftendes Engagement nach außen grundsätzlich vorhanden war.

IV.

Der wichtigste Beitrag der Ritterorden zur Friedenssicherung nach außen war zweifellos ihre militärische Präsenz auf den ihnen übertragenen, häufig in Grenzgebieten gelegenen Burgen. In den 1160er Jahren reiste Thoros von Armenien ins Königreich Jerusalem. Bei seiner Begegnung mit dem König von Jerusalem soll er gesagt haben: „Als ich in Dein Land kam und fragte, wem die Burgen gehören, bekam ich zur Antwort 'dem Tempel' und anderswo 'dem Hospital'. Ich fand weder eine Burg noch eine Stadt, von der es hieß, sie gehöre dir, mit Ausnahme von dreien, ansonsten gehörten sie den

---

[69] RUNCIMAN, Crusades (wie Anm. 5), Bd. III, 282-286.

[70] DELAVILLE LE ROULX, Bd. II, Nr. 2902; Tabulae ordinis Theutonici (ex tabularii regii Berolinensis codice potissimum), ed. Ernst STREHLKE, Berlin 1869, ND ed. Hans Eberhard MAYER, Jerusalem-Toronto 1975, 98-103, Nr. 116; RRH, Nr. 1269. Vgl. Jonathan RILEY-SMITH, The Feudal Nobility and the Kingdom of Jerusalem (1174-1277), London-Basingstoke 1973, 194.

[71] RRH, Nr. 1318, 1319, 1319a, 1321, 1322.

Orden"[72]. Schon früh hatte man die Ritterorden in den Kreuzfahrerstaaten aktiv in die Friedenssicherung nach außen einbezogen. Im Jahre 1126 schenkte Barisan, Konstabler von Jaffa, den Johannitern das strategisch wichtige Casale Algie[73] und zwar, wie sein Lehnsherr Fürst Hugo in der Bestätigung dieser Schenkung sagte, damit Gott die widerspenstige Stadt Askalon in die Hände der Christen überliefern möge[74]. Der Schluß liegt nahe, daß der Fall Askalons nicht allein durch das Gebets- und Caritaswerk der Johanniter, sondern durch ihre aktive militärische Mithilfe herbeigeführt werden sollte. In den folgenden Jahren erhielten die Johanniter weitere wichtige Casalien[75]. Ihre erste Burg, Bethgibelin, wurde ihnen 1136 anvertraut[76], und es war sicher nicht von ungefähr, daß diese nur 40 Kilometer östlich von Askalon gelegen war[77].

Es gehörte zu den außenpolitischen Besonderheiten der Kreuzfahrerstaaten, daß den Ritterorden das Recht eingeräumt wurde, für die ihnen anvertrauten Gebiete und Burgen separate Waffenstillstandsverträge mit den Muslimen abzuschließen, ohne dafür irgendeine weitere Erlaubnis einholen zu müssen. Als sei dieses Privileg noch nicht ausreichend, verpflichteten sich einige Barone sogar, ohne den Rat des jeweiligen von ihnen begünstigten Ritterordens auch selbst keine Waffenstillstandsverträge mit den Muslimen abzuschließen, so zum Beispiel Graf Raimund II. von Tripolis, der den Johannitern dies im Jahre 1142 urkundlich zusicherte[78]. Fürst Bohemund III.

---

[72] Chronique d'Ernoul et de Bernard le Trésorier, ed. Louis DE MAS-LATRIE, Paris 1871, 27-28: *Sire, dist Thoros au roy, quant je vinç parmi vostre tiere, et je demandoie des castiaus cui il estoient, li uns me disoit: 'C'est del Temple'; li autres: 'De l'Hospital'; si que jou ne trouvai ne castiel, ne cité qui fust vostre, ne mais seulement .iii., mais tout à Religion.* Dem König gehörten sicher Montréal (Shawbak), Nablus, Akkon und Jerusalem (dazu wohl noch Malue, Quaimun, Scandelion, Li Vaux Moise, evtl. auch Aqaba), vgl. Hugh KENNEDY, Crusader Castles, Cambridge 1994, 22, 25, 31.

[73] DELAVILLE LE ROULX, Bd. I, Nr. 74; RRH, Nr. 112.

[74] DELAVILLE LE ROULX, Bd. I, Nr. 77: *ut Deus civitatem rebellem Ascalonem tradat in manus Christianorum*; RRH, Nr. 114. Vgl. Jochen BURGTORF, Leadership Structures in the Orders of the Hospital and the Temple (Twelfth to Early Fourteenth Centuries), in: Expanding the Frontiers of Medieval Latin Christianity. The Crusades and the Military Orders (Proceedings, Workshop, Budapest, Central European University Budapest, 26.-28. Februar 1999), hg. v. József LASZLOVSZKY und Zsolt HUNYADI, Budapest 2001 (im Druck).

[75] KENNEDY, Castles (wie Anm. 72), 35, 78.

[76] DELAVILLE LE ROULX, Bd. I, Nr. 116; RRH (wie Anm. 38), Nr. 164.

[77] KENNEDY, Castles (wie Anm. 72), 32.

[78] DELAVILLE LE ROULX, Bd. I, Nr. 144: *absque consilio et assensu fratrum ejusdem domus, treujas non accipiam nec faciam cum Sarracenis*; RRH, Nr. 212.

von Antiochia dehnte diese Selbstverpflichtung auf seine Lehnsleute aus, wie aus einer im Jahre 1168 für die Johanniter ausgestellten Urkunde hervorgeht, und überließ es den Johannitern unter Zusicherung von Straffreiheit, ob sie sich an Waffenstillstände halten würden, die ohne Einholung ihres Rates trotzdem abgeschlossen werden würden[79]. Im Hinblick auf die eingangs aufgeworfene Frage, ob die Ritterorden im lateinischen Osten als Instanzen, also als für die Entscheidung zuständigen Stellen in Sachen Friedenssicherung anzusehen sind, lassen diese Beispiele für ihr starkes Mitsprache- beziehungsweise souveränes Entscheidungsrecht im Hinblick auf Waffenstillstände sie durchaus als solche Instanzen erscheinen.

1144 übertrug der bereits genannte Graf Raimund II. den Johannitern ein äußerst umfangreiches Gebiet im Osten seiner Grafschaft Tripolis, einschließlich jenes befestigten Bergs, den die Johanniter zum Krak des Chevaliers ausbauten. Der Krak dominierte sein Umland und brachte Tributzahlungen von den benachbarten muslimischen Kleinstaaten ein[80], wobei die Johanniter erheblich von den ayyubidischen Familienstreitigkeiten profitierten[81]. Erst 1271 mußten die Johanniter den Krak nach fast einmonatiger Belagerung an Baibars übergeben[82], der es sich nicht nehmen ließ, diesen Erfolg in einem Brief an den Johannitermeister besonders herauszustreichen[83]. Der Krak ist ein gutes Beispiel dafür, wie eigentlich zur Abschreckung gedachte militärische Präsenz zur Provokation geraten konnte. Er diente als Ausgangspunkt zahlreicher sogenannter *chevauchées*, bewaffneter Überfälle ins Umland, und war damit nicht mehr friedenssichernd, sondern konfliktfördernd.

---

[79] DELAVILLE LE ROULX, Bd. 1, Nr. 391: *Preterea dono et concedo eidem Hospitali quod nec ego, nec homo de terra mea faciemus treugas cum Sarracenis, nec cum Christianis qui cum Sarracenis partiantur, sine consilio fratrum ejusdem Hospitalis. Quod si forte fecerimus, quod Deus nolit, fratres Hospitalis tenebunt treugas si voluerint; aut si noluerint, guerrabunt sine injuria*; RRH, Nr. 428. Zur Datierung und zum Kontext dieses Stückes vgl. MAYER, Varia Antiochena (wie Anm. 39), 43; DERS., Die Kanzlei der lateinischen Könige von Jerusalem, 2 Bde. (MGH, Schriften 40/1 und 40/2), Hannover 1996, Bd. II, 868.

[80] KENNEDY, Castles (wie Anm. 72), 145-147.

[81] Dazu künftig: Balász MAJOR, Al-Malik al-Mujahid, Ruler of Homs, and the Hospitallers. The Evidence in the Chronicle of Ibn Wasil, in: Expanding the Frontiers, hg. v. LASZLOVSZKY und HUNYADI (wie Anm. 74).

[82] KENNEDY, Castles (wie Anm. 72), 149.

[83] Ayyubids, Mamlukes and Crusaders. Selections from the Tarikh al-Duwal wa'l-Muluk of Ibn al-Furat, ed. und ins Engl. übers. v. Ursula LYONS und Malcolm C. LYONS, 2 Bde., Cambridge 1971, Bd. II, 146; RRH, Nr. 1374. Vgl. Reinhold RÖHRICHT, Les combats du sultan Bibars (1261-1277), in: Archives de l'Orient latin, Bd. II, Paris 1884, ND Brüssel 1964, 365-410, hier: 398.

Die Burgen und befestigten Türme der Templer im Königreich Jerusalem lagen zunächst, den Aufgaben dieses Ordens beim Pilgerschutz entsprechend, vor allem entlang der Pilgerwege: Castrum Arnaldi und Toron des Chevaliers zwischen Jaffa und Jerusalem, La Fève in Galiläa und Maldoim zwischen Jerusalem und Jericho[84]. Die Burg Tortosa erhielten die Templer in den 1150er Jahren. Sie überdauerte alle größeren und kleineren Bedrohungen und wurde erst am 3. August 1291, zwei Monate nach dem endgültigen Fall von Akkon, den Muslimen übergeben[85]. Chastelblanc in der Grafschaft Tripolis blieb von 1171-1271, also 100 Jahre, im Besitz des Ordens, hielt Saladin stand und wurde von Ludwig IX. von Frankreich während seines Aufenthaltes im Heiligen Land erneut befestigt[86]. 1218 begannen die Templer mit dem Bau von Athlit (*castrum Peregrinorum*), einer südlich des heutigen Haifa an der Küste gelegenen großen Befestigungsanlage, die die Aufgaben des Templerturms Le Destroit am Fuße des Karmel übernehmen sollte. Athlit mußte, wie Tortosa, erst nach dem Fall von Akkon aufgegeben werden[87]. Die langen Zeiträume, in denen die Ritterorden solche wichtigen Burgen hielten, zeigen, daß das Konzept einer Friedenssicherung durch Abschreckung bis in die zweite Hälfte des 13. Jahrhunderts weitgehend funktionierte.

Die Geschichte des Wiederaufbaus der galiläischen Templerburg Safed ab 1240 erzählt der anonyme Traktat *De constructione castri Saphet*. In der Einleitung heißt es zu den Vorüberlegungen der Erbauer, daß diese Burg, wenn sie gebaut würde, eine Verteidigungsanlage, eine Sicherheit und gleichsam ein Schutzschild gegen die Sarazenen für die Christen bis hin nach Akkon sei, daß sie zudem als eine starke und günstige Ausgangsbasis für Überfälle in das Land der Sarazenen bis hin nach Damaskus dienen könne[88]. Safed wurde schließlich gebaut, so der Traktat weiter, um die Heiden zu-

---

[84] KENNEDY, Castles (wie Anm. 72), 55-56.

[85] Ebd., 132-134.

[86] Ebd., 138-139.

[87] Vgl. ebd., 124-125; Rudolf HIESTAND, *Castrum Peregrinorum* e la fine del dominio crociato in Siria, in: Acri. La fine della presenza degli ordini militari in Terra Santa e nuovi orientamenti nel XIV secolo, hg. v. Francesco TOMMASI, Perugia 1996, 23-41.

[88] Un nouveau texte du traité *De constructione castri Saphet*, ed. Robert B. C. HUYGENS, Studi Medievali, 3a seria, 6.1 (1965), 355-387, hier: 380: *si illud castrum fieret, esset defensio et securitas et quasi scutum christianorum usque Accon contra Sarracenos et esset impugnatio fortis ac formidabilis, et facilitas et oportunitas faciendi insultus et discursus in terra Sarracenorum usque Damascum.* Vgl. KENNEDY, Castles (wie Anm. 72), 192.

schanden werden zu lassen, sie zu schwächen und zurückzuhalten, die Gläubigen aber zu vermehren und zu trösten zur Ehre des Herrn Jesus Christus[89]. Safed sollte demnach selbst nach dem Verständnis der Zeit nicht nur defensive, sondern auch offensive Aufgaben erfüllen, denn es ist von *insultus et discursus* (Überfällen) auf die *terra Sarracenorum* die Rede. Wie der Krak des Chevaliers bei den Johannitern war die Templerburg Safed nicht friedenssichernd, sondern konfliktfördernd. In den Augen der lateinischen Christen des 13. Jahrhunderts waren solche Überfälle auf das Land der Sarazenen jedoch voll gerechtfertigt, denn Damaskus konnte allenfalls temporär als *terra Sarracenorum* gelten, in Wahrheit war es selbstverständlich ein Teil der *hereditas Christi*, den es zurückzugewinnen galt.

Schon im 12. Jahrhundert sahen sich einzelne Adelige gezwungen, ihre Burgen an die Ritterorden abzugegeben. 1163 verkauften Wilhelm und Beatrix von Maraclea den Johannitern ihre im Grenzgebiet der Grafschaft Tripolis gelegene Burg Eixserc, nicht nur wegen des vereinbarten Kaufpreises, *sed quia christianitatis utilitatem cognovimus*[90]. Vermutlich trauten sie die Verteidigung der Grenze eher den Johannitern als sich selbst zu, und deswegen war es für die Christenheit nützlicher, wenn sich die Burg im Besitz der Johanniter befand. Die ernsten Mahnungen, die Papst Alexander III. 1172 und (1178-1180) an die Johanniter richtete[91] und die darauf abzielten, das militärische Engagement dieses Ordens zu reduzieren, blieben langfristig wirkungslos. 1186 bestätigte sogar Papst Urban III. den Verkauf der Burg Margat an die Johanniter. Bertrand von Mazoir hatte die Übertragung Margats mit Zustimmung seines Lehnsherrn, des Fürsten Bohemund III. von Antiochia, vorgenommen, *prout christianitati necessarium videbatur*, also weil es ihm für die Christenheit notwendig erschien, ein Argument, welches der oben genannten Begründung Wilhelms von Maraclea für den Verkauf von Eixserc ähnelt, und weil er (Bertrand) die Burg wegen der hohen Kosten und der Lage (in der Nachbarschaft der Ungläubigen) nicht länger zu halten vermochte[92]. In den 1250er und 1260er Jahren setzte schließlich ein regel-

---

[89] Un nouveau texte (wie Anm. 88), 387: *quod factum est ad dampnificandum et debilitandum et reprimendum infideles et ad dilatandum, multiplicandum et confortandum fideles, ad honorem domini Iesu Christi et ad exaltationem ecclesie sancte dei.* Vgl. KENNEDY, Castles (wie Anm. 72), 198.

[90] DELAVILLE LE ROULX, Bd. I, Nr. 317; RRH (wie Anm. 38), Nr. 378.

[91] HIESTAND, Templer und Johanniter. Neue Folge, 227-230, Nr. 20 (*Constitutis in presentia nostra*); DELAVILLE LE ROULX, Bd. I, Nr. 527 (*Piam admodum et*).

[92] HIESTAND, Templer und Johanniter. Neue Folge, 288-295, Nr. 90 (*Humanitatis affectum et*):

rechter Ausverkauf von Burgen an die Ritterorden ein[93], da die eigentlichen Herren die Burgen entweder nicht mehr halten konnten oder wollten. Julian von Sidon[94], Balian von Arsuf[95] und die Herren von Cäsarea[96] verkauften an die Johanniter, Johann von Beirut verkaufte an den Deutschen Orden[97] und der bereits genannte Julian von Sidon verkaufte auch an die Templer[98]. Allen drei Orden brachten diese Verkäufe beträchtlichen Immobilienbesitz ein, der in oder um Akkon lag[99], was die ohnehin starke Position der Ritterorden in der Hauptstadt des zweiten Königreichs von Jerusalem zusätzlich festigte. Die übernommenen Verpflichtungen waren jedoch auch für die Ritterorden zu groß, und eine Burg nach der anderen ging verloren. In dem Moment, als sich erst Baibars und dann Qalāwūn systematisch die Burgen und befestigten Orte in den Kreuzfahrerstaaten vornahmen, hatte das Konzept einer Friedenssicherung durch Abschreckung seine Wirkung verloren.

V.

Kreuzzüge dienten, wie wir eingangs gesehen haben, in den Augen des Papsttums ebenfalls der Friedenssicherung. Welche Rolle spielten die Ritterorden dabei? Der erste Hinweis ist eher negativ, denn die Meister der Templer und Johanniter waren im Jahre 1148 an jener törichten Entscheidung des Zweiten Kreuzzugs beteiligt, gegen Damaskus zu ziehen, und das Scheitern dieses Unternehmens wurde ihnen mit angelastet[100]. Vielleicht aufgrund dieser Erfahrung, aber sicher auch, weil sie durch die bei Cresson (1. Mai 1187) und Hattin (3./4. Juli 1187) erlittenen Niederlagen geschwächt waren, zeigten sich die Ritterorden während des Dritten Kreuzzugs be-

---

pre nimiis sumptibus et infidelium uicinitate tenere non posset. Vgl. DELAVILLE LE ROULX, Bd. I, Nr. 783; RRH, Nr. 649. Nach MAYER, Varia Antiochena (wie Anm. 39), 175-182, fand die Übertragung von Margat an die Johanniter auf Druck Bohemunds III. statt.

[93] Vgl. RÖHRICHT, Königreich Jerusalem (wie Anm. 5), 997.

[94] RRH, Nr. 1210, 1217, 1257.

[95] Ebd., Nr. 1241, 1302, 1313, 1370, 1371.

[96] Ebd., Nr. 1233, 1234.

[97] Ebd., Nr. 1250, 1252, 1253, 1254, 1255, 1256, 1265, 1267, 1300, 1301, 1307, 1308, 1310.

[98] Ebd., Nr. 1319.

[99] Ebd., Nr. 1210, 1234, 1241, 1250, 1307, 1313.

[100] MAYER, Kreuzzüge (wie Anm. 5), 96. Vgl. BULST-THIELE, Magistri (wie Anm. 8), 37; RILEY-SMITH, Knights (wie Anm. 7), 53.

deutend vorsichtiger. Als Ende 1191 die Stimmung im Kreuzzug dazu tendierte, eine Rückeroberung Jerusalems zu versuchen, und Richard Löwenherz die Ritterorden um ihre Stellungnahme bat, rieten diese dagegen und empfahlen, stattdessen Askalon zu befestigen[101], denn für die Ritterorden stellte sich die Frage, wer ein erobertes Jerusalem nach der Rückkehr des englischen Königs in den Westen verteidigen können würde[102]. Den von Saladin angebotenen Waffenstillstand nahm Richard *per consilium Templariorum et totius exercitus* an[103]. Offenbar war die Durchführung dieses Waffenstillstands in den Augen der Ritterorden[104] praktikabel, und tatsächlich wurde er 1198 und 1204 verlängert[105].

Auf dem Fünften Kreuzzug sahen sich die Ritterorden vor dem Problem, daß der Papst den Abschluß von Verträgen mit den Muslimen ohne seine vorherige Genehmigung verboten hatte[106]. Dafür, daß sie dennoch friedensstiftend wirken konnten, sorgte der Feind, Sultan al-Kāmil. Für seine verschiedenen Gesandtschaften, die er an die Kreuzfahrer schickte, um ihnen Angebote für die Beendigung des Kreuzzugs zu machen, bediente er sich jener Mitglieder der Ritterorden, die in seine Gefangenschaft geraten waren[107]. Seine Angebote fanden jedoch nur beim Deutschen Orden (sowie beim König und bei den nordeuropäischen Kreuzfahrern) Gehör, während Templer und Johanniter (sowie der päpstliche Legat und die italienischen Kreuzfahrer) sie ablehnten[108]. Nachdem der Kreuzzug im August 1221 vor al-Manṣūra in die Falle gegangen war, wurde die Einigung mit den Muslimen allerdings unumgänglich. Als Garanten dieser Einigung fungierten alle

---

[101] Cronica Magistri Rogeri de Houedene, ed. William STUBBS, Bd. III (Rolls Series 51/3), London 1870, 179: *et in die Sancti Hilarii habuit ibi* [Jaffa] *colloquium cum Templariis et Hospitalariis et cum toto exercitu, de civitate Jerusalem obsidenda; sed non fuit de consilio eorum ut ipse procederet, sed ut rediret ad firmandam Scalonam.*

[102] Itinerarium peregrinorum et Gesta Regis Ricardi, ed. William STUBBS (Rolls Series 38/1), London 1864, 305: *Templarii enim et Hospitalari, Polani nihilominus terrae illius, in futurum oculos habentes acutiores super agendis, regi Ricardo dissuaserunt versus Jerusalem in illo articulo eundum.*

[103] Cronica Magistri Rogeri de Houedene (wie Anm. 101), 184.

[104] Die Johanniter stimmten ebenfalls zu, vgl. RÖHRICHT, Königreich Jerusalem (wie Anm. 5), 646-649.

[105] Peter W. EDBURY, The Kingdom of Cyprus and the Crusades (1191-1374), Cambridge 1991, ND 1994, 7, 34.

[106] Vgl. RÖHRICHT, Königreich Jerusalem (wie Anm. 5), 749-750.

[107] Vgl. ebd., 746, Anm. 1.

[108] James M. POWELL, Anatomy of a Crusade (1213-1221), Philadelphia 1986, 160.

drei Ordensmeister. Der Vertrag sollte acht Jahre gelten und nur durch einen gekrönten abendländischen König aufgehoben werden können[109].

Ein gekrönter abendländischer König kam noch vor Ablauf der Vertragsdauer in Gestalt Friedrichs II. ins Heilige Land. Friedrich kam jedoch nicht, um zu kämpfen, sondern schloß 1229 einen Vertrag mit al-Kāmil, durch den die Christen Jerusalem zurückerhielten, wobei der Haram mit dem Felsendom und der al-Aqṣā im Besitz der Muslime verbleiben sollte[110]. Nach Ibn Khallikān, einem Zeitgenossen, der sich auf die Worte eines Gesandten al-Kāmils berief, gab Friedrich II. sein Wort, daß beide Parteien einen dauerhaften Frieden haben sollten[111]. Auch Patriarch Gerold von Jerusalem, der Papst Gregor IX. schriftlich Bericht erstattete, sprach von einem *pacis [...] tractatum*[112]. Der Vertrag wurde in Gegenwart des Meisters des Deutschen Ordens geschlossen[113]. Die Templer dagegen waren über den Vertrag empört, da er ihnen die Rückkehr in ihr altes Hauptquartier, die Jerusalemer al-Aqṣā Moschee, verwehrte[114]. Dementsprechend blieb der Templermeister dem Besuch Friedrichs in der Heiligen Stadt fern und schickte an seiner Statt den Großpräzeptor des Ordens[115]. Der muslimische Führer Friedrichs in Jerusalem berichtete später, der Kaiser sei nur zwei Nächte in Jerusalem geblieben, dann aber aus Furcht vor den Templern, die ihn ermorden wollten, nach Jaffa

---

[109] Oliver von Paderborn, Die Schriften des Kölner Domscholasters, späteren Bischofs von Paderborn und Kardinalbischofs von S. Sabina, ed. Hermann HOOGEWEG, Tübingen 1894, Kap. 79. Vgl. RÖHRICHT, Königreich Jerusalem (wie Anm. 5), 751.

[110] Laila ATRACHE, Die Politik der Ayyubiden. Die fränkisch-islamischen Beziehungen in der ersten Hälfte des 7./13. Jahrhunderts unter besonderer Berücksichtigung des Feindbildes (arabia rhema 1), Münster 1996, 128-131. Zu Ibn Wasil, einem zeitgenössischen muslimischen Autor, der den Vertrag überliefert, vgl. ebd., 20, und künftig MAJOR, Al-Malik al-Mujahid (wie Anm. 81).

[111] Ibn Khallikan, Biographical Dictionary, aus dem Arabischen übersetzt v. Benjamin MAC GUCKIN DE SLANE, Bd. I, Paris 1842, 168. Vgl. RÖHRICHT, Königreich Jerusalem (wie Anm. 5), 783, Anm. 6.

[112] Historia diplomatica Friderici secundi sive constitutiones, privilegia, mandata, instrumenta quae supersunt istius imperatoris et filiorum ejus, ed. Jean L. A. HUILLARD-BRÉHOLLES und Honoré Th. P. J. D'ALBERT DE LUYNES, 6 Bde., Paris 1852-1861, ND Turin 1963, Bd. III, 104.

[113] Vgl. Beiträge zur Geschichte der Kreuzzüge, ed. Reinhold RÖHRICHT, Bd.I, Berlin 1978, ND Aalen 1967, 39-40, 80 (Anm. 240).

[114] Bernard HAMILTON, The Latin Church in the Crusader States. The Secular Church, London 1980, 258.

[115] Historia diplomatica Friderici secundi (wie Anm. 112), Bd. III, 109. Vgl. RÖHRICHT, Königreich Jerusalem (wie Anm. 5), 787.

zurückgekehrt[116]. Friedrichs Reaktion, die Belagerung der Templerburgen von Athlit und Akkon, wurde ein Mißerfolg. Zwar ließ der Staufer dem Heiligen Land einen Frieden nach außen zurück, den inneren Frieden jedoch hatte er selbst erheblich gestört[117].

Da der Vertrag von 1229 wie die meisten Verträge zwischen Muslimen und lateinischen Christen nach rund 10 Jahren seine Gültigkeit verlor, kamen 1239 Graf Theobald IV. von der Champagne und 1240 Richard von Cornwall als Kreuzfahrer ins Heilige Land. Das Ergebnis ihrer Unternehmungen war ein neuer Vertrag, der dem Königreich Jerusalem die größte Ausdehnung seit 1187 verschaffte. Templer und Johanniter zogen dabei jedoch keineswegs an einem Strang. Vor allem die Übergabe von Safed, jener wichtigen Burg, die das nördliche Galiläa dominierte, an die Templer dürfte bei den Johannitern auf wenig Gegenliebe gestoßen sein, da sie in diesem Gebiet eigene Interessen verfolgten[118].

Inwieweit die Ritterorden dem Anliegen eines Kreuzzuges förderlich waren, hing nicht zuletzt stark von der Persönlichkeit des Kreuzzugsführers ab. Was Friedrich II. nicht gelungen war, schaffte Ludwig IX. von Frankreich. Er band sowohl Templer als auch Johanniter fest an sich und konnte es sich sogar leisten, wie wir noch sehen werden, sie bei Bedarf zu maßregeln. Als Ludwig im Jahre 1250 in Akkon Gesandte des Sultans empfing, standen die Meister der beiden größten Ritterorden an seiner Seite[119], was bei den Muslimen, die um die Bedeutung der Ritterorden für die Existenz der Kreuzfahrerstaaten wußten, seine Wirkung nicht verfehlt haben dürfte. Sicher gab es immer wieder Aktionen, die die Ritterorden als Störfaktoren auf dem Kreuzzug erscheinen lassen, wie zum Beispiel der Sturmangriff des Johannitermarschalls bei Arsuf am 7. September 1191, der gegen den ausdrücklichen Befehl von Richard Löwenherz erfolgte[120]. Doch handelte es sich dabei in der Regel um die Aktionen von Einzelnen, nicht um solche des

---

[116] Deutsche Übersetzung der Augenzeugenberichte (in Auszügen) bei ATRACHE, Politik der Ayyubiden (wie Anm. 110), 160.

[117] RILEY-SMITH, Feudal Nobility (wie Anm. 70), 166-167, 170.

[118] Vgl. RUNCIMAN, Crusades (wie Anm. 5), Bd. III, 216-217.

[119] Joinville. Vie de Saint Louis (livre de saintes paroles et des bons faiz nostre saint roy Looÿs), ed. und übers. v. Jacques MONFRIN, Paris 1995, § 454: *le roy seoit en tele maniere que le mestre de l'Ospital li estoit d'une part et le mestre du Temple d'autre.*

[120] Itinerarium peregrinorum (wie Anm. 102), 269; L'estoire de la Guerre Sainte. Histoire en vers de la troisième croisade (1190-1192) par Ambroise, ed. Gaston PARIS, Paris 1897, 171. Vgl. RÖHRICHT, Königreich Jerusalem (wie Anm. 5), 113.

Kollektivs. Als im Jahre 1269 der sogenannte aragonesische Kreuzzug nach Akkon kam, gelang es den Ritterorden mit vereinten Kräften, die Aragonesen an einer großen Dummheit zu hindern, als diese ein 3000-Mann-Heer der Muslime angreifen wollten[121], ein Plan, der unweigerlich zu einer Katastrophe geführt hätte. Insgesamt gesehen wirkten die Ritterorden auf den Kreuzzügen, von wenigen Ausnahmen abgesehen, eher vermittelnd, immer bestrebt Schadensbegrenzung zu betreiben, und leisteten damit ihren Beitrag zu dieser Form der Friedenssicherung.

VI.

Die Mitwirkung der Ritterorden an Gesandtschaften, Verhandlungen und Vertragsabschlüssen mit den Muslimen zeigt ihr friedenssicherndes Engagement in besonders vielfältiger Weise. Hierbei ist grundsätzlich zu unterscheiden zwischen Kontakten anderer mit den Muslimen, an deren Zustandekommen die Ritterorden mitwirkten, und Kontakten, die ausschließlich zwischen Ritterorden und Muslimen stattfanden.

Der eingangs zitierte Vertrag zwischen Amalrich und al-ʿĀḍid war unter Mitwirkung des Templers Gottfried Fulcher geschlossen worden. Es ist immer wieder vermutet worden, daß dieser vermutlich aus Burgund stammende[122] Templer dabei eine aktivere Rolle spielte, als Wilhelm von Tyrus ihm zugestehen wollte[123], daß er Arabisch sprach[124] und die eigentliche „Seele der Gesandtschaft" war[125]. Die Quellen schweigen dazu. Was wir aber wissen, und zwar vor allem aus Urkunden und Briefen, ist, daß Gottfried Fulcher für seine Rolle als Gesandter in höchstem Maße qualifiziert war. Er

---

[121] Gestes (wie Anm. 44), 183-185; vgl. RÖHRICHT, Königreich Jerusalem (wie Anm. 5), 951.

[122] Emmanuel G. REY, Geoffrey Foucher. Grand-Commandeur du Temple (1151-1170), Revue de Champagne et de Brie 30 (1894), 259-269, hier: 259.

[123] Marschall W. BALDWIN, The Latin States under Baldwin III and Amalric I (1143-1174), in: History of the Crusades, hg. v. Kenneth M. SETTON, Bd. I (The First Hundred Years), hg. v. Marshall W. BALDWIN, Madison-London 1955, ²1969, 528-561, hier: 552, Anm. 18.

[124] RUNCIMAN, Crusades (wie Anm. 5), Bd. II, 373.

[125] Friedrich LUNDGREEN, Wilhelm von Tyrus und der Templerorden (Historische Studien 97), Berlin 1911, 101-104. Zu Gottfried Fulcher siehe auch BULST-THIELE, Magistri (wie Anm. 8), 63-68; DIES., Templer in königlichen und päpstlichen Diensten, in: Festschrift Percy Ernst SCHRAMM zu seinem siebzigsten Geburtstag von Schülern und Freunden, hg. v. Peter CLASSEN und Peter SCHEIBERT, Bd. I, Wiesbaden 1964, 289-308, hier: 290-291.

hatte seinem Orden in Jerusalem (1144)[126], Spanien (1146)[127], dann erneut im Heiligen Land (1151-1164)[128] und schließlich als Gesandter in Frankreich und England gedient und war 1166 nach Akkon zurückgekehrt[129]. Man darf also annehmen, daß er sich auf diplomatischem Parkett zu bewegen wußte, und damit war er für Anstrengungen zur Sicherung des Friedens der richtige Mann, auch wenn ein Friede mit den Muslimen in den Augen des Papstes ein Skandal gewesen wäre. Die Fähigkeit, geeignete Gesandte durch internationale Karrieren auszubilden und dann gezielt einzusetzen, darf in jedem Fall als Beitrag der Ritterorden zur Friedenssicherung gewertet werden. Gottfried Fulcher blieb nach seiner Ägyptenmission noch ein weiteres Jahr im Nahen Osten (1168)[130], diente in den folgenden Jahren seinem Orden als dessen höchster Vertreter im Westen (1168-1171)[131] und nahm 1173 im Auftrag Papst Alexanders III. an den Friedensverhandlungen zwischen England und Frankreich teil[132]. Emmanuel G. Rey (1894) vermutete, Gottfried Fulcher sei bereits 1155 involviert gewesen, als die Templer Naṣīr ad-Dīn, den Sohn des gestürzten Wesirs ᶜAbbās, an Ägypten ausgeliefert hatten[133]. Dafür gibt es zwar keine Belege, im Lichte der Karriere Gottfried Fulchers ist eine solche Überlegung jedoch nicht ohne weiteres abzutun. Wilhelm von Tyrus mochte Gottfried Fulcher kein Lob wegen seiner Verdienste auszusprechen. Vermutlich wußte er, daß die Templer bei ihrer Friedenspolitik gegenüber Ägypten nicht ganz uneigennützig handelten, zumal ihnen Gaza gehörte und ihnen an einem ungestörten Handel mit Ägypten gelegen war[134]. Wilhelm versäumte es jedoch nicht, den Johannitermeister scharf zu tadeln[135], der in seinen Augen durch sein Drängen

---

[126] RRH, Nr. 226.

[127] D'ALBON, Nr. 390.

[128] RRH, Nr. 266, 322, 324, 354, 355, 363, 364, 398, 399, 403, 404.

[129] REY, Geoffrey Foucher (wie Anm. 122), 267.

[130] RRH, Nr. 447, 449.

[131] Paris, Bibliothèque nationale, nouvelle acquisition latine 1-71, ms. s. XIX/XX, D'ALBON, hier: 5, fol. 8; 43, fol. 24-27; 46, fol. 91-92; 47, fol. 187-188; 48, fol. 24-25; 49, fol. 25; 59, fol. 134-138, 318.

[132] Recueil des Historiens des Gaules et de la France, Bd. XV (1060-1180), ed. Michel J. J. BRIAL, Paris 1808, 937-938, Nr. 362.

[133] REY, Geoffrey Foucher (wie Anm. 122), 268.

[134] RILEY-SMITH, Peace Never Established (wie Anm. 12), 100.

[135] Wilhelm von Tyrus, 917 (20, 5): *Causam porro et incentivum huius mali, ut aiunt, ministrabat Gerbertus, cognomine Assallit, magister Hospitalis Domus, que est Ierosolimis,*

auf einen erneuten Feldzug für das *malum* verantwortlich war, daß König Amalrichs Ägyptenpolitik schließlich im Fiasko endete.

Das bisweilen erstaunlich gute Verhältnis zwischen Templern und Muslimen, das uns in den Quellen immer wieder begegnet, kam nicht von ungefähr. Wie den Schilderungen Usāma ibn Munqiḏs zu entnehmen ist, respektierten die Templer, die er sogar als seine Freunde bezeichnete, die Gebetsgewohnheiten der Muslime[136]. Die Templerpräzeptoren von Tripolis und Antiochia hatten in ihrem Gefolge, so sahen es wenigstens die Ordensstatuten vor, je einen berittenen sarazenischen Schreiber[137]. Das Sich-Vertrautmachen mit der Kultur, der Sprache und dem Land des Gegenübers konnte und kann der Friedenssicherung dienen. Doch hatte die Einfühlsamkeit der Templer bisweilen auch ihre harten Grenzen. Im Jahre 1157 berichtete Papst Hadrian IV. dem Erzbischof von Reims, die Templer hätten unlängst 230 Muslime erschlagen, die sich auf dem Weg zu einer Hochzeit befunden hätten[138]. Auch das Verhandeln der Ritterorden mit den Muslimen führte längst nicht immer zum Erfolg. Vermutlich im Jahre 1181 überfiel Rainald von Châtillon eine muslimische Handelskarawane, wofür Saladin eine Entschädigung verlangte, worauf König Balduin IV. von Jerusalem die Templer und Johanniter als Unterhändler einschaltete. Jedoch gelang es diesen wegen der Hartnäckigkeit Rainalds nicht, einen Kompromiß herbeizuführen[139]. Allerdings konnten selbst erfolgreiche Verhandlungen zwischen Ritterorden und Muslimen bisweilen Probleme ganz anderer Art mit sich bringen. Als der Templermarschall Hugo von Jouy 1251/1252 im Auftrag seines Ordens mit dem Sultan von Damaskus eine Übereinkunft zur Regelung der gegenseitigen Interessen an einem von Templern und Muslimen als *condominium* betrachteten Weidegebiet ausgehandelt hatte und ein Gesandter des Sultans sich diese Übereinkunft von König Ludwig IX. von

---

vir magnanimus, et quadam donandi liberalitate profusus, tamen instabilis et mente vagus.

[136] Usama Ibn Munqidh. An Arab-Syrian Gentleman and Warrior in the Period of the Crusades. Memoirs of Usamah Ibn-Munqidh, engl. Übers. von Philip K. HITTI, New York 1929, ND London 1987, 188; vgl. RÖHRICHT, Königreich Jerusalem (wie Anm. 5), 220, Anm. 2.

[137] Règle (wie Anm. 15), 102-103, § 125.

[138] RRH, Nr. 326; Regesta Pontificum Romanorum ab condita ecclesia ad annum MCXCVIII, ed. Philipp JAFFÉ, Samuel LOEWENFELD, Ferdinand KALTENBRUNNER und Paul EWALD, 2 Bde., Leipzig ²1885 und 1888, ND Graz 1956, Nr. 10342; Recueil des Historiens des Gaules et de la France, Bd. XV (wie Anm. 132), 681, Nr. 34. Vgl. RÖHRICHT, Königreich Jerusalem (wie Anm. 5), 290.

[139] Vgl. RÖHRICHT, Königreich Jerusalem (wie Anm. 5), 394.

Frankreich, der gerade im Heiligen Land weilte, bestätigen lassen wollte, reagierte letzterer empört und weigerte sich, das zu billigen, was ohne seine Zustimmung ausgehandelt worden war. Ludwig erklärte den Vertrag kurzerhand für ungültig, ließ den gesamten Templerkonvent zur Strafe barfuß antreten und erwirkte trotz zahlreicher prominenter Proteste die Verbannung des Templermarschalls, den sein Orden allerdings mit dem Provinzialmagisterium von Aragón zu entschädigen wußte[140].

Wenn es auch unmöglich war, zu einem dauerhaften Frieden mit den Muslimen zu gelangen, so belegen die immer wieder geschlossenen Waffenstillstandsverträge zwischen lateinischen Christen und Muslimen, an denen die Ritterorden entweder bei den Verhandlungen oder als Vertragspartner beteiligt waren, die Rolle dieser Gemeinschaften für die Sicherheit nach außen. Zwar sind die Ritterorden nicht in allen Vertragstexten erwähnt, sie dürften aufgrund ihrer guten Kontakte in der Regel jedoch zumindest an den Vorverhandlungen beteiligt gewesen sein[141]. Im Jahre 1267 schlossen die Johanniter ein Waffenstillstandsabkommen mit Baibars[142]. Der Vertrag regelte im Detail, wie die *condominia*, die gemeinsamen Interessens- und Herrschaftsbereiche, in Zukunft zu verwalten sein würden, wobei beide Vertragspartner sich verpflichteten, danach zu streben, daß die *condominia* blühen und gedeihen würden[143]. Im Jahre 1271 wurde ein neuer Waffenstillstand notwendig, denn Baibars hatte den Krak erobert, worauf sich die Johanniter von Margat mit der Bitte um einen Waffenstillstand an ihn wandten. Jegliche Fortsetzung der Bauarbeiten auf Margat wurde ihnen nun untersagt[144]. Auch die Templer schlossen 1282 einen Waffenstillstand mit dem Sultan. Er verbot ihnen sämtliche Übergriffe auf das Gebiet des Sultans, womit die *chevauchées* ein Ende gefunden haben dürften[145]. Die Waffenstillstandsverträge zwischen den Ritterorden und den Muslimen zeigen, daß besonders der

---

[140] Joinville (wie Anm. 119), § 511-514. Vgl. Alan J. FOREY, The Templars in the Corona de Aragón, London 1973, 311-312, 420-421; BULST-THIELE, Magistri (wie Anm. 8), 226-227.

[141] Vgl. Early Mamluk Diplomacy (1260-1290). Treaties of Baybars and Qalawun with Christian rulers, ed. Peter M. HOLT (Islamic History and Civilization. Studies and Texts 12) Leiden-New York-Köln 1995, 92-95.

[142] Early Mamluk Diplomacy (wie Anm. 141), 33-41. Vgl. Urbain VERMEULEN, Le traité d'armistice entre le sultan Baybars et les Hospitaliers de Hisn al-Akrad et al-Marqab (4 Ramadan 665 A. H., 29 mai 1267), Orientalia Lovaniensia Periodica 19 (1988), 189-195.

[143] Early Mamluk Diplomacy (wie Anm. 141), 34, § 4.

[144] Ebd., 48-49; 55-56, § 15.

[145] Ebd., 66-67; 68, § 8.

Ausbau der Burgen und die von dort aus unternommenen gewaltsamen Übergriffe den Muslimen ein Dorn im Auge waren. Einerseits lag den Muslimen offenbar an der Einhaltung der Verträge, wie man an einzelnen Vertragsbestimmungen sehen kann. So sollten die Verträge beispielsweise auch beim Tod eines Vertragspartners (1267) oder bei einem Wechsel im Amt eines der Vertragspartner (1271) Gültigkeit behalten. Andererseits gibt es selbst in den Verträgen Hinweise, daß langfristig die Verdrängung der lateinischen Christen das Ziel blieb. Im arabischen Text des Waffenstillstandsvertrags von 1282 erscheint Wilhelm von Beaujeu mit dem Titel „Meister des Ordens der Templer in Akkon und den Küstengebieten". Dieser Titel deutet an, wie weit die Rückeroberung des Landes schon gediehen war[146]. Der Waffenstillstand war eben kein Friede, sondern höchstens ein Schweigen der Waffen, eine vorübergehende Zeit der Koexistenz, auf die wieder eine Zeit der Konfrontation folgen würde.

Ein großer Waffenstillstandsvertrag zwischen Qalāwūn und dem Königreich Jerusalem wurde 1283 geschlossen. Dabei handelte es sich um die Erneuerung eines 1272 ausgehandelten Abkommens, den Qalāwūn seinerzeit gegenüber dem König von Jerusalem und den höchsten Vertretern der Ritterorden mit separaten Eiden bekräftigt hatte, was die Bedeutung der Ritterorden für diese Form der Außenpolitik unterstreicht. 1283 fungierten neben dem Bailli des Königreichs wiederum der Templermeister, der Johannitermeister und der Marschall des Deutschen Ordens als Vertragspartner des Sultans[147]. Es war dieser Vertrag, den Qalāwūn im Jahre 1290 kündigte, nachdem gerade in Akkon eingetroffene Kreuzfahrer, die sich durch keinerlei mit den Muslimen geschlossene Verträge gebunden fühlten, unter Muslimen und orientalischen Christen ein Blutbad angerichtet hatten[148]. Im Vertrag von 1283 hatte es geheißen, weder Muslime noch lateinische Christen dürften einander im Vertragsgebiet Schaden oder Leid zufügen[149]. Der Templermeister versuchte daraufhin zu retten, was zu retten war, und schlug vor, man möge dem Sultan, der die Auslieferung der Übeltäter verlangte, an deren Stelle die in den Gefängnissen Akkons einsitzenden Kriminellen überstellen, aber er fand kein Gehör[150]. Der Gesandtschaft, die darauf-

---

[146] Ebd., 41, § 33 (1267); 56, § 18 (1271); 66, § 1 (1282).

[147] Ebd., 72-91; 74, § 1.

[148] Ebd., 73.

[149] Ebd., 81, § 7.

[150] Gestes (wie Anm. 44), 239, § 481; Chronique d'Amadi (wie Anm. 45), 219. Vgl. RUNCIMAN, Crusades (wie Anm. 5), Bd. III, 410.

hin zum Sultan reiste, gehörte ein arabisch sprechender lateinischer Christ, ein Templer und ein Johanniter an, doch der Sultan ließ sie einkerkern, ohne sie anzuhören[151]. Noch während der Belagerung Akkons durch Qalāwūns Nachfolger al-Ashraf im Frühjahr 1291 versuchte man erneut zu verhandeln und entsandte einen Templer und den Ritter Wilhelm von Villiers zum Sultan, der sie allerdings unverrichteter Dinge zurückschickte[152]. Als schließlich der Templermarschall nach dem Scheitern der Übergabe der akkonensischen Templerfestung mit al-Ašhraf verhandeln wollte, ließ dieser ihn kurzerhand hinrichten[153].

Die vielleicht besten persönlichen Beziehungen eines Vertreters der Ritterorden zu den Muslimen dürfte der pikardische Templer Matthäus Sauvage gehabt haben[154]. Zwar war er um das Jahr 1260 bei einer *chevauchée* der Templer gegen Tiberias in muslimische Gefangenschaft geraten[155], doch vermutlich schon bald gegen ein Lösegeld wieder freigelassen worden[156]. Seine Gefangenschaft hatte er, wie es scheint, genutzt, um Kontakte zu knüpfen, die sozial sehr weit nach oben reichten. Einer Aussage im Templerprozeß zufolge wurde er der Blutsbruder des Sultans, also von Baibars selbst[157]. Normalerweise würde man diese Aussage erst einmal als fabulös

---

[151] Gustave SCHLUMBERGER, La fin de la domination franque de Syrie (après les derniers croisades). Prise de Saint-Jean d'Acre en l'an 1291 par l'armée du soudan d'Egypte, Revue des deux mondes, 4e série (1913), 379-414, hier: 390; RÖHRICHT, Königreich Jerusalem (wie Anm. 5), 1008.

[152] RUNCIMAN, Crusades (wie Anm. 5), Bd. III, 417.

[153] Gestes (wie Anm. 44), 256, § 507-508. Vgl. RÖHRICHT, Königreich Jerusalem (wie Anm. 5), 1024.

[154] Amédée L. A. TRUDON DES ORMES, Liste des maisons et de quelques dignitaires de l'ordre du Temple en Syrie, en Chypre et en France d'après les pièces du procès, Revue de l'Orient latin 5 (1897), 389-459; 6 (1898), 156-213; 7 (1900), 223-274, 504-589, hier: 5 (1897), 428-430. Zu seiner Herkunft: Le Procès des Templiers, ed. Jules MICHELET, 2 Bde., Paris 1841 und 1851, ND 1987, Bd. I, 645.

[155] Gestes (wie Anm. 44), 163-164, § 305-306: *& furent pris [...] le coumandour dou Temple, frere Mahé Sauvage.*

[156] Ebd., 164 (§ 307).

[157] Aussage (*deposicio*) des Notars Antonius Sycus von Vercelli vom 1. März 1311 in: Procès (wie Anm. 154), Bd. I, 645: *in Sydonensi villa [...] erat preceptor [...] frater Matheus dictus le Sarmage, Picardus, et de Picardia dicebatur natus fuisse, et frater illius soldani Babilonie qui tunc regnabat, quia unus de eorum de sanguine alterius mutuo potaverat, propter quod dicebantur fratres.* Zu Matthäus Sauvage und den weiter oben genannten Templern Gottfried Fulcher und Hugo von Jouy vgl. künftig BURGTORF, Führungsstrukturen und Funktionsträger (wie Anm. 6).

abtun, aber ein Blick in die arabischen Quellen – nämlich in die Ende des 14. Jahrhunderts erstellte Kompilation des Ibn al-Furāt – bestätigt, daß Matthäus Sauvage bei den Muslimen in hoher Gunst stand. Der Chronist nennt ihn wiederholt mit vollem Namen (*Ifrir Mahi Safaj* = *frater Matthaeus Sauvage*), was eher die Ausnahme ist[158], und berichtet von verschiedenen Begegnungen zwischen Matthäus und Baibars, der den Templer 1263 sogar als Überbringer einer mündlichen Botschaft an den Johannitermeister einsetzte und der 1267/1268 die Gebiete, die Matthäus unterstanden (Chastelblanc und Tortosa), verschonte, weil sich dieser in seinem Gefolge aufhielt[159]. Matthäus hatte sein gutes Verhältnis zu den Muslimen mit dem Templermeister Wilhelm von Beaujeu gemein. Beide pflegten laut weiterer Prozeßaussagen eine *magna amicitia* mit den Muslimen, Wilhelm von Beaujeu soll gar eine sarazenische Leibwache gehabt haben[160]. Anton Trunz, ein Schüler Heinrich Finkes, vermochte für Wilhelm von Beaujeaus gutes Verhältnis zu den Muslimen keinerlei Verständnis aufzubringen und warf ihm in einer unmittelbar nach dem ersten Weltkrieg entstandenen Arbeit seine „vielfach verfehlte Friedenspolitik“ vor[161], stützt damit aber das Argument, daß die Ritterorden durchaus als Instanzen zur Friedenssicherung angesehen werden können. Der letzte Templermeister Jakob von Molay war laut eigener Prozeßaussage, als er als junger Templer Anfang der 1270er Jahre ins Heilige Land gekommen war, zunächst enttäuscht gewesen, daß dort nicht gekämpft wurde[162]. Den Grund für diese auf Koexistenz abzielende Politik der Ordensleitung liefert jedoch eine weitere Prozeßaussage, nämlich die, daß ohne dieses Miteinander von Templern und Muslimen weder der Meister noch sein Orden im

---

[158] Ayyubids, Mamlukes and Crusaders (wie Anm. 83), Bd. II, 117; vgl. ebd., Bd. II, 54 und 128.

[159] Ebd., Bd. II, 54 und 128.

[160] Aussage des Templersergeanten Hugo von Narsac, Komtur von *Espans* in der Diözese Saintes, vom 8. Mai 1311 in: Procès (wie Anm. 154), Bd. II, 209: *Credit quod dicti errores diu duraverunt in ordine, et quod ortum habuerint ultra mare, ubi frequenter conversabantur cum Saracenis, et frater Guillelmus de Bello Jocco Magister quondam ordinis, et frater Matheus lo Sauvacge miles, contraxerunt magnam amiciciam cum soldano et Sarracenis, et dictus frater Matheus conversabatur inter eos, et prefatus frater Guillelmus habebat aliquos Sarracenos ad stipendia sua quando volebat*; zum Datum der Aussage vgl. ebd., Bd. I, 320 und Bd. II, 202.

[161] Anton TRUNZ, Zur Geschichte des letzten Templermeisters, Freiburg 1920.

[162] Procès (wie Anm. 154), Bd. I, 44: *sicut moris est militum iuvenum, qui volunt videre de factis armorum.*

Heiligen Land hätten überleben können[163]. In den Augen der Zeitgenossen war diese Politik, die uns heute wahrhaft friedenssichernd erscheinen mag, höchst suspekt. Wie sollte man jemand vertrauen, der einen derart engen Umgang mit dem Feind pflegte? Als Wilhelm von Beaujeu im Jahre 1289 Tripolis vor dem bevorstehenden Angriff Qalāwūns warnte, nachdem ein befreundeter Emir ihn informiert hatte, glaubte man ihm folglich nicht, und das wurde Tripolis zum Verhängnis[164]. Daß die Zeitgenossen die Friedenspolitik der Ritterorden nicht verstanden und die guten Kontakte der Ritterorden ungenutzt ließen, dürfte mit zum Untergang der Kreuzfahrerstaaten beigetragen haben.

* * *

Waren die Ritterorden also Instanzen zur Friedenssicherung? Als *militiae Christi* waren sie es eigentlich schon von ihrem Namen her, denn auf Christus wird sowohl der alttestamentlichen Titel des „Friedensfürsten" als auch die paulinische Beschreibung bezogen, daß Gott nicht ein Gott der Unordnung, sondern ein Gott des Friedens ist[165]. Ihrem Selbstverständnis nach dienten sie im Auftrag Christi dem Schutz und der Wiederherstellung der Ordnung und des Friedens. Dies konnten sie freilich nur dann erfolgreich tun, wenn sie im eigenen Haus Frieden hielten, wozu sie bisweilen ermahnt werden mußten. Bernhard von Clairvaux, dessen Äußerungen in der ersten Hälfte des 12. Jahrhunderts normativen Charakter hatten, sah die Ritterorden, zumindest die ihm besonders nahestehenden Templer, als *pacifici*, als Friedensstifter und Nachfolger der Jünger Christi[166]. Auch in den Augen des Papsttums waren die Ritterorden ohne Zweifel Instanzen zur Friedenssicherung, allerdings nur, solange sie das taten, was das Papsttum unter Friedenssicherung verstand. Kontakte zu den Muslimen, wie Wilhelm von Beaujeu und Matthäus Sauvage sie pflegten, paßten nicht ins päpstliche

---

[163] Ebd., Bd. II, 215: *Dixit tamen quod dictus frater Guillelmus habebat magnam amicitiam cum soldano et Saracenis, quia aliter non potuissent ipse vel ordo tunc ultra mare remansisse.* Zum Datum der Aussage vgl. ebd., Bd. I, 320 und Bd. II, 209.

[164] BULST-THIELE, Magistri (wie Anm. 8), 276.

[165] Jes. 9, 6: *princeps pacis*; 1. Kor. 14, 33: *non enim est dissensionis Deus sed pacis.*

[166] Vgl. die Ausführungen zu Bernhard von Clairvaux im Abschnitt I des vorliegenden Beitrags.

Friedenssicherungskonzept, denn friedliche Koexistenz mit den Muslimen hätte den Kreuzzug, dieses mächtige Instrument des Papsttums, diskreditiert. Zugegeben, die Ritterorden waren nicht selten ein „destruktiver Faktor"[167] innerhalb der Kirche und der Gesellschaft der Kreuzfahrerstaaten, erinnert sei nur an den Krieg von St. Sabas. Jedoch ist der Beitrag der Ritterorden zum Frieden im Inneren der Kreuzfahrerstaaten, sei es durch die Armenfürsorge und Krankenpflegetätigkeit der Johanniter, den Pilgerschutz der Templer oder durch die von allen Ritterorden wahrgenommenen Rollen als Vermittler, Testamentsvollstrecker, Schiedsrichter, Schutzbeamte und Vertragszeugen in keinem Fall zu unterschätzen. Bei der Friedenssicherung nach außen begegnen uns die Ritterorden ebenfalls in den verschiedensten Funktionen. Sie übernahmen Burgen, die die ursprünglichen Besitzer nicht mehr halten konnten oder wollten, schützten die Grenzen, wirkten bei Verhandlungen mit den muslimischen Nachbarn mit, pflegten persönliche Kontakte mit den Muslim, bildeten geeignete Gesandte aus, die sie mit internationalen Aufgaben betrauen konnten, und zeigten die Bereitschaft, sich Kenntnisse über das Land, die Sprache und die Kultur ihres muslimischen Gegenübers anzueignen. Inwieweit die Ritterorden als Instanzen zur Friedenssicherung wirken konnten, hing in entscheidendem Maße von der Einstellung ihres Führungspersonals ab. Weniger der Orden, weniger das Kollektiv, als vielmehr das Individuum, der Meister, der amtierende Kastellan einer Grenzburg, das Mitglied einer Verhandlungsdelegation entschied letztlich, ob sein jeweiliger Ritterorden einen Beitrag zur Friedenssicherung leistete oder nicht.

In seinem 1305 verfaßten Traktat *De fine* entwarf der katalanische Gelehrte Raimund Llull das Bild von einem neuen Ritterorden, der anstelle der bereits existierenden ins Leben gerufen werden sollte, und dem ein *bellator rex*, ein kriegführender beziehungsweise kreuzzugsführender König, vorstehen sollte[168]. Für Raimund und die Mehrheit seiner Zeitgenossen stellten die Ritterorden eben keineswegs ein ideologisches Problem dar, denn die Ritterorden kämpften, um die *hereditas Christi* zu schützen beziehungsweise zurückzugewinnen. Die Ritterorden selbst, die *militiae Christi*, sahen in Christus ihren *bellator rex*. Für ihn, den höchsten König, *in diversis*

---

[167] PRUTZ, Ritterorden (wie Anm. 6), 6.

[168] Raimundus Lullus, De fine, ed. Alois MADRE, in: Raimundi Lulli Opera latina, Bd. IX (CC CM 35), Turnhout 1981, 233-291, hier: 270: *Dominus papa et domini etiam cardinales eligant et ordinent unum nobilem ordinem, qui ordo militiae nominetur. Et caput istius ordinis et magister et dominus bellator rex nuncupatur.*

professionibus zu kämpfen, „im Namen des höchsten Friedens", wie es in der Urkundenarenga eines französischen Templers von 1179 heißt[169], war das Ideal, dem die Ritterorden im lateinischen Osten nachstrebten, eingedenk einer Zusage dieses höchsten Königs, die da lautet „selig sind die Friedensstifter, denn sie werden Kinder Gottes heißen"[170].

---

[169] Paris, Bibliothèque nationale, nouvelle acquisition latine 1-71 (wie Anm. 131), hier: 48, fol. 37-38: *In nomine summe pacis. Amio, Dei gratia fratrum Templi Hierosolimitani dictus magister, et ipsorum in citra marinis regionibus precipuus procurator, et cuncti fratres Templi omnibus Xr[isti]anis sic favere terrene Hierusalem ut celestis mereantur habitationem. In diversis professionibus summo regi militantes de regno ejus quod est ecclesia scandalorum repellere debemus inquitudines.* Das Stück ist ediert in: Laurent DAILLIEZ, Les Templiers en Flandre, Hainaut, Brabant, Liège et Luxembourg, Nizza 1978, 374. Zu Amio von Ais vgl. künftig BURGTORF, Leadership Structures (wie Anm. 74).

[170] Mt. 5, 9: *beati pacifici quoniam filii Dei vocabuntur.*

Vorstellungen und Vergegenwärtigungen

Jerusalem aus muslimischer Perspektive während der Kreuzfahrerzeit[1]

Hartmut Bobzin

I. Einleitung

Was Jerusalem für die abendländischen Christen im Wechsel der Zeiten bedeutete, weshalb sie dorthin pilgerten oder als Kreuzfahrer aufbrachen, das darf im allgemeinen als bekannt vorausgesetzt werden. Weniger bekannt dürfte hierzulande sein, welche Bedeutung Jerusalem für den Islam, oder konkreter: für den gläubigen Muslim hatte beziehungsweise nach wie vor hat[2]. Ich möchte das als Präludium an zwei Beispielen zeigen, die gewiß beide in keiner Weise spektakulär, aber dennoch vielleicht je auf ihre Weise für unser Thema aussagekräftig sind.

1) Ich wohnte 1975/76 zusammen mit meiner Frau knapp ein Jahr in Damaskus in einer kleinen Dachwohnung, von der aus man ganz gut die Minarette der Omayyadenmoschee sehen konnte. Unsere Hauswirtin war eine

---

[1] Ziel des gehaltenen Vortrags war es, ein Thema darzustellen, das dem durchschnittlich gebildeten europäischen Hörer (beziehungsweise Leser) eher fremd ist. Die hier in überarbeiteter Form vorgelegte Fassung setzt daher keine detaillierten Kenntnisse des Islams, v. a. des Korans voraus. Von daher konnte es auch nicht mein Ziel sein, Spezialisten der Kreuzzugsepoche etwas Neues zu bieten. Sie seien auf die in den Anmerkungen genannten einschlägigen Arbeiten von Busse, Neuwirth und Sivan verwiesen, auf denen meine Arbeit im wesentlichen beruht.

[2] Jerusalem als Symbol – meistens dargestellt durch den Felsendom – ist heute nach wie vor von großer Aktualität, und zwar einerseits für die PLO, andererseits für Iran und die von dort gesteuerte Hizbollah.

Deutsche, die schon über vierzig Jahre in Damaskus lebte. Ihres syrischen Mannes wegen, der schon seit einigen Jahren verstorben war, war sie Muslimin geworden. „Für meinen Mann", sagte sie uns mehr als einmal, „war das größte Unglück nach 1967, daß er nicht mehr nach Jerusalem konnte, um dort zu beten. Denn dahin fuhren wir sonst jedes Jahr...." Jerusalem war und ist, wie wir diesem Zeugnis entnehmen können, ein wichtiges regionales Wallfahrtszentrum, das stets seinen Platz neben Mekka und Medina zu behaupten wußte, so wie es in einem berühmten Prophetenausspruch[3] zum Ausdruck kommt: „Zu drei Moscheen darf man aufsatteln: zur Heiligen Moschee (i. e. in Mekka), zu meiner Moschee (i. e. Medina) und zur Entferntesten Moschee (d. h. zur al-Aqṣā-Moschee)".

2) al-Ġazālī (1058-1111), als Philosoph „Alghazel" auch im Abendland bekannt[4], im Islam aber eher als Philosophie*kritiker*, Religionslehrer und Mystiker geschätzt, erwähnt in seiner berühmten Autobiographie 'Der Erretter aus dem Irrtum'[5] auch Jerusalem. Nachdem er sein Amt an der von dem seldschukischen Wezir Niẓām al-Mulk (1018-1092) gegründeten Bagdader Hochschule 1095 aufgrund einer inneren Krise aufgegeben hatte, reiste er zunächst nach Damaskus, wo er sich ca. zwei Jahre aufhielt. Dort zog er sich regelmäßig in die Moschee[6] zurück und schloß sich oben auf dem Minarett ein. „Dann", so fährt al-Ġazālī fort, „reiste ich von Damaskus nach Jerusalem, ging jeden Tag in den Felsendom[7] und schloß mich dort ein". Nach dem Besuch des Abrahamsgrabs in Hebron tritt er die vorgeschriebene Pilgerfahrt nach Mekka und Medina an. Die eben wörtlich zitierte Notiz über den Aufenthalt in Jerusalem ist ganz lapidar, sie besteht lediglich aus drei

---

[3] Überliefert von dem Prophetengenossen Ibn aš-Šihāb az-Zuhrī (gest. 742), hier zitiert nach al-al-Yaʾqūbī, Historiae, 2 Bde., ed. Martin HOUTSMA, Leiden 1883, II, 311. Über den historischen Zusammenhang s. u. 215.

[4] Vgl. zu ihm Mahmoud ZAKZOUK, in: Klassiker der Religionsphilosophie, hg. v. Friedrich NIEWÖHNER, München 1995, 112-125 (mit weiterführender Lit.).

[5] Al-munqiḏ min aḍ-ḍalāl, ed. Ǧamīl ṢALĪBA / K. ʿIYĀD, [Beirut] ⁹1980; dt. Übersetzung von Abd-Elsamad Abd-Elhamid ELSCHAZLI, Der Erretter aus dem Irrtum, Hamburg 1988 (Philosophische Bibliothek 389).

[6] Obwohl im Text nicht ausdrücklich kenntlich gemacht, kann es sich nur um die Omajjadenmoschee handeln.

[7] ELSCHAZLI spricht in seiner in vielen Punkten angreifbaren Übersetzung unzutreffend von der "Felsen*moschee*". Ghazâlîs Aufenthalt in Jerusalem, wo er Teile seines Hauptwerkes schrieb, hat übrigens auch die Aufmerksamkeit mehrerer arabischer Historiker gefunden; vgl. Shlomo D. GOITEIN, The Historical Background of the Erection of the Dome of the Rock, Journal of the American Oriental Society 70 (1950), 104-108, hier 107, Anm. 31.

kurzen Sätzen. Aber sie gewinnt ihre Bedeutung durch den Zusammenhang. Der *homo religiosus* al-Ġazālī sucht (und findet) an ausgewählten Stätten innere Einkehr und die Nähe Gottes – neben Damaskus auch in Jerusalem. Daher wollen wir im folgenden der Frage nachgehen, was Muslime nach Jerusalem zieht, ja was der Stadt ihren besonderen religiösen Nimbus verleiht.

II. Die Namen Jerusalems[8]

In dem eben zitierten Text von al-Ġazālī wird Jerusalem, so wie es der älteren arabisch-islamischen Tradition entspricht, einfach als „Tempel" beziehungsweise „Haus des Heiligtums" (arabisch *bait al-maqdis*) bezeichnet, was eine Übernahme aus dem Syrischen (*bēt maqdešâ*) sein dürfte[9]. Daneben begegnet in älteren Texten noch die aus dem lateinischen *Aelia* stammende Bezeichnung *Iliyâ'*[10]; der bekannte Historiker aṭ-Ṭabarī (gest. 923) gebraucht als vollständige Bezeichnung Jerusalems *Iliyâ' madînat bait al-maqdis* „Aelia, die Stadt des Tempels". Der heute im Arabischen übliche Name *al-quds* („das Heiligtum") kommt in arabischen Quellen erst in der zweiten Hälfte des 10. Jahrhunderts auf. Beide Bezeichnungen, die ältere *bait al-maqdis* und die jüngere *al-quds,* lassen erkennen, daß Jerusalem auch im Islam einen besonderen religiösen Rang besitzt. Er kommt in besonders deutlicher Weise in folgender Aneinanderreihung verschiedener Ehrennamen zum Ausdruck[11]: „Erste der beiden Gebetsrichtungen, zweite der beiden Kultstätten, dritter nach den beiden Heiligen Bezirken".

---

[8] Vgl. zum folgenden den Artikel al-kuds in: Encyclopaedia of Islam [2]V, 322ff., wo sich alle notwendigen Belege finden.

[9] Danach nannte man einen Jerusalemer im Syrischen „maqdešāyā", was im Arabischen zu „maqdisî" beziehungsweise (mit einer Aussprachevariante) „muqaddasî" wurde.

[10] Von islamischen Gelehrten wurde dieser Name in Unkenntnis der Ableitung aus dem Lateinischen gelegentlich volksetymologisch mit Elia in Verbindung gebracht.

[11] „Ūlā l-qiblatain, ṯānī l-masǧidain, ṯāliṯ' al-ḥaramain"; zit. bei Angelika NEUWIRTH, Erste Qibla – Fernstes Masjid? Jerusalem im Horizont des historischen Muhammad, in: Zion – Ort der Begegnung, FS Laurentius Klein, Bodenheim 1993, 227-270, hier 227 (Übersetzung NEUWIRTH). Diesem gedankenreichen Aufsatz bin ich im folgenden in vielfacher Hinsicht dankbar verpflichtet. Vgl. DIES.: The significance of Jerusalem in Islam, in: Militia Sancti Sepulcri. Idea e Istituzioni. Colloquio Internazionale, Pontificia Università del Laterano, 10-12 aprile 1996, hg. v. Kaspar ELM und Cosimo Damiano FONSECA (Hierosolimitana. Acta et Monumenta 1), Città del Vaticano 1998, 141-160. Zur religiösen Bedeutung Jerusalems im

Für denjenigen, der mit der islamischen Kultur nicht vertraut ist, sind die hier in Verbindung mit Jerusalem gebrauchten Schlüsselbegriffe „Gebetsrichtung" (arabisch *qibla*), „Kultstätte" (arabisch *masǧid*) und „Heiliger Bezirk" (arabisch *haram*) jedoch erläuterungsbedürftig, v. a. wenn man aufzeigen möchte, daß die angedeuteten Verbindungen bereits im Koran fest verankert scheinen. Was also ist mit diesem Ausspruch genau gemeint?

Der erste Satz – „erste der beiden Gebetsrichtungen" – spielt darauf an, daß im Koran (Sure 2, 142ff.) angeordnet wird, die offenbar zunächst nach Jerusalem ausgerichtete Haltung beim Gebet zu ändern und sich nunmehr Mekka zuzuwenden. Der zweite Satz spielt auf Sure 17, 1 an; dort werden zwei Kultstätten genannt, die Ausgangs- und Zielpunkt der sogenannten „Nachtreise" (arabisch *isrā'*) Mohammeds bilden, nämlich die „heilige Kultstätte" (arabisch *al-masǧid al-ḥarām*) und die „weitestentfernte Kultstätte" (arabisch *al-masǧid al-aqṣā*), wobei eine genauere geographische Lokation zunächst zu fehlen scheint. Der dritte Satz schließlich ist sprachlich am sperrigsten; ganz wörtlich übersetzt müßte er nämlich eigentlich heißen: „dritter der beiden (!) Heiligen Bezirke". Implizit ist hier beim Leser vorausgesetzt, daß die beiden „Heiligen Bezirke" Mekka und Medina darstellen[12], denen Jerusalem als dritter *nach*geordnet ist. Während in den beiden ersten Sätzen Jerusalem allein zu Mekka in Beziehung gesetzt wird, ist im dritten Satz, also der Frage der Heiligtümer, beziehungsweise genauer gesagt, der Heiligtümer, zu denen eine Wallfahrt möglich ist, auch Medina mit einbezogen.

Im folgenden werden wir uns daher zunächst dem Thema „Jerusalem im Koran" zuwenden und dabei die Themen der Nachtreise, der Gebetsrichtung und der eschatologischen Bedeutung Jerusalems erörtern. Sodann werden wir uns der Frage der Wallfahrtsziele im Islam zuwenden und dabei unser Augenmerk vor allem auf die Bedeutung des Felsendoms richten. Schließlich werden wir uns noch kurz einer besonderen, in der Kreuzfahrerzeit blühenden Literaturgattung widmen, nämlich Texten über die „Vorzüge Jerusalems".

Islam vgl. außerdem noch: Joachim W. HIRSCHBERG, The Sources of Moslem Traditions concerning Jerusalem, Rocznik Orientalistyczny 17 (1951-52), 314-350; Heribert BUSSE, The Sanctity of Jerusalem in Islam, Judaism 17 (1968), 441-468.

[12] Ein Ehrentitel des sa'udischen Königs, der früher auch anderen Herren des Hedschaz gebührte, also über eine lange Tradition verfügt, lautet: „Hüter der beiden Hl. Bezirke" (arabisch *šādim al-ḥaramain aš-šarīfain*).

III. Jerusalem im Koran

Von den bisher erwähnten Namen Jerusalems begegnet keiner im Koran; gleichwohl ist Jerusalem im Koran präsent, allerdings in jener für die koranische Sprechweise so typischen indirekten, rein andeutenden Form[13]. Denn ganz generell kommen im Koran nur verhältnismäßig selten konkrete Ortsbezeichnungen vor, wie zum Beispiel die beiden Städtenamen Yaṯrib (das heißt Medina[14]: Sure 33,13) und Mekka (Sure 48, 24)[15], sowie die Namen der Orte bedeutender kriegerischer Auseinandersetzungen, wie Badr (Sure 3, 123) oder Ḥunain (Sure 9, 25)[16]. Etwas häufiger sind Namen aus der Heilsgeschichte wie das geheiligte Tal Ṭuwā (als Ort der Berufung des Mose: Sure 20, 12 und 79, 16) oder der Sinai (Sure 23,20 und Sure 95, 2, wo aus Reimgründen *sīnīn* statt *sīnā'* steht). Letzterer ist aber auch überall dort gemeint, wo vom „Berg" in der Form des syrischen Fremdwortes *ṭūr*[17] die Rede ist (Suren 2, 63. 93; 4, 154; 19, 52; 20, 80; 23, 20; 28, 29. 46; 52, 1). Eine ähnliche Form andeutender Redeweise findet sich nun auch für weitere Orte[18]; so ist beispielsweise Palästina „das Land, das Wir [sc. Gott] gesegnet haben" (*al-arḍ allatī bāraknā fīhā*; Suren 7, 137; 21, 71. 81; 34, 18) oder „das heilige Land" (*al-arḍ al-muqaddasa*; Sure 5, 21), Mekka heißt „der sichere Ort" (*al-balad al-amīn*; Sure 95, 3) oder auch – viel häufiger – „die heilige Gebetsstätte" (*al-masǧid al-ḥarām*: Suren 2, 144. 150. 191. 196. 217; 5, 2; 8, 34; 9, 7. 19. 28; 22, 25; 48, 25). Ein wenig von der Eigenart koranischer „andeutender" Redeweise mag der Eingangsschwur von Sure 95, 1-3 zu vermitteln (Übersetzung Neuwirth[19]):

> „Bei Feigenbaum und Ölbaum,
> Beim Berg Sinai
> Und diesem sicheren Ort...."

---

[13] Vgl. dazu Hartmut BOBZIN, Der Koran. Eine Einführung, München 1999, 87ff.

[14] Cf. Hartmut BOBZIN, Medina, in: Lexikon für Theologie und Kirche ³VII (1998), 45 (Lit.).

[15] In Sure 3, 96 wird es mit der Reimform „Bakka" bezeichnet.

[16] Zur Sache vgl. Hartmut BOBZIN, Mohammed, München 2000, 100f. und 113.

[17] Das Wort lebt heute noch fort in der Landschaftsbezeichnung Tur Abdin „Berg der Gottesdiener", s. den Eintrag von Paul KRÜGER und Johannes H. EMMINGHAUS, in: Lexikon für Theologie und Kirche ²X (1965), 405f.

[18] Vgl. NEUWIRTH (wie Anm. 11), S. 239.

[19] Angelika NEUWIRTH, Der Horizont der Offenbarung. Zur Relevanz der einleitenden Schwurserien für die Suren der frühmekkanischen Zeit, in: Gottes ist der Orient, Gottes ist der Okzident. FS Abdoldjavad Falaturi, Köln - Wien 1991, 3-39, hier 14.

Mit „Feigenbaum und Ölbaum" wird auf das Heilige Land angespielt, der Sinai ist namentlich genannt, und der „sichere Ort" ist, wie bereits gesagt, Mekka. Auch der berühmte Koranvers Sure 17, 1 fordert die Entschlüsselung nur andeutungsweise genannter Orte: „Gepriesen sei, der nachts mit seinem Knechte reiste, von der heiligen Kultstätte zur weitestentfernten Kultstätte, deren Umgebung wir gesegnet haben". Mit der „heiligen Kultstätte" ist gewiß Mekka gemeint, wobei jedoch unter den Koranauslegern Uneinigkeit darüber besteht, welcher Ort genau gemeint ist. Der bedeutende Korankommentator Az-Zamaḫšarī (gest. 1144) schreibt dazu[20]:

> „Man sagt, daß es die heilige Kultstätte (von Mekka) selbst gewesen ist. Dies ist das Wahrscheinliche; denn es ist vom Propheten folgender Bericht überliefert: Als ich an der heiligen Kultstätte in den Gemächern bei der Ka'ba zwischen Schlaf und Wachen war, kam Gabriel mit dem (Tier) Burâq zu mit. (Ferner) sagt man, daß die Reise Mohammeds von der Wohnung (seiner Base) Umm Hāni', der Tochter Abū Ṭālibs, ausging. Dabei ist mit der heiligen Kultstätte der heilige (Bann)bezirk (von Mekka) gemeint; denn dieser schließt die Kultstätte ein und kann daher mit ihr durcheinandergebracht werden...."

Auch die „weitestentfernte Kultstätte" (arabisch *al-masğid al-aqṣā*) ist keine ganz genaue Ortsbezeichnung. Bei der Lektüre dieses Koranverses ist man natürlich durch die herrschende Tradition und das bloße Wissen um die heute so bezeichnete Aqsa-Moschee in Jerusalem beeinflußt. Aber die islamische Wissenschaft von der Auslegung (*tafsīr*) des Korans war sich schon recht früh einig darin, die sogenannte „Nachtreise" als ganz konkretes, wenngleich wunderbares Ereignis zu verstehen, also nicht als „Himmelsreise der Seele"[21], und mithin *al-masğid al-aqṣā* mit *bait al-maqdis*, also dem Heiligtum in Jerusalem zu identifizieren[22]. Zusätzliche Unterstützung findet diese Deutung durch die Wendung "deren Umgebung wir gesegnet haben", die in ganz ähnlicher Weise an mehreren Stellen für das Heilige Land gebraucht wird (s. o.)[23].

---

[20] Helmut GÄTJE, Koran und Koranexegese, Zürich-Stuttgart 1971, 105f.

[21] In diesem Falle müßte „al-masğid al-aqṣā" mit einem Ort im Himmel identifiziert werden. In bestimmten mystischen Kreisen ist diese Auslegung auch geläufig.

[22] Eine andere, von Alfred Guillaume vorgeschlagene Deutung, unter „al- masğid al-aqṣā" eine Örtlichkeit am Rande des heiligen Bezirkes von Mekka zu verstehen, ist von der Forschung einmütig verworfen worden; vgl. Rudi PARET, Der Koran. Kommentar und Konkordanz, Stuttgart 1971, 295f.

[23] Vgl. PARET (wie vorige Anm.), 296.

Die wunderbare Nachtreise nach Jerusalem wird nun in der islamischen Überlieferung mit einer weiteren Geschichte verknüpft, welche für die Gestalt des islamischen Kultus von großer Bedeutung ist, nämlich die sogenannte „Himmelsleiter" (arabisch *mi'rāǧ*). Beide Erzählkomplexe wurden alsbald zu einem organischen Ganzen verwoben und gehören zu den bis heute populären Stoffen der volkstümlichen Mohammedvita[24]. Nur am Rande sei hier erwähnt, daß seit dem 13. Jahrhundert in Europa Übersetzungen eines arabischen „Buches der Himmelsleiter" (*Kitāb al- mi'rāǧ*) in mehreren Sprachen (Kastilisch, Altfranzösisch und Latein) existierten[25], die eine weite Verbreitung fanden; ja zeitweise galt in Europa der 'Liber scalae Machometi' „als das heilige Buch des Islam"[26].

Was ist nun der Inhalt der „Himmelsleiter"? Der entsprechende Bericht kommt in unterschiedlichen Zusammenhängen und mit verschiedenen Details vor, was hier im einzelnen nicht auseinandergesetzt werden kann[27]. Gewiß am wirkmächtigsten war die Version, die in der kanonischen Sammlung von Prophetenüberlieferungen des mittelasiatischen Gelehrten al-Buḫārī (810-70), dem sogenannten 'Ṣaḥīḥ'[28], zu Beginn des Kapitels über das ri-

---

[24] Nur am Rande sei hier bemerkt, daß der bekannte französische Orientalist Antoine Galland 1673 in Istanbul eine illustrierte Handschrift dieses Werkes erwarb, die über Colbert in den Besitz der Pariser Bibliothèque Nationale (Sign. Ms. suppl. turc. 190) gelangte. Erst der Sinologe Abel Remusat (1788-1832) konnte die Sprache des Textes als Uigurisch bestimmen. Die Illustrationen der Handschrift liegen in einer schönen Faksimileausgabe vor und vermitteln einen plastischen Eindruck der volkstümlichen Vorstellungswelt des Islam. Vgl. Marie-Rose SÉGUY, Muhammeds wunderbare Reise durch Himmel und Hölle, München 1977.

[25] Vgl. José MUÑOZ SENDINO, La escala de Mahoma, traducción del árabe al castellano, latín y francés, ordenada por Alfonso X el Sabio, Madrid 1949; Enrico CERULLI, Il „Libro della Scala" e la questione delle fonti arabo-spagnole della Divina Commedia, Città del Vaticano 1949; DERS., Nuove ricerche sul Libro della scala e la conoscenza dell'Islam in occidente, Città del Vaticano 1972; Peter WUNDERLI, Etudes sur le livre de l'Eschièle Mahomet, Winterthur 1965; Le livre de l'eschiele Mahomet. Die französischen Fassungen einer alfonsinischen Übersetzung, hg. v. Peter WUNDERLI, Bern 1968; Liber scale Machometi. Die lateinische Fassung des „Kitâb al mi'râdj", hg. v. Edeltraud WERNER, Düsseldorf 1986; Reginald HYATTE, The Prophet of Islam in Old French, Leiden 1997.

[26] Dieter KREMERS, Islamische Einflüsse auf Dantes ‚Göttliche Komödie', in: Orientalisches Mittelalter (Neues Handbuch der Literaturwissenschaft 5), hg. v. Wolfhart HEINRICHS, Wiesbaden 1990, 202-215, hier 208.

[27] Vgl. dazu den Artikel „Mi'râdj", in: Encyclopaedia of Islam ²VII, 97f. und die dort angegebene Literatur.

[28] Am leichtesten zugänglich in einer von Dieter FERCHL besorgten Auswahlübersetzung: Nachrichten von Taten und Aussprüchen des Propheten Muhammad = Sahih al-Buhari

tuelle Gebet (arabisch *ṣalāt*) steht. Gabriel steigt mit Mohammed auf einer Leiter in den ersten Himmel. An dessen Eingangstür wird Gabriel nach Mohammed gefragt und danach, ob er gesandt ist. In diesem ersten Himmel trifft er Adam, in den übrigen sechs weitere Gestalten der Heilsgeschichte wie Johannes und Jesus, Joseph, Idrīs (oft mit Henoch gleichgesetzt), Aaron, Mose und Abraham, bis es zu einer (nur verhalten geschilderten) Gottesschau kommt. „Anschließend", so heißt es in einem von al-Buḫārī überlieferten Selbstbericht des Propheten, „wies Gott meine Gemeinde an, jeden Tag fünfzig Gebete zu verrichten." Als Mohammed auf dem Rückweg bei Mose vorbeikommt, fragt dieser ihn nach der von Gott erlassenen Verordnung. Als Mose von den „fünfzig täglichen Gebeten" hört, schickt er Mohammed zu Gott zurück, um so in mehreren Anläufen die Anzahl auf fünf herunterzuhandeln, „die wie fünfzig gerechnet werden". Die Geschichte von der Himmelsleiter bietet also eine Erklärung für die Fünfzahl des täglich zu verrichtenden Gebets, die sich aus dem Koran völlig eindeutig nicht herauslesen läßt[29].

Wenn also die Einsetzung der Fünfzahl des Gebets in gewisser Weise mit Jerusalem verbunden ist, so gilt das auch für eine weitere, mit dem Gebet verbundene Vorschrift, nämlich die Himmelsrichtung, in welcher der Beter sein Gebet verrichten muß. Der Gedanke einer bestimmten Gebetsrichtung scheint dem Judentum zu entstammen[30]. Dort ist die Ausrichtung des Gebets „auf die Stadt, die du erwählt hast", in Salomos Gebet (1. Könige 8, 44 und 48) begründet. Ferner heißt es im Danielbuch (6,11): „Daniel hatte in seinem Fenstergemach offene Fenster nach Jerusalem hin; und dreimal am Tag kniete er auf seine Knie nieder, betete (aram. *meṣallē*, ganz entsprechend dem arab. *ṣallā*!) und pries vor seinem Gott."

Nach Ausweis von Sure 2, 142ff. ist die Ausrichtung des Gebets (*qibla*) nach Mekka nicht ursprünglich, sondern das Ergebnis einer ganz bewußt vollzogenen Änderung. Der Text der entsprechenden Koranverse lautet wie folgt:

[142]   „Die Toren von den Leuten werden sagen:
          Was hat sie abgewendet von jener Richtung,

(Reclams Universal-Bibliothek 4208), ausgew., aus dem Arab. übers. und hg. v. Dieter FERCHL, Stuttgart 1991.

[29] Vgl. BOBZIN, Koran (wie Anm. 13), 72f.

[30] Vgl. Ismar ELBOGEN, Der jüdische Gottesdienst in seiner geschichtlichen Entwicklung, Frankfurt a.M. ³1931, ND Hildesheim 1995, 459f.

in der sie vorher das Gebet verrichteten?
Sprich: Gottes ist der Osten und der Westen!
Er leitet wen er will zum rechten Weg.

[143]   [...] Wir machten die Richtung, nach der du bisher das Gebet ver-
richtetest,
Alleine, um zu wissen, wer dem Gesandten Folge leistet,
Und wer sich von ihm abkehrt ....

[144]   Wir sehen wohl dein Antlitz unschlüssig zum Himmel schauen;
So wollen wir, daß du dich zum Gebet in eine Richtung wendest,
Die dir gefällt: So wende dein Antlitz der heiligen Kultstätte zu!
Wo immer ihr seid, wendet euer Antlitz ihr zu!"

Die „frühere" *qibla* wird hier nicht explizit genannt; die exegetische Tradition ist sich freilich weitgehend darin einig, daß damit Jerusalem – *bait al-
maqdis* – gemeint war, auch wenn möglicherweise die ursprüngliche Gebetsrichtung Mohammeds das mekkanische Heiligtum, also die Kaaba, war[31]. Es
gibt noch eine weitere Koranstelle, welche von der späteren Koranexegese
mit Jerusalem in Verbindung gebracht wurde. Sure 43, 61 lautet[32]: „Und er
ist eine Kunde der Stunde (des Gerichts). Seid deshalb ja nicht im Zweifel
über sie und folget mir! Das ist ein gerader Weg". Die Mehrheit der islamischen Exegeten versteht das „er" als Hinweis auf Jesus (während die Minder-
heit hierin einen Hinweis auf den Koran sieht). al-Baiḍāwī (gest. nach 1286)
deutet das in seinem weitverbreiteten Korankommentar wie folgt[33]:

„'Und er', nämlich Jesus, 'ist eine Kunde der Stunde (des Gerichts)'; denn
sein Erscheinen oder sein Herabkommen gehören zu den Vorzeichen der
Stunde, durch welche deren Nahen kundgegeben wird. [....] In der Überlieferung (*ḥadīṯ*) heißt es: Jesus wird über einen Bergpaß namens Afīq ins
Heilige Land kommen und in der Hand einen Speer tragen, mit dem er den
Antichrist (*daǧǧāl*) töten wird. Er wird dann nach Jerusalem (*bait al-
muqaddas*) kommen, wenn die Bewohner gerade das Frühgebet verrichten. Der Vorbeter wird (angesichts der Erscheinung Jesu) zurücktreten
wollen, aber Jesus wird ihm den Vortritt lassen und hinter ihm nach dem
Ritus (*šarī'a*) Mohammeds das Gebet verrichten. Hierauf wird er die
Schweine töten, das Kreuz zerschlagen, die Kirchen und Tempel zerstören

---

[31] Über die historischen Gründe dafür vgl. im einzelnen NEUWIRTH, Erste Qibla (wie Anm.
11), 232ff.

[32] Übersetzung GÄTJE (wie Anm. 20), 175.

[33] In der Übersetzung von GÄTJE (wie Anm. 20), 175f.

und die Christen, soweit sie nicht den (rechten) Glauben an ihn haben, töten".

Diese drei hier nur kurz behandelten Koranstellen mögen ausreichen, um
eine gewisse Vorstellung davon zu gewinnen, in welcher Weise Jerusalem
im Koran „präsent" ist.

IV. Jerusalem als Wallfahrtsziel

Bereits in der Einleitung war von Jerusalem als islamischem Wallfahrtsort
die Rede, und der dort S. 204 zitierte berühmte Ḥadīṯ mag hier noch einmal
wiederholt werden[34]: „Zu drei Moscheen darf man aufsatteln: zur Heiligen
Moschee, zu meiner Moschee und zur Entferntesten Moschee." In unserem
Zusammenhang ist neben den beiden erstgenannten Stätten Mekka und Medina (das freilich im Rahmen der islamischen Wallfahrt, des *ḥaǧǧ*[35], nicht die
durch einschlägige Koranstellen sanktionierte Bedeutung hat wie Mekka)
nun vor allem die dritte von Bedeutung. Zu ihrem näheren Verständnis muß
noch gesagt werden, daß der Ausdruck *al-masǧid* al-aqṣā keineswegs die
heutige al-Aqṣā-Moschee[36], sondern ganz allgemein das Jerusalemer
Heiligtum bezeichnet. Und in dessen heutigem Ensemble – dem sogenannten
Ḥaram aš-Šarīf – ist das dominante Bauwerk der sogenannte „Felsendom"
(arabisch *qubbat aṣ-ṣaḫra*, eigtl. „Felsenkuppel"), – ein von Aufbau und
Struktur her einmaliges Monument der islamischen Architekturgeschichte[37].

Sowohl seinen Erbauer als auch den Zeitpunkt des Baus kennt man sehr
genau: Der omajjadische Kalif ʿAbdalmalik (reg. 685-705) vollendete ihn,
laut einer Bauinschrift, im Jahre 691. Die Zeitumstände müssen dabei berücksichtigt werden. Nach dem Tod von Yazīd I. (reg. 680-83) kam es zum
sogenannten „zweiten Bürgerkrieg" im Islam[38]. Im Hedschaz errichtete

---

[34] M. J. KISTER hat ihm einen äußerst materialreichen Aufsatz gewidmet: „You shall only set
out for three mosques". A study of an early tradition, in: DERS., Studies in Jâhiliya and Early
Islam, London 1980 (ursprüngl. Le Muséon 82 [1969], 173-96).

[35] Vgl. dazu Gustave E. VON GRUNEBAUM, Muhammadan Festivals, London 1976, 15ff. und
die dort 96 angegebene Literatur. Für die jüngere islamische Epoche sehr instruktiv ist
Suraiya FAROQHI, Herrscher über Mekka. Die Geschichte der Pilgerfahrt, München 1990.

[36] Vgl. dazu Oleg GRABAR, in: Encyclopaedia of Islam ²VI, 707f.

[37] Vgl. dazu den ausführlichen Artikel von Oleg GRABAR, The Umayyad Dome of the Rock in
Jerusalem, Ars Orientalis 3 (1957), 33-62.

[38] Vgl. Rudolf SELLHEIM, Der zweite Bürgerkrieg im Islam (680-692). Das Ende der

'Abdallāh ibn az-Zubair ein Gegenkalifat. Zwar konnte Marwān I. (reg. 684-85) in der Schlacht von Marǧ Rahit (684) die omajjadische Herrschaft in Syrien wieder konsolidieren, aber für seinen Nachfolger 'Abdalmalik blieb 'Abdallāh ibn az-Zubair ein gefährlicher Gegner, der als „Gegenkalif" über Mekka und den Osten des Reichs herrschte, während sich 'Abdalmaliks Machtbereich auf Syrien und Palästina beschränkte. Der schiitische Historiker al-Yaʿqūbī (gest. 897) schreibt in seiner Geschichte[39] in diesem Zusammenhang nun folgendes:

> „'Abdalmalik verbot den Bewohnern Syriens die Wallfahrt (nach Mekka), und zwar deshalb, weil ('Abdallāh) ibn az-Zubair die Pilger zu seiner Huldigung zwang. Als 'Abdalmalik das sah, verbot er ihnen, nach Mekka zu reisen. Da protestierten die Leute und sagten: Verbietest du uns etwa, zum Hause Gottes zu pilgern, obwohl das eine Pflicht für uns Gott gegenüber ist? Da entgegnete er ihnen: Ibn aš-Šihāb az-Zuhrī berichtet euch, daß der Gesandte Gottes folgendes gesagt hat: '(Nur) zu drei Moscheen darf man aufsatteln: zur Heiligen Moschee, zu meiner Moschee und zur Entferntesten Moschee.' Und letztere nimmt für euch den Platz der Moschee von Mekka ein, und dieser Felsen(dom), von dem erzählt wird, daß der Prophet seinen Fuß darauf gesetzt hat, als er in den Himmel heraufstieg, nimmt für euch den Platz der Kaaba ein. Und er errichtete über dem Felsen eine Kuppel und ließ an ihr Vorhänge aus Brokat aufhängen, stellte Diener für sie ein und hielt die Leute dazu an, den Umlauf[40] um den Felsen zu machen, so wie man um die Kaaba einen Umlauf macht..."

Nach diesem Bericht stellt der Felsendom also einen Gegenbau zur Kaaba in Mekka dar, um eine eigene „Wallfahrt nach Jerusalem" als Ersatz für den üblichen ḥaǧǧ zu schaffen. Diese These ist von Werner Caskel ausführlich dargestellt und begründet worden[41]. Freilich lassen sich gegen diese These gewichtige Gründe anführen, für die man sich gleichfalls auf das Zeugnis islamischer Gelehrter stützen kann, wie zum Beispiel den Geographen al-Muqaddasī (gest. nach 991)[42], der unter Berufung auf 'Abdalmaliks Sohn al-

---

mekkanisch-medinensischen Vorherrschaft, Wiesbaden 1970; Gernot ROTTER, Die Umayyaden und der zweite Bürgerkrieg (680-692), Wiesbaden 1983.

[39] Historiae (wie Anm. 3), II, 311.

[40] Arabisch tawâf; eine für den Ritus an der Kaaba obligatorische Handlung; vgl. Hartmut BOBZIN, Tawaf, in: Lexikon für Theologie und Kirche ³X (2000), 1304.

[41] Werner CASKEL, Der Felsendom und die Wallfahrt nach Jerusalem, Köln-Opladen 1963.

[42] Descriptio imperii moslemici (Bibliotheca Geographorum Arabicorum, 3), ed. Michael J. DE GOEJE, Leiden 1877, 159.

Walīd (reg. 705-715) schreibt, daß Abdalmalik, „als er die Größe der Kuppel der Grabeskirche sah, fürchtete, sie könnte auf die Herzen der Muslime großen Eindruck machen, und (daher) auf den Felsendom (ebenfalls) eine Kuppel aufsetzte."

Danach wäre der Felsendom also ein Konkurrenzbau zur Grabeskirche. Dafür sprechen nun auch die im Felsendom angebrachten Inschriften[43], in denen die koranische Christologie ganz im Mittelpunkt steht[44]. Wenn also der Felsendom besser als Gegenbau zur Grabeskirche verstanden werden kann, als Monument einer gegenüber dem Christentum neu begründeten islamischen Identität[45], so folgt daraus allerdings nicht, daß die These von Caskel gänzlich falsch sei. Vielmehr zeigt ja der eingangs zitierte Hadīt daß Jerusalem ein nach den heiligen Stätten des Hedschaz erlaubtes Wallfahrtsziel war, – allerdings von eher regionaler Bedeutung, das jedoch notfalls auch eine Reise nach Mekka „ersetzen" konnte, wie es zum Beispiel aus einer Passage des Reisebuches von Nāṣer-e-Ḫosrou, einem persischen Literaten (1004- ca. 1088), hervorgeht, der Jerusalem im März 1047 besuchte. Bei ihm heißt es[46]:

„Wir betraten Bayt ul-Maqdis am 5. Ramadan des Jahres 438 (5. März 1047)... Die Bewohner von Sham [d. h. Syrien, H. B.] und der Umgegend nennen diese Stadt auch al-Quds. Wenn es jemandem aus der Bevölkerung dieser Provinzen nicht möglich ist, die Hadjdj zu unternehmen, dann kann er zur gleichen Zeit in al-Quds an den heiligen Stätten weilen und dort die Opferzeremonie feiern, ganz wie es dem Brauch entspricht. Es gibt Jahre, in denen mehr als 20.000 Menschen zu Beginn des Monats Dhu-l-Hidjdja [d. h. dem letzten Monat des islam. Jahres, in dem die Wallfahrt nach Mekka stattfindet, H. B.] zu diesem Anlaß anwesend sind und zudem ihre Söhne mitbringen, um sie beschneiden zu lassen."

Mit diesem Zeugnis des Nāṣer-e-Ḫosrou sind wir der Kreuzfahrerzeit schon sehr nahe gekommen. Während des gesamten 11. Jahrhunderts beherrschten die schiitischen Fatimiden von Kairo aus auch Palästina. Daß die Fatimiden auch an Jerusalem ein besonderes Interesse hatten, und welche architekto-

---

[43] Vgl. dazu Heribert BUSSE, Die arabischen Inschriften im und am Felsendom in Jerusalem, Das heilige Land 109 (1977), 8-24.

[44] Vgl. dazu DERS., Monotheismus und islamische Christologie in der Bauinschrift des Felsendoms in Jerusalem, Theologische Quartalsschrift 161 (1981), 168-178.

[45] So übrigens schon (noch vor CASKELs Arbeit) GOITEIN, (siehe Anm. 7).

[46] Naser-e-Khosrou, Safarname. Ein Reisebericht aus dem Orient des 11. Jahrhunderts, hg. und übers. v. Seyfeddin NAJMABADI und Siegfried WEBER, München 1993, 52.

nischen Konsequenzen das hatte, ist gerade vor kurzem in einem instruktiven Aufsatz dargestellt worden[47]. Zusammenfassend läßt sich also sagen, daß die genuin religiöse Bedeutung Jerusalems für die islamische Welt unmittelbar vor der Ankunft der Kreuzfahrer unbestreitbar erscheint.

V. Zur Literatur der „Vorzüge Jerusalems" (faḍā'il al-Quds)

Vor einigen Jahren hat Emmanuel Sivan[48] die These vertreten, daß die Eroberung Jerusalems durch die Kreuzfahrer bei den Muslimen „keineswegs einen Schock oder das Gefühl religiöser Entwertung erzeugte"[49]: Die zeitgenössischen Chroniken geben eher nüchterne Berichte, die sich kaum von anderen Eroberungsberichten unterscheiden und die „Franken" nicht viel anders zeichnen als andere Usurpatoren auch. Auch die muslimischen Flüchtlinge aus den eroberten Gebieten, die in Trauergedichten ihr Schicksal beklagen, erwähnen den Fall Jerusalems nicht. Wie ist das angesichts der Tatsache zu erklären, daß es sich bei Jerusalem um eine Stadt handelte, die, wie gezeigt, im Islam einen besonderen religiösen Nimbus besaß?

Sivan führt dafür zwei Gründe an. Man betrachtete zum einen die Kriegszüge der Kreuzfahrer zunächst nicht als etwas prinzipiell anderes als die der Byzantiner und begriff vor allem den spezifisch religiösen Charakter der Kreuzzüge nicht. Zum anderen aber war Jerusalem als Heiligtum vor allem von regionaler Bedeutung: „The belief in the sanctity of Jerusalem was common mainly among the inhabitants of the city itself and of its immediate surroundings, and, to a much lesser degree, to the population of Syria-Palestine in general"[50]. Erst mit dem Beginn der Herrschaft von Nūr ad-Dīn ibn Zangī wurde das traditionelle islamische Konzept des ǧihād[51] aus propagandistischen Gründen mit der religiösen Rolle Jerusalems verknüpft.

---

[47] Andreas KAPLONY, Die fatimidische „Mosche der Wiege Jesu" in Jerusalem, Zeitschrift des deutschen Palästinavereins 113 (1997), 123-131.

[48] Emmanuel SIVAN, Le caractère sacré de Jérusalem dans l'Islam aux XIIe-XIIIe siècles, Studia Islamica 27 (1967), 149-182.

[49] „... la conquête ne produisit dans l'immédiat aucun choc, aucun sentiment d'avilissement religieux", ebd. 150.

[50] Emmanuel SIVAN, The Beginnings of the Faḍā'il al-Quds Literature, Israel Oriental Studies 1 (1971), 263-271, hier 265.

[51] Vgl. dazu Albrecht NOTH, Heiliger Krieg und heiliger Kampf in Islam und Christentum. Beiträge zur Vorgeschichte und Geschichte der Kreuzzüge, Bonn 1966.

In diesem Zusammenhang besann man sich auf ein literarisches genre, das in der islamischen Welt schon eine längere Geschichte hatte, nämlich Sammlungen über die „Vorzüge" (arabisch *faḍā'il*, sg. *faḍīla*), was sich sowohl auf bestimmte Gegenstände (wie zum Beispiel den Koran), auf Personen (wie Mohammed und die Prophetengenossen), auf Städte und Landschaften sowie auf Stämme beziehen konnte[52]. Meistens waren die „Vorzüge" nichts anderes als Sammlungen entsprechender Hadîthe, die meist von zweifelhafter Authentizität waren.

Als Beispiel mag folgender Hadîth dienen, der sich in dem Jerusalem gewidmeten Kapitel des 'Buches der Länder' von Ibn al-Faqīh al-Hamaḏānī (um 900) findet[53]: „Der Prophet sagte: Ihr werdet an die Stätten auswandern, an die Abraham ausgewandert ist, das heißt nach Jerusalem (*bait al-maqdis*). Und wer in Jerusalem zwei *rak'as*[54] betet, wird seiner Sünden ledig, (und ist dann) so wie am Tage, da ihn seine Mutter geboren hat."

Das älteste selbständige Werk über „Vorzüge Jerusalems" des Jerusalemer Predigers al-Wāsiṭī stammt aus dem ersten Viertel des 11. Jahrhunderts, und nur noch zwei weitere Werke sind bekannt, die vor der Eroberung Jerusalems durch die Kreuzfahrer entstanden sind, von denen allerdings nur eines erhalten ist, nämlich das von Abū l-Maʿālī ibn al-Muraǧǧā[55]. al-Wāsiṭīs Werk wurde übrigens erst 1970 von Prof. Kister in der Aḥmad al-Ǧazzār Moschee in Akko als Bestandteil einer Sammlung von Ḥadīṯwerken entdeckt. An dem Manuskript ist folgendes von besonderem Interesse. Es enthält einen sogenannten „Hörervermerk" (arabisch *samāʿ*) vom September 1187, aus dem hervorgeht, „daß dieses Werk in der Moschee von Akkon zu dieser Zeit von einigen Damaszener Rechtsgelehrten benutzt wurde, um das öffentliche Bewußtsein für die Heiligkeit Jerusalems zu schärfen und die muslimische öffentliche Meinung auf die unmittelbar bevorstehende Wiedereroberung Jerusalems vorzubereiten"[56].

---

[52] Vgl. Rudolf SELLHEIM, Art. faḍīla, in: EI² II, 728f.

[53] K. al-buldân (Bibliotheca geographorum arabicorum 5), ed. Michael J. DE GOEJE, Leiden 1885, 94.

[54] Eine „rakʿa" ist die Grundeinheit des islam. rituellen Gebets und besteht aus einem bestimmten Ablauf von Formeln und Bewegungen.

[55] Vgl. Emmanuel SIVAN, Beginnings (wie Anm. 50), S. 263f. Das Werk von al-Wāsiṭī wurde von Isaac HASSON ediert (Jerusalem 1979), das von ibn al-Muraǧǧā von Ofer LIVNE-KAFRI (Shfaram 1995).

[56] Emmanuel SIVAN, Beginnings (wie Anm. 50), 264.

Al-Wāsiṭīs Werk über die „Vorzüge Jerusalems" hat, grob skizziert, folgenden Inhalt: Jerusalems Bedeutung für die Geschichte der drei monotheistischen Religionen Judentum, Christentum und Islam; seine zukünftige Bedeutung im Zusammenhang mit Auferstehung und Jüngstem Gericht; Schilderung der verschiedenen heiligen Stätten in und um die Stadt sowie schließlich die Auflistung solcher Traditionen, die geeignet sind, Pilger nach Jerusalem zu ziehen, also für die Stadt zu „werben"; dazu gehört zum Beispiel die Darstellung des „Wertes" von Gebeten in Jerusalem, wie sie auch der oben zitierte Hadīṯ enthält.

Bemerkenswert an Wāsiṭīs Werk ist die offen antichristliche Tendenz. Sie ist sicher, wie Sivan dargelegt hat[57], in Verbindung zu bringen mit den antichristlichen Ausschreitungen (1007-1012) unter dem fatimidischen Kalifen al-Ḥākim (reg. 996-1021), die 1009 zur Zerstörung der Grabeskirche führten. Im Zusammenhang des Kampfes von Nūr ad-Dīn und Saladin gegen die Kreuzfahrer erwies sich gerade diese Tendenz der faḍā'il-Werke als nützlich, um propagandistisch im Kampf um die Heilige Stadt eingesetzt zu werden.

Man kann also mit einigem Recht sagen, daß die Heiligkeit Jerusalems für die gesamte islamische Welt erst im Verlauf der Kreuzzüge, unter Verwendung reichlich vorhandener lokaler Traditionen, herausgearbeitet wurde. Die Nachwirkungen sind bis heute spürbar und finden in der arabisch-israelischen Auseinandersetzung um die Herrschaft über Jerusalem eine zuweilen bedrückende Fortsetzung.

---

[57] Vgl. Ebd., 269f.

Vergegenwärtigungen Jerusalems in Architektur und Reliquienkult

Nikolas Jaspert

I.

Wer zum ersten Mal die sogenannte Hugenottenkirche von Erlangen besucht, dürfte von der Diskrepanz zwischen ihrem Äußeren und ihrem Inneren überrascht sein, denn beim Betreten des ganz rechtwinkligen, etwas nüchternen Baus öffnet sich dem Besucher ein Kirchenschiff von großer Geschlossenheit und räumlicher Wirkung. Diese dürfte in erster Linie auf die zwölfeckige Empore zurückzuführen sein, die der vermutliche Baumeister der Kirche, Johann Moritz Richter[1] so in das rechteckige Gebäudekorpus einfügte, daß ein ovaler Kernraum entstand (Abb. 1). Diejenigen, die sich mit der Erklärung, die ungewöhnliche Form des Innenraums gehe auf die spezifische Gemeindeverfassung der Hugenotten zurück oder sei eine Übertragung der frühneuzeitlichen Theaterarchitektur, nicht zufrieden geben wollen[2] und nach etwaigen theologischen oder architekturhistorischen Wurzeln der Zwölfeckform im Kirchenbau suchen, dürften bald auf ein durch die Heilige Schrift

---

[1] Ernst DEUERLEIN, Richter oder Gedeler?, Erlanger Heimatblätter 36 (1953), 2; Eduard RÜHL, Erlangen gestern und heute, Erlangen 1954, 9; Inge ELSÄSSER, Die „Hugenottenkirche" in Erlangen und ihre Vorbilder: Beispiele einer Synthese aus französischem Hugenottentempel und deutscher Querkirche im Gefüge einer barocken Stadtanlage (Schriften aus dem Institut für Kunstgeschichte der Universität München 14), München 1987, 32-36.

[2] Georg GERMANN, Der protestantische Kirchenbau in der Schweiz, Zürich 1963, 27; ELSÄSSER, Die „Hugenottenkirche" (wie Anm. 1), 113.

sanktioniertes Vorbild stoßen, das wie wenige andere die Phantasie und das Bauen der Menschen beflügelt hat.

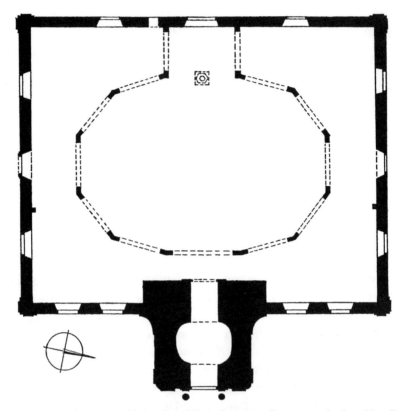

Abb. 1: Erlangen, Hugenottenkirche, Grundriß; nach: August GEBESSLER, Stadt und Landkreis Erlangen (Bayerische Kunstdenkmale 14), München 1962, 24.

Die Rede ist vom himmlischen Jerusalem, der *Hierosolyma caelestis*, jenem in der Johannes-Offenbarung als eine Stadt mit zwölf Toren und einer hohen, runden Mauer beschriebenen Symbol der Kirche und des Glaubens[3], das

---

[3] Robert KONRAD, Das himmlische und das irdische Jerusalem im mittelalterlichen Denken, in: Speculum Historiale, hg. v. Clemens BAUER / Laetitia BOEHM und M. MÜLLER, Freiburg - München 1965, 523-540; La dimora di Dio con gli uomini. Catalogo della mostra, Milano, Università Catolica del S. Cuore, 20 maggio - 5 giugno 1983, hg. v. Maria Luisa GATTI PERER, Milano 1983; G. JÁSZAI, Jerusalem, himmlisches, in: Lexikon der christlichen Ikonographie, Bd. II, Rom - Freiburg - Basel - Wien 1990, 394-399; Jürgen ROLOFF, Irdisches und himmlisches Jerusalem nach der Johannesoffenbarung, in: Zion – Ort der Begegnung,

seine einprägsamste Materialisierung in den großen romanischen Rund-
leuchtern erhalten hat[4]. Vorstellungen vom himmlischen Jerusalem dürften
mittelbar die Form des Erlanger Kirchenraums wie auch anderer, älterer Zentralbauten inspiriert haben.

Aber nicht nur auf die *Hierosolyma caelestis*, auch auf die tatsächliche
Stadt Davids am Fuße des Ölbergs in Palästina bezieht sich die Form der
Erlanger Hugenottenkirche. Ebenso wie andere vor ihr, namentlich diejenigen in Montauban, Lyon, La Rochelle, Dieppe oder Rouen, die allesamt
als vieleckige, also polygonale Zentralkirchen errichtet wurden[5], weist sie
mit dem zwölfeckigen Grundriß des Kernraums mittelbar auf einen Kirchenbau Jerusalems hin. Gemeint ist nicht etwa der Felsendom, das *Templum Domini*, dessen Bedeutung als islamische Kultstätte trotz aller Bemühungen der
Kreuzfahrer, ihn im christlichen Heilsgeschehen zu verorten, nie gänzlich
vergessen wurde[6], sondern die *mater ecclesiarum*, die Mutter aller Kirchen,

---

Festschrift für Laurentius Klein zur Vollendung des 65. Lebensjahres, hg. v. Ferdinand
HAHN / Frank-Lothar HOSSFELD, Hans JORISSEN und Angelika NEUWIRTH, Hain-Hanstein
1993, 85-105; Christoph AUFFARTH, Himmlisches und irdisches Jerusalem. Ein religionswissenschaftlicher Versuch zur "Kreuzzugseschatologie", Zeitschrift für Religionswissenschaft 1 (1993), 25-49; Arnold ANGENENDT, In porticu ecclesiae sepultus: ein Beispiel
von himmlisch-irdischer Spiegelung, in: Iconologia sacra: Mythos, Bildkunst und Dichtung
in der Religions- und Sozialgeschichte Alteuropas. Festschrift für Karl Hauck zum 75. Geburtstag, Berlin - New York 1994, 68-80. Siehe auch die Literaturübersicht in: James D.
PURVIS, Jerusalem, the holy city. A bibliography (American Theological Library Association: ATLA bibliography series 20), Methuen 1988, 261-266.

[4] Clemens BAYER, Die großen Inschriften des Barbarossa-Leuchters, in: Celica Iherusalem:
Festschrift für Erich Stephany, hg. v. Clemens BAYER, Köln - Siegburg 1986, 213-240;
Willmuth ARENHÖVEL, Der Hezilo-Radleuchter im Dom zu Hildesheim. Beiträge zur
Hildesheimer Kunst des 11. Jahrhunderts unter besonderer Berücksichtigung der Ornamen-
tik, Berlin 1975.

[5] ELSÄSSER, „Hugenottenkirche" in Erlangen (wie Anm. 1), 73-116.

[6] Heribert BUSSE, Vom Felsendom zum Templum Domini, in: Das Heilige Land im Mittelalter.
Begegnungsraum zwischen Orient und Okzident (Schriften des Zentralinstituts für Fränkische Landeskunde und Allgemeine Regionalforschung an der Universität Erlangen-Nürnberg 22), hg. v. Wolfdietrich FISCHER und Jürgen SCHNEIDER, Neustadt an der Aisch 1982,
19-33; Silvia SCHEIN, Between Mount Moriah and the Holy Sepulchre: The changing Traditions of the Temple Mount in the Later Middle Ages, Traditio 40 (1984), 175-195; Nurith
KENAAN-KEDAR, Symbolic Meaning in Crusader Architecture. The Twelfth Century Dome
of the Holy Sepulchre Church in Jerusalem, Cahiers Archeologiques 34 (1984), 109-117;
Robert C. OUSTERHOUT, The Temple, the Sepulchre, and the Martyrion of the Savior, Gesta
29 (1990), 44-53, der darauf hinweist, daß der Rundbau des Felsendomes ohnehin auf die
Grabesrotunde zurückzuführen sei. Paul von NAREDI-RAINER, Salomons Tempel und das
Abendland. Monumentale Folgen historischer Irrtümer, Köln 1994; Die Reise nach Jerusa-

wie sie in den zeitgenössischen Quellen genannt wird, also die Grabeskirche von Jerusalem (Abb. 2 und 3)[7].

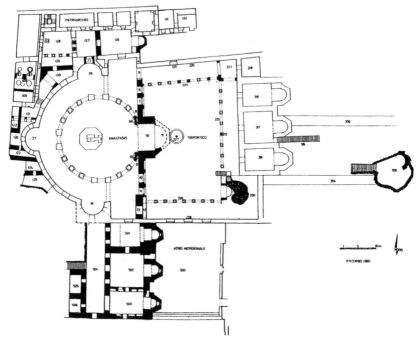

Abb. 2: Jerusalem, Grabeskirche; nach: Virgilio C. CORBO, Il Santo Sepolcro di Gerusalemme (wie Anm. 33), Bd. II, Tafel 4.

Ihre schon unter Konstantin dem Großen errichtete Anastasis über dem Grabe Christi hatte die Form eines achteckigen Zentralbaus, der seinerseits

---

lem. Eine kulturhistorische Exkursion in die Stadt der Städte, 3000 Jahre Davidsstadt, hg. v. Hendrik BUDDE und Andreas NACHAMA, Berlin 1995, 175-187; Hannes MÖHRING, Die Kreuzfahrer, ihre muslimischen Untertanen, und die Heiligen Stätten des Islam, in: Toleranz im Mittelalter (Vorträge und Forschungen 45), hg. v. Alexander PATSCHOVSKY und Harald ZIMMERMANN, Sigmaringen 1998, 129-159, der auf die Aufwertung des Felsendoms durch die Kreuzfahrer hinweist (ebd., 134-137). Eine starke Vorbildfunktion des Tempels sieht auch Paolo PIVA, Die „Kopien" der Grabeskirche im romanischen Abendland. Überlegungen zu einer problematischen Beziehung, in: Die Zeit der Kreuzzüge. Geschichte und Kunst, hg. v. Roberto CASSANELLI, Stuttgart 2000, 97-119, 290-293.

[7] Karl SCHMALTZ, Mater Ecclesiarum. Die Grabeskirche von Jerusalem, Straßburg 1918; Kaspar ELM, Mater ecclesiarum in exilo. El capítulo del Santo Sepulcro de Jerusalén desde la caida de Acre, in: La Orden del Santo Sepulcro. Primeras jornadas de Estudio, Calatayud-Zaragoza, 2-5 Abril de 1991, Madrid 1991, 13-25.

von einem zwölfeckigen Umgang umfangen wurde. Die historische und kunsthistorische Forschungsliteratur kann auf eine Vielzahl von Rund- und Vieleckkirchen in allen Ländern Europas verweisen, die im Zuge der Heiliggrabnachbildung, der *imitatio sancti Sepulcri*, im Mittelalter errichtet wurden[8]. Weitaus häufiger als der Pantheon oder die Aachener Marienkirche[9] besaß die Grabeskirche mit ihrer architektonischen Gestalt eine Vorbildfunktion, denn sie verband den unmittelbaren Bezug auf die Heilsgeschichte und ihre Stätten mit ihrer Funktion als Bestattungsort und Kirche, ja als die Grabeskirche schlechthin[10].

---

[8] Gustaf DALMANN, Das Grab Christi in Deutschland (Studien über christliche Denkmäler 14), Leipzig 1922; Wolfgang GÖTZ, Zentralbau und Zentralbautendenz in der gotischen Architektur, Berlin 1968; Annemarie HEIMANN-SCHWARZHEBER, Heiliges Grab, in: Lexikon der Christlichen Ikonographie, Bd. II, Rom - Freiburg - Basel - Wien 1970, 182-192; Damiano NERI, Il S. Sepolcro riprodotto in Occidente, Jerusalem 1971; Geneviéve BRESC-BAUTIER, Les imitations du Saint-Sépulcre de Jérusalem (IXe-XVe siècles). Archéologie d'une dévotion, Revue d'Histoire de la Spiritualité 50 (1974), 319-342; Pamela SHEINGORN, The Sepulchrum Domini: A Study in Art and Liturgy, Studies in Iconography 4 (1978), 37-60; Franco CARDINI, La devozione al Santo Sepolcro, le sue riproduzioni occidentali e il complesso stefaniano. Alcuni casi italici, in: Sette colonne e sette chiese. La vicenda ultramillenaria del complesso di Santo Stefano in Bologna (Ausstellungskatalog Bologna 1986), Bologna 1986, 19-51; PURVIS, Jerusalem, the holy city (wie Anm. 3), 320-333; Matthias UNTERMANN, Der Zentralbau im Mittelalter. Form - Funktion - Verbreitung, Darmstadt 1989, 52-83; Reise nach Jerusalem (wie Anm. 6), 148-175, 348-370; Crispino VALENZIANO, „Mimesis Anamnesis" spazio-temporale per il triduo pascquale, in: La Celebrazione del triduo pasquale: anamnesis e mimesis; atti del III Congresso Internazionale di Liturgia, Roma, Pontificio Istituto Liturgico, 9 -13 maggio 1988 (Studia Anselmiana / Analecta liturgica 14 = Studia Anselmiana 102), hg. v. Ildebrando SCICOLONE, Roma 1990, 13-54; Lieselotte KÖTZSCHE, Das Heilige Grab in Jerusalem und seine Nachfolger, Jahrbuch für Antike und Christentum, Ergänzungsband 20 (1995), 272-290, PIVA, Die „Kopien" der Grabeskirche (wie Anm. 6) sowie Massimiliano DAVID, Das Heilige Grab von Jerusalem: Entwicklung und Umwandlung eines Modells, in: Die Zeit der Kreuzzüge. Geschichte und Kunst, hg. v. Roberto CASSANELLI, Stuttgart 2000, 85-96, 288-290; Jürgen KRÜGER, Die Grabeskirche zu Jerusalem. Geschichte – Gestalt – Bedeutung, Regensburg 2000, sowie die Hinweise unten, Anm. 33.

[9] Ernst Günther GRIMME, Der Dom zu Aachen, Aachen 1994; Günther BINDING, Zur Ikonologie der Aachener Pfalzkapelle nach den Schriftquellen, in: Mönchtum - Kirche - Herrschaft, hg. v. Dieter R. BAUER / Rudolf HIESTAND / Brigitte KASTEN u. a. Sigmaringen 1998, 187-211; Matthias UNTERMANN, „Opere mirabilia constructe". Die Aachener „Residenz" Karls des Großen, in: 799 – Kunst und Kultur der Karolingerzeit: Karl der Große und Papst Leo III. in Paderborn. Beiträge zum Katalog der Ausstellung Paderborn 1999, hg. v. Christoph STIEGMANN und Matthias WEMHOFF, Mainz 1999, 152-164 und DERS., Karolingische Architektur als Vorbild, ebd., 165-173 (mit umfangreichen Literaturangaben).

[10] Im folgenden werden auch acht- und zwölfeckige Kirchen unter den Begriffen der Rotunde oder Rundkirche subsummiert, was der zeitgenössischen Sehweise entspricht (vgl. Richard

Abb. 3: Jerusalem, Grabeskirche; nach: Irene LANDE-NASH, 3000 Jahre Jerusalem. Eine
Geschichte der Stadt von den Anfängen bis zur Eroberung durch die Kreuzfahrer,
Tübingen 1964, Abb. 83.

KRAUTHEIMER, Introduction to an Iconography of Medieval Architecture, Journal of the
Warburg and Courtauld Institutes 5 [1942], 1-33, hier: 5-8; „It seems as though circle and
polygon were interchangeable throughout the Middle Ages"- ebd., 5).

Die Heiliggrabkirchen waren zugleich Reflexe und Multiplikatoren einer gerade im Hochmittelalter spürbaren Jerusalemverehrung, die sich in Liturgie, Kunst und Kult niederschlug und fortentwickelte[11] und durch den Christozentrismus des 11. Jahrhunderts einen großen Aufschwung erlebte[12]. Jerusalem und insbesondere das Heilige Grab, dessen zentrale Bedeutung nie ernsthaft in Frage gestellt wurde, nahmen eine Sonderstellung ein – und vor diesem Hintergrund sind auch die Heiliggrabimitationen zu sehen. Volksläufige Glaubensvorstellungen wurden durch sie manifestiert, geistliche Inhalte verdinglicht. Man kann in diesen Repliken auch sogenannte „Referenzen" erkennen, wie die neuere Forschung zum Kulturtransfer die Übertragung und Aneignung wiedererkennbarer Formen und Zeichen betitelt hat, und man könnte in Anlehnung an die in diesem Zusammenhang gern angeführten „englischen Referenzen" oder „französischen Referenzen" des 18. und 19. Jahrhunderts[13] von einer „Jerusalemer Referenz" des Mittelalters zu sprechen. Zugleich zeugt das architektonische Zitieren herausragender

---

[11] Adrian H. BREDERO, Jérusalem dans l'Occident médiéval, in: Mélanges offerts a Réne Crozet (à l'occasion de son soixante-dixième anniversaire), hg. v. Pierre GALLAIS und Yves-Jean RIOU, Bd. II, Poitiers 1966, 259-271; Joshua PRAWER, Jerusalem in the Christian and Jewish Perspectives of the Early Middle Ages, in: Gli Ebrei nell'alto medioevo, XXVI Settimane di Studio del Centro Italiano di studi sull'alto medioevo, Spoleto 1980, Bd. II, 739-862; Bernard HAMILTON, The Impact of Crusader Jerusalem on Western Christendom, Catholic Historical Review 80 (1994), 695-713; Josef ENGELMANN, Das Jerusalem der Pilger. Kreuzauffindung und Wallfahrt, in: Jahrbuch für Antike und Christentum, Ergänzungsband 20/1 (1995), 24-36; Yvonne FRIEDMAN, The City of the Kings: Jerusalem in the Crusade Period, in: The Centrality of Jerusalem: Historical Perspectives, hg. v. Marcel POORTHUIS und Chana SAFRAI, Kampen 1996, 190-216; John FRANCE, Le rôle de Jérusalem dans la piété du Xie siècle, in: Le partage du monde: échanges et colonisation dans la méditerranée médiévale, hg. v. Michel BALARD und Alain DUCELLIER (Série Byzantina Sorbonensia 17), Paris 1998, 151-162

[12] Berent SCHWINEKÖPER, Christus-Reliquien und Politik. Studien über die Mentalität der Menschen des frühen Mittelalters, insbesondere über die religiöse Haltung und sakrale Stellung der früh- und hochmittelalterlichen deutschen Kaiser und Könige, Blätter für deutsche Landesgeschichte 117 (1981), 183-281, hier: 194-196, 247-255, 272-275; Johannes LAUDAGE, Priesterbild und Reformpapsttum im 11. Jahrhundert (Beihefte zum Archiv für Kulturgeschichte 22), Köln - Wien 1984; Jean CHÂTILLON, The Spiritual Renaissance of the End of the Eleventh Century and the Beginning of the Twelfth, The American Benedictine Review 36 (1985), 292-317; Giles CONSTABLE, Three Studies in Medieval Religious and Social Thought, Cambridge 1995, 143-248, hier: 199-217; Giles CONSTABLE, The Reformation of the Twelfth Century, Cambridge 1996, 278-282.

[13] Wolfgang SCHMALE, Historische Komparatistik und Kulturtransfer. Europageschichtliche Perspektiven für die Landesgeschichte. Eine Einführung unter besonderer Berücksichtigung der Sächsischen Landesgeschichte (Herausforderungen 6), Bochum 1998, 108.

Bauwerke oder gar deren eigentliche Nachbildung von einer durch wirtschaftliche und politische Kontakte, aber auch durch andere Formen der Mobilität wie etwa das Pilgerwesen geförderte Erweiterung des Horizonts, ja sogar von einer gewissen Globalisierung[14]. Das Zitat als Bedeutungsträger setzte nämlich ein zumindest rudimentär entwickeltes, überregionales architektonisches Zeichensystem voraus, ein Zeichensystem freilich, das nicht nur aufgegriffen, sondern auch abgewandelt wurde.

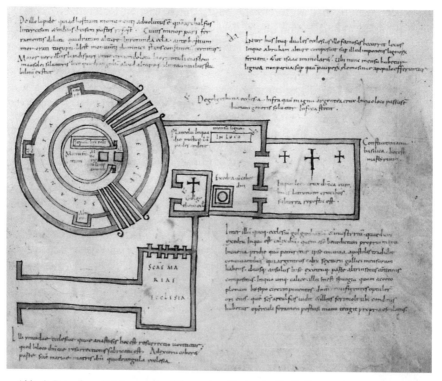

Abb. 4: Jerusalem, Zeichnung des Adomannus; Karlsruhe, Badische Landesbibliothek, Hs. Aug. perg. 129 fol. 10ʳ, mit freundlicher Genehmigung der Badischen Landesbibliothek.

---

[14] Johannes FRIED, Jerusalemfahrt und Kulturimport. Offene Fragen zum Kreuzzug Heinrichs des Löwen, in: Der Welfenschatz und sein Umkreis, hg. v. Joachim EHLERS und Dietrich KÖTZSCHE, Mainz 1998, 111-139.

Bauherren und Auftraggeber sorgten sich denn auch darum, etwa durch Reisende, Gesandte oder Pilger die genauen Ausmaße der Grabeskirche in Erfahrung zu bringen[15]. Es sind sogar vereinzelte zeitgenössische Grundrißzeichnungen des Baus tradiert, von denen die immer wieder abgebildeten Darstellungen des Adamnanus zum Reisebericht des Arculf vom Ende des 7. Jahrhunderts zweifellos die bekanntesten sind (Abb. 4)[16]. In Einzelheiten wiechen diese Darstellungen beträchtlich voneinander ab, sie stimmen aber darin überein, daß sie die Grabeskirche als Rotunde oder als Polygon wiedergeben. Die Nachbauten wiederum konnten, mußten aber nicht die Form einer Rundkirche haben; oftmals reichte allein der Weihetitel oder ein architektonisches Zitat, um das Gebäude als eine Vergegenwärtigung der heiligen Stätte zu kennzeichnen. Und die Zeitgenossen begriffen die Andeutung sehr wohl. In Nürnberg z. B. wurde zwischen 1490 und 1493 ein Kreuzweg angelegt, der über das sogenannte „Pilatushaus" über einen als „Cedron-Bach" bekannten Wasserlauf in der Burgschmiedgasse zum Kalvarienberg auf dem Johannisfriedhof und der daneben errichteten Heiliggrabkapelle führte[17]. Die

---

[15] Günther BINDING, Baubetrieb im Mittelalter, Darmstadt 1993, 178f; Matthias MÜLLER, Als Werkmeister Spiskin mit den Stiftsdamen von Saint-Waudru auf Reisen ging. Zum Phänomen des internationalen Austauschs von Architekturformen und Bautechnologie im Mittelalter, in: Fremdheit und Reisen im Mittelalter, hg. v. Irene ERFEN und Karl-Heinz SPIEß, Stuttgart 1997, 147-163.

[16] Adamnanus, De locis sanctis, in: Itinera Hierosolymitana (Corpus scriptorum ecclesiasticorum latinorum 39), ed. Paul GEYER, Wien 1897, 221-297. Abbildungen der Zeichnungen des Adomannus bei John WILKINSON, Jerusalem Pilgrims before the Crusades, Warminster 1977, 103-197, Abb. 1-6; spätere Darstellungen in: Franz NIEHOFF, Umbilicus Mundi – Der Nabel der Welt. Jerusalem und das Heilige Grab im Spiegel von Pilgerberichten und -karten, Kreuzzügen und Reliquiaren, in: Ornamenta ecclesiae. Kunst und Künstler der Romanik, 3 Bde., hg. v. Anton LEGNER, Köln 1985, Bd. III, 53 - 72, 77-79, Abb. H 5-6; vgl. UNTERMANN, Zentralbau im Mittelalter (wie Anm. 8), 35-39; Kenneth NEBENZAHL, Atlas zum Heiligen Land. Karten der Terra Sancta durch zwei Jahrtausende, Stuttgart 1996, 14-41.

[17] Reiner ZITTLAU, Heiligrabkapelle und Kreuzweg. Eine Bauaufgabe in Nürnberg um 1500 (Nürnberger Werkstücke zur Stadt- und Landesgeschichte 49), Nürnberg 1992, 81-82, 139-142; Hartmut HELLER, Nürnberger Jerusalempilger in Kairo. Bemerkungen zur historischen Fremdenverkehrs- und Stadtgeographie in den Reiseberichten des Hans Tucher (1479) und Christoph Fürer (1565), in: Festschrift für Wigand Ritter zum 60. Geburtstag (Nürnberger Wirtschafts- und Sozialgeographische Arbeiten 46), hg. v. Rasso RUPPERT und Karl-Ludwig STORCK; Nürnberg 1993, 201-233, hier: 202. Zur Jerusalemverehrung in Nürnberg siehe Johann KAMANN, Die Pilgerfahrten Nürnberger Bürger nach Jerusalem im 15. Jahrhundert, Mitteilungen des Vereins für Geschichte der Stadt Nürnberg 2 (1880), 78-163; Theodor AIGN, Die Ketzel. Ein Nürnberger Handelsherrn- und Jerusalempilgergeschlecht (Freie Schriftenfolge der Gesellschaft für Familienforschung in Franken 12), Neustadt/Aisch 1961.

Projektion Jerusalems ging also so weit, daß sogar die Topographie der Heiligen Stadt direkt auf die der fränkischen Metropole übertragen wurde. Als Grundlage für die Errichtung des Kreuzwegs dürften die Reiseerfahrungen gedient haben, die Mitglieder führender Patrizierfamilien wie die Ketzel, Tucher und Rieter bei Besuchen im Heiligen Land gemacht hatten[18].

Die Reihe der Zitate und Imitationen Jerusalems in Franken ließe sich etwa um die Heiliggrabkapelle von Neunkirchen am Brand oder die Katharinenkapelle von Altenfurt bei Nürnberg verlängern[19]; aber hier soll kein Katalog oberdeutscher oder gar fränkischer Heiliggrabkapellen und Rundbauten vorgestellt werden. Vielmehr wird im folgenden anhand ausgewählter Beispiele einer enger gesteckten, konkreten Fragestellung nachgegangen, nämlich derjenigen, ob Institutionen aus den Kreuzfahrerstaaten durch die Errichtung eigener Kirchen oder die Verbreitung von Reliquien die Vorstellungen von Jerusalem im lateinischen Westen prägten und damit am Kulturtransfer von Ost nach West teilhatten. Dies wird am Beispiel zweier Formen materieller Vergegenwärtigungen untersucht: in einem ersten Abschnitt anhand von Heiliggrabnachbildungen, die in der Form romanischer Rund- oder Vieleckkirchen errichtet wurden, und in einem zweiten Abschnitt anhand hochmittelalterlicher Heiligkreuzreliquiare.

---

[18] ZITTLAU, Heiligrabkapelle und Kreuzweg (wie Anm. 17), 85-88. Ein vergleichbarer, nur wenige Jahre später in Bamberg entstandener Kreuzweg begann an einem ebenfalls als „Pilatushaus" bekannten Bau (ebd., 89-92; Die Kunstdenkmäler von Bayern, Bd. 8,6,2: Stadt Bamberg 4: Bürgerliche Bergstadt, München 1997, 1621-1626). Zwar sieht der Autor in der Nürnberger Kapelle keine direkte Imitation der Jerusalemer Anastasis (ebd., 96-103), aber zeitgenössische Autoren erkannten sehr wohl einen klaren Zusammenhang zwischen beiden Bauten (ebd., 97).

[19] Weitere hochmittelalterliche Beispiele aus dem Würzburger Raum nennt UNTERMANN, Der Zentralbau im Mittelalter (wie Anm. 8), 263-264, zu verweisen ist aber auch auf die Heiliggrabkirchen in Eichstätt aus dem 12. Jahrhundert und die um 1508 errichtete Annenkapelle in Augsburg: Helmut FLACHENECKER, Das Schottenkloster Heiligkreuz in Eichstätt, Studien und Mitteilungen aus dem Benedictiner und Cistercienserorden 105 (1994), 65-94; Georg KEMPFER, Das Grab Christi im Bistum Augsburg, Jahrbuch des Vereins für Augsburger Bistumsgeschichte 4 (1970), 117-125. Zum Oberpfälzer Raum siehe Otto SCHMIDT, Ölberg und hl. Grab in Amberg, in: Oberpfälzer Ostern. Ein Hausbuch von Fastnacht bis Pfingsten, hg. v. Erika EICHENSEER und Adolf J. EICHENSEER, Regensburg 1996, 193-196. Für Hinweise zur Heiliggrabverehrung in Franken und Bayern bin ich Prof. K. Guth (Bamberg) und Prof. H. Heller (Erlangen-Nürnberg) zu Dank verpflichtet.

II.

Eine Vielzahl romanischer Rundbauten ist erhalten, die ganz unverkennbar die Jerusalemer Anastasis zum Vorbild hat. Ist der Bezug dieser Kirchen zu den Heiligen Stätten eindeutig, so sind ihre Entstehungszeiten und Bauherren oftmals nicht bekannt. Bis in unsere Tage hinein wurde immer wieder auf einen palästinensischen Ritterorden hingewiesen, wenn es galt, den Ursprung romanischer Rundkirchen zu erklären. Der vielfach mit der Aura des geheimnisvollen umgebenen, 1312 untergegangene Templerorden bot sich aus verschiedenen Gründen als Bauherr an. Die Templer hatten nachweislich die Rundkirchen von Tomar, London, Metz, Laon und Paris errichtet[20], ihre Beziehung zu den Heiligen Stätten war offenkundig, und ihre Güter waren zu Beginn des 14. Jahrhunderts größtenteils vom Johanniterorden inkorporiert worden − in dessen Besitz sich wiederum in späterer Zeit einige der bekanntesten Rotunden befanden. Allerdings wurde bei diesem bequemen Erklärungsmodell übersehen, daß auch die Güter anderer Orden in den Besitz des Hospitals übergingen und daß auch die Johanniter selbst vereinzelt Rotunden errichtet hatten[21]. Dennoch konnte sich die These halten, nicht zuletzt wegen des Ansehens ihrer frühen Vertreter Lenoir, Viollet-Le-Duc und Dehio[22], aber auch wegen des Interesses, das der Templerorden aufgrund

---

[20] Elie LAMBERT, L'architecture des Templiers, Bulletin Monumental 112 (1954), 7-60, 129-166, 134-150; vgl., mit Hinweisen zu älterer Literatur: Stefanie DATHE, Die Kirche la Vera Cruz in Segovia. Untersuchungen zur Bedeutung des romanischen Zentralbaus, Mitteilungen der Carl Justi Vereinigung 5 (1993), 92-121, hier: 101-102; Joan FUGUET I SANS, L´arquitectura dels Templers a Catalunya, Barcelona 1995, sowie die Beiträge in: Monaci in armi. L'architettura sacra dei templari attraverso il Mediterraneo, atti dal I Convegno „I templari e San Bernardo di Chiaravalle", Certosa di Firenze 23-24 Ottobre 1992, hg. v. Goffredo VITI / Antonio CADEI und Valerio ASCANI, Certosa di Firenze 1995, mit Bibliographie 299-303.

[21] So in Clerkenwell in London, Little Marpelstead in Essex, Conciavia bei Asti und Pisa: William H. J. HOPE, Round-naved Churches in England and their Connexion with the Orders of the Temple and the Hospital of Saint John of Jerusalem, Archeologia Cantiana 33 (1918), 63-70; Michael GERVERS, Rotundae Anglicanae, in: Évolution génerale et développements régionaux en histoire de l'art (Actes du XXIIe Congrès international d'histoire de l'art, Budapest 1969), 2 Bde., Budapest 1972, Bd. I, 359-376; Aldo di RICALDONE, Templari e Gerosolimitani di Malta a Piemonte del XII al XVIII secolo, Madrid 1979, 304-305; Berthold WALDSTEIN-WARTENBERG, Die Vasallen Christi. Kulturgeschichte des Johanniterordens im Mittelalter, Wien - Köln - Graz 1988, 400.

[22] Albert LENOIR, Architecture monastique, 2 Bde., Paris 1852, Bd. I, 389; Eugène VIOLLET-LE-DUC, Sépulchre, in: Dictionnaire raisonné de l'architecture française, Paris 1854-1868,

seiner vermeintlich mysteriösen und magischen Praktiken von jeher genießt. Die ebenfalls zu allerhand Deutungen einladende, in der abendländischen Architekturgeschichte eher ungewöhnliche Form der Rundkirchen ließ sich aufs Beste mit den mittelalterlichen „murdered magicians" verbinden[23]. Freilich wurde auch früh Kritik an diesem Konstrukt laut. Zurecht wurde darauf hingewiesen, daß viele Rundkirchen niemals dem Johanniter- bzw. dem Templerorden unterstanden, sondern als Burgkapellen, als Annexbauten von Kathedralskirchen oder als Pfarrkirchen errichtet worden waren. Vor allem die bahnbrechenden Untersuchungen Elie Lamberts[24] haben dazu beigetragen, die traditionelle Architekturtypologie des Templerordens zu relativieren. Selbst wenn diese nach wie vor und trotz aller Erträge der Forschung das populäre Bild des mittelalterlichen Zentralbaus prägt[25], kann es hier nicht darum gehen, erneut die Vielfältigkeit dieser Bauform oder die Vielgestaltigkeit der Templerkirchen herauszustellen – dies alles ist bereits ausführlich und überzeugend vorexerziert worden. Stattdessen soll eine Beobachtung auf den Prüfstand gestellt werden, die als Argument gegen die Existenz einer eigenständigen Typologie der Templerkirchen in diese Forschungsdiskussion eingebracht worden ist[26].

Bd. VI, 290 und Temple, ebd. Bd. IX, 12-20; Georg DEHIO u. Gustav von BEZOLD, Die kirchliche Baukunst des Abendlandes Bd. I, Stuttgart 1892, 542, 554-556.

[23] Peter PARTNER, The Murdered Magicians. The Templars and their Myth, Oxford 1982; Oskar HOLL, Kreis, in: Lexikon der Christlichen Ikonographie, Bd. II, Rom - Freiburg - Basel - Wien 1970, 560-562; Barbara BRONDER, Das Bild der Schöpfung und Neuschöpfung der Welt als „orbis quadratus", Frühmittelalterliche Studien 6 (1972), 188-210; Manfred LURKER, Der Kreis als Symbol im Denken, Glauben und künstlerischen Gestalten der Menschheit, Tübingen 1981. Zur Bedeutung der Kreisform für die Wiedergabe Jerusalems in der mittelalterlichen Kartographie siehe den Beitrag von Ingrid BAUMGÄRTNER in diesem Band.

[24] Seine Arbeiten flossen zusammen in: LAMBERT, Architecture des Templiers (wie Anm. 20).

[25] So z. B. GERVERS, Rotundae anglicanae (wie Anm. 21). Noch jüngst ist versucht worden, dieses Modell dadurch zu retten, daß man lediglich bei den wichtigeren Ordensniederlassungen den Bau von Rundkirchen zu konstatieren meinte (Templari e Ospedalieri in Italia. La chiesa di San Bevignate a Perugia [Quaderni storici del Comune di Perugia 4], hg. v. Renzo PARDI, L'architettura sacra degli ordine militari, in: Mario RONCETTI / Pietro SCARPELLINI u. Francesco TOMMASI, Mailand 1987, 27-37, hier: 27-28, 33-34); prototypisch ist der letztgenannte Beitrag auch wegen seiner fehlerhaften Zuschreibungen: Von den drei spanischen Rotunden, die angeblich den Templern unterstanden (Torres del Río, Segovia, Eunate – siehe ebd., 33) war keine einzige eine Dependance des Ordens.

[26] Neben den in Anm. 3 aufgeführten zusammenfassenden Darstellungen: Maur COCHERIL, Les ordres militaires et hospitaliers, in: Les ordres religieux. La vie et l'art, hg. v. Gabriel LE BRAS, Paris 1979, 654-728 – keine kunsthistorische Studie, freilich mit einer Vielzahl an Abbildungen. Karoly KOZAK, Constructions dans la Hongrie des XII-XV° siècles des ordres

Es ist nämlich bekannt, daß selbst die nachweislich von den Johannitern inkorporierten Rundkirchen nicht auf eine einzige Institution zurückgehen. Von manchen läßt sich belegen, daß sie weder dem Templer- noch dem Johanniterorden, sondern einer dritten Gemeinschaft der Kreuzfahrerstaaten unterstanden, einem Orden, der jedoch nur selten in diesem Zusammenhang Erwähnung findet: dem *ordo Sanctissimi Sepulcri Hierosolymitani* – also der Orden vom Heiligen Grab[27].

Die unmittelbar nach der Eroberung durch die Kreuzfahrer im Jahre 1099 gegründete, 1114 regulierte und 1489 dem Johanniterorden inkorporierte Kanonikergemeinschaft vom Heiligen Grab verfügte über eine Vielzahl von Niederlassungen in allen Ländern der lateinischen Christenheit. Es handelt sich bei ihr um einen der vielen kleineren, internationalen Orden, die das Mittelalter zwar nicht so stark prägten wie die großen geistlichen Verbände, aber über Jahrhunderte hinweg mit ihren von England bis nach Sizilien, von Polen bis Portugal reichenden Niederlassungsnetzen an Austausch- und Kommunikationsprozessen des christlichen Abendlandes teilhatten[28]. In

---

de chevalerie et d'hospitaliers et leur influence, Acta Archeologica 34 (1982), 71-130; Javier CASTAN LANASPA, Arquitectura templaria castellano-leonesa (Arte y Arqueología 1), Valladolid 1983; Anne Marie LEGRAS, Les commanderies des Templiers et des Hospitaliers de Saint-Jean de Jérusalem en Saintonge et en Aunis, Paris 1983. Mit Einschränkungen (s. oben): PARDI, L'architettura sacra degli ordine militari (wie Anm. 21), 33-36. Einige der hier in Kapitel II vorgestellten Ergebnisse wurden bereits zur Diskussion gestellt in: Nikolas JASPERT, Kanonicy zakonu bożogrobców i ich naśladownictwa jerozolimskiego kościoła grobu Św, in: Ziemia święta w rzeczywistości i legendzie średniowiecza (Materiały XVI Seminarium Mediewistycznego), Poznan 1996, 40-49.

[27] Kaspar ELM, „Fratres et sorores Sanctissimi Sepulcri". Beiträge zur *fraternitas, familia* und weiblichem Religiosentum im Umkreis des Kapitels vom Heiligen Grab, Frühmittelalterliche Studien 9 (1975), 287-334; DERS., Quellen zur Geschichte des Ordens vom Heiligen Grab in Nordwesteuropa aus deutschen und niederländischen Archiven (1191-1603), Brüssel 1976; DERS., St. Pelagius in Denkendorf. Die älteste deutsche Propstei des Kapitels vom Heiligen Grab in Geschichte und Geschichtsschreibung, in: Landesgeschichte und Geistesgeschichte. Festschrift für Otto Herding (Veröffentlichungen der Kommission für Geschichtliche Landeskunde in Baden-Württemberg B/92), hg. v. Kaspar ELM / Eberhard GÖNNER und Eugen HILLENBRAND, Stuttgart 1977, 80-130; DERS., Kanoniker und Ritter vom Heiligen Grab. Ein Beitrag zur Entstehung und Frühgeschichte der palästinensischen Ritterorden, in: Die geistlichen Ritterorden Europas (Vorträge und Forschungen 26), hg. v. Josef FLECKENSTEIN und Manfred HELLMANN, Sigmaringen 1980, 141-171; DERS., Mater ecclesiarum (wie Anm. 7), jetzt gesammelt in: DERS., Umbilicus Mundi. Beiträge zur Geschichte Jerusalems, der Kreuzzüge, des Ordens der regulierten Chorherren vom Hlg. Grab und der Ritterorden, Brugge 1998.

[28] Zur Bedeutung der Orden für die Kommunikation siehe: Hartmut BOOCKMANN, Der Deutsche Orden in der Kommunikation zwischen Nord und Süd, in: Kommunikation und

mancher Rotunde, die den Templern zugeschrieben wird, versahen denn auch in Wirklichkeit die mit dem doppelbalkigen Patriarchenkreuz gekennzeichneten Kanoniker den liturgischen Dienst. Diese Bauten stellen einige der bedeutendsten romanischen Nachbildungen der Jerusalemer Grabeskirche dar, die bis heute erhalten sind. Nach Ansicht eines Teiles der Forschung soll die Kanonikergemeinschaft in sinnstiftendem Rekurs durch die Architektur ihrer Kirchen auf ihren besonderen Bezug zu den Heiligen Stätten verwiesen haben[29]. Damit hätten die Chorherren durch ihre Baukunst den Gläubigen, die den beschwerlichen Weg nach Jerusalem nicht gehen wollten oder konnten, die Möglichkeit gegeben, die Heilsgeschichte vor Ort zu kommemorieren und Jerusalem gerade dort, wo die Kanoniker ihren Dienst versahen, zu feiern und zu verehren. Aber bevor man die Rundkirche als eine charakteristische oder gar archetypische Bauform des Kanonikerordens vom Heiligen Grab bezeichnet, sollte überprüft werden, inwieweit die Chorherren tatsächlich für die Errichtung der Rotunden verantwortlich waren, die ihnen unterstanden.

Meines Wissens lassen sich vier Rundkirchen zweifelsfrei als Dependancen des Ordens vom Heiligen Grab bezeichnen[30]. Drei von ihnen

---

Mobilität im Mittelalter. Begegnungen zwischen dem Süden und der Mitte Europas (11.-14. Jh.), hg. v. Siegfried W. DE RACHEWILTZ und Josef RIEDMANN, Sigmaringen 1995, 179-190; Jörg OBERSTE, Institutionalisierte Kommunikation. Normen, Überlieferungsbefunde und Grenzbereiche im Verwaltungsalltag religiöser Orden des hohen Mittelalters, in: De ordine vitae. Zu Normvorstellungen, Organisationsformen und Schriftgebrauch im mittelalterlichen Ordenswesen (Vita Regularis 1), hg. v. Gert MELVILLE, Münster 1996, 59-99; Jörg OBERSTE, Visitation und Ordensorganisation. Formen sozialer Normierung, Kontrolle und Kommunikation bei Cisterziensern, Prämonstratensern und Cluniazensern, 12. - frühes 14. Jh. (Vita Regularis 2), Münster 1996; Nikolas JASPERT, Centro y periferia. Los superiores de la Orden del Santo Sepulcro y sus prioratos en la Corona catalano-aragonesa, in: La Orden del Santo Sepulcro. Actas de las Segundas Jornadas de Estudio, Zaragoza, 23-26 noviembre de 1995, Zaragoza 1996, 125-139.

[29] So BRESC-BAUTIER, Imitations du Saint-Sépulcre (wie Anm. 8), 329. Auf die Wichtigkeit wirklicher oder vermeintlicher Ursprungstraditionen in der monastischen Welt hat in einem breiten Überblick hingewiesen: Kaspar ELM, Die Bedeutung historischer Legitimation für Entstehung, Funktion und Bestand des mittelalterlichen Ordenswesens, in: Herkunft und Ursprung. Historische und mythische Formen der Legitimation, hg. v. Peter WUNDERLI, Sigmaringen 1994, 71-91.

[30] Die Heiliggrabnachbildung von Culemborg in Holland ist nicht in diese Gruppe aufgenommen worden, da sie erst im Jahre 1492, also nach der Auflösung des Mutterhauses, errichtet wurde: Zuster HERESWITHA, Inleiding tot de Geschiedenis van het Kloosterwezen in de Nederlanden A: Orden onstaan in de Middeleuwen, Bd. II/1/f: Orde van het Heilig-Graf (Archives et Bibliothèques de Belgique 15), Brüssel 1975, 104-105. Gleiches trifft auf die Prioratskirche im aragonesischen Calatayud zu.

befinden sich auf der Iberischen Halbinsel. Die älteste, *el Sant Sepulcre d'Olèrdola*, liegt bei La Tallada in Katalonien und befindet sich heute als Annexkapelle eines Gehöftes in Privatbesitz (Abb. 5 und 6)[31].

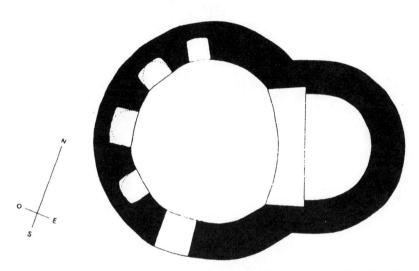

Abb. 5: Olérdola, El Sant Sepulcre, Grundriß; nach: Matthias UNTERMANN, Der Zentralbau im Mittelalter. Form - Funktion - Verbreitung, Darmstadt 1989, 68.

Die kleine, nur zehn Meter breite und acht Meter hohe Rotunde weist auf der Ostseite eine Apsis, auf der Westseite drei rechteckige Wandnischen und einen Zugang auf. Reste der Ausmalung, die ursprünglich den gesamten Innenraum bedeckte, haben sich vor allem in den Wandnischen erhalten; ihre ikonographische Deutung ist freilich kaum in einen Zusammenhang zum Heiliggrabpatrozinium zu bringen[32].

---

[31] Jordi VIGUE u. a., Les esglesies romàniques catalanes de planta circular i triangular (Artestudi. Art romànic 3), Barcelona 1975, 17-54; Xavier BARRAL I ALTET, Les pintures murals romàniques d'Olèrdola, Calafell, Marmellar i Matades (Art Romànic 11), Barcelona 1980; Nuria DALMASES u. Antoni JOSE I PITARCH, Història de l'art català 1: Els inicis i l'art romànic s. IX - XII, Barcelona 1986, 173-175; Josefina ARRIBAS VINUESA, La vocación al Santo Sepulcro en Cataluña: monasterios, iglesias y advocaciones, in: Orden del Santo Sepulcro (wie Anm. 7), 207-221; Catalunya Romànica, Bd. XIX: El Penedès, Barcelona 1992, 147-151.

[32] Zwar meint Josefina Arribas Vinuesa, die Darstellungen seien „suficientes para demostrar la existencia de un programa iconográfico, centrado en la obra de Salvación por la redención de Jesús" (ARRIBAS VINUESA, Vocación [wie Anm. 31], 211), ihre Ausführungen, die auf Xavier BARRAL I ALTET (Pintures murals [wie Anm. 31], 34) zurückgehen, können jedoch letztlich nicht überzeugen. Zurecht wurde jüngst vor Hypothesen bezüglich eines festen

233

Abb. 6: Olérdola, El Sant Sepulcre. Fotographie: Joan Albert Adell, Sant Cugat del Vallès.

ikonographischen Programms gewarnt: „és arriscat donar una conclusió definitiva pel que fa al programa iconogràfic" (Catalunya Romànica [wie Anm. 31], 150).

234

Die Beziehung zwischen dem Bau und der Jerusalemer Grabeskirche liegt dagegen auf der Hand. Nicht nur der Weihetitel und die runde Gestalt der Kapelle weisen diese als eine Replik der Anastasis aus: Der rechteckige Vorraum, der zwischen Chor und dem eigentlichen Rundbau gelegt wurde, fand in der Jerusalemer Grabeskirche bis zu ihrer Umgestaltung durch die Kreuzfahrer in der Mitte des 12. Jahrhunderts seine Entsprechung[33]. Läßt sich daher allein aufgrund des Grundrisses eine Entstehungszeit der katalanischen Kirche vor dem Jahre 1099 vermuten, so gibt die Quellenüberlieferung endgültige Gewißheit darüber, daß sie vor der Mitte des 11. Jahrhunderts entstand: In seinem im Original überlieferten Testament vom 10. Februar 1058 vermachte der katalanische Ritter Seniol Guillem der *ecclesia qui est edificata in onore Sanctum Sepulcrum Domini prope ipsa Taliata* mehrere Gehöfte mitsamt umfangreicher Liegenschaften sowie Geld zum Erwerb liturgischer Bücher[34]. Sechzig Jahre später unterstand die Kirche bereits dem Jerusalemer Kapitel, spätestens 1174 wurde sie dem Heiliggrabpriorat Santa Anna in Barcelona unterstellt.[35]

Anders als bei der Heiliggrabkirche von Olèrdola ist die Datierung der wohl berühmtesten Rundkirche Spaniens, La Vera Cruz vor den Toren Segovias, umstritten. Der innen runde, außen zwölfeckig gebrochene Bau mit Umgang und triapsidialer Choranlage (Abb. 7 und 8) ist zurecht als ein Schatz der Kunst Spaniens bezeichnet worden[36].

---

[33] Virgilio C. CORBO, Il Santo Sepolcro di Gerusalemme - Aspetti archeologici dalle origine al periodo crociato (Studium Biblicum Franciscanum, Collectio Maior 29), 3 Bde., Jerusalem 1981-1982; mit Zusätzen: Robert C. OUSTERHOUT, Rebuilding the Temple: Constantine Monomachus and the Holy Sepulchre, Journal of the Society of Architectural Historians 68,1 (1989), 66-79; Martin BIDDLE, Das Grab Christi: neutestamentliche Quellen, historische und archäologische Forschungen, überraschende Erkenntnisse (Biblische Archäologie und Zeitgeschichte 5), Giessen [u. a.] 1998 (Engl. Original Stroud 1999); DAVID, Das Heilige Grab von Jerusalem (wie Anm. 8).

[34] „concedo [...] *solario et mansiones et curtes et terra* [...] *et insulas* [...] *et modiatas III* [...] *et quarterades V* [...] *et budiga de tera culta et alia pecia de tera* [...] *et terras et vineas* [...] *et mansiones et aquas* [...] *emere faciatis libros ad pretaxata ecclesia*" (Jesus ALTURO I PERUCHO, L'arxiu antic de Santa Anna de Barcelona del 942 al 1200 (Aproximació històrico-lingüística), 3 Bde. (Fundació Noguera. Textos i Documents 8-10), Barcelona 1985, Bd. II, Nr. 70, nochmalige Bestätigung auf dem Sterbebett: Ebd., Nr. 78).

[35] Nikolas JASPERT, Stift und Stadt. Das Heiliggrabpriorat von Santa Anna und das Regularkanonikerstift Santa Eulàlia del Camp im mittelalterlichen Barcelona, 1145-1423 (Berliner Historische Studien 24, Ordensstudien X), Berlin 1996, S. 406-408.

[36] Francisco Javier CABELLO Y DODERO, La iglesia de la Vera Cruz de Segovia, Estudios Segovianos 3 (1951), 425-445; Juan de CONTRERAS, Algunas antecedentes de la iglesia de la Vera Cruz, Boletín de la Sociedad Española de Excursiones 58 (1954), 5-19; Santos SAN

Abb. 7: Segovia, La Vera Cruz, Außenansicht; nach: Hispania Romanica. Die hohe Kunst der romanischen Epoche in Spanien, hg. v. Marcel DURLIAT, Wien-München 1962, Tafel 190.

CRISTOBAL SEBASTIÁN, Zamarramala. Su historia, su arte y su vida, Zamarramala 1981; Inés RUIZ MONTEJO, Una iglesia reliquiario de atribución incierta: La Vera Cruz de Segovia, En la España medieval 5 (1986), 1003-1018; DATHE, Kirche la Vera Cruz in Segovia (wie Anm. 20). Antonio CADEI, Architettura sacra templare, in: Monaci in armi. L'architettura sacra dei templari attraverso il Mediterraneo, atti dal I Convegno „I templari e San Bernardo di Chiaravalle", Certosa di Firenze 23-24 Ottobre 1992, hg. v. Goffredo VITI / Antonio CADEI und Valerio ASCANI, Certosa di Firenze 1995, 15-174, hier: 97-136; Heribert SUTTER, Form und Ikonologie spanischer Zentralbauten. Torres del Río, Segovia, Eunate, Weimar 1997, 73-106. Herzlichen Dank an Herrn Sutter (Kiel) für die Überlassung der Abbildungsvorlagen.

Seine Außenfläche wird in der Horizontalen durch einen ungefähr einen Meter hohen, umlaufenden Sockel, ein auf schlichten Konsolen ruhendes Kranzgesims sowie die in jede Polygonwand eingeschnittenen Rundbogenfenster gegliedert; die Vertikale betonen Strebepfeiler an den Polygonecken. Mit seinem zentralen, zweigeschossigen Baukörper und dem niedrigen, tonnengewölbten Umgang weist der Bau große Ähnlichkeit zur Templerkirche im portugiesischen Tomar auf. Deshalb, vor allem aber wegen einer gefälschten Urkunde Honorius' III., wurde die Kirche lange den Templern zugeschrieben. Inzwischen kann als gesichert gelten, daß La Vera Cruz, die über jahrhunderte hinweg das Heiliggrabpatrozinium trug, den Kanonikern vom Heiligen Grab unterstand, denn für die Jahre 1424 und 1449 ist bei der jährlichen Kapitelsitzung am Sitz der Provinzialleitung im kastilischen Toro ein Kommendator der Heiliggrabniederlassung von Segovia bezeugt[37].

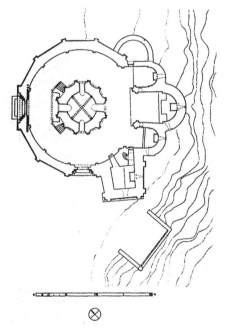

Abb. 8: Segovia, La Vera Cruz, Grundriß; nach: Heribert SUTTER, Form und Ikonologie (wie Anm. 36), Tafel 34.

---

[37] 1424: Archivo Histórico Nacional (Madrid), Ordenes Militares, Orden de S. Juan - Castilla, Carpeta 569, Nr. 36, fol. 2^V; 1449: Enrique FERNÁNDEZ PRIETO, La iglesia del Santo Sepulcro de Toro estuvo constituída en cabeza de esta órden en los reinos de Castilla, León, Portugal y Navarra, Hidalguía 136 (1976), 339-344.

Damit steht das rechtliche Abhängigkeitsverhältnis der Kirche zwar fest, unklar bleibt jedoch, ob tatsächlich Kanoniker vom Heiligen Grab in ihr den liturgischen Dienst versahen – und wenn ja, wann sie sich dort etablierten. Ebenso ungeklärt ist die Entstehungszeit der Rotunde. Eine an der Außenwand der Ädikula angebrachte, nach Schrift und äußerer Form dem Beginn des 13. Jahrhunderts zuschreibbare Tafel bringt in dieser Frage nur scheinbaren Aufschluß. In ihr wird die Weihe der Kirche auf den 13. April 1208 datiert[38]. Daraus zu schließen, die Kirche sei „wohl von Teilnehmern des 4. (erfolglosen) Kreuzzugs von 1202-1204 gestiftet" worden, ist freilich nicht zulässig[39]. Selbst Weihe- und Gründungsdatum müssen keineswegs übereinstimmen, worauf sogar die Tafel selbst hinzudeuten scheint. Sie besteht aus einer anderen Kalksteinart als diejenige, die beim Bau Verwendung fand, und auch die Formulierung des Textes läßt eine zeitliche Trennung zwischen den als *fundantes* bezeichneten Stiftern des Hauses und seinen *gubernantes* vermuten. In der Tat führt bereits die Bulle *Habitantes in domo* aus dem Jahre 1128 eine Heiliggrabkirche von Segovia auf[40]. Zu einem solch frühen Zeitpunkt sind jedoch keine funktionsfähigen Niederlassungen des Ordens vom Heiligen Grab auf der Iberischen Halbinsel belegt. Es ist daher wahrscheinlich, daß die Entstehung und somit auch die Gestalt der Heiliggrabkirche von Segovia, nicht auf ihre späteren Leiter, die Kanoniker, sondern auf ihre unbekannten Gründer zurückzuführen ist.

Im Falle der dritten Rundkirche des Heiliggrabordens auf der Iberischen Halbinsel erweist sich die Frage der Datierung als sehr kompliziert. Bis vor kurzem war noch nicht einmal bekannt, daß die heutige Pfarrkirche *del Santo Sepulcro* von Torres del Río in Navarra[41] dem Orden unterstand (Abb. 9 und

---

[38] *Haec sacra fundantes celesti sede locentur atque gubernantes in eadem consocientur. Dedicatio ecclesiae beati Sepulcri idus aprilis era MCCXLVI.*

[39] UNTERMANN, Zentralbau im Mittelalter (wie Anm. 8), 70. Mit letztlich nicht überzeugenden Argumenten kommt CADEI (Architettura [wie Anm. 36], 121) zu einer ähnlichen Datierung; überdies vermutet er eine gemeinsame Nutzung der Kirche durch Templer und Heiliggrabkanoniker (ebd., 105), wofür aber keinerlei Hinweise vorliegen.

[40] [...] *in episcopatu Secovino ecclesiam sancti Sepulcri* (HIESTAND, Kirche, Nr. 88); Vgl. die Erwähnung der Kirche als *ecclesia Sant Sepulcro* in einer Abgabenliste des Bischofs von Segovia aus dem Jahre 1246: Peter LINEHAN, A Survey of the Diocese of Segovia (1246-1247), Revista Española de Teología 41 (1981), 163-207, hier: 194.

[41] Pedro Emiliano ZORRILLA, Otra iglesia de Templarios en Navarra: El Santo Sepulcro en la villa de Torres del Río, Boletín de la Comisión de Monumentos de Navarra 19 (1924), 129-139; Elie LAMBERT, Les chappelles octogonales d'Eunate et de Torres del Río, in: Memorial de Henri Basset. Nouvelles études nord-africaines et orientales, Paris 1928, 1-8; Maria Concepción GARCIA GAINZA / María Carmen HEREDIA MORENO / Jesús RIVAS CARMONA

10). Sie findet weder in der erwähnten Bulle noch in anderen apostolischen Bestätigungsurkunden des 12. Jahrhunderts Erwähnung. Erst jüngst konnte anhand einer Bulle Innozenz' III. nachgewiesen werden, daß die Kirche im Jahre 1215 nicht nur eine Niederlassung des Jerusalemer Kapitels, sondern dessen bedeutendstes Haus in Navarra war[42].

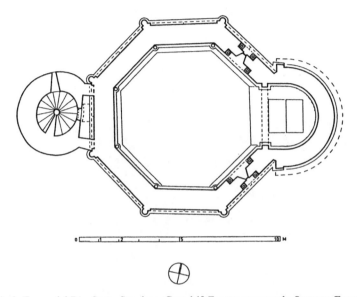

Abb. 9: Torres del Río, Santo Sepulcro, Grundriß Fensterzone; nach: SUTTER, Form und Ikonologie (wie Anm. 36), Tafel 12.

u. a., Catálogo monumental de Navarra, Merindad de Estella, Bd. II, Pamplona 1983, 503-543; Jaime COBREROS / Juan P. MORIN, El camino iniciático de Santiago, Barcelona 1982, 140-141; Valeriano ORDÓÑEZ, S. J., Torres del Río (Temas de Cultura Popular 47), Pamplona [4]1989; Emilio QUINTANILLA MARTÍNEZ, La arquitectura de la Orden del Santo Sepulcro en Navarra. Estado de la cuestión, in: Orden del Santo Sepulcro (wie Anm. 7), 273-280; Valeriano ORDÓÑEZ, S.J., Camino de Santiago: Torres del Río y los caballeros sepulcristas, ebd., 139-169; DERS., La orden del Santo Sepulcro en la „Navarra Mayor", Pamplona 1993, dessen Ausführungen freilich von häufigen Ungenauigkeiten gekennzeichnet sind, sowie CADEI, architettura (wie Anm. 36), 48-51 und jetzt SUTTER, Form und Ikonologie (wie Anm. 36), 44-72.

[42] [...] *ecclesiam et domum sancti Sepulcri de Turribus cum hospitale et omnibus libertatibus et pertinentiis suis et quecumque habetis in regno Navarre* [...] (Barcelona, Arxiu Diocesà, Fons de Santa Anna, Pergamins, Carpeta 10, Nr. 27, ediert bei Nikolas JASPERT, La estructuración de las primeras posesiones del Capítulo del Santo Sepulcro en la Península Ibérica: La génesis del priorato de Santa Ana en Barcelona y sus dependencias, in: Orden del Santo Sepulcro [wie Anm. 7], 93-108, Nr. 3).

Die Außenwände des Oktogons mit Apsis und Westturm werden durch Blendarkaden, zwei Gesimse und reich verzierte, mehrfach abgestufte Rundbogenfenster gegliedert.

Abb. 10: Torres del Río, Santo Sepulcro; nach: Hispania Romanica. Die hohe Kunst der romanischen Epoche in Spanien, hg. v. Marcel DURLIAT, Wien-München 1962, Tafel 122.

Der Ruhm von Torres del Río ist aber nicht ihnen, sondern dem Innenraum, vor allem der Kuppel zu verdanken (Abb. 11): Vier eckige, gegeneinander verschobene Parallelrippen fassen eine ursprünglich offene Laterne ein und verwandeln den Raum in ein Kleinod der spanischen Romanik. Um vergleichbare Kuppelkonstruktionen zu sehen, muß man weit nach Süden in islamische oder stark vom Islam geprägte Gebiete fahren[43].

Abb. 11: Torres del Río, Santo Sepulcro, Kuppel, nach: SUTTER, Form und Ikonologie (wie Anm. 36).

---

[43] Siehe die Abbildungen vergleichbarer Kuppelkonstruktionen in CADEI, Architettura (wie Anm. 36), Abb. 75, 76, 79, 80.

Die Entstehungszeit der Kirche ist aufgrund stilistischer Analogien in der Kapitellgestaltung auf die sechziger Jahre des 12. Jahrhunderts datiert worden[44], sie läge damit rund fünfzig Jahre vor der ersten urkundlichen Erwähnung der Chorherren vom Heiligen Grab in der Navarresischen Ortschaft. Daß diese dennoch die Bauherren gewesen sein könnten, ist zwar nicht ausgeschlossen; aber genauso wenig liegen Hinweise dafür vor, daß sie tatsächlich für die Errichtung der Kirche verantwortlich waren.

Als Bauherren der letzten Kirche dieser kurzen Übersicht kommen die Kanoniker hingegen eindeutig nicht in Frage. Denn die inzwischen verschwundene Rotunde in Speyer[45] wurde nach der lokalen Überlieferung um die Mitte des 12. Jahrhunderts von zwei Speyerer Bürgern gestiftet[46]. Die wenigen erhaltenen Ansichten des 1689 zerstörten mittelrheinischen Baus[47] lassen den Schluß zu, daß es sich bei ihr um eine verhältnismäßig kleine Rotunde mit Umgang handelte[48]. Obgleich das bald nach 1207 in Speyer eingerichtete Kanonikerstift schnell zu einem der bedeutendsten Häuser des Heiliggrabordens im Reich wurde[49], zeichneten die Chorherren also nicht für die Gestalt ihrer Kirche verantwortlich.

Noch liegt keine abschließende Übersicht aller Kirchen der Kanoniker vom Heiligen Grab vor, so daß nicht ausgeschlossen werden kann, daß weitere Rundbauten des Ordens identifiziert werden können. Von anderen Kirchen wiederum ist nicht eindeutig zu bestimmen, ob sie dem Orden

---

[44] QUINTANILLA MARTÍNEZ, Arquitectura de la Orden (wie Anm. 42), 276; GARCÍA CAINZA / HEREDIA MORENO / RIVAS CARMONA u. a., Catálogo monumental de Navarra (wie Anm. 42), 536-543; SUTTER, Form und Ikonologie (wie Anm. 36), 69-70.

[45] Bernard H. RÖTTGER, Die Kunstdenkmäler der Pfalz 3: Stadt und Bezirksamt Speyer, Speyer 1934, 520-523; Ernst VOLTMER, Reichsstadt und Herrschaft. Zur Geschichte der Stadt Speyer im hohen und späten Mittelalter (Trierer Historische Forschungen 1), Trier 1981, 13, 112; UNTERMANN, Zentralbau im Mittelalter (wie Anm. 8), 72.

[46] Mit älterer Literatur: ELM, St. Pelagius in Denkendorf (wie Anm. 27), 96-98, 104; DERS., Fratres et sorores (wie Anm. 27), 315-316.

[47] RÖTTGER, Kunstdenkmäler (wie Anm. 45), Abb. 373-375. Die Kirche findet keine Erwähnung in der Auflistung geistlicher Bauten bei H. DELLWIG, Kulturdenkmäler in Rheinland Pfalz, Bd. I: Stadt Speyer, Düsseldorf 1985.

[48] Vgl. ihre Qualifizierung als „hochinteressanter und bedeutender romanischer Zentralbau" durch RÖTTGER, Kunstdenkmäler (wie Anm. 45), 521; vgl. ELM, St. Pelagius (wie Anm. 27), 96, Anm. 74.

[49] ELM, St. Pelagius (wie Anm. 27), 104. Über die bis in die Salierzeit zurückreichende Heiligkreuzverehrung am Speyerer Dom siehe Hans E. KUBACH, Der Dom zu Speyer, 2 Bde., München 1972, Bd. I, S. 860-868, und s.v. 1131 sowie SCHWINEKÖPER, Christus-Reliquien und Politik (wie Anm. 12), 244, 272.

unterstanden, hier müssen wir auf zukünftige Forschungen hoffen[50]. Formulieren wir denoch ein erstes Zwischenergebnis: Vor zwanzig Jahren schrieb Geneviève Bresc-Bautier über die Rundkirchen der Templer, der Johanniter und der Chorherren vom Heiligen Grab: „On peut donc affirmer en toute certitude que trois ordres de Terre Sainte utilisèrent pour leurs monuments les plus importants un plan qui évoquait la relique qu'ils avaient pour fonction d'honorer ou de défendre"[51]. Ihre Worte müssen relativiert werden. Die kunsthistorische Forschung hat zurecht die Gleichsetzung von Rund- mit Templerkirchen in Frage gestellt und schließlich verworfen. Dies mit dem Hinweis darauf zu tun, daß auch die Chorherren vom Heiligen Grab als Bauherren von Rotunden nachweisbar sind, ist allerdings in dieser Form nicht zulässig. Den Kanonikern wurden bereits bestehende Rundbauten übertragen, sie selbst bedienten sich dieser Art der Evokation und des Kulturtransfers offenbar nicht. Nicht Religiosen, sondern Laien waren für die Errichtung der Mehrzahl aller Rundkirchen verantwortlich. Vor allem Jerusalempilger und solche, die eine Pilgerfahrt gelobt, aber nicht verwirklicht hatten, gaben auf diese Weise ihrer Verehrung für die Heiligen Stätten Ausdruck. Die Kanoniker waren in dieser Hinsicht lediglich Nutznießer einer

---

[50] Ein gutes Beispiel für die Unsicherheiten in diesem Bereich ist die Kirche San Giovanni in Sepolcro in Brindisi, die wiederholt dem Orden vom Heiligen Grab zugeschrieben worden ist (Nicola VACCA, Brindisi ignorata. Saccio di topografia storica, Trani 1954, 207-212; Benita SCIARRA BARDARO, La chiesa di S. Giovanni del Sepolcro in Brindisi, Brindisi 1962; L'Art dans l'Italie Méridionale Bde. IV-VI. Aggiornamento dell'opera di Émile Bertaux, hg. v. Adriano PRANDI, Roma 1978, Bd. IV, 260, Bd. V, 603, 695). Ihr runder Hauptraum knüpft mit seinem leicht abgesenkten, an der Sehne des Kreises abgeschnittenen Umgang und seiner um ein Chorjoch verlängerten Apsis deutlich an die Gestalt der Grabeskirche vor dem großen Umbau unter den Kreuzfahrern zur Mitte des 12. Jahrhunderts an. Obwohl die Kanoniker vom Heiligen Grab bereits im Jahre 1126 im süditalienischen Normannenreich und sogar in Brindisi dokumentiert sind, scheint ihre Kirche nicht mit San Giovanni in Sepolcro identisch zu sein: R. JURLANO, I primi edifici di culto cristiano in Brindisi, in: Atti del VI Congresso internazionale di Archeologia Cristiana, Ravenna 23. - 30. 9. 1962 (Studi di Antichità Cristiana 26), Roma 1965, 683-701, hier: 696-701; Giuseppe MADDALENA-CAPIFERRO, Vestigia templari a Brindisi, in: Pavalon. Atti del primo convegno nazionale, Brindisi, Mesagne 17-18 ottobre 1998, hg. v. Giuseppe GIORDANO und Cristian GUZZO (Convegni Pavalon 1), Mesagne 1999, 59-74, hier: 70. Im übrigen ist der Bau aufgrund archäologischer Grabungen als ein Werk des 11. Jahrhunderts erkannt worden (JURLANO, Primi edifici, 696-698).

[51] BRESC-BAUTIER, Imitations du Saint-Sépulcre (wie Anm. 8), 329. Vgl. noch in einem jüngeren Beitrag: „Di quel movimento i Templari erano esponenti primari, così come gli Ospedalieri e altri ordini di Terrasanta; e per tutti la pianta centrale è un impegno architettonico caratterizzante" (CADEI, Architettura [wie Anm. 36], 48).

bereits bestehenden Jerusalemfrömmigkeit der Gläubigen, die nach Vergegenwärtigungen dürsteten und diese in der Form „Jerusalemer Referenzen" auch selbst schufen.

Aber es war kein Zufall, daß viele Heiliggrabkirchen in den Besitz des gleichnamigen Ordens oder anderer Gemeinschaften der Kreuzfahrerstaaten übergingen. Allein durch ihre physische Präsenz schufen die Kanoniker eine unmittelbare Verbindung zwischen dem durch die Bauten symbolisierten und dem tatsächlichen Jerusalem, waren sie doch – was den Zeitgenossen sehr wohl bewußt war – die eigentlichen *custodes Sanctissimi Sepulcri*, die Wächter des Heiligen Grabes[52]. Inwieweit die geistlichen Institutionen Palästinas durch andere Mittel als ihre Bautätigkeit an dieser Form des Kulturtransfers teilhatten, soll im folgenden an einem Beispiel verdeutlicht werden. Es führt wieder nach Katalonien, also in den Nordosten der Iberischen Halbinsel; nur ist der Untersuchungsgegenstand ein anderer, nämlich Reliquien, genauer deren Behältnisse, also Reliquiare[53].

---

[52] ELM, Kanoniker und Ritter (wie Anm. 27), 148-150; JASPERT, Stift und Stadt (wie Anm. 35), 116-123.

[53] Joseph BRAUN, Die Reliquiare des christlichen Kultes und ihre Entstehung, Freiburg i.Br. 1940; Marie-Madeleine GAUTHIER, Les routes de la foi. Reliques et reliquaires de Jérusalem à Compostelle, Paris 1983; Franco CARDINI, Reliquie e pellegrinaggi, in: Santi e demoni nell'Alto Medioevo (secoli V-XI), 36 Settimana di studio del centro internazionale, Spoleto 1989, 981-1037; Bernhard TÖPFER, The Cult of Relics and Pilgrimage in Burgundy and Aquitaine at the Time of the Monastic Reform, in: The Peace of God, hg. v. Thomas HEAD und Richard LANDES, Ithaca 1992, 41-57; Arnold ANGENENDT, Heilige und Reliquien. Die Geschichte ihres Kultes vom frühen Christentum bis zur Gegenwart, München 1994, 149-166; Anton LEGNER, Reliquien in Kunst und Kultur, zwischen Antike und Aufklärung, Darmstadt 1995; Godefridus SNOEK, Medieval piety from relics to the eucharist: a process of mutual interaction (Studies in the history of Christian thought 63), Leiden 1995, 334-345. Zur Heil- und Wunderkraft der Reliquien: Thomas LENTES, Die Gewänder der Heiligen. Ein Diskussionsbeitrag zum Verhältnis von Gebet, Bild und Imagination, in: Ikonographie und Kunst. Heiligenkult in Schrift, Bild und Architektur, hg. v. Gottfried KERSCHNER, Berlin 1993, 120-151; Anna BENVENUTI, Reliques et surnaturel au temps des croisades, in: Les Croisades. L'Orient et l'Occident d'Urbain II à Saint Louis 1096-1270, hg. v. Monique REY-DELQUE, Milano 1997, 355-361; Daniel THURRE, Les reliquaires au temps des croisades d'Urbain II à saint Louis (1096-1270), in: ebd., 362-367; Alain Dierkens, Du bon (et du mauvais) usage des reliquaires au Moyen Age, in: Les reliques: objets, cultes, symboles. Actes du colloque international de l'Université du Littoral-Côte d'Opale (Boulogne-sur-Mer), 4 - 6 septembre 1997, hg. v. Edina BOZOKY und Anne-Marie HELVETIUS, Turnhout 1999).

III.

Daß Reliquien aus Palästina dazu beitrugen, die Heiligen Stätten und konkret Jerusalem im lateinischen Westen zu vergegenwärtigen, bedarf keiner eingehenden Erläuterung. Nicht nur Überreste von Heiligen, sondern auch die Orte ihres Wirkens, also die Heiligen Stätten selbst, waren besonders verehrungswürdig. Diese konnten ihre besondere Segenskarft oder „Eulogia" an Berührungs- oder Sekundärreliquien weitergeben[54], woraus sich die Verbreitung von Segensandenken wie etwa Wasser vom Jordan oder Heiliges Öl erklärt. Besondere Verehrung genossen und genießen Partikel des Heiligen Grabes oder Fragmente des Wahren Kreuzes[55]. Ebenso wie Repliken der Anastasis trugen die Reliquien zur Mimesis, also zur Imitation, der heiligen Stätten in der Fremde bei. Auch im Reich sind – schon lange vor den Kreuzzügen – die Verbindung von Heiliggrabimitationen und umfangreichen Reliquiensammlungen aus Palästina belegt, man denke nur an die Fuldaer Michaelskapelle – eine frühe Kopie der Anastasis, in der im 11. Jahrhundert nicht weniger als neunzehn Reliquien aus dem Heiligen Land die architek-

---

[54] NIEHOFF, Umbilicus Mundi - Der Nabel der Welt (wie Anm. 16); Alphonse DUPRONT, Le Sacré. Croisades et pèlerinages, images et langages, Paris 1987, 146-162; Franco CARDINI, Gerusalemme d'oro, d'argento e di luce: pellegrini, crociati, sognatori d'Oriente fra XI e XV secolo, Milano 1991, 154-204; Brigitte KLAUSEN-NOTTMEYER, Eulogien – Transport und Weitergabe von Segenskraft. Ergebnisse und Zusammenstellung von Pilgerandenken, Jahrbuch für Antike und Christentum, Ergänzungsband 20/1 (1995), 922-927; Ferdinando MOLTENI, Memoria Christi: reliquie di Terrasanta in Occidente, Firenze 1996; Aryeh GRABOÏS, Le pèlerin occidental en Terre sainte au Moyen Age, Paris - Bruxelles 1998, 59-67, 76-81; ELM, Umbilicus Mundi (wie Anm. 27).

[55] Zur Heiligkreuzverehrung siehe: Gerardus Quirinus REIJNERS, The terminology of the holy cross in early Christian literature: as based upon Old Testament typology (Graecitas Christianorum primaeva 2), Nijmegen 1965; Joseph SZÖVÉRFFY, „Crux fidelis..." Prologomena to a History of the Holy Cross Hymns, Traditio 22 (1966), 1-41, hier: 14-17; Etienne DELARUELLE, Le cruxifix dans la piété populaire et dans l'art, du VIe au XIe siècle, in: Etudes ligériennes d'histoire et d'archéologie médiévales, hg. v. René LOUIS, Auxerre 1975, 133-144; CARDINI, Reliquie e pellegrinaggi (wie Anm. 53), 1003-1027; Domenique IOGNA-PRAT, La croix, le moine et l'empereur: dévotion à la croix et théologie politique à Cluny autour de l'an mil, in: Haut Moyen-Age: culture, éducation et société; études offertes à Pierre Riché, hg. v. Michel SOT, Nanterre 1990, 449-475; CONSTABLE, Three Studies in Medieval Religious and Social Thought (wie Anm. 12), 210-217; Rabani Mauri in honorem sanctae crucis, hg. v. Michel PERRIN (CC CM 100), Turnhout 1997; FRANCE, Le rôle de Jérusalem (wie Anm. 11), 157-158. Der Pilgerbericht der Nonne Egeria aus dem 4. Jahrhundert z. B. weiß von Vorkehrungen zu erzählen, die notwendig waren, um die Gläubigen davon abzuhalten, Partikel der Kreuzreliquie abzubeißen anstatt diese zu küssen (Itinerarium Egeriae, 37,2, in: Itineraria et alia geographica [CC SL 175], Turnhout 1965, 29-103, hier: 81).

tonische Vergegenwärtigung unterstützten und Fulda in einen subsidiären Kultort Jerusalems verwandelten[56]. Unter den bedeutendsten Heiligkreuzreliquien des fränkischen Raumes ist zweifellos diejenige des Bamberger Doms zu nennen, die Heinrich II. zusammen mit dem sogenannten „heiligen Nagel" seiner neu gegründeten Bistumskirche stiftete. Ihre heilbringende Wirkung wurde durch den prächtigen Behälter unterstrichen, eine Zimelie spätottonischer Goldschmiedekunst[57]. Ein weiteres, noch bedeutenderes Beispiel ist die im Reichskreuz gefaßte Kreuzesreliquie, die – durch Heinrichs Nachfolger Konrad II. direkt dem salischen Königtum zugeordnet – einen außerordentlichen Aufschwung der Kreuzesverehrung und Kreuzesfrömmigkeit hervorrief, „nach und nach an die Spitze der Reichsreliquien rückte"[58] und im 11. Jahrhundert „den Platz der vornehmsten Herrscherinsignie einnahm"[59]. Es ist bekannt, in welchem Maße die Reliquiare im mittelalterlichen Denken der Verehrung ihres Inhaltes teilhaftig wurden. Zugleich bildeten sowohl die Reliquien als auch ihre Behälter einen Teil jener „[...] triangulation de l'espace maritime et continental où circulèrent les reliquaires, leurs contenus, leurs collectionneurs, leurs auteurs et leurs fabriquants"[60]. Vor diesem Hintergrund dienten sie auch als Vehikel mittel-

---

[56] Otfried ELLGER, Die Michaelskirche zu Fulda als Zeugnis der Totensorge. Zur Konzeption einer Friedhofs- und Grabkirche im karolingischen Kloster Fulda (Veröffentlichung des Fuldaer Geschichtsvereins 55), Fulda 1989, 21-24.

[57] Vgl. SCHWINEKÖPER, Christus-Reliquien und Politik (wie Anm. 12), 214-221 mit Hinweisen auf weitere von Heinrich II. und Königin Kunigunde gestifteten Christus-Reliquien; Rom und Byzanz: Schatzkammerstücke aus bayerischen Sammlungen. Katalog zur Ausstellung des Bayerischen Nationalmuseums München, 20. Oktober 1998 bis 14. Februar 1999, hg. v. Reinhold BAUMSTARK, München 1998, 53-61; Hermann FILLITZ, Ottonische Goldschmiedekunst, in: Bernward von Hildesheim und das Zeitalter der Ottonen: Katalog der Ausstellung Hildesheim 1993, hg. v. Michael BRANDT und Arne EGGEBRECHT, Hildesheim 1993, 173-190.

[58] SCHWINEKÖPER, Christus-Reliquien und Politik (wie Anm. 12), 233.

[59] Zitat: Stefan WEINFURTER, Herrschaft und Reich der Salier: Grundlinien einer Umbruchzeit, Sigmaringen 1991, 57. Vgl. SCHWINEKÖPER, Christus-Reliquien und Politik (wie Anm. 12), 224-247; Zur Herkunft des Kreuzpartikels siehe Herwig WOLFRAM, Die Gesandtschaft Konrads II. nach Konstantinopel (1027/29), Mitteilungen des Instituts für Österreichische Geschichtsforschung 100 (1992), 161-173, hier: 168-169. Arne EFFENBERGER, Byzantinische Kunstwerke im Besitz deutscher Kaiser, Bischöfe und Klöster im Zeitalter der Ottonen, in: Bernward von Hildesheim und das Zeitalter der Ottonen (wie Am. 57), 145-159.

[60] Marie-Madelaine GAUTHIER, Reliquaires du XIIIe siècle entre le Proche Orient et l'Occident latin, in: Il Medio Oriente e l'Occidente nell'arte del XIII secolo, hg. v. Hans BELTING, Bologna 1983, 55-69, hier: 56.

alterlicher Kommunikationsprozesse[61]. Es bietet sich daher geradezu an, danach zu fragen, inwieweit diese Hüllen ebenso wie ihr Kern als bewegliche Verdinglichungen geistlicher Inhalte Vorstellungen von Jerusalem den Gläubigen näher brachten.

Nur 30 Autominuten entfernt von La Tallada, dem Standort der ersten in diesem Beitrag vorgestellten Rundkirche, liegt die Ortschaft Anglesola. Der besondere Stolz der Einwohner ist eine Reliquie des Wahren Kreuzes (Abb. 12, 13 und 14)[62]. Nach Ausweis der örtlichen Überlieferung brachte sie ein Pilger aus Rom namens Martin von Montsant nach Katalonien, der jedoch niemand anders als ein verkleideter Engel war[63].

---

[61] Renate KROOS, Vom Umgang mit Reliquien, in: Ornamenta ecclesiae. Kunst und Künstler der Romanik, 3 Bde., hg. v. Anton LEGNER, Köln 1985, Bd. III, 25-49; Horst WENZEL, Hören und Sehen, Schrift und Bild. Kultur und Gedächtnis im Mittelalter, München 1995, 95-115. Allgemein über die Kommunikation im Mittelalter siehe: Sophia MENACHE, The Vox Dei. Communication in the Middle Ages, New York - Oxford 1990; Kommunikation und Alltag in Spätmittelalter und früher Neuzeit, Sitzungsberichte der Österreichischen Akademie der Wissenschaften, Phil.-Hist. Klasse 596, Wien 1992; La circulation des nouvelles au moyen âge, XXIVᵉ Congrès de la S.H.M.E.S, Avignon, juin 1993, Roma 1994; Kommunikation zwischen Orient und Okzident. Alltag und Sachkultur, Österreichische Akademie der Wissenschaften, Phil.-Hist. Klasse, Sitzungsberichte 619, Wien 1994; Kommunikation und Mobilität im Mittelalter (wie Anm. 28); David CROWLEY, La comunicación en la historia: tecnología, cultura, sociedad, Barcelona 1997; Gert ALTHOFF, Zur Bedeutung symbolischer Kommunikation für das Verständnis des Mittelalters, Frühmittelalterliche Studien 31 (1997), 370-389. Über die Wanderungen von Kunstgegegenständen von den Kreuzfahrerstaaten in den Westen siehe: Bianca KÜHNEL, L'art des croisades entre L'Orient et l'Occident, in: Les Croisades. L'Orient et l'Occident (wie Anm. 53), 341-353.

[62] Josep BINEFA I MONJO, Anglesola i la Santa Creu, Solsona 1964; Antoni BACH I RIU, Història d'Anglesola, Barcelona 1987, 51-53; Josep BINEFA I MONJO, El senyoriu d'Anglesola en la Catalunya medieval. Selecció de textos inèdits, Urtx 4 (1992), 31-47. Die Beschreibung in: Catalunya Romànica XXIV: El Segrià, les Garrigues, el Pla d'Urgell, la Segarra, L'Urgell, Barcelona 1997, 521-522, ist unzufriedenstellend und teilweise unzutreffend. Mein Dank geht an Dr. T. Frank (Berlin), Dr. F. López Alsina (Santiago de Compostela), Mn. Prat (Anglesola), und M. Sucarrat Sabaté (Barcelona) für ihre Hilfe bei der Beschaffung der Fotografien. Einige der folgenden Überlegungen wurden zur Diskussion gestellt in Nikolas JASPERT, Un vestigio desconocido de Tierra Santa: la Vera Creu d'Anglesola, Anuario de Estudios Medievales 29 (1999), 447-475.

[63] Die Legende ist überliefert in: Anglesola, Arxiu Parroquial, Llibre de Confraries; vgl. BINEFA, Anglesola (wie Anm. 62), 20-21. Den Nachweis für die Herkunft des Pilgers erbrachte die Tatsache, daß seine Leiche unmittelbar nach seinem vermeintlichen Verscheiden spurlos verschwand. Siehe vergleichbare Legenden über das Wahre Kreuz in Polen: Marek DERWICH, Zur Translation der Heilig-Kreuz-Reliquie auf dem Berg Lysiec. Genese, Fortentwicklung und Pragmatik einer spätmittelalterlichen Klosterlegende, in: De ordine

Abb. 12: Anglesola, Staurothek, Vorderseite (Fotografie: Mn. Prat, Anglesola / Autor).

vitae. Zu Normvorstellungen, Organisationsformen und Schriftgebrauch im mittelalterlichen Ordenswesen (Vita Regularis 1), hg. v. Gert MELVILLE, Münster 1996, 381-402.

248

Abb. 13: Anglesola, Staurothek, Rückseite (Fotografie: Mn. Prat, Anglesola / Autor).

Abb. 14: Anglesola, Staurothek, Vorderseite, Zustand 1921
(Fotografie: Arxiu Mas, Barcelona).

Die Legende weiß zu berichten, wie dieser eine Krankheit vortäuschte, freundliche Aufnahme im Spital fand, das der Orden der Trinitarier in Anglesola unterhielt, und die Reliquie kurz vor seinem vermeintlichen Tod den Trinitarierbrüdern übergab, die ihn so sorgsam gepflegt hatten. Die lokale Überlieferung datiert dieses Ereignis auf den Beginn des 13. Jahrhunderts.

Rund hundert Jahre nach diesen Ereignissen liegen erste Erwähnungen der Reliquie, die nun in der Pfarrkirche verwahrt wurde, vor[64]. Man hielt sie schon damals in hohen Ehren, und sie entwickelte sich in der Folge zum Identifikationspunkt der gesamten Ortschaft. Der Tag der Kreuzauffindung wurde zum Tag des Stadtfestes, und die Ratsherren von Anglesola pflegten bei nahendem Sturm mit der Reliquie den Kirchturm zu besteigen, um mit Hilfe der himmlischen Wirkungskraft drohende Unbill abzulenken oder zu besänftigen[65]. Hier entwickelte infolge eines Transfervorganges ein von auswärts eingeführtes Kultobjekt in seiner neuen Heimat eine identitätsstiftende Funktion.

Die Wirkung des Wahren Kreuzes von Anglesola als Heilsträger ist auch bei anderen Heiligkreuzreliquien, von denen eine fast unüberschaubare Zahl auf uns gekommen ist, zu beobachten. Der Byzantinist Anatole Frolow hat sich der Mühe unterzogen, alle greifbaren Stücke und Belege zu sammeln und vorzulegen[66]. Er hat auch die Heiligkreuzreliquiare verzeichnet, von denen die meisten Staurotheken sind, also die Form eines doppelbalkigen Kreuzes aufweisen[67]. Seinen 1961 und 1965 erschienenen Studien, die zurecht als Standardwerke gelten, kann man entnehmen, daß die Mehrzahl dieser Objekte ihren vermeintlichen oder tatsächlichen Ursprung entweder in Konstantinopel oder in Jerusalem hatten.

Denn es war in der Heiligen Stadt, wo Kaiserin Helena, die Mutter Konstantins, ein großes Stück des Wahren Kreuzes gefunden haben soll[68],

---

[64] BINEFA, Anglesola (wie Anm. 62), 25-27.

[65] Anglesola, Arxiu Parroquial, Llibre del Curat I, 236; vgl. BINEFA, Anglesola (wie Anm. 62), 23-24. Dieser Brauch hielt sich bis in die jüngste Vergangenheit (ebd.).

[66] Anatole FROLOW, La relique de la Vraie Croix. Recherches sur le développement d'un culte (Archives de l'Orient Chrétien 7), Paris 1961

[67] Anatole FROLOW, Les reliquaires de la Vraie Croix (Archives de l'Orient Latin 8), Paris 1965. Die Sammlung umfaßt 1150 Stücke.

[68] Henri LECLERCQ, Croix (invention et exaltation de la vraie), Dictionnaire d'archéologie chrétienne et de liturgie Bd. III/2, Paris 1948, 3131-3139; S. HEID, Der Ursprung der Helenalegende im Pilgerbetrieb Jerusalems, Jahrbuch für Antike und Christentum 32 (1989), 34-72; Stephan BORGEHAMMER, How the Holy Cross was found (Bibliotheca Theologicae

dessen erste Hälfte in Jerusalem verblieb, während die zweite in die Hauptstadt geschickt wurde, von wo einige Staurotheken ihren Weg in den Westen nahmen[69]. Vor allem auf den Export byzantinischer Heiligkreuzreliquien gründete sich auch die Heiliggkreuzverehrung im ostfränkischen bzw. römisch-deutschen Reich, die schon in der Merowingerzeit einsetzte und mit Beginn des 11. Jahrhunderts einen starken Aufschwung nahm.[70] Das Jerusalemer Teilstück hingegen soll im 7. Jahrhundert vor den Muslimen versteckt und erst wenige Wochen nach der Eroberung der Stadt durch die Kreuzfahrer, also im Sommer des Jahres 1099, auf wundersame Art und Weise wieder aufgefunden worden sein[71]. Rasch entwickelte es sich zur bedeutendsten Reliquie des jungen Königreiches, zum Symbol der Kreuzfahrerstaaten schlechthin und deren wertvollsten Schatz[72]. Ähnlich den west-

---

Practicae 47), Stockholm 1991; Jan Willem DRIJVERS, Helena Augusta: the Mother of Constantine the Great and the Legend of the Finding of the True Cross, Leiden 1992; F. A. COUSOLINO, L'invenzione d'una biografia: Almanno di Hautvillers e la vita di Sant'Elena, Hagiographica 1 (1994), 81-100; Gustav KÜHNEL, Kreuzfahrerideologie und Herrscherikonographie: der Kaiserpaar Helena und Heraklius in der Grabeskirche, Byzantinische Zeitschrift 90 (1997), 396-404.

[69] Carlo CECCHELLI, Il trionfo della croce. La croce e i santi segni prima e dopo Constantino, Roma 1954, 171-174; Heinrich A. DRAKE, Eusebius on the True Cross, Journal of Ecclesiastical History 36 (1985), 1-22; Giuseppe LIGATO, The Political Meanings of the Relics of the Holy Cross among the Crusaders and in the Latin Kingdom of Jerusalem: an example of 1185, in: Autour de la Première Croisade. Actes du Colloque de la Society for the Study of the Crusades and the Latin East, Clermont-Ferrand, 22-25 juin 1995, Paris 1996, 315-330, hier: 316, Anm. 3. Über die Reliquien in Konstantinopel siehe: Paul RIANT, Exuviae sacrae constantinopolitanae, Bd. II, Genève 1878; Jean EBERSHOLT, Orient et Occident, recherches sur les anciens trésors des églises de Constantinople, Paris 1929; FROLOW, Relique (wie Anm. 66), 301-305; SCHWINEKÖPER, Christus-Reliquien und Politik (wie Anm. 12), 196-199; GAUTHIER, Routes de la foi (wie Anm. 53), 66-82.

[70] SCHWINEKÖPER, Christus-Reliquien und Politik (wie Anm. 12), 200-281.

[71] Mit Hinweisen auf die Quellen: FROLOW, Relique (wie Anm. 66), 286-287. Fulcher von Chartres, 309-310; Peter PLANK, Patriarch Symeon II. von Jerusalem und der erste Kreuzzug. Eine quellenkritische Untersuchung, Ostkirchliche Studien 43 (1994), 275-328, hier: 319-321; Deborah GERISH, The True Cross and the Kings of Jerusalem, The Haskins Society Journal 8 (1996, ersch. 1999) 137-155, Anm. 5. Mein Dank geht an Deborah Gerish für die freundliche Überlassung des Manuskripts vor der Drucklegung.

[72] Bernard HAMILTON, The Latin Church in the Crusader States. The Secular Church, London 1980, 61-62, 113-115, 129, 151; Jaroslav FOLDA, The Art of the Crusaders in the Holy Land (1098-1187), Cambridge 1995, 35-36, 49, 78, 82-85, 124, 166-167, 391-392, 487-490; GERISH, True Cross (wie Anm. 71); Giuseppe LIGATO, Baldovino I, re di Gerusalemme, „Dominici Sepulcri Vexillifer", in: Militia Sancti Sepulcri. Idea e Istituzioni. Colloquio Internazionale, Pontificia Università del Laterano, 10-12 aprile 1996, hg. v. Kaspar ELM und

gotischen Kreuzen von Oviedo und dem Reichskreuz wurde auch das Jerusalemer Kreuzpartikel zur militärischen Insignie und zum Sieg bringenden Helfer im Kampf gegen Andersgläubige.[73] Schon im Jahre ihrer Wiederauffindung wurde sie gegen die Muslime in die Schlacht geführt – mit solchem Erfolg, daß die Reliquie in der Folgezeit und bis zum Ende des Königreiches von Jerusalem nicht weniger als dreißig Mal den Lateinern auf dem Schlachtfeld beistehen mußte[74]. Dabei wurde dem Jerusalemer *lignum vivifice crucis*, dem Kreuzesholz, nicht nur Sieg bringende und heilende Kräfte, sondern ähnlich dem katalanischen Partikel auch die Fähigkeit zugesprochen, göttliche Unterstützung gegen die Elemente herbeizurufen[75]. Was die Jerusalemer Heiligkreuzreliquie dagegen von vielen anderen unterschied, war ihre außerordentliche politische Bedeutung, die sogar diejenige des Reichskreuzes übertraf, diente sie doch als Kristalisationspunkt sowohl für die junge Königsdynastie als auch für die neu eingerichtete lateinische Kirche Palästinas[76]. Sie wurde dem Patriarchen und seinem Kapitel über-

---

Cosimo Damiano FONSECA (Hierosolimitana. Acta et Monumenta 1), Città del Vaticano 1998, 361-380, hier: 375-379.

[73] Zur militärischen Funktion des Reichskreuzes in ottonischer Zeit: SCHWINEKÖPER, Christus-Reliquien und Politik (wie Anm. 12), 272, 275-276; zu derjenigen der Kreuze von Oviedo: Charles KOHLER, Translation de reliques de Jérusalem à Oviedo, Revue de l'Orient latin 5 (1897), 1-21; Marius FÉROTIN, Le „Liber Ordinum" en usage dans l'Eglise wisigothique et mozarabe d'Espagne du cinquième au oncième siècle, Paris 1904, 149-153; José GOÑI GAZTAMBIDE, Historia de la Bula de la Cruzada en España (Victoriensia. Publicaciones del seminario de Vitoria 4), Vitoria 1958, 33-34; Claudio SÁNCHEZ-ALBORNOZ, El ejército y la guerra en el reino asturleonés, 718-1037, in: Ordinamenti militari in occidente nell'alto medioevo (15 Settimana di studio del centro italiano di studi sull'alto medioevo), Spoleto 1968, 298-428, hier: 422-423. Zu den Kreuzen von Oviedo allgemein: Helmut SCHLUNK, Las cruces de Oviedo. El culto a la Vera Cruz en el Reino Asturiano, Oviedo 1985. Zur Heiligkreuzverehrung auf der Iberischen Halbinsel siehe auch Eduardo CARRERO SANTAMARÍA, El Santo Sepulcro. Imagen y funcionalidad espacial en la capilla de la iglesia de San Justo (Segovia), Anuario de Estudios Medievales 27 (1997), 461-477, hier 463-367.

[74] GERISH, True Cross (wie Anm. 71); Penny COLE, Christian Perceptions of the Battle of Hattin (583-1187), Al-Masaq 6 (1993), 9-39, hier: 12-14, sowie jetzt, mit Hinweisen auf ältere Arbeiten: Alan MURRAY, „Mighty Against the Enemies of Christ": The Relic of the True Cross in the Armies of the Kingdom of Jerusalem, in: The Crusades and Their Sources: Essays Presented to Bernard Hamilton, hg. v. John FRANCE und William ZAJAC, Aldershot 1998, 217-238.

[75] Wilhelm von Tyrus, 730-731; FROLOW, Relique (wie Anm. 66), 289; MURRAY, Mighty Against the Enemies (wie Anm. 74), 230, 235-236.

[76] LIGATO, Political Meaning (wie Anm. 69); MURRAY, Mighty Against the Enemies (wie Anm. 74); GERISH, True Cross (wie Anm. 71). Gerish bezweifelt, daß die Reliquie als Symbol der Herrscher diente. Über die Bedeutung der Kreuzesreliquie für die Liturgie der Kreuz-

geben[77], die eifersüchtig darüber wachten, daß ihr Schatz keine unnötigen Risiken eingehe[78]. Aber dies hinderte sie nicht daran, Fragmente davon in den Westen zu schicken oder vor Ort Pilgern zu übergeben[79]. Schon im Jahre 1120 sagte man[80], daß sich zwanzig Partikel des Wahren Kreuzes allein in

fahrerstaaten siehe: Peregrinatores tres: Saewulf, John of Würzburg, Theodericus (CC CM 139), ed. Robert B.C. HUYGENS, Turnhout 1994, 123, 153, 167; FOLDA, Art of the Crusaders (wie Anm. 72), 391. Über die liturgische Bedeutung des Wahren Kreuzes nach der Eroberung Jerusalems, etwa während der Prozessionen vor der Schlacht von Las Navas de Tolosa, siehe: Amnon LINDER, Individual and Community in the Liturgy of the Liberation of Christian Jerusalem, in: Information, Kommunikation und Selbstdarstellung in mittelalterlichen Gemeinden (Schriften des Historischen Kollegs, Kolloquien 40), hg. v. Alfred HAVERKAMP, München 1998, 25-41, hier: 35; vgl. Christoph T. MAIER, Crisis, Liturgy and the Crusade in the Twelfth and Thirteenth Centuries, Journal of Ecclesiastical History 48 (1997), 628-657.

[77] Le cartulaire du chapitre du Saint - Sépulcre de Jérusalem (DHC Lettres 15), ed. Geneviève BRESC-BAUTIER, Paris 1984, Nr. 20, 144, 150. Siehe auch die Bezeichnung des Thesaurars des Heiligen Grabes als *vivifice crucis baiulius* durch Wilhelm von Tyrus, 1032; LIGATO, Political Meaning (wie Anm. 69), 326. Nach Francesco Tommasi fungierten die Templer als Wächter der Reliquie während der militärischen Kampagnen (Francesco TOMMASI, I Templari e il culto delle reliquie, in: I Templari: mito e storia. Atti del Convegno internazionale di studi alla Maggione templare di Poggibonsi-Siena, 29-31 Maggio 1987, Sinalunga - Siena 1989, 191-210, hier: 195-196). Siehe vergleichend über die Heiligkreuzfrömmigkeit im Deutschen Orden: Ewald VOLGGER, Die Feier von Kreuzauffindung und Kreuzerhöhung. Ursprung, Verbreitung und Bedeutung unter besonderer Berücksichtigung als Hochfeste des Deutschen Ordens, in: Beiträge zur Geschichte des Deutschen Ordens (Quellen und Studien zur Geschichte des Deutschen Ordens 49), hg. v. Udo ARNOLD, Marburg 1993, 1-50.

[78] Hans Eberhard MAYER, Jérusalem et Antioche au temps de Baudouin II, in: Comptes-rendus de l'Academie des Inscriptions et Belles-Lettres, Novembre-Décembre 1980, Paris 1980, 717-733; FOLDA, Art of the Crusaders (wie Anm. 72), 82-83; MURRAY, Mighty Against the Enemies (wie Anm. 74), 223-224; GERISH, True Cross (wie Anm. 71).

[79] Allgemein über die Versendung von Partikeln des Heiligen Kreuzes siehe: FROLOW, Relique (wie Anm. 66), passim; GAUTHIER, Routes de la foi (wie Anm. 53), 47-82; MURRAY, Mighty Against the Enemies (wie Anm. 74), 221; FOLDA, Art of the Crusaders (wie Anm. 72), 68, 83, 290, 391, 509; LIGATO, Political Meaning (wie Anm. 69), 318, 324; Jonathan RILEY-SMITH, King Fulk of Jerusalem and the „Sultan of Babylon", in: Montjoie: Studies in Crusade History in Honour of Hans Eberhard Mayer, hg. v. Benjamin Z. KEDAR / Jonathan RILEY-SMITH und Rudolf HIESTAND, Aldershot 1997, 55-66, hier: 56-57; THURRE, Reliquaires (wie Anm. 53); Jannic DURAND, Reliques et reliquaires arrachés à l'Orient et à Byzance au temps des croisades, in: Les Croisades. L'Orient et l'Occident (wie Anm. 53), 378-379.

[80] Anselmi cantoris S. Sepulcri epistula ad canonicos ecclesiae Parisensis de Santa Cruce, in: PL, Bd. CLXII, Paris 1889, 729-732, hier: 732, mit Berichtigung des Datums durch Geneviève BAUTIER, L'Envoie de la relique de la Vraie Croix à Notre-Dame de Paris en 1120, Bibliothèque de l'Ecole des Chartes 129 (1971), 387-397.

Konstantinopel und Palästina befänden, und ihre Zahl nahm stetig zu. Manchmal war eine dem Patriarchat oder dem Kapitel befreundete Person oder Institution der Empfänger einer Reliquie[81], manchmal waren es überseeische Niederlassungen des Ordens vom Heiligen Grab[82]. Auch hochgestellte Kreuzfahrer oder Pilger kehrten mit Fragmenten nach Europa zurück. Der norwegische König Sigurd[83], Hedwig von Schaffhausen[84], Heinrich der Löwe und Herzog Leopold VI. von Österreich: Sie alle trugen Partikel des

---

[81] Le Mans: Actus pontificum Cenomannis in urbe degentium, Archives historiques du Maine, Bd. II, ed. G. BUSSON u. Ambroise LEDRU, Le Mans 1901, 431-432. Paris: Anselmi cantori, Cartulaire général de Paris, Bd. I (528-1180), ed. Robert DE LASTEYRIE, Paris, 1887, 171-174; FROLOW, Relique (wie Anm. 66), 310-311; BAUTIER, L'Envoie de la relique (wie Anm. 80). Die Reliquie war von der Witwe des Königs von Georgien an die Kanoniker gekommen. Sancti Bernardi opera, Bd. VII: Epistolae I, ed. Jean LECLERCQ u. Henri ROCHAIS, Roma 1974, Nr. 175; FROLOW, Relique (wie Anm. 66), 323. Siehe auch die Legende von der Versendung eines Partikels des Wahren Kreuzes nach Messines durch den Patriarchen Wilhelm von Messines: Guy OURY, Guillaume de Messines l'eremite de Fontaines-les-Blanches devenu Patriarche de Jérusalem, Bulletin de la Société archéologique de Touraine 37 (1973), 225-243, hier: 226, 243. In der zweiten Hälfte des 12. Jahrhunderts schickte der Patriarch eine ähnliche Staurothek nach Bayern (Wittelsbach und Bayern I/2: Die Zeit der frühen Herzöge von Otto I. zu Ludwig dem Bayern, München-Zürich 1980, 34-36).

[82] Werner FLEISCHHAUER, Das romanische Kreuzreliquiar von Denkendorf, in: Festschrift für Georg Scheja zum 70. Geburtstag, hg. v. Albrecht LEUTERITZ, Sigmaringen 1975, 64-68; Rolf DEUSCHLE / Herbert RAISCH, Kloster Denkendorf und sein Stifter Berthold Graf von Hohenberg/Lichtenfels, Esslinger Studien 20 (1981), 7-35; ELM, St. Pelagius in Denkendorf (wie Anm. 27); FOLDA, Art of the Crusaders (wie Anm. 72), 97-100. Angelo AMBROSI, Architettura dei crociati in Puglia. Il Santo Sepolcro di Barletta (Quaderni dell'Istituto di disegno. Facoltà di Ingegneria, Università di Bari 2), Bari 1976; Nicola U. GALLO, La croce patriarcale della Basilica del S. Sepolcro di Barletta (Archivio di Barletta 6), Barletta 1982, 99-107; Francesco TOMASSI, Reliquie perugine dell'Archivio centrale dell'Ordine Canonicale del Santo Sepolcro Gerosolimitano, in: Militia Sancti Sepulcri. Idea e Istituzioni. Colloquio Internazionale, Pontificia Università del Laterano, 10-12 aprile 1996, hg. v. Kaspar ELM und Cosimo Damiano FONSECA (Hierosolimitana. Acta et Monumenta 1), Città del Vaticano 1998, 419-437, hier: 425-428.

[83] Paul RIANT, Expéditions et pèlerinages des Scandinaves en Terre Sainte au temps des Croisades, Paris, 1865, 188-190; FROLOW, Relique (wie Anm. 66), 309-310.

[84] Sie behauptete, die Reliquie aus der Hand des griechischen Patriarchen von Jerusalem erhalten zu haben: Monachi anonymi Scaphensis, De reliquiis Sanctissimae Crucis et Dominici Sepulchri Scaphusam allatis, in: RHC, Hist. Occ., Bd. V, Paris, 1895, 335-339; PLANK, Patriarch Symeon II. (wie Anm. 71), 315-319. Kritisch zur Glaubwürdigkeit der Begegnung mit dem griechischen Patriarchen Symeon II.: Johannes PAHLITZSCH, „Graeci" und „Suriani" im Palästina der Kreuzfahrerzeit. Beiträge und Quellen zur Geschichte des griechisch-orthodoxen Patriarchats von Jerusalem (Berliner Historische Studien 33 – Ordensstudien XV); Berlin 2001, 96.

Wahren Kreuzes in ihre Heimat[85]. Schließlich sind noch die Geschenke anzuführen, die manche Herrscher der Kreuzfahrerstaaten, etwa Balduin I., Fulco, Amalrich und Sybille, Klöstern oder Personen in Form von Kreuzespartikeln machten[86]. Es befanden sich also bereits viele Partikel im Westen, als das *lignum crucis* am 4. Juli 1187 in Hattin zum letzten Mal gegen die Muslime in die Schlacht geführt wurde. Zusammen mit dem leblosen Körper seines Trägers, des Bischofs von Akkon, und der Blüte des Königreiches Jerusalem blieb es dort zurück, und trotz späterer Suchaktionen und diplomatischer Bemühungen war es für alle Zeiten verschollen[87].

Dennoch ging die Produktion und der Transfer von Heiligkreuzreliquiaren weiter, denn Konstantinopel übernahm die Rolle Jerusalems als wichtigster Sammelpunkt und Verteiler von Kultobjekten dieser Art. Davon profitierten die Kreuzfahrer im Jahre 1204, als sie die Hauptstadt des Byzantinischen Reiches plünderten. Ein neuerlicher Schwung von Heiligkreuzreliquiaren

---

[85] Auctarium Sancrucense (MGH SS IX), Hannover 1851, 732; Die Urkunden Heinrichs des Löwen, Herzogs von Sachsen und Bayern (MGH Laienfürsten und Dynastenurkunden der Kaiserzeit), 2 Bde., ed. Karl JORDAN, Stuttgart 1941, Bd. I, Nr. 94, 95; Hans Eberhard MAYER, Die Stiftung Herzog Heinrichs des Löwen für das Hl. Grab, in: Heinrich der Löwe (Veröffentlichungen der Niedersächsischen Archivverwaltung 39), hg. v. Wolf-Dieter MOHRMANN, Göttingen 1980, 307-330; Heinrich der Löwe und seine Zeit. Herrschaft und Repräsentation der Welfen 1125-1235, Katalog der Ausstellung, Braunschweig 1995, hg. v. Jochen LUCHHARDT und Franz NIEHOFF, München 1995, 276-281; Johannes FRIED, Jerusalemfahrt und Kulturimport (wie Anm. 14), 113-114. Weitere Beispiele: FROLOW, Relique (wie Anm. 66), 308, 317, 319, 324-326, 329, 344, 345, 347, 349.

[86] Annales Corbeienses (MGH SS III), Hannover, 1839, 2-18, hier: 7; Actus pontificum Cenomannis, 430; Reinhold RÖHRICHT, Die Geschichte des Königreichs Jerusalem (1100-1291), Innsbruck 1898, 358; FROLOW, Relique (wie Anm. 66), 320-322, 338, 344; Hans Eberhard MAYER, Das Pontifikale von Tyrus und die Krönung der lateinischen Könige von Jerusalem, Dumbarton Oaks Papers 21 (1967), 141-232, hier: 182, Anm. 185; GAUTHIER, Routes de la foi (wie Anm. 53), 56-58.

[87] Joshua PRAWER, The Battle of Hattin, in: DERS., Crusader Institutions, Oxford 1980, 484-500; Benjamin Z. KEDAR, The Battle of Hattin Revisited, in: The Horns of Hattin, Proceedings of the Second Conference of the Society for the Study of the Crusades and the Latin East, Jerusalem and Haifa 2-6 July 1987, hg. v. Benjamin Z. KEDAR, Jerusalem - London 1992, 190-207. COLE, Christian Perceptions of the Battle of Hattin (wie Anm. 74). Über Versuche zur Rückgewinnung der Reliquie siehe: FROLOW, Relique (wie Anm. 66), 69-72, 347-348; TOMMASI, Templari e il culto (wie Anm. 77), 195; LIGATO, Political Meaning (wie Anm. 69), 315-316; Pierre-Vincent CLAVERIE, Un cas de trafic de reliques dans le royaume de Jérusalem au XIIIe siècle: L'affaire „Giovanni Romano", Revue historique de droit française et étranger 75 (1997), 627-637. Vgl. die Bezeichnung des Kreuzzugsheeres Friedrichs Barbarossa als *exercitus vivifice crucis* (MGH DD X, Nr. 1109).

nahm seinen Weg in den Westen[88]. Das Wahre Kreuz von Anglesola ist daher lediglich e i n Mitglied einer großen Familie. Allerdings müßte man hier wohl von einem Stiefkind bzw. von einem Waisenkind sprechen, denn das katalanische Stück ist weder im Standardwerk von Frolow verzeichnet, in der späteren Forschung eingehend untersucht oder gar datiert worden, noch ist bis heute seine Herkunft bekannt.

In einem kurzen, aber einflußreichen Aufsatz gelang es vor zwanzig Jahren Heribert Meurer, drei Gruppen von Staurotheken zu identifizieren, die im 12. Jahrhundert in Jerusalem hergestellt wurden[89]. Nicht nur stilistische Argumente, sondern auch zeitgenössische Dokumente belegen seine Zuschreibung. Als die eigentlichen Hersteller der Stücke machte er Jerusalemer Goldschmiede fest, die nachweislich in unmittelbarer Nähe zur Grabeskirche arbeiteten und die Reliquiare vermutlich im Auftrag der Patriarchen von Jerusalem hergestellt haben dürften[90]. Eine der erwähnten Reliquiengruppen ist von besonderer Geschlossenheit (Abb. 15-19). Sie umfaßt drei Stücke, nämlich das Kreuz von Santiago de Compostela in Spanien[91], ein süditalienisches Stück, das sich im Louvre befindet[92], sowie das Kreuz von Agrigent in Sizilien[93]. Alle tragen auf der Vorderseite eine punzierte Um-

---

[88] Neben den Hinweisen in Anm. 69: GAUTHIER, Reliquaires du XIIIe siècle (wie Anm. 60); Ben HENDRICKX, Les reliques et objets saints dans les chroniqeurs français de Constantinople, Ekklesiastikos Pharos 72 (1990), 113-126; Jannic DURAND, Reliques et reliquaires arrachés à l'Orient et à Byzance au temps des croisades, in: Les Croisades. L'Orient et l'Occident (wie Anm. 53), 389.

[89] Heribert MEURER, Zu den Staurotheken der Kreuzfahrer, Zeitschrift für Kunstgeschichte 48 (1985), 65-76. Siehe auch: Heribert MEURER, Kreuzreliquiare aus Jerusalem, Jahrbuch der Staatlichen Kunstsammlungen in Baden-Württemberg 13 (1976), 7-17.

[90] MEURER, Staurotheken (wie Anm. 89), 74. Zu den Werkstätten siehe FOLDA, Art of the Crusaders (wie Anm. 72), 99-100.

[91] Galicia Arte, Bd. X: Arte medieval 1, A Coruña 1993, 487-488; Serafín MORALEJO ÁLVAREZ, Lignum Crucis de Carboeiro, in: Santiago, camiño de Europa. Culto y cultura en la peregrinación a Compostela, Santiago de Compostela 1993, 352-353; La Catedral de Santiago de Compostela, Patrimonio Artístico Gallego 1, La Coruña 1993, 512-514; Nikolas JASPERT, „Pro nobis, qui pro vobis oramus, orate": die Kathedralskapitel von Compostela und Jerusalem in der ersten Hälfte des 12. Jahrhunderts, in: Santiago, Roma, Jerusalén. III Congreso Internacional de Estudios Jacobeos, Santiago de Compostela 14-16 septiembre 1997, hg. v. Paolo CAUCCI VON SAUCKEN, Santiago de Compostela 1999, 187-213, hier: 205. Auch das Compostelaner Reliquiar ist nicht bei FROLOW, Relique (wie Anm. 66) verzeichnet.

[92] The Glory of Byzantium. Art and Culture of the Middle Byzantine Era, A.D. 843-1261, hg. v. Helen C. EVANS und William D. WIXOM, New York 1997, 398-399, Abb. 264.

[93] Maria ACCASCINA, Oreficeria di Sicilia dal XII all XIX secolo, Palermo 1976, 66-70, Abb.

randungslinie, die vier in Medaillons gefaßten Symbole der Evangelisten sowie gestanzte, blinde Vierpässe und Kreise. An den Kreuzungen der Arme befinden sich zwei Schlitze für die Kreuzpartikel. Die Rückseiten weisen mit Stempeln geprägte Ranken und ein Medaillon mit dem *Agnus Dei* auf.

Abb. 15: Agrigent, Tragaltar / Staurothek. Mit freundlicher Genehmigung des Gabinetto nazionale di fotografia, Roma.

35; Marie-Madeleine GAUTHIER, Emaux meridionaux I. Catalogue international de l'oeuvre de Limoges, Paris 1987, 57.

Das auffälligste Element ist jedoch die am unteren Ende des Schaftes angebrachte, getriebene Darstellung des Heiligen Grabes. Zeitgenössische Beschreibungen, aber auch andere Abbildungen lassen keinen Zweifel an der Zuordnung der mit drei Löchern oder *oculi* versehenen Bank mit den über ihr hängenden Lampen[94]. Pilgerampullen aus dem Heiligen Land zum Beispiel weisen vergleichbare Darstellungen auf[95]. Der mit einem Kreuz gekrönte Bogen über dem Grab wiederum ist nichts anderes als die durch die Kreuzfahrer im Jahre 1149 errichtete, schematisiert dargestellte Kuppel der Grabeskirche. Damit kann man sowohl die Pilgerampullen als auch die drei Staurotheken auf die Zeit zwischen 1149 und der Einnahme Jerusalems durch Saladin im Jahre 1187 datieren.

In seinem bahnbrechenden Aufsatz schrieb Heribert Meurer im Jahre 1976: „Ich rechne damit, daß weitere Kreuze dieser Art gefunden werden"[96]. Über zwanzig Jahren später haben sich seine Worte bewahrheitet, denn das Wahre Kreuz von Anglesola wurde unzweifelhaft in der Werkstatt, sogar mit den gleichen Stempeln hergestellt wie die drei bislang bekannten Stücke. Vor allem zum sizilischen Fragment einer Staurothek, also dem Kreuz von Agrigent, sind die Ähnlichkeiten frappierend (Abb. 15)[97]. Selbst die ungewöhnliche Anordnung der Evangelistensymbole um die obere Kreuzung, die auf die untere Kreuzung weisenden Engel sowie die betende bärtige Figur auf dem Schaft wiederholen sich. Die Übereinstimmungen gehen bis in die Einzelheiten.

---

[94] Vgl. die Beschreibung des Theodericus aus der Zeit um 1160: *Quod pario marmore, auro et lapidibus preciosis mirifice decoratum tria in latere rotunda habet foramina, per que ipsi lapidi, in quo dominus iacuit, optata peregrini porrigunt oscula* [...]: Peregrinatores tres (wie Anm. 76), Turnhout 1994, 148.

[95] Liselotte KÖTZSCHE, Zwei Jerusalemer Pilgerampullen aus der Kreuzfahrerzeit, Zeitschrift für Kunstgeschichte 51 (1988), 13-32, hier: 25-26, Abb. 16, 18, 19; Bianca KÜHNEL, Crusader Art in the Twelfth Century. A Geographical, an Historical, or an Art Historical Notion?, Berlin 1994, 143-145; FOLDA, Art of the Crusaders (wie Anm. 72), 294; siehe die Abbildung in: Heinrich der Löwe und seine Zeit. Herrschaft und Repräsentation der Welfen 1125-1235, Katalog der Ausstellung, Braunschweig 1995, hg. v. Jochen LUCKHARDT und Franz NIEHOFF, München 1995, 281-282, Abb. D86. Über die Kuppel als ein wesentliches Charakteristikum der Heiliggrabdarstellungen in der Kunst siehe Annemarie SCHWARZWEBER, Das Heilige Grab in der deutschen Bildnerei des Mittelalters (Forschungen zur Geschichte der Kunst am Oberrhein 2), Freiburg 1940.

[96] MEURER, Staurotheken (wie Anm. 89), 76.

[97] Umso beklagenswerter ist die Tatsache, daß die Rückseite des Sizilischen Stückes nicht erhalten ist. Das katalanische Kreuz dürfte eine Vorstellung vom fehlenden Teil geben.

Abb. 16: Paris, Musée du Louvre, Départment des Objets d'Art, Nr. OA 3665: Staurothek, Vorderseite. Mit freundlicher Genehmigung des Musée du Louvre.

Abb. 17: Paris, Musée du Louvre, Départment des Objets d'Art, Nr. OA 3665: Staurothek, Rückseite. Mit freundlicher Genehmigung des Musée du Louvre.

Abb. 18: Santiago de Compostela, Museo de la Catedral, Cruz de Carboeiro, Vorderseite; nach:
La Catedral de Santiago de Compostela (wie Anm. 91).

Abb. 19: Santiago de Compostela, Museo de la Catedral, Cruz de Carboeiro, Rückseite; nach:
La Catedral de Santiago de Compostela (wie Anm. 91).

Es kann kein Zweifel daran bestehen, daß alle nunmehr vier Stücke in ihrer einfachen, byzantinischer Praxis entstammenden Herstellungstechnik und ihrer eher dem lateinischen Christentum verpflichteten ikonographischen Gestaltung[98] ungefähr zur gleichen Zeit in einem fast seriellen Verfahren gefertigt wurden.

Mit ihrer eigentümlichen, auf den Osten weisenden doppelbalkigen Form und ihrer Darstellung des Heiligen Grabes wies das Reliquiar geradewegs nach Jerusalem. Die betende fremdländische Figur auf dem Schaft gab die Form der Verehrung vor, welche dem *lignum Domini* geziemte, und lieferte einen weiteren Beweis für die Authentizität des Stückes[99]. Daß dieses in der Tat auch gesehen, den Gläubigen also keineswegs vorenthalten wurde, ergibt sich allein schon aus seiner Funktion als Reliquiar, denn die Visualisierung der Reliquie ermöglichte ja erst die Teilhabe an deren *virtus* und *praesentia*. Man kann die Staurothek in dieser Hinsicht geradezu als ein sprechendes Reliquiar bezeichnen. Es ist sogar anzunehmen, daß das katalanische Stück ursprünglich auf einem Pfahl aufgesteckt werden konnte. Darauf deuten die Kreuzfüße vergleichbarer Staurotheken aus Scheyern, Barletta, Conques und Cleveland hin[100]. Sie konnten damit bei Spendenfahrten zum Wohle der Kreuzfahrerstaaten, von denen zeitgenössische Quellen wiederholt berichten[101], oder bei Prozessionen mitgeführt werden.

---

[98] KÜHNEL, Crusader Art (wie Anm. 95), 138-140; LEGNER, Reliquien in Kunst und Kultur (wie Anm. 53), 55-78. Vgl. G. GALVARIS, Kreuz II, in: Reallexikon zur byzantinischen Kunst V (1995), 1-283, hier: 247-251.

[99] Siehe zum Beispiel des Kreuzreliquiar von Borghorst aus der zweiten Hälfte des 11. Jahrhunderts: Das erste Jahrtausend. Kultur und Kunst im werdenden Abendland an Rhein und Ruhr, 2 Bde., hg. v. Victor H. ELBERN, Düsseldorf 1962, Bd. II, 85, Abb. 392 und 393 (Freundlicher Hinweis Prof. Victor Elbern). Über die Funktion des Betenden auf dem Schaft vgl. Hans BELTING, Das Bild und sein Publikum im Mittelalter. Form und Funktion früher Bildtafeln der Passion, Berlin 1981, 69-104.

[100] MEURER, Staurotheken (wie Anm. 89), 72-73; Peter SPRINGER, Kreuzfüße. Ikonographie und Typologie eines hochmittelalterlichen Gerätes (Bronzegeräte des Mittelalters 3), Berlin 1981, 22-24, Abb. A1, A10-13, A16-18, A26-31.

[101] Pierre André SIGAL, Les voyages de reliques aux XIᵉ et XIIᵉ siècles, in: Voyage, quête, pèlerinage dans la littérature et la civilisation médiévales, Aix-en-Provence - Paris 1976, 75-104; Edina BOZOKY, Voyages de reliques et démonstration du pouvoir aux temps féodaux, in: Voyages et voyageurs au Moyen Age (Série Histoire Ancienne et Médiévale 39), Paris 1996, 267-281. Über die zeitgenössische Kritik an diesen Praktiken siehe: Reinhold KAISER, Quêtes itinerantes avec des reliques pour financer la construction des églises, XIᵉ-XIIᵉ siècles, Le Moyen Age 101 (1995), 205-225. Siehe das Beispiel des Kreuzes von Scheyern, das im Zusammenhang mit einer solchen Kampagne nach Bayern geschickt wurde: Wittelsbach und Bayern (wie Anm. 81), 34-36.

Es bleibt die abschließende Frage zu beantworten, wie und warum ein Heiligkreuzreliquiar aus der zweiten Hälfte des 12. Jahrhunderts von Jerusalem nach Westkatalonien gelangte. Gab es Personen oder Institutionen in Anglesola, die Verbindungen zu den Kreuzfahrerstaaten unterhielten? Als Ausgangspunkt der Nachforschungen bieten sich die Herren der Ortschaft, das Geschlecht der Anglesola an, und in der Tat kann man bei ihnen solche Verbindungen nachweisen. Das den Grafen von Urgell und Barcelona nahestehende Adelsgeschlecht erlebte zu Beginn des 12. Jahrhunderts einen erstaunlichen Aufschwung, was sich auch in seinem Stiftungsverhalten niederschlug[102]. Es förderte insbesondere neue Formen religiosen Lebens, etwa die Templer-, Prämonstratenser- und Zisterziensergemeinschaften[103], aber auch – was bislang nicht erkannt worden ist – die *canonici Sanctissimi Sepulcri*, die Kanoniker vom Heiligen Grab. Mit Hilfe einer Reihe von Urkunden aus dem Barceloneser Diözesanarchiv läßt sich belegen, daß schon in der zweiten Hälfte des 12. Jahrhunderts beträchtliche Liegenschaften und Häuser dem Orden übertragen wurden, der Kern eines umfangreichen Besitzkomplexes, der sich spätestens zum Ende des Jahrhunderts unter Aufsicht des Heiliggrabpriorates von Santa Anna in Barcelona befand[104]. Die

---

[102] Els castells catalans, Bd. V, hg. v. Pere CATALÀ I ROCA, Barcelona 1979, 974-983; BACH, Història d'Anglesola (wie Anm. 62), 31-41; BINEFA, El senyoriu d'Anglesola (wie Anm. 62); Flocel SABATÉ I CURULL, Judici entre el comte Ramon Berenguer IV i Bernat d'Anglesola, Ilerda 49 (1991), 129-142.

[103] Zisterzienser: Agustí ALTISENT, Poblet, Bernat d'Anglesola i dues expedicions militars d'Alfons el Cast (València i Tolosa), in: Miscellanea Populetana (Scriptorium Populeti 1), Abadía de Poblet 1966, 155-185; BINEFA, Anglesola (wie Anm. 62), 15-17; BINEFA, Senyoriu d'Anglesola (wie Anm. 62), 38-45; BACH, Anglesola (wie Anm. 62), 34-35. Prämonstratenser: BACH, Anglesola (wie Anm. 62), 33-34; Josep TORRES I GROS, Guillem d'Anglesola, baró de Bellpuig, fundador del monestir de Bellpuig de les Avellanes i del monestir de Sant Nicolau, a Bellpuig, Bellpuig 1987. Templer: Col.lecció diplomàtica de la casa del Temple de Barberà (Textos Jurídics Catalans, Documents 1), ed. Josep Maria SANS I TRAVÉ, Barcelona 1997, Nr. 28; BINEFA, Senyoriu d'Anglesola (wie Anm. 62), 45-46; Prim BERTRAN I ROIGÉ, Notícies històriques del Palau d'Anglesola (segles XII-XVII), Publicacions de l'Institut d'Estudis Ilerdencs 45, Lleida 1981, 17-19, hier: 51-63; Nikolas JASPERT, Die Ritterorden und der Orden vom Heiligen Grab auf der Iberischen Halbinsel, in: Militia Sancti Sepulcri. Idea e Istituzioni. Colloquio Internazionale, Pontificia Università del Laterano, 10-12 aprile 1996 (Hierosolimitana. Acta et Monumenta 1), hg. v. Kaspar ELM und Cosimo Damiano FONSECA, Città del Vaticano 1998, 381-410.

[104] ALTURO I PERUCHO, L'arxiu antic de Santa Anna (wie Anm. 34), Bd. II, Nr. 290; Bd. III, Nr. 567; Barcelona, Arxiu Diocesà, Fons de Santa Anna (im folgenden: ADB-SA), Pergamins, carpeta 8, Nr. 146. Weitere Schenkung in Anglesola durch Valentí im Jahre 1199 (ALTURO, L'arxiu antic de Santa Anna [wie Anm. 34], Bd. III, Nr. 633) und durch Pons Metge mit seiner Frau Agnes vor 1202 (ADB-SA, Pergamins, carpeta 8, Nr. 53). Siehe die

Barceloneser Kanoniker gründeten zwar keine eigene Niederlassung, aber sie verfügten sehr wohl über verschiedene Werkstätten und Häuser in einer Straße, die bereits zu Beginn des 13. Jahrhunderts als „Heiliggrabstraße" bekannt war[105]. Was in unserem Zusammenhang jedoch wesentlich bedeutsamer ist: sie besaßen in Angesola auch eine Kapelle, die den Weihetitel des Heiligen Grabes trug[106].

Wir wissen aus anderen Beispielen – etwa Denkendorf im Reich oder Barletta in Italien –, daß in Jerusalem hergestellte Heiligkreuzreliquiare dadurch ihren Weg in den Westen fanden, daß sie der Patriarch oder das Kapitel von Jerusalem an überseeische Niederlassungen des Ordens sandten[107]. Auch die dem katalanischen Kreuz vergleichbaren Stücke könnten über den Orden vom Heiligen Grab in den Westen gekommen sein. Das Reliquiar von Paris, das aus Süditalien stammt[108], und dasjenige von Agrigent weisen auf Gegenden, in denen der Orden über eine besonders hohe Zahl an Häusern verfügte[109]. Die Priorate des Ordens besaßen in der Regel verschiedene Reliquien aus dem Heiligen Land, und Inventare belegen, daß Heiliggrab- und Heiligkreuzreliquien eine herausgehobene Stellung unter

---

Erwähnung in „Si aposolice sedis" aus dem Jahre 1164: „[...] *domos et terras in Anglarola et in eius territorio* [...] (HIESTAND, Kirche, Nr. 88). Schon 1191 meldeten die Barceloneser Chorherren ihre Ansprüche auf die Besitzungen an: ALTURO, L'arxiu antic de Santa Anna (wie Anm. 34), Bd. III, Nr. 566. Siehe allgemein: JASPERT, La estructuración de las primeras posesiones (wie Anm. 42).

[105] ADB-SA, Pergamins, carpeta 27, Nr. 13.

[106] ADB-SA, Pergamins, carpeta 2, Nr. 448.

[107] GALLO, La croce patriarcale della Basilica (wie Anm. 82); FOLDA, Art of the Crusaders (wie Anm. 72), 97-100 mit älterer Literatur.

[108] Glory of Byzantium (wie Anm. 92), 398-399; FROLOW, Reliquaires (wie Anm. 67), S.127.

[109] Geneviève BRESC-BAUTIER, Les possessions des églises de Terre Sainte en Italie du Sud (Pouille, Calabre, Sicile), in: Roberto il Guiscardo e il suo tempo. Pubblicazioni del Centro di Studi Normanno - Svevi. Università degli Studi di Bari 1, Roma 1975, 13-34; La Puglia fra Bizancio e l'Occidente (Civiltà e cultura in Puglia 2), hg. v. Cosimo Damiano FONSECA, Milano 1980; Valentino PACE, Italy and the Holy Land, Import-Export 2: The Case of Apulia, in: Crusader Art in the Twelfth Century, hg. v. Jaroslav FOLDA, Oxford 1982, 245-269; Graham A. LOUD, Norman Italy and the Holy Land, in: The Horns of Hattin, Procedings of the Second Conference of the Society for the Study of the Crusades and the Latin East, Jerusalem and Haifa 2-6 July 1987, hg. v. Benjamin Z. KEDAR, Jerusalem - London 1992, 49-62, hier: 55-62; KÜHNEL, Crusader Art (wie Anm. 95), 147-148; Jean-Marie MARTIN, La Pouille du VIe au XIIe siècle (Collection de l'École Française de Rome 179), Roma 1993, 528-529, 649. Zu den wirtschaftlichen Verbindungen zwischen beiden Bereichen siehe, mit umfangreichen Literaturangaben: Marie-Luise FAVREAU-LILIE, Der Fernhandel und die Auswanderung der Italiener ins Heilige Land, in: Venedig und die Weltwirtschaft um 1200, hg. v. Wolfgang VON STROMER, Stuttgart 1999, 203-234, hier: 209-214.

ihnen einnahmen. So wissen wir etwa, daß beide katalanischen Priorate, also die Häuser von Santa Anna und von Marcévol, über Heiligkreuzreliquien verfügten[110]. Sogar das Compostelaner Reliquiar könnte auf den Orden vom Heiligen Grab zurückzuführen sein, denn das Kloster von San Lorenzo de Carboeiro, über das es an das Kathedralsarchiv kam, verfügte über eine Dependenz, die als eine Niederlassung des Ordens vom Heiligen Grab nachgewiesen ist[111]. Die Existenz einer Heiligkreuzreliquie und eines Jerusalemer Heiligkreuzreliquiars im katalanischen Anglesola, wo der Orden vom Heiligen Grab über eine Kapelle und ein Stationshaus verfügte, reiht sich in diese Tendenz ein. Kein göttlicher Bote, sondern die Kanoniker vom Heiligen Grab dürften das Wahre Kreuz nach Katalonien gebracht haben. Ihr Orden fungierte hier – ähnlich wie viele andere supranationale geistliche Institutionen des Mittelalters – als Kommunikationsträger und als Vermittler des Kulturtransfers[112].

Um die Mitte des 13. Jahrhunderts zogen sich die Kanoniker aufgrund von Streitigkeiten mit dem Geschlecht der Anglesola, die zur Zerstörung der Kapelle führten und sogar das Eingreifen der Päpste Gregor IX. und Innozenz IV. erforderlich machten, aus der Ortschaft zurück[113]. Die Heiliggrabkapelle wurde nie wieder aufgebaut, die Heiliggrabstraße änderte ihren Namen, die Heiliggrabkanoniker wurden vergessen. Doch ihr Reliquiar blieb mitsamt seinem Inhalt zurück. Seine Präsenz schuf einen Erklärungsbedarf,

---

[110] ADB-SA, O-1, Inventari, fol. 1ʳ-2ʳ; Jean SARRETE, Le pardon de Marcevol, Perpignan 1902, 8. Über Staurotheken des Ordens vom Heiligen Grab aus dem 15.-20. Jahrhundert siehe: Amelia LÓPEZ-YARTO ELIZALDE, Orfebrería de la Orden del Santo Sepulcro: Cruces procesionales y cruces relicarios, in: La Orden del Santo Sepulcro. Actas de las Segundas Jornadas de Estudio, Zaragoza, 23-26 noviembre de 1995, Zaragoza 1996, 327-340. Vgl. die Nachrichten über Heiligkreuzreliquiare im Templerorden: TOMMASI, Templari e il culto (wie Anm. 77), 196-210.

[111] Hipólito de SA Y BRAVO, El monacato en Galicia, 2 Bde., La Coruña 1972, Bd. II, 211-216. Ganz auf die Kunst- und Baugeschichte beschränkt: Ramón YZQUIERDO, El monasterio de Carboeiro, in: Monacato gallego. Sexquimilenario de San Bieito. Actes do primeiro coloquio, Ourense 1981 (Boletín Auriense, Anexo 6), Ourense 1986, 121-153; Galicia Arte medieval (wie Anm. 91), 254-256; Galicia Arte, Bd. XI: arte medieval 2, A Coruña 1996, 170-177. Über die galicischen Dependancen des Ordens: JASPERT, „Pro nobis, qui pro vobis oramus, orate" (wie Anm. 91), 199-200. Diese Erklärung erscheint wahrscheinlicher als die lokale Legende, die das Stück auf Erzbischof Guy de Vienne, den späteren Papst Calixt II. zurückführt (La Catedral de Santiago de Compostela [wie Anm. 91], 514).

[112] Vgl. oben, Anm. 27.

[113] ADB-SA, Pergamins, carpeta 1, Nr. 15; carpeta 2, Nr. 448, carpeta 8, Nr. 146; ADB-SA, CD-0, Nr. 8, 51 y 82. Ausführlicher in: JASPERT, Stift und Stadt (wie Anm. 35), 449-451 und DERS., Un vestigio desconicido (wie Anm. 62), 465-466.

dem die Trinitarier – ein junger Orden, der sich besser in Anglesola zu integrieren verstand als die Heiliggrabkanoniker – mit der Legende des Engels Martin und der barmherzigen Gastfreundschaft ihrer Ordensbrüder bald zum Zwecke der eigenen Aufwertung nachkamen. Zugleich erlangte die Reliquie durch ihre Aufnahme in die Pfarrkirche und ihre Anbindung an die Gemeinde, d. h. durch lokale Aneignung und durch „Abverwandlung, also die Verwandlung durch Rezeption"[114] eine starke identitätsstiftende Funktion[115].

Was sich an der Bautätigkeit des Ordens vom Heiligen Grab nicht unmittelbar belegen ließ, wird damit an seinem Kultus und den damit verbundenen Objekten sehr wohl deutlich, von denen die Reliquiare nur ein – wenngleich bedeutendes – Beispiel darstellen. Gleiches gilt für die Liturgie[116], den Skulpturenschmuck und für bauliche Eigenheiten in den Häusern des Ordens, die in nicht geringem Maße ähnliche Funktionen erfüllten. In einer Vielzahl von Niederlassungen bildeten Repliken des Grabbaues, Grabeshöhlen oder Grüfte die Zentren von Liturgie und Kult. Im schwäbischen Denkendorf[117] war auch nach der Auflösung des örtlichen Priorats

---

[114] SCHMALE, Historische Komparatistik und Kulturtransfer (wie Anm. 13), 105. Über die lokale Abverwandlung architektonischer Modelle vgl. MÜLLER, Werkmeister Spiskin (wie Anm. 15), 150-160.

[115] Über diese Funktion der Reliquien siehe: Hans BELTING, Die Reaktion der Kunst des 13. Jahrhunderts auf den Import von Reliquien und Ikonen, in: Ornamenta ecclesiae. Kunst und Künstler der Romanik, 3 Bde., hg. v. Anton LEGNER, Köln 1985, Bd. III, 173-183, hier: 176; Patrick H. HUTTON, Collective Memory and Collective Mentalities. The Halbwachs-Ariès Connection, Historical Reflections/ Reflexions Historiques 15 (1988), 311-322, hier: 316; WENZEL, Hören und Sehen (wie Anm. 61), 99-102.

[116] Donato BALDI, La liturgia della chiesa di Gerusalemme dal IV al IX secolo, La Terra Santa (1939), 1-131; Charles KOHLER, Un rituel et un bréviaire du Saint-Sépulcre de Jérusalem (XIIe-XIIIe siècle), Revue de l'Orient latin 8 (1900/01), 384-499; Hugo BUCHTHAL, Miniature Painting in the Latin Kingdom of Jerusalem, with Liturgical and Paleographical Chapters by Francis WORMALD, Oxford 1957; Henryk PIWONSKI, Liturgia wielkanocna u bozogrobców w miechowie, Roczniki teologiczno-kanoniczne 16 (1969), 92-102; Nicola BUX, Codici liturgici latini di terra santa. Liturgical latin codices of the Holy Land (Studium Biblicum Franciscanum. Museum 8), Brindisi 1990; MIGUEL C. VIVANCOS, Un ceremonial de la Orden del Santo Sepulcro en Aragón en el siglo XIV (Monografías Aragonia Sacra 3), Zaragoza 1991; Amnon LINDER, The Liturgy of the Liberation of Jerusalem, Mediaeval Studies 52 (1990), 110-131; Kaspar ELM, La liturgie de l'Eglise latine de Jérusalem au temps des croisades, in: Les Croisades. L'Orient et l'Occident (wie Anm. 53), 243-246; Cristina DONDI, Medieval Liturgical Manuscripts of the Order of Saint John, Proceedings of the St. John Historical Society 9 (1997), 1-9.

[117] Heinrich WERNER, Die Krypta der Klosterkirche zu Denkendorf, Esslinger Studien 4 (1958), 12-16; ELM, St. Pelagius in Denkendorf (wie Anm. 27), 107-108. Auch in Barletta könnte sich ein *Sepulcrum* befunden haben: PIVA, Die „Kopien" (wie Anm. 6), 291, Anm.

dessen zu Beginn des 13. Jahrhunderts angelegte Krypta mit ihrem im Fuß-boden eingelassenen Schacht als „Heiliggrabkeller" bekannt; im nordkata-lanischen Marcèvol zog ein *sepulcrum Domini* mit seinen umfangreichen Indulgenzen Pilger aus nah und fern an[118]. Vervollständigt wurden diese Nachbauten ab dem 14. Jahrhundert durch annähernd lebensgroße Dar-stellungen des Leichnams oder der Grablegung Christi. Mehr noch als archi-tektonische Merkmale stellen solche Skulpturenensembles ein Charakteristi-kum der Kirchen des Heiliggrabordens dar: In vielen Ländern des Abend-landes sind nämlich Beispiele für diese Form der Evokation überliefert oder erhalten[119]. Sie waren freilich nicht nur in den Niederlassungen des Ordens zu sehen: Nachbauten der Ädikula und die weite Verbreitung mehrfigürlicher Ensembles in regularen und säkularen geistlichen Einrichtungen der lateini-schen Christenheit belegen, daß es sich hierbei um ikonograpische Modelle handelte, welche einer allgemein feststellbaren, dem Osterfest verpflichteten und die Verbands- und Ländergrenzen überschreitenden Verehrung für das Heilige Grab entsprangen[120]. Die mittelalterliche Jerusalemfrömmigkeit war

---

18. Allgemein hierzu DALMANN (wie Anm. 8) und die Literaturangaben in: Paolo PIVA, L'ubicazione del Sepulchrum nelle chiese romaniche dell'Italia del Nord: alcune ipotesi, Hortus Artium Medievalium 5 (1999), 183-199.

[118] A. CAZES, Marcévol, Prades 1967, 20.

[119] So in Valencia (Agustín SALES, Memorias históricas del antiguo santuario del Santo Se-pulcro en Valencia, Valencia ²1852, 4-6), Mallorca (Juan DAMETO, Historia general del reino de Mallorca, 2 Bde., Mallorca ²1840-1841, Bd. II, 469, 969). Annecy (L. LACHAT, A propos del fragment de la Mise au Tombeau de l'ancienne église du Saint-Sépulcre d'Annecy, La Revue Savoisienne 75 [1934], 73-80).

[120] Zur Ädikula siehe André BONNERY, L'édicule du Saint-Sépulcre de Narbonne: recherche sur l'iconographie de l'Anastasis, Les Cahiers de Saint-Michel de Cuxa 22 (1991), 7-42; und mit umfangreicher Literatur: Franz NIEHOFF, Das Kölner Ostergrab. Studien zum Heiligen Grab im Hohen Mittelalter, Wallraff-Richartz Jahrbuch 51 (1990), 7-68, hier: 38-53. Zur liturgischen und künstlerischen Gestaltung des Osterfestes siehe Solange CORBIN, La dé-position liturgique du Christ au Vendredi Saint. Sa place dans l'histoire des rites et du théâtre religieux (Collection Portugaise 12), Paris - Lissabon 1960, die Beiträge in: La Celebrazione del triduo pasquale, sowie CARRERO SANTAMARIA, Santo Sepulcro (wie Anm. 73) und Carol HEITZ, Sepulcrum Domini: le Sépulcre visité par les Saintes Femmes (IXe-XIe siècle), in: Haut Moyen Age. Culture, éducation et société. Études offertes à Pierre Riché, hg. v. Michel SOT, Paris 1990, 389-400. Über Heiliggrabgruppen: Helga D. HOFMANN, Das „Heilige Grab", die „Grablegung Christi" und „Christus im Grabe". Die plastischen Motive der Passionszeit, Saarkunst 7 (1967), 97-105; William FORSYTH, The entombement of Christ. French Sculptures of the Fifteenth and Sixteenth Centuries, Cambridge, Mass. 1970; Pamela SHEINGORN, Sepulchrum Domini (wie Anm. 8); Edgar LEHMANN, Zu den Heiliggrabnachbildungen mit figürlichem Programm im Mittelalter, in: Symbolae Historiae Artium. Studium z historii sztuki Lechowi Kalinowskiemu dedykowane, Warszawa 1986,

ein zu ausgeprägtes Phänomen und der Wunsch nach Vergegenwärtigungen der Heiligen Stadt zu groß, als daß ein Orden allein beiden historischen Erscheinungen hätte gerecht werden können.

143-163; Josep BRACONS CLAPÉS, Els grups del Sant Sepulcre a Catalunya. Precisions sobre l'origen d'aquest model iconogràfic, Annals de l'Institut d'Estudis Gironins 29 (1987), 87-103; Robert WILL, Le Saint-Sépulcre de la chapelle Sainte Catharine à la cathédrale de Straßbourg, Bulletin de la cathédrale de Strasbourg 19 (1990), 25-40. Ein besonders frühes Beispiel ist jetzt mustergültig untersucht worden: Franz NIEHOFF, Das Kölner Ostergrab (s.o); siehe für den spanischen Raum CARRERO SANTAMARÍA, Santo Sepulcro (wie Anm. 73), 471-474.

Die Wahrnehmung Jerusalems
auf mittelalterlichen Weltkarten

Ingrid Baumgärtner

Zwei extravagant und verspielt ausgeschmückte Stadtsymbole beherrschen unübersehbar eine schematische, wohl aus dem 12. Jahrhundert stammende Weltkarte (Abb. 1), die ohne Zusammenhang zu den vorausgehenden Viten der Erzbischöfe von Trier in raschen, aber präzisen Strichen auf die letzte Seite eines Codex der Öttingen-Wallersteinschen Bibliothek, heute Teil der Augsburger Universitätsbibliothek, skizziert ist[1]. Die beiden eigenartigen Baukomplexe von wohl synekdochischer Bedeutung symbolisieren, wie die beigefügten Namen indizieren, Jerusalem und Rom, die zwei Hauptstätten des christlichen Heilsgeschehens, während die Zeichnung insgesamt auf individuelle und ungewöhnliche Weise den im Hochmittelalter weit verbreiteten Typ der Ökumenekarte mit einem dreigeteilten Erdkreis veranschaulicht. Die drei Kontinente Europa, Asien und Afrika werden durch das Mittelmeer (*Mediterraneum Mare*) als Querbalken und das Rote Meer (*Rubrum Mare*) als Schaft des T voneinander getrennt und in einen alles umgebenden Ozeanring eingebettet.

Die bildliche Ausgestaltung der einfachen Darstellung im T-O-System akzentuiert vor allem das eigenwillig dekorierte Europa im oberen Teil, während Asien und Afrika vollkommen leere, gleichsam unerforschte und von der Heilsgeschichte nicht berührte Landmassen bleiben. Denn nur Europa sind markante Sehenswürdigkeiten zugeordnet: neben der Stadt Rom (*Roma*) und dem sozusagen benachbarten Fluß Donau (*Danubium*) auch das tatsächlich am östlichen Ende des Mittelmeeres gelegene Jerusalem (*Hierusa-*

---

[1] Augsburg, Universitätsbibliothek, Öttingen-Wallerstein Hs. I. 2. 4° 5.

lem) und der Jordan. Neben Jerusalem verläuft vertikal ein Schriftzug mit der eingängigen Wendung *In medio gentium posui te* (In die Mitte der Völker setze ich dich), frei nach Ezechiel 5,5: „So ergeht es Jerusalem. In die Mitte der Völker setze ich es, und rings in seinen Umkreis die Länder"[2]. Und in logischer Konsequenz ist das als Rotunde mit Galerien stilisierte Jerusalem stärker gegen die Mitte gerückt als das von Zinnen bekrönte Rom.

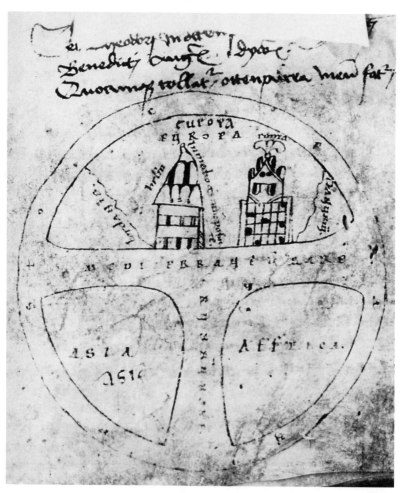

Abb. 1: Schematische Weltkarte (12. Jh.); Augsburg, Universitätsbibliothek, Öttingen-
Wallerstein Hs. I. 2. 4° 5; Abb. mit freundlicher Genehmigung der
Universitätsbibliothek Augsburg.

---

[2] *Ista est Jerusalem, in medio gentium posui eam, et in circuitu eius terras.*

Das undifferenzierte Schemakärtchen vermittelt bereits einen ersten Eindruck von den Schwierigkeiten der Kartographen, die Stadt Jerusalem auf den mittelalterlichen *Mappae mundi*, die gemeinhin Träger eines theologisch, mythisch und historisch geprägten Weltbildes ohne realgeographischen Anspruch waren, zu verorten. In den üblichen T-O-Karten der Zeit grenzten allerdings das Mittelmeer als Schaft, der Don und der Nil als Querbalken die drei bekannten Erdteile voneinander ab, wobei Asien die obere Hälfte füllte. Im Gegensatz dazu unterteilte unser Zeichner den Erdkreis äußerst individuell: Er setzte das Mittelmeer horizontal in das Zentrum, vertauschte die Lage von Asien und Europa und vereinte Jerusalem und Rom, eingerahmt von Jordan und Donau, auf dem europäischen Festland. Dabei reduzierte er – wohl eher bewußt aus eurozentrischer Sicht als zufällig aus schlechtem Erinnerungsvermögen – die Größe des normalerweise in der oberen Kartenhälfte angesiedelten Asien, in dessen Weiten neben Jerusalem gewöhnlich auch das Paradies zu finden war. Dieses außergewöhnliche, zumindest im 12. Jahrhundert einmalige Vorgehen stand eindeutig im Widerspruch zur hochmittelalterlichen Auffassung, daß Europa zwar stärker bevölkert wäre, aber Asien die Hälfte der bewohnbaren Erde einnähme. Sucht man nach einem Vorbild, so wäre höchstens an antik römische Modelle vor Orosius zu denken, die eine gleichmäßige Dreiteilung des Erdkreises vorgenommen oder sogar eine Hervorhebung Europas als größten Erdteil angestrebt haben sollen, noch ohne an eine christliche Ausrichtung nach Osten gebunden zu sein.

In der Verschränkung von Makrokosmos und Mikrokosmos waren mittelalterliche Weltkarten gemeinhin bildliche Allegorien einer christlichen Kosmologie, darüber hinaus sogar Konstruktionen eines universalen Geschichts- und Weltmodells, in dem historische Verlaufsformen bewußt neben dauerhafte Zustände gesetzt wurden[3]. Gerade die Komplexität des Systems gewährte den Autoren trotz inhärenter Strukturprinzipien und der Gebunden-

---

[3] Trotz zahlreicher Neuerscheinungen sind für einen ersten Überblick zu Anlage und Zweck der Weltkarten immer noch die grundlegenden älteren Studien heranzuziehen; vgl. David WOODWARD, Medieval *Mappaemundi*, in: The History of Cartography, vol. I: Cartography in Prehistoric, Ancient, and Medieval Europe and the Mediterranean, hg. v. John B. HARLEY und David WOODWARD, Chicago - London 1987, 286-370; Anna-Dorothee VON DEN BRINCKEN, Kartographische Quellen. Welt-, See- und Regionalkarten (Typologie des sources du moyen âge occidental 51), Turnhout 1988. Zur früh- und hochmittelalterlichen Kartographie vgl. Evelyn EDSON, Mapping Time and Space: How Medieval Mapmakers Viewed Their World (The British Library Studies in Map History 1), London 1997, ND 1999.

heit an die göttliche Ordnung einen nicht unbeträchtlichen Spielraum bei der Auswahl und Anordnung von Themen und Örtlichkeiten. Dies gilt für zentrale Orte der Christenheit ebenso wie für heidnische Motive. Auch wenn sich gewisse Konventionen herausbildeten, waren partielle Modifikationen erlaubt, die sicherlich weniger (wie in der Vergangenheit oft angenommen) dem Zufall als einer planmäßigen Konzeption zuzuschreiben sind. Mittelalterliche *Mappae mundi* waren deshalb zweifellos intentionsgeprägte Produkte, deren Anlage und Ausstattung eng mit der Aussageabsicht des Verfassers verknüpft waren. Die zur Wahl stehenden Alternativen und ihre Konnotationen lassen sich mittels einer Analyse der Lokalisation, der graphischen Gestaltung oder gar Vernachlässigung einzelner Stätten und Motive anschaulich aufzeigen.

Im folgenden ist nun genauer nach einem kleinen Teilbereich, nämlich der Verortung und Wahrnehmung Jerusalems in der mittelalterlichen Kartographie, insbesondere den bekannten Weltkarten, zu fragen. Was veränderte sich im Laufe der Jahrhunderte bei der kartographischen Darstellung der Stadt und ihrer räumlichen Erfassung? Wie wirkten sich die Pilgerreisen und Kreuzzüge samt den daraus entstandenen Berichten auf das recht traditionelle Medium der Kartographie aus? Wann und unter welchen Bedingungen erfolgte ein Wandel im graphischen Bild? Und welche Symbole und Zeichen gebrauchten die Kartographen für die Heiligste aller Städte? Diesen Fragen nachzuspüren, ist das Ziel der folgenden Ausführungen, die keinesfalls Anspruch auf Geschlossenheit und Vollständigkeit erheben oder gar lineare Entwicklungen suggerieren wollen. Absicht ist es eher, Widersprüchlichkeiten und Ungleichzeitigkeiten aufzudecken und einzelne Beobachtungen zum Wandel in der Präsentation Jerusalems zu artikulieren. Die Untersuchung des weitläufigen Materials, dessen Reichhaltigkeit nur exemplarisch zu erfassen ist, erfolgt in vier Schritten. Zu fragen ist erstens nach den frühmittelalterlichen Grundlagen der kartographischen Verortung Jerusalems und deren Weiterleben im Hochmittelalter, zweitens nach den unmittelbaren Auswirkungen der Kreuzzüge auf die Weltkarten, drittens nach der bildlichen Ausgestaltung Jerusalems im Kontext Palästinas sowie viertens nach den divergierenden Lösungen des ausgehenden Mittelalters.

I. Die frühmittelalterlichen Grundlagen der kartographischen Verortung Jerusalems und deren hochmittelalterliche Rezeption

Erste Anhaltspunkte für eine kartographische Orientierung boten im Mittelalter ganz allgemein entweder die klassischen Zentren der griechischen und römischen Tradition, wie die heilige Insel Delos oder Rom, oder symbolgeladene biblische Orte, wie Jerusalem oder der Berg Sinai; die beiden Vorstellungen gehen bekanntlich auf verschiedene Traditionen zurück[4]. Die Idee von der geographischen Zentralität Jerusalems war also bereits eine eindeutige Entscheidung, sie basierte auf biblischen Texten, insbesondere der bereits zitierten Passage aus Ezechiel 5,5, sowie auf dem entsprechenden Kommentar des Kirchenvaters Hieronymus, der nicht nur Jerusalems Bedeutung als Mittelpunkt der bewohnten Welt unterstrichen, sondern es sogar unmißverständlich als Nabel der Welt (*umbilicum terrae*) bezeichnet hatte[5]. Und dieser Mythos von Jerusalem als Nabel der Welt setzte sich im christlich exegetischen Schrifttum langfristig fest. Verschiedene Autoren rezipierten die Glosse mit Variationen. Einer der frühesten war sicherlich der angesehene Enzyklopädist Isidor von Sevilla, der im geographischen Teil seiner 'Etymologiae sive Origines' Jerusalem noch vorsichtig als Nabel der ganzen Region (*umbilicus regionis totius*)[6] bezeichnete, so daß auch die zugehörigen

---

[4] Sowohl Rom als auch Jerusalem wurden zu verschiedenen Zeiten als Nabel der Welt bezeichnet. Zur Bedeutung des Konzepts und zur römischen Tradition der Raumerfassung (*umbilicus Romae*) vgl. Kai BRODERSEN, Terra Cognita. Studien zur römischen Raumerfassung (Spudasmata 59), Hildesheim - Zürich - New York 1995, 110 und 254-260.

[5] S. Hieronymi presbyteri opera, pars I: Opera exegetica 4, Commentariorum in Hiezechielem libri XIV (CC SL 75), ed. Franciscus GLORIE, Turnhout 1964, 55f.: *Haec dicit Dominus Deus: Ista est Hierusalem, in medio gentium posui eam, et in circuitu eius terras*; [...]. *Hierusalem in medio mundi sitam, hic idem propheta testatur, umbilicum terrae eam esse demonstrans.* Diese Stelle wird in der Literatur immer wieder angeführt; vgl. u. a. Anna-Dorothee VON DEN BRINCKEN, Weltbild der lateinischen Universalhistoriker und –kartographen, in: Popoli e paesi nella cultura altomedievale, 23-29 aprile 1981 (Settimane di studio del centro di studi sull'alto medioevo 29), Spoleto 1983, vol. 1, 377-421 (davon ‚discussione' 409-421), hier 386f.; WOODWARD, Medieval *Mappaemundi* (wie Anm. 3), 340; Iain Macleod HIGGINS, Defining the Earth's Center in a Medieval „Multi-Text": Jerusalem in *The Book of John Mandeville*, in: Text and Territory. Geographical Imagination in the European Middle Ages, hg. v. Sylvia TOMASCH und Sealy GILLES, Philadelphia 1998, 29-53, hier 34.

[6] Isidor, Etymologiae 14.3.21; vgl. Isidorus Hispalensis, Etymologiarum sive Originum Libri XX, ed. Wallace Martin LINDSAY, 2 Bde., Oxford 1911, ND Oxford 1948, Bd. II.

Karten, in den überlieferten Abschriften meist einfache T-O-Skizzen mit den Namen der drei Kontinente, eine solche Zentrierung nicht aufzuweisen brauchten[7].

Das auf der Grundlage des Alten Testaments entwickelte Bewußtsein von der Zentralität des Heiligen Ortes blieb also vorerst eine theoretische Herausforderung und wurde noch lange nicht in die geographische Praxis umgesetzt. Dies gilt ohne Einschränkungen für alle frühmittelalterlichen Versuche einer kartographischen Erfassung des irdischen Raumes. Selbst frühmittelalterliche Pilger zögerten, diese Behauptung in ihre Berichte zu übernehmen. Eine Ausnahme stellt nur der hochgebildete Adamnanus von Hy, Abt des Klosters Iona auf der gleichnamigen Insel; er verfaßte nach den Erfahrungen, die ihm der gallische Bischof Arculf auf seiner Rückreise vom Heiligen Land erzählte, das Itinerar 'De locis sanctis', in dem er bereits gegen Ende des 7. Jahrhunderts die angebliche Lage Jerusalems als Mitte der Welt und Nabel der Erde (*Hierusalem, quae mediterranea et umbilicus terrae dicitur*[8]) logisch zu begründen versuchte. Raffiniert und durchaus überzeugend ist das Erklärungsmodell, nämlich die absolute Schattenlosigkeit einer nördlich der Heiligen Plätze stehenden, überaus hohen römischen Säule am Tage der Sommersonnenwende um die Mittagszeit[9]. Zu dieser Stunde sei die Säule, nahe dem heutigen Damaskustor, auf allen Seiten von Licht umstrahlt; erst drei Tage später würde sie wieder einen ersten kurzen Schatten werfen. Doch

---

[7] Vgl. EDSON, Mapping Time and Space (wie Anm. 3), 46-50 und 4-5 mit Abb. 1.1 und 1.2.

[8] Adamnan's *De Locis Sanctis*, ed. Denis MEEHAN (Scriptores Latini Hiberniae 3), Dublin 1958, 56; Adamnani De locis sanctis libri tres, ed. Ludouicus BIELER, in: Itineraria et alia geographica (CC SL 175), Turnhout 1965, 175-234, bes. 195 mit cap. I.11.4.

[9] Adamnan's *De Locis Sanctis*, ed. MEEHAN (wie Anm. 8), 56; Adamnani, ed. BIELER (wie Anm. 8), 194f. mit cap. I.11.1-3: *1. De aliqua ualde summa columna quae a locis sanctis ad septemtrionalem partem in medio ciuitatis stans pergentibus obuiam habetur breuiter dicendum est. (...) 3. Haec itaque columna, quam solis claritas in estiuo solistitio meridianis horis stantis in centro caeli e regione desuper circumfulgens ex omni parte circumfusa perlustrat, Hierusolimam orbis in medio terrae sitam esse protestatur.* Vgl. F(rancis) E. PETERS, Jerusalem. The Holy City in the Eyes of Chroniclers, Visitors, Pilgrims, and Prophets from the Days of Abraham to the Beginnings of Modern Times, Princeton 1985, 203; Franz NIEHOFF, Umbilicus mundi – Der Nabel der Welt. Jerusalem und das Heilige Grab im Spiegel von Pilgerberichten und –karten, Kreuzzügen und Reliquiaren, in: Ornamenta Ecclesiae. Kunst und Künstler der Romanik. Katalog zur Ausstellung des Schnütgen-Museums in der Josef-Haubrich-Kunsthalle, hg. v. Anton LEGNER, 3 Bde., Köln 1985, Bd. III, 53-72, hier 54f.; Marina SMYTH, Perceptions of Physical and Spiritual Space in Early Christian Ireland, in: Raum und Raumvorstellungen im Mittelalter (Miscellanea Mediaevalia 25), hg. v. Jan A. AERTSEN und Andreas SPEER, Berlin - New York 1998, 505-524, bes. 516 ff.

276

diese empirischen Beobachtungen fanden noch keinen kartographischen Niederschlag; der Widerspruch zwischen mystisch-religiöser Vorstellung und graphisch verwirklichtem Kartenbild blieb vorerst bestehen.

Erste Auswirkungen auf eine bildliche Raumgestaltung zeigen sich höchstens bei der Stilisierung der verwendeten Stadtsymbole, insbesondere beim Gebrauch der vollendeten Kreisform[10], eng verbunden mit der Vorstellung vom Himmlischen Jerusalem und dem mittelalterlichen Konzept einer idealen Stadt[11]. Eine solche Bildkomposition dominiert beispielsweise die geostete Palästina-Ägypten-Karte aus einer Londoner Hieronymus-Handschrift, die allerdings erst im 12. Jahrhundert, wohl um 1150, entstand[12]. Sie zeigt Jerusalem als einen auffallenden doppelten Kreis, der die einfache Legende *Iherusalem* umschließt (Abb. 2). Vier asymmetrisch eingesetzte Tore unterbrechen die kreisrunde, erstaunlich regelmäßig ausgearbeitete Stadtmauer. Darüber skizzierte der Zeichner das eigentlich im Süden gelegene Josaphatstal (*vallis Iosaphat*) außerhalb des gleichnamigen Tores und den deutlich als Erhebung eingetragenen Ölberg (*mons oliveti*), daneben – gleichfalls außerhalb der Stadtbefestigung – den eigentlich am Westtor stehenden Turm Davids (*turris David*), überraschend lokalisiert auf dem weiter südlich gelegenen Berg Sion (*mons Sion*). Alle anderen palästinensischen Städte sind nur durch bescheidene Schriftzüge gekennzeichnet. Aber auch wenn Hieronymus in der Vorrede seiner Schrift eine *pictura* erwähnt, die bereits Eusebius von Caesarea in seiner Vorlage ausgearbeitet haben soll, läßt sich nicht beweisen, daß der Aufriß (wie häufig vermutet) auf eine originale Vorzeichnung aus der Zeit der Kirchenväter zurückgeht. Zwar werden die eingezeichneten Plätze der Heilsgeschichte auch in Hieronymus' Text

---

[10] Zur Bedeutung des Kreises in den verschiedenen Kulturen vgl. Manfred LURKER, Der Kreis als Symbol im Denken, Glauben und künstlerischen Gestalten der Menschheit, Tübingen 1981.

[11] Zur idealen Stadtanlage des Mittelalters in Kreisform mit Vierteilung vgl. Werner MÜLLER, Die heilige Stadt. Roma quadrata, himmlisches Jerusalem und die Mythe vom Weltnabel, Stuttgart 1961, 53-114.

[12] London, British Library, Add. MS 10049, fol. 64ᵛ; Maße 356 x 230 mm; vgl. BRINCKEN, Weltbild (wie Anm. 5), 385; Anna-Dorothee VON DEN BRINCKEN, *Fines Terrae*. Die Enden der Erde und der vierte Kontinent auf mittelalterlichen Weltkarten (MGH Schriften 36), Hannover 1992, 26; zu den älteren Hl.-Land-Karten vor der Kreuzzugszeit, darunter die sogenannte Hieronymus-Karte von Palästina und das Madaba-Mosaik, vgl. auch Catherine DELANO-SMITH, Geography or Christianity? Maps of the Holy Land before AD 1000, Journal of Theological Studies, new series 42 (1991), 143-152, hier 147f.; EDSON, Mapping Time and Space (wie Anm. 3), 26-30 mit Abb. 2.3.

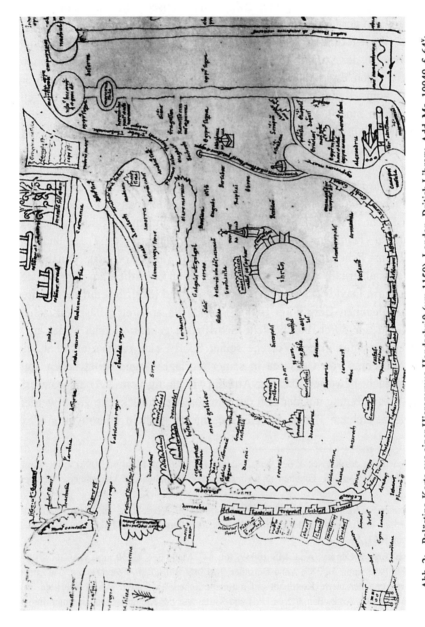

Abb. 2: Palästina-Karte aus einer Hieronymus-Handschrift (um 1150), London, British Library, Add. Ms. 10049, f. 64ᵛ; Abb. by permission of The British Library, London.

selbst, dem sogenannten 'Liber locorum', einer alphabetischen Liste biblischer Ortsnamen, zusammengestellt, aber die kartographische Fixierung fungierte nur als Ergänzung und gleichsam als Hilfsmittel der Bibelexegese. Die beiden Begleitkarten zu Asien und Palästina könnten also leicht nachträglich erarbeitet worden sein. Der Einfluß der ersten Kreuzzüge würde zudem hervorragend die ungewöhnliche Verknüpfung zwischen dem Davidsturm und dem Berg Sion erklären, auf dem seit dieser Zeit immerhin das Grab Davids vermutet wurde.

Eine ähnliche Kreissymbolik zeigt sich gleichwohl bereits auf der bekannten Madaba-Karte, einem byzantinischen Mosaik von Palästina und Unterägypten aus den Jahren zwischen 542 und 565, also noch vor Justinians Tod, das in einer jordanischen Kirche südlich von Amman überliefert ist. Hier erscheint Jerusalem als oval ummauerte Stadt in überproportionaler Größe, charakterisiert durch starke Mauern und Kolonnaden, die Heiliggrab-Kirche und zahlreiche weitere, genau identifizierbare Bauten[13]. Aus dieser deutlichen Schwerpunktsetzung ergeben sich freilich Schwierigkeiten für eine harmonische Organisation des Raumes. Jerusalem dominiert als überdimensionales Gebilde, dessen politisch-religiöse Bedeutung im ohnehin nicht exakt abgegrenzten palästinensischen Kontext bildlich untermauert wird.

Aber solch eindeutige Manifestationen des Vorrangs Jerusalems hatten nur wenig Einfluß auf die ältesten erhaltenen Weltkarten, auf denen Jerusalem zwar durchaus akzentuiert, aber niemals in den Mittelpunkt gerückt wurde. Denken wir nur an die geostete ovale Weltkarte von Albi, einen in Spanien oder Septimanien entstandenen schlichten Entwurf des ausgehenden 8. Jahrhunderts (Abb. 3), der in einer Sammelhandschrift mit geographischen Texten von Orosius überliefert ist[14]. Das Festland umschließt hier U-förmig das nach Westen (unten) offene Mittelmeer. Die Legenden *Antiochia, Iudea*

---

[13] O(swald) A. W. DILKE, Cartography in the Byzantine Empire, in: The History of Cartography, hg. v. HARLEY und WOODWARD (wie Anm. 3), 258-275, hier 261 und 265 und plate 8; O(swald) A. W. DILKE, Cartography in the Ancient World: A Conclusion, in: ebd., 276-279, hier 278.

[14] Albi, Bibliothèque Municipale, MS 29, fol. 57ᵛ; Text und Nachzeichnung bei Konrad MILLER, Mappaemundi: Die ältesten Weltkarten, 6 Bde., Stuttgart 1895-1898, Bd. III: Die kleineren Weltkarten, 1895, 57-59. Zu Kartentext und Überlieferungszusammenhang vgl. Mappa Mundi e codice Albingensi 29, in: Itineraria et alia geographica (wie Anm. 8), 468-494, bes. 469 mit Abb.; zum Stand der Interpretation vgl. Herma KLIEGE, Weltbild und Darstellungspraxis hochmittelalterlicher Weltkarten, Münster 1991, 59; EDSON, Mapping Time and Space (wie Anm. 3), 32-35 mit Abb. 2.4.

und *Ierusalem* liegen südöstlich eines imaginären Zentrums, das östlich des rhombisch eingezeichneten Siziliens auszumachen ist. Auch wenn die rahmenlose Skizze eigenwillig und unkonventionell anmutet, wirkt die Lösung, das Heilige Land drastisch nach Süden zu verschieben und mit einer besonders kräftigen, auffallend geschwungenen Linie vom Umfeld abzugrenzen, durchaus logisch und innovativ, denn nur so konnte Palästina durch eine überdimensionale Ausdehnung stärker betont und näher an das Kartenzentrum gerückt werden.

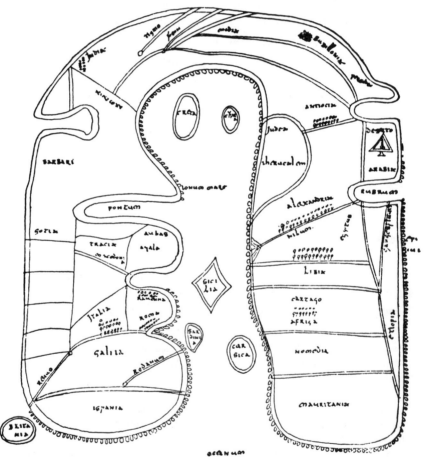

Abb. 3: Weltkarte von Albi (ausgehendes 8. Jh.), Albi, Bibliothèque Municipale, Ms. 29, fol. 57ᵛ (Nachzeichnung von Konrad MILLER, Mappaemundi: Die ältesten Weltkarten, Bd. 3: Die kleineren Weltkarten, Stuttgart 1895, 58)

Eine ähnliche Tendenz zur mediterranen Zentrierung mit einem Schwerpunkt entweder auf den griechischen Inseln oder der T-Vorstellung zufolge einfach im Mittelmeer gilt für eine große Anzahl weiterer Karten des 8. bis 12. Jahrhunderts, insbesondere für die äußerst zahlreichen, meist recht einfach und ohne ausführliche Legenden konzipierten Abschriften der Isidor-Karten[15] und für die fünfzehn stark divergierenden Weltkarten, die sich in den Handschriften des Kommentars des Beatus von Liébana zur Apokalypse erhalten haben[16]. Freilich billigten einige dieser Weltentwürfe dem Heiligen Land schon lange vor den Kreuzzügen erheblichen Raum zu.

Insbesondere in der auf um 775 oder 776 datierten sogenannten Vatikanischen Isidor-Karte[17] (Abb. 4), der zugleich ältesten erhaltenen differenzierten Ökumene-Karte, in der die Erde als exakter Kreis in einen ovalen Randozean eingebunden ist, fungiert Jerusalem klar als Mittelpunkt eines überdimensionalen Judäa, aber – deutlich nach Osten verschoben – keineswegs als Mittelpunkt der Welt, der irgendwo im Meer zwischen Kreta und Palästina zu suchen ist. Allerdings hat Evelyn Edson vor kurzem überzeugend dargelegt, daß die ungewöhnlich genordete Karte aus dem Zusammenhang der Isidortradition herausfällt und als Teil einer komputistischen Sammelhandschrift vollkommen neu zu bewerten ist[18]. Trotzdem ist die Karte aufgrund ihrer frühen Entstehung und auffälligen Ausgestaltung für unser Thema von besonderem Interesse. Jerusalem ist nämlich, ähnlich wie fünf weitere Städte, durch einen achtstrahligen Stern figurativ hervorgehoben[19]. Die Sterne bezeichnen in der Reihenfolge ihrer Größe zuerst Konstantinopel, dann Jerusalem, Karthago, Rom und Alexandria, alles Sitze von Patriarchen bzw. christliche Hauptorte, sowie das deutlich kleinere Babylon. Als einzige dieser Städte ist jedoch Jerusalem kreativ mit einem markanten

---

[15] WOODWARD, Medieval *Mappaemundi* (wie Anm. 3), 347f.; eine grobe Übersicht bei KLIEGE, Weltbild (wie Anm. 14), 56-58; EDSON, Mapping Time and Space (wie Anm. 3), 36-51 mit verschiedenen Abb.; BRINCKEN, *Fines Terrae* (wie Anm. 12), 49-54.

[16] Übersicht bei KLIEGE, Weltbild (wie Anm. 14), 61f.

[17] Biblioteca Apostolica Vaticana, Vat. lat. 6018, fol. 64ᵛ-65ʳ (Größe 290 x 220 mm); zu den Legenden vgl. Mappa Mundi e codice Vat. Lat. 6018, ed. R(ichard) UHDEN, in: Itineraria et alia geographica (wie Anm. 8), 456-466, bes. 459.

[18] Evelyn EDSON, World Maps and Easter Tables: Medieval Maps in Context, Imago Mundi 48 (1996), 25-42, hier 30-32; EDSON, Mapping Time and Space (wie Anm. 3), 61-64 mit Abb.

[19] Vgl. bereits Anna-Dorothee VON DEN BRINCKEN, Mappa mundi und Chronographia. Studien zur *imago mundi* des abendländischen Mittelalters, Deutsches Archiv für Erforschung (bis 1944: Geschichte) des Mittelalters 24 (1968), 118-186, hier 140f.; BRINCKEN, Weltbild (wie Anm. 5), 398-400 und Tav. XI.

doppelten Mauerring dekoriert, so daß es die auffallend leeren Weiten Palästinas, in die sich nur noch kleine Schriftzüge für Bethlehem, Hebron und Jericho einschmiegen, überlegen beherrscht.

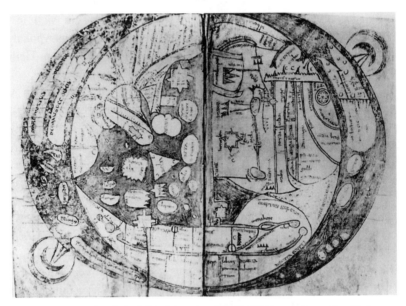

Abb. 4:   Sog. Vatikanische Isidor-Karte (um 775/6); Biblioteca Apostolica Vaticana, Vat. lat. 6018, fol. 64ᵛ-65ʳ

Insgesamt blieben die frühmittelalterlichen Karten jedoch weiterhin auf die Ägäis zentriert, während die Zeichner Jerusalem mehr oder weniger individuell zu akzentuieren versuchten und es höchstens etwas stärker nach Süden oder Osten verschoben. Ähnliches gilt auch für die Gruppe der ziemlich unterschiedlich ausgestalteten Beatuskarten[20], die alle außer dem Para-

---

[20] Vgl. die Zusammenstellung der Abbildungen der 26 illustrierten Codices des Apokalypse-kommentars bei John WILLIAMS, The Illustrated Beatus. A Corpus of the Illustrations of the Commentary on the Apocalypse, 5 Bde., erschienen Bd. 1-3, London 1994 und 1998, Bd. I: Introduction, 28f., 51f., 181 und jeweils am Ende der Bände; die Aufstellung zeigt, daß 15 Codices Weltkarten enthielten, davon ist die Weltkarte in der heute unvollständigen Handschrift Escorial, Biblioteca del Monasterio, & II. 5 nicht mehr überliefert; allerdings führt John Williams die einzige isoliert vom Apokalypsenkommentar tradierte und erst spät entdeckte Weltkarte in der Biblioteca Ambrosiana in Mailand (vgl. unten Anm. 35) in seiner Liste nicht auf. Marcel DESTOMBES, Mappemondes A. D. 1200-1500. Catalogue préparé par la Commission des Cartes Anciennes de l'Union Géographique Internationale, Amsterdam

dies noch einen vierten Kontinent abbilden und in der Regel die Doppelseite eines Apokalypsecodex einnehmen. Bezüglich der Darstellung Jerusalems und des Heiligen Landes lassen sich verschiedene Grundtypen unterscheiden; differenzierende Kriterien sind vor allem die Verortung Jerusalems auf der Süd- oder der Nordhälfte der in einen meist ovalen Ozean eingebetteten Welt sowie der jeweilige Aufwand für die graphische Ausstattung der Stadt.

Der erste, religiös orientierte Typ besticht durch eine signifikante Hervorhebung der Heiligen Stadt im Nordosten der Ägäis. Eine aufwendige Stadtvignette schräg links direkt unterhalb des Paradieses an der nordöstlichen Ecke des Mittelmeeres, und damit in der Nordhälfte der doppelseitigen Weltkarte, bezeichnet beispielsweise Jerusalem im sogenannten Maius-Beatus[21], einem der ältesten Codices der Tradition, entstanden vermutlich spätestens 962, während Palästina und Judäa abgelegen im Südosten des Mittelmeeres lokalisiert sind. Eine ähnliche Anordnung zeigt auch das frühe Exemplar aus Valladolid[22], entstanden um 970, mit einem prächtigen Jerusalem links vom Paradies. Diese Tradition setzt sich in dem um 1047 niedergeschriebenen Facundus-Beatus[23] fort, in dem ein enormes Stadtemblem fast neben dem Paradies Jerusalem als den einzigen Ort in einer solchen Weise gewichtet gegenüber den schlichten Namenszügen anderer Städte. Diese Komposition behält auch die gezeichnete Seu d'Urgell-Fassung[24] aus dem letzten Viertel des 10. Jahrhunderts bei, in der die höchstens eine leichte Verschiebung Jerusalems festzustellen ist. Selbst der deutlich jüngere Silos-

---

1964, 40-42 kennt davon nur 13 Karten des 10. bis 12. Jahrhunderts. Zu den Legenden und dem Inhalt einzelner Karten vgl. MILLER, Mappaemundi (wie Anm. 14), Bd. I: Die Weltkarte des Beatus (776 n. Chr.), 1895. Wichtige Hinweise geben auch BRINCKEN, *Fines Terrae* (wie Anm. 12), 56-58; EDSON, Mapping Time and Space (wie Anm. 3), 149-159.

[21] New York, Pierpont Morgan, Ms. 644, fol. 33ᵛ-34ʳ; Reproduktion: A Spanish Apocalypse. The Morgan Beatus Manuscript. Introduction and Commentaries by John WILLIAMS, Codicological Analysis by Barbara A. SHAILOR, New York 1991, fol. 33ᵛ-34ʳ; Beatus-Apokalypse der Pierpont Morgan Library. Ein Hauptwerk der spanischen Buchmalerei des 10. Jahrhunderts. Einführung und Kommentar v. John WILLIAMS, Stuttgart 1991.

[22] Valladolid, Biblioteca de la Universidad, Ms. 433, fol. 36ᵛ-37ʳ; Reproduktion bei MILLER, Mappaemundi (wie Anm. 14), Bd. II: Atlas von 16 Lichtdruck-Tafeln, 1897, Abb. 5.

[23] Madrid, Biblioteca Nacional, Vitrina 14-2, fol. 63ᵛ-64ʳ; vgl. Faksimile: Beato di Liebana: Miniature del Beato de Fernando I y Sancha (Codice B. N. Madrid, Vit. 14-2), hg. v. Umberto ECO, Parma 1973; Reproduktion bei MILLER, Mappaemundi, Bd. II (wie Anm. 22), Abb. 6.

[24] Seu d'Urgell, Museu Diocesà, Num. Inv. 501, fol. VIᵛ-VIIʳ (im Herbst 1996 gestohlen); Abb. bei WILLIAMS, The Illustrated Beatus (wie Anm. 20), Bd. III: The Tenth and Eleventh Centuries, Abb. 10-11.

Beatus in London, dessen Illuminationen erst 1109 vollendet wurden[25], präsentiert dieses Bild mit einem überaus kunstvollen Stadtsymbol für Jerusalem links vom Paradies, während Palästina und Judäa als kleine Schriftzüge im Südosten des Mittelmeeres am Nil, also am Übergang von Asien zu Afrika, figurieren (Abb. 5). Aber alle diese Karten besitzen ihren Mittelpunkt in der Ägäis nahe einer Insel (oft Kreta) vor der Küste Ägyptens, und das Heilige Land und Jerusalem liegen jeweils deutlich voneinander getrennt auf verschiedenen Kartenhälften.

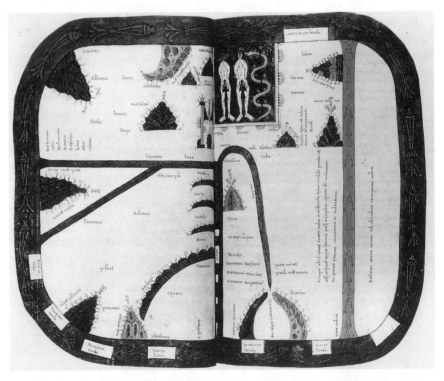

Abb. 5:   Silos-Beatus (spätestens 1109); London, British Library, Additional Ms. 11695, fol. 39ᵛ-40ʳ; Abb. by permission of the British Library, London.

Im zweiten Typ der Beatus-Karten wird die religiöse Komponente reduziert und die übermäßige Akzentuierung Jerusalems als dem einzigen Ort des Heils durch die Einfügung anderer Komponenten relativiert. Um dies zu

---

[25] London, British Library, Additional Ms. 11695, fol. 39ᵛ-40ʳ; vgl. die Reproduktion bei MILLER, Mappaemundi, Bd. II (wie Anm. 22), Abb. 7; P(aul) D. A. HARVEY, Mappa Mundi. The Hereford World Map, Toronto - Buffalo 1996, 24 mit Abb.

erreichen, wird Jerusalem weiter nach Süden und Westen verlagert, also unmittelbar unterhalb des Paradieses im Heiligen Land plaziert und in weniger einmaliger Form ausgestattet. Frühestes Beispiel ist der 975 verfaßte Beatus-Codex von Gerona[26], in dem Jerusalem ohne jegliches Symbol auf einen reinen Schriftzug reduziert und auf die Südhälfte der Welt verlagert ist, so daß es direkt unterhalb des Paradieses am östlichen Ende des Mittelmeeres zu liegen kommt; zudem sind deutlich mehr Städte als in dem anderen Kartentyp eingetragen. Diesem Konzept folgt prinzipiell auch die im 11. oder frühen 12. Jahrhundert entstandene Turin-Karte[27]. Etwas stärker und auffallend farbig ausgeschmückt ist das aus der zweiten Hälfte des 12. Jahrhunderts stammende Manuskript aus Manchester[28]. Ein einfaches Stadtsymbol mit einem etwas abseits gelegenen Schriftzug markiert Jerusalem, das wiederum inmitten von Palästina und Judäa liegt; der Mittelpunkt der Karte ist leicht in den breiten Mündungsarm des Nils verschoben, der gleichsam als Fortsetzung des Mittelmeeres begriffen wird. Diese Anlage übernimmt der erst 1220 fertiggestellte Codex von Las Huelgas[29], der aber außer Jerusalem auch *Babilonia* und das bereits 1189 zurückeroberte *Ascalon* durch ein schlichtes Symbol hervorhebt. Es ist zu vermuten, daß diese Akzentuierung der neuen christlichen Eroberung sogar als kartographischer Niederschlag der Kreuzzüge zu werten ist. Doch in allen Exemplaren präsentiert dieser Kartentyp ein in das Heilige Land integriertes Jerusalem.

Die Verteilung zahlreicher Stadtsymbole über eine einzige Karte, um die Einzigartigkeit Jerusalems vollkommen zu nivellieren, kennzeichnet eine Gruppe weiterer Beatus-Codices, in denen häufig eine Graphik den Schriftzug begleitet. In der besonders detailreichen ovalen Beatus-Karte aus Saint-Sever, entstanden zwischen 1028 und 1072, verteilen sich die bunten Stadt-

---

[26] Gerona, Museu de la Catedral, Num. Inv. 7 (11), fol. 54ᵛ-55ʳ; vgl. die Reproduktion bei MILLER, Mappaemundi, Bd. II (wie Anm. 22), Abb. 3b; Abb. bei WILLIAMS, The Illustrated Beatus (wie Anm. 20), Bd. I, 52 mit Abb. 22.

[27] Torino, Biblioteca Nazionale Universitaria, Sgn. I.II.1, fol. 45ᵛ-46ʳ; vgl. die Reproduktion bei MILLER, Mappaemundi, Bd. II (wie Anm. 22), Abb. 8.

[28] Manchester, John Rylands University Library, Ms. lat. 8, fol. 43ᵛ-44ʳ; Faksimile: Beatus a Liébana in Apocalypsin Commentarius: Manchester, the John Rylands University Library Latin MS 8, hg. v. Peter KLEIN (Codices illuminati medii aevi 16), München 1990.

[29] New York, Pierpont Morgan Library, Ms. 429, fol. 31ᵛ-32ʳ; vgl. WILLIAMS, The Illustrated Beatus (wie Anm. 20), Bd. V: The Twelfth and Thirteenth Centuries (angekündigt); Anscari M. MUNDÓ und Manuel SÁNCHEZ MARIANA, El comentario de Beato al Apocalipsis: Catálogo de los códices, Madrid 1976, Nr. 18 mit weiterer Literatur.

symbole in unterschiedlicher Größe über die ganze Ökumene[30]. Jerusalem, Judäa und Palästina sind stark nach Süden verschoben, aber der Kartenmittelpunkt ruht wie üblich im Mittelmeer. Unzutreffend erscheint deshalb die Klassifizierung als „romazentrisch"[31], auch wenn Rom neben dem Entstehungsort, dem Kloster Saint-Sever, und neben Jerusalem durch eines der größten Gebäude aus dem Bild hervorsticht und ausnahmsweise etwas näher am Kartenmittelpunkt liegt als Jerusalem. Zahlreiche Stadtsymbole, darunter Jerusalem direkt unterhalb des Paradieses, beherrschen auch die wohl späteste Beatus-Karte von Arroyo[32], entstanden in der ersten Hälfte des 13. Jahrhunderts, deren Mittelpunkt erneut in den Mündungsarm des Nil verrückt ist.

Während in diesen Fällen Jerusalem relativ harmonisch mit dem Heiligen Land verbunden ist, läßt sich in anderen Entwürfen eine Verlagerung Palästinas nach Norden erkennen. Ergebnis ist die Aufspaltung von Stadt und Umland auf zwei verschiedene Bildhälften in den Karten von Burgo de Osma und Oña[33], auf denen Apostelköpfe als besonders individuelle Stadtvignetten deren Wirkungsplätze zieren. Folglich symbolisiert der Kopf eines Apostels auch das auf der Südhälfte des Codex unterhalb des Paradieses lokalisierte Jerusalem, während das überdimensionale Heilige Land weitgehend auf der Nordseite des Codex liegt und stark ausgeschmückt ist. Eine besonders kunstfertige Ornamentierung erfuhr die bekannte, auf 1086 datierte Osma-Karte[34] (Abb. 6), in der zudem Antiochia und Tyrus als wehrhaftes Kirchengebäude bzw. befestigter Turm ausgearbeitet sind. Und auch

---

[30] Paris, Bibliothèque Nationale, Lat. 8878, fol. 45bis^v-45ter^r; Faksimile: Comentarios al Apocalipsis y al Libro de Daniel. Edición facsimil del códice de la abadia de Saint-Sever, Madrid 1984, 2 Bde.; vgl. die Reproduktion bei MILLER, Mappaemundi, Bd. I (wie Anm. 20), Abb. 1; BRINCKEN, Weltbild (wie Anm. 5), Tav. XIII; WILLIAMS, The Illustrated Beatus (wie Anm. 20), Bd. III, 47 und Abb. 392-393.

[31] BRINCKEN, Weltbild (wie Anm. 5), 403.

[32] Paris, Bibliothèque Nationale, Nouv. acq. lat. 2290, fol. 13^v-14^r; vgl. Abb. bei Leo BAGROW / Raleigh A. SKELTON, Meister der Kartographie, 4. neu bearbeitete und erweiterte Aufl., Berlin 1973, Tafel XXIII.

[33] Zu diesem Typ gehören wohl auch das Fragment des Lorvão-Beatus (Lisboa, Arquivo Nacional da Torre do Tombo, Cod. 160, datiert 1189) und die rudimentär erhaltene Wandkarte in San Pedro de Rocas, die im folgenden nicht berücksichtigt werden können.

[34] Burgo de Osma, Archivo de la Catedral, Ms. 1, fol. 34^v-35^r; Faksimile: Apocalipsis Beati Liebanensis Burgi Oxomensis, Valencia 1992; vgl. die Reproduktion bei MILLER, Mappaemundi, Bd. II (wie Anm. 22), Abb. 3a; BRINCKEN, *Fines Terrae* (wie Anm. 12), Abb. 17; EDSON, Mapping Time and Space (wie Anm. 3), Abb. 8.3; WILLIAMS, The Illustrated Beatus (wie Anm. 20), Bd. I, 51 mit Abb. 21.

die gegen Ende des 12. Jahrhunderts entstandene Oñakarte in Mailand[35], die weniger und einfachere Stadtsymbole aufweist, läßt eine relativ starke Ausgestaltung des weitgehend im Nordteil der Doppelseite gelegenen langgestreckten Heiligen Landes erkennen, nämlich Antiochia als doppelt umrandetes Rechteck neben den Namenszügen von Städten wie Tyrus.

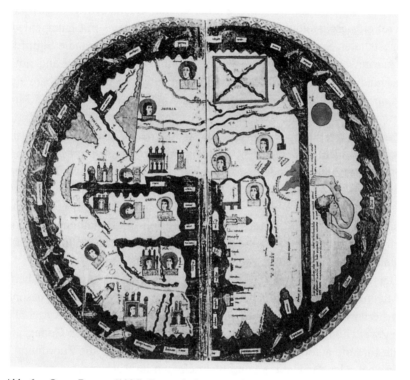

Abb. 6: Osma-Beatus, (1086); Burgo de Osma, Archivo de la Catedral, Ms. 1, fol. 34^v-35^r (Faksimile: Apocalipsis Beati Liebanensis Burgi Oxomensis, Valencia 1992).

Nur Jerusalems Viereck mit Apostelkopf ist wiederum geographisch deplaciert auf die Südhälfte der Karte verschoben. Der Mittelpunkt der Karte liegt vor der Küste Alexandrias, während Kreta in das Schwarze Meer nach Norden gewandert ist und dadurch Rom, ohnehin ein klar erkennbares

---

[35] Milano, Biblioteca Ambrosiana, F 105 sup., fol. 71^v-72^r; nicht bei WILLIAMS, The Illustrated Beatus (wie Anm. 20). Vgl. Luis VÁZQUEZ DE PARGA, Un mapa desconocido de la serie de los „Beatos", in: Actas del Simposio para el estudio de los códices del ‚Comentario al Apocalipsis' de Beato de Liébana, Bd. I, Madrid 1978, 273-278 mit Abb.

Rechteck, aus dem die beiden Apostelköpfe von Petrus und Paulus herauswachsen, noch stärker akzentuiert wird. Zudem sind Rom und Jerusalem die einzigen Städte, in denen sich Rechteck und Apostelkopf miteinander verbinden.

Allein die kurze Analyse der Position Jerusalems in den verschiedenen Beatus-Karten zeigt das Bemühen der Kartenzeichner, eigene Intentionen bildlich umzusetzen und Vorgaben aus Vorgängerkarten für den eigenen Bedarf zu modifizieren. Denken wir nur an die verschiedenen Möglichkeiten der religiös-eschatologischen Akzentuierung Jerusalems mit unterschiedlich ausgestalteten Symbolen (als Gebäude oder Apostelkopf), an die Signifikanz des ausgewählten Standorts rechts oder links vom Heiligen Land mit der Entscheidung für Isolation oder Integration sowie an die erreichbare Egalisierung der Stadt durch ein aufgewertetes Ambiente. Diesem letzten Modell folgt übrigens auch die ansonsten völlig konfus wirkende Beatus-Karte in Paris[36] mit einer großen Anzahl an Stadtvignetten. Exakte Himmelsrichtungen sind nicht auszumachen; Alexandria ist zusammen mit Palästina und Judäa an das äußerste Ende von Afrika versetzt; Jerusalem ziert die diametral entgegengesetzte Ecke, und Rom ist an das Rote Meer verrutscht. Ergebnis ist sicherlich kein geschlossenes Weltbild, sondern eine eher willkürliche Zusammenstellung von Orten, deren Konfusion die Bedeutung Jerusalems noch weiter relativiert. Aber auch hier findet sich der Kartenmittelpunkt im Mittelmeer, das die Welt in zwei gleich große Hälften teilt.

Bei all diesen Beatus-Typen ist eine praktische Vorgabe zu berücksichtigen, die gerade die Alternativen zum Standort Jerusalems besonders klar hervortreten läßt, nämlich die doppelseitige Anlage des Kartenbildes. Die Zweiteilung der Seite mit der tiefgehenden Bindung des Codex in der Mitte forderte automatisch eine klare Entscheidung über die Zuordnung, um Jerusalem oder das Heilige Land nicht einfach im Bug verschwinden zu lassen. Ein solch weitgehender Entschluß war bei den meisten anderen Karten dieser Zeit erst gar nicht zu treffen, insbesondere wenn sie auf einer einzigen Codexseite angebracht wurden. Dies gilt zum Beispiel für die wohl im frühen 11. Jahrhundert entstandene Cottoniana, auch Angelsächsische Weltkarte oder Weltkarte des Tiberius genannt[37], eine geostete rechteckige *Mappa*

---

[36] Paris, Bibliothèque Nationale, Nouv. acq. lat. 1366, fol. 24^v-25^r; vgl. die Reproduktion bei MILLER, Mappaemundi, Bd. II (wie Anm. 22), Abb. 2; BAGROW / SKELTON, Meister (wie Anm. 32), Tafel XXII.

[37] London, British Museum, Cotton Tiberius B. V, fol. 56^v; Faksimile: An Eleventh-Century Anglo-Saxon Illustrated Miscellany (Early English manuscripts in facsimile 21), hg. v. Peter

mundi, die für ihren geographischen Realismus, einen großen Detailreichtum sowie die starke Vergrößerung und damit Dominanz Europas bekannt ist. Das Zentrum liegt auch hier in der inselreichen Ägäis nahe der Küste eines merklich ausgedehnten Palästina, in dem die zwölf Stämme Israels lokalisiert werden, während Jerusalem als nicht besonders auffälliges Gebäude demonstrativ nach Südosten verlagert ist. Die systematischen Veränderungen und die wenig schematische Weltsicht zeigen eindringlich die Abkehr von einer eschatologischen oder theologischen Geschichtsdeutung zugunsten eigenständiger Neuerungen.

Sicherlich orientierte sich das Grundgerüst zahlreicher Karten an bestimmten traditionellen Vorgaben der Raumerfassung, die jedoch alternative Schwerpunktsetzungen und individuelle Abweichungen vom Schema erlaubten. Die kreisrunde Ökumenekarte des Guido von Pisa[38], die zusammen mit einem weiteren undifferenzierten Schemakärtchen im Brüsseler Codex der 1118/9 vollendeten geographisch-historischen Enzyklopädie 'Historiae variae' oder 'Liber historiarum' erhalten ist, verzeichnet für alle Städte nur Namenszüge, so auch für Jerusalem eine knappe Legende im Südosten neben den Aufschriften Judäa und Samaria (Abb. 7). Der physische Kartenmittelpunkt liegt indessen im insellosen Mittelmeer vor der Küste von Samaria.

Selbst auf der ovalen, erst im ausgehenden 12. oder gar beginnenden 13. Jahrhundert entstandenen, womöglich fälschlich dem Domherrn Heinrich von Mainz zugeschriebenen Weltkarte (Abb. 8), die zusammen mit Honorius Augustodunensis' enzyklopädischem Handbuch 'Imago mundi' in einer Handschrift aus dem Besitz der englischen Abtei Sawley überliefert ist, dominieren nach griechischer Tradition im Kartenzentrum immer noch die

---

McGurk u. a., Kopenhagen 1983; vgl. Text der Karte und Umzeichnung bei Miller, Mappaemundi, Bd. III (wie Anm. 14), 29-37; Peter McGurk, The Mappa Mundi, in: An Eleventh-Century Anglo-Saxon Illustrated Miscellany (s. o.), 79-87; Kliege, Weltbild (wie Anm. 14), 65f.; P(aul) D. A. Harvey, Medieval Maps, London 1991, 21-26 mit farbiger Abb.; Harvey, Mappa Mundi (wie Anm. 25), 26-28 mit farbiger Abb.; Edson, World Maps (wie Anm. 18), 32-35; Edson, Mapping Time and Space (wie Anm. 3), 74-80; Catherine Delano-Smith / Roger J. P. Kain, English Maps: A History, Toronto / Buffalo 1999, 34-36 mit Abb.

[38] Bruxelles, Bibliothèque Royale Albert Ier, Ms. 3897-3919, fol. 53v; Abb. bei Woodward, Medieval *Mappaemundi* (wie Anm. 3), 350 Fig. 18.62; Text bei Miller, Mappaemundi, Bd. III (wie Anm. 14), 54-57; vgl. Brincken, *Fines Terrae* (wie Anm. 12), 62f. und Abb. 20; Kliege, Weltbild (wie Anm. 14), 68f.; Edson, Mapping Time and Space (wie Anm. 3), 117f.

Abb. 7: Weltkarte des Guido von Pisa (um 1118/9), Brüssel,
Bibliothèque Royal Albert Ier, Ms. 3897-3919, fol. 53^v

Kykladen, genauer das griechische Heiligtum Delos, umgeben von einem
neckischen Ring zwölf vorgelagerter Inseln. Das südöstlich davon situierte
Jerusalem ist freilich ein durchaus auffallendes Bauwerk mit einer Kuppel
und zwei Türmen, vielleicht der Felsendom oder die Heiliggrab-Kirche[39].

---

[39] Cambridge, Corpus Christi College, Ms. 66, S. 2; Maße 295 x 205 mm; vgl. Text der Karte
bei MILLER, Mappaemundi, Bd. III (wie Anm. 14), 21-29, bes. 25 zum Heiligen Land;
WOODWARD, Medieval *Mappaemundi* (wie Anm. 3), 341 mit Abb. des Ausschnittes um die
Kykladen und Jerusalem; Danielle LECOQ, La mappemonde d'Henri de Mayence ou l'image
du monde au XIIe siècle, in: Iconographie médiévale: image, texte, contexte, hg. v. Gaston

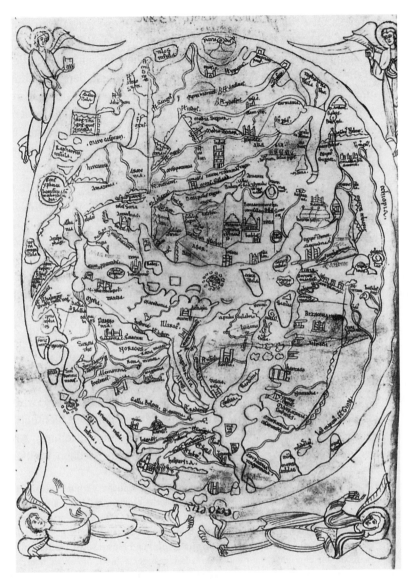

Abb. 8: Weltkarte in einer Handschrift aus Sawley, vielleicht fälschlich Heinrich von Mainz zugeschrieben (Ende 12. bis Anfang 13. Jh.); Cambridge, Corpus Christi College, Ms. 66, S. 2; Abb. mit freundlicher Genehmigung von The Masters and Fellows of Corpus Christi College, Cambridge.

DUCHET-SUCHAUX, Paris 1990, 155-207 mit Reproduktion; BRINCKEN, *Fines Terrae* (wie Anm. 12), 68-71 mit Abb. 24; P(aul) D. A. HARVEY, The Sawley Map and Other World Maps in Twelfth-Century England, Imago Mundi 49 (1997), 33-42 mit Fig. 1; EDSON, Mapping Time and Space (wie Anm. 3), 111-117 mit Abb. 6.3.

Und zahlreiche Orte, darunter Bethlehem und der Berg Sinai, füllen ebenso wie die Kreuzfahrerburgen Askalon, Caesarea und Antiochia das ungewöhnlich langgestreckte und breite Palästina, das im alttestamentlichen Sinne auf die zwölf Stämme des Volkes Israel aufgeteilt ist, deren Territorien sogar durch gerade Linien voneinander abgegrenzt werden. Jerusalem ist dem Stamm Benjamin zugeordnet. Allerdings sind Entstehung, Datierung und Autorschaft dieser von vier Engeln gestützten Ökumenekarte mit über 200 Ortsnamen und Legenden außerordentlich umstritten[40], so daß eine genaue Einordnung vorerst noch schwierig ist.

Der physische Kartenmittelpunkt der frühmittelalterlichen Weltkarten und ihrer unmittelbaren Abkömmlinge im Hochmittelalter ruhte somit erstaunlich konstant im östlichen Teil des Mittelmeeres, wobei sich höchstens leichte Verschiebungen in die verschiedenen Himmelsrichtungen ergaben. Das Zentrum lag also regelmäßig in den geheimnisvollen Weiten eines großen Gewässers, ohne je wirklich auf das Festland transferiert zu werden. Die in der Literatur so oft angeführte Romzentrierung des Frühmittelalters läßt sich in den untersuchten *Mappae mundi* nicht erkennen; dies gilt vorerst auch für eine Zentrierung auf Jerusalem. Die Verortung der Heiligen Stadt im Zentrum der Welt erfolgte, ausgehend von Ezechiel 5,5, nur sporadisch in biblisch orientierten Texten wie dem renommierten Kommentar von Hieronymus und in Pilgerberichten literarisch gebildeter Verfasser, die wie Adamnanus oder Bernard der Weise[41] (um 870) das Phänomen wissenschaftlich zu erklären versuchten. Trotzdem fehlt die heilsgeschichtlich bedeutsame Stadt, zumindest der systematischen Zusammenstellung Anna-Dorothees von den Brincken[42] zufolge, auf nahezu keiner frühen Weltkarte.

---

[40] Vgl. zuletzt HARVEY, The Sawley Map (wie Anm. 39), der jegliche Verbindung zu dem im Vorsatzblatt genannten Kanoniker Heinrich an der Marienkirche von Mainz als Irrtum ablehnt und dafür plädiert, daß die Karte entweder in der Durham Cathedral Priory geschrieben oder von einem dortigen Exemplar abgezeichnet wurde. Die starke Betonung Mitteleuropas mit der Nennung zahlreicher Städte (u.a. Mainz und Köln) und Flüsse sowie die Reduzierung Großbritanniens auf eine gleichsam entvölkerte langgestreckte Insel, die außer dem wenig innovativen Schriftzug *Britannia insula* keine weiteren Details enthält, sind meines Erachtens Hinweise, die eine Entstehung in England nicht sehr wahrscheinlich machen oder zumindest auf eine kontinentale Vorlage schließen lassen.

[41] The Itinerary of Bernard the Wise, übersetzt v. J. H. BERNARD (Palestine Pilgrims Text Society 3), London 1893, ND New York 1971, 8, mit der Vorstellung, daß die Mauern der vier Jerusalemer Hauptkirchen mit starken Ketten verbunden waren, deren Knotenpunkt in einer nicht überdachten Vorhalle das Zentrum der Welt bezeichnet haben soll; vgl. WOODWARD, Medieval *Mappaemundi* (wie Anm. 3), 340.

[42] Vgl. BRINCKEN, Mappa mundi und Chronographia (wie Anm. 19), 167 mit einer Auflistung

Eine Ausnahme bildet nur die um 1180 mit viel Liebe zum Detail erstellte hemisphärische Weltkarte des Lambert von Saint-Omer[43], die in der Wolfenbütteler Überlieferung auch dem Heiligen Land mit den knappen Schriftzügen *Palestina*, *Philistea*, *Judea* und *Galilea* nur beschränkten Platz einräumt. Dies erstaunt deshalb, weil gerade diese Karte in ein stark eschatologisch geprägtes Werk integriert wurde, nämlich die zwischen 1112-1121 entstandene Bilderenzyklopädie des 'Liber floridus', der im Aufgriff christlich-theologischer Vorstellungen den Kreuzzugsgedanken durchaus thematisiert. Die Kartenabschrift verzeichnet jedoch prinzipiell fast nur die Namen von Provinzen und Völkern, kaum Städte, Flüsse oder Berge, so daß sich die Vernachlässigung Jerusalems überzeugend erklären läßt.

Trotz der relativen Stabilität des Kartenzentrums gelang es den Kartenzeichnern, die Raumaufteilung immer wieder zu verändern und eigene Schwerpunkte zu setzen. Im Gegensatz zum generellen Layout, das gewöhnlich Vorzeichnungen oder zumindest allgemein üblichen Konstruktionsvorgaben folgte, modifizierten die Kartenzeichner in Analogie zu ihren Abbildungszielen intentionsgerecht wichtige Details. Zu diesen Variablen gehörten beispielsweise die Anordnung, die Ausmaße und die graphische Ausgestaltung Jerusalems und des Heiligen Landes. Die Stadt wurde bewußt unterschiedlich abgebildet, vom reinen Schriftzug über eine Kombination aus Schrift und Bild bis hin zum namenlosen architektonischen Symbol. Gerade die eingängigen Veränderungen in der Beatus-Tradition von schlichten Lösungen bis zur imaginierten zirkularen Mauer mit den zwölf Toren der zukünftigen Stadt auf der Beatus-Karte von Saint-Sever zeigen anschaulich diesen Spielraum, den sich die Illustratoren im Umgang mit ihren Vorlagen zweifellos zunutze machten.

Im Rezeptionsstrang einiger Karten ließen sich bisher zudem einige kleinere Modifikationen des 12. Jahrhunderts erkennen, die vage, aber nicht zwingend einen Einfluß der Kreuzzüge andeuten könnten. Dazu gehören die erst durch die Kreuzzüge erklärbare Verknüpfung zwischen Davidsturm und Berg Sion auf der Hieronymus-Karte, die Akzentuierung des befestigten Askalon im Las Huelgas-Beatus und vielleicht noch die bemerkenswerte

---

aller palästinensischen Orte, die auf den wichtigsten Weltkarten verzeichnet sind.

[43] Text und Reproduktion der Karte bei MILLER, Mappaemundi, Bd. III (wie Anm. 14), 43-53 und Abb. 4; ausführliche Analyse bei Danielle LECOQ, La Mappemonde du *Liber Floridus* ou La Vision du Monde de Lambert de Saint-Omer, Imago Mundi 39 (1987), 9-49; vgl. KLIEGE, Weltbild (wie Anm. 14), 72-74, 133-149; BRINCKEN, *Fines Terrae* (wie Anm. 12), 73-76 mit Abb. 29; EDSON, Mapping Time and Space (wie Anm. 3), 105-111 mit Abb. 6.2.

Ausgestaltung Palästinas in der Sawley Karte. Aber wann läßt sich nun eine offenkundige Wirkung der Kreuzzüge feststellen? Und gab es überhaupt die viel zitierte Wende von einer vorwiegend griechisch oder römisch beeinflußten Zentrierung im Mittelmeer zu einer christlich dominierten Weltdarstellung mit dem Zentrum Jerusalem?

II. Die kartographischen Auswirkungen der Kreuzzüge

Die Kreuzzüge gaben dem Gedanken der Jerusalemzentrierung bekanntlich einen greifbaren Auftrieb. Der schwer identifizierbare Chronist Robert von Reims, vermutlich Abt von St.-Remi, ließ in seiner Chronik des ersten Kreuzzuges 'Historia Hierosolymitana' Papst Urban II. bei seinem Aufruf zum Kreuzzug in Clermont im November 1095 den Versammelten zurufen: „Jerusalem ist der Nabel der Welt (...) die königliche Stadt, in der Mitte des Erdkreises gelegen"[44]. Solche Vorstellungen schlugen sich in der Folge selbst in kartographischen Schriften nieder, die keinesfalls mehr dem religiösen Ethos verpflichtet waren. Der zwischen 1160 und 1200 in Pisa entstandene 'Liber de existencia riveriarum', ein Begleittext mit profunden Erklärungen zu einem frühen Portolanentwurf des Mittelmeerbereiches, vermerkt eindrucksvoll: *in uertice montis (...) sita est ciuitas sancta et famosissima Ierusalem, iuxta philosophos in medio mundi sita*[45]. Die Behauptung von der angeblichen Zentralität der Heiligen Stadt wird also geschickt ungenannten Philosophen zugeschrieben, um dem Streben nach Vollständigkeit nachzugeben, aber eine persönliche Stellungnahme zu vermeiden.

Selbst in der Kartographie läßt sich im 12. Jahrhundert bereits eine einzige solch radikale Entscheidung feststellen. Jerusalem und der Berg Sion (*Mons Syon*) beherrschen erstmals kompromißlos die um das Jahr 1110 datierte

[44] Roberti monachi Historia Jherosolimitana, in: RHC, Hist. Occ., Bd. III, Paris 1866, 717-882, hier 729 A (lib. I, cap. 2): *Jherusalem umbilicus est terrarum (...) civitas regalis, in orbis medio posita.*

[45] Patrick GAUTIER DALCHE, Carte marine et portulan au XIIe siècle. Le *Liber de existencia riveriarum et forma maris nostri mediterranei* (Pise, circa 1200), (Collection de l'École française de Rome 203), Roma 1995, 126 Z. 522f.; gemäß Fretellus Rorgo, Liber locorum Sanctorum terrae Ierusalem, in: Rorgo Fretellus de Nazareth et sa description de la Terre sainte, histoire et édition du texte, ed. Petrus C. BOEREN, Amsterdam - Oxford - New York 1980, c. 50, S. 31.

Oxford-Karte[46] (Abb. 9), die damit spätestens 15 Jahre nach der Ausrufung des ersten Kreuzzuges entstanden sein dürfte.

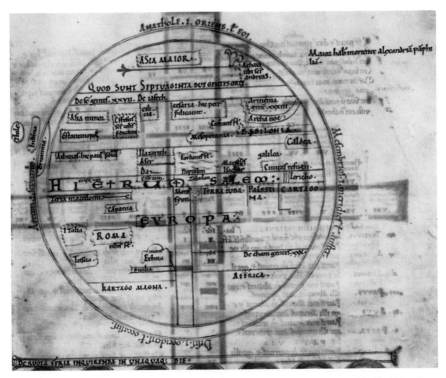

Abb. 9: Oxford-Karte (um 1110), Oxford, St. John's College, Ms. 17, fol. 6[r]; Abb. mit freundlicher Genehmigung des St. John's College und der Bodleian Library, Oxford.

Der massive Schriftzug *HIERUSALEM*, in der Mitte getrennt durch ein Kreuz in einem Oval mit der Unterschrift *Mons Syon*, ziert den T-Balken. Jerusalem wird damit gleichsam metaphorisch in die Fluten von Don,

---

[46] Oxford, St. John's College, Ms. 17, fol. 6[r]; Text und lineare Umzeichnung bei MILLER, Mappaemundi, Bd. III (wie Anm. 14), 118-120; vgl. Folker REICHERT, Grenzen in der Kartographie des Mittelalters, in: Migration und Grenze (Stuttgarter Beiträge zur Migrationsforschung 4), hg. v. Andreas GESTRICH und Marita KRAUSS, Stuttgart 1988, 36f.; KLIEGE, Weltbild (wie Anm. 14), 67; BRINCKEN, *Fines Terrae* (wie Anm. 12), 66-68 und Abb. 21; EDSON, Mapping Time and Space (wie Anm. 3), 86-95 und Abb. 5.4; DIES., World Maps (wie Anm. 18), 35-37 mit einer Einordnung in die Komputustradition.

Schwarzem Meer und Nil gestürzt, der Berg Sion gezielt an den Schnittpunkt des Mittelmeeres mit den beiden Flüssen gesetzt. Dieses Vorgehen macht es möglich, sowohl die traditionellen Vorgaben der Weltaufteilung mit dem Kartenzentrum im östlichen Mittelmeer einzuhalten als auch dem Wunsch nach einer ungewöhnlichen Akzentuierung der Stadt nachzukommen. Ihre Eroberung durch die Kreuzfahrer 1099 könnte „den Anlaß und das Motiv"[47] für diese grundlegende Umgestaltung geliefert haben. Der Namenszug Europa verbindet hingegen die beiden Kontinente Europa (links) und Afrika (rechts), dem auch Teile des überdimensionalen Heiligen Landes, nämlich die *terra Iuda* und *Palestina*, zugeschlagen werden, während Athen und Konstantinopel oberhalb des T-Balkens die asiatische Seite füllen. Auffallend ist zudem die Dominanz biblischer Plätze: Eingetragen sind sieben der zwölf Stämme Israels, eine alttestamentliche Zufluchtsstadt (*Ciuitas refugii* nach Josua 20) und Jericho, das wohl aus Platzgründen rechts außen im T-Balken gelandet, aber klar durch drei Punkte und drei Striche vom Schriftzug Jerusalem abgetrennt ist. Zudem finden sich Orte aus dem Leben Christi und der Apostel. Ohne biblische Konnotationen sind fast nur die Orte Italiens und die außerhalb des Ökumenekreises am asiatischen Rand lokalisierten Inseln *Britannia, Hibernia* und *Thule*.

Folker Reichert hat diese biblisch orientierte Ökumenekarte bereits ausgiebig interpretiert und auf weltliche Intentionen umgedeutet. Für den Kartographen reichte seiner Meinung nach „das lateinische Europa nach der Gründung der ersten Kreuzfahrerstaaten, vor allem des Königreiches Jerusalem, über die herkömmlichen Grenzen hinaus. Asien und Afrika befanden sich real und kartographisch in der Defensive. Jerusalem galt nicht mehr nur als das geistige, sondern auch als das geographische Zentrum der Welt. Seither (...) kann davon gesprochen werden, daß das lateinische Europa seinen Mittelpunkt außerhalb seiner selbst besaß."[48] Angesichts der gesamten Raumaufteilung, der legendenbeladenen Dominanz Asiens, einiger verworrener Zuordnungen und der engen Bibelabhängigkeit scheint diese rein säkulare Deutung jedoch etwas gewagt. Denn gerade die neu etablierten Kreuzfahrerstaaten, die eine grenzüberschreitende Ansiedlung lateinischer Christen im Vorderen Orient, in „Outre-mer" jenseits der Grenzen Europas, ermöglichten, werden in den Legenden nicht genannt. Zudem entspricht die überdimensionale Größe des Heiligen Landes mit der Verlagerung von Pa-

---

[47] REICHERT, Grenzen in der Kartographie (wie Anm. 46), 36.
[48] Ebd., 37.

lästina und Judäa nach Afrika dem traditionellen Entwurf zahlreicher früh-
mittelalterlicher Karten, in denen manchmal die Grenzen zwischen den Kontinenten verwischten, ohne daß damit unbedingt eine Völkerverständigung
zwischen Christen und Muslimen anklang. Dies widerspricht aber nicht der
grundlegenden Idee, daß die damals aktuellen Kreuzzugsvorstellungen und
der zeitgenössische Jerusalemkult die eigenwillige Akzentuierung der Heiligen Stadt als einer sichtbaren, aber verwirrenden Weltmitte angeregt haben
dürften. Doch das Konzept war noch eher theoretischer als praktischer Natur.

Deshalb dauerte es auch noch lange, vielleicht sogar bis nach dem endgültigen Verlust Jerusalems 1244, bis sich ein solcher Weltentwurf breiter
durchsetzen konnte. Eine präzise Jerusalem-Zentrierung kennzeichnet erst
die bekannten grandiosen Weltkarten von Ebstorf und Hereford sowie
gleichsam deren „Miniaturausgabe", die Londoner Psalterkarte. In all diesen
Mappae mundi des 13. Jahrhunderts wird das Auge durch eine besondere
graphische Repräsentation der Stadt als glanzvolle Mitte des Erdkreises ma-
gisch angezogen. Praktische Voraussetzung für diese Konzeption war, daß
das Pergament passende Ausmaße besaß, um das Zentrum nicht in der
Heftung eines Doppelblattes verschwinden zu lassen.

Die Londoner Psalterkarte (Abb. 10), entstanden vermutlich nach 1262 in
London in der Isidortradition und überliefert am Anfang eines englischen
Gebet- und Liturgiebüchleins des 13. Jahrhunderts, komprimiert viele Informationen auf kleinstem Raum, nämlich in einem exakten Kreis von nicht
einmal 9 cm Durchmesser[49]. Christus Pantokrator stützt, anders als auf der
riesigen Ebstorf-Karte, seinen Oberkörper mit den Ellenbogen auf die kartographisch ausgeschmückte Erde, in der die Orte des Heilsgeschehens in voll-
endeter Form erfaßt werden. Jerusalem dominiert exakt im Zentrum als drei-
facher konzentrischer Kreis, nämlich als ein kleiner schwarzer Punkt inmitten einer größeren roten Scheibe, umgeben von einem Rad mit der In-
schrift *Ihierusalem*; rechts daneben läßt sich der Berg Sion erkennen. Alle

---

[49] London, British Library, Additional Ms. 28681, fol. 9[r] (Durchmesser 95 mm); Text bei
MILLER, Mappaemundi, Bd. III (wie Anm. 14), 37-43; Abb. u.a. bei Birgit HAHN-WOERNLE,
Die Ebstorfer Weltkarte, Ebstorf 1987, 2. Aufl. 1993, Abb. 21 und 22 mit Recto- und
Versoseite; HARVEY, Medieval Maps (wie Anm. 37), Abb. 20. Zur Einordnung vgl. KLIEGE,
Weltbild (wie Anm. 14), 82f., 167-171 und Taf. 11-12 mit Recto- und Versoseite;
BRINCKEN, *Fines Terrae* (wie Anm. 12), 85-89; EDSON, Mapping Time and Space (wie
Anm. 3), 137 und Abb. 7.1 mit Versoseite; zur Datierung vgl. Nigel MORGAN, Early Gothic
Manuscripts, Bd. II: 1250-1285 (Survey of Manuscripts Illuminated in the British Isles 4,2),
London 1988, Nr. 114, 82-85.

Abb. 10: Londoner Psalterkarte (nach 1262); London, British Library, Additional Ms. 28681, fol. 9ʳ; Abb. by permission of The British Library, London.

anderen Städte sind außer dem Namenszug durch kleine Dreiecke markiert, bedeutende Orte durch turmbewehrte Befestigungen. Das Heilige Land ist mit vielen Legenden ausgiebig repräsentiert. Gleichsam chorographisches Gegenstück ist die Versoseite, auf der Christus mit ausgebreiteten Armen beschützend die Erdscheibe umfaßt, in die sich eine eng beschriebene schematische T-Darstellung einfügt. Geordnet nach den drei Kontinenten füllen Orts- und Regionennamen den Kreis, wobei das bis Sizilien reichende Asien auch fünf Territorien des Heiligen Landes umschließt, darunter Judäa mit Jerusalem und Bethlehem, Syrien mit Antiochia und Damaskus, Galiläa mit Nazareth und Kafarnaum, Samaria sowie Palästina mit Askalon[50]. Damit konnte die Ordnung der Schöpfung allerdings nicht mehr optisch auf Jerusalem zentriert werden wie im vorausgehenden kartographischen Heilsplan, der das vollendete Produkt des Schöpfers geometrisch perfekt umsetzte.

Die in der Datierung äußerst umstrittene Ebstorfer Weltkarte[51] (Abb. 11), die wegen ihrer enormen Größe von 358 x 356 cm den Prototyp einer mittelalterlichen *Mappa mundi* verkörpert, obwohl ihr Original 1943 in Hannover verbrannte, konzipierte Jerusalem als quadratische Stadtmauer mit nach innen gerichteten Zinnen, vier Türmen und zwölf Toren. Diese Konstruktion folgte der Beschreibung des neuen Jerusalems in der Offenbarung des Johannes (21, 12 und 16): „Sie hat eine mächtige, hohe Mauer mit zwölf Toren" und „Die Stadt ist im Viereck gebaut, ihre Länge so groß wie ihre Breite". Der hervorstechende goldene Farbton der Befestigung korrespondiert mit der optischen Veranschaulichung der Auferstehung Christi aus dem Sarg innerhalb der Stadt, die genau im Mittelpunkt der als Leib Christi fungierenden Erde situiert ist. Diese einmalige Bildkonzeption, die den Nabel-Mythos mit dem Heiligen Grab verbindet, entfaltet gleichsam eine Sogwirkung, die

---

[50] Text bei BRINCKEN, *Fines Terrae* (wie Anm. 12), 87.

[51] Dem Original am nächsten kommen die retuschierten Photographien von Ernst SOMMERBRODT, Die Ebstorfer Weltkarte. Im Auftrag des Historischen Vereins für Niedersachsen, hierbei ein Atlas von 25 Tafeln in Lichtdruck, Hannover 1891; Text bei MILLER, Weltkarten (wie Anm. 14), Bd. V: Die Ebstorfkarte, 1896. Vgl. HAHN-WOERNLE, Ebstorfer Weltkarte (wie Anm. 49), mit zahlreichen Abb., bes. Abb. 27 zu Jerusalem; Ein Weltbild vor Columbus. Die Ebstorfer Weltkarte. Interdisziplinäres Colloquium 1988, hg. v. Hartmut KUGLER in Zusammenarbeit mit Eckhard MICHAEL, Weinheim 1991 mit zahlreichen wichtigen Beiträgen; KLIEGE, Weltbild (wie Anm. 14), 80; BRINCKEN, *Fines Terrae* (wie Anm. 12), 91-93.

Abb. 11: Ebstorfer Weltkarte, Ausschnitt mit Jerusalem.

durch die irritierende Norddrehung der Szene noch verstärkt wird[52]. Die Bildlegende links neben der Stadtmauer spricht von der Sehnsucht des ganzen Erdkreises nach der heiligsten Metropole Judäas und dem auferstehenden Christus, der, mit Nimbus und einer vom Kreuz gekrönten Siegesfahne dargestellt, als Sieger über den Tod hervorgeht. Besser wäre, wie Kerstin Hengevoss-Dürkop aufgezeigt hat, die Verknüpfung von realem und geistigem, von irdischem und himmlischem Jerusalem, von Heilsgeschichte und Kreuzzugsideologie wohl kaum auszudrücken gewesen. Zugleich ist die Grabverehrung ein Verbindungsglied zu den Gräbern der drei Märtyrer im

---

[52] Vgl. Kerstin HENGEVOSS-DÜRKOP, Jerusalem – Das Zentrum der Ebstorf-Karte, in: Ein Weltbild vor Columbus (wie Anm. 51), 205-222; interessante Hinweise zuvor bei Jörg-Geerd ARENTZEN, Imago Mundi Cartographica. Studien zur Bildlichkeit mittelalterlicher Welt- und Ökumenekarten unter besonderer Berücksichtigung des Zusammenwirkens von Text und Bild (Münstersche Mittelalter-Schriften 53), München 1984, 269.

Kloster Ebstorf, das trotz des anderen Schriftbildes des Eintrags häufig als Entstehungsort vermutet wird[53]. Das Heilige Land selbst ist üppig mit Kreuzfahrerburgen, Türmchen und Legenden ausgestattet, wenngleich ungewöhnliche Abschreibfehler wie „Lonasche" für Asca-lon[54] geringe eigene Kenntnisse des Schreibers von den Örtlichkeiten bezeugen.

Eine raffinierte Ausgestaltung erfuhr Jerusalem zudem auf der wohl in den 80er oder 90er Jahren des 13. Jahrhunderts entstandenen Hereford-Karte[55] eines Richard von Haldingham oder Lafford. Die enzyklopädische Ökumenekarte ist aus einem einzigen Stück Pergament mit den Außenmaßen 158 x 133 cm gefertigt. Jerusalem (Abb. 12) ist wiederum kreisförmiger Dreh- und Angelpunkt der räumlichen und zeitlichen Weltordnung; es liegt im Osten des Mittelmeeres und inmitten eines übergroß gezeichneten Heiligen Landes, dessen Territorium erst weit im Osten mit dem Turm zu Babel in Kleinasien übergeht[56]. Der Reichtum an alt- und neutestamentlichen sowie zeitgenössischen Orten läßt sich sicherlich mit den Interessen von Kreuzfahrern und Pilgern erklären; abgebildet sind etwa das prächtig dekorierte Gerara, die alte Königsstadt der Philister, nicht weit entfernt von einer Art Luxuskrippe in Bethlehem und dem Hochzeitshaus mit sechs steinernen Krügen in Kana, ferner Küstenplätze wie Gaza, Joppe, Tyrus, Tripolis und Antiochia[57]. Die

---

[53] Vgl. Hartmut KUGLER, Die Gräber der Ebstorfer Weltkarte, in: „In Treue und Hingabe" 500 Jahre Kloster Ebstorf, Ebstorf 1997, 53-65, der allerdings fälschlich behauptet, daß Jerusalem seit der Kreuzzugszeit konventionell im Zentrum der *Mappaemundi* liegen würde (ebd., 54). Die Grabessymbolik findet sich auch in der 1436 erstellten Karte von Andreas Bianco mit einer Szene, die vermutlich Jesus im Tempel abbildet, und in der Karte von Modena aus der Mitte des 15. Jahrhunderts mit dem bildlosen Eintrag *San Sepulcra* (ebd., 56). Weitergeführt ist der Grabesgedanke bei Hartmut KUGLER, Hochmittelalterliche Weltkarten als Geschichtsbilder, in: Hochmittelalterliches Geschichtsbewußtsein im Spiegel nichthistoriographischer Quellen, hg. v. Hans-Werner GOETZ, Berlin 1998, 179-198, bes. 187-194.

[54] Vgl. Hartmut KUGLER, Abschreibfehler. Zur Quellenproblematik der Ebstorfer Weltkarte, in: Ein Weltbild vor Columbus (wie Anm. 51), 347-366, bes. 351-353.

[55] Text bei MILLER, Mappaemundi (wie Anm. 14), Bd. IV: Die Herefordkarte, 1896; vgl. KLIEGE, Weltbild (wie Anm. 14), 84; BRINCKEN, *Fines Terrae* (wie Anm. 12), 93-95; HARVEY, Mappa Mundi (wie Anm. 25), mit zahlreichen Abbildungen; EDSON, Mapping Time and Space (wie Anm. 3), 139-144; DELANO-SMITH / KAIN, English Maps (wie Anm. 37), 38f. Zur Debatte um die Identität des Richard von Haldingham und zu einer Datierung nach 1283 vgl. Valerie J. FLINT, The Hereford Map: Its Author(s), two Scenes and a Border, in: Transactions of the Royal Historical Society, 6th series, 8 (1998), 19-44.

[56] HAHN-WOERNLE, Ebstorfer Weltkarte (wie Anm. 49), Abb. 63.

[57] Auflistung bei MILLER, Mappaemundi, Bd. IV (wie Anm. 55), 28-32.

Stadtvignetten sind in der Regel der jeweiligen Funktion erstaunlich geschickt angepaßt.

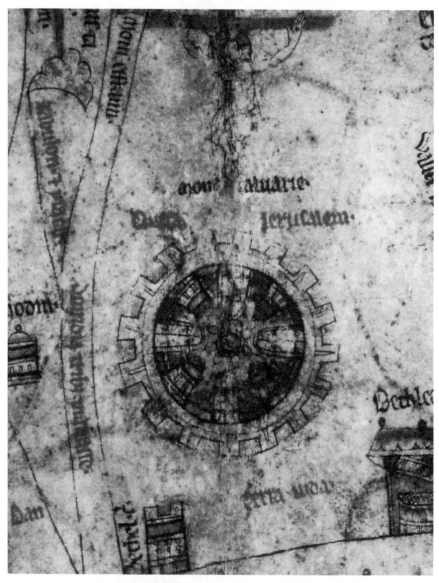

Abb. 12: Hereforder Weltkarte (nach 1283), Ausschnitt mit Jerusalem; Abb. mit
freundlicher Genehmigung von The Dean and Chapter of Hereford
and the Hereford Mappa Mundi Trust.

Jerusalem, als *umbilicus mundi* natürlich ein exakter Kreis, ist mit seinen gleichmäßig verteilten, nach innen gerichteten vier Toren und vier Türmen sowie den nach außen gewendeten sechzehn Zinnen aufgrund der dezenten Farbgebung auf den ersten Blick weniger hervorstechend als in den beiden anderen Karten. Doch dieser erste Eindruck täuscht, da es allein durch seine ungewöhnliche Größe das Heilige Land und die Welt apart dominiert. Besonders passend und ausdrucksstark scheint mir deshalb Evelyn Edsons Vergleich mit einem Zahnrad, um dessen Getriebe sich das ganze Universum dreht[58]. Die Ikonographie ist ungewöhnlich ausgeklügelt. Über der Stadt erhebt sich auf dem *Mons calvarie* der gekreuzigte Christus (das Kreuz endet am Ölberg) als irdisches Pendant zum auferstandenen Christus im Jüngsten Gericht des Kartenrahmens, der als Weltenrichter über der Weltkugel thront wie in einem Tympanon und in unmittelbarer Nähe des im Osten verankerten Paradieses. Eindringlich artikuliert ist der Todesbezug übrigens auch in den Buchstaben *MORS* in den vier Ecken des Gesamtentwurfs. Die abgebildete Kreuzigung deutet schließlich nicht glorreich, sondern schmerzvoll auf den programmatisch verankerten Erlösungsgedanken.

Die Hereford-Karte diente mit ihrer visualisierten Eschatologie wohl als Kirchenschmuck, auch wenn die ursprüngliche These, daß es sich um ein Altarbild gehandelt haben könnte, längst verworfen wurde[59]. Als Mittelbild eines Triptychons, dessen Zentralteil aus Holz wieder entdeckt wurde, könnte sie nach neuesten Vermutungen eventuell die Wand geziert haben, an der die zahlreichen Pilger vorbeizogen, die an sich die Kapelle mit dem Schrein des 1320 kanonisierten Heiligen Thomas de Cantilupe, Bischof von Hereford von 1275 bis 1282, besuchen wollten[60]. Die jerusalemzentrierte

---

[58] EDSON, Mapping Time and Space (wie Anm. 3), 140.

[59] HARVEY, Mappa Mundi (wie Anm. 25), 12-16; Marcia KUPFER, Medieval World Maps: Embedded Images, Interpretive Frames, Word and Image 10,3 (1994), 262-288, bes. 273-275 vermutet eher einen schulisch didaktischen Zweck als eine kontemplative und devotionale Funktion.

[60] Die Anregungen für diese These verdanke ich der Diskussion mit Dominic Harbour (Hereford) und Dan Terkla (Illinois Wesleyan University) vor Ort in der Kathedrale von Hereford anläßlich der „Mappa Mundi Conference" vom 27. Juni bis 1. Juli 1999; nach Abschluß des Manuskripts erschien dazu die Schilderung von Daniel P. TERKLA, Impassioned Failure. Memory, Metaphor, and the Drive toward Intellection, in: Imagining Heaven in the Middle Ages. A Book of Essays, hg. v. Jan SWANGO EMERSON und Hugh FEISS, O.S.B. Afterword by Jeffrey Burton RUSSEL, New York - London 2000, 245-316, hier 266ff. und 298. Vgl. auch KUGLER, Die Gräber der Ebstorfer Weltkarte (wie Anm. 53), 62 zum Sinnzusammenhang von lokaler Pilgerfahrt, Jerusalemsehnsucht und kartographischer Darstellung des Erdkreises.

Mappa mundi eignete sich Marcia Kupfer zufolge hervorragend zur didaktisch-religiösen Unterweisung im Umkreis der Hereforder Kathedrale, aber nicht – wie die Autorin ferner zu demonstrieren versuchte – abgeschlossen in der elitären Kathedralschule und ihrer erlesenen Bibliothek, sondern noch besser in der viel besuchten Kirche, in der sie für ein breites Laienpublikum, insbesondere die aus den umliegenden Gegenden herbeieilenden Pilger, sichtbar ausgestellt werden konnte.

Man kann sich gut vorstellen, daß die Pilger zuerst, sozusagen zur Einstimmung, an der irdischen Schmerz und Erlösungshoffnung vermittelnden Weltdarstellung vorbeizogen, um nach dieser enzyklopädischen Belehrung über die Vergänglichkeit des irdischen Seins dann umso demütiger die Kapelle des Heiligen zu betreten. Eine Möglichkeit, die Karte an der Wand des Seitenschiffs in Sichthöhe zu befestigen, könnte ein heute noch existierender Steinsockel geboten haben. Dies entspräche bis zu einem gewissen Grade auch der Plazierung der verlorenen Wandgemälde mittelalterlicher Weltkarten, die sich zumindest in zwei sorgfältig rekonstruierten Fällen gerade in dem für Laien zugänglichen Kirchenschiff und nicht im Altarraum befunden haben müssen[61]. Die Frage nach der Verbindung von erzieherischem Kirchenschmuck und Wallfahrtsbetrieb stellt sich in gleichem Maße für die Ebstorfkarte, für die eine ähnliche Funktion zu vermuten ist[62]. Denn propagandistischer als in diesen beiden Großkarten hätte man die quälende Sehnsucht nach dem verlorenen Jerusalem als dem Brennpunkt der religiösen Welt und dem zugkräftigen Ziel einer bewaffneten Wallfahrt kaum bekunden können.

Die ideologisch determinierte Jerusalemzentrierung dieser bekannten Weltkarten führte häufig zur irrtümlichen Meinung, daß Jerusalem in den T-O-Karten ohnehin nahe genug an der Schnittstelle von Mittelmeer und Don – Schwarzem Meer – Nil liegen würde, um spätestens seit den Eroberungen der Kreuzzüge grundsätzlich im Mittelpunkt der kartographisch erfaßten Welt liegen zu müssen. Aber nur noch wenige kartographische Produkte bestätigen diese geläufige Auffassung: Die um 1250 erstellte, geostete Klimatenkarte des Johann von Wallingford (Abb. 13) birgt den einschlägigen

---

[61] Marcia KUPFER, The Lost Mappamundi at Chalivoy-Milon, Speculum 66 (1991), 540-571; Serafín MORALEJO, El mapa de la diáspora apostólica en San Pedro de Rocas: notas para su interpretación y filiación en la tradición cartográfica de los „Beatos", Compostellanum 31 (1986), 315-340.

[62] KUGLER, Die Gräber der Ebstorfer Weltkarte (wie Anm. 53), 62.

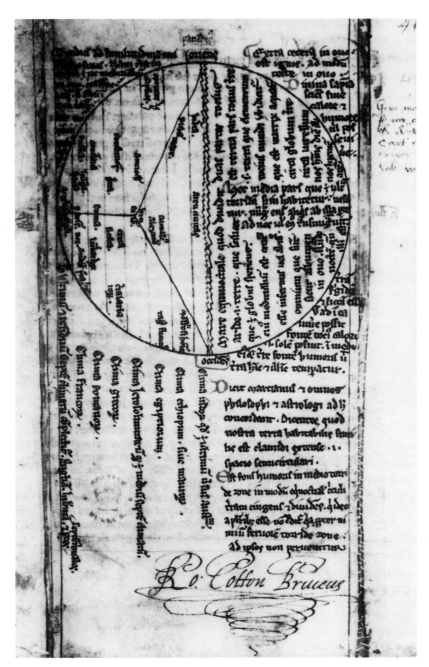

Abb. 13: Klimatenkarte des Johann von Wallingford (um 1250); London, British Library, Cotton Julius D.VII, fol. 46ʳ; Abb. by permission of The British Library, London.

Schriftzug präzis in der Mitte der bewohnten Welthälfte am Schnittpunkt der drei über die Klimata projizierten Kontinente, auf welche die Wortsilben *Jeru-sa-lem* gewissenhaft verteilt werden, obwohl die wenigen Städte, Völker und Himmelsrichtungen ansonsten eher den Klimata zugeordnet sind[63]. Und die Legenden *Judäa* und *Jerusalem* bilden das leicht nach unten verschobene Zentrum der Ökumene in der geosteten Zonenkarte des Kanonikers Girard von Antwerpen (Abb. 14), die seiner 1272 niedergeschriebenen Universalgeschichte allerdings nur in einer Fassung des 15. Jahrhunderts inkorporiert ist[64].

Auf allen anderen Ökumenekarten der zweiten Hälfte des 13. Jahrhunderts blieb, wie bereits David Woodward richtig erkannt hat[65], Jerusalem in gewisser Entfernung von der zentralen Schnittstelle plaziert und meist leicht nach Osten verschoben. Denken wir nur an den großformatigen, in der Datierung umstrittenen Rotulus von Vercelli, den Anna-Dorothee von den Brincken als ein "Propagandawerk der späten Kreuzzugszeit"[66] bezeichnete, weil er das Heilige Land übergroß abbildet. Trotzdem ist das angeblich als *Sepulcrum* markierte Jerusalem deutlich nach Osten verschoben. Näher an das Kartenzentrum rückt bereits der oberhalb des T-Schafts lokalisierte Schriftzug *Hierosolima* in der einfachen kleinen T-O-Zeichnung des Wilhelm von Tripolis[67], die nur in einer Abschrift des 14. Jahrhunderts seines um 1273 verfaßten Werkes 'De statu Sarracenorum' enthalten ist. Und einige Jahre früher hatte Matthaeus Parisiensis[68] auf seiner eigentümlich recht-

---

[63] London, British Library, Cotton Julius D. VII, fol. 46ʳ; vgl. BRINCKEN, Mappa mundi und Chronographia (wie Anm. 19), 148f.; KLIEGE, Weltbild (wie Anm. 14), 35-37; BRINCKEN, *Fines Terrae* (wie Anm. 12), 109-112 und Abb. 36; EDSON, Mapping Time and Space (wie Anm. 3), 119f. und Abb. 6.5.

[64] Utrecht, Rijksuniversiteit, Ms. 737, fol. 49ᵛ; BRINCKEN, Mappa mundi und Chronographia (wie Anm. 19), 150; BRINCKEN, *Fines Terrae* (wie Anm. 12), 84-85 und Abb. 37.

[65] WOODWARD, Medieval *Mappaemundi* (wie Anm. 3), 340-342.

[66] BRINCKEN, *Fines Terrae* (wie Anm. 12), 90f., hier 91 mit einer Datierung auf ca. 1270; vgl. WOODWARD, Medieval *Mappaemundi* (wie Anm. 3), 306-309 mit Abb. 18.17; KLIEGE, Weltbild (wie Anm. 14), 75 mit einer Datierung auf die Zeit zwischen 1191 und 1218 nach DESTOMBES, Mappemondes (wie Anm. 20), 193f., Nr. 52,1; HARVEY, Mappa Mundi (wie Anm. 25), 30-33.

[67] Text und lineare Umzeichnung bei MILLER, Mappaemundi, Bd. III (wie Anm. 14), 121f.; vgl. BRINCKEN, *Fines Terrae* (wie Anm. 12), 89f.

[68] Cambridge, Corpus Christi College, Ms. 26, 284; vgl. WOODWARD, Medieval *Mappaemundi* (wie Anm. 3), bes. Abb. 18.58; KLIEGE, Weltbild (wie Anm. 14), 77-79; BRINCKEN, *Fines*

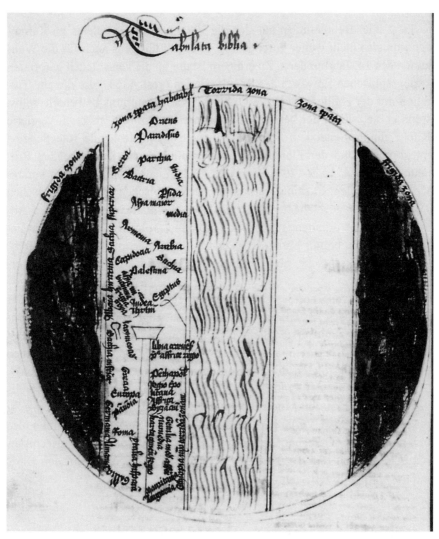

Abb. 14: Zonenkarte des Girard von Antwerpen (1272, Abschrift des 15. Jh.); Utrecht, Rijksuniversiteit, Ms. 737, fol. 49ᵛ; Abb. mit freundlicher Genehmigung der University Library, Utrecht

eckigen Weltkarte Jerusalem als reinen Namen weit im Südosten wobei ausgerechnet Mailand dem in Italien gelegenen Kartenmittelpunkt am nächsten kam.

Terrae (wie Anm. 12), 106-109, bes. 108 und Abb. 34. Von Kartographen oft nicht berücksichtigt wurde die Studie von Suzanne LEWIS, The Art of Matthew Paris in the *Chronica Majora*, Berkeley - Los Angeles - London 1987, bes. 372-376.

Trotz aller Bemühungen hat sich die Verankerung Jerusalems im Kartenzentrum also nicht weiter durchgesetzt. Dies gilt übrigens auch für die Weltkarten des 14. Jahrhunderts. Zu erinnern ist nur an die verschieden geformten kartographischen Entwürfe des Ranulf Higden (gest. 1363), der die alte Tradition mit der Heiligen Stadt im Osten des Kartenzentrums beibehielt, selbst wenn er sie, wie in der bekannten Londoner Handschrift, als reich verzierte Kirche mit begleitendem Schriftzug in eine hervorstechende rote Scheibe integrierte[69]. Und der Florentiner Notar, Politiker und Enzyklopädist Brunetto Latini (ca. 1220-1294) konnte es als Laie sogar vorher schon verantworten, Jerusalem in seiner vermutlich nach arabischen Vorlagen zwischen 1260 und 1266 gezeichneten, legendenlosen Weltkarte, die nur in einer Abschrift um 1310 erhalten ist, ganz zu ignorieren[70], obwohl oder vielleicht gerade weil er ein breites bürgerliches und adeliges Laienpublikum in der französischen Volkssprache, aber ohne eine religiös-didaktische Zielsetzung erreichen wollte.

Eine Zentrierung auf Jerusalem war entgegen allen Vermutungen in der zweiten Hälfte des 13. Jahrhunderts also keineswegs eine feste Pflicht, sondern war eine unmißverständliche Entscheidung mit einem genauen ideologischen Impetus, aus dem sich leichte Verzerrungen im Kartenbild ergeben mußten. Dabei erfolgten die Zentrierungsbestrebungen zu einem Zeitpunkt, als die Hauptphase der Kreuzzüge abgeschlossen und Jerusalem wohl bereits gefallen war. Erst im Moment des rückwärtsgewandten und gleichzeitig zukunftsorientierten Verlangens nach der Heiligen Stadt tendierte man also bei bestimmten Gelegenheiten dazu, den Rückgriff auf das griechisch-römische Modell und die Tradition des Orosius aufzugeben, um den Blick auf das spirituelle Jerusalem zu verstärken[71].

---

[69] MILLER, Mappaemundi, Bd. III (wie Anm. 14), 94-109; vgl. WOODWARD, Medieval *Mappaemundi* (wie Anm. 3), 348 und 352f. mit Abb. 18.67-18.69; KLIEGE, Weltbild (wie Anm. 14), 85; BRINCKEN, *Fines Terrae* (wie Anm. 12), 112f.; HARVEY, Mappa Mundi (wie Anm. 25), 34 Abb. 26 mit der wohl eindrucksvollsten Überlieferung, erhalten in London, British Library, Royal Ms. 14 C. IX, fol. 1ᵛ-2ʳ.

[70] Oxford, Bodleian Douce 319, fol. 8; vgl. Anna-Dorothee VON DEN BRINCKEN, Die Ausbildung konventioneller Zeichen und Farbgebungen in der Universalkartographie des Mittelalters, Archiv für Diplomatik 16 (1970), 325-349, bes. 333 ff.; BRINCKEN, *Fines Terrae* (wie Anm. 12), 96-97; zu Brunetto Latini und seinem Handbuch für Politiker *Li Livres dou Tresor* vgl. Robert LUFF, Wissensvermittlung im europäischen Mittelalter. „Imago mundi"-Werke und ihre Prologe (Texte und Textgeschichte 47), Tübingen 1999, 262-313.

[71] WOODWARD, Medieval *Mappaemundi* (wie Anm. 3), 341.

Die Kartenzeichner waren zu einer programmatischen Entscheidung gezwungen. Das himmlische Jerusalem stand gegen das irdische, die Kreuzzugsideologie gegen die traditionelle Aufteilung der Welt. Auftraggeber und Zeichner mußten sich zu Zweck und Absicht ihres Weltentwurfes bekennen: Ihnen oblag es, die Stadt im irdischen Raum zu positionieren, einem Raum, der sich durch die Kreuzzüge ebenso wie durch die nach 1245 einsetzenden Asienreisen zunehmend geweitet hatte. Sie waren es, die vor allem die Symbolik der *pictura* bewußt auswählten und deren Verhältnis zur *scriptura*, dem begleitenden Text, bestimmten.

Die Umsetzung der individuellen Vorstellungen und Intentionen auf das Pergament erforderte klare Entschlüsse, welche die Kartographen zielbewußt angingen und folgerichtig lösten. Doch selbst die Pilger- und Reiseberichte lieferten divergierende Vorgaben. Saewulf, ein anscheinend belesener Angelsachse, beschrieb in seinem Bericht über die eigene Jerusalemfahrt, die er entweder 1101-2 oder 1102-3 unternahm, einen Platz namens *Compas* in der Heiliggrab-Kirche, den Christus (gemäß Psalm 73,12) eigenhändig als das Zentrum der Welt ausgemessen und bestimmt hätte[72]; an diesem Punkt wäre Christus dann auch zuerst Maria Magdalena erschienen. Der Kleriker Johannes von Würzburg, dessen Reise sich nur grob auf die Jahre zwischen 1160 und 1170 (wahrscheinlich um 1165) datieren läßt, verlagerte das mutmaßliche Zentrum der Welt unter Verweis auf denselben Psalm als *meditullium terrae* in die Nähe des Altars[73]. Aber schon der Mönch Theoderich, der bald darauf zwischen 1169 und 1174 an die Heiligen Stätten reiste, wußte in seinem 'Libellus de locis sanctis' zwar viel über die Sehenswürdigkeiten der Stadt zu schreiben, aber wenig über ihre angebliche Zentralität[74]. Und der bis nach Karakorum gelangte Wilhelm von Rubruck, der

---

[72] Peregrinationes tres. Saewulf, John of Würzburg, Theodericus, ed. R(obert) B. C. HUYGENS, with a study of the voyages of Saewulf by John H. PRYOR, Turnhout 1994 (CC CM 139), 66 Z. 236-241: *Ad caput autem aecclesiae Sancti Sepulchri in muro forinsecus, non longe a loco Calvariae, est locus qui ,Compas' vocatur, ubi ipse dominus noster Iesus Christus medium mundi propria manu esse signavit atque mensuravit, psalmista testante: deus autem rex noster ante saecula operatus est salutem in medio terrae*; engl. Übers. in: John WILKINSON with Joyce HILL and Wiliam F. RYAN, Jerusalem Pilgrimage, 1099-1185, London 1988, 103; vgl. HIGGINS, Defining the Earth's Center (wie Anm. 5), 36-37.

[73] Peregrinationes tres, ed. HUYGENS (wie Anm. 72), 120 Z. 1011f.: *infra quas tabulas in pavimento orbiculis quibusdam factis meditullium terrae dicitur designatum, iuxta illud: operatus est salutem in medio terrae*; engl. Übers. in: WILKINSON, Jerusalem Pilgrimage (wie Anm. 72), 260.

[74] Peregrinationes tres, ed. HUYGENS (wie Anm. 72), 163 Z. 627-629: *in Ierusalem, quam in*

nach den mongolischen Einfällen von 1253 bis 1255 in Asien weilte, verstand es geschickt, einen armenischen Bischof Jerusalems Zentralität im Rahmen einer Prophezeiung erwähnen zu lassen, ohne die Feststellung zu bestätigen oder zu widerlegen[75]. Die wachsende Unsicherheit der Autoren angesichts dieser Frage und vielleicht auch der Erwartungshaltung der Leser führte zu verstärkter Kürze und geringerer Signifikanz der Aussagen, die in dieser Zeit bereits nicht mehr nach einer eigenen wissenschaftlichen Fundierung strebten, sondern sich mit Vorliebe auf unerreichbare Autoritäten beriefen.

Trotzdem wäre noch zu fragen, ob die bei den Reisen gewonnenen Erfahrungen in irgendeiner Weise dazu beitrugen, Palästina und seine Städte wirklich differenzierter und aktueller ins Bild zu setzen. In den Ökumenekarten wurden, wie wir gesehen haben, die historischen und biblischen Anspielungen kaum verdrängt, sondern höchstens durch weitere Informationen ergänzt; bestenfalls füllte nun die eine oder andere eroberte Festung oder Niederlassung zusätzlich das Heilige Land. Die verwendeten Stadtvignetten entsprachen seit dem Frühmittelalter ohnehin bereits den zeitgenössischen europäischen Vorstellungen; dieses Prinzip setzten die Miniaturisten der hochmittelalterlichen Weltkarten fort. Aber wie ist die alternative Gestalt Jerusalems als zentraler Kreis der Vollendung oder als Kernquadrat der Johannes-Apokalypse in den heilsgeschichtlichen Karten von London, Hereford und Ebstorf zu bewerten?

---

medio orbis sitam asserunt; engl. Übers. in: WILKINSON, Jerusalem Pilgrimage (wie Anm. 72), 292; vgl. Andreas KÜLZER, Peregrinatio graeca in Terram Sanctam. Studien zu Pilgerführern und Reisebeschreibungen über Syrien, Palästina und den Sinai aus byzantinischer und metabyzantinischer Zeit (Studien und Texte zur Byzantinistik 2), Frankfurt am Main u. a. 1994, 120-122. Ähnlich kurz äußerte sich übrigens bereits der isländische Abt Nikulás um 1140; WILKINSON, Jerusalem Pilgrimage (wie Anm. 72), 217 Z. 85-86.

[75] Wilhelm von Rubruk, Itinerarium c. XXXVIII 3, in: Sinica Franciscana 1: Itinera et relationes fratrum minorum saeculi XIII et XIV, collegit, ad fidem codicum redegit et adnotavit Anastasius VAN DEN WYNGAERT, Quaracchi - Florenz 1929, 164-332, hier 322: *Hoc audientes Franci, qui erunt de medio terre, id est Ierusalem.*

III. Jerusalem im Kontext Palästinas

Eine Antwort auf diese Frage ist nur mit Blick auf das kartographische Umfeld zu finden, zumal die Autoren der Weltkarten teilweise auch lokale und regionale Skizzen dieses Ausschnitts der Erde erstellten. Welche Funktion besaßen also die beiden geometrischen Grundformen Kreis und Quadrat in den eigenständigen Karten der Region und in den zahlreichen Plänen der Heiligen Stadt? Gelang es einzelnen Künstlern, von vorgegebenen geometrischen Traditionen abzuweichen und die Pilgerstadt individueller zu gestalten? Und wie und wann erfolgte diese Umsetzung des auf Pilgerfahrten und Kreuzzügen neu erworbenen Wissens in die *pictura* kartographischer Erzeugnisse, und welche Rückschlüsse sind daraus für die Bewertung Jerusalems in den vorgestellten Weltkarten zu ziehen?

Die erste Einnahme Jerusalems und des Heiligen Landes löste das Entstehen einer regelrechten Sequenz regionaler Karten und Stadtpläne aus[76], die wohl älteren Traditionen, hauptsächlich römischen Modellen und den Vorgaben des Madaba-Mosaiks, folgten[77] und die geometrischen Figuren Kreis und Quadrat bewußt verarbeiteten. Die überlieferten Skizzen und Miniaturen spiegeln einerseits eine gewisse Fixierung auf allgemein erkennbare ikonographische Siglen, andererseits aber durchaus eine individuelle Gestaltung im Detail, basierend auf differierenden Vorstellungen und vereinzelt sogar auf Beobachtungen, die aus Pilger- und Kreuzfahrerwissen hervorgegangen sein müssen. Soweit diese Illustrationen mit den graphischen Symbolen der Weltkarten für Jerusalem in Beziehung zu setzen sind, seien sie im folgenden kurz in Erinnerung gerufen[78].

Kreis und Quadrat beherrschen bekanntlich vor allem die Stadtpläne von Jerusalem, die in Handschriften des 12. bis 15. Jahrhunderts erhalten sind und die nach Überzeugung von Rudolf Simek durchweg auf Originale des

---

[76] Einen guten Überblick bietet Paul D. A. HARVEY, Local and Regional Cartography in Medieval Europe, in: The History of Cartography, hg. v. HARLEY und WOODWARD (wie Anm. 3), 464-501, bes. 469-471, 473-476, 492.

[77] Zu römischen Itineraren für die Reise nach Jerusalem vgl. Oswald A. W. DILKE, Itineraries and Geographical Maps in the Early and Late Roman Empires, in: The History of Cartography, hg. v. HARLEY und WOODWARD (wie Anm. 3), 234-257, bes. 237 und 254. Zu byzantinischen Vorgängermodellen und Geographen des hohen Mittelalters vgl. DILKE, Cartography (wie Anm. 13), 266. Zu den älteren europäischen Heilig-Land-Karten vor der Kreuzzugszeit vgl. DELANO-SMITH, Geography or Christianity (wie Anm. 12), 143-152.

[78] Eine unkritische, aber weitgehend vollständige Zusammenstellung des Materials bietet Zev VILNAY, The Holy Land in Old Prints and Maps, Jerusalem 1963.

12. Jahrhunderts zurückgehen[79]. Die meisten dieser als *Situs Jerusalem* bezeichneten Entwürfe, darunter zehn durch Straßenzüge gegliederte und drei schematische Radpläne sowie zwei Vierecke, vermitteln auf den ersten Blick ein relativ schematisches Idealbild der Stadt, das allerdings individuelle ikonographische Ausgestaltungen erfuhr, die sich zuerst einmal mit alternativen Kategorien wie einem runden oder viereckigen Stadtgrundriß sowie einer Abbildung der Stadt allein oder integriert in das nahe Umland beschreiben lassen.

Die eigenwilligste Überlieferung bildet der rhombisch geformte, farbige Jerusalem-Plan aus Cambrai (Abb. 15), angefertigt zwischen 1140 und 1167 im niederlothringisch-flandrischen Gebiet, aus dem das Hauptkontingent der Teilnehmer am ersten Kreuzzug stammte. Faszinierend ist die vergleichsweise realistische und differenzierte Wiedergabe der Stadtanlage mit dem einzigartigen Grundriß der Stadtmauern und den keineswegs schematisch eingezeichneten Straßen[80]. Beides läßt sich mit einer Zeichenperspektive von einem Hügel im Südosten der Stadt aus erklären. Legenden mit teilweise konkretem Bezug auf Kreuzzugsereignisse erläutern die Monumente; recht individuell entworfen sind auch der Heiliggrab-Bezirk, darunter das Johannis-Spital mit den beiden Marienkirchen, der auf dem Tempel Salomons dominierende Felsendom (*Templum Domini*) sowie die *curia Regis* als Sitz der Kreuzfahrer-Könige neben dem Turm Davids. Der

---

[79] Vgl. Rudolf SIMEK, Hierusalem civitas famosissima. Die erhaltenen Fassungen des hochmittelalterlichen *Situs Jerusalem* (mit Abbildungen zur gesamten handschriftlichen Überlieferung), Codices manuscripti 16 (1992), 121-153; Abb. 6 ist natürlich zu identifizieren mit dem Plan in Uppsala, Universitetsbibliotek, C. 691, vgl. die Abb. in dem recht unkritischen Werk von Guy LOBRICHON, Die Eroberung Jerusalems im Jahre 1099, Sigmaringen 1998, 55. In einer früheren Studie analysierte Rudolf Simek bereits 14 dieser Pläne, davon drei isländische des 14. Jahrhunderts, von denen er annimmt, daß sie, eng verwandt mit den sieben kontinentalen Plänen, auf einem verlorenen Urtyp basieren; vgl. Rudolf SIMEK, Altnordische Kosmographie. Studien und Quellen zu Weltbild und Weltbeschreibung in Norwegen und Island vom 12. bis zum 14. Jahrhundert (Ergänzungsbände zum Reallexikon der Germanischen Altertumskunde 4), Berlin - New York 1990, 297-315, 513-517. Zu ergänzen ist noch der zirkulare Plan in London, British Library, Additional Ms. 32343, fol. 15v; vgl. dazu unten, Anm. 84.

[80] Cambrai, Centre Culturel, Ms. 437, fol. 1r; vgl. Ludwig H. HEYDENREICH, Ein Jerusalemplan aus der Zeit der Kreuzfahrer, in: Miscellanea pro arte. Festschrift für Hermann Schnitzler zur Vollendung des 60. Lebensjahres am 13. Januar 1965 (Schriften des Pro Arte Medii Aevi 1), Düsseldorf 1965, 83-91; SIMEK, Hierusalem civitas (wie Anm. 78), 122, 127 und 141 Abb. 9.

Zeichner muß, wie Heydenreich überzeugend nachweisen konnte[81], in Jerusalem gewesen sein, um eine solche Bestandsaufnahme vorzulegen, wenngleich mancher Glockenturm wohl nur in der Imagination eines christlichen Eroberers existierte.

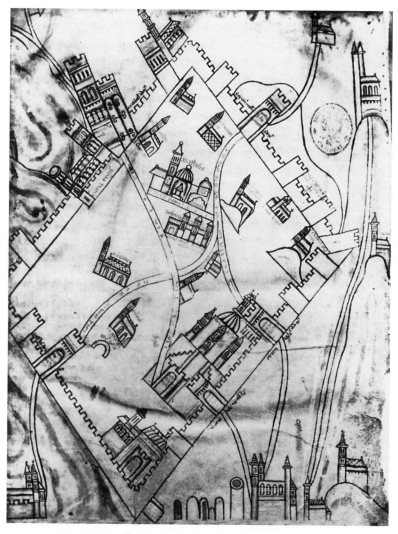

Abb. 15: Rhombisch geformter Plan von Jerusalem (ca. 1140-1167); Cambrai, Centre Culturel, Ms. 437, fol. 1ʳ

---

[81] Vgl. HEYDENREICH, Ein Jerusalemplan (wie Anm. 80).

Aber es ist ein für diese Zeit ungewöhnlich klarer Lageplan zur Orientierung innerhalb der Stadt, der sachlichen Anforderungen in Berichterstattung, Kriegswesen oder Technik genügt haben dürfte, wobei das Bild der Umgebung auf einige wenige abstrakte Hügel (Ölberg, Bethanien) und Gebäude reduziert ist. Trotz solch hervorragender Detailkenntnisse überwogen im 12. und 13. Jahrhundert die idealtypisch angelegten Zeichnungen, in die sich höchstens einzelne Aktualisierungen einschlichen. Ihre ideologisch gefärbten Entwürfe entsprachen eher dem Anliegen der auf Jerusalem zentrierten Weltkarten. Eine solche Zielsetzung dürfte auch der zweite überlieferte viereckige Plan verfolgen, der erst in das 14. Jahrhundert zu datierende wirklichkeitsferne *Situs* aus Montpellier mit seinen unsystematisch angeordneten Gebäuden ohne gliedernde Straßenzüge sowie einem geschlossenen und vier weit geöffneten Stadttoren[82]. Alle anderen mittelalterlichen *Situs*-Konstrukte gaben der Stadt kreisförmige Mauern, obwohl sie tatsächlich viereckig waren. Die Art der Stilisierung hatte wohl der Enzyklopädist Lambert von Saint-Omer, auf Erzählungen von Kreuzzugsteilnehmern angewiesen, in seinem vielseitigen 'Liber floridus' wieder aufgegriffen, um das mit starken Mauern befestigte und auf einem Felsen gelegene Jerusalem inmitten eines hügeligen Landstrichs abzubilden[83]. Dem Modell folgten zahlreiche weitere Diagramme, zumeist integriert in Kreuzfahrerschriften, Enzyklopädien oder gar astronomisch-geographische Zusammenstellungen.

Ein typisches Beispiel dafür ist der geostete kreisförmige Plan von Jerusalem in einer Londoner Handschrift des 13. Jahrhunderts[84] (Abb. 16). Charakteristisch ist vor allem der äußere Aufbau in konzentrischen Kreisen, formiert durch die von Zinnen bekrönte und durch fünf Stadttore unterbrochene

---

[82] SIMEK, Hierusalem civitas (wie Anm. 79), 122, 127 und 136 Abb. 4.

[83] In der Überlieferung des 'Liber floridus' finden sich zahlreiche Varianten; vgl. SIMEK, Hierusalem civitas (wie Anm. 79), 122, 124-126 und 133 Abb. 1, 3 und 8 sowie 18-19 mit Abbildungen des himmlischen Jerusalem aus den Handschriften in Wolfenbüttel und Leiden. Eine weitere Version zeigt LOBRICHON, Die Eroberung Jerusalems (wie Anm. 79), 44f. mit dem Exemplar in Gent, Universitätsbibliotheek 1125 (92), fol. 65ʳ. Zur Diskussion um das himmlische und irdische Jerusalem vgl. MÜLLER, Die heilige Stadt (wie Anm. 11), 53-114; Robert KONRAD, Das himmlische und das irdische Jerusalem im mittelalterlichen Denken. Mystische Vorstellungen und geschichtliche Wirkung, in: Speculum historiale. Geschichte im Spiegel von Geschichtsschreibung und Geschichtsdeutung. Festschrift für Johannes Spörl, hg. v. Clemens BAUER / Laetitia BOEHM / Max MÜLLER u. a., Freiburg - München 1965, 523-540.

[84] London, British Library, Additional Ms. 32343, fol. 15ᵛ; HARVEY, Medieval Maps (wie Anm. 37), Abb. 71; nicht erwähnt bei SIMEK, Hierusalem civitas (wie Anm. 78).

Stadtmauer, deren stilisierte Steinquader den imponierenden Eindruck von Wehrhaftigkeit und Geschlossenheit erwecken.

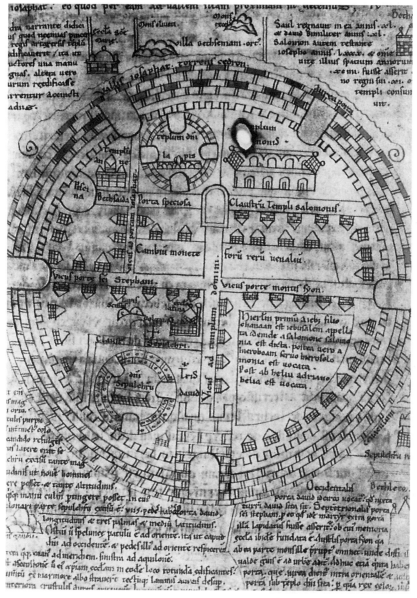

Abb. 16: Kreisförmiger Plan von Jerusalem (13. Jh.); London, British Library, Additional MS. 32343, fol. 15^v; Abb. by permission of The British Library, London.

Das so aufgebaute Diagramm erinnert an das fiktive Zahnrad, um das sich die Welt in der Karte von Hereford dreht. Unterschiede bestehen allerdings in der Anzahl der Tore – in der Weltkarte sind es nur vier, ohne die meist geschlossene und in den Plänen oft andersfarbig eingezeichnete *Porta aurea* – und in der Ausgestaltung der Innenstadt. Im Gegensatz zu den Weltkarten ordnen hier mehrere von Häusern umsäumte Straßenzüge die Aufstellung der Monumente, unter ihnen das Heilige Grab (*domini sepulchrum* unten links) mit dem ausgegliederten Golgatha und dem beim Hinscheiden Christi entstandenen Felsenriß (*lapis scissus*), der Felsendom (*templum domini* links oben), der Tempel Salomons (oben rechts) und ganz im Westen der Turm Davids. Außerhalb der Mauern kennzeichnet im Osten eine Wellenlinie den Fluß Kedron im Tal Josaphat (*Jehoshaphat*), darüber erhebt sich zwischen der Marienkirche und dem *mons excelsus* der Ölberg (*mons oliveti*). Dieses Bild ergänzen der *mons gaudii* (links unten), auf der rechten Seite Bethlehem (unten), der Berg Sion mit dem Grab Davids (beide abgeschnitten) sowie Bethanien (oben). Lange Texte im Umfeld erklären die historisch-religiösen Zusammenhänge, aber nicht den Bezug zu der durch weitgereiste Pilger und Kreuzfahrer vermittelten Gegenwart.

Dieser Raumverteilung entsprechen, wie Rudolf Simek gezeigt hat, auch die anderen überlieferten Rotapläne[85]. Die Rangordnung der Gebäude folgte eher der Bedeutung als der Größe und Lage der Monumente, und die traditionellen Vorgaben wurden in beiden Gattungen, *Mappae mundi* und *Situs*, nur vereinzelt mit zeitgenössischem Wissen angereichert. Die Bildkomposition des *Situs* basierte zudem nach Art der meisten Weltkarten auf der unterteilten Kreisform. Dabei lieferte der Stadtplan gleichsam eine Vergrößerung der beiden Symbole[86], die bei den drei auf Jerusalem zentrierten Weltkarten des 13. Jahrhunderts für die Heilige Stadt verwendet wurden. Kreis und Quadrat konnten als ikonographische Siglen für die Heilige Stadt fungieren. Beide geometrische Formen lagen, auch wenn die Kreisform greifbar dominierte, miteinander im Streit, während andere graphische Symbole wie Stern oder Apostelkopf sich offensichtlich nicht für die Akzentuierung des religiösen Mittelpunkts eigneten. Und der Zeichner konnte und mußte sich je nach Ziel und Absicht seines Projekts für eine Darstellungsform und ihren Sinngehalt entscheiden. Die Augenzeugen-

---

[85] SIMEK, Hierusalem civitas (wie Anm. 78).

[86] Vgl. BRINCKEN, Kartographische Quellen (wie Anm. 3), 45.

berichte der Pilger und Kreuzfahrer konnten hierfür nur wenig Hilfestellung leisten.

In unseren Augen realistischer wurde Jerusalems Form erst in der geosteten kolorierten *Charta topografica* des professionellen Kartographen und Portolanzeichners Pietro Vesconte, dessen verschiedene auf ungefähr 1320 zu datierende Karten[87] dem dreibändigen, reich illustrierten Kreuzzugsaufruf 'Liber secretorum fidelium crucis' des vielgereisten orientkundigen Venezianers Marino Sanudo beigefügt wurden. Der dem Werk angeschlossene Kartenteil aus der auf Portolane spezialisierten Vesconte-Werkstatt enthält einerseits eine trotz der doppelseitigen Anlage erstaunlich direkt auf Jerusalem zentrierte Weltkarte, Karten des östlichen Mittelmeeres und Palästinas sowie die Stadtpläne von Akkon und Jerusalem; sie alle berücksichtigen historische und biblische Dimensionen. Andererseits umfaßt der Atlas auch zahlreiche für die Kriegführung notwendige moderne Seekarten[88]. Der sich bis nach Bethanien erstreckende fünfeckige Jerusalemplan ist im allgemeinen Grundriß der Mauern und dem Straßenmuster innovativ und halbwegs korrekt, wenngleich weiterhin schematisch und auf die Vergangenheit, nämlich den Zustand vor 1244, fixiert. Sicherlich ist er nicht nach Maßstab gezeichnet, und es gibt keine Anzeichen dafür, daß Bodenmessungen eine Rolle bei seiner Konstruktion spielten.

Für unsere Fragestellung instruktiv sind an diesem Plan vor allem zwei Komponenten: der durchschlagende Wechsel in der graphischen Darstellung Jerusalems und der intentionsbestimmte Überlieferungszusammenhang. Als

---

[87] Überliefert in neun von insgesamt elf Handschriften, darunter enthalten auch die Manuskripte in London, British Library, Additional Ms. 27376*, fol. 189[V] und Biblioteca Apostolica Vaticana, Reg. lat. 548, fol. 142[V] einen Jerusalemplan; vgl. die Abb. bei HARVEY, Medieval Maps (wie Anm. 37), Abb. 72; Kenneth NEBENZAHL, Atlas zum Heiligen Land. Karten der Terra Sancta durch zwei Jahrtausende, Stuttgart 1995, 42f. mit Abb. 10. Der Tradition der Rezeption bei Paulinus Minorita zuzuordnen ist aber der Jerusalemplan in der zwischen 1334 und 1339 entstandenen Handschrift Biblioteca Apostolica Vaticana, Vat. lat. 1960, fol. 267[r], fehlerhaft angegeben bei SIMEK, Hierusalem civitas (wie Anm. 79), 127 und 153 mit Abb. 21. Zu den Handschriften vgl. Bernhard DEGENHART / Annegrit SCHMITT, Marino Sanudo und Paolino Veneto. Zwei Literaten des 14. Jahrhunderts in ihrer Wirkung auf Buchillustrierung und Kartographie in Venedig, Avignon und Neapel, Römisches Jahrbuch für Kunstgeschichte 14 (1973), 1-138, bes. 21-27. Vgl. auch Reinhold RÖHRICHT, Marino Sanudo sen. als Kartograph Palästinas, Zeitschrift des Deutschen Palästina-Vereins 21 (1898), 84-126, bes. 105 mit einer Übersicht zu den geographischen Karten in Tabelle Abb. 143.

[88] Vgl. DEGENHART / SCHMITT, Marino Sanudo (wie Anm. 87), 60-87; vgl. WOODWARD, Medieval *Mappaemundi* (wie Anm. 3), passim und plate 16 mit einer Version der Weltkarte.

Vorlage für die kartographischen Veränderungen im Palästinabild könnte ein im Original verlorener Entwurf des Dominikaners Burchard von Monte Sion gedient haben, dessen um 1283 verfaßtes, sachkundiges und weit verbreitetes Handbuch 'Descriptio terrae sanctae' einen langjährigen Aufenthalt im Nahen Osten verarbeitete. Vielleicht folgte auch Pietros Jerusalem-Entwurf Burchards Aufzeichnungen, die zumindest die neue Art der empirisch wirkenden Wiedergabe angeregt haben dürften, auch wenn die Methoden des erfahrenen Kartenmachers wahrscheinlich eine größere Präzision fingierten.

Noch faszinierender ist aber der bisher meist übersehene Überlieferungszusammenhang mit der auf Jerusalem zentrierten Weltkarte, denn selbstverständlich mußte in einer solch engagierten Aufforderung zur erneuten Eroberung der Heiligen Stadt die Mittelpunktsfunktion der ersehnten Stadt hervorgehoben werden. Dieser Zusammenhang blieb der Forschung schon deshalb verborgen, weil die angebliche Modernität der Karte unter dem Einfluß der Portolane nicht an eine solche gewissermaßen rückwärts gewandte und religiös motivierte Orientierung denken läßt. Zudem ist Jerusalem auf der doppelseitigen Weltkarte graphisch nicht besonders akzentuiert; die Stadt versinkt gleichsam in der Tiefe der Heftung. Aber dieser Mangel wurde durch den eigenständigen Stadtplan, der dem Leser gleichsam den vergrößernden Ausschnitt lieferte, brillant kompensiert.

An diesem Beispiel zeigt sich also die besondere Bedeutung der Verbindung von *Situs Jerusalem*, Weltkarte und Regionalkarte für das Heilige Land, die noch weiter zu untersuchen wäre. In einem Vortrag über die Palästinakarten hat Paul D. A. Harvey bereits auf den stilistischen Wandel hingewiesen und zwei Gruppen unterschieden, nämlich die früheren, untereinander unsystematisch verbundenen Regional- und Weltkarten mit einer jeweils individuellen Gestaltung des biblischen Inhalts sowie die späteren Regionalkarten, die in enger Abhängigkeit von Burchards 'Descriptio' entstanden, obwohl auch hier nicht auf Nachweise aus allen Teilen der Bibel verzichtet wurde[89]. In diesem Kontext dürfte auch Pietro Vesconte eine Schlüsselrolle zuzuweisen sein, wobei die wohl ursprünglich für Sanudo entworfenen Karten erst in den geringer verbreiteten Werken des Paulinus Minorita explizit mit dem textuellen Bezugsrahmen verbunden wurden.

---

[89] Vgl. Paul D. A. HARVEY, Der historische (biblische) Inhalt der Palästinakarten des Mittelalters. Vortrag auf der Tagung „Geschichtsdeutung (Archäologie und Geschichte) auf alten Karten". 46. Wolfenbütteler Symposion vom 26. bis 29. Oktober 1999 unter Leitung von Dagmar Unverhau. Ein Bericht über die Tagung erschien in den Wolfenbütteler Bibliotheks-Informationen 24 (1999), 47-53, bes. 48.

Gerade in den Palästina-Karten deutete sich das Bemühen um historische Aktualität und eine Art Maßstab schon früher an[90]. Anschaulichstes Beispiel dieser Entwicklung sind die Regionalkarten und Itinerare, die der produktive und künstlerisch ambitiöse Enzyklopädist Matthaeus Parisiensis, Mönch der großen Benediktinerabtei St. Albans im englischen Hertfordshire, gegen Mitte des 13. Jahrhunderts entwarf und seinen historiographischen Werken voranstellte[91]. In zwei Exemplaren werden diese kartographischen Produkte von der bereits erwähnten rechteckigen Weltkarte begleitet, die Jerusalem nur wenig beachtet.

In dem bekannten, mit Legenden beladenen Londoner Exemplar seiner Palästina-Karte[92] (Abb. 17) dominiert die Stadt Akkon (links), die sonst in den *Mappae mundi* nur geringe Spuren hinterließ, als eine große, von Mauern umgebene Einfriedung mit einem Kamel vor den Toren. Das von einer fast quadratischen Mauer begrenzte Jerusalem (oben rechts) ist im Vergleich dazu recht klein, aber deutlich größer als die vorgelagerten Küstenstädte, die durch kleine Kastelle und Türme gekennzeichnet sind. Der farbenprächtige Aufriß Jerusalems zeigt – wie ein rudimentärer *Situs* – die vier wichtigsten charakteristischen Monumente, das kreisförmige *sepulchrum*, den Turm Davids als Eckturm der Stadtmauer, den von einer Kuppel bedeckten Felsendom (*templum Domini*) und den spitztürmigen Tempel Salomons. Die einzige lateinische Legende bezeichnet die Stadt als die würdigste aller Städte (*civitas omnium civitatum dignissima*). Die lange französische Legende seitlich davon läßt die Zentralität der Heiligen Stadt einfließen: *E la est le mitlui du mund*[93]. Als religiöse Mitte der Welt, als ein gleichsam die

---

[90] Zur Entwicklung maßstabsgetreuer und vermessener Karten vgl. auch HARVEY, Local and Regional Cartography (wie Anm. 76), 495-498.

[91] Eine Auflistung der handschriftlichen Überlieferung der Karten bei EDSON, Mapping Time and Space (wie Anm. 3), 119.

[92] London, British Library, Royal MS. 14 C.VII, ff. 4ᵛ-5ʳ; HARVEY, Medieval Maps (wie Anm. 37), Abb. 73; Text bei MILLER, Mappaemundi, Bd. III (wie Anm. 14), 90-94. Die beiden Exemplare in Cambridge sind relativ ähnlich, aber mit einer anderen Textverteilung, während das Exemplar in Oxford ein gezeichneter Entwurf ist. Interpretationen der Karten bei LEWIS, The Art of Matthew Paris (wie Anm. 68), 321-376, bes. 354-362 zu Jerusalem und Palästina; Daniel K. CONNOLLY, Imagined Pilgrimage in the Itinerary Maps of Matthew Paris, The Art Bulletin 81,4 (December 1999), 598-622, bes. 604f. mit Abb.; Evelyn EDSON, Matthew Paris' ‚other' map of Palestine, The Map Collector 66 (Spring 1994), 18-22; EDSON, Mapping Time and Space (wie Anm. 3), 118-125.

[93] MILLER, Mappaemundi, Bd. III (wie Anm. 14), 93; vgl. LEWIS, The Art of Matthew Paris (wie Anm. 68), 355 und Fig. 215 mit dem Text der Karte in Cambridge, Corpus Christi College 26, fol. IIIᵛ-IVʳ, hier IVʳ: *Ierusalem, civitatum dignissima omnium, tum quia in ipsa*

Zeiten überdauerndes Himmlisches Jerusalem inmitten einer historisch konturierten Umgebung ist die Stadt mit ihren vier Toren und zahlreichen Zinnen ausgeschmückt; darüber ruhen der Berg Sion, das Tal Josaphat mit dem Mariengrab sowie der Ölberg. Daniel Connolly hat bereits überzeugend auf die doppelte Funktion des Entwurfes hingewiesen, der das unumgängliche Zentrum irdischer Pilgerschaft als Endpunkt des Itinerars ebenso abbildete wie das ideale Ziel spiritueller Kontemplation im imaginierten Raum[94]. Die Meditation gab dem Mönch gleichsam die Chance zu einer metaphysischen Pilgerreise in der Imagination als Ersatz für die reale Fahrt, wobei das himmlische Jerusalem mit dem irdischen verschmolz. Die Bewegung des Pilgers folgte dem Itinerar zum Zentrum christlicher Sakralität, wo das vollendet rund gezeichnete Heilige Grab in die quadratischen Formen der Endzeitstadt eingebunden war.

Es ist nicht bekannt, woher Matthaeus Parisiensis seine Informationen für diese individuelle und aktuelle Komposition aus Bild und Text bezog; wichtige Anregungen gaben sicherlich die in der Abtei zahlreich vorbeikommenden Pilger aller Schichten. Und der eigenwillige Größenunterschied zwischen Akkon und Jerusalem erklärt sich eindeutig durch die historischen Ereignisse, denn in der langen französischen Legende wird Akkon als „die Hoffnung und Zuflucht aller Christen im Heiligen Land" beschrieben, und tatsächlich war es der letzte überlebende Stützpunkt der Kreuzfahrer. Das gerade verlorene Jerusalem mußte in Matthaeus' Augen realgeographisch dahinter zurücktreten, obwohl das traditionelle schematische Quadrat der tiefen Sehnsucht nach dem religiösen Mittelpunkt figurativ einen markanten Ausdruck verlieh.

Im 12. und 13. Jahrhundert eroberten also die geometrischen Formen Kreis und Quadrat zuerst den neu entworfenen, als *Situs* bezeichneten Stadtplan von Jerusalem, dann die Regionalkarten des Heiligen Landes und einige ausgewählte Weltkarten mit religiös oder politisch motivierter Jerusalemsehnsucht. Vermutlich ist auch das kreisförmige Stadtsymbol auf der Palästina-Ägypten-Karte der Londoner Hieronymus-Handschrift (Abb. 2) in diesem hochmittelalterlichen Zusammenhang zu sehen.

---

morti addictus est Dominus, tum quia in medio mundi est, tum quia primum habitacio fuit. Während dieser lateinische Text innerhalb der Stadtmauern angebracht ist, finden sich außerhalb (rechts unten) weitere französische Ausführungen zu Jerusalem und seiner Zentralität entsprechend dem Londoner Exemplar.

[94] CONNOLLY, Imagined Pilgrimage (wie Anm. 92), bes. 598 ff.

Abb. 17: Palästina-Karte des Matthaeus Parisiensis (Mitte 13. Jh.); London, British Library, Royal Ms.14 C.VII, f.4ᵛ-5ʳ;
Abb. by permission of The British Library, London

Die Reproduktion des verkleinerten *Situs* in Weltkarten erfolgte etwas später, und zwar zu einem Zeitpunkt, als der drohende Verlust Jerusalems den Kult um die Heilige Stadt verstärkte und zudem alle Informationen in ein einziges Konzept zu integrieren waren, ohne daß eine zusätzliche Ausschnittsvergrößerung beigegeben werden konnte.

Bei all diesen Kartentypen setzten die Kartographen immer wieder eigene Akzente, die gerade bei der Darstellung Jerusalems und des Heiligen Landes stark intentionsgebunden waren. Selbst die eingängige Rezeption schriftlicher und mündlicher Reiseberichte verhinderte nicht, daß methodisch neue kartographische Ambitionen mit graphischen Standardbildern verknüpft wurden; ein zeitgemäßes Konzept schloß traditionelle Bedeutungselemente nicht aus. Besonders gut läßt sich dies bei Autoren nachweisen, die wie Matthaeus Parisiensis oder Pietro Vesconte die verschiedenen Kartentypen *Situs*, Regionalkarte und *Mappa mundi* in einem einzigen Werk miteinander zu kombinieren versuchten. Bei diesem Vorgang mußten die Grenzen der bekannten Welt immer wieder neu definiert und das Zentrum den Autor- und Publikumsbedürfnissen entsprechend verlagert werden. Zu fragen ist deshalb zuletzt noch kurz nach den langfristigen Auswirkungen auf die Weltkarten des ausgehenden 14. und 15. Jahrhunderts.

IV. Die Lösungen des ausgehenden Mittelalters

Selbst im ausgehenden Mittelalter überdauerten noch die beiden kartographischen Ansätze einer Zentrierung auf Jerusalem oder im Mittelmeer nebeneinander, auch wenn sich mit der fortschreitenden Entwicklung der Portolane, mit der Rezeption von Ptolemäus' Geographie zu Beginn des 15. Jahrhunderts und den Entdeckungen der Portugiesen in Afrika weitere Unsicherheiten andeuteten und zusätzliche Möglichkeiten eröffneten. Die Suche nach neuen Wegen verlief jedoch nicht stringent und schon gar nicht linear, denn die Kartographen griffen immer wieder auf altbewährte Strukturen und Modelle zurück, freilich nicht ohne zumindest die graphische Ausstattung im Detail zu modernisieren. Doch die Diskussionen um die Probleme verstärkten sich im 15. Jahrhundert und nahmen in Karten und Reiseberichten ein für mittelalterliche Verhältnisse ungewohntes Ausmaß an. Davon betroffen war auch die umstrittene Frage der Zentralität, während religiös determinierte Formen wie der vollendete Kreis und das apokalyptische Stadtquadrat als Mittel der Akzentuierung verdrängt und relativiert wurden.

Auf den Portolanen, einem Kartentyp zur Beschreibung von Küsten-umrissen und Berechnung von Seewegen, war eine Zentrierung prinzipiell nicht mehr möglich. Die weitgehende Beschränkung der Portolane auf die bekannten Meere und die zur Orientierung notwendigen Küstenorte machte zudem den Eintrag Jerusalems überflüssig. Trotzdem wurden vereinzelt, insbesondere bei einer prächtigeren Ausstattung, traditionelle Orientierungs-punkte im Inland beibehalten, wenngleich in einem vollkommen anderen Layout. Ein Beispiel dafür ist der 1375 auf Mallorca angefertigte Katala-nische Weltatlas, der nur in der aufwendigen Kopie für König Karl V. von Frankreich erhalten ist[95].

Auf dem vierten Doppelblatt dominiert das grün umrandete Konstantino-pel, während Jerusalem, abgebildet mit der Grabeskirche und zwei Kreuzen auf den Dächern, recht farblos wirkt (Abb. 18). Diese Ausdruckslosigkeit ist nicht mit der Zugehörigkeit der Zeichner Cresques Abraham und Jafuda Cresques zum jüdischen Glauben zu erklären, sondern mit den üblichen Bedeutungsverlagerungen auf Portolanen zugunsten der Auflistung von Hafenorten. Außer Jerusalem sind im Heiligen Land nur noch Damaskus und der Berg Sinai mit seinem berühmten Katharinenkloster, begleitet von der Legende „Hier ist der Körper der Jungfrau Katharina"[96], durch ausgefallene graphische Symbole gekennzeichnet, nämlich eine massive Festungsanlage mit Halbmondflagge bzw. einen Klosterberg mit Gebäude.

Doch die zahlreichen Küstenorte und Hafenstädte, eingetragen als reine Namenszüge, waren für die Orientierung der Seefahrer wichtiger, so daß bei der Einordnung allein die Grabeskirche die Wahrnehmung Jerusalems bestimmte. Auch andere Portolane reproduzieren übrigens nur ein Bild vom Heiligen Grab, gleichsam als „pars pro toto", wobei teilweise sogar der Name der Stadt durch den Schriftzug *sanctum sepulcrum* ersetzt wurde[97]. Kreis und Quadrat verloren in diesem säkularen Zusammenhang ihren exege-

---

[95] Paris, Bibliothèque Nationale, Esp. 30; Faksimile: Der Katalanische Weltatlas vom Jahre 1375. Mit einer Einführung und Übersetzungen von Hans-Christian FREIESLEBEN (Quellen und Forschungen zur Geschichte der Geographie und der Reisen 11), Stuttgart 1977; Mappamundi. The Catalan Atlas of the Year 1375, hg. v. Georges GROSJEAN, Zürich 1978; vgl. WOODWARD, Medieval *Mappaemundi* (wie Anm. 3), 315.

[96] Der Katalanische Weltatlas, hg. v. FREIESLEBEN (wie Anm. 95), 31.

[97] Vgl. The History of Cartography, hg. v. HARLEY und WOODWARD (wie Anm. 3), Abb. 26 mit einem vermutlich in Mallorca produzierten Portolan im italienischen Stil vom ausgehen-den 14. Jahrhundert, Abb. 24 mit der Karte des Gabriel de Valseca von 1439 im katalani-schen Stil und 394 Fig. 19.3 mit einer Valseca-Karte von 1447.

tischen Sinn, so daß die Formen problemlos auf andere bedeutende Städte wie Konstantinopel zu übertragen waren.

Abb. 18: Katalanischer Weltatlas (1375), viertes Doppelblatt, Ausschnitt mit Jerusalem; Paris, Bibliothèque Nationale, Esp. 30 (Faksimile: Der Katalanische Weltatlas vom Jahre 1375. Mit einer Einführung und Übersetzungen von Hans-Christian Freiesleben, Stuttgart 1977)

Diesem Paradigmawechsel entsprachen bei einigen wenigen Weltkarten des 15. Jahrhunderts einschneidende Veränderungen in Form und Anlage, wenn sie den langgestreckten Gemälden aus byzantinischer Zeit folgten, die Ptolemäus' Anweisungen zur Erddarstellung, ins Lateinische übertragen vor 1410, begleiteten. Und dies hatte Auswirkungen auf die Zentrierung, denn Ptolemäus' große Ausdehnung des asiatischen Festlandes im Vergleich zu Europa und Afrika mußte das Bild radikal verändern. Zudem war bei einer *Mappa mundi* ohne Kreisform der Mittelpunkt nur schwer zu bestimmen.

Das früheste Zeugnis für eine Übernahme dieser Neuerungen ist die um 1415 zu datierende, rechteckige und genordete Karte eines gewissen Pirrus de Noha[98], der alle Städte, Inseln, Regionen und Länder, im Heiligen Land nur Jerusalem und Syrien, auf einen roten Schriftzug reduzierte. Ferner mußte das imaginäre Zentrum der Karte nun weit im Inneren Asiens zu liegen kommen. Ergebnis war eine merkwürdige Gleichrangigkeit Jerusalems mit den übrigen Ortsbenennungen, unter denen Städte ansonsten kaum berücksichtigt wurden, so daß sich daraus zumindest indirekt eine erhöhte Bedeutung ergab. Ein ähnliches Vorgehen zeigen auch spätere Karten dieser ptolemäischen Tradition wie die mandelförmige Genueser Weltkarte von 1457[99]. Auch ihr Autor wollte Jerusalem nicht völlig aus dem Bild verstoßen, sondern innerhalb des Heiligen Landes vorsichtig prononcieren.

Trotz dieser neuen geographischen Bedürfnisse und Orientierungen blieb die alte Kreisform nach wie vor lebendig, und es erfolgten sogar konkrete Anstrengungen, die verschiedenen Kartentypen und Weltsichten miteinander zu verbinden. Denken wir nur an die bereits erwähnten, vielseitigen kartographischen Erzeugnisse des Pietro Vesconte oder an den 1436 gezeichneten Atlas des meereskundigen Schiffseigners Andrea Bianco, dessen Weltkarte die große Ostausdehnung berücksichtigte und deshalb Jerusalem weiter an den Rand verschob[100].

Aber die besondere Akzentuierung und vereinzelt sogar Zentrierung Jerusalems war damit noch lange nicht erloschen. Aus der Serie der sogenannten Weltkarten des Ranulph Higden, dessen *Polychronicon* in der verlorenen Originalfassung der ersten Version wohl noch keine Karte enthielt, stammt

---

[98] Biblioteca Apostolica Vaticana, Archivio di S. Pietro, H. 31, fol. 8ᵛ; The History of Cartography, hg. v. HARLEY und WOODWARD (wie Anm. 3), plate 19; vgl. BRINCKEN, *Fines Terrae* (wie Anm. 12), 140f.

[99] Edward Luther STEVENSON, Genoese World Map 1457. Facsimile and Critical Text (Publications of the Hispanic Society of America 83), New York 1912, 46.

[100] Text und Abb. bei MILLER, Mappaemundi, Bd. III (wie Anm. 14), 143-145; vgl. WOODWARD, Medieval *Mappaemundi* (wie Anm. 3), 317.

die geostete ovale Evesham-Weltkarte[101], entstanden vermutlich zwischen 1390 und 1392 in der gleichnamigen Abtei, in der sie Peter Barber zufolge an der Wand hinter dem Altar in erhöhter Position aufgehängt gewesen sein könnte[102]. Ihr anonymer Verfasser situierte das rot hervorgehobene Jerusalem, übrigens ähnlich wie in den früheren Higden-Karten, deutlich oberhalb des eher im östlichen Mittelmeer zu suchenden Kartenzentrums, aber in der Mitte des bewohnten Festlands, wenn man die westliche Inselgruppe um England nicht berücksichtigt. Kennzeichen der Heiligen Stadt ist das größte Stadtsymbol, eine enorme Befestigung mit einer gotischen Kathedrale, die einen großen Teil des überdimensionierten Heiligen Landes okkupiert; in der Größe des Signums folgen die Abtei der Könige von Frankreich St. Denis und die Krönungsstadt Reims. Abgeändert wurde die Jerusalem-Vignette bei der weiteren Ausschmückung der Karte zu Beginn des 15. Jahrhunderts, vermutlich vor 1418, als die „zwei Reihen schmaler, niedriger Zinnen durch einen überschwenglichen Wall, durch Türme und eine große Turmspitze"[103] übermalt und das Ergebnis mit einer alles überragenden Wetterfahne versehen wurde, um das Emblem offenbar durch die gotische Modernisierung noch stärker zu akzentuieren. Die Motivation für diese Umgestaltung ist unbekannt, doch dürfte sie im religiösen und politischen Enthusiasmus des Jerusalemkultes zu suchen sein, zumal alle anderen Orte ihr spätromanisches Äußeres behielten. Dies gilt auch für die erst 1291 gefallene Kreuzfahrerstadt Tyrus, die bei den Krönungen nach 1244 zumeist Jerusalem ersetzte; sie wurde fälschlich nach Süden verrückt und mit einem recht massiven Turm markiert.

Dieser Trend zum gotisch befestigten Jerusalem spiegelt sich auch auf anderen klösterlichen Weltkarten des 15. Jahrhunderts. Der Salzburger Benediktiner Andreas Walsperger demonstrierte in seiner nach arabischem Vorbild gesüdeten Weltkarte, die 1448 in der geographisch-kartographischen Tradition der Klosterneuburger Schule entstand[104], das ernsthafte Bemühen,

---

[101] Peter BARBER, Die Evesham-Weltkarte von 1392. Eine mittelalterliche Weltkarte im College of Arms in London. Von der Universalität zum Anglozentrismus, Cartographica Helvetica 9 (1994), 17-22, bes. 19-21 mit Abb. und linearer Umzeichnung des Mittelmeerraumes; vgl. auch die ausführlichere Fassung: DERS., The Evesham World Map, Imago Mundi 47 (1995), 13-33.

[102] Vgl. BARBER, Evesham-Weltkarte (wie Anm. 101), 18.

[103] BARBER, Die Evesham-Weltkarte (wie Anm. 101), 20.

[104] Biblioteca Apostolica Vaticana, Pal. lat. 1362 B; Faksimile: Weltkarte des Andreas Walsperger, Pal. lat. 1362 B. Erläuterung v. Edmund POGNON, Zürich 1987; Text bei

Auffassungen verschiedener Herkunft in einer traditionellen T-O-Karte miteinander zu vereinen. Dabei verortete er Jerusalem, abgebildet als starke Festung direkt unterhalb des roten Meeres (Abb. 19), etwas südlich der in Kleinasien verankerten Mitte.

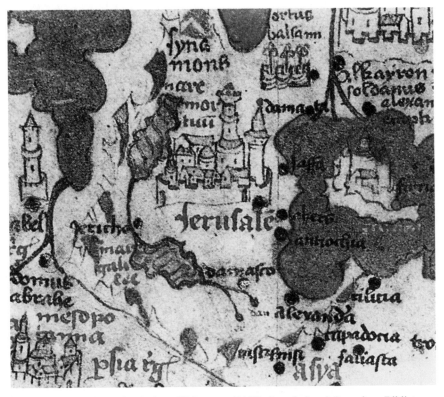

Abb. 19: Weltkarte des Andreas Walsperger (1448), Ausschnitt mit Jerusalem; Biblioteca Apostolica Vaticana, Pal. lat. 1362 B (Faksimile: Weltkarte des Andreas Walsperger, Pal. lat. 1362 B. Erläuterung v. Edmund Pognon, Zürich 1987)

Sein Einfall, die christlichen Städte durchgehend mit einem roten Punkt, die heidnischen schwarz zu markieren, um dadurch dem Betrachter die Grenzen der Christenheit zu verdeutlichen, zwang ihn gleichzeitig dazu, die zeitgenössische politische Realität zu akzeptieren und Jerusalem schwarz zu kenn-

---

MILLER, Mappaemundi, Bd. III (wie Anm. 14), 147f.; vgl. Konrad KRETSCHMER, Eine neue mittelalterliche Weltkarte der vatikanischen Bibliothek. Zeitschrift der Gesellschaft für Erdkunde zu Berlin 26 (1891), 371-406; WOODWARD, Medieval *Mappaemundi* (wie Anm. 3), 316; BRINCKEN, *Fines Terrae* (wie Anm. 12), 145-147.

zeichnen[105]. Die Art der Stadtdarstellung gleicht dies wieder aus; ähnelt sie doch, wenngleich viel bescheidener und in weniger kräftigen Farben, dem überdimensionalen, mit roten Dächern akzentuierten irdischen Paradies, das wie eine befestigte Kirche mit vier Spitztürmen und dreifachem Helm im Osten auf einem steilen Felsen ruht. Aber zahlreiche weitere Städte, darunter Alexandria, Karthago, Rom und der Palast des Priesterkönigs Johannes, folgen diesem allgemein gültigen Modell.

Ein ähnliche Gesamtanlage zeigen auch die in Pastellfarben kolorierten Produkte des venezianischen Kosmographen Giovanni Leardo, der immerhin drei signierte Weltkarten aus den Jahren 1442, 1448 und 1452 hinterließ[106]. Trotz einer ausnahmsweise exakten Jerusalemzentrierung und der geläufigen Ostung auf das markant eingezeichnete irdische Paradies entschied sich Leardo in all seinen drei Entwürfen für eine astrologisch orientierte Einrahmung der Planisphäre durch Kalenderringe und Tierkreiszeichen. Die zeitgemäß wirkende *pictura*, ohne reißerische Abbildungen von phantastischen Tieren oder Monstern, betont in Europa, Asien und Afrika mehrere mit Wallanlagen gesicherte Metropolen, darunter die gotische Befestigung Jerusalem in der Mitte des Kosmos.

Eine solche architektonische Ausschmückung war also typisch für den Stil des ausgehenden Mittelalters. Die Heilige Stadt wurde zum stark befestigten, gleichsam uneinnehmbaren Platz, übrigens ähnlich wie auch das Paradies und zahlreiche weitere, für den Kartenautor wichtige Plätze. Unterschiede gab es nur in Größe und Farbigkeit, so daß eine Hierarchisierung möglich war. Aber gleichzeitig verbreitete sich ein Problembewußtsein, das in nahezu allen Karten lange Diskussionen über die Verteilung des Raumes notwendig

---

[105] Vgl. Sylvia TOMASCH, Introduction: Medieval Geographical Desire, in: Text and Territory, hg. v. TOMASCH und GILLES (wie Anm. 5), 1-12, hier 3.

[106] Die Weltkarte von 1442 (Durchmesser der Welt 21,5 cm; Pergamentgröße 53,4 x 28,1 cm) befindet sich heute in der Biblioteca Comunale von Verona, die Weltkarte von 1448 (Durchmesser der Welt 21,4 cm; Pergamentgröße: 34,7 x 31,2 cm) in der Biblioteca Civica Bertoliana von Vicenza (598 A) und die Karte von 1452/53 (Durchmesser der Welt 38,5 cm; Pergamentgröße: 73 x 60 cm) bei der American Geographical Society Collection, University of Wisconsin, Milwaukee. Vgl. Il Planisfero di Giovanni Leardo dell'anno 1452. Fac-simile nella grandezza dell'originale, ed. Guglielmo BERCHET, Venezia 1880; John Kirtland WRIGHT, The Leardo Map of the World 1452 or 1453 (American Geographical Society. Library Series 4), New York 1928; DESTOMBES, Mappemondes (wie Anm. 20), 208-212, Nr. 52,7-9; WOODWARD, Medieval *Mappaemundi* (wie Anm. 3), 316-317, 327, 338 und plate 20; Tony CAMPBELL, Portolan Charts from the Late Thirteenth Century to 1500, in: The History of Cartography, hg. v. HARLEY und WOODWARD (wie Anm. 3), 379 Anm. 71.

gemacht hätte[107], um die aktuellen Kenntnisse des ptolemäischen Weltbildes mit den traditionellen Formen zu verbinden. Man verschob Jerusalem leicht nach Süden wie der Benediktiner Andreas Walsperger, nach Südwesten wie der Venezianer Albertin de Virga (1411 oder 1415)[108] oder nach Westen wie der Kamaldulenser Fra Mauro, und Kleinasien oder andere Festlandgegenden rückten unauffällig in die Kartenmitte. Nur war das kostbare Pergament meist zu klein, um dieses Vorgehen eingehender zu begründen.

Eine äußerst interessante Zusammenfassung des geographischen Wissensstandes bietet deshalb allein aufgrund ihrer Größe von 1,96 x 1,93 cm und ihrer ausführlichen Legenden die kreisrunde, nach arabischem Vorbild gesüdete Weltkarte des venezianischen Kamaldulensermönchs Fra Mauro, die 1459 auf Bestellung des portugiesischen Hofes angefertigt wurde, aber nur in der Kopie für Venedig erhalten ist[109]. Fra Mauro rückte Jerusalem, hier im Ausschnitt und mit Text und Bild prunkvoll eingezeichnet (Abb. 20), nicht nur nach Westen, um Asien eine größere Ausdehnung zu gewähren, sondern er diskutierte vor allem gründlich alle Grenzziehungen und Lokalisierungen. Und die Großräumigkeit seiner Weltdarstellung bot ungeahnte Möglichkeiten. So konnte er die notwendige Verschiebung Jerusalems einleuchtend damit begründen, daß Jerusalem höchstens infolge der unterschiedlichen Einwohnerdichte in Europa und Asien, aber nicht aufgrund der tatsächlichen Erdausdehnung im Mittelpunkt liege. Die Legende lautet[110]:

---

[107] Vgl. WOODWARD, Medieval *Mappaemundi* (wie Anm. 3), 317.

[108] Arthur DÜRST, Die Weltkarte von Albertin de Virga von 1411 oder 1415, Cartographica Helvetica 13 (1996), 18-21, bes. 20.

[109] Faksimile, Text und Erläuterungen: Il Mappamondo di Fra Mauro, ed. Tullia GASPARRINI LEPORACE, presentazione di Roberto ALMAGIÀ, Roma 1956; DESTOMBES, Mappemondes (wie Anm. 20), 223-226, Nr. 52,14; BAGROW / SKELTON, Meister (wie Anm. 32), 338, Taf. LIII; vgl. Günther HAMANN, Fra Mauro und die italienische Kartographie seiner Zeit als Quellen zur frühen Entdeckungsgeschichte, Mitteilungen des Instituts für Österreichische Geschichtsforschung 78 (1970), 358-371; Ingrid BAUMGÄRTNER, Kartographie, Reisebericht und Humanismus. Die Erfahrung in der Weltkarte des venezianischen Kamaldulensermönchs Fra Mauro (gest. 1459), Das Mittelalter. Perspektiven mediävistischer Forschung 3 (1998), Heft 2: Fernreisen im Mittelalter, hg. v. Folker REICHERT, Berlin 1998, 161-197.

[110] Il mappamondo di Fra Mauro (wie Anm. 109), 46, T. XXVIII, 24 und 38, Tav. XXII, 201: *HIERVSALEN è in mezo de la terra habitabile secondo la latitudine de la terra habitabile benchè secondo la longetudine la sia più occidental, ma perchè la parte ch'è più occidental è più habitada per l'europa (...), non considerando el spatio de la terra ma la moltitudine di habitanti*; vgl. ARENTZEN, Imago Mundi Cartographica (wie Anm. 52), 217-218; Wojciech IWANCZAK, Entre l'espace ptolemaïque et l'empire: les cartes de Fra Mauro. Médiévales 18

Abb. 20: Weltkarte des Fra Mauro (1459), Ausschnitt mit Jerusalem; Venezia, Biblioteca Nazionale Marciana (Faksimile: Il Mappamondo di Fra Mauro, hg. v. Tullia Gasparrini Leporace, Rom 1956)

(1990), 53-68, bes. 61. Zu Palästina vgl. Il mappamondo di Fra Mauro (wie Anm. 109), 45 Tav. XXVIII, 17 und Tav. XXVIII, 19 mit dem *F(iumen) Jorda(n)*.

„Obwohl Jerusalem den Längengraden zufolge eigentlich weiter westlich liegen müßte, liegt es nach der Breitenausdehnung der bewohnten Erde in der Mitte der bewohnten Erde, weil nämlich der weiter westlich liegende Teil wegen Europa stärker bewohnt ist (...), wenn wir nicht den Raum der Erde, sondern die Anzahl der Bewohner in Erwägung ziehen."

Ein ähnlicher Bedarf nach einer rationalen Argumentation zeigte sich übrigens auch in zeitgenössischen Reiseberichten. Denken wir nur an den enzyklopädisch gebildeten, weitgehend in der Imagination reisenden Jean de Mandeville, der Iain Macleod Higgins zufolge wie kein anderer mittelalterlicher Autor nicht nur das spirituelle, sondern auch das geographische Konzept von der Zentralität Jerusalems in mehreren Passagen seines Werks verteidigte. Mandevilles Anliegen könnte es gewesen sein, den Leser subtil an den großen Verlust infolge der Mißerfolge der Kreuzzüge zu erinnern, wenngleich die verschiedenen überlieferten Fassungen in dieser Frage voneinander abweichen und die frühere Forschung stärker eine Einordnung Jerusalems in eine globale Vision der Welt erkennen wollte[111].

Auch der Dominikanerbruder Felix Fabri, ein geschwätziger Schwabe aus Ulm, der gleich zweimal (1480 und 1483/4) ins Heilige Land reiste, diskutierte die Frage länger als andere Schriftsteller, um seiner persönlichen Betroffenheit gebührenden Ausdruck zu verleihen. Denn die kartographischen Neuerungen infolge der Wiederentdeckung von Ptolemäus, mit dessen inzwischen mehrfach gedruckten Karten er sogar argumentierte, hatten ihn verunsichert und zu eigenen Überlegungen angeregt. So setzte er sich in seinem nach der zweiten Pilgerreise lateinisch geschriebenen 'Evagatorium' zuerst kritisch mit Adamnans Geschichte von der schattenlosen Säule auseinander und konstatierte dann bei der Erörterung der Heiliggrab-Kirche differenziert, daß entsprechend der Meinung des Volkes jeder Platz die Mitte der Welt sein könne. Aber weil die Heilige Schrift erkläre, daß Jerusalem in der Mitte der Erde liege, sagten viele, Jerusalem bilde nur die Mitte der bewohnten Welt, nicht das Zentrum des ganzen Universums. Aber unabhängig von der Wahrheit, so bemerkte er kategorisch, sei letztlich der Heiligen

---

[111] HIGGINS, Defining the Earth's Center (wie Anm. 5), bes. 40 ff. Vgl. die internen Widersprüche bei Stephen GREENBLATT, Marvellous Possessions. The Wonder of the New World, Chicago 1991, 41f. zur Zentralität Jerusalems, aber ebd., 29 unterstellt er Mandeville „an abandonment of the dream of a sacred center upon which all routes converge and a turning instead toward diversity, difference, the bewildering variety of ‚marvellous things'."

Schrift zu glauben[112]. Der Glaube an Jerusalems Zentralität, zutiefst erschüttert durch die neuen geographischen und kartographischen Erkenntnisse, konnte also nur durch den energischen Rekurs auf zahlreiche Bibelzitate gerettet werden. Die Debatte findet sich in seinem letzten für Andachtszwecke konzipierten Werk, einer Anleitung für kontemplative Pilgerreisen, genannt die ‚Sionpilger', allerdings wieder auf die lapidare Feststellung reduziert: *da ist am mitten im chor uff der erd ain loch im stain, da spricht man, das loch sÿ das mittel der welt*[113].

Kartographen und Berichterstatter hatten also längst verstanden, daß die neuen wissenschaftlichen Erkenntnisse und der Glaube an die Heilsgeschichte zwei Seiten derselben Medaille waren, zwischen denen sie je nach Absicht und Zielsetzung wählen konnten und sogar entscheiden mußten. Die kartographische Verortung Jerusalems innerhalb der Karten mit der Verschiebung von Osten nach Westen oder einer bewußten Zentrierung war ebenso wie die illustrative Ausgestaltung als Kreis oder Rechteck, als Grab Christi oder Festung, als einfacher Schriftzug oder Symbol ein geeignetes Mittel, um religiöse, politische und geographische Vorstellungen unmißverständlich zu artikulieren. Im ausgehenden Mittelalter verlor also die Zentrierung auf Jerusalem wieder an Häufigkeit, aber die Frage nach den Gründen gewann an Bedeutung.

* * *

Theoretisch stand Jerusalem als Ort der Erlösungstat seit Hieronymus im Zentrum der Heilsgeschichte, aber faktisch wurde die *pictura* erstmals im 12.

---

[112] Fratris Felicis Fabri Evagatorium in Terrae Sanctae et Egypti peregrinationem, hg. v. Konrad Dietrich HAßLER (Bibliothek des Literarischen Vereins in Stuttgart 2-4), 3 Bde., Stuttgart 1843-1849, Bd. I, 306-308 (117B); engl. Übersetzung: The Wanderings of Felix Fabri, übers. v. Aubrey STEWART, London 1887-1897, ND (Palestine Pilgrims' Text Society 7-8) New York 1971, vol. 7, 374-377; vgl. Dorothea R. FRENCH, Journeys to the Center of the Earth: Medieval and Renaissance Pilgrimages to Mount Calvary, in: Journeys toward God: Pilgrimage and Crusade, hg. v. Barbara N. SARGENT-BAUER (Studies in Medieval Culture 30), Kalamazoo / Michigan 1992. 45-81; HIGGINS, Defining the Earth's Center (wie Anm. 5), 38-39. Die Passage ist nicht enthalten in der stark gekürzten deutschen Übersetzung: Felix Fabri. Galeere und Karawane. Pilgerreise ins Heilige Land, zum Sinai und nach Ägypten 1483, bearb. u. mit einem Nachwort versehen v. Herbert WIEGANDT, Stuttgart - Wien - Bern 1996.

[113] Felix Fabri, Die Sionpilger, hg. v. Wieland CARLS (Texte des späten Mittelalters und der frühen Neuzeit 39), Berlin 1999, 118 Z. 6.

Jahrhundert mit der Oxford-Karte sowie der Palästina-Ägypten-Karte im Londoner Hieronymuscodex auf Jerusalem ausgerichtet, also zu einem Zeitpunkt, als das Heilige Land durch die Kreuzzüge näher an Europa herangerückt war. Vorher lag der Mittelpunkt der *Mappae mundi* regelmäßig im östlichen Mittelmeer. Trotzdem waren auch die frühmittelalterlichen Weltkarten niemals bloße Kopien eines Vorgängermodells, sondern die Zeichner setzten bei der Interpretation des Erdbildes persönliche Akzente, wobei – wie sich am Beispiel der kartographischen Verortung Jerusalems hervorragend zeigen läßt – die Intention gleichsam als Raster die Entwürfe bestimmte. Gerade die Positionierung und Ausgestaltung Jerusalems oblag nämlich den Kartenzeichnern, sie konnten die Stadt durch eine gewählte Symbolik akzentuieren oder egalisieren, durch die Entscheidung für eine Position isolieren oder integrieren, ohne sie in der Regel allerdings vollkommen aus dem Bild werfen zu dürfen. Diese frühmittelalterliche Tradition setzte sich bis zum Beginn des 13. Jahrhunderts bis auf die erwähnten Ausnahmen relativ ungebrochen fort. Der bekannte und erfahrbare Lebens- und Kulturraum, der sich infolge der Kreuzzüge deutlich erweitert hatte, wurde in den Weltkarten nur vereinzelt berücksichtigt.

Erst der drohende Verlust Jerusalems förderte die religiös und politisch motivierte Sehnsucht nach der in die Ferne gerückten Stadt. Dieses Verlangen setzten die Kartographen in den Wandkarten von Ebstorf und Hereford sowie der Londoner Psalterkarte nun in Szene; Jerusalem, längst geistlicher Brennpunkt, wurde nun auch zur geographischen Mitte. Zu vermuten ist eine didaktisch-belehrende Funktion dieser Karten im religiösen Kontext. Vorbild für eine solche Darstellung Jerusalems waren wohl die *Situs*-Entwürfe mit den beiden geometrischen Grundformen, dem vollendeten Kreis und dem apokalyptischen Quadrat. Die Verankerung im Kartenzentrum fand vorerst nur wenige Nachfolger, wobei der jeweilige Überlieferungszusammenhang und die Kombination der verschiedenen Kartentypen *Situs*, Regional- und Weltkarte interessante Einblicke in die Mentalitäten der Kartographen gewähren. Denn Auftraggeber und Zeichner mußten sich zu Zweck und Absicht ihres Weltentwurfs nun offen bekennen.

Im ausgehenden Mittelalter eröffneten sich für die Deutung der Welt noch weitere Lösungen. Form und Anlage der Karten erfuhren neue Anregungen; und selbst die Verfasser von Rotakarten respektierten die ptolemäische Vergrößerung Asiens und verlegten das Zentrum auf das Festland Vorderasiens. Doch auch die traditionellen Modelle bestanden noch fort. Für die Positionierung und Ausgestaltung Jerusalems bedeutete dies ungeheure Wahlmöglichkeiten, so daß eine entsprechende Zentrierung bewußt den religiösen und politischen Enthusiasmus des Jerusalemkultes ins Bild setzte. Das gewachsene Problembewußtsein führte zu langen Diskussionen über die Verteilung des Raumes und die Verortung der Heiligen Stadt; wissenschaftliche Erkenntnisse und programmatischer Entwurf standen einander gegenüber und drängten nach einer Entscheidung. Aber auch wenn sich damit eine progressive Entwicklung abzeichnen könnte, verlief sie nicht linear und gleichsam zwingend, sondern die Entscheidung lag immer wieder in der Hand der sich ihrer Macht durchaus bewußten Verfasser, Kartographen und Illustratoren.

Die Eroberung von Jerusalem in der mittellateinischen Dichtung[1]

Peter Christian Jacobsen

Historische lateinische Lieder, Lieder, in denen Siege oder Niederlagen besungen oder beklagt, ungewöhnliche oder bewegende Ereignisse oder Taten erzählt, Herrscher und Herrscherinnen und andere bedeutende weltliche Persönlichkeiten zu besonderen Anlässen gerühmt oder bei ihrem Tod betrauert werden, sind aus dem frühen oder hohen Mittelalter nur in sehr begrenzter Zahl überliefert. Zum guten Teil findet man sie in einigen wenigen Handschriften, in Sammlungen: Aus der späten Karolingerzeit wäre der Codex

---

[1] Dem Beitrag liegen zwei Vorträge zugrunde, die im Januar 1999 in Göttingen und im Juli 1999 in Erlangen gehalten wurden. Gekürzt zitierte Literatur: AH = Analecta hymnica medii aevi, hg. v. Guido Maria DREVES, Clemens BLUME und Henry M. BANNISTER, 55 Bände, Leipzig 1886-1922; CB = Carmina Burana. Mit Benutzung der Vorarbeiten Wilhelm Meyers hg. v. Alfons HILKA und OTTO SCHUMANN. Bd. I, 1 (Text) und II, 1 (Kommentar), Heidelberg 1930 ([2]1961); SCHALLER–KÖNSGEN = Dieter SCHALLER – Ewald KÖNSGEN, Initia carminum Latinorum saeculo undecimo antiquiorum, Göttingen 1977; SCHMUCK = Anton SCHMUCK, Mittellateinische Kreuzlieder. Poetische Werbung zum Kreuzzug (Diss. Phil. Würzburg 1954); SPRECKELMEYER = Goswin SPRECKELMEYER, Das Kreuzzugslied des lateinischen Mittelalters (Münstersche Mittelalter-Schriften 21), München 1974; SPRECKELMEYER ed. = Mittellateinische Kreuzzugslieder – Texte und Melodien, hg. v. Goswin SPRECKELMEYER, Göppingen 1987; WALTHER (mit Nummer) = Hans WALTHER, Initia carminum ac versuum medii aevi posterioris latinorum, Göttingen 1959. – Allgemein s. Sibylle MÄHL, Jerusalem in mittelalterlicher Sicht, Die Welt als Geschichte 22 (1962), 11-26; Robert KONRAD, Das himmlische und das irdische Jerusalem im mittelalterlichen Denken. Mystische Vorstellung und geschichtliche Wirklichkeit, in: Speculum historiale. Geschichte im Spiegel von Geschichtsschreibung und Geschichtsdeutung. Johannes Spörl aus Anlaß seines 60. Geburtstages dargebracht von Weggenossen, Freunden und Schülern, hg. v. Clemens BAUER, Laetitia BOEHM und M. MÜLLER, Freiburg 1965, 523-540.

1154 der Pariser Nationalbibliothek zu nennen[2], aus der ottonisch-früh-salischen Epoche die bekannte Cambridger Liedersammlung. Vieles ist nur beiläufig und flüchtig auf freien Blättern oder gar Rändern älterer Codices festgehalten worden, bisweilen in grober, ungeübter Schrift und inzwischen fast verlöscht, wie das Lied auf den Awarensieg der Franken von 791, das Wächterlied von Modena oder das 'Carmen campidoctoris', des Rodericus, el Cid genannt[3]; und diese Zufälligkeit der Überlieferung läßt erahnen, daß es wesentlich mehr gegeben haben müßte als den erhaltenen Liedbestand. Für die Kreuzzüge, die immer wieder erregenden Unternehmungen der Christen des 11.-13. Jahrhunderts zur Gewinnung, Bewahrung oder Wiedergewinnung der heiligen Stätten und der strategisch wichtigen Herrschaften in Palästina und Syrien, scheint die Situation auf den ersten Blick recht günstig zu sein. Von verschiedenen Editoren der letzten Jahrhunderte wurden Kreuzzugs-lieder gesammelt und publiziert, zuletzt katalogisiert und kommentiert in den Dissertationen von Anton Schmuck und Goswin Spreckelmeyer und dem vor allem die mittelhochdeutsche Kreuzzugslyrik berücksichtigenden Werk von Friedrich-Wilhelm Wentzlaff-Eggebert[4]. Damit steht in der letzten, leider nur Nachdrucke bietenden Ausgabe mittellateinischer Kreuzzugslieder von Goswin Spreckelmeyer ein Repertoire von 29 Texten zur Verfügung[5]. Doch

---

[2] Vgl. MGH Poetae IV 2, S. 451f.

[3] Awarensieg: MGH Poetae I, 116f., SCHALLER-KÖNSGEN, Nr. 11231, Faksimile der Handschrift: Bernhard BISCHOFF, Sammelhs. Diez. B Sant. 66 – Grammatici Latini et Catalogus librorum (Codices selecti 42), Graz 1973; dazu Medioevo Latino XVIII (1997), Nr. 5418f. – Wächterlied: MGH Poetae III 702-6 und Faksimile Tab. II/III; SCHALLER-KÖNSGEN Nr. 11064. – Carmen Campidoctoris, ed. Juan GIL, in: Chronica Hispana saeculi XII, edd. Emma FALQUE, Juan GIL und Antonio MAYA (CC CM 71), Turnhout 1990, 103-8.

[4] Friedrich-Wilhelm WENTZLAFF-EGGEBERT, Kreuzzugsdichtung des Mittelalters. Studien zu ihrer geschichtlichen und dichterischen Wirklichkeit, Berlin 1960.

[5] Von den 29 von SCHMUCK aufgenommenen Texten hat SPRECKELMEYER die Nummern 1 (Pilgerlied), 14 (18 Hexameter: Aufforderung zum Kampf um die Befreiung des Kreuzesreliquie), 27 (nach dem Fall von Konstantinopel 1453 geschrieben) und die als Anhang gedruckten Nummern 28 und 29 (Verzeichnisse flämischer Kreuzfahrer in Versen; Metrik von 28 von SCHMUCK verkannt) aus der Liste gestrichen, dafür fünf andere Texte (Verse von Galfred von Vinsauf, Riccardus von San Germano und drei unbestimmte Texte) als Nr. 14 (neu) und 30-33 hinzugefügt. Da SPRECKELMEYER die Numerierung der Stücke in seiner Edition noch einmal geändert hat, werden die im folgenden zitierten Texte hier mit ihrem Initium, einer Konkordanz der beiden Numerierungen und Angabe einer anderen, möglichst leicht zugänglichen Edition aufgeführt (S = SCHMUCK/SPRECKELMEYER, Sp = SPRECKELMEYER ed.): *Crucifigat omnes* (S 15, Sp 13; CB 47); *Diro satis percussus vulnere* (S 33, Sp 25; MGH Scriptores XIX, 341f. jüngere Fassung); *Exsurgat gens Christiana* (S 8, Sp 7; AH 10, 7f.); *Fides cum ydolatria* (S 7, Sp 6; CB 46); *Heu voce flebili* (S 12, Sp 11; CB

der erste Blick täuscht; denn etwa die Hälfte der Texte ist in den Jahren 1187-92 entstanden, als Saladin Jerusalem erobert hatte und die christlichen Fürsten mit dem dritten großen Kreuzzug Verlorenes wiederzugewinnen versuchten. Nur ein schlichtes Lied der Sammlung stammt dagegen aus der Zeit vor der Eroberung Jerusalems 1099, und drei weitere feiern diesen Sieg wohl bald danach, jeweils zum Jahrestag: das ist allerdings recht dürftig angesichts der Erregung, die damals die Menschen ganzer Landschaften erfaßte, und angesichts des Echos, das der Erfolg in ganz Europa und bei den Geschichtsschreibern fand[6]. Von Guibert von Nogent besitzen wir in seinen 'Dei gesta per Francos' (um 1108) lebendige Schilderungen vom Anfang des Unternehmens, als einfache Leute sich in Scharen von der Sehnsucht nach Jerusalem und nach dem Gang ins Martyrium anstecken ließen, überstürzt ihren Besitz verkauften und einzeln oder familienweise aufbrachen, heute noch von den Nachbarn verlacht wegen ihrer unklugen Verkäufe und ihrer Verblendung, morgen schon von ihnen begleitet, weil auch die Kritiker es daheim nicht mehr aushielten, gleichfalls die Habe verschleuderten und sich anschlossen[7].

Ähnlich heftig wurde mancherorts die Bewegung, als das in Nordsyrien gelegene Fürstentum Edessa 1144 den lateinischen Christen wieder verloren ging und Bernhard von Clairvaux erregend und aggressiv die Kreuzesnahme predigte, selbst freilich mit seinen Zisterziensern auf die Teilnahme verzichtete: Nur zwei zum Kampf auffordernde Lieder bietet die Sammlung, 'Fides cum ydolatria' und 'Exsurgat gens Christiana', doch nichts zum Verlauf und zum Ergebnis, das freilich auch kaum zum Liedersingen gereizt haben dürfte. Noch größer war dann der Schock, als 1187 Saladin bei Hattin siegte, den christlichen König Guido und viele Ritter gefangen nahm und anschließend Jerusalem und weitere wichtige Städte eroberte, so daß gleich-

---

50); *Homo cur properas* (S / Sp 26; AH 21, 162f. Nr. 232); *Ierusalem civitas inclita* (S 10, Sp 9); *Ierusalem laetare* (S 3, Sp 2; AH 45b, 76-78 Nr. 95); *Ierusalem mirabilis* (S 2, Sp 1; AH 45b, 78 Nr.96); *Iuxta threnos Ieremie* (S 11, Sp 10; F. J. E. RABY, The Oxford Book of Medieval Latin Verses, Oxford 1959 und ö., Nr. 201); *Lugent Sion et Iudea* (S 16a, Sp 12a; AH 21, 165f. Nr. 236); *Miror cur tepeat* (S 17, Sp 20; AH 33, 319 Nr. 267); *Nomen a solemnibus* (S 5, Sp 5; CB 52); *Plange Sion et Iudea* (S 16, Sp 12; AH 33, 315 Nr. 265); *Quod spiritu David precinuit* (S 22, Sp 16; CB 48); *Quomodo cantabimus* (S 25, Sp 18; AH 21, 165 Nr. 235); *Sede Sion in pulvere* (S 23, Sp 22; AH 21, 164 Nr. 234); *Tonat evangelica clara vox* (S 13, Sp 23; CB 49); *Venit Iesus in propria* (S 20, Sp 17; AH 21, 164 Nr. 234).

[6] Die Überlieferung der Kreuzzugslieder besprach bereits SCHMUCK (wie Anm. 1), 12 ff.

[7] Guibert de Nogent, Dei gesta per Francos et cinq autres textes, ed. Robert B. C. HUYGENS (CC CM 127 A), Turnhout 1996, c. I, I und II, I, besonders II, 341-37, S. 119.

sam in einem Augenblick alle Erfolge des Ersten Kreuzzuges zunichte gemacht wurden. Im Hinblick auf die Größe dieser Niederlage scheint es verständlich, daß jetzt relativ gesehen eine Flut von Liedern sich verbreitete, die die Verluste beklagten und zu einem neuen Kreuzzug aufriefen[8]. Für das ganze folgende Jahrhundert bietet der Katalog nur noch fünf zeitlich einigermaßen einzuordnende Texte.

Die Lieder zum Dritten Kreuzzug sind wesentlich durch zwei große Liedersammlungen erhalten, durch den Codex Buranus, der in seinem ersten Teil unter dem Titel ‚De cruce signatis' sieben Lieder enthält, und durch die umfassendste Handschrift des musikalischen Repertoires der Schule von Nôtre-Dame de Paris, einer Handschrift der Bibliotheca Laurentiana in Florenz mit fünf Texten, von denen nur einer auch im Codex Buranus steht[9]. Nimmt man hinzu, daß vier weitere längere Texte in Hexametern bzw. elegischen Distichen abgefaßt sind[10], also von vornherein eher der Buchpoesie zuzurechnen wären, wird deutlich, daß auch bei den Kreuzzugsliedern, wie bei den übrigen historischen Liedern, die Aufnahme in eine Sammlung der wichtigste Weg zur Erhaltung eines Textes war und daß man auch hier mit vielerlei Verlusten zu rechnen hat.

Die erreichbaren Zeugnisse für solche verlorenen Lieder und Kreuzzugsdichtungen, lateinische und französische, stellte bereits Graf Riant zusammen[11]. Ein Beispiel bietet die anonyme Fortsetzung zur französischen Übersetzung der Chronik Wilhelms von Tyrus, in der ein Lied des Philipp de Nanteuil zitiert wird, eine Klage über die christliche Niederlage bei Gaza 1239, und der Autor einleitend bemerkt, Philipp, der bei dem Kampf in Gefangenschaft geriet, habe im Kerker in Babylon-Kairo zahlreiche Lieder gedichtet und auch zu den Christen schicken können: Nur eines seiner Kreuzzugslieder ist neben der Klage erhalten[12]. Auch Geschichtswerke,

---

[8] SPRECKELMEYER ed. Nr. 10-22.

[9] CB 46-50, 51a, 52; Bibliotheca Laurentiana Codex Laur. Plut. XXIX, 1, verstreut entsprechend der Vertonung: 'Crucifigat' fol. 231^v-232^r, 'Sede Sion' fol. 419^v, 'Quomodo cantabimus' fol. 425^v, 'Venit Iesus' fol. 432^v, 'Homo cur properas' fol. 444^v. Vgl. Firenze, Biblioteca Mediceo-Laurenziana, Pluteo 29,1, zwei Teile, hg. v. Luther DITTMER, Brooklyn N. Y. 1953.

[10] SPRECKELMEYER ed. Nr. 4, 14, 15, 24, dagegen SCHMUCK Nr. 14 und 29 ausgeschieden. Allgemein unberücksichtigt blieben die 110 Hexameter ‚Occurrunt hodie menti fletus Iheremie' zur Biographie Saladins bis zu seinem Sieg bei Hattin, vgl. Gaston PARIS, Un poème latin contemporain sur Saladin, Revue de l'orient latin 1 (1893), 431-444.

[11] Archives de l'Orient Latin 1 (1881), 547-550.

[12] RHC, Hist. Occ., Bd. II (1859), 548f. (c. 30). Vgl. Dictionnaire des lettres Françaises. Le

Chroniken konnten also zum Rettungshafen historischer Lyrik werden[13]. Man könnte in diesem Zusammenhang auch auf Albert von Aachen verweisen, der vor 1140 eine Geschichte des Ersten Kreuzzuges und der frühen Kreuzfahrerstaaten bis zum Jahre 1119 schrieb und dessen vielfältige eigenständige Nachrichten und Geschichten Heinrich von Sybel um die Mitte des vorigen Jahrhunderts auf umlaufende Lieder – verlorene leider – zurückführen wollte; ihm widersprach freilich schon bald Bernhard Kugler, ohne daß das Problem dadurch überzeugend geklärt worden wäre[14].

Neben diesen Liedern, in denen sich der Blick fast stets auch auf die Stadt Jerusalem, ihre historische Situation und ihre heilsgeschichtliche Bedeutung richtet, sind einige große Dichtungen erhalten, die den Kreuzzügen, insbesondere dem ersten mit der Eroberung von Jerusalem als Höhepunkt gewidmet sind. Der Gedanke lag sicherlich nahe, die Ereignisse von 1095-1099, die einigen Geschichtsschreibern der Zeit wegen der Größe und der Kühnheit des Unternehmens und der idealisierten Selbstlosigkeit und Opferbereitschaft der Teilnehmer als bedeutender als alle großen Kriege und Feldzüge der Vergangenheit erschienen, in Verse zu fassen und in einem großen Epos zu würdigen. Guibert von Nogent wurde von seinen Freunden mit dem Wunsch nach einem Epos bedrängt, als er sich anschickte, mit seinen 'Dei gesta per Francos' dem anspruchslosen und dazu normannisch orientierten Bericht eines Teilnehmers eine angemessene Form und Interpretation zu geben. Doch die Materie erschien ihm zu gewichtig und weitläufig, als daß sie in die engen Fesseln metrischer Verse hätte gezwungen werden können, obwohl er Übung im Dichten besaß und in seiner Jugend mancherlei Lieder,

---

Moyen Age, éd. entièrement revue, hg. v. Geneviève HASENOHR und Michel ZINK, Paris 1992, 1147f. Zu Wilhelm von Tyrus, seinen Übersetzern und Fortsetzern s. ebenda, 648f. (mit neueren Editionen).

[13] Daß Chronisten häufiger in ihre Prosa-Texte eigene oder fremde Lieder inserierten, um sie zu bewahren, ist bekannt, man braucht nur an Wipos 'Gesta Chuonradi' zu erinnern. Von einer prosimetrischen Form muß man deswegen nicht gleich sprechen. Auf diese Weise retteten Roger von Hoveden in seiner Chronik das Kreuzzugslied 'Iuxta threnos Ieremie' des Berterus und Ryccardus de s. Germano seine eigene Klage über die Ereignisse des Jahres 1221 im Orient ('Diro satis percussus vulnere'). Zu Riccardus vgl. Bernhard PABST, Prosimetrum. Tradition und Wandel einer Literaturform zwischen Spätantike und Spätmittelalter, Köln-Weimar-Wien 1994, 954-956.

[14] Peter Christian JACOBSEN, Albert von Aachen, in: Volker REINHARDT, Hauptwerke der Geschichtsschreibung, Stuttgart 1997, 6-10, mit den Literaturnachweisen. Dazu jetzt (von mir noch nicht eingesehen): Susan Beatrice EDGINGTON, Albert of Aachen and the Chansons de Geste, in: The Crusades and Their Sources. Essays Presented to Bernard HAMILTON, hg. v. John FRANCE und William G. ZAJAC, Aldershot 1998.

freilich leichtfüßigere, verfaßt hatte. Gleichwohl kam er nicht umhin, unregelmäßig und lose verstreut ein paar Abschnitte und Episoden in lyrischen Versen in seine Prosa einzufügen[15]. Stärker wirkte der poetische Drang in Radulf von Caen, der um 1115 im Gefolge des Normannenfürsten Tankred dessen Taten während des Ersten Kreuzzuges in seinen 'Gesta Tancredi' rühmte[16]. An den drei entscheidenden Stellen des Kreuzzuges, in der Schlacht bei Doryläum in der Romania, sodann bei der Belagerung des erschöpften christlichen Heeres in Antiochia und der anschließenden großen Feldschlacht vor den Toren der Stadt und schließlich bei der Eroberung von Jerusalem, bricht der rhetorisch geschulte Epiker aus ihm hervor und faßt die Ereignisse jeweils in mehrere hundert Hexameter. Ein vollständiges Epos des Kreuzzuges schrieb vor 1120 ein gewisser Gilo von Paris, Mönch in Cluny und später Kardinalbischof von Tusculum; seine Dichtung erweiterte bald darauf um mehrere Bücher ein Autor, der früher den Namen Fulco trug, kürzlich aber als Poet von Charleville in traurige Anonymität zurückgestoßen worden ist[17]. Gilo sah zunächst in der gewichtigen Materie kein Hindernis für

---

[15] Guibert, Dei gesta per Francos (wie Anm. 7), Praefatio 79-84, 81 (48-56): *Quidam sane prosa ut scriberem, metro autem id fieri plerique rogabant, quoniam talis me studii in primevo rudimenta celebrasse satius iusto compererant. At ego, iuventute, gradu experientiaque provectior, non id verbis plausilibus, non versuum crepitibus enuntiandum rebar, sed maiori, si dicere audeam, quam omnes belli Iudaici Historias maturitate dignum digeri, si esset cui deus copiam super hac re tribueret, arbitrabar.* Zu den Verspartien vgl. PABST (wie Anm. 13), 848-855. Eine gesonderte Untersuchung zu Guiberts Gedichten wird von mir vorbereitet.

[16] Radulfi Cadomensis Gesta Tancredi: RHC, Hist. Occ., Bd. III (1866), 603-716; H. GLAESENER, Raoul de Caen, Historien et éscrivain, Revue d'histoire ecclésiastique 46 (1951), 5-21: Laetitia BOEHM, Die „Gesta Tancredi" des Radulf von Caen. Ein Beitrag zur Geschichtsschreibung der Normannen um 1100, Historisches Jahrbuch 75 (1956), 47-72. Dazu PABST (wie Anm. 13), 855-860.

[17] The Historia Vie Hierosolimitane of Gilo of Paris and a Second Anonymous Author, ed. and transl. by C. W. GROCOCK – Elizabeth J. SIBERRY, Oxford 1997 (Oxford Medieval Texts). Die Herausgeber übersahen offenbar, daß ihre zutreffenden Ausführungen zum Verhältnis von Gilo und „Fulco", zur Datierung (S. XXIV), zur Edition im RHC wie zur Abhängigkeit Gilos von Robertus Monachus bereits knapper formuliert in meinem Aufsatz 'Die Admonter Versifikation der Kreuzzugsgeschichte Roberts von St-Remi', in: Literatur und Sprache im europäischen Mittelalter – Festschrift für Karl LANGOSCH zum 70. Geburtstag, hg. v. Alf ÖNNERFORS, Johannes RATHOFER und Fritz WAGNER, Darmstadt 1973, 142-172, zu lesen waren, wie sie überhaupt die Existenz der ‚Expeditio Ierosolimitana' des Metellus, des einzigen vollständigen Epos zum Ersten Kreuzzug neben Gilo und „Fulco", wie auch weitere einschlägige Literatur (Georg MARQUARDT zu Robertus Monachus, Robert B. C. HUYGENS zu Guibert) ignorieren; zur Frage „Fulco" – Albert von Aachen vertrat ich eine abweichende Position.

die metrische Form. Vielmehr schien ihm der Gegenstand seinem reiferen Alter angemessen, nachdem er in der Jugend ebenfalls Leichtfertiges, *pueri-lia* gedichtet und keines seiner *carmina* dem Turnus oder dem Achill, epischen Helden, gewidmet hatte: *Etas mollis erat, teneris et lusibus apta*, meinte er in seinem von Anspielungen auf Ovids einleitendes Gedicht zum 2. Buch der 'Amores' durchtränkten Prolog[18]. Als er freilich mit seinen gereimten Hexametern endlich Jerusalem erreicht hatte, war er so erschöpft, daß er erklärte, sich ab jetzt vom Reimzwang befreien zu wollen, um den großen Stoff freier darstellen zu können; doch zu einem großen Gemälde der Ereignisse vor und in der Stadt reichten die Kräfte trotzdem nicht mehr aus[19]. Erst in großem zeitlichen Abstand entstanden zwei weitere Kreuzzugsepen: Um 1160 versifizierte der Mönch Metellus von Tegernsee die Kreuzzugsgeschichte des Robertus Monachus, gereimt und etwas schwerfällig, und zwanzig Jahre später noch einmal Gunther, genannt „der Dichter", vielleicht auch „von Pairis", in seinem 'Solimarius'[20].

Zu den übrigen Unternehmungen der Kreuzzugszeitalters ist von den Zeitgenossen anscheinend nur noch wenig Gleichrangiges in lateinischer Sprache gedichtet worden. Joseph Iscanus erhielt kurz vor dem Dritten Kreuzzug von seinem Onkel, dem Erzbischof Balduin von Canterbury, den er auf der Expedition nach Palästina begleiten mußte, den Auftrag, über Saladins Siege und den Zug der westeuropäischen Fürsten gegen ihn ein Epos zu verfassen. Von seiner 'Antiocheis' – falls sie denn mit dem bestellten Werk identisch ist – hat sich jedoch nur ein Fragment erhalten, das von dem Ganzen und der darin beschriebenen historischen Situation keine Vorstellung vermitteln kann[21].

Dem Dritten Kreuzzug sind – neben den Liedern – zwei weitere größere Dichtungen gewidmet, die freilich nicht die Kämpfe um Jerusalem, sondern die Belagerung der von Saladin ebenfalls eingenommenen Festung Akkon

---

[18] GROCOCK-SIBERRY (wie Anm. 17), 68 v. 1-16 mit den Stellennachweisen.

[19] Ebenda, 226 IX (VI) v. 1-8.

[20] Metellus von Tegernsee, Expeditio Ierosolimitana, ed. Peter Christian JACOBSEN, Stuttgart 1982; Gunther der Dichter, Ligurinus, ed. Erwin ASSMANN (MGH SS rer. Germ. 63), Hannover 1987, 499-512. Zur Autorenfrage vgl. Peter ORTH, Gunther von Pairis, Hystoria Constantinopolitana. Untersuchungen und kritische Ausgabe, Hildesheim 1994, 19-42.

[21] Joseph Iscanus, Werke und Briefe, hg. v. Ludwig GOMPF, Leiden - Köln 1970, 61-67. Nach GOMPF sah Joseph in Saladin einen Nachfolger des Antiochius IV. Epiphanes, der in Jerusalem den Jahvekult zugunsten griechischer Kulte verbot; der Titel beziehe sich nicht auf die Kämpfe um Antiochien am Orontes.

schildern. Das Carmen Buranum Nr. 50 ('Heu voce flebili'), in dem im Rahmen einer Klage über das hereingebrochene Unheil recht detailliert über Saladins Angriffe und Erfolge berichtet wird, schafft gewissermaßen den Übergang von den Liedern zu der einen größeren Dichtung, der des Hayma-rus Monachus, der sich sehr offen zu den Zuständen bei der Belagerung von Akkon durch die westeuropäischen Fürsten äußerte[22]. Für beide Dichtungen sind rhythmische Langzeilen mit 7+6 Silben in Vagantenstrophen verwendet, 25 Strophen im Carmen Buranum und schon 224 Strophen bei Haymar: Die Strophe etabliert sich so zum Medium breit angelegter erzählender Dich-tung[23].

Metrische Verse schrieb dagegen wieder der zweite, unbekannte Autor. Er nahm selbst an der Belagerung von Akkon teil und verfaßte, nach einem einleitenden Blick auf die Vorgeschichte bis zum Sommer 1190, eine Dich-tung von 1408 Versen, partienweise gleichsam ein Tagebuch in Versen – in elegischen Distichen, entsprechend der trostlosen Lage im Heiligen Land. Am Ende freilich beschloß er, die Klagen und das elegische Versmaß zu verabschieden, da vom Nahen des Kaisers, Friedrichs I. Barbarossa, mit seinem Heer berichtet wurde, so daß der Autor hoffte, von nun an von den großen Taten und glücklichen Siegen Barbarossas gegen Saladin singen zu können. Der Tod des Kaisers am 10. 6. 1190 im Fluß Saleph und der fast gleichzeitige Tod des Adressaten der Dichtung, des Erzbischofs Theodericus II. von Besançon, vor Akkon haben den Dichter vermutlich auf die Fort-setzung verzichten lassen, wie schon Hans Prutz, der erste Herausgeber des Textes feststellte[24].

Die Eroberung von Jerusalem wurde freilich nicht erst im Zeitalter der Kreuzzüge Gegenstand der Dichtung. Von den verschiedenen Belagerungen,

---

[22] Haymari monachi Archiepiscopi Caesariensis et postea Hierosolymitani patriarchae De expugnata Accone liber tetrastichus, seu Rithmus de expeditione Ierosolimitana [...] ed. Paul E. D. RIANT, Lugduni 1866.

[23] Weitere Kreuzzugslieder der Zeit in Vagantenstrophen sind 'Christiani nominis', ‚Graves nobis admodum' und 'Tonat evangelica' (SPRECKELMEYER ed. Nr. 21, 19, 23).

[24] Hans PRUTZ, Ein zeitgenössisches Gedicht auf die Belagerung Accons, Forschungen zur deutschen Geschichte 21 (1881), 449-494 (inc. *Scribendo tristes elegos imitatus amaros / In luctus querulo pollice verto liram.*). Zum weiteren Umkreis der größeren zeitgenössischen Kreuzzugsdichtungen gehören noch der 'Liber Maiolichinus de gestis Pisanorum illustribus', ed. Carlo CALISSE, Roma 1904 (3526 Hexameter) zur Eroberung von Mallorca 1114/5, und die Epistel VII des Radulfus Tortarius in elegischen Distichen (548 Verse) über den Kampf Bohemunds gegen die Byzantiner im Epiros und vor Durrachium 1106/7: Rodulfi Tortarii Carmina, ed. Marbury B. OGLE und Dorothy M. SCHULLIAN, Roma 1933, 298-316.

Einnahmen und Zerstörungen der Stadt in den vorausgehenden Jahrhunderten[25] war eine durch den Bericht des Flavius Josephus dem Mittelalter besonders lebendig geblieben, die Belagerung und Vernichtung der Stadt im Jahre 70 n. Chr. durch Vespasian und Titus. In den lateinischen Übersetzungen von 'De bello Iudaico' und den Auszügen daraus, die durch die Kirchengeschichte des Eusebius von Caesarea († 339) in der lateinischen Übersetzung des Rufinus († 410) Verbreitung fanden, konnte man detailliert von den Verhältnissen bei den Belagerern vor Jerusalem und von den grauenhaften Zuständen in der Stadt lesen. Im 10. Jahrhundert hat Flodoard von Reims innerhalb seiner monumentalen Dichtung 'De triumphis Christi' die Geschichte in Verse gebracht und zu einer der eindrucksvollsten Partien seines Werkes gestaltet[26]. Mag es auch wegen seiner geringen Verbreitung kaum Einfluß auf Dichter des Ersten Kreuzzuges ausgeübt haben, so ist doch mit der weiteren Wirksamkeit des Berichtes des Flavius Josephus zu rechnen und die Möglichkeit nicht ausgeschlossen, daß spätere Autoren bei der Beschreibung der Greuel bei der Eroberung von Jerusalem 1099 mit jenem antiken Bericht literarisch zu konkurrieren suchten[27]. Im Bewußtsein geblieben war auch ein anderes Ereignis der Spätantike, die Entführung der Kreuzesreliquie aus Jerusalem im Jahre 614 nach dreiwöchiger Belagerung durch die Perser. Des Raubes und der triumphalen Rückführung der Reliquie 629 wurde jährlich am Fest der Exaltatio s. Crucis gedacht, so daß sich bei der erneuten Entführung des Kreuzes durch Saladin der Vergleich mit der Zeit des Kaisers Herakleios aufdrängte.

Ein Vorspiel gleichsam zu dem Kampf um Jerusalem fand ein Jahrzehnt zuvor statt. Die Pisaner hatten im 11. Jahrhundert wiederholt versucht, die Schädigungen der Küsten und Seefahrer durch muslimische Piraten zu beenden. 1087 schloß sich die Pisaner Flotte mit Genuesen, Römern und Amalfitanern zusammen, um zwei Städte in Nordafrika, die ihnen als das Zentrum

---

[25] Einen Überblick für das Mittelalter gibt Sylvia SCHEIN, in: LexMA V (1991), 351-353.

[26] 'De triumphis Christi sanctorumque Palestinae' II, 1-236, dazu Peter Chr. JACOBSEN, Flodoard von Reims. Sein Leben und seine Dichtung 'De triumphis Christi', Leiden - Köln 1978, 94 ff., 108, 236f.

[27] Ein Abecedarius in rhythmischen Strophen zu vier steigenden Fünfzehnsilblern über die Belagerung und Einnahme von Jerusalem 69/70 n. Chr. wurde schon um 800 aufgezeichnet unter dem Titel: 'Haec est praefatio de Iesu Christo inter Vespasianum et Titum quomodo vindicaverunt Christum', MGH Poetae IV 2, 542-545 Nr. XXXVIII, vgl. SCHALLER-KÖNSGEN Nr. 1098 (*inc saec. VII / VIII* datiert). Eine direkte Bezugnahme auf 'De bello Iudaico' findet sich etwa bei Guibert von Nogent (vgl. Anm. 15).

der Piraterie galten, zu zerstören. Über diesen Feldzug, in dem sich der Sieg Italiens über Karthago zu erneuern schien, verfaßte ein wohl aus Pisa stammender Kleriker unmittelbar danach eine Dichtung, in der es nun nicht mehr um ein beliebiges kriegerisches Unternehmen, sondern um einen Kampf der Christen gegen Heiden, um einen Kreuzzug vor den Kreuzzügen ging. Carl Erdmann hat den Text in seinem Buch über die Entstehung des Kreuzzugsgedankens als das klarste Dokument der populären Kreuzzugsidee jener Zeit bezeichnet, dem man auch aus den Tagen des ersten Orient- kreuzzuges nicht viel an die Seite zu stellen habe[28]. Der Poet beginnt mit außerordentlich gehobenem Selbstwertgefühl (Str. 1): „Wenn ich die Ge- schichte der berühmten Pisaner nun aufzeichne, erneuere ich das Andenken an die alten Römer: Denn gegenwärtig vergrößert Pisa den bewunderns- werten Ruhm, den einst Rom erlangte, als es Karthago besiegte."

Inclitorum Pisanorum   scripturus istoriam,
antiquorum Romanorum   renovo memoriam:
nam extendit modo Pisa   laudem admirabilem,
quam recepit olim Roma   vincendo Carthaginem[29].

Pisanorum – Romanorum, modo Pisa – olim Roma, istoria – memoria: Dem großen Vergangenen vermag er ein noch größeres Gegenwärtiges gegenüber zu stellen, das in seiner Größe sogar biblischen Wundertaten gleichkam (Str. 2): „Erstlich lobe ich die so starke Hand des Erlösers, durch die das Volk von Pisa das ruchloseste Volk vernichtete. Das geschah in ganz ähnlicher Weise wie das Wunder des Gedeon, welches Gott im Zeitraum einer einzigen Nacht vollbrachte." Die Erinnerung an den Sieg Gedeons über die Madianiter (Iud. 7,15 ff.) durch bloßes greuliches Posaunenblasen und Töpfe-Zerschlagen nächtlich rings um deren Lager verweist bereits auf die kampflose Einnahme der Stadt al-Mahdīya durch die Pisaner. Schon hier wird also – was typisch

---

[28] Carl ERDMANN, Die Entstehung des Kreuzzugsgedankens, Stuttgart 1935, ND 1965, 272- 274.

[29] Giuseppe SCALIA, Il carme Pisano sull' impresa contro i Sarraceni del 1087, in: Studi di Filologia Romanza. Scritti in onore di Silvio PELLEGRINI, Padova 1971, 1-63. Vgl. dazu Herbert E. J. COWDREY, The Mahdia Campaign of 1087, in: DERS., Popes, Monks, and Crusaders, London 1984, XII, 1-29 (Nachdruck einer Arbeit von 1977), der einen diplomatischen Abdruck aus der Brüsseler Handschrift bot und auf die politische und wirtschaftliche Konstellation einging, zum Verständnis des überaus korrupten Textes aber wenig beitrug und übersah, daß von SCALIA bereits eine neue, vorzüglich kommentierte Ausgabe vorlag. COWDREY hob neben den Gemeinsamkeiten auch die Unterschiede zwischen diesem Unternehmen und dem Ersten Kreuzzug hervor.

ist für die Kreuzzugsliteratur – der Kampf gegen die Heiden in die Tradition des Alten Testamentes gestellt, wird der Kampf zum Kampf des Gottesvolkes gegen die Feinde Gottes.[30] Das wird noch deutlicher, als nach geglückter Überfahrt nach Afrika der Bischof Benedictus vor der ersten Schlacht eine Ansprache hält – wie später der Bischof von Le Puy vor den Kreuzfahrern – und ihnen eine Reihe alttestamentlicher Beispiele vorstellt, um ihre Siegeszuversicht zu stärken[31]. Die Szenen gleichen denen des Ersten Kreuzzuges vor und in Nizäa, Antiochien und Jerusalem: eine Feldschlacht vor der Stadt – Flucht der Feinde, als himmlische Kräfte die Christen unterstützen, als der Erzengel Michael die Tuba bläst und Petrus die Seinen anführt (Str. 33/34) – Gemetzel vor den Mauern, als die Bürger angstvoll die Tore vor den Fliehenden versperren, das sich danach in der Stadt fortsetzt (Str. 37): „Sie alle werden erschlagen und verstümmelt wie Vieh; sie haben nicht die Stärke, sich zu widersetzen; in einem Augenblick werden tausend Heiden umgebracht, bevor sie durch die Tore eintreten und die Mauern behaupten können. (38) Nachdem sie [die Christen] von oben und unten mit großer Kraft eingedrungen sind, schweifen sie durch die ganze Stadt, ohne Ruhe; die Frauen werden getötet, die Jungfrauen und die Witwen, und die Kinder werden zerschlagen, daß sie nicht mehr leben können. (39) Kein Haus gibt es und keine Straße in ganz Sibilia, die nicht rot und bläulich von Blutjauche war: so viele elende Leichen von Sarazenen lagen da, die schon Gestank ausatmeten: an die hunderttausend.“[32] Das Blutbad macht in der zweiten Stadt auch vor der Moschee nicht halt (Str. 52): „Die einen suchten die Moschee auf, die war von kostbarer Schönheit; tausend Priester köpften sie da: die waren Priester des Machumet, der war Stifter einer Häresie, mächtiger als Arrius, dessen Irrlehre lange Zeit gedauert hat.“ Die Bilder sind nicht mehr weit entfernt von dem, was man zur Eroberung von Jerusalem schreiben wird; mögen auch literarische Reminiszenzen von der

---

[30] Paul ALPHANDERY, Les citations bibliques chez les historiens de la première croisade, Revue de l'histoire des Religions 99 (1929), 139-157.

[31] Dazu COWDREY (wie Anm. 29), 21.

[32] *Occiduntur et truncantur omnes quasi pecudes, / non est illis fortitudo qua possint resistere. / Perimuntur in momento paganorum milia, / antequam intrarent portas et tenerent menia. (38) Postquam desuper et subter intrarunt fortissime, / pervagantur totam urbem absque ulla requie. / Occiduntur mulieres virgines et vidue et infantes alliduntur, ut non possint vivere. (39) Non est domus neque via in tota Sibilia , / que non esset rubicunda et sanie livida: / tot Saracenorum erant cadavera misera, / que exalant iam fetorem per centena milia.*

Eroberung Trojas beginnend darin aufscheinen, so ist es doch kein bloß literarisches Spiel mit den Schrecken einer mythischen Vergangenheit[33].

Die Pisaner verloren in diesen Kämpfen ihren jugendlichen Vizegrafen Hugo, der sich in einer gefährlichen Situation zum Schutz der Seinen allein der feindlichen Übermacht entgegenstellte. Für ihn hat der Dichter eine Totenklage eingefügt, die sich zugleich als dessen künftiges Epitaph anbietet. Nach Klagerufen vergleicht er ihn mit dem athenischen König Codrus, der einem Orakelspruch folgend sich in der Schlacht für den Sieg seines Heeres opferte (Str. 45). Das antike Beispiel wird aber sogleich überboten durch die christliche Interpretation (Str. 46): Gegenüber Codrus steigt Hugo durch seinen Tod in der Liebe, im Dienste Christi in den Rang eines Märtyrers auf, und indem er als Märtyrer sicher der Hölle entrissen ist, erringt er zugleich einen Sieg über den Satan selbst. Der Gedanke an ein neues Märtyrertum, der danach sich stets durch das Kreuzzugsdenken und auch durch die Lieder zieht, wird hier in der Übersteigerung antiken Heldenruhms bereits greifbar. Einen solchen Helden kann man nicht im Heidenland begraben (Str. 47):

Non iacebis tu sepultus   hac in terra pessima,
ne te tractent Saraceni,   qui sunt quasi bestia.
Pisa nobilis te ponet   in sepulcrum patrium,
te Italia plorabit,   legens epitaphium.

So folgt denn auf diese schöne Klage die detaillierte Beschreibung der konservierenden Maßnahmen, die getroffen wurden, um den Leichnam nach Pisa transportieren zu können (Str. 49):

Non est mora: corpus findunt et eiectant viscera,
balsamum infundunt multum et cuncta aromata,

---

[33] Zu Str. 38,4 *et infantes alliduntur* wies bereits SCALIA auf Isaias 13,16 und damit auf einen Zusammenhang hin, der insgesamt auf den Pisaner Dichter inspirierend gewirkt haben könnte, nämlich die visionäre Ankündigung des Strafgerichtes Gottes durch die Meder an den Babyloniern zur Befreiung der Israeliten, vgl. Is. 13, 15-18: *Omnis qui inventus fuerit occidetur; et omnis qui supervenerit, cadet in gladio; infantes eorum allidentur in oculis eorum, diripientur domus eorum, et uxores eorum violabuntur. Ecce ego suscitabo super eos Medos, qui argentum non quaerant nec aurum velint; sed sagittis parvulos interficient, et lactantibus uteris non miserebuntur,* mit den folgenden Verfluchungen zu fortdauernder Verwüstung des Landes. Vgl. auch Ps. 136, 8f. *Filia Babylonis misera! Beatus qui retribuet tibi retributionem tuam quam retribuisti nobis. Beatus qui tenebit, et allidet parvulos tuos ad petram.* Die Stelle wird auch in dem Kreuzzugslied 'Fides cum idolatria' (CB 46, 2, 1-4, mit dem Kommentar) zitiert. Es scheint, als hätten sich die Pisaner gleichsam zu Vollstreckern solcher Voraussagen stilisiert. Vgl. auch Anm. 41 und 44.

et componunt quadam capsa de ligno composito,
ut mater et coniux eum videant quoquo modo.

Das Versmaß des Liedes ist der alte rhythmische Fünfzehnsilbler, der aus dem katalektischen trochäischen Oktonar entstanden ist und schon in merowingischer und karolingischer Zeit gern für erzählende Lieder – jedoch mehr biblischen Inhalts – benutzt wurde; im späteren 12. Jahrhundert wurde der Vers, wie sich in der vergleichbaren Dichtung Haymars zeigte, von der modischen Vagantenstrophe verdrängt.

Die Frage, ob Jerusalem von Anfang an das Ziel der Pläne war, die auf eine Unterstützung der bedrängten Byzantiner ausgerichtet waren, ist gelegentlich diskutiert und differenziert beantwortet worden. In dem ältesten Kreuzzugslied ist das Ziel eindeutig bestimmt: „*Jerusalem mirabilis*, Stadt, die seliger ist als alle anderen, wie bist du ersehnt den Engeln, die sich deiner erfreuen. Denn zu dir kam Christus, teilte seine Güter offen aus; er saß auf einem Esel, das Volk streute Blumen auf die Erde [...]"

(1) *Ierusalem mirabilis,*
    Urbs beatior aliis,
    Quam permanes[34] *optabilis*
    Gaudentibus te angelis!

(2) *Nam in te Christus veniens,*
    Aperta bona tribuens,
    Super asellum residens,
    Gens flores terrae consternens [...]

Es sind die eingängigen ambrosianischen Hymnenstrophen, in denen hier die Stadt in ihrer heilsgeschichtlichen Bedeutung gepriesen wird, doch beschränkt auf den neutestamentlichen Anteil, die Passionsgeschichte vom Einzug in Jerusalem bis zur Auferstehung; und diese Passionsgeschichte steht den Dichtern meist zuerst vor Augen, wenn sie an Jerusalem denken, auf die Orte dieses Geschehens richten sich in besonderem Maße die verehrenden Wünsche[35]. Der Beschreibung folgt in den Strophen 7-9 die Auf-

---

[34] *permanens* die Handschrift und die Editionen, korrigiert von SCHMUCK, 95.

[35] In den Versen finden sich Anklänge an das altromanische 'Augsburger Passionslied', vgl. Str. 4/5: *Illum Iudaei emerant, / Colaphos ei dederant, / In faciem conspuerant / Et in cruce suspenderant. / In ligno poenas passus est, / In latus perforatus est* ..., dazu Helmut BERSCHIN, Walter BERSCHIN, Rolf SCHMIDT, „Augsburger Passionslied". Ein neuer romanischer Text des X. Jahrhunderts, in: Lateinische Dichtungen des X. und XI. Jahrhunderts. Festgabe für Walter BULST zum 80. Geburtstag, Heidelberg 1981, 251-279, 252: *alespins batraunt sos caus et abes lan staudiraunt sos lad et en la crux lapenderaunt*

forderung: „Dorthin müssen wir ziehen, unsere Ehren (Lehen) verkaufen, den Tempel Gottes erwerben, die Sarazenen vernichten. (8) Was nützt es uns allen, Ehren zu erwerben und die Seele gänzlich den quälenden Höllengeistern zu übergeben? (9) Wer dorthin zieht, wer dort stirbt, wird die Güter des Himmels empfangen und bei den Heiligen weilen."

(7) *Illuc debemus pergere,*
Nostros honores vendere,
Templum dei acquirere,
Saracenos destruere.

(8) *Quid prodest nobis omnibus*
Honores acquirentibus
Animam dare penitus
Infernis tribulantibus?

(9) *Illuc quicumque tenderit,*
Mortuus ibi fuerit,
Caeli bona receperit
Et cum sanctis permanserit.

Die Strophenform und die Geschichte waren so geläufig, die Aussagen so schlicht formuliert, daß man ohne Schwierigkeiten auch lateinunkundigen Laien die Botschaft verständlich machen konnte: Die heiligen Stätten gewinnen, die Heiden bekämpfen, vielleicht dort das Martyrium im Kampf erleiden, die Seele retten, den Himmel erwerben, wie es offenbar Urban II. schon auf dem Konzil zu Clermont versprochen hatte.

Der Weg nach Jerusalem war freilich weit, voller Gefahren, Kämpfe und Bedrängnisse und dauerte drei Jahre; von den empfindungsreichen Abschieden der Ritter von ihren Damen und ihren Aufbrüchen zu großen Taten, wie sie die volkssprachigen Dichter besingen, findet man in den lateinischen Liedern nichts, ebenso wenig aber auch von den Kämpfen und Empfindungen während des Kreuzzuges. Nur Guibert von Nogent hat einige Punkte dieser Reise poetisch gefaßt, den Märtyrertod eines Priesters an seinem Altar,

---

[...], was nach eingehender Diskussion übersetzt wird (S. 263): „Mit Dornen werden sie sein Haupt schlagen, und mit den Lanzen werden sie seine Seite durchstoßen, und ans Kreuz werden sie ihn hängen." Ob ein Zusammenhang besteht, ist bei der Kürze des romanischen Fragmentes nicht sicher zu sagen; seine Datierung ist nicht sehr sicher: Die Tatsache, daß die Textzeile – gleichsam als Federprobe – früher als die folgende Urkunde des Bischofs Embrico von Augsburg von 1067 auf dem freien Blatt eines Codex eingetragen wurde, ergibt keine ganz feste Grenze, da es sich um eine Kopie, nicht um das Original der Urkunde handelt.

den Hunger der Kreuzfahrer, die Flucht des Petrus von Amiens. Im übrigen löst sich die Zunge der Poeten erst richtig, als das erschöpfte und dezimierte Heer nach endlosen Mühen zum ersten Mal die Stadt Jerusalem erblickte. Schon bei den Prosa-Autoren treten hier die Empfindungen hervor. Der Augenzeuge und Verfasser der ‚Gesta Francorum et aliorum Ierosolimitanorum' bemerkt nur, *letantes et exultantes* hätten die Kreuzfahrer die Stadt begrüßt[36]. Robertus Monachus beschrieb das (1112/8) aus der Heimat schon ausführlicher[37]:

„O gütiger Jesus, als dein Heer die Mauern dieses irdischen Jerusalem sah, was für Wasserströme entließen da ihre Augen! Und alsbald fielen sie auf die Erde nieder und grüßten mit dem Klang ihres Mundes und der Neigung ihres gebeugten Körpers dein heiliges Grab, und dich, der du darin gelegen hast, beteten sie an als den zur Rechten des Vaters Sitzenden, der zum Gericht aller erscheinen wird. Wahrlich, da hast du allen das steinerne Herz genommen und ihnen ein lebendiges Herz gegeben und deinen heiligen Geist mitten unter sie geschickt. – So kämpften sie gegen deine Feinde, die freilich schon seit langer Zeit in der Stadt waren, denn so riefen sie deine Hilfe herbei; und sie kämpften besser mit Tränen als mit geschleuderten Geschossen, denn wenn die Tränen auch reichlich zur Erde herabflossen, so stiegen sie doch auf zum Himmel vor dich, ihren Vorkämpfer. Sie erhoben sich vom Gebet und eilten zu der königlichen Stadt; darinnen fanden sie die Feinde des ewigen Königs, um die sie in folgender Ordnung ihr Feldlager errichteten ...“

Radulf von Caen hat in dieser Situation seinem Helden Tankred einen bewegten Hymnus in den Mund gelegt, in einem lyrischen Versmaß, den sog. Terentianeen[38]. Auch er begrüßt die Stadt als heilsbringenden Ort, als Ort der Passion Christi, wo der Feind des Menschengeschlechtes getötet und die da schuldfrei waren aus der Hölle befreit wurden, wo Christus auferstand. Weiter nennt er die Himmelfahrt (v. 13 *Post haec*), begrüßt er die Ankunft des Heiligen Geistes (v. 19 *Salve praeterea*), grüßt er die Gottesmutter (v. 25 *Salve stella maris*), den Meerstern, die Himmelspforte, in den letzten beiden Versen dann das Umland: Flüsse, Ufer, Quelle, Hain, Stadt, Haus, Berg, Tal

---

[36] Histoire anonyme de la première croisade, ed. Louis BRÉHIER, Paris 1964, 194. Die Frage nach dem Verhältnis zwischen den Gesta und Petrus Tudebodus braucht hier nicht erörtert zu werden.

[37] Robertus Monachus, Historia Iherosolimitana: RHC, Hist. Occ., Bd. III, 717-882 (hier 863, IX 1).

[38] Radulfi Cadomensis Gesta Tancredi (wie Anm. 16), 684 (c. 111).

– seid gegrüßt: es ist heiliges Land. Man könnte den Hymnus, der als Lied in stichischen Terentianeen gedruckt ist, nach seinem Inhalt wie nach den gliedernden Einsätzen der Abschnitte leicht in sechszeilige Strophen, in ein Strophenlied verwandeln:

Salve Hierusalem, gloria mundi,
In qua nostra salus, passio Christi,
Probris iudaicis ludificata,
Caelo, sole, solo testibus alma,
Humani generis hoste perempto
Immunes sceleris traxit ab orco.

In te passa crucem, clausa sepulcro
Lux de luce, Dei dia propago,
Infernum penetrans inde reduxit,
Quos seductus Adam sub Styga mersit.
At mox edocuit tum redivivam
Surrexisse dies tertius illam.

Post haec aethereas scandit ad aedes,
Nam suscepit eum splendida nubes:
Quem cum suspiceret gens Galilaea
Audit: „Sic veniet, ceu petit astra."
Haec scis, dicte sacer mons ab olivis,
Horum testis, ave, scansio regis.

Salve praeterea, regia Syon,
In qua discipulos „Kyrryeleson"
Clamantes sonitu sub vehementi
Demisso veluti turbine caeli
Replesti subito, Spiritus alme,
In linguis veniens terror et igne.

Salve, stella maris, ianua caeli,
Mater sola patris gnataque gnati,
Semper virgo manens post, in et ante
Partum, vel minimae nescia mendae.
O per circuitum flumina, ripae,
Fons, nemus, urbs, casa, mons, vallis, avete!

Guibert von Nogent fügt an dieser Stelle eine Partie in iambischen Trimetern ein, in der sich eine Vorrede zum letzten Teil seines Werkes mit einem Hymnus an Jerusalem verbindet[39]. Nachdenklich nach seiner Art reflektiert Guibert darüber, was denn den Kreuzfahrern all die Leiden, der Hunger, das Blutvergießen gebracht hätten; die Erfolge und Siege auf dem Marsch sind rasch vergangen, geblieben ist nur die Hoffnung auf himmlischen Lohn, auf künftige Freuden, auf die Märtyrerkrone; der Lohn derer, die Jerusalem erreichten, sei der Blick auf das Heilige Grab, auf das Heilige Kreuz des Erlösers gewesen. In Jerusalem sieht Guibert nicht auf die Passions- und Heilsorte, sondern auf die Geschichte: Wie oft schon wurde die Stadt die Beute von Eroberern, wurde sie zerstört. Diesmal aber führt die Eroberung sie zur Herrschaft aus der Knechtschaft; keine der früheren Erneuerungen – zur Zeit des Ezra oder des Kaisers Hadrian – hat sie so groß gemacht wie nun der Aufstieg zur Herrscherin in der Christenheit, meinte Guibert.

Auch Metellus von Tegernsee hat den Augenblick genutzt, um seine Hexameter zu einem Hymnus an Jerusalem zu erhöhen (VI 1-16):

„Ach, da bist du, von den Frommen ersehnte, allein selige Stadt, die du den Namen und die Verheißung des himmlischen Friedens trägst! Von dir kommt der echte Friede, der wahre Freude verleiht; die Krankheiten der ganzen Welt sind in dir ausgelöscht. Wahrlich allein Selige, die du alle Geschöpfe selig machst, mit welchem Wort soll ich dich begrüßen, die du allein das Heil hervorbringst? Du verkündest der sterblichen Welt den Preis des Lebens. Die in der Mitte geteilte, durch dich erneuerte Welt umhegt dich, dort wo der Mittelpunkt des Erdkreises ist, wo auch der Lenker und Richter, der von einer Jungfrau geborene König, die Herrschaft über Himmel und Erde in sich beschließt. Hier hat die Waage, als sie Gott mitsamt den schweren Vergehen aufhob, uns von der Schuld befreit und das Verbrechen ins Meer geworfen, indem die Güte die von dem Urteil schwere Waagschale besiegte, als die heilige Qual am Kreuz für uns der Weg zum Licht wurde. Dort ist, o Mensch, der ewige Friede zu dir zurückgekehrt, der durch den Apfel verloren war, hier versöhnen und verbinden sich dir Gott und die Engel."

> \<E\>n ades, exspectata piis, urbs sola beata,
> Pacis, ades, que nomen habes celestis et omen!
> De te pax sincera venit dans gaudia vera;
> Febres extincte sunt secli totius in te.
> 5 Plane sola beata, beas que cuncta creata,
> Qua te voce salutem, que paris una salutem?
> Tu precium mundo vitale refers moribundo.

---

[39] Dei gesta per Francos (wie Anm. 7), 289f. (VII, XIV).

Tellus te mediata fovet, per te renovata,
Orbis ubi centrum, celi, terre quoque sceptrum
10 *Arbiter et iudex concludit virgineus rex.*
Hic delicta statera Deumque levando severa
Innocuos fecit nos et scelus in mare iecit,
Iudicii superante gravem lancem pietate,
Dum sacra pena crucis fieret nobis via lucis.
15 *Pax ibi perpes, homo, rediit tibi perdita pomo;*
Hic tibi pacantur Deus, angelus, et sociantur.

Er gedenkt nicht nur der Passionsgeschichte, sondern spricht eine Reihe weiterer verbreiteter Vorstellungen von Jerusalem an: Stadt des Friedens und des Heils, seligmachende, heilende, das Leben spendende Stadt – dann der geographische Aspekt: Stadt im Mittelpunkt des Erdkreises, Ort des Gerichtes, der Versöhnung mit Gott. Danach beschreibt er ziemlich genau nach seiner Vorlage, Robertus Monachus, die Bewegung der Kreuzfahrer beim Anblick der Stadt und läßt sich dabei von der betonten Reimprosa Roberts zu einer Partie mit Tiradenreim anregen, wobei er den ungewöhnlichen Reim der weiblichen Zäsur Kata triton trochaion mit dem Versschluß häuft und so die Gemütslage in Klang umzusetzen versucht (VI 59-70):

Veneratio urbis sancte, dispositio obsidionis.

Urbis ubi potuere procul loca sancta patere,
60 *Hi, qui spe supere vite crucis arma tulere,*
Cordibus ingemuere, solo quoque procubuere,
Fletibus inmaduere, precatibus insonuere;
Compassi vere sic, Christe, tibi placuere.
Acclines terre fines urbis peciere,
65 *Singultus rupere, Deo pia vota dedere,*
Cumque peroravere, quieturi siluere
Ac passim cepere casam sibi quisque videre;
Castra, quibus potuere locis, sua composuere,
Partes disposuere duces ac distribuere,
70 *Quisque suis turbis quantum circumdaret urbis*[40].

---

[40] „Als die heiligen Orte der Stadt sich von fern den Blicken auftaten, seufzten sie in ihren Herzen auf, die in der Hoffnung auf das himmlische Leben die Waffen des Kreuzes aufgenommen hatten; sie fielen auch zu Boden nieder, benetzten sie mit ihrem Weinen, ließen Gebete ertönen: so im Mitleiden haben sie dir, Christus, wahrlich gefallen. Zur Erde geneigt suchten sie das Gebiet der Stadt auf, brachen in Schluchzen aus, gaben Gott fromme Gelübde; und als sie ihre Gebete beendet hatten, schwiegen sie still und begannen, sich allesamt eine Unterkunft zu suchen; ihr Lager schlugen sie an den Orten auf, wo es möglich

Danach aber setzt der Sturm auf die Mauern ein, und nach sechswöchiger Belagerung folgen die Eroberung und das Gemetzel in der Stadt[41]. Die detaillierteste und eindrucksvollste poetische Fassung der Ereignisse verdanken wir Radulf von Caen. Er war kein Augenzeuge, hatte sich erst einige Jahre später zuerst dem Normannenfürsten Bohemund von Tarent, dann in Syrien Tankred, dem Neffen Bohemunds, angeschlossen. Im Vorwort zu seinen 'Gesta Tancredi' erzählt er, beide hätten beständig von ihren großen Schlachten, Belagerungen und Eroberungen gesprochen und sich gewünscht, ein Dichter oder Historiker möge ihre Taten verewigen, wobei sie ihre Augen immer wieder eindringlich zu Radulf hin drehten (*in me ... visi sunt oculos torquere*). Er entsprach dem Wunsch erst nach Tancreds Tod und häufte nun alle Verdienste auf seinen ehemaligen Herrn und seine Normannen. Schon bei der Erstbesteigung der Mauern von Jerusalem setzt der Konkurrenzkampf ein. Bei anderen Autoren gehören Gottfried von Bouillon und sein Bruder Eustachius zu den ersten Dreien. Radulf schickt als ersten einen gewissen Bernhard über die Leiter nach oben, wo er freilich zu seinem Bedauern schon zwei Flamen findet, die Brüder Leuthold und Engelbert. Man stürmt auf der Mauer in verschiedene Richtungen – *laniant laniataque trudunt* – man metzelt und stößt die Gemetzelten beiseite, die Leiber stürzen, Krachen folgt den einen, Krachen dem anderen (*fragor hos sequitur, fragor illum*). Wenn auch nicht als erster auf der Mauer, so war Bernhard doch der erste, der einen Verteidiger erschlug, behauptet Radulf. „Doch der erste Nacken, der abgeschlagen seine Schultern verließ, spürte die todbringende Rechte, die als dritte heraufgekrochen war", dann ausgemalt: „Es stand noch der Rumpf, als schon das behelmte Haupt herabgefallen war: doch alsbald ist er ihm gefolgt,

---

war. Die Fürsten bestimmten und verteilten die Abschnitte, wieviel von der Stadt ein jeder mit seinen Scharen umzingeln sollte."

[41] Es soll nicht übersehen werden, daß den Ereignissen in Jerusalem nicht weniger grauenhafte bei der Eroberung von Marra (12. 12. 1098) vorausgingen, vgl. Robertus Monachus (wie Anm. 37), 849 A-C (VIII 7): *In crastinum ut dies lucescere coepit, nostri ad arma currunt, et per vicos et plateas tectaque domorum, ceu leaena raptis catulis, saeviendo discurrunt: Dilaniant, traduntque neci pueros juvenesque, / Quosque gravat longaeva dies curvatque senectus. Nulli parcebant, sed plures, ut citius finirentur, laqueis suspendebant. Mira res, mirumque spectaculum, quod tantae gentis multitudo, et armata, sic impune occidebatur, quod nullus eorum reluctabatur. Quia vero unicuique nostrorum erat quicquid repperiebat, ipsa mortuorum exta eviscerabant, et bisanteos et nummos aureos inde extrahebant. O detestanda auri cupiditas! Omnes viae urbis rivis sanguinum inficiebantur, et cadaveribus decubantium sternebantur.* So Robertus, der wenigstens mit der Feder am Kampf teilnehmen wollte. Vgl. auch Anm. 33.

und der abgeschlagene Kopf lernte seine Fersen kennen und der noch unversehrte das Schwert", formuliert Radulf mit einem *hysteron proteron*[42]. Die wenigen Verse zeigen schon sehr viel von Radulf und seinen poetischen Ambitionen: der Wettkampf um den Ruhm, die kühne Tat, das Grauenvolle, Schreckliche, lustvoll-rhetorisch ausgemalt und inszeniert mit großem Tempo, das gesteigert wird durch die Zerlegung einer Handlung in eine Folge von Teilaspekten in kurzen Sätzen, bis hin zu bloßen Ketten von Verben, die einen Handlungsablauf wiedergeben, Wiederholung und Umkehr der Wörter, das Spiel mit aktiven und passiven Formen, Anreden und viele andere rhetorische Mittel, mit denen die Verse überhäuft sind. Beim Kampf in den Straßen der Stadt und im Tempel wird der Wirbel noch gesteigert, Tankred pocht etwa an die Pforte des Tempels:

> *Tancredus pulsat, confringit, conterit, intrat,*
> *Cuius ad introitum fugit irrevocabile vulgus*[43].

Im Tempel stößt Tancred auf ein großes silbernes Standbild, so Radulf, das der Normanne herausfordernd anspricht und das, da es sich gegen den Vorwurf, ein Götzenbild zu sein, nicht wehren kann, gestürzt und versilbert wird. Das Erfinden von Szenen und Situationen gehört offensichtlich zum Handwerk; so läßt Radulf, als der Kampf im Tempel in bloßes Niederhauen aus-

---

[42] Radulfi Cadomensis Gesta Tancredi (wie Anm. 16), E-H (c. 126):

> *Primus in his stricto iuvenis prefulgurat ense,*
> *Gloria militie, generis quoque gloria clari,*
> *Bernardus, te sancte vocans Valerice patronum [...]*
> *Vos tamen in muris reperitque doletque repertos,*
> *Nobile par fratrum, Leutholde secuteque fratrem*
> *Engelberte ortu scansuque secunde priorem,*
> *Quos scala in muros, in scalam Flandria misit:*
> *Menia partiti discurrunt, ille per Eurum,*
> *Fratres per Zephyrum; laniant laniataque trudunt.*
> *Corpora quaque ruunt, fragor hos sequitur, fragor illum.*
> *Prima tamen cervix, humeros que cesa reliquit,*
> *Cediferam sensit dextram, que tertia repsit:*
> *Stabat adhuc truncus, cum iam galeatus ad ima*
> *Deciderat vertex; at mox hunc ille secutus*
> *Et cesus calcem est expertus et integer ensem.*

Radulfs Verse stecken voller Zitate und Imitationen, vgl. hier, um nur zwei Beispiele zu nennen, zum 5. Vers Horaz, serm. II 3, 243 *par nobile fratrum*, zu v. 11-14 Vergil, Aen. II, 557f. *iacet ingens litore truncus, / avulsumque umeris caput et sine nomine corpus.*

[43] Radulfi Cadomensis Gesta Tancredi (wie Anm. 16), 695 C (c. 198); vgl. Lucan 1, 509 *ruit irrevocabile vulgus.*

zuarten droht, noch einmal einen Gegner erstehen, der die Kräfte sammelt und einen richtigen Kampf ermöglicht – die wenigen Christen gegen die vielen Heiden, einer gegen tausend ... Daß dabei auch literarische Vorbilder mitgeholfen und angeregt haben, ist sicher anzunehmen; die römischen Epiker und die Historiker boten genügend Kämpfe und Schrecken, die als Vorbild dienen konnten – das muß freilich für Radulf noch im einzelnen untersucht werden[44]. Dort findet man auch Szenen, in denen das Gemetzel nach einer Eroberung bis zu den Altären, bis in die Tempel getragen wurde. Die Grenzen zwischen Fiktion und authentischem Bericht verschwimmen dadurch wiederum.

Nach der Eroberung und schon während des Kampfes begann die große Plünderung. Außer dem Standbild fand Tancred in dem sog. Tempel Salomos, dem Felsendom, eine silberne Wandverkleidung, *lamina*, die sich rings um die Räume hinzog. Radulf nennt genau ihre Breite, ihre Stärke und ihr Gewicht; Tankred als *vir sapiens* bemerkt die Nutzlosigkeit des Metalls im Tempel – *et inutile traxit in usum:* er bewaffnete die Waffenlosen, bekleidete die Nackten, nährte die Armen, warb Söldner an. Die Schilderung ist für die Ökonomie des Werkes Radulfs wichtig, denn sie erweist Tancred auch bei der Plünderung als selbstlosen Vorkämpfer der christlichen Sache und verschafft ihm damit eine überzeugende Ausgangsposition für den folgenden Streit mit dem neu gewählten lateinischen Patriarchen von Jerusalem, der als Herr der Kirchen Anspruch auf die Beute, auf die dem Tempel geraubten Schätze erhob. Radulf hat die beiden Kontrahenten in zwei ausgefeilten Prosareden ihren Streit austragen lassen[45]: der Patriarch – ein neuer Ulisses, meint Radulf – erscheint darin als glänzender, an antiken – ciceronischen – Vorbildern geschulter Gerichtsredner, der durch Gestik und Wortkunst die Richter zu umgarnen und zu erregen weiß; Tancred dagegen darf als der ehrliche, tapfere Kriegsmann agieren, der mit Schwert und Lanze, nicht aber mit der Zunge zu kämpfen versteht – und trotzdem, auf einer ande-

---

[44] Vgl. z. B. Verg. Aen. II, 526-558 die Schilderung vom Ende des Königs Priamus. In Lucans Schilderung des Wütens der Soldaten des Marius sind schon fast alle Elemente vorgegeben (De bello civili II, 98-112): *Pro fata! quis ille, / Quis fuit ille dies, Marius quo moenia victor / Corripuit, quantoque gradu mors saeva cucurrit! / Nobilitas cum plebe perit, lateque vagatus / Ensis, et a nullo revocatum pectore ferrum. / Stat cruor in templis, multaque rubentia caede / Lubrica saxa madent. Nulli sua profuit aetas : / Non senis extremum piguit vergentibus annis / Praecepisse diem, nec primo in limine vitae / Infantis miseri nascentia rumpere fata. / Crimine quo parvi caedem potuere mereri ? / Sed satis est iam posse mori .../ ... rapuitque cruentus / Victor ab ignota voltus cervice recisos.*

[45] RHC, Hist. Occ., Bd. III, 699-703 (c. 135-7).

ren Stilebene, seine Sache so artifiziell zu verteidigen weiß, daß am Ende ein für alle erträglicher Kompromiß gefunden werden kann (701 B): *Scitis, proceres, studium meum: militia fuit; non persuasio nec linguositas me promovit, sed ensis et lancea. Proinde indulgendum mihi fore postulo, si tractus ad lites artis ignotae excessero rationes* [...].

Gegenüber Radulf hat Metellus sich auch bei der Eroberung der Stadt recht genau an das von Robertus Monachus Berichtete gehalten – dessen Beschreibung des Blutstroms im Tempel, in dem abgehauene Körperteile schwammen, bot auch schon genug des Schreckens. Doch in dem Augenblick, in dem ein gewisser Wicher, ein Alemannus, bei ihm als erster den Fuß auf Jerusalems Mauer setzen will, fällt ihm eine Geschichte ein, die die Spannung vor der Entscheidung verlängert[46]: Wicher, das war der, der damals – irgendwo auf dem Marsch nach Jerusalem, als ein heidnisches Heer den Weg versperrte – die Herausforderung eines feindlichen Riesen zum entscheidenden Zweikampf annahm und ihn besiegte, ihm zuerst ein kissengroßes Stück von seinem Hinterteil abschlug, ihn dann durch einen Schlag ans Bein zu Fall brachte und enthauptete. Das wird in behaglicher Breite mit Dialogen und Schmähreden erzählt, dann erst darf der Held seinen Fuß auf die Mauer setzen. Interessant ist es, daß eine Variante dieser Episode von Arnold von Lübeck überliefert wird und daß Metellus erklärt, Herzog Gottfried habe den triumphierenden Wicher selbst empfangen und einen – gereimten – Hymnus mit einer lieblichen Melodie geschaffen, der zum Lobe der Tat der Nachwelt zu singen sei: ein volkssprachiges vermutlich und leider verlorenes Kreuzzugslied also[47].

Der Jahrestag dieses Ereignisses wurde auch liturgisch gefeiert; drei Lieder aus der Zeit vor dem 2. Kreuzzug sind zu diesem Fest erhalten. Überaus merkwürdig das Carmen Buranum 52 mit seiner ersten Strophe, in der alle zum Festjubel aufgefordert werden außer einem Mönch, der sich seine *virilia* abgeschnitten habe und wie ein Besessener ausgeschlossen sei und allein in der Hölle trauern möge. Ein Hymnus in ambrosianischen Strophen zum ersten Jahrestag beginnt: „Freue dich Jerusalem, die du so bitterlich weintest, als du als Magd im Dunkel warst: Jubele, Jerusalem":

---

[46] Expeditio Ierosolimitana (wie Anm. 20), VI, 231-330 mit dem Kommentar, dazu X-XV.

[47] Expeditio Ierosolimitana (wie Anm. 20), VI, 322-324: *Ipse triumphantem dux suscipiens et ovantem / Fecit concinnum modulis predulcibus ymnum / Ad laudem facti recinendum posteritati.*

Jerusalem, laetare
quae flebas tam amare,
dum serva tenebare[48]*:*
Jerusalem, exulta!

Die Eroberung wird breit als Befreiung aus heidnischer Knechtschaft gefeiert, und auch sonst finden sich lauter Motive der verbreiteten Jerusalem-
Verehrung; dazu kommt die Aufforderung, ohne Furcht weiter für die Sache
des Glaubens zu kämpfen. Es fehlt auch nicht die Erinnerung an die Stunde
der Eroberung, die mit der Stunde der Kreuzigung Christi in Beziehung gesetzt wird, und auch die Blutströme im Tempel und in der Stadt fließen wieder:

Ipsi traduntur igni.
Vos gaudete, benigni
Nam pereunt maligni.
Jerusalem, exulta!

Die Plünderung auch des Tempels durch die siegreichen Kreuzfahrer hatte
noch ein poetisches Nachspiel. Paul Lehmann republizierte und erläuterte
1941 das erste Buch einer größeren rhythmischen Dichtung aus Jerusalem,
das der Prior Arcadus des Tempels von Jerusalem an König Balduin (II.?,
1118-31) gerichtet hatte und mit dem er sich um Hilfe in der wirtschaftlichen
Notlage des Tempels bemühte. Denn die neuen christlichen Herren hatten
sich ungescheut Besitzungen und Einkünfte des Tempels angeeignet und das
genommen, was die christliche Kirche als ihren den Muslimen wieder ent-
rissenen Besitz ansah. Durch die Einfügung einer Geschichte des Tempels
oder der Tempel von Jerusalem und einer breiten Beschreibung ihres Baus
und ihrer Ausstattung von den alttestamentlichen Anfängen bis zur Zerstörung der Stadt durch Titus ist das Bitt- und Klagegedicht freilich auf 817
Fünfzehnsilbler angewachsen und mehr schon zu einer Lehrdichtung ge-

---

[48] SPRECKELMEYER ed., 4, setzt mit SCHMUCK *tenebrare* gegen die älteren Editoren. Die Hs.
Paris BN lat. 5132 fol. 21 hat *tenebare* mit einer Lücke von einem Buchstaben nach *b*. Zu
Str. 19, 2 bietet die Hs. *fmli* (mit Kürzungsstrich durch die Oberlänge des *l*); Str. 31,1 paßt
SPRECKELMEYERs Konjektur *in muris* nicht in das Reimschema, die Hs. hat *minoris* mit der
Glosse *vel in horis*, und HAGENMEYERs Interpretation *in oris* scheint zutreffend. In der bösen
Strophe 31 über das Blutbad im Tempel hat ein Leser den Refrain *Ierusalem exulta*
durchgestrichen. Str. 34, 1 *Cessit:* nach dem *C* auf Rasur ein höher gestelltes Zeichen, das
man als *u* mit Kürzungsstrich deuten kann, also *Cum sit*; über Str. 35, 4 *suscitatus* die von
SPRECKELMEYER nicht erwähnte   Variante *iam potitus tropheo* (AH 45b, 78 bereits
angegeben).

worden. Doch die Forderungen des Priors treten deutlich hervor, wenn er am Schluß ankündigt, die Namen der Übeltäter nennen zu wollen, und darauf hinweist, daß immer noch die Restauration und die neue Weihe des Tempels nach dem Blutbad auf sich warten lasse. Die beiden weiteren Bücher weist Lehmann dem Nachfolger des Arcadus, dem Prior Gaufredus zu, der 1138-1160 nachweisbar ist; im dritten Buch wird die Eroberung von Jerusalem durch Titus noch einmal ausführlich nach dem lateinischen Josephus 'De bello Iudaico' geschildert[49].

Als das christliche Heer bei Hattin die schwere Niederlage erlitten hatte, vernichtet wurde oder in Gefangenschaft geriet und die Kreuzesreliquie und die Stadt Jerusalem und viele andere Orte verloren gingen, wurde die Rück-eroberung der Stadt wieder zum Thema der lateinischen Dichtung. Eine Gruppe von rhythmisch wie sprachlich teilweise überaus kunstvoll ge-stalteten Liedern entstand, von denen einige sich deutlich im nördlichen Frankreich ansiedeln lassen. Klagen über die Christus und seinen Gläubigen angetane Schmach, über die Verluste der heiligen Stätten und den Tod vieler Christen, die – in Umkehrung der Verhältnisse – nach Meinung der Dichter in den Straßen von Jerusalem *sicut pecudes* erschlagen wurden, verbinden sich mit moralisch drängenden oder aggressiven Aufrufen zum Kampf, wie etwa in dem Carmen Buranum Nr. 47 'Crucifigat omnes domini crux altera', das wohl aus dem Repertoire der Schule von Notre-Dame übernommen wurde. Zu diesem Repertoire gehören auch die anderen, in dem genannten Codex der Bibliotheca Laurentiana überlieferten Lieder; französischen Ur-sprungs sind zudem 'Iuxta threnos Ieremie' von Berterus von Orléans (Spreckelmeyer ed. Nr. 10), einem Zeitgenossen Walters von Châtillon, so-wie aufgrund ihrer Form das Carmen Buranum Nr. 48 'Quod spiritu David precinuit' und 'Plange Sion et Iudea' mit seiner Kurzfassung 'Lugent Sion et Iudea', die beide nur in österreichischen Handschriften erhalten sind und in der Forschung als in Sizilien geschrieben gelten. Nach Frankreich verweisen auch 'Ierusalem, civitas inclita' und 'Miror cur tepeat' aus Handschriften in Laon und Troyes; der erste Text entstand noch vor der Katastrophe, der zweite einige Zeit danach.

Dieser Gruppe lässt sich ein weiteres Lied anschließen, das in den bis-herigen Sammlungen fehlt und, soweit ich sehe, noch nicht publiziert wurde.

---

[49] Paul LEHMANN, Die mittellateinischen Dichtungen der Prioren des Tempels von Jerusalem Arcadus und Gaufridus, in: Corona quernea. Festschrift Karl STRECKER, Leipzig 1941, ND Stuttgart 1960 (MGH Schriften 6), 296-330.

Es findet sich verzeichnet im Incipitarium Hans Walthers als Nr. 14144 'Plange, sacra religio', ohne nähere Angaben und erscheint daher im Register auch nicht unter dem Stichwort „Kreuzzüge (Kreuzlieder)". Als Überlieferung ist „Namur 153 s. XIII fol. 99" angegeben; es handelt sich jedoch um einen Codex s. XVII, der sich als direkte Abschrift einer erhaltenen Trierer, ehemals Prümer Handschrift zu erkennen gibt.

1. *Plange, sacra religio,*
planctus solare planctibus!
Funde fletus pro gaudio,
disce gaudere fletibus,
responde mestis casibus!
Communis est afflictio:
Dole dolore socio,
ut sociis doloribus
locus detur solacio!

2. *Est risus et illusio*
Christi nomen in gentibus.
Improbatur obproprio
sua fides fidelibus,
dum vincitur ab hostibus.
O dolor, o conpassio,
o res digna suspirio:
Ludit in nostris fratribus
hostis armorum otio.

3. *Quod Iheremias carmine,*
quod propheta predixerat,
fatum sine velamine,
sine figura reserat:
Iherusalem exuberat
nostri cruoris flumine,
vir cadit, cadunt femine.
Quos unda babtizaverat,
rebabtizantur sanguine.

4. *Rex captus in certamine,*
qui modo sceptra rexerat,
verso fatorum ordine
servit et vincla tolerat.
Quis tot captivos referat
pro Christi captos nomine?
Quo redimentur numine?
Quis tot captivos liberat?
Non est istud in homine.

5. *Patriarche non parcitur,*
calcatur reverentia.
Sanguis sanctorum funditur,
funduntur passim milia.
Fracta cadunt altaria,
templum sanctum polluitur:
Tot malis sermo vincitur!
Sola restant suspiria,
solus dolor relinquitur.

6. *Vos, per quos mundus regitur,*
vos regentes et alia,
vobis Christus hoc queritur.
Signa movete regia,
ite, sacra militia,
vobis palma promittitur,
quibus Christi crux tollitur.
Eius virtus sit previa,
qui passus item patitur!

T = Trier, Stadtbibliothek, Codex 1286/43 s. XI, fol. 51^r, eingetragen s. XII ex. auf einer freien Seite 'Plange sacra religio', die erste Strophe mit einstimmiger Melodie auf Fünf-Linien-Schema, Str. 2 bis Zeile 4 *fidelibus* (nicht genau übereinstimmend) neumiert. Auf fol. 50^v endet Reginos Chronik mit Nachträgen und Federproben auf dem freien Raum, darunter auch eine Zeile mit Str. 1, 1-4 bis *disce gau.* Beschreibung der Hs. zuletzt von Ernst TREMP, Studien zu den Gesta Hludowici imperatoris des Trierer Chorbischofs Thegan, Hannover 1988 (MGH Schriften 32), 153f. (gibt lediglich an „Hymnus mit Neumen" mit Incipit und Explicit). Dazu:

Gesta Ernesti ducis. Die Erfurter Prosa-Fassung der Sage von den Kämpfen und Abenteuern des Herzogs Ernst, hg. von Peter Christian JACOBSEN u. Peter ORTH, Erlangen 1997 (Erlanger Forschungen A 82), 47-49; Catalogue de manuscrits conservés á Namur, par Paul FAIDER (Catalogue général des manuscrits des bibliothèques de Belgique 1), Gembloux 1934, 221f. Zu danken habe ich P. Orth, der mir eine erste Abschrift des Textes anfertigte, und Herrn Dr. Nolden und der Stadtbibliothek Trier für einen Reader-Print der Seiten und eine Fotografie zur Publikation.

1,4-5 -ibus responde *in ras. pro* -us pro gaudio (*cf. 1,3*) *T*   2,5 dum] duuv *T*   2,6 conpassio *in ras. pro* suspirio *T*   3,3 fatum] factum *coni. F.* Rädle – sine] sūe (= summe) *vel* sne (*cum compendio*, = sententiae) *T, corr. P.* Orth   3,4 figura] -i- *corr.* (*ex a?*) *T*   4,5-6 *post* captivos *del.* liberat (*cf. 4,8*) *T* – pro Christi captos] pro *in ras. pro* xpi (*cum compendio*), Christi *in marg.*, captos *in ras. T*   6,1 regitur *ss. T*   6,4 movevete *T*   6,9 pasus *T*

Daß das Lied aus einer schriftlichen Vorlage hier eingetragen wurde, ergibt sich aus der Stellung der Notenschlüssel – C-Schlüssel und F-Schlüssel auf der zweiten und vierten Linie von oben: Sie stehen am Anfang des 1. Systems, ein zweites Mal kurz vor dem Ende des ersten Systems, ebenso ein drittes Mal vor den letzten Noten des 2. Systems, dafür fehlen sie am Anfang des 2. und 3. Systems: Die Melodie ist also hier gegenüber der Vorlage etwas zusammengerückt; die Schlüssel wurden unverständig mit kopiert an der Stelle der Melodie, an der sie in der Vorlage standen. Das Thema des Liedes ist wiederum die Situation nach der Schlacht bei Hattin 1187. Die Formulierungen sind neu, und doch meint man, in den Strophen Bekanntes oder Zitate zu hören: *planctus, fletus, dolor, solacium* – das Vokabular für Trauer und Schmerz ist begrenzt, der Rekurs auf die Prophezeiungen von der Zerstörung Jerusalems und die Lamentationes des Jeremias – 'Iuxta threnos Ieremiae', 'Quod spiritu David percinuit' – naheliegend; die Fakten sind für alle Dichter dieselben, so scheinen Ähnlichkeiten unvermeidlich. Gleichwohl könnte man sich Zusammenhänge, einen gewissen Wettbewerb akademisch gebildeter Kleriker untereinander in der Heimat – in Paris? – im Dienst der Kreuzzugspropaganda vorstellen. Wenn in dem neuen Lied am Ende der 1. Strophe von dem gemeinsamen Schmerz die Rede ist, in dem man gemeinsam klagend Trost findet, und es am Ende der 5. Strophe heißt, die Rede versage, es blieben nur Seufzer und Schmerz, glaubt man in der Ferne einen Planctus Abaelards zu hören[50]: *Dolorum solatium, laborum remedium / mea michi*

---

[50] Ich zitiere den Text nach Lorenz WEINRICH, 'Dolorum solatium' – Text und Musik von Abaelards Planctus David, Mittellateinisches Jahrbuch 5 (1968), 59-78, Text 70-72. Vgl. auch Peter DRONKE, Poetic Individuallity in the Middle Ages. New Departures in Poetry 1000-1150, Oxford 1970, 114-149, mit einer Edition der Melodie von 'Dolorum solatium' 202-209.

cithara, so Abaelards Anfang des Planctus Davids beim Tod Sauls und Jonathans (2. Reg. 1), mit dem Schluß, als der Todesbote erschlagen ist, der Saul auf seinen Wunsch den Tod gegeben hatte, *ut doloris nuntius doloris sit socius*, und weiter: *Do quietem fidibus; / vellem ut et planctibus / sic possem et fletibus. / Lesis pulsu manibus / raucis planctu vocibus / deficit et spiritus.* Zudem ist die Situation ähnlich. Denn mit Saul war der König des Gottesvolkes im Kampf gegen die Ungläubigen, als die Niederlage der Israeliten offenbar war, ums Leben gekommen – bei Hattin war König Guido zwar nicht gefallen, aber mit vielen Rittern in Gefangenschaft geraten; die Katastrophe war ähnlich, entsprechend auch die Reaktion der Ungläubigen: Gelächter und Spott über die Gegner, die auf ihren Gott vertraut hatten und von ihm verraten worden waren. Der zweiten Strophe im Kreuzzugslied entspricht bei Abaelard die Partie v. 15-36 ... *infidelis iubilat / Philistea, / dum lamentis macerat / se Iudea. / Insultat fidelibus / infidelis populus, / ... / in derisum omnium / ... insultantes inquiunt: / ...* Abaelards Planctus David ist der einzige seiner sechs erhaltenen Planctus, der nicht nur in der Sammlung einer vatikanischen Handschrift aus Nordfrankreich überliefert ist, sondern auch in einer englischen Handschrift des 13. Jahrhunderts und in einem Prosar aus Nevers (s. XII), mit Melodien: der Planctus war also nicht vergraben und vergessen[51], und vielleicht verhalf gerade dieser Umstand, nämlich die Vergleichbarkeit der Situationen und die Möglichkeit, das alttestamentliche Ereignis figürlich auf die gegenwärtige Situation zu beziehen, Abaelards 'Planctus David' im späten 12. Jahrhundert zu neuer Wirksamkeit und Verbreitung.

Das neue Lied weist aber auch zu einem anderen zeitgenössischen Kreuzzugslied nähere Verbindungen auf. Das Lied 'Plange Sion et Iudea' fällt durch eine detaillierte Schilderung der Situation in Herbst 1187 in Palästina auf und enthält in seinen letzten Strophen Anspielungen auf Personen, die Rudolf Hiestand in sorgfältiger Interpretation identifizieren konnte[52]. Der

---

[51] Zu den Nachwirkungen der Planctus Abaelards vgl. WEINRICH (wie Anm. 50), 77f.

[52] Schwierigkeiten bereitete vor allem der Schluß Str. 10, 5-8: *Destructa sic Syria / Suscepit Sicilia / In misericordia / Lacrimas Tharsensis.* HIESTAND hat den *Tharsensis* mit Albert, dem Erzbischof von Tharsus und Kanzler von Antiochien zu identifizieren und als Dichter des Liedes zu erweisen versucht, der von Bohemund III. von Antiochien im Herbst 1187 mit Hilferufen in den Westen geschickt wurde. Doch gibt es keine Belege, die seine Anwesenheit auf Sizilien bezeugen würden, und HIESTANDs Nachweis, daß zu der Zeit Beziehungen zwischen Antiochien/Bohemund und Sizilien bestanden, bestätigt nur, was ohnehin anzunehmen war. In der Diskussion scheint bisher die Frage noch nicht gestellt worden zu sein, ob man nicht *Thyrensis* statt *Tharsensis* lesen und in ihm den Erzbischof Joscius/Josias

Anfang ist mit dem des Trierer Liedes vergleichbar (*Plange, Sion et Iudea, / Plangant, quotquot sunt in ea, / Quod triumphat Idumaea*); in beiden Texten werden die Leiden und Verstümmelungen der Christen durch die Sieger und das Problem des Freikaufs so vieler Gefangener betont[53]. Formal stimmen sie darin überein, daß die Strophen der Lieder außer dem konstanten Reimschema auch paarweise dieselben Reime aufweisen[54] – coblas doblas, die man unter den übrigen Kreuzzugsliedern auch in 'Quod spiritu David precinit' (mit leichten Unregelmäßigkeiten in Strophe 3) findet und die als Zeichen französischen Ursprungs gelten[55]. Beachtung verdient auch, daß 'Plange Sion' ebenfalls – und deutlicher – Abaelards Planctus 'Dolorum solatium' benutzt hat. Goswin Spreckelmeyer verwies schon zu Str. 1, 4 auf Abaelards Planctus Nr. 6 v. 13f., ohne jedoch weiter darauf einzugehen. Hier wird ein Vers genau, der folgende aktualisiert zitiert (ed. Weinrich, wie Anm. 50, S. 70, v. 13-18):

---

von Tyrus sehen sollte, der etwa gleichzeitig mit der Schreckensbotschaft von Tyrus aufbrach und nachweislich zuerst bei Wilhelm II. von Sizilien Station machte, vgl. HIESTAND, 140, Steven RUNCIMAN, Geschichte der Kreuzzüge, München 1960, III, 4; A History of the Crusades, hg. v. Kenneth M. SETTON, Bd. II: The Later Crusades 1189-1311, hg. v. Robert Lee WOLFF und Harry W. HAZARD, Philadelphia 1962, 38.

[53] 'Plange Sion' Str. 2, 1-4 *Infidelis gens et rea / Servos Christi ut Medea / Istos vendit in platea, / Illos truncat sub romphea;* Str. 5, 1-3 *Evanescit in tormentis / Multitudo nostrae gentis, / Iacet absque vestimentis;* Str. 6, 5-8 *Mundi reges, currite, / Captivos redimite / Et caput conterite / Christum conterentis,* und andere Formulierungen.

[54] Lediglich die Strophen 7/8 stimmen in den Reimen nicht überein – sollten hier Strophen verloren sein? Übrigens endet die verkürzte Fassung, 'Lugent Sion et Iudea', mit der Str. 8, die auch in der Langfassung einen guten Abschluß bilden würde:

Pie Deus, cesset ira,
Verberasti, iam aspira,
Si sit manus adhuc dira,
Quis narrabit Christi mira?
Interfectis fratribus,
Captivatis ducibus
Pendet in salicibus
Organum cum lyra.

Dem gegenüber wirken die Strophen 9/10 mit den Anspielungen auf bestimmte Persönlichkeiten wie angehängt. Formal bieten sie keinen Anlaß zu Zweifeln; so möchte man fragen, ob sie verstellt sind: Nach Str. 6 könnte man das Strophenpaar leicht einordnen, dann fehlte nur eine Parallelstrophe zu Str. 7, und Str. 8 hätte als „Waise" den Abschluß des Liedes gebildet, so wie auch 'Quod spiritu David precinuit' mit einer Einzelstrophe, einer „Waise", abgeschlossen wird. Auch wäre so die Schlußstellung des „Tharsensis", die ihn zum mutmaßlichen Autor werden ließ, aufgehoben.

[55] Freundlicher Hinweis von Herrn Kollegen Ulrich MÖLK, Göttingen.

Amalech invaluit
Israel dum corruit;
infidelis iubilat
Philistea,
dum lamentis macerat
se Iudea,

dazu 'Plange, Sion' Str. 1, 5-8:

Amalech invaluit,
Ierusalem corruit.
Loca sancta polluit
Proles Cananaea.

Zudem scheint der Name *Philistea* dazu angeregt zu haben, den Verlust der Kreuzesreliquie mit dem Verlust der Arca Dei, der Bundeslade, im Kampf der Israeliten mit den Philistern (1. Reg. 4, 10f.) in Verbindung zu bringen (Str. 2, 7f.)[56]:

Arcam Dei rapuit
Procax Philistea

Daß in dem Lied außer Abaelard auch Walter von Châtillon zitiert wird, hat Spreckelmeyer ebenfalls gesehen (Str. 4, 3):

Aurum Christi conculcatur,

aus der Liedersammlung von St. Omer (ed. Karl Strecker, Berlin 1925) Nr. 12, 3, 7. Das sind freilich lauter Indizien, die nicht dafür sprechen, daß das Lied von dem „Tharsensis" bald nach seiner Ankunft auf Sizilien gedichtet worden sei. Man wird jedenfalls Beziehungen der beiden Kreuzzugslieder zueinander und gemeinsam zu Abaelards Planctus Davids annehmen und ihre Entstehung in Nordfrankreich vermuten dürfen.

Die Form des Trierer Liedes ist dagegen schlichter. Die Strophen mit ihren neun steigenden Achtsilblern werden durch das Reimschema vor Gleichförmigkeit bewahrt und in der Weise einer Kanzonenstrophe gegliedert (ab|ab|baaba); diese Struktur bestätigt auch die Melodie[57]. Daß sie als

---

[56] Als Parallele zum Verlust der Bundeslade wird der Raub der Kreuzesreliquie auch in 'Heu voce flebili' Str. 23f. gesehen.

[57] Das Reimschema wird in der altfranzösischen Lyrik häufig verwendet, vgl. Ulrich MÖLK und Friedrich WOLFZETTEL, Répertoire métrique de la poésie lyrique française des origines à 1350, München 1972, Nr. 861, darunter Nr. 1132-1138 mit 9 steigenden Achtsilblern (1134-1136 coblas doblas). Von den Kreuzzugsliedern steht der Form am nächsten 'Venit Iesus in

ebenso bewegend wie die Worte empfunden wurde, mag man bezweifeln; den Ton Abaelards erreicht sie sicher nicht. Gleichwohl darf sie Interesse beanspruchen als eines der wenigen, einigermaßen sicher übertragbaren Beispiele der Kreuzzugslyrik des 12. Jahrhunderts[58]. Eine gewisse Härte scheint in dem Septimensprung bei der Wiederholung des ersten Stollens der Kanzone zu liegen; gewisse Zweifel bleiben, ob das an drei Stellen ausdrücklich geforderte b (statt h) nur jeweils für einen Ton gilt. Überraschend wirkt vielleicht die Wendung zur Finalis G. Sie zeigt an, daß die Melodie den Ambitus-Regeln der Ars musica folgen will: Der Ambitus reicht nach oben bis zum d, also eine Quinte über die Finalis, und nach unten bis zum D, also eine Quarte unter die Finalis, mit gelegentlicher, zulässiger Unterschreitung um einen Ton. Es handelt sich also um ein Lied im 4. plagalen oder 8. Ton.

Die Verse kennzeichnen offenbar recht gut die Situation und die Stimmung der Zeitgenossen in den Tagen nach der Schlacht bei Hattin am 4. 7. 1187, vor der Freilassung des Königs Guido im Juli 1188; sie sind geprägt von Klagen und Jammer und Zweifeln an den Kräften der Menschen. Denn die Sieger von 1099 waren nun – *verso fatorum ordine* – die Erniedrigten: wer konnte noch die Gefangenen zählen, wer sie freikaufen, wer die Gefangenen befreien? *Non est istud in homine* (Str. 4, 9). Der Aufruf an die Mächtigen, das Kreuz zu nehmen, zu kämpfen, fehlt zwar nicht, doch er strahlt keine Siegesgewißheit aus; das erreichbare Ziel ist nicht Jerusalem, sondern der Märtyrertod. Das Zeitalter des Königreiches Jerusalem und der Sieg von 1099 waren Vergangenheit.

---

propria' mit Strophen zu 13 steigenden Achtsilblern mit dem Reimschema abab|abab|aabba - Für die Übertragung der Melodie möchte ich Andreas PFISTERER M.A. (Musikwissenschaftliches Institut der Universität Erlangen-Nürnberg) danken.

[58] SPRECKELMEYER ed., 65-86 reproduziert die verschiedenen Versuche, die zu nur vier Liedern überlieferten Melodien oder unlinierten Neumen zu übertragen. Nicht berücksichtigt wurde bisher 'Plange Sion et Iudea', wozu – nach AH 33, 315 – ebenfalls Neumen überliefert sind.

Trier, Stadtbibliothek, Codex 1286/43 s. XI, fol. 51ʳ: 'Plange sacra religio', s. XII,
eingetragen auf einer freien Seite (Seitenspiegel etwa 15x23 cm)

Papst Urbans II. Kreuzzugsrede in Clermont bei lateinischen Schriftstellern des 15. und 16. Jahrhunderts

Peter Orth

Als Konstantinopel am 29. Mai 1453 nach fünfzigtägiger Belagerung von den Truppen Mehmeds II. (1432-1481) erobert wurde, lösten die Nachrichten vom Fall der Stadt, denen es an blutigen Details nicht mangelte, ein gewaltiges publizistisches Echo im lateinischen Westen aus. In den vielstimmigen Chor der Klagenden, Mahnenden und Werbenden reihten sich in den folgenden Jahren und Jahrzehnten die bedeutendsten Literaten der Zeit ein, die in Reden und Briefen, Traktaten und Gedichten zur Abwehr der türkischen Bedrohung von Europa aufriefen[1].

---

[1] Zu den Reaktionen im Westen vgl. den materialreichen Überblick bei Erich MEUTHEN, Der Fall von Konstantinopel und der lateinische Westen, Mitteilungen und Forschungsbeiträge der Cusanus-Gesellschaft 16 (1984), 35-60 (Vorabdruck in: Historische Zeitschrift 237 [1983], 1-35) und die von Franz-Reiner ERKENS herausgegebene Aufsatzsammlung Europa und die osmanische Expansion im ausgehenden Mittelalter (Zeitschrift für Historische Forschung Beiheft 20), Berlin 1997 und zuletzt Marios PHILIPPIDES, The Fall of Constantinople 1453: Bishop Leonardo Guistiniani and his Italian Followers, Viator 29 (1998), 189-225; zum zeitgenössischen Schrifttum Robert BLACK, Benedetto Accolti and the Florentine Renaissance, Cambridge u. a. 1985, 226-240; Ludwig SCHMUGGE, Die Kreuzzüge aus der Sicht humanistischer Geschichtsschreiber (Vorträge der Aeneas-Silvius-Stiftung an der Universität Basel 21), Basel-Frankfurt am Main 1987; James HANKINS, Renaissance Crusaders. Humanist Crusade Literature in the Age of Mehmed II., in: Dumbarton Oaks Symposium 1993. Byzantium and the Italians, 13th-15th Centuries (Dumbarton Oaks Papers 49), Washington, DC 1995, 111-207; Nancy BISAHA, „New Barbarian" or Worthy Adversary? Humanist Constructs of the Ottoman Turks in Fifteenth-Century Italy, in: Western Views of Islam in Medieval and Early Modern Europe: Perceptions of Other, hg. v. David R. BLANKS und Michael FRASSETTO, Basingstoke u. a. 1999, 185-205. An Quellensammlungen sind zu

Zu den entschiedensten Propagandisten gehörte bis zu seinem Tode 1464 Enea Silvio Piccolomini, zunächst in Diensten Friedrichs III., dann als Papst Pius II. Nicht nur nach Eneas eigener Einschätzung zählten seine Reden 1454 auf den Reichstagen in Regensburg und Frankfurt sowie sein auf dem von ihm selbst initiierten Mantuaner Kongreß 1459 vorgetragener Appell zu den größten rhetorischen Leistungen seiner Karriere[2]. Bereits in den an Papst

---

nennen: La caduta di Costantinopoli, Bd. I: Le testimonianze dei contemporanei; Bd. II: L'eco nel mondo, ed. Agostino PERTUSI (Scrittori Greci e Latini), Verona 1976 und Testi inediti e poco noti sulla caduta di Costantinopoli, ed. Agostino PERTUSI, hg. v. Antonio CARILE (Il mondo medievale. Sezione di storia bizantina e slava 4), Bologna 1983. Zu Prophezeiungen über das Ende Konstantinopels Chiara PERTUSI, La *Flagellazione* di Piero della Francesca e le fonti letterarie sulla caduta di Costantinopoli (Quaderni della Rivista di Bizantinistica 12), Bologna 1994, 8-28; zur epischen lateinischen Dichtung, die die Eroberung Konstantinopels auslöste, vgl. Matteo Zuppardo, Alfonseis, ed. Gabriella ALBANESE (Centro di Studi Filologici e Linguistici Siciliani. Bollettino. Supplementi: Serie mediolatina e umanistica 6), Palermo 1990, 39-49. Zum historischen Kontext Kenneth M. SETTON, The Papacy and the Levant (1204-1571), Bd. II: The Fifteenth Century (Memoirs of the American Philosophical Society 127), Philadelphia 1978, 108-270 und Norman HOUSLEY, The later Crusades 1274-1580. From Lyons to Alcazar, Oxford 1992, 99-108.

[2] Vgl. die Schilderung der Auftritte in Regensburg, Frankfurt und Wiener Neustadt in seiner Autobiographie (Pii II commentarii rerum memorabilium que temporibus suis contigerunt, I 26-28, ed. Adrianus VAN HECK, 2 Bde. [Studi e Testi 312. 313], Città del Vaticano 1984, hier: I, 81-84). Dazu Gerhart BÜRCK, Selbstdarstellung und Personenbildnis bei Enea Silvio Piccolomini (Pius II.) (Basler Beiträge zur Geschichtswissenschaft 56), Basel u. a. 1956, 53-66; Luigi TOTARO, Pio II nei suoi *Commentarii*. Un contributo alla lettura della autobiografia di Enea Silvio de Piccolomini (Il mondo medievale. Sezione di storia delle istituzioni della spiritualità e delle idee 5), Bologna 1978, 170-179; MEUTHEN (wie Anm. 1), 40 und 46f.; HOUSLEY (wie Anm. 1), 105-108; SCHMUGGE (wie Anm. 1), 11f. Zu den Reden in Regensburg und Frankfurt Jürgen BLUSCH, Enea Silvio Piccolomini und Giannantonio Campano. Die unterschiedlichen Darstellungsprinzipien in ihren Türkenreden, Humanistica Lovaniensia 28 (1979), 78-138; Heribert MÜLLER, Kreuzzugspläne und Kreuzzugspolitik des Herzogs Philipp des Guten von Burgund (Schriftenreihe der Historischen Kommission bei der Bayerischen Akademie der Wissenschaften 51), Göttingen 1993, 64-79, besonders 72f. und Dieter MERTENS, *Europa, id est patria, domus propria, sedes nostra* .... Zu Funktionen und Überlieferung lateinischer Türkenreden im 15. Jahrhundert, in: Europa und die osmanische Expansion (wie Anm. 1), 39-57, hier 45 und 49-52. Zu Überlieferung und Nachleben Franz Josef WORSTBROCK, Piccolomini, Aeneas Silvius, in: Die deutsche Literatur des Mittelalters. Verfasserlexikon VII ([2]1989), 634-669, hier 650 und 662 und Paul WEINIG, *Aeneam suscipite, Pium recipite!* Aeneas Silvius Piccolomini. Studien zur Rezeption eines humanistischen Schriftstellers im Deutschland des 15. Jahrhunderts (Gratia. Bamberger Schriften zur Renaissanceforschung 33), Wiesbaden 1998, 55-57 und 91 (zu Sammlungen der Turcica). Die noch ungedruckte Kölner Habilitationsschrift von Johannes HELMRATH, Die Reichstagsreden des Enea Silvio Piccolomini 1454/55. Studien zu Reichstag und

Nikolaus V. und Kardinal Nikolaus von Kues im Juli 1453 gerichteten Briefen, in denen er bald nach dem Eintreffen der Nachricht über die Eroberung Konstantinopels berichtete, tauchen eine Reihe von Motiven auf, die er in den späteren Reden wieder verwerten sollte[3]. Ganz Humanist sieht er im Verlust der Stadt eine *secunda mors* Platos und Homers; die Säule Griechenlands, die Heimstatt der Wissenschaften ist in die Hände von Barbaren gefallen; die Quelle der Musen ist versiegt[4]. In epist. 112 stellt Enea den Erfolg Mehmeds in die Reihe christlicher Niederlagen, die zum Verlust Jerusalems und des gesamten Heiligen Landes führten[5]:

Rhetorik (1994), auf die MERTENS, *Europa, id est patria, domus propria, sedes nostra ...* (wie Anm. 2), 56f. hinweist, war mir nicht zugänglich.

[3] Zu den Selbstzitaten Eneas vgl. MERTENS, *Europa, id est patria, domus propria, sedes nostra ...* (wie Anm. 2), 49-52 (er spricht von „Wiedergebrauchsreden") und die Bemerkung seines Biographen Bartolomeo Sacchi (Bartholomeus Platinensis, Vita Pii II Pontificis Maximi, ed. Giulio C. ZIMOLO, Le vite di Pio II di Giovanni Antonio Campano e Bartolomeo Platina [Rerum Italicarum Scriptores. Nuova edizione 3/3], Bologna 1964, 107): *Nil ab eo pretermissum quod ad movendos Christianorum animos pertineret. Mirabile quidem illud videbatur, quod, cum saepius iisdem de rebus loqueretur, diversa semper visus est dicere, tanta erat in homine elegantia et copia.*

[4] Epist. 109 an Nikolaus V. vom 12.VII.1453 und epist. 112 an Nikolaus von Kues vom 21.VII.1453 (Der Briefwechsel des Eneas Silvius Piccolomini, ed. Rudolf WOLKAN, Bd. III/1 [Fontes rerum austriacarum 2, 68], Wien 1918, 189-202 und 206-215; Auszüge aus beiden auch in La caduta di Costantinopoli [wie Anm. 1], II, 40-67). Epist. 109: (200) *secunda mors ista Homero est, secundus Platoni obitus [...] extinctus est fons musarum;* (201) *nos in Europa in nostro solo, inter Christianos potentissimam urbem, orientalis imperii caput, Grecie columen, litterarum domicilium ab hostili manu sinimus expugnari;* epist. 112: (210) *precisus est fluvius omnium doctrinarum, musarum desiccatus fons.* Enea versucht Nikolaus V. durch einen rhetorischen Kunstgriff für sein Anliegen zu gewinnen: er führt seine vorbildliche Vita im Stil des alten Liber Pontificalis vor, die nur durch den Schlußsatz *at huius tempore urbs regia Constantinopolis a Turchis capta direptaque est* verunstaltet werde (200). Tatsächlich wird erst in der Bearbeitung des Liber Pontificalis durch Platina (1421-1481) – nach Pius' II. Epitome der Dekaden Flavio Biondos – die Kreuzzugsmaterie das beherrschende Sujet der Viten Urbans II. und Paschalis II., vgl. Bartolomeo Sacchi (Platina; Platyna Historicus), Liber de vita Christi ac omnium pontificum, ed. Giacinto GAIDA (Rerum Italicarum Scriptores. Nuova edizione 3/1), Città di Castello 1913, 196-198 und SCHMUGGE (wie Anm. 1), 14f.

[5] Epist. 112 (Briefwechsel [wie Anm. 4], 211). Enea spielt durch die Namenswahl *Maumethus* für Mehmed natürlich auf den Religionsstifter Mohammed an; in ähnlicher Weise suggeriert er eine schicksalhafte Verbindung in der Namensgleichheit des letzten Herrschers in Konstantinopel, Konstantins XI. Palaiologos (1405-1453), und Konstantins des Großen, vgl. auch seine 'Commentarii' (Pii II commentarii, II 1 [wie Anm. 2], I, 113f.) und PERTUSI, *Flagellazione* (wie Anm. 1), 30.

magnum est hoc detrimentum, sed multo majus illud, quod fidem Chris-
tianam comminui et in angulum coartari videmus. nam qui [Wolkan; *que*
ist dem vorzuziehen] *totum illum orbem occupaverat, jam ex Asia*
Libiaque profligata neque in Europa quiescere permittitur [...] *parum est,*
quod in orbe Christi nomen retinet. terra, in qua visus est deus noster et
annis 30 et amplius homo cum hominibus conversatus, quam miraculis
illustravit, quam proprio sanguine dedicavit, in qua primi resurrectionis
flores apparuerunt, jam diu propter peccata nostra crucis inimici con-
culcant. terra benedicta, terra promissionis, terra lacte fluens et melle
scelerate gentis imperio paret. en ipsam dei viventis civitatem officinasque
nostre redentionis sanctaque loca agni immaculati purpurata cruore
Saracenorum jam diu manus pedesque polluerint. an non ipsum Chris-
tiane religionis sacrarium sanctumque lectum conculcant Maumethi
satellites, in quo propter nos vita nostra obdormivit in morte?

Dann erinnert Enea an die erfolgreichen Kreuzzüge der Vergangenheit, den
legendären Karls des Großen, die Kreuzzüge Gottfrieds von Bouillon, König
Konrads und Ludwigs VII. von Frankreich. Sie stünden als leuchtende Vorbilder in krassem Gegensatz zur *desidia* der Fürsten seiner Zeit. Mit größerer
rhetorischer Emphase hat er diese Elemente in der überarbeiteten Fassung
seiner Rede vor dem Regensburger Reichstag, die er seiner 'Historie vom
Regensburger Tag' einfügte, aufgegriffen und erweitert[6]. Hier jedoch mündet
der Katalog alt- und neutestamentlicher Attribute Jerusalems und der *Terra
sancta* in die Feststellung, daß das Christentum Europas in einen engen
Winkel zusammengedrängt sei. Enea nennt also nicht allein exemplarisch
den Ersten und Zweiten Kreuzzug, sondern setzt zugleich das Repertoire der
Kreuzzugspredigten ein. Dabei hat er an beiden Stellen zwei historisch tref-
fende Vorlagen geschickt zusammengeführt: Nahezu unverändert sind Lob
und Heimsuchung des Heiligen Landes dem bekannten Kreuzzugsbrief Bernhards von Clairvaux, den er 1146 im Vorfeld des Zweiten Kreuzzuges als
Predigttext verbreiten ließ, entnommen[7]. Andere Elemente deuten jedoch auf

---

[6] Epist. 291 (Briefwechsel [wie Anm. 4], 492-563, hier 538-547); die ältere Fassung in:
Deutsche Reichstagsakten. Ältere Reihe, Bd. XIX/1: Unter Kaiser Friedrich III.: 1453-1454,
hg. v. Helmut WEIGEL und Henny GRÜNEISEN, Göttingen 1969, 266-270, vgl. auch 265 zum
Verhältnis beider Fassungen.

[7] Bernhard von Clairvaux, epist. 363,1 (S. Bernardi opera 8: Epistolae I. Corpus epistolarum
181-310, II. Epistolae extra corpus 311-547, ed. Jean LECLERCQ und Henri ROCHAIS, Roma
1977, 312 und Bernhard von Clairvaux, Sämtliche Werke lateinisch/deutsch, ed. Gerhard B.
WINKLER, Bd. III, Innsbruck 1992, 312f.): *Ea mihi nunc ratio scribendi ad vos, ea causa, ut
universitatem vestram litteris audeam convenire. Agerem id libentius viva voce, si, ut
voluntas non deest, suppeteret et facultas. Ecce nunc, tempus acceptabile, ecce nunc dies*

Urbans II. Predigt in Clermont (1095) hin, auf die Pius II. am Schluß seiner Mantuaner Rede von 1459 anspielt; er evoziert dort jene berühmte Szene, als Urbans II. Ansprache von den Zuhörern mit begeisterten *Deus vult, Deus vult!*-Rufen beantwortet wird[8]:

---

copiosae salutis. Commota est siquidem et contremuit terra, quia coepit Deus coeli perdere terram suam. Suam, inquam, in qua visus est, et annis plus quam triginta homo cum hominibus conversatus est. Suam utique, quam illustravit miraculis, quam dedicavit sanguine proprio, in qua primi resurrectionis flores apparuerunt. Et nunc, peccatis nostris exigentibus, crucis adversarii caput extulerunt sacrilegum, depopulantes in ore gladii terram benedictam, terram promissionis. Prope est, si non fuerit qui resistat, ut in ipsam Dei viventis irruant civitatem, ut officinas nostrae redemptionis evertant, ut polluant loca sancta, Agni immaculati purpurata cruore. Ad ipsum, proh dolor, religionis christianae sacrarium inhiant ore sacrilego, lectumque ipsum invadere et conculcare conantur, in quo propter nos Vita nostra obdormivit in morte. Zur Überlieferung der epist. 363 und ihren Ausfertigungen Peter RASSOW, Die Kanzlei St. Bernhards von Clairvaux, Studien und Mitteilungen zur Geschichte des Benediktiner-Ordens und seiner Zweige 34 (1913), 63-103 und 242-293, besonders 243-275 und Jean LECLERCQ, L'encyclique de S. Bernard sur la croisade, Revue Bénédictine 81 (1971), 282-308; zur Funktion als „epistolary sermon" Penny J. COLE, The Preaching of the Crusades to the Holy Land, 1095-1270 (Medieval Academy Books 98), Cambridge/Mass. 1991, 47-49. Zum Nachleben der epist. 363 vgl. Gunther von Pairis, Hystoria Constantinopolitana, ed. Peter ORTH (Spolia Berolinensia 5), Hildesheim-Zürich 1994, 71f. und dazu Christoph T. MAIER, Kirche, Kreuz und Ritual: Eine Kreuzzugspredigt in Basel im Jahr 1200, DA 55 (1999), 95-115. Ausführliche Schilderungen der heilsgeschichtlichen Bedeutung Jerusalems stellen Guibert von Nogent, Dei gesta per Francos, II 4 (ed. Robert B. C. HUYGENS [CC CM 127A], Turnhout 1996, 111f.) und Wilhelm von Tyrus I 15, 131f., an die Spitze ihrer Versionen der Predigt Urbans, vgl. auch die Fassung in der Historia Hierosolymitana (I 2) Roberts des Mönchs (RHC, Hist. Occ., Bd. III, Paris 1866, 729A).

[8] Aeneae Sylvii Picolominei Senensis opera quae extant omnia, Basel 1571, 905-914, hier 914; dazu BLACK (wie Anm. 1), 239. Gerade diese Stelle hebt der unten zu besprechende Paolo Emili in seinem kurzen Bericht über den Mantuaner Kongreß hervor (Pauli Aemylii Veronensis De rebus gestis Francorum libri X, Basel 1601, 338). Pius II. sucht in Mantua auch zeremoniell die Anknüpfung an Clermont: (913) *Nam quod praedecessores nostros Urbanos, Eugenios, Innocentios, Alexandros atque alios fecisse constat, Christianos omnes cruce signabimus in hanc expeditionem ituros et pugnaturis pro lege Domini plenissimam omnium peccatorum suorum veniam largiemur et apostolicis clavibus paradisi portas aperiemus.* Zur Überlieferung der Predigt Urbans grundlegend Dana Carleton MUNRO, The Speech of Pope Urban II at Clermont, 1095, American Historical Review 11 (1906), 231-242; vgl. auch Alfons BECKER, Papst Urban II. 1088-1099, Bd. II: Der Papst, die griechische Christenheit und der Kreuzzug (Schriften der Monumenta Germaniae Historica 19/2), Stuttgart 1988, 393-407 und COLE (wie Anm. 7), 1-36. Bei der Schilderung der Greuel, die sich bei der Eroberung Konstantinopels zugetragen haben, läßt sich Enea ohne Zweifel von den Berichten über den Ersten Kreuzzug und ihrer Darstellung der Heimsuchungen des Heiligen Landes und des byzantinischen Reiches inspirieren. Zur Rolle Konstantinopels als neues Jerusalem und Hort bedeutender Reliquien PERTUSI, *Flagellazione* (wie Anm. 1), 12f. und 29.

O si adessent nunc Godfridus, Baldevinus, Eustachius, Hugo Magnus,
Boemundus, Tancredus et alii viri fortes, qui quondam Hierosolymam per
medias Turcorum acies penetrantes armis recuperaverunt, non sinerent
profecto tot nos verba facere, sed assurgentes, ut olim coram Urbano
secundo praedecessore nostro, Deus vult, Deus vult, alacri voce cla-
marent: vos taciti finem orationis expectatis nec hortamentis nostris
moveri videmini.

Pius II. sehnt – ohne große Hoffnung – ein zweites Clermont herbei. Sucht
man nach Quellen, aus denen er seine Kenntnis des Konzils gezogen haben
könnte, ist zuvörderst an die Kreuzzugsgeschichte Roberts des Mönchs zu
denken. Seine 'Historia Hierosolymitana' zählt zusammen mit der französischen Bearbeitung des 'Chronicon' Wilhelms von Tyrus zu den im ausgehenden Mittelalter bei weitem bekanntesten Werken der hochmittelalterlichen Kreuzzugshistoriographie[9]. Tatsächlich erinnert vieles an Roberts
Schilderung, zwei Details jedoch weisen in eine andere Richtung: das Bild
des *angulus,* in den die Christenheit gedrängt ist[10], und der Ablauf des dra-
matischen Augenblicks in Clermont: Wahrscheinlich hat sich Enea nicht
unmittelbar durch Robert, sondern durch den Bericht des Flavio Biondo
(1392-1463) im dritten Buch der zweiten Dekade der 'Historiarum decades'
inspirieren lassen, zu deren Verbreitung Pius II. durch seine nach 1458 angefertigte Epitome nicht wenig beitragen sollte[11].

---

[9] Dazu Laetitia BOEHM, 'Gesta Dei per Francos' – oder 'Gesta Francorum'? Die Kreuzzüge als
historiographisches Problem, Saeculum 8 (1957), 43-81, hier 60-62 und BLACK (wie Anm.
1), 299 und 322-325. Zur handschriftlichen Verbreitung der Historia des Robertus Monachus: Friedrich KRAFT, Heinrich Steinhöwels Verdeutschung der Historia Hierosolymitana
des Robertus Monachus. Eine literarhistorische Untersuchung (Quellen und Forschungen zur
Sprach- und Culturgeschichte der germanischen Völker 96), Straßburg 1905, 153-164 und
Metellus von Tegernsee, Expeditio Ierosolimitana, ed. Peter Christian JACOBSEN (Quellen
und Untersuchungen zur Lateinischen Philologie des Mittelalters 6), Stuttgart 1982, X; zur
Verfasserproblematik Pascale BOURGAIN, Robertus Monachus, in: LexMA VII (1995), 918f.

[10] Vgl. jedoch Wilhelm von Malmesbury, Gesta regum Anglorum, IV 347 (Rede Urbans in
Clermont; ed. William STUBBS [Rerum Britannicarum Medii Aevi Scriptores 90], London
1889, 395): *Tertium mundi clima restat Europa, cuius quantulam partem inhabitamus*
Christiani? nam omnem illam barbariem quae in remotis insulis glacialem frequentat
oceanum, quia more belluino victitat, Christianam quis dixerit? Hanc igitur nostri mundi
portiunculam Turchi et Saraceni bello premunt.

[11] Er stand Biondos Arbeitsverfahren und Stil freilich kritisch gegenüber (comm. XI 23): *ab*
Honorio Arcadioque Cesaribus, quo tempore inclinasse romanum imperium memorant,
usque ad etatem suam universalem scripsit historiam, opus certe laboriosum et utile, verum
expolitore emendatoreque dignum. procul Blondus ab eloquentia prisca fuit neque satis
diligenter que scripsit examinavit: non quam vera, sed quam multa scriberet curam habuit. si

Biondos 'Dekaden' haben nach Umfang und Form ihre endgültige Gestalt zwischen 1442 und 1452 erhalten[12], als zu der von der jüngeren Geschichte Italiens beherrschten dritten und dem Beginn der vierten Dekade die weltgeschichtlich ausgerichteten ersten beiden hinzukamen, die Biondo mit der Eroberung Roms durch die Westgoten Alarichs beginnen ließ[13]. In den beiden ersten Dekaden verwendet Biondo auf kein Ereignis so viel Aufmerksamkeit und Raum wie auf den Ersten Kreuzzug; Urbans Predigt wird als eine der wenigen Ansprachen überhaupt außerhalb des zeitgeschichtlichen Teiles der Dekaden in direkter Rede gegeben. Sein Bericht nimmt in der zweiten Dekade die zweite Hälfte des dritten Buches und die erste des vierten ein; die Buchgrenze liegt beim Beginn der Belagerung Antiochias. Als Quellen nennt Biondo Robertus Monachus und Wilhelm von Tyrus. Der Forlivese beginnt mit dem Konzil von Clermont und Urbans Rede. Am Ende des Berichtes steht Urbans Tod, dessen Leistung der Kreuzzug vorrangig gewesen sei; dieser sei die bedeutendste Initiative des römischen Papsttums überhaupt gewesen[14]: *facinus est aggressus maximum excellentissimumque*

---

quis aliquando vir doctus, scribendi peritus, opera eius emendare atque ornare decreverit, haud parum utilitatis posteris afferet et se ipsum clarum efficiet multarum etatum gestis, que propemodum sepulta sunt, in lucem redditis. Idem fortasse de nobis dixerit aliquis, neque ab re; qui etsi vera scribimus digna tamen atque indigna referimus et elegantiarum expertes indigestam et rudem teximus historiam. alius olim fortasse inventionibus Blondi nostrisque lucem dabit et alieni laboris fructum metet (Pii II commentarii [wie Anm. 2], II, 711).

[12] Grundlegend sind Bartolomeo NOGARA, Scritti inediti e rari di Biondo Flavio (Studi e Testi 48), Roma 1927 / ND 1973, CVII-CXII und Denys HAY, Flavio Biondo and the Middle Ages, Proceedings of the British Academy 45 (1959), 97-128 (zitiert wird der Nachdruck in: Art and Politics in Renaissance Italy. British Academy Lectures, selected and introduced by George HOLMES, Oxford u. a. 1993, 59-90); vgl. ferner BOEHM (wie Anm. 9), 52f.; SCHMUGGE (wie Anm. 1), 8-16, 20f., 25 und 35 und Ottavio CLAVUOT, Biondos 'Italia Illustrata' – Summa oder Neuschöpfung? Über die Arbeitsmethoden eines Humanisten (Bibliothek des Deutschen Historischen Instituts in Rom 69), Tübingen 1990, 11-14. NOGARA (wie Anm. 12), 31-51, hier 46 (Edition der Suasorie 'Ad Alphonsum Aragonensem serenissimum regem de expeditione in Turchos', in der er den Ersten Kreuzzug als Exemplum erwähnt) und SCHMUGGE (wie Anm. 1), 9 weisen nachdrücklich auf Biondos schriftstellerisches Engagement für den Türkenkrieg hin.

[13] Enea unternimmt in den Briefen an Papst Nikolaus V. und Kardinal Nikolaus von Kues den Versuch, eine annähernd gleiche Zeitspanne von der Gründung Roms bis zu Alarich und von Alarich bis zum Fall Konstantinopels zu berechnen (Briefwechsel [wie Anm. 4], 199 und 207); Biondo mag ihm diese Cäsur suggeriert haben.

[14] Zitiert wird nach Blondi Flavii Forliviensis Historiarum ab inclinatione Romanorum libri XXXI, Basel 1559, 207-228 (Clermont und die Rede Urbans 207f.), hier 207.

omnium, quae fuerint pontificis Romani cuiuspiam ductu, auspiciis et autoritate hactenus intentata.

Die Disposition der Rede Urbans, insbesondere ihre Zweiteilung läßt Robertus Monachus als Vorlage erkennen[15]. Weder Paul Buchholz, der die Hauptquellen der 'Historiarum decades' Biondos ermittelte, noch die jüngere Forschung haben jedoch den besonderen Akzenten, die Biondo setzt, Aufmerksamkeit geschenkt. Biondo inszeniert den Redeauftritt Urbans in Clermont dramatischer, als es Robert getan hatte: Urban hat noch nicht geendet, da rufen seine Zuhörer bereits *Deus vult, Deus vult!*[16]. Ihre Reaktion entspricht den Änderungen, die Biondo in der Rede selbst vorgenommen hat. Er macht Türken und Sarazenen zu Gegnern und rückt die drohende Gefahr an Europa heran:

> *Quas vero Europae provincias, quas urbes iidem premant, occupent lacerentque infideles, si omnes simul ignoratis, unusquisque in sua provincia novit, nisi forte vos, Galli, remotiores haec non sentitis, qui Hispanorum Aquitanorumque ab ea oppressorum gente, dum in servitutem rapiuntur, in Aphricam abducuntur, clamores eiulatusque singulos paene per dies audire debetis. Sed nunquid vos, Germani, Saxones, Poloni, Bohemi, Hungari, etsi Turcos et Saracenos intra viscera saevire vestra nondum sentitis, quantum a vobis distent, quam parvis dirimantur vel fretis vel fluminibus ignoratis? [...] Venetos hic video, Dalmatas, Histros et alios sinus Adriatici accolas, qui dum perpetua cum Saracenis praelia, ut se tueantur, exercent, quod est de Italia reliquum, ab ea gente intactum defensant. Quanquam nescio, Saracenine, qui maris Adriatici possessione deturbantur, ab Italia magis an ab Alemannia et Hungaria repellantur.*

---

[15] Vgl. Paul BUCHHOLZ, Die Quellen der Historiarum Decades des Flavius Blondus, Naumburg 1881, 77-79, hier 78f. und 121f.: „Bl. führt diese Predigt zwar auch wie jener in directer Rede an, folgt seiner Quelle aber nur dem Inhalte, nicht dem Wortlaute nach. Die bei Robert von rhetorischen Phrasen strotzende Rede erscheint bei Bl. viel nüchterner und doch erstreckt sich die Übereinstimmung ausser auf den stricten Gedankengang auch auf einzelne Wörter." und NOGARA (wie Anm. 12), CVIIIf. Die Funktion von Reden in dem die jüngere italienische Vergangenheit behandelnden Teil der Dekaden beschreibt Lapo da Castiglionchio 1437 in einem Brief an Biondo folgendermaßen: [...] *sermones praeterea, congressus concionesque habitas, rogata, responsa unicuique servata personarum dignitate attribueres, quae significant prudentiam scriptoris et diligentiam et ipsam probabiliorem hystoriam reddunt* (vgl. Massimo MIGLIO, Un lettera di Lapo da Castiglionchio il Giovane a Flavio Biondo: Storia e storiografia nel Quattrocento, Humanistica Lovaniensia 23 [1974], 1-30, hier 29).

[16] Historiarum ab inclinatione Romanorum libri, II 3 (wie Anm. 14), 208: *Pontifice adhuc dicturiente vox omnium dictu mirabile unico, ut apparuit, ore prolata intonuit: „Deus vult, Deus vult."*

Das byzantinische Reich und Konstantinopel, die bei Robert kurz erwähnt werden[17], sind das letzte Bollwerk, das Europa noch vor den anstürmenden Türken und Sarazenen bewahrt, und auch dieses droht zu brechen:

Quid multis in re notissima morer? Fuit hactenus in extremis ad septentriones Europae partibus Constantinopolitanum imperium obex et tanquam murus, qui maiores omnia prostraturas Turcorum Saracenorumque alluviones continuit prohibuitque, ne Hungaros, Polonos, Bohemos et ipsos Alemannos primo, deinde caeteros obruerent Christianos. Pulsus vero ante paucos annos Asia imperator de retinendis Constantinopoli propinquis Europae regionibus laborat. Si nunc ea inspicitis consideratisque sola quae ante oculos sunt, si irrituro brevi Turco et Saraceno obsistere non pergetis, qui sacrum domini sepulchrum, sacram Iesu Christi pedibus calcatam terram a spurcissima gente tot annos inquinari neglexistis, eandem in vestrum ruere caput brevi sentietis.

Das Christentum ist in der Defensive, ihm steht ein Existenzkampf bevor: *Christianum [...] nomen nostris temporibus ad parvum orbis angulum coangustari et quotidie de excidio periclitari videmus.*

Im zweiten Teil der Rede Urbans schließt sich Biondo enger an Robert an, mit einer charakteristischen Änderung: hatte Urban in der 'Historia Hierosolymitana' das *Deus vult* zum *militare signum* erklärt, so spricht er bei Biondo ganz vergilisch (Verg., Aen. VII 637) von der *tessera*, der Losung – und genau dieser Begriff wird uns im folgenden immer wieder begegnen[18].

Ohne Zweifel prägen die türkischen Erfolge vor allem nach der katastrophalen Niederlage von Varna 1444 und die aktuelle Bedrohung Konstantinopels Biondos Version; nur vordergründig wirbt Urban für die Befreiung des Heiligen Landes – Biondos wirkliche Absicht ist jedoch, nach dem Vorbild

---

[17] Historia Hierosolymitana, I 1 (wie Anm. 7), 727D: *ab Iherosolimorum finibus et urbe Constantinopolitana relatio gravis emersit* und (728A) *regnum Graecorum iam ab eis ita emutilatum est et suis usibus emancipatum quod transmeari non potest itinere duorum mensium.* Allein Fulcher von Chartres (133f.) läßt Urban nicht auf Jerusalem, sondern das Vordringen der *Turci* bis zu den *Romaniae fines* und Gegenmaßnahmen eingehen; vgl. auch Wilhelm von Malmesbury, Gesta regum Anglorum, IV 347 (wie Anm. 10), 392f. Zu Fulchers Werk Verena Epp, Fulcher von Chartres. Studien zur Geschichtsschreibung des ersten Kreuzzuges (Studia humaniora 15), Düsseldorf 1990.

[18] Historiarum ab inclinatione Romanorum libri, II 3 (wie Anm. 14), 208: *Viri fortes, ea quae dominus in os vestrum posuit verba, vobis in bello pro tessera erunt et ituri in expeditionem perseveraturique in bello sancta cruce ex rubenti panno sagis insuta pectus insignibunt illique, quos inevitabilis necessitas aut magistratuum iussiones reverti facient, eam crucem in scapulas transferent.*

des erfolgreichen Ersten Kreuzzuges zum Türkenkrieg aufzurufen. Enea Silvio scheint diese Vorlage aufgenommen zu haben. Biondos 'Dekaden' – und mit ihnen Urbans Rede – genossen bereits zu Lebzeiten des Verfassers trotz Eneas Kritik überaus große Verbreitung, zunächst in einer stattlichen Zahl handschriftlicher Exemplare, dann in Inkunabeln und Drucken bis in die zweite Hälfte des 16. Jahrhunderts[19]. Biondos 'Dekaden' sind die Quelle, aus der viele historiographische Werke des späten 15. und 16. Jahrhunderts schöpfen. Das lag zum einen an der kompakten Präsentation einer Fülle historischer Nachrichten, zum anderen beruhte der Reiz, den die 'Dekaden' auf ihre Leser ausübten, auch auf den aktualisierenden Eingriffen, die Biondo vornahm. Biondo steht mit seinem Bericht über den Ersten Kreuzzug am Beginn eines erneuerten, durch die türkischen Erfolge verstärkten Interesses an der Geschichte der hochmittelalterlichen Kreuzzüge. Im folgenden soll weiteren Spuren seiner Fassung der Predigt Urbans bei Literaten des 15. und 16. Jahrhunderts nachgegangen werden[20].

Nur wenig später und mit ähnlicher Intention, jedoch noch unbeeinflußt von Biondo und ohne irgendein Nachleben, verfaßte der österreichische Chronist und Theologe Thomas Ebendorfer (1388-1464) eine Darstellung des Ersten und Dritten Kreuzzuges ('De duobus passagiis Christianorum principum')[21]. Der Frankfurter Reichstag von 1454 bewog Ebendorfer zur Niederschrift, mit der er die Hoffnung verband, die exemplarische Größe der beschriebenen Taten werde die deutschen Fürsten aus Hader und Lethargie reißen:

Et quia nil tam sanctum nilque tam Deo gratum didici quam pro viribus niti, ut in frugem melioris vite trahantur errantes, hinc, dum super

---

[19] Vgl. NOGARA (wie Anm. 12), CX-CXII; HAY (wie Anm. 12), 84-86 und die Nachträge bei CLAVUOT (wie Anm. 12), 3.

[20] Dazu im Überblick BLACK (wie Anm. 1), 226-40 und SCHMUGGE (wie Anm. 1), der die Studie von BOEHM (wie Anm. 9), 51-62 weiterführt und an vielen Stellen korrigiert.

[21] Alphons LHOTSKY, Thomas Ebendorfer. Ein österreichischer Geschichtsschreiber, Theologe und Diplomat des 15. Jahrhunderts (Schriften der Monumenta Germaniae Historica 15), Stuttgart 1957, 107f. und 127; Paul UIBLEIN, Ebendorfer, Thomas, in: Die deutsche Literatur des Mittelalters. Verfasserlexikon II (²1980), 253-266, hier 264 und SCHMUGGE (wie Anm. 1), 16. Die Abhandlung ist lediglich in einem autographen Codex der Österreichischen Nationalbibliothek in Wien, CVP. 3423 (fol. 357^R: Prolog; 357^V-370^R: der Erste Kreuzzug; fol. 370^V-383^R: der Dritte Kreuzzug) erhalten. Die Ausgabe von Hildegard BARTLMÄS [BARTELMÄS], Thomas Ebendorfers Kreuzzugstraktat (Diss. Wien 1953) war mir nicht zugänglich. Ich danke der Österreichischen Nationalbibliothek in Wien für die Anfertigung eines Mikrofilmes der Handschrift.

passagio contra hostes crucis Christi iam adunatum intellexissem
Germanie principum conventum copiosum Frankfordie, ratus eo me a
fortuna deductum, quo longe priscis diebus flagrabat intentio, quare letus
arripui calamum scripturus pro exemplo acta fortia sub compendio, que
in proximis duobus passagiis Christiani gesserunt principes pro re-
cuperatione terre sancte strenue et viriliter, ipsius denique infausta(m)
deperditione(m), quatenus a sopitis desidia letalis excuciatur sompnus,
calcentur vicia et intestina reprimantur bella et fortitudo Germanorum,
quam nemo umquam domare potuit, reflorescat, presentis hystorie per-
moti exemplis [...]

Ebendorfers nochmals 1456 revidierte Geschichte des Ersten Kreuzzuges ist nichts anderes als eine gekürzte Fassung der 'Historia Hierosolymitana' Roberts, in 24 Abschnitten mit geringfügigen stilistischen Retuschen[22]. Am ausführlichsten referiert Ebendorfer im ersten Abschnitt Roberts Bericht über das Konzil von Clermont (hist. Hier. I 1-4); Urbans Rede steht somit gleich nach Ebendorfers Vorwort am Beginn des Werkes[23]. Abgesehen von Auslassungen hat er nur wenige charakteristische Änderungen im Text Roberts vorgenommen: verständlich, daß sein Urban sich an *Germani[s] et Galli[s], quibus pre ceteris gentibus Deus contulit insigne decus armorum,* wendet und die Reihe der historischen Vorbilder über Karl den Großen und Ludwig den Frommen hinaus um die *Ottones* erweitert[24]. Das Ziel, das Ebendorfer gerade im Prolog formuliert hatte, läßt er Urban mit größerem Nachdruck als Robert zum Ausdruck bringen[25]:

Nec vos retrahant possessionum largitas, solum fertile, diviciarum copia,
ob quam invicem mordetis, contenditis, belligeratis et plerumque mutuis
cadetis [sic] *vulneribus. Cessent altrinsecus odia, taceant et bella*
intestina, conticescant iurgiorum fomenta, quiescant et omnium
differentiarum et simultatum incentiva, sed fidelibus mentibus et spon-
taneis viam sancti sepulchri arripite, terram sanctam e manibus nephande
gentis eripite vobisque subicite [...]

---

[22] Ebendorfers Quelle für den Dritten Kreuzzug war die Kurzfassung des Itinerarium peregrinorum, vgl. Das 'Itinerarium peregrinorum'. Eine zeitgenössische englische Chronik zum dritten Kreuzzug in ursprünglicher Gestalt, ed. Hans Eberhard MAYER (Schriften der Monumenta Germaniae Historica 18), Stuttgart 1962, 189-191.

[23] CVP. 3423 (wie Anm. 21), fol. 357^V-358^V.

[24] Vgl. Robertus Monachus, Historia Hierosolymitana, I 1 (wie Anm. 7), 728C und Ebendorfers Zusatz zu Historia Hierosolymitana III 18 auf fol. 361^R: *Francos – sic enim Alemannos et Germanos pariter et Gallos vocant.*

[25] CVP. 3423 (wie Anm. 21), fol. 357^V; vgl. Robertus Monachus, Historia Hierosolymitana, I 1 (wie Anm. 7), 728EF.

Eine Verbindung zwischen den hochmittelalterlichen Kreuzzügen und der Werbung für eine *expeditio* stellte auch Sebastian Brant in seiner Schrift 'De origine et conversatione bonorum regum et laude civitatis Hierosolymae cum exhortatione eiusdem recuperandae' her. Sie wurde 1495 in Basel gedruckt und ist Maximilian I. dediziert, der im Exordium aufgefordert wird, sich der *recuperatio Terrae Sanctae* anzunehmen und Jerusalem in die *respublica Christiana* zurückzuführen[26]. 'De origine' ist in drei Teile gegliedert, deren erster historischer *urbis Hierosolyme origo et status* behandelt, und zwar von ihrer Gründung bis in Brants Gegenwart, das Jahr 1492. Der zweite Abschnitt 'De causis amissionis terrae sancte cum exhortatione eiusdem recuperande' analysiert die Gründe für den Verlust Jerusalems und legt die Notwendigkeit der Rückeroberung dar. Der dritte Teil 'Epilogus regum circa Hierosolymam conversantium' faßt die Kernaussagen in elegischen Distichen zusammen. Dabei tritt in der Schilderung des 14. und 15. Jahrhunderts vor allem die Expansion der Türken in Brants Blickfeld. Natürlich wird der Fall Konstantinopels beredt beklagt; auch die verpaßten Gelegenheiten der Reichstage von Regensburg und Frankfurt prangert er an, nur der Hauptredner Enea Silvio und Philipp von Burgund haben sich Brants Anerkennung verdient – auch ein schöner Erfolg für Pius' Selbstdarstellung, dessen Frankfurter Rede an anderer Stelle in 'De origine' zitiert wird[27]. Dem Ersten Kreuzzug räumt Brant einen großen Teil des Quartbandes ein, auch bei ihm darf sich Urban direkt an die Konzilsteilnehmer wenden[28]. Als eine der wenigen hier vorgestellten hat diese Version in der Forschung Aufmerksamkeit erregt: José Jiménez Delgado, der den Basler Druck am ausführlichsten untersucht hat, meinte, sie verdiene einen neuen Abdruck; Laetitia Boehm sah im Kreuzzugsaufruf die Fabulierlust Brants am Werk, der „im Tenor stark den Türkentraktaten des 16. Jahrhunderts" vorausgreife. Ludwig

---

[26] Sebastian Brant, De origine et conversatione bonorum regum et laude civitatis Hierosolymae cum exhortatione eiusdem recuperandae, Basel 1495 (Gesamtkatalog der Wiegendrucke, hg. v. der Kommission für den Gesamtkatalog der Wiegendrucke, Bd. IV: Bernardus de Cracovia-Brentius, Leipzig 1930, Nr. 5072; benutzt wurde das Exemplar 4° Inc. c.a. 1192 der Bayerischen Staatsbibliothek, das aus der Bibliothek Hartmann Schedels stammt), fol. AI^V. Eine ausführliche Beschreibung des Druckes bei José JIMÉNEZ DELGADO C.M.F., El 'De origine' o la Historia de Jerusalén de Sebastian Brant, Salmanticensis 15 (1968), 435-463. Zu Brants Werbeschriften für den Türkenkrieg zuletzt Walther LUDWIG, Eine unbekannte Variante der 'Varia Carmina' Sebastian Brants und die Prophezeiungen des Ps.-Methodius. Ein Beitrag zur Türkenkriegspropaganda um 1500, Daphnis 26 (1997), 263-299, hier 272f.

[27] Brant, De origine (wie Anm. 26), fol. QIV^V.

[28] Brant, De origine (wie Anm. 26), fol. KII^V-MI^V, Urbans Rede fol. KII^V-KV^V.

Schmugge schließlich fand, daß Brant die Predigt Urbans „so ausgestaltet" habe, „als wäre sie an Kaiser und Reich des 15. Jahrhunderts gerichtet."[29] Das Lob und die Deutung gebühren, was bis jetzt übersehen wurde, jedoch einem anderen: Brant hat die komplette Konzilsschilderung nahezu unverändert aus Biondos 'Dekaden' übernommen und, wie es scheint, auch den Rest seiner Darstellung des Ersten Kreuzzuges[30]. In der Tat handelt es sich bei 'De origine' um eine Art Florileg, dessen Exzerpte Brant mit Kommentaren, im zweiten Teil auch mit Aufrufen (*exhortationes*) an die deutschen Fürsten verbindet[31]. Brant nahm allerdings in der – entgegen seinen Gepflogenheiten im Rest des Traktates[32] – nicht gekennzeichneten Entlehnung einige kleinere Textänderungen vor. Biondos allzu säkulare Charakterisierung des sich zur Rede rüstenden Urban als „fein gebildet" (*eleganter doctus*) hat Brant ersetzt durch „herausgehoben durch Bildung und Heiligkeit" (*doctrina quidem et sanctitate prêcipuus*)[33]; die beiden übrigen Modifikationen lenken den Blick des Lesers tatsächlich mehr auf die Türkengefahr, als Biondos Urban es tat: es sind nur mehr die *Turci*, nicht *Turci Saraceníque*, die im Kern (*intra viscera*) Europas zu wüten drohen, und Karl der Große rettet durch seinen legendären Kreuzzug nicht einfach das Christentum, sondern gerade das Christentum in Europa (*Christianum nomen ab eo in Europa retentum fuisse*). Anders als Biondo – und das belegt Brants eher unkritischen und selektiven Umgang mit Quellen – erwähnt er Karls Kreuzzug auch an der chronologisch passenden Stelle, dieses Mal ist Martin von Troppau sein Gewährsmann. Umgekehrt verzichtet Brant auf Biondos Vergleich Clermonts mit Caesars Sieg über Pompeius, weil die

---

[29] JIMÉNEZ DELGADO (wie Anm. 26), 443 (Beeinflussung durch Robertus Monachus) und 455; BOEHM (wie Anm. 9), 56 und SCHMUGGE (wie Anm. 1), 24.

[30] Joachim KNAPE, Dichtung, Recht und Freiheit. Studien zu Leben und Werk Sebastian Brants 1457-1521 (Saecula Spiritalia 23), Baden-Baden 1992, 438 meint irrtümlich, daß Brant nur die von Enea Silvio Piccolomini verfaßte Epitome der Dekaden Biondos, in der Urbans Rede jedoch nicht gegeben wird, in 'De origine' benutzt habe.

[31] Vgl. Brant, De origine (wie Anm. 26), fol. RVIII^V-SI^R: *Viribus utendum est. Expergiscimini, optimi principes et veri Germani. Nec sinite inmanissimum hostem, truculentissimum tirannum ac efferatum barbarum, diutius insultare Christicolis atque in terris nostris, immo Christi Dei et salvatoris nostri patrimonio et hereditate crassari.*

[32] Brant, De origine (wie Anm. 26), fol. RV^V wird Biondo namentlich als Quelle zitiert.

[33] Vgl. auch Robertus Monachus, Historia Hierosolymitana, I 1 (wie Anm. 7), 727B: *qui hac suadela rhetoricae dulcedinis generaliter ad omnes in haec verba prorupit* und I 2 (729C): *haec [...] papa Urbanus urbano sermone peroravit.*

Kunde beider Ereignisse ähnlich rasend in alle Winkel der Welt vorgedrungen sei.

Noch einhundert Jahre nach Brants 'De origine' ist Biondos Adaptation der Predigt Urbans den zeitgenössischen Fassungen, selbst derjenigen Roberts des Mönchs, vorgezogen worden. Aufgrund der spezifischen Intention, die Biondo verfolgte, verwundert es nicht, daß 1596 Nikolaus Reusner gerade sie in den zweiten Band seiner vierbändigen Sammlung von Reden und Gutachten 'de bello Turcico' aufgenommen hat, die Argumentationshilfen bieten und die historische Dimension der Türkenkriege demonstrieren sollte[34]. Die wenigen Abweichungen von Biondos Text, insbesondere den verkürzten Schluß des ersten Redeteils, übernahm Reusner seinerseits aus seiner unmittelbaren Quelle, der Chronik des Johannes Nauclerus (1430-1510). Zwar scheint dessen Darstellung des Ersten Kreuzzuges auf einer Vielzahl von Quellen zu basieren, aber für den Bericht über das Konzil von Clermont mit der Rede Urbans hat er Biondo beinahe wörtlich ausgeschrieben und lediglich das Ende, wie gesagt, gekürzt und umgestaltet: nicht mehr himmlischen und weltlichen Lohn verheißt Urban, sondern bei Nauclerus verkündet er nächst einem Ablaß nüchtern den kirchlichen Schutz für Hab und Gut der Kreuzfahrer[35].

---

[34] Selectissimarum orationum et consultationum De bello Turcico variorum et diversorum auctorum volumen secundum ad pontifices Romanos et cardinales, aliosque Italiae proceres, ex recensione Nicolai REUSNERI, Leipzig 1596, fol. **3^V-**4^V. Dazu Winfried SCHULZE, Reich und Türkengefahr im späten 16. Jahrhundert. Studien zu den politischen und gesellschaftlichen Auswirkungen einer äußeren Bedrohung, München 1978, 34f. und MERTENS, *Europa, id est patria, domus propria, sedes nostra* ... (wie Anm. 2), 42-45, hier 44 zur Konzeption des Werkes. REUSNER stellte in einer weiteren Sammlung Epistolarum Turcicarum variorum authorum libri quinque, Frankfurt 1598 zusammen.

[35] Iohannis Naucleri praepositi Tubingen. Chronica succinctim compraehendentia res memorabiles seculorum omnium ac gentium, ab initio mundi usque ad annum Christi nati M.CCCCC, Köln 1543, 715f. (vol. II generatio XXXVII). Bezeichnenderweise wird in Clermont über ein Unternehmen *adversus Turcam* beraten: (715) *Fuit annus 1094* [sic] *quo in synodo Galliae maxima nobilitatis occidentalis pars convenerat, ubi pont. Urbanus de armis adversus Turcam expediendis, luculentam atque utilem reipu. orationem habuit.* Im Gegensatz zu Biondo (und Robertus Monachus) ist der Lagebericht Peters von Amiens Anlaß für das Konzil; vgl. SCHMUGGE (wie Anm. 1), 26f., der als Vorlagen des Nauclerus Wilhelm von Tyrus und Biondo nur andeutet. Nauclerus schrieb seine Memorabilium omnis aetatis et omnium gentium chronici commentarii zwischen 1498 und 1504. Bis 1675 wurden sie, teilweise mit Fortsetzungen, mehrfach gedruckt, vgl. Paul JOACHIMSEN, Geschichtsauffassung und Geschichtsschreibung in Deutschland unter dem Einfluß des Humanismus, Bd. I (Beiträge zur Kulturgeschichte des Mittelalters und der Renaissance 6), Leipzig 1910 / ND Aalen 1968, 91-104 und Hubertus SEIBERT, Nauclerus, Johannes, in: Neue deutsche Biographie 18

Anders als Brant und Nauclerus hat Marcus Antonius Sabellicus (1436-1506) in seinen 1484/85 entstandenen und 1487 veröffentlichten 'Historiarum rerum Venetarum decades' Biondos Version in der Anlage und mit vielen charakteristischen Formulierungen entlehnt, sie jedoch stilistisch durchgreifend umgearbeitet[36]. Dabei bemüht er sich, dem offiziösen Charakter seines Geschichtswerkes gemäß, stärker als Biondo, die (aktuellen) Verdienste Venedigs um die Abwehr der Türken hervorzuheben[37], und an einer Stelle spielt er ohne Zweifel auf die jüngst (1480) erfolgte türkische Landung in Otranto an, die noch Jahrzehnte später in den einschlägigen Texten als einschneidendes Ereignis erwähnt werden sollte, auch wenn der Brückenkopf binnen Jahresfrist aufgegeben werden mußte[38].

(1996), 760f. Der Eroberung Konstantinopels 1453 widmet Nauclerus eine dramatische Erzählung – vol. II generatio XLIX (955-957), die mit Reminiszenzen an Enea Silvios Türkenreden beginnt: *Constantinopolis civitas, orientis columen et unicum Graecae sapientiae domicilium, à Mahumete Turco principe [...] expugnata est.*

[36] Ruggero BERSI, Le fonti della prima decade delle 'Historiae rerum Venetarum' di Marcantonio Sabellico, Nuovo Archivio Veneto 78 (N.S. 38) (1910), 422-460, hier 436-441 und 449f. mit Anm. 3 und SCHMUGGE (wie Anm. 1), 17f. Zur Biographie des Sabellicus s. Francesco PíOVAN, Sabellicus, in: LexMA VII (1995), 1215f. Zitiert wird nach der Ausgabe Marci Antonii Sabellici Historiae rerum Venetarum ab urbe condita libri XXXIII, in: Degl'istorici delle cose Veneziane i quali hanno scritto per Pubblico Decreto, tomo primo, che comprende le istorie Veneziane latinamente scritte da Marcantonio Coccio Sabellico, Venedig 1718, 100-102. Die Schilderung des Ersten Kreuzzuges (99-123) nimmt den überwiegenden Teil des fünften Buches der ersten Dekade und den Anfang des sechsten Buches ein.

[37] Historiae rerum Venetarum, I 5 (wie Anm. 36), 101: *Quod nisi Veneti essent, qui Superi maris oram praesidio tuentur, quorum opibus ex Histriae Dalmatiaeque littoribus saepius infestissimus hostis est repulsus, nescio an ad hunc diem in Pannoniam quoque Germaniamque fœda illa tempestas transcendisset* im Vergleich zu Biondos *Venetos hic video, Dalmatas, Histros et alios sinus Adriatici accolas, qui dum perpetua cum Saracenis praelia, ut se tueantur, exercent, quod est de Italia reliquum, ab ea gente intactum defensant. Quanquam nescio, Saracenine, qui maris Adriatici possessione deturbantur, ab Italia magis an ab Alemannia et Hungaria repellantur* (Historiarum ab inclinatione Romanorum libri, II 3 [wie Anm. 14], 207f.).

[38] Historiae rerum Venetarum, I 5 (wie Anm. 36), 101: *Italiam nostra tempestate fœda eorum populatione deformatam vidimus, arces, urbes, templa sacrilegis manibus et direpta et incensa* – bei Biondo erinnert Urban lediglich an das Vordringen der Sarazenen bis nach Rom *multos ante annos.* Zum literarischen Echo auf Otranto s. Gli umanisti e la guerra Otrantina. Testi dei secoli XV e XVI, ed. Lucia Gualdo ROSA, Isabella NUOVO und Domenico DEFILIPPIS. Introduzione di Francesco TATEO (Nuova Biblioteca Dedalo 5), Bari 1982 und die in Otranto 1480. Atti del convegno internazionale di studio promosso in occasione del V centenario della caduta di Otranto ad opera dei Turchi (Otranto, 19-23 maggio 1980), hg. v. Cosimo Damiano FONSECA, 2 Bde. (Università degli Studi, Lecce.

Die einzige monographische Darstellung des Ersten Kreuzzuges im hier betrachteten Zeitraum sind die vier Bücher 'De bello a Christianis contra barbaros gesto pro Christi sepulchro et Iudaea recuperandis' Benedetto Accoltis (1415-1464). Sie behandeln bis auf einen kurzen Epilog vom Tode Gottfrieds von Bouillon bis zum Verlust Jerusalems 1187 ausschließlich den Ersten Kreuzzug, entstanden 1463/64 und stehen im Zusammenhang mit Pius' II. Kreuzzugsplan, den Florenz mit wechselndem Eifer unterstützte. Accolti, als juristisch geschulter florentinischer Kanzler auch als Historiograph tätig wie einige seiner Vorgänger und Nachfolger – Leonardo Bruni, Poggio und Bartholomeo Scala –, prägte diese Politik maßgeblich[39]. In 'De bello' bediente er sich vor allem der Kreuzzugsgeschichten Roberts und Wilhelms von Tyrus; daneben zog er auch den 'Liber secretorum fidelium crucis' des Venezianers Marin Sanudo des Älteren (1270-1343) heran, der seinerseits Teil der Initiativen Sanudos für einen Kreuzzug nach dem Verlust Akkons gewesen war[40]. Ganz in der Manier humanistischer Historiographie

---

Dipartimento di Scienze Storiche e Sociali. Saggi e Ricerche 21-22), Galatina 1986 versammelten Beiträge; vgl. in der unten besprochenen 'Lotareis' des Perotus (Paris, Bibliothèque Mazarine, Ms. 1944, 48) die Verse *Et qui* (sc. der Bischof) *summa tenet sacrorum Hydronte feroces / Urbs miseranda nimis quondam passura Gelonos.*

[39] BLACK (wie Anm. 1), 224-270 und 298-317; BOEHM (wie Anm. 9), 53f. und SCHMUGGE (wie Anm. 1), 12f. Benutzt wurde die Ausgabe in: RHC, Hist. Occ., Bd. V, Paris 1895, 525-620. Accoltis Kreuzzugsgeschichte wurde gedruckt u. a. Venedig 1532 und Basel 1544, in italienischer Übersetzung Venedig 1543 und 1549, in deutscher Übersetzung unter dem Titel Die wunderbarliche Histori von der Christen außzug under Kaiser Heinrichen den vierdten zu des heiligen lands errettung. Durch Benedictum Aretinum in 4 bücher eingetheilt und ordenlich beschriben. Ins deutsch verdolmetscht durch Heinrichen von Eppendorf, Straßburg 1551, vgl. RHC, Hist. Occ., Bd. V, CXXXV-CXXXVII.

[40] Daß Accolti für Urbans Rede Marin Sanudos des Älteren 'Liber secretorum fidelium crucis' (III pars 4, cap. 2, ed. Jacques de BONGARS, Gesta Dei per Francos sive orientalium expeditionum et regni Francorum Hierosolimitani Historia, Hannover 1611, Bd. II, 131), der Roberts Fassung abgesehen von Kürzungen fast wörtlich wiederholt, wie an anderen Stellen herangezogen hätte (so BLACK [wie Anm. 1], 300 und 302 mit Anm. 27), ist kaum zu entscheiden. Der abschließende Zusatz bei Marin Sanudo (*In sermone quoque asseruit, quia hominibus vivere calamitas est, mori felicitas, mors accelerat bonis patriam et resecat malis malitiam*) hat keine Entsprechung bei Robert. Sanudos Vorlage dürfte der kurze Passus sein, den Vincenz von Beauvaix, Speculum historiale XXV 91 dem Kreuzzugsbeschluß von Clermont widmet: *Post haec sermonem habuit ad populum exhortans eos ad crucem sumendam, inter caetera dicens, ut Salomon ait; Nihil timidius peccato, nequitia nihil laboriosius. Nunc a nobis pax laborum, atque metus finis precio meliore petuntur. An nescitis, quoniam vivere hominibus calamitas, mori foelicitas est? Mors enim accelerat bonis patriam, malis resecat malitiam* (Vincentii Burgundi ex ordine Praedicatorum [...] speculum quadruplex, naturale, doctrinale, morale, historiale, 4 Bde., Douai 1624 / Graz 1964-1965, hier

hat sich Accolti nicht gescheut, seine Geschichte des Ersten Kreuzzuges durch erfundene oder nach klassischen Vorbildern gemodelte Reden der Protagonisten und Schlachtszenen aufzupolieren. Seine Absicht, den Ersten Kreuzzug als exemplarisches Unternehmen in würdiger Form darzustellen und dem Vergessen zu entreißen, bekundet er in der Einleitung des Werkes[41]:

> *Ideo nuper libros legens gesta eorum continentes, qui Christi sepulchrum Judaeamque omnem recuperarunt, inepte scriptos absque ornatu orationis, atque ideo paucis notos aegre tuli eiusmodi viros illis non impares, quorum gesta prisci tradunt rerum scriptores, ita obscuros factos esse, ut qui fuerint, quae gesserint, pene ab omnibus ignoretur, eosque ingratissimos censui, magni certe criminis reos, qui, doctrina eloquioque praestantes, hanc historiam non scripsere, illos obliti, qui pro tuenda religione, pro salute generis, pro sola virtute dimicarunt, quorum si extaret memoria, si virtus eorum, laus, nomen per ora hominum volitaret* [Verg., georg. III 9] *et saepe in libris legeretur, plurimi forsan cupidine laudis, vel pudore adducti, vel ob spem coelestis felicitatis ad eamdem virtutem excitarentur delerentque communem labem, nostra aetate maxime auctam, quod scilicet hostes Christi religionis non modo Sepulchrum eius tenent, sed longe ac late suum imperium extenderunt.*

Accolti beginnt seine Geschichte mit Peters von Amiens Pilgerfahrt nach Jerusalem, seiner Vision und Intervention bei Urban in Rom. Der Papst sichert seine Initiative im Vorfeld durch Sondierungen ab; auch die Form, die Accolti Urbans Predigt gab, und die nüchterne Reaktion der Zuhörer (*appro-*

IV, 1034). Diese Notiz geht über das 'Chronicon' Helinands von Froidmont (PL CCXII, 986AB) letztlich auf die Redefassung bei Wilhelm von Malmesbury zurück (Gesta regum Anglorum, IV 347 [wie Anm. 10], 394): *nunc a vobis par labor atque metus pretio meliore petuntur* und 397 *An nescitis quod vivere hominibus est calamitas, mori felicitas?* [...] *Mors accelerat bonis patriam; mors praecidit reis malitiam*). Der Zusatz des Marin Sanudo hat bei Accolti gerade keine eindeutige Spur hinterlassen. Zur Überlieferung des Speculum historiale Johannes Benedictus VOORBIJ, Het 'Speculum Historiale' van Vincent van Beauvais. Een studie van zijn ontstaansgeschiedenis (phil. Diss. Groningen 1991), 292-330, zur Auswertung der Chronik Helinands zuletzt Marinus M. WOESTHUIS, Vincent of Beauvais and Helinand of Froidmont, in: Lector et compilator. Vincent de Beauvais, frère prêcheur. Un intellectuel et son milieu au XIIIe siècle, hg. v. Serge LUSIGNAN und Monique PAULMIER-FOUCART (Rencontres à Royaumont), Grâne 1997, 233-247; zu Überlieferung und Redaktionen des Liber secretorum fidelium crucis Franco CARDINI, Per un'edizione critica del 'Liber secretorum fidelium crucis' di Marin Sanudo il Vecchio, Ricerche storiche. Rivista semestrale del Centro Piombinese di Studi Storici N.S. 6 (1976), 191-250, hier 214-218, ferner Sylvia SCHEIN, Fideles crucis. The Papacy, the West, and the Recovery of the Holy Land 1274-1314, Oxford 1991, 204-206.

[41] De bello, Praefatio (wie Anm. 39), 530.

bantium murmur concionem totam pervasit vicissimque admonentium, ut pontificis verba velut emissa Dei oraculo in pectora sua [...] *dirigerent)*[42] legt den Verdacht nahe, daß er vor allem Pius' Mantuaner Kongreß vor Augen hatte. Urban eröffnet seine Rede in Clermont aus weltgeschichtlicher Perspektive: Nach dem Sieg des Christentums in der Antike ist es mit dem Auftreten der *Maumetti execrabiles ritus* in die Defensive geraten, mit der Folge, daß *maxima pars humani generis perdita est.* Diese nüchterne Analyse läßt Urban von Affekten und Pathos überwältigt werden: *excrucior animo, conficior prae dolore, lacrymas miserans fundo, eam indignitatem mecum reputans.* Unsagbar sind die Leiden der Christen, am ärgsten die Heimsuchung der *Terra Sancta* und Jerusalems. Der leidenschaftlich vorgetragene Katalog der Verbrechen ist der Auftakt für einen langen moralischen Appell an die *humanitas* der Zuhörer, den *barbari* Einhalt zu gebieten. Es sei an der Zeit, der eigenen Dekadenz zu wehren, durch *virtus honor, gloria* und *decus* zu erringen nach dem Vorbild ungenannter *viri clarissimi* – eine Art Umkehr also, die allerdings von humanistischen Idealen getönt ist und in der das Christliche in den Hintergrund tritt. Auch Accolti sucht in Urbans Rede den Gegenwartsbezug, indem er ihn von der Bedrohung Konstantinopels und des verbliebenen Restes der Christenheit sprechen läßt, vor allem jedoch, indem Urban als *vates* drohendes Ungemach und verpaßte Gelegenheiten vorausahnt[43]:

> *atque utinam falsus sim vates! remedium serum perditis rebus afferemus. Prudentis vero est hominis non modo praesens intueri, sed longe animo in futurum prospicere, ut adversam fortunam vitare queat* [vgl. Cic., Phil. XI 7]. *Igitur eo vos animo adversus hostes proficisci velim, quo fortissimi viri pro patria, pro domesticis laribus, pro coniugibus ac liberis, pro sua salute pugnare consueverunt.*

Urbans Predigt trägt bei Accolti in zweifacher Hinsicht programmatischen Charakter. Zum einen wiederholt er hier die Leitgedanken des historischen Exkurses, mit dem er sein Werk einleitete[44], zum anderen ist sie das Muster weiterer Reden an markanten Punkten des Werkes, zunächst am Ende des ersten Buches Boemunds Rede vor einer *concio militum*, dann als Gegenstück im zweiten Buch die Rede des Solimanus Qīlič Arslan, gest. 1107) vor

---

[42] De bello, I 5 (wie Anm. 39), 538.

[43] De bello, I 4 (wie Anm. 39), 536-538, hier 538F.

[44] De bello, I 1 (wie Anm. 39), 532-534.

dem Entsatzheer am Vortage seines Angriffs auf die vor Nizäa lagernden Kreuzfahrer[45].

Wie Accolti scheint auch der Veronese Paolo Emili Urbans Rede in seinen König Ludwig XII. von Frankreich (1498-1515) gewidmeten 'De rebus gestis Francorum libri' selbständig konzipiert zu haben. Emili, latinisiert Paulus Aemilius, gelangte in der Entourage eines französischen Kardinals aus Rom nach Paris und dort zunächst an den Hof Karls VIII. Seit 1489 besoldeter Hofhistoriograph, nahm er 'De rebus gestis' jedoch erst nach 1498, dem Jahr des Regierungsantritts Ludwigs XII., in Angriff[46]. Die erste Fassung in vier Büchern erschien 1516 in Paris im Druck; in der Endstufe, die mit 10 Büchern 1529 erreicht, aber nicht ganz vollendet wurde, umfaßte das Werk Biographien von 55 französischen Königen bis zu Karl VIII. Seine Geschichte wurde bis in das 17. Jahrhundert mehrfach nachgedruckt und mit Fortsetzungen bedacht; der elsässische Jurist und Philologe Jakob Spiegel (um 1483-1547) schätzte Emili als *Christianus Tacitus*, seine Darstellung des Ersten Kreuzzuges galt als der gelungenste Teil[47]. Die Kreuzzugsmaterie, und zwar aus französischem Blickwinkel, beherrscht das Werk; in der ersten Ausgabe ist der Erste Kreuzzug, dem das abschließende vierte Buch zur Gänze gewidmet ist, der Höhepunkt[48]. Emili scheint Biondos und Accoltis Darstellungen zusammengeführt zu haben. Ganz livianisch eingefärbt wird den Lesern in den ersten monumentalen Sätzen des vierten Buches dieser Kampf vorgeführt[49]:

Sacrum bellum heroicorum temporum memoriam gloria et rerum magnitudine transcendet [...] Humanum genus duas in parteis divisum. Pii cum barbara religione, numinis causa suscepta, longe maximis armorum viribus animorumque certamine bellarunt. Loca, quae tanto

---

[45] De bello, I 15 und II 6 (wie Anm. 39), 550f. und 557-559.

[46] Vgl. Raffaella ZACCARIA, Emili, Paolo, in: Dizionario biografico degli Italiani XLII (1993), 593-596; BOEHM (wie Anm. 9), 55 und SCHMUGGE (wie Anm. 1), 23. Ein Auszug der kreuzzugsgeschichtlichen Teile des Werkes wurde 1590 in italienischer Übersetzung publiziert.

[47] Vgl. das Urteil des Paulus Iovius (Paolo Giovio, 1483-1552) im 139. Kapitel seiner 1546 in Venedig erstmals gedruckten 'Elogia virorum literis illustrium' (Pauli Iovii Opera 8: Gli elogi degli uomini illustri, ed. Renzo MEREGAZZI, Roma 1972, 138): *quod [...] gallicam historiam, laconica tamen brevitate, perscripsisset. Sed in sacri belli enarratione, quum Gothifredi Bolionis virtute Hierosolimae caperentur, aliquanto luculentius ita se se diffudit, ut medium iter, non interitura cum laude, tenuisse existimetur.*

[48] De rebus gestis Francorum, IV (wie Anm. 8), 105-138.

[49] De rebus gestis Francorum, IV (wie Anm. 8), 105; vgl. Livius XXI 1,1-3.

exercitui ab extremis terrarum oris profecto adiri posse vix fides fuisset, in
ius ditionemque redacta et alter prope terrarum orbis sub signis pera-
gratus.

Urbans Rede folgt in den Grundzügen Biondo, Robertus Monachus könnte
aber auch direkt benutzt worden sein. Von allen besprochenen Autoren hat er
den Gegensatz zwischen den *nostri* und den *Turcae* am drastischsten gezeichnet und Urban am kriegerischsten seine Zuhörer anfeuern lassen[50]:

Audistis, filii, legationem non unius sanctę civitatis, sed totius humani
generis fidem vestram implorantis in bello, quod impii tenebrarumque
potestates contra pios Christumque et lucis angelos gerunt. Communis
causa nec magis Orientis quam Occidentis terrarumque omnium est.
Latus nostrum illa tela petunt: Ibi oppugnamur; quicquid ibi perit, nobis
perit. Nostrum illud dedecus, nostrum excidium. [...] Turcae novi [...]
terrarum imperium appetunt, id unum agunt, moliuntur, parant, audent
[...] Iam nobis imminet, cervicibus nostris ea securis impendet.

Unus fuit Carolus Martellus, multi esse Caroli Martelli possunt. Tantum
animo est opus [...] Ibi sunt gazae, ibi divitiae, ibi opes, quae expositae
sunt viris fortibus. Ibi aurum, gemmae ac quaecumque a mortalibus
magno aestimantur. Ibi regna, ibi gloria et quicquid bellis praeliisque in-
gentibus quaeritur. Ibi causa Christi defendenda. [...] Agitedum, pii,
fortes, ac, ut uno nomine omnia complectar, vere Christiani, animos nunc
armate, nomina date, sacram militiam profiteamini, crucis vexillum
sumite [...] Nihil virtuti, nihil pietati erit inaccessum. Montes itineri vestro
subsident, valles assurgent, freta mansuescent, hostis trepidabit [...] Redi-
bitis ad suos quisque pleni opibus, pleni gloria, pleni victoria [...] Leges
impiis imponetis, orbis terrarum rectores eritis, omnis posteritas vos cele-
brabit, exemplum virtutis pietatisque a vobis petet.

Der Kreuzzug – auch hier meint man Livius' Schilderung des Ringens zwischen Rom und Karthago herauszuhören – wird den Weg zur Weltherrschaft
bahnen, wird das künftige *exemplum virtutis pietatisque* sein. Bei allem ver-
balem Geklirre mag man bei Aemilius auch einen Hauch historischer Kritik
darin erkennen, daß Urban Karl Martell als vorbildlichen Heidenkämpfer
zitiert, während bei Biondo – nach einem Stichwort bei Robert dem Mönch –
Karl der Große einen Kreuzzug ins Heilige Land führte, wovon, wie oben

---

[50] De rebus gestis Francorum, IV (wie Anm. 8), 107f. Auch bei Emili (108) ertönt wie aus
einem Munde das *Deus vult;* Urban gebietet Ruhe und ergreift nochmals kurz das Wort:
Quod verbum [...] in profitendo sacro bello non temere vobis excidit, id pro tessera in
gerendis rebus vobis velut divinitus data accipite.

ausgeführt, Biondo im historischen Kapitel der 'Dekaden' über Karl den Großen nichts sagt.

Erst geraume Zeit nach Accolti und Emili wurde der Erste Kreuzzug und damit Urbans Rede Gegenstand zweier umfangreicher lateinischer Dichtungen, der 'Lotareis' des Perotus und der 'Syrias' des Pietro de la Barga. Ein älterer Versuch, die 'Solymis' des Giovanni Maria Cattaneo (gest. 1529/30 in Rom), ist bis auf ein Fragment nicht erhalten[51]. Wie weit Cattaneos Vorhaben, das sich wahrscheinlich auf die 'Historia Hierosolymitana' Roberts des Mönchs stützte, mit der er sich nachweislich Ende 1516 beschäftigte, gedieh, ist unbekannt[52]. Das Bruchstück, das angeblich aus dem elften Buch der Dichtung stammt[53], steht jedenfalls in keinem unmittelbar

---

[51] Ein kurzer Überblick über die neulateinische Kreuzzugsdichtung bei Jozef IJSEWIJN (with Dirk SACRÉ), Companion to Neo-Latin Studies, Bd. II: Literary, Linguistic, Philological and Editorial Questions (Supplementa Humanistica Lovaniensia 14), Leuven 1998, 27f. David MASKELL, The historical epic in France. 1500-1700 (Oxford modern languages and literature monographs), London 1973 behandelt Kreuzzugsepen nicht. Sie und Ludwig BRAUN, Neulateinische Epik im Frankreich des 16. und 17. Jahrhunderts, Wiener Humanistische Blätter 41 (1999), 59-95 (61: „Merkwürdigerweise ist mir bisher kein lateinisches Epos begegnet, das in der zweiten Hälfte des 16. Jahrhunderts in Frankreich entstanden wäre.") erwähnen die Lotareis oder Perotus nicht; deren Kenntnis verdanke ich einem Hinweis von Prof. Dr. Peter Christian Jacobsen, Erlangen. Ludwig BRAUN, Lateinische Epik im Frankreich des 17. Jahrhunderts, Neulateinisches Jahrbuch 1 (1999), 9-20, hier 9-11 und 17f. weist auf das Präferieren historischer Themen hin, die den Kampf zwischen Christen und Nicht-Christen in den Mittelpunkt rücken und sich als Präfiguration der Türkenkriege instrumentalisieren lassen.

[52] Vgl. Gianni BALLISTRERI, Cattaneo (Cataneo), Giovanni Maria, in: Dizionario biografico degli Italiani XXII (1979), 468-471, hier 469f. Cattaneo könnte ferner der Autor hexametrischer 'Carmina de certo Turcarum adventu non credito cum exhortatione ad arma in eos suscipienda', s.l. s.a. (eingesehen wurde das Exemplar 4 P.o.lat. 773 der Bayerischen Staatsbibliothek in München) sein, die bei BALLISTRERI nicht erwähnt werden; das schmale Bändchen mit 12 Seiten ist an Papst Leo X. (1513-1521) gerichtet.

[53] Das Fragment ist in einer poetischen Sammelhandschrift aus der Mitte des 16. Jahrhunderts, Bologna, Biblioteca Universitaria, Cod. 400 (254), fol. 118[R-V] enthalten; zum Inhalt des Codex vgl. Iacopo Sannazaro, De partu virginis, ed. Charles FANTAZZI und Alessandro PEROSA (Istituto Nazionale di Studi sul Rinascimento. Studi e Testi 17), Firenze 1988, IX-XIV, hier XI mit Anm. 4. Über die Position und Funktion der insgesamt 31 Hexameter (Inc.: *Funditur aurata subito de pyxde factus / Calculus aequalis numero niveusque nigerque;* nicht verzeichnet bei Ludwig BERTALOT, Initia humanistica Latina. Initienverzeichnis lateinischer Prosa und Poesie aus der Zeit des 14. bis 16. Jahrhunderts, bearbeitet von Ursula JAITNER-HAHNER, Bd. I: Poesie, Tübingen 1985) in der Solymis kann nur spekuliert werden; sie könnten als Ekphrasis Teil einer festlichen Szenerie oder Beschreibung gewesen sein. Eine kommentierte Ausgabe des Verse Cattaneos werde ich 2001 in den Humanistica Lovaniensia veröffentlichen.

erkennbaren Zusammenhang mit dem Kreuzzugsthema: es handelt sich um eine in militärische Metaphern gekleidete Beschreibung des Schachspiels.

Bereits in die Zeit der französischen Religionskriege führt die 'Lotareis' des Perotus. Sie ist zwischen 1563 und 1574 entstanden, vielleicht sogar vor 1571, da der Sieg von Lepanto an keiner Stelle gewürdigt wird: einerseits erwähnt der Dichter II 668-686 die Ermordung des Herzogs François de Guise (1519-1563), andererseits sucht er den literarischen Beistand von Charles, Cardinal de Lorraine (1525-1574) zu gewinnen (II 687-703). Über den Dichter selbst ist wenig in Erfahrung zu bringen. Eine *Inscriptio* von fremder Hand auf dem Vorsatzblatt des *Codex unicus* lautet *Lotarii Peroti Lotareidos poema* – nur an dieser Stelle wird sein Name überhaupt genannt. Seit Lelongs Beschreibung der Handschrift, der sich zuletzt der Bearbeiter des Katalogs der Bibliothèque Mazarine, Auguste Molinier, anschloß, wird freilich der Jurist Aemilius Perrotus als Autor genannt – sicher zu Unrecht, denn er verstarb bereits 1556[54].

Die Papierhandschrift stammt aus der Bibliothek der Pariser Minimiten, wo sie zur Zeit Lelongs die Signatur 21 trug. Der heutige Mazarinensis 1944 umfaßt mehr als 400 Seiten und dürfte das Autograph des Perotus sein. Eine große Zahl korrigierter oder ersetzter Verse und die Tilgung ganzer Passagen machen dies sehr wahrscheinlich. Gleichwohl hat Perotus das Manuskript druckfertig eingerichtet[55], mit einer Prosavorrede, Prosaargumenta vor jedem Buch, marginalen Stichworten, mit einer annähernd konstanten Zahl von 18

---

[54] Bibliothèque Historique de la France contenant Le Catalogue des ouvrages, imprimés & manuscrits, qui traitent de l'Histoire de ce Royaume, ou qui y ont rapport; avec des notes critiques et historiques. Par feu Jacques LELONG, Prêtre de l'Oratoire, Bibliothécaire de la Maison de Paris. Nouvelle édition, Revue, corrigée & considérablement augmentée par M. Fevret DE FONTETTE, Conseiller au Parlement de Dijon, Bd. II, Paris 1769, 132 Nr. 16600 und Catalogue des manuscrits de la Bibliothèque Mazarine, par Auguste MOLINIER, Bd. II (Catalogue général des manuscrits des bibliothèques publiques de France), Paris 1886, 289f. Paul E. Comte DE RIANT, Archives de l'Orient latin 1 (1881), 548 Anm. 9 buchte die bei LELONG angezeigte 'Lotareis' als Verlust. Zur Vita des Aemilius (Émile) Perrot vgl. Archives biographiques françaises, hg. v. Susan BRADLEY, Bd. III: M-Z, Supplement, Mikrofiches 685-1065, München 1988, Fiche 824, Blatt 115-117 (Nachdruck des Eintrags in Émile PICOT, Les français italianisants au XVIᵉ siècle, 2 Bde., Paris 1906-1907). Zu seiner jüngeren Verwandtschaft gehört Nicolas III. Perrot, von dem kleinere lateinische Dichtungen aus den Jahren 1564-1580 bekannt sind. Einen Lotarius Per(r)otus konnte ich nicht nachweisen. Ich schulde Frau Isabelle de Conihout, Bibliothèque Mazarine, Dank für wichtige briefliche Auskünfte und Hinweise.

[55] Mazarinensis 1944 (wie Anm. 54), 421-435 *Obscuriorum verborum interpretatio ex variis in Historiographos Commentariis et multis suarum peregrinationum nostri seculi scriptoribus.*

Hexametern je Seite und einem abschließenden Index, der vor allem Ortsnamen enthält.

Perotus wendet sich in der Vorrede des Werkes und in einem Abschnitt des zweiten Buches (II 662-727), den 'Lothringi cantus', an die erlauchten Fürsten von Lothringen, namentlich Herzog Charles III. (1543-1608) und Charles, Cardinal de Lorraine. Ihnen möchte er Gottfried von Bouillon als heroischen Kämpfer gegen die Ungläubigen und Befreier des Heiligen Landes vorführen, der eine Familientradition des Kampfes gegen Muslime und Häretiker begründet habe. Die 'Lotareis' sei nur der Auftakt für weitere Dichtungen, die, wenn die Adressaten ihn nur ermutigten, bis hin zur Niederschlagung des Bauernaufstandes im Elsaß durch Herzog Antoine von Lothringen 1525 und den 'Pia gesta per Galliam' der Herzöge François und Charles führen könnten. Perotus Themenwahl zielt auf die Gunst der Guises, in deren Selbstverständnis Gottfried, die Kreuzzüge und das Königreich Jerusalem eine bedeutende Rolle spielten[56]. Er mag durch eine Tradition lateinischer hexametrischer Großdichtungen im Umfeld der Guises zu seinem Werk ermutigt worden sein – allein, sein Epos wurde weder fortgesetzt noch gelangte es zum Druck[57].

Die neun Bücher der 'Lotareis' mit jeweils 700-800 Hexametern beginnen nach Exordium und Anrufung Christi im ersten Buch unmittelbar mit der Belagerung Antiochias und enden mit der Einnahme der Stadt und dem Tod ihres Verteidigers Cassianus (Yaǧi Siyan). Nach der Technik des *ordo artificialis* erzählt Perotus die Vorgeschichte als Beschreibung von Bildteppichen (*aulaea*), die Vinemerus (Guinemerus) nach seiner Ankunft in

---

[56] Vgl. Le mécénat et l'influence des Guises. Actes du Colloque organisé par le Centre de Recherche sur la Littérature de la Renaissance de l'Université de Reims et tenu à Joinville du 31 mai au 4 juin 1994 (et à Reims pour la journée du 2 juin), hg. v. Yvonne BELLENGER (Colloques, congrès et conférences sur la Renaissance 9), Paris 1997, besonders die Beiträge von Marie Madeleine FONTAINE, Dédicaces Lyonnaises aux Guises-Lorraines (1517-1570) (ebd., 39-79, hier 45) zur Dedikation von Barthélemy de Salignac, Description de l'Itineraire de la Terre sainte (Lyon 1525) an Jean, Cardinal de Lorraine (1498-1550) sowie Philippe DESAN und Kate VAN ORDEN, De la chanson à l'ode: Musique et poésie sous le mécénat du cardinal Charles de Lorraine (ebd., 469-493). Perotus und sein Epos werden auch hier nicht erwähnt.

[57] Vgl. MASKELL, Historical epic (wie Anm. 51), 50-55 zur Nanceis des Pierre de Blarru und zur Rusticias des Laurent Pillard (Laurentius Pilladius), der gerade die Strafaktion Antoines und seines Bruders Claude de Guise gegen die Bauern im Elsaß poetisch würdigte; zur Rusticias Eckart SCHÄFER, Der deutsche Bauernkrieg in der neulateinischen Literatur, Daphnis 9 (1980), 1-31, hier 18-20 und Günther FRANZ, Der deutsche Bauernkrieg, Darmstadt [12]1984, 141-148, hier 146 mit Anm. 14.

Tarsus[58] als Geschenk zu dem vor Antiochia lagernden Gottfried schickt. Diese Ekphrasis umfaßt den größeren Teil des ersten und das gesamte zweite Buch. Papst Urbans Rede (II 409-467; vgl. die Appendix) folgt in Aufbau und bisweilen auch in der Wortwahl Robertus Monachus; Biondos Version empfand Perotus die Dramatik der Rede und die spontane Reaktion der Zuhörer nach, die, noch ehe Urban enden kann, in *Deus vult*!-Rufe ausbrechen; auch die *thessera belli* und die Bezeichnung der Gegner als Türken und Sarazenen stammen aus Biondo. So klar in diesem Abschnitt die Quellenlage ist, so wenig gesichert ist sie in den übrigen historischen Passagen des Epos. Neben Robert sind sicher Wilhelm von Tyrus und punktuell Albert von Aachen benutzt worden. Die Vielzahl der genannten Personen – etwa im Heerkatalog des zweiten Buches (80-99) – setzt jedoch genauere Quellenstudien des Dichters voraus. Daß die Eroberung Antiochias sieben Bücher beansprucht und der Höhepunkt des Ersten Kreuzzuges, die Einnahme Jerusalems, gar nicht erreicht wird, liegt mit an den ausufernden Exkursen und Ekphraseis: neben den *aulaea* und dem Heereskatalog seien noch genannt Urbans Itinerar von Rom nach Clermont[59], die Beschreibung eines illustrierten Zeltes, Exkurse zu Arche und Sintflut (Lotareis III), zu den anachronistischen, aber bei neulateinischen Dichtern beliebten Bombarden (Lotareis III)[60] und zu Karl dem Großen: Am Ende des sechsten Buches wird Karl als Vorbild Gottfrieds gerühmt; er habe gegen die Araber in Spanien gekämpft, den Papst unterstützt, das Römische Imperium zu den Franken transferiert; einige nachträglich gestrichene Verse widmet Perotus sogar der literarischen Blüte am Hofe des Karolingers[61]. Am Ende des siebten Buches setzt sich Perotus quellenkritisch mit legendenhaften Zügen der Vita Karls

---

[58] Vgl. Albert von Aachen, Historia Hierosolymitana (RHC, Hist. Occ., Bd. IV, Paris 1879, 349 [III 14]) und Wilhelm von Tyrus III 24 (23), 227f., dem Perotus näher steht; eine freie Erfindung dürfte die detaillierte Beschreibung des Kurses der Flotte sein.

[59] Während seines Aufenthaltes in Mailand erscheint Urban der heilige Ambrosius und ermutigt ihn zur Standhaftigkeit gegenüber Heinrich IV., wie er sich Theodosius widersetzt habe (Mazarinensis 1944 [wie Anm. 54], 51-57).

[60] Bekannt ist Celtis' Ode III 8 'Execrat Germanum inventorem bombardae', s. Conradus Celtis Protucius, Libri odarum quattuor. Liber epodon. Carmen saeculare, ed. Felicitas PINDTER (Bibliotheca scriptorum medii recentisque aevorum. Saecula XV-XVI), Leipzig 1937, 72f.; vgl. BRAUN, Lateinische Epik (wie Anm. 51), 15f.

[61] Mazarinensis 1944 (wie Anm. 54), 281-284, hier 283 *Et Graio et Latio doctum sermone sorores / Te* (das ist Karl der Große) *coluere novem: ò quoties tibi munere largo / Ad carmen Vatum mens est accensa piorum / Alquinus testis Scotiae accersitus ab oris.* Der letzte Vers wurde am unteren Seitenrand zunächst nachgetragen, dann alle vier Hexameter gestrichen.

auseinander und weist den *ortus vulgi scriptoribus error* zurück, daß Karl und Roland unter Waffen ins Heilige Land gezogen seien; diese Geschichten seien Rückprojektionen des Ersten Kreuzzuges[62]. Die obligatorischen Kampfszenen, Reden, Traumgesichte und am Beginn des achten Buches ein Blick in die Unterwelt, die sich über die Ankunft eines von Gottfried entzweigehauenen Gegners[63] entsetzt und die *fores Stygiae* vorsorglich verschließt, sorgen für episches Kolorit.

Trotz ihres Umfanges ist die 'Lotareis' konzeptionell ein Torso. Zwar ist Gottfried von Bouillon unangefochten ihre zentrale Gestalt, aber man vermißt das Finale in Jerusalem. Nur an wenigen herausgehobenen Stellen – dem Vorwort und den 'Lothringi cantus' – schlägt Perotus eine Brücke von Gottfried zu den Adressaten seines Epos; einen religionspolitischen Kommentar sucht man in der 'Lotareis' vergeblich, selbst das Türkenthema wird nur in einer Vision des Cassianus, dem sich der *Abdalides* Mohammed in einem Traum zeigt und einen künftigen türkischen Siegeszug prophezeit, angesprochen[64].

Die 'Syrias' des Pietro Angeli da Barga (Petrus Angelius Bargaeus, 1517-1596) läßt hingegen in zwölf Büchern die Kreuzfahrer bis nach Jerusalem gelangen, dessen Eroberung zusammen mit dem Fall Antiochias das Finale des letzten Buches bildet. Sie gehört zum Spätwerk des Bargaeus und wurde in vier Etappen zwischen 1582 und 1591 im Druck veröffentlicht: die Bücher I und II machen den Anfang in Paris; 1584 werden wiederum in Paris III und

---

[62] Mazarinensis 1944 (wie Anm. 54), 323f.

[63] Der Vorfall wird geschildert bei Robertus Monachus, Historia Hierosolymitana, IV 20 (wie Anm. 7), 786f., Albert von Aachen, Historia Hierosolymitana, III 65 (wie Anm. 58), 385 und Wilhelm von Tyrus V 6, 278f.

[64] Lotareis, III 605-617 (Mazarinensis 1944 [wie Anm. 54], 132f.): *Peste nova atque fame stragem dabo, Marte Sycambros / Absumam vario nullo discrimine Regum. / Armenios Medumque trucem Parthosque potentes / Immittam et Gallos cogam dare terga Gelonis. / Adveniet tempus quo Nazarena propago / Viribus Assyriis Asia pelletur ab omni. / Quin premet Europam victor Scytha me duce, Myssos / Et Thraces bello sternet. Bysantia regna / Sarmaticis subiget turmis, durumque subibit / Argolica ora iugum Turcarum: Thessala regna, / Indomitosque prement Dacos, Macedumque per arva / Signa ferent, pacem supplex quoque Dalmata poscet. / Illyris ora Getis, et virtus Dardana caedet. / Quaeque iacet medio Aegei maris insula Cyprus, / Pannoniusque rapax tandem succumbet et asper / Noricus horrebit Turcas, Germanus et audax / Artibus et fidens Italus discordibus armis* (vgl. *concordibus armis* II 433 in der Rede Urbans). Das Patronymicum *Abdalides* erklärt Perotus im Index (421) als *Abdaleus: pater Mahumeti et hic Abdalides* (sc. 'Abd Allāh) Bei der von Bargaeus in der gleich zu besprechenden Syrias verwendeten Form *Abdarides* dürfte es sich um eine Verballhornung handeln.

IV gedruckt, 1585 die Bücher I-VI in Rom und schließlich das Gesamtwerk in Florenz 1591[65]; den Plan eines Kreuzzugsepos dürfte er freilich schon zu Beginn der sechziger Jahre gefaßt haben. Neben der 'Syrias' stammen von Bargaeus, der als Lehrer des Griechischen und Lateinischen unter anderem in Pisa wirkte, sich als Übersetzer aus dem Griechischen Ansehen erwarb und dessen Verbindung zu Torquato Tasso und Mitwirkung an der Revision der 'Gerusalemme liberata' bekannt sind, noch weitere poetische Werke, Elegien und zwei Lehrdichtungen über Vogelstellerei und Jagd ('Liber de aucupio' und 'Cynegeticon'). Anders als bei diesen fällt die neuere Literaturgeschichte über die 'Syrias' kein wohlwollendes Urteil: sie sei ein kühles, rhetorisch geprägtes und lebensleeres Werk, eine rein akademische Übung[66].

Für die 'Syrias' konsultierte Bargaeus, wie es scheint, eine Vielzahl historiographischer Werke des Mittelalters und der Neuzeit, darunter Albert von Aachen, Robertus Monachus und Wilhelm von Tyrus, ferner Emilis 'De rebus gestis Francorum libri'[67]. Emilis Version liegt auch einigen Passagen der Rede Urbans im zweiten Buch der 'Syrias' zugrunde, gleichwohl handelt es sich um eine originelle Schöpfung. Das Konzil von Clermont ist der Höhepunkt der beiden ersten Bücher mit der Vorgeschichte des Kreuzzuges, beginnend mit Pilgerfahrt und Vision Peters von Amiens. Die Bücher III-VI geleiten die verschiedenen Kreuzfahrerheere nach Konstantinopel, und genau in die Mitte des Epos fällt die Überfahrt über den Bosporus. Buch VII-XI sind den Fährnissen auf dem Weg über Nizäa nach Antiochia und dessen Belagerung gewidmet, bevor die Stadt und endlich Jerusalem im letzten Buch fallen.

---

[65] Grundlegend für Leben und Werk des Bargaeus ist Guido MANACORDA, Petrus Angelius Bargaeus (Piero Angeli da Barga), Annali della R. Scuola Normale Superiore di Pisa. Filosofia e Filologia 18 (1905), 1-131, zur Druckgeschichte der 'Syrias' 21f., ferner Alberto ASOR-ROSA, Angeli, Pietro, in: Dizionario biografico degli Italiani III (1961), 201-204 und Peter M. BROWN, Pietro degli Angeli da Barga: „Humanista dello studio di Pisa", Italica 47 (1970), 285-295. Die Gesamtausgabe (Petri Angelii Bargaei Syrias, hoc est expeditio illa celeberrima Christianorum principum, qua Hierosolyma ductu Goffredi Bulionis Lotharingiae ducis a Turcarum tyrannide liberata est. Eiusdem votivum carmen In D. Catharinam. Roberti Titii […] in duodecim libros syriados […] scholia, Florenz 1591) wurde 1616 ebendort nachgedruckt. Unsere Zitate sind der römischen Ausgabe von 1585 entnommen (Petri Angelii Bargaei Syriados libri sex priores, Roma 1585).

[66] Dazu MANACORDA (wie Anm. 65), 43 („l'opera d'un retore e moralista, versificatore eccellente"), 45 und 60f. („l'erudito soverchia il poeta").

[67] Dazu MANACORDA (wie Anm. 65), 44 ohne Belege.

Bargaeus belebt seine Erzählung mit erfundenen Handlungen und Gestalten, die bisweilen allegorisch zu deuten sind, und das in einem Maße, daß das historische Gerüst nur noch schemenhaft zu erkennen ist. Er mobilisiert in epischer Tradition die Mächte von Himmel und Hölle, läßt sie in Versammlungen zusammentreten und in Menschengestalt unter den irdischen Protagonisten agieren, um den Kreuzzug zu beschleunigen oder aufzuhalten; dazu treten wie bei Perotus in der zweiten Hälfte der 'Syrias' Schlachtszenen, ein Zweikampf und Ekphraseis wie die Beschreibung eines Zeltes.

Bargaeus hat der Ausgabe von 1585 drei Vorreden vorangestellt, eine erste in Prosa an Papst Sixtus V. (1585-1590; III-VIII), sodann zwei metrische an König Heinrich III. von Frankreich (1551-1589) und seine Mutter Catharina de' Medici (IX-XIV und XV). In der programmatischen ersten berichtet er, daß sein Gönner und Herr, Kardinal Ferdinand de' Medici, ihn zur Fertigstellung der 'Syrias' gedrängt habe, weil sie geeignet sein könne, Begeisterung für ein notwendiges Unternehmen gegen die Türken nach Art des Ersten Kreuzzuges zu entfachen. Unter dem Eindruck des Sieges von Lepanto (1571) zieht Bargaeus aus seinem Verlauf eine unverändert aktuelle Lehre: Die Eintracht der Fürsten, die Besinnung auf die *causa Christi*, die Zurückstellung partikularer Interessen sind Vorbedingungen eines erfolgreichen Krieges gegen die Türken, den er vor allen Frankreich zutraut[68]. Das erklärte Ziel des Dichters ist es, den Ersten Kreuzzug, das *bellum sacrum* und *bellum heroicum*, als unvergleichliche Großtat darzustellen, dessen Erfolg die christlichen Fürsten nacheifern könnten[69].

In diesem Rahmen hat Bargaeus die Rede Urbans im zweiten Buch der 'Syrias' gestaltet. Er läßt der Predigt des Papstes die Ansprache eines fikti-

---

[68] Syriados libri sex priores (wie Anm. 65), VI: *Sed cum hoc* (der Sieg von Lepanto) *docere Christianos principes debet, in bello adversus Turcas Christi Dei causam agi tantummodo oportere, non item suam, tum vero idem apertissime demonstravit exercitus ille in expeditionem eductus auctore Urbano II. Pont. Max. et e Gallis potissimum, atque Italis ad liberandam a Saracenorum Turcarumque servitute Hierosolymam collectus. Non de augenda singulorum principum potentia novisque regnis conquirendis, sed de Palaestina Syriaque in pristinum statum libertatemque restituenda et ad Christum Deum revocanda actum est, ut mirum non sit, si postea intra tres annos nostrorum virtute bellum illud confectum fuerit, quod plerique sanctum a summa pietate et sanctimonia, qua susceptum ac gestum est, plerique etiam heroicum ab animorum et rerum actarum magnitudine appellaverunt. Tale enim tantumque fuit, ut nullum omnino aliud fuisse constet, quod cum eo comparari debeat et ex quo clarius intelligi possit nihil a Christianis principibus non sperandum, si modo ipsi non suam* (quod iam saepe dicimus), *sed Christi causam agendam suscipiant.*

[69] Vgl. die Vorrede des Paulus Aemilius, De rebus gestis Francorum, IV (wie Anm. 8), 105.

ven *senior Alethes* vorausgehen, den Boemund zusammen mit Peter von Amiens gesandt hatte. Alethes prangert die Depravation seiner Zeit an, beschwört die Deutschen und Franzosen drohende Gefahr[70]. Noch fällt die Reaktion der Zuhörer verhalten aus, aber die Bühne für Urbans Auftritt ist bereitet. Der Papst, eine ehrfurchtgebietende Gestalt mit grauem Bart und von Falten zerfurchtem Antlitz, gebietet theatralisch Ruhe; dann appelliert er an die versammelten Fürsten und Ritter, lobt, daß die frühere *discordia* nun der *felix concordia* gewichen sei; ein günstiger Augenblick sei gekommen, den hereinbrechenden Sturm abzuwehren. Dieses Ruhmesblatt komme den waffengewandten Franzosen zu[71]:

Non his, ò procerum lectissima pectora, quae nunc
Audistis, resonant primis conquestibus aures
Nunc primum: fletus quoniam lachrymasque dederunt
Saepe aliàs oculi et luctu mens victa resedit
Ipsa suo, dum moesta nihil superesse videret,
Auxilium unde aliquod miseris afferret opemque:
Tanta olim populos discordia, tantus ubique
Seditionis amor reges in bella vocarat,
Quorum armis, quorum in primis virtute decebat
Defendi imperii fines, procul undique pelli
Abdaridas, Solymae ius libertatis ademptum
Restitui solvique metu surgentis ab ortu
Scilicet inque caput nostrum sine more ruentis
Turbinis, horrifica postquam cecidere ruina
Omnia, quae medii disterminat unda profundi,
Oppida et Europa longe discludit ab alta.
Sic tibi, summe deus, scelerum certissime vindex
Cunctorumque operum iudex aequissime, visum.
Nunc autem quoniam, quod nec conatibus unquam,

---

[70] Syrias (Syriados libri sex priores, II [wie Anm. 65], 37-41, hier 38f.): *Ecquis enim nescit nostrorum crimine patrum / Crevisse et partis Latium spoliasse* (sc. Turcarum acies) *trophaeis? / Dum se desidiae dedunt, dum corpora bello / Fortia desuescunt, dum se somnoque ciboque / Enervant odiisque animos civilibus implent: / Sic stravere viam, quo nostra invaderet audax / Hostis et Aegaeas sese penetraret in oras / Et campis Asiae et Libyae poteretur opimis. / Ac nunc ille quidem Solymae (pro dedecus ingens) / Regnat* [...] *media dominum se sistat in urbe, / Pressurus mox colla iugo tibi, Galle, tibique / Germane armipotens, tibi dulcia pignora natos / Ablaturus, ut in mores ritusque nefandos / Coniciat.*

[71] Syrias (Syriados libri sex priores, II [wie Anm. 65], 42-46, hier 42f.).

Nec votis cessit nostris, quod oportuit, ullis,
Unanimes vincit felix concordia fratres,
Ausoniis quorum late dominatus in oris,
Gratia magna tibi regum Deus armipotentum,
Mentibus infundis caecis qui lumen agisque
Et cohibes, quandoque libet, populosque ducesque.
Magna quidem sese rerum atque inopina facultas
Offert, ò dubii fidissima robora belli,
O gens armorum studiis exercita, Galli;
Qua cupide arrepta, quis non intelligit unis
Cessurum tanti decus indelebile facti:
Cum praesens Gallos, cum sera fatebitur aetas
Eiecisse Asia e media, corda impia, Turcas
Cumque urbs sancta Dei Solyme, cum dives Idume
Iuris facta sui dicet, se fortibus ausis
Deberi vestris vestra virtute redemptam.

Von Emili inspiriert[72], arbeitet Bargaeus den Gegensatz zwischen Christen
und Muslimen scharf heraus: *gens pia* und *gens impia,* die *nati Dei* und *nati
Erebi* werden aufeinanderprallen. Stärker noch als der Historiker deutet der
Dichter den Kreuzzug als Abwehr einer Bedrohung Europas durch die
skythische Barbarei[73]:

Vos cultu gens una pio gratissima caelo,
Natam in servitium gentem atque infensa Tonanti
Mancipia e Scythicis nuper digressa cavernis,
Non modo regna metu vestra ut solvatis ab atro
Omnibus instantis tam dira a gente pericli,
Vestra sed ut virtus miseranda ergastula frangat
Christicolis Asiae Libyaeque patentis alumnis,
Invasisse pio dubitabitis impia bello?
[...]
Nec nos decipiat, nostris quod longius absunt
Finibus et caedes alio miscentur in orbe:
Praesto aderunt ferroque omnes, atque aere corusci,
Ulturi strages, quas accepere suorum.

---

[72] Paulus Aemilius, De rebus gestis Francorum, IV (wie Anm. 8), 105; vgl. oben 371.

[73] Syriados libri sex priores (wie Anm. 65), 44f.

Omnis enim iratis facilis via. Quicquid et illic
Nunc perit, Europae toti perit; impia si non
Gens extincta cadat, pia gens cadat omnis oportet.
Namque ut nulla lupis pax est et mitibus agnis,
Sic et amicitiae ratio, sic iusque fidesque
Nulla potest inter natos Erebique Deique
Esse umquam.

Erst der Schluß der Rede kehrt zu den konventionellen Mustern zurück: der Kreuzzug ist ein gerechter Krieg, Sieg und weltlicher Gewinn sind den Kämpfern verheißen, in jedem Fall jedoch das ewige Leben. Kaum hat Urban geendet (*Vix ea fatus erat ...*), da jubilieren die Zuhörer, und der künftige Schlachtruf ertönt donnernd. Am Ende des Konzils sind sie zum blutigen Kampf bereit[74]:

Inque vicem crebris acuunt hortatibus iras
Totaque concepta flagrant praecordia flamma.
Omnibus idem animus crudelem excindere gentem,
Ulcisci scelera et Solymos exolvere duro
Servitio populisque piis afferre salutem.

und die Rüstungen beginnen[75]:

　　　　　　　　　　　　[...] aduncaeque
In gladios abeunt falces, abit omnis in enses
Vomis et alterni revomunt sua flamina folles,
Dum passim innumerae positis incudibus urbes
Tela novant[76].

Die Urbans Rede prägenden Motive kehren im weiteren Verlauf des Epos immer wieder[77]. Zu der seit Biondo üblichen Allusion auf die türkische

---

[74] Syriados libri sex priores (wie Anm. 65), 58.

[75] Syriados libri sex priores (wie Anm. 65), 59.

[76] So in Umkehrung von Is 2,4 *et conflabunt gladios suos in vomeres et lanceas suas in falces non levabit gens contra gentem gladium nec exercebuntur ultra ad proelium.*

[77] Syriados libri sex priores (wie Anm. 65), 114: Angesichts des Ensembles von Schwarzem Meer, Meerengen und Kleinasien bricht es aus einem unbekannten Kreuzfahrer hervor (Syrias IV): *Hinc aliquis tractus lateque patentia regna / Turcarum longe aspiciens: „Proh dedecus", inquit, / „Occupat Abdarides tantum terraeque marisque? / Nec nos Christicolum, quos iam parere coegit / Ille sibi, nec nos memores virtutis avitae / Nec patriae cultusque pii miseretque pudetque? / Scilicet id melius bella intestina necesque / Moliri inter nos viresque*

Bedrohung treten jedoch neue Aspekte: Kirchenspaltung und Reformation. Die optimistische Erwartung, die Bargaeus unter dem Eindruck des Sieges von Lepanto hegt, wird besonders in einer Vision Gottfrieds von Bouillon deutlich, die fast das ganze sechste Buch der 'Syrias' einnimmt[78]. An ihrem Anfang wird der Erfolg des Ersten Kreuzzuges verheißen, am Ende jedoch nach vielen bitteren Niederlagen ein ungleich größerer Erfolg prophezeit, der Sieg des katholischen Christentums auf der größeren neuen Welt, den der Dichter seiner Zeit nahe wähnt: Gottfried erscheint seine Mutter Ida von Ardenne, ergreift seine Rechte und entrückt ihn zu den (155) *sedibus aetheriis stellantis olympi*, von wo sie ihm ganz nach der Art des 'Somnium Scipionis' Ciceros die winzig erscheinende Welt vorführt[79]. Die Prophezeiungen Idas handeln in chronologischer Folge drei Themenkomplexe ab: zunächst skizzieren sie den Verlauf des Ersten Kreuzzuges und das persönliche Schicksal Gottfrieds, nennen die Stationen Nizäa, Antiochia und das Finale mit Gottfrieds Erhebung zum Haupt der neuen Herrschaft in Jerusalem[80]. Anschließend umreißt sie das deprimierende Schicksal der *Terra Sancta* bis zum Verlust Jerusalems und schließlich Akkons; allenfalls retardierend würden die Unternehmungen des Dritten und Vierten Kreuzzuges, die Expeditionen nach Damiette und Tunesien, die man in Idas dunklen Andeutungen wiederzuerkennen glaubt, wirken. Die Ruchlosigkeit und Zwietracht der Kreuzfahrer werden mit dem Verlust Jerusalems und dem Siegeszug der Türken bestraft[81]. Erst lange Zeit nach dem Fall Akkons werde sich

---

absumere nostras / Nequicquam et saevum Turcarum increscere regnum / Inque dies magis atque magis radicibus actis / Altius ad coelum tolli, pars caetera donec / Terrarum discerpta odiis et viribus impar / Ingratis frenum accipiat cogatur et una / Flagitiis servire novis ritusque profanos / Discere et in leges gentis iurare rebellis? ". Aus der Prophezeiung Idas, der Mutter Gottfrieds von Bouillon (Syrias VI; 156f.): *Heu miseri, non hos concessit in usus / Arma Deus, vestra ut rigidum per viscera ferrum / Transeat et fulva caesorum sternat arena / Corpora regnandi causa, sed ut impia quae sunt / Corda hominum ad cultum revocent ritumque piorum / Christicolumque adeo fines tueantur et aras, / In coelum quae certa via est coetusque beatos / Heroum insontis vitae et sine fraude peractae.*

[78] Syriados libri sex priores (wie Anm. 65), 155-173.

[79] Vgl. Cicero, De re publica VI 11 und 16 (ed. Konrat ZIEGLER, Leipzig 1964, 127 und 130).

[80] Ganz vergilisch (Aen. VI 851-853) ermahnt sie ihn (Syriados libri sex priores [wie Anm. 65], 161): *Tu populis dare iura tuis legesque memento, / Debellare hostes placidusque ignoscere victis, / Tum sensim replere animos pietatis amore / Divorumque aedes una instaurare labantes / Et patres munire opibus, queis sacra diesque / Sint curae, atque aris sueti reddantur honores.*

das Blatt wenden[82]. Am Ende wendet sich Ida Ereignissen des 15. und 16. Jahrhunderts zu, darunter der Pest des Luthertums[83]:

Interea vesana lues, quam finibus ortam
Ipsa suis secum discors Germania primum
Mater alet, mox invectam lateque vagantem
Excipient gremio Allobroges solioque locabunt.
Inde autem quondam fidissima corda Britannos
Irrumpet toto descendens corpore pestis;
Atque hic atque illic nostras populabitur urbes
Immanis Gallosque suo funesta veneno
Auferet et sanctis animos abducet ab aris.

Dann aber reihen sich die Adressaten der 'Syrias', Kardinal Ferdinand de' Medici, Catharina de' Medici und Heinrich III. von Frankreich, zusammen mit den Habsburgern in die Abwehr ein. Mit den Entdeckungen im *novus orbis* durch Columbus und Amerigo Vespucci – Ida korrigiert Gottfrieds mittelalterliches Weltbild und macht ihn besonders darauf aufmerksam, daß die *zona torrida* nicht unpassierbar sei – ist der Weg zu einem weltweiten Ausgreifen des christlichen Westeuropa eingeschlagen. Im Weltreich Philipps werden die ehedem nackten und kannibalisierenden Wilden zivilisiert werden, im Bund mit den (vormals) christlichen Äthiopiern wird man die Türken in die Zange nehmen. Schließlich werden die Jesuiten tätig wer-

---

[81] Syriados libri sex priores (wie Anm. 65), 163: *Flagitiis sedenim nostrorum infecta nefandis / Et vexata diu procerum discordibus armis / Horrebit Pharias rursus superata secures / Exactisque procul Gallisque Italisque videbit / Abdaridae parere Asiam Thracemque superbam / Inque potestatem Turcarum inque impia cogi / Iura, suo quicquid terrarum interfluit ingens / Flumine Dannubius. Quin illi, ubi littore sedem / Threicio et veteri Byzantis in urbe locarint, / Illyrii Macedumque arces atque oppida Graium / Cuncta sub imperium redigent, immane minantes / Exitium Europae populis, quicumque supersint. / Saepe etiam magnis ausi dare classibus Austros / Ionium Aegaeumque omni ditione tenebunt. / Scilicet et nostri poterunt spectare nepotes / In sua paulatim grassantem viscera pestem, / Dum se odiis armisque palam consumere pergent, / Horribiles nullis cohibentes finibus iras.*

[82] Syriados libri sex priores (wie Anm. 65), 165f.: *Sed tamen exactos postquam volventibus annis / Tercentum aestates, tercentum ex ordine brumae / Addiderint decies centenis orbibus orbes, / Omnibus ex quo lux oculis est reddita nostris, / Nascetur pietate ingens invictus et armis, / Qui bello aggressus populos contundet Eoos / Et Scythiae duras Libyaeque immittet habenas. / Tum vero toto surget gens aurea mundo, / Aurea, sinceri quae servantissima cultus / Rite Deum precibus trinumque agnoscat et unum.* Gemeint ist das Jahr 1600.

[83] Syriados libri sex priores (wie Anm. 65), 166.

den, die neben Südamerika ihr segensreiches Wirken bereits in Ceylon, China, Japan und den Molukken/Indonesien entfalten.

* * *

Das Interesse, das Autoren des 15. und 16. Jahrhunderts vor allem dem Ersten Kreuzzug entgegenbrachten, wurde genährt von der Sorge vor den Erfolgen der Türken, die mit der Eroberung Konstantinopels einen ersten Höhepunkt erreichten. Urbans Predigt in Clermont schien wie kein anderes Ereignis des Kreuzzuges geeignet, als historisches Exemplum Vorbild und Mahnung zugleich für die Leser dieser Zeit zu sein und ihnen die historischen Gründe der gegenwärtigen Probleme ins Bewußtsein zu rücken. Wie die Kreuzzugshistoriker des 12. Jahrhunderts[84] und in langer historiographischer Tradition, nahmen sich die hier betrachteten Autoren des 15. und 16. Jahrhunderts die Freiheit, Urbans Rede nicht nur nach ihren sprachlichen und stilistischen Maßstäben, sondern auch nach ihren Intentionen zu gestalten und ihr aktuelle Bezüge einzupflanzen. Flavio Biondos 'Dekaden' scheint hier eine Vorreiterrolle zuzukommen, deren Adaptation – wie das ungemein verbreitete und verfügbare Gesamtwerk selbst – zum Basistext vieler jüngerer Darstellungen wurde und die hochmittelalterlichen Fassungen, die teilweise erst beträchtliche Zeit später in Drucken vorlagen, weitgehend in den Hintergrund drängte.

---

[84] Vgl. etwa Guibert von Nogent, Dei gesta per Francos, II 3 (wie Anm. 7), 111 in der Einleitung zur Predigt Urbans: *His ergo etsi non verbis, tamen intentionibus usus est* und Wilhelm von Malmesbury, Gesta regum Anglorum, IV 346 (wie Anm. 10), 393: *sermo* [...] *quem, sicut ab auditoribus accepi, placuit posteris transmittere, integro verborum sensu custodito: illius enim facundiae vigorem servare quis poterit?*

Appendix
Auszüge aus der 'Lotareis' des Perotus
(aus Paris, Bibliothèque Mazarine, Ms. 1944)

I.) (Mazarinensis 1944, III-IV) der Schluß der Prosavorrede:

Ego vero tam clari nominis Illustriss. Princ. Lotaringos dignissimos censeo, qui (gladio Gedeonis divinitus muniti) omnem operam, industriam, opes, ac Principatus vires ab ineunte Imperio in hoc uno contulerunt, ut laesum Divinum Numen ulciscerentur, et regiones ab infidelibus occupatas liberarent, et a fide Orthodoxa delirantes (qui verbis flecti nequibant) armorum iure ad verum cultum reducerent, et resipiscere cogerent. Quorum divinos animos, ac piam Heroicam virtutem multum, diuque miratus, et vestigia premens, omissis antiquorum Poetarum fabulis, et Alexandri, et Caesaris Tyrannide spreta, ad canenda omnia bella pro relligione Catholica ab illis exhausta (á bello sancto Gotofredi 4ⁱ exordia sumens) me totum dedi. Quod si hylari fronte á vobis exceptum intellexero, stimulos addideritis, cupienti persequi gesta Simonis 1. qui copias auxiliares Eusthatio patruo magno Hierosolymae Regi duxit: Et Matthaei 2. qui Imperatoris Federici 2. legatus Albigenses in Narbonensi provincia debellavit, Antonii qui Lutheros in Alsatia funditus delevit: Et (ne propagines omittam) Francisci et Caroli Illustriss. Ducum Guisiae nostris temporibus pia gesta per Galliam.

II.) (Mazarinensis 1944, 1-3) 'Lotareis' I 1-29
(Exordium und Anrufung Christi):

1   *⟨U⟩t bello Solymas Europa invaserit arces*
     Sub Duce magnanimo utque furens horrentibus armis
     Europae atque Asiae totus concurrerit orbis,
     Bellipotensque tuos exin, Gotofride, nepotes
5   *Divinos animos genitos Lotaribus arvis,*
     Qui bello incubuere pio et fudere sub armis
     Numinis ultores laesi cum sanguine vitam,
     Ferre per ora virûm et magnis dare lumina rebus
     Aggredior, Turcae ut sint arma repressa furentis
10   *Atque datum sanctis tuto transire Latinis*

Ad natale solum aetherii de virgine partus
Et vitae atque necis monumenta invisere sancta.
Autor, Christe, sacri motus partique triumphi,
Vela regas fragilemque ratem vada dura secantem!
15 Da vires auso magna et penetralia Divum
Vatibus antiquis ignota recludere primum!
Da laudes aperire novas caelique triumphos!
Namque tuo imperii prolatos munere fines
Et tibi ad Eoos populos erecta trophaea
20 Sanctaque facta cano: tua cum monumenta laborum
Penituit Turcae indigna ditione teneri
Sacraque foedari et gentem regnare profanam,
Non ultra es passus Solomonis templa potentis
Imperio falsi Legis parere Prophaetae,
25 Sed fortes Gallorum animos et prodiga vitae
Pectora Germanum claros belloque Britannos
Armasti, Ausoniis animos roburque priorum
Largitus, fratrum discordia classica quando
Iunxisti pugnae infundens melioris amorem.

I 1 *Verg., Aen. VIII 290* – 2 *Stat., Theb. II 385* – 3 *Verg., Aen. VII 224* – 7 *Germ. 654; Verg., Aen. VII 534* – 8 *Cic., Tusc. I 15,34; Verg., georg. III 9* – 11 *Ov., met. VII 52* – 14 *Ov., Pont. II 3,58; Verg., Aen. III 706* – 18 *Plin., epist. VIII 6,6* – 21 *Verg., Aen. I 236* – 25 *Lucan. IV 524* – 25-26 *Stat., Theb. III 69f.* – 26 *Tac., Agr. 29,4*

III.) (Mazarinensis 1944, 68-71) 'Lotareis' II 405-469
(die Rede Papst Urbans II. in Clermont):

405 Ergo ubi consedêre atque ostia clausa Senatus,
Conticuere omnes et facta silentia linguis.
Tum Pater Urbanus solio sic orsus ab alto:
„Relligione Dei gens inclyta, cui pia cordi
Numina, saepe atavi quorum subiere labores
410 Pro Christo et claros duxere ad templa triumphos,
Heu, nimium nostis, quas ferro invaserit urbes
Turca Saraceno iunctus Parthoque feroci,
Utque Palaestinam, Syriam vi martis, Idumen
Impius abstulerit, ritu pia sacra nefando

415 Fêdarit multosque nova formidine mortis
Fecerit Hesperiae abiurare sacraria legis.
Vos, quibus omnipotens dedit omnia munera, Galli,
Resque animumque marem validoque in corpore vires,
Arma parate, aliis date belli exempla gerendi!
420 Deletis Arabum turmis recludite veri
Europae monumenta Dei et cunabula sancta!
Nullus dulcis amor natorum, nulla parentum
Detineat pietas, nulla indulgentia matrum.
Hoc populo Iudae testatus saepe Redemptor:
425 Qui res se propter perituras spreverit orbis,
Ipse sibi pretium superos coelumque parabit.
Quisque videt patrios agros, quam limite parvo
Claudantur, nec posse suos nutrire colonos.
Bellorum est haec causa potens, quae solis alumnos
430 Occidui exagitant desertaque pinguia culta
Reddunt expulso cultore et rebus ademptis.
Quis dubitat Turcis cladi exitioque futuros
Europas, si bella parent concordibus armis?
Quorum pars quota Romanus breviore subegit
435 Tempore terrarum spatium quam regna Latinum?
Quin olim Senones non magnis viribus ausi
Per Graios penetrare locos Asiamque vagari
Totam et victores isdem considere terris.
Post bello clarus Rex Carolus expulit acres
440 Solus ab Europa Mauros Arabesque potentes.
Certa viam Gallis ad opes atque oppida centum
Et dites orbis sedes victoria pandit
Hostibus Armenia fusis Asiaque feraci.
Adde quod et Syriae tractus Phoeniciaque arva
445 Manna impune ferunt et dulcia munera mellis.
Haec veneranda piis tellus, qua sumere formam
Mortalem voluit magni Regnator Olympi
Quaque salus demissa Polo, qua vita renata
Humano stygia generi caligine merso,
450 Qua primum aggressus legem atque arcana docere
Mystyca sacra Poli ac oculis miranda peregit
Atque resurrexit redivivo in corpore surgens

Inde novo regnum repetens coeleste triumpho. "
Necdum finis erat dictis, cum concitus oestro
455 *Divino exclamat permisto murmure Gallus:*
„Hoc Pater omnipotens coelo iubet et Deus hoc vult. "
Quod dictum duris in rebus thessera belli
Saepe fuit turmis, saepe hoc victoria parta est.
„Ergo" (ait Urbanus) „sanguis quibus integer aevi,
460 *Arma parate! Domi puerique senesque manebunt.*
Et vestrum quicunque latus sibi cinxerit ense
Atque animo audaci Mahumetica tela lacesset,
Signum in fronte crucis vel aperto in pectore figat.
Et Deus, imperio cuius perferre labores
465 *Ausus, persolvet grates et praemia reddet,*
Insidiis solvet tutum reddetque periclis. "
Haec postquam solio Urbanus pater edidit alto,
Stratur humi populus supplex ingensque corona
Multa rogans superos atque implens aethera votis.

II 419 belli *supplevit in margine* – 431 Reddunt] Re- *correxit* – expulso] ex- *supplevit* – 448 renatu *ms.* – 451 Mystyca *correxit ex* Mysteria – Poli *correxit ex* soli

II 406 *vgl. Verg., Aen. II 1 und XI 241* – 407 *Verg., Aen. II 2* – 408 *Sil. IV 495* – 408-410 *Rob. Mon. Rem., hist. Hier. I 1 (wie Anm. 7), 727C:* Gens Francorum [...] a Deo electa et dilecta – 411-416 *Rob. Mon. Rem., hist. Hier. I 1 (727D – 728A)* – 411 *Verg., Aen. VI 361* – 412 *Biondo, Historiarum decades II 3 (wie Anm. 14), 208:* Turcorum Saracenorumque alluviones; *Rob. Mon. Rem., hist. Hier. I 1 (728D)* gens regni Persarum – 414 *Ov., fast. II 249* – 415 *Ov., met. XV 153* – 417-418 *Rob. Mon. Rem., hist. Hier. I 1 (728B)* – 418 *Verg., Aen. V 396* – 419 *Biondo, Historiarum decades II 3 (208)* Expergiscimini, quesumus, obtestamur et per viscera misericordiae Dei nostri oramus, viri fortes orbi Christiano exemplum incitamentumque futuri, arma capite, turmas, cohortes, legiones educite; *Paulus Aemilius, De rebus gestis Francorum IV (wie Anm. 8), 108* omnis posteritas [...] exemplum virtutis pietatisque a vobis petet – 419 (460) *Verg., Aen. XI 18* – 422-426 *Rob. Mon. Rem., hist. Hier. I 1 (728D); vgl. Mt 10,37 und 19,29* – 422 *Stat., Theb. II 399* – 427-431 *Rob. Mon. Rem., hist. Hier. I 1 (728E)* – 427 *Lucan. VII 298* – 429 *Ov., rem. 291* – 430 *Verg., Aen. X 141* – 434-435 *Biondo, Historiarum decades II 3 (208)* Melius, filii, et maiori cum gloria nostri progenitores inchoatam, ut altiuscule repetamus, Romae et in Italia et viribus Europae auctam dignitatem ad totius orbis monarchiam extulerunt – 437 *Lucr. IV 1246* – 438 *Verg., Aen. IV 349* – 439-440 *Rob. Mon. Rem., hist. Hier. I 1 (728C)* – 441-445 *Rob. Mon. Rem., hist. Hier. I 1 (728F)* – 441-442 *Verg., Aen. XII 626* – 446-453 *Rob. Mon. Rem., hist. Hier. I 2 (729A)* – 447 *Verg., Aen. X 437* – 449 *Verg., Aen. VI 267* – 454-456 *Biondo, Historiarum decades II 3 (208)* pontifice adhuc dicturiente vox omnium dictu mirabile unico, ut apparuit, ore prolata intonuit: „Deus vult, Deus vult."; *Rob. Mon. Rem., hist. Hier. I 2 (729C)* Haec et id genus plurima ubi papa Urbanus urbano sermone peroravit, ita omnium qui aderant affectus in unum

conciliavit ut adclamarent: „Deus vult! Deus vult!" – 454 *Manil. I 914; Stat., silv. II 7,3* –
455 *Sil. XIII 580* – 456 vgl. *Verg., Aen. I 60* – 457-458 *Rob. Mon. Rem., hist. Hier. I 2
(729DE)* Sit ergo vobis vox ista in rebus bellicis militare signum, quia verbum hoc a Deo est
prolatum; *Biondo, Historiarum decades II 3 (208)* Viri fortes, ea quae dominus in os vestrum
posuit verba, vobis in bello pro tessera erunt – 457 *Verg., georg. I 146; Aen. VII 637* – 459-
460 *Rob. Mon. Rem., hist. Hier. I 2 (729E)* – 459 *Verg., Aen. II 638f.* – 461-463 *Rob. Mon.
Rem., hist. Hier. I 2 (729G – 730A)* – 463 *Ov., met. VI 227* – 464 *Verg., Aen. V 617* – 465
Verg., Aen. II 537 – 467 vgl. *Lotareis II 407* – 469 *Val. Fl. II 241*

IV.) (Mazarinensis 1944, 76-80) 'Lotareis' II 662-727
(Perotus würdigt die Kriegsvorbereitungen Gottfrieds von Bouillon
und hebt an zu *Lothringi cantus,* die seine Nachfahren, die Guises,
panegyrisch besingen):

662   *Incipe Lothringos mecum, mea Buccina, cantus,*
      Buccina, quae sonitu (mihi dummodo vita supersit)
      Littora replebit sub utroque iacentia sole.
665   *Guisiadum gentem tulit haec sub luminis auras,*
      Divinos animos et sacri fulmina belli
      Rebus avum gestis hinc usque ad sidera notos.

II 662 *Verg., ecl. 8,25* – 663 *Verg., georg. III 10* – 665 haec: *gemeint ist die* tellus Lotaria
[…] Bellipotens tellus et laesi Numinis ultrix / Delectos solita Heroas concedere terris *(Lotareis
II 658-661)* – 666 *Verg., Aen. VI 842* – 667 *Verg., ecl. 5,43*

Zunächst (Mazarinensis 1944, 77f.) beklagt Perotus den gewaltsamen Tod
von François, Herzog von Guise (1519-1563), der dem Attentat des Poltrot
de Méré zum Opfer fiel ('Lotareis' II 668-686); darauf (Mazarinensis 1944,
78f.) lobt er den Musenfreund Charles, Cardinal de Lorraine (1525-1574),
und wünscht sich ihn als Förderer ('Lotareis' II 687-703):

700   *Ò tantum libeat cantus accendere nostros*
      Et dare te memorem Vatis, qui tollet ad astra,
      Carole magne, tuos generosae ab origine gentis.

II 701 *Verg., ecl. 5,51* – 702 *Verg., Aen. I 642*

Charles III., Herzog von Lothringen (1543-1608), schließlich (Mazarinensis
1944, 79f.) möge seinem großen Ahnen Gottfried nacheifern ('Lotareis' II
704-727):

Nec te equidem, Princeps ò Lotaringe, silebo,
705 Carole, demissae stipes magnae ab Iove gentis,
Aeternum Europae decus. I nunc gesta parentum
Persequere exultans et initia pone labori,
Cuius avi quondam tantos subiere labores
Pro Christo et claros duxere ad templa triumphos!
710 Ad Solymas properes, Pharios Turcasque feroces
Fulmineus quatias, disiecta Altaria tollas:
Sole sub Eoo dant sedes fata quietas
Et te regna manent Gotofridi parta triumphis.
Hae propriae sedes generosae ex ordine gentis,
715 Cuius sacratas accingor dicere pugnas,
Extollens cantu famamque et gesta parentum.
Non ego fallaci tantum servire puellae
Natus et adversos deflere Cupidinis ignes.
Maior ad Heroas me sublevat aura cothurnos,
720 Maior et in nostro sonat ore potentia Divi.
En, Gotofridaeo fuerit quae pectore virtus,
Illius et quaenam dederint exempla nepotes,
Iam legere hic poteris, tibi stat genus unde superbum,
Et placidis rebus scriptis illabere nostris
725 Vatem, magne, movens atque addens cursibus auras!
Desine Lothringos mecum, mea Buccina, cantus
Atque iuva remos subeuntis ab aequore portum!

II 712 sub] sus *ms.*

II 704 *Verg., Aen. X 793* – 705 *Verg., georg. III 35* – 711 *Val. Fl. II 501* – 713 *Sil. I 610* – 714 *Verg., Aen. III 166f.* – 715 *Verg., georg. III 46* – 717 *Ov., am. II 17,1* – 721 *Lucan. X 188* – 723 *Verg., Aen. I 6* – 725 *Verg., Aen. XII 84* – 726 *Verg., ecl. 8,61; vgl. Lotareis II 662* – 727 *Stat., Theb. XII 809*

Nicht nach Jerusalem.
Das Heilige Land als Leerstelle in der mittelhochdeutschen Epik der Kreuzfahrerzeit

Hartmut Kugler

I.

Jherusalem umbilicus est terrarum [...] *civitas regalis, in orbis medio posita.*
„Jerusalem ist der Nabel der Welt, [...] die königliche Stadt, in der Mitte des
Erdkreises gelegen"[1]. Die Zentralstellung der Heiligen Stadt war ein wichti-
ges Argument des berühmten Aufrufs, mit dem Papst Urban II. im Jahr 1095
die Kreuzzugsbewegung angeblich in Gang gesetzt hat. Peter Orth hat ein-
drucksvoll gezeigt, welch langandauernd normierende Wirkung der dem
Papst zugeschriebenen Rede beschieden war (siehe oben in diesem Band).
Im Zuge jenes Aufrufs und seiner Weiterwirkung gewann auch die Idee der
Weltmittelpunktlage Jerusalems normierende Kraft. Auf den frühmittelalterlichen Kartenskizzen, so innerhalb des vor allem durch Isidor von Sevilla verbreiteten T-O-Schemas, hatte Jerusalem die Mittellage noch nicht.
Erst zur Zeit der Kreuzzüge des 11.-13. Jahrhunderts erhielt die großartige
Gedankenkonstruktion überragende Bedeutung, die das Weltbild des *Orbis
terrarum* in die geometrische Idealform des Kreises zwang und dessen
Mittelpunkt kurzerhand mit dem zentralen Ort der Welt- und Heilsgeschichte
identifizierte, das himmlische mit dem irdischen Jerusalem in eins setzte.

---

[1] Robertus monachus, Historia Jherosolimitana, in: RHC, Hist. Occ., Bd. III, Paris 1886, I I,
729, A.

Von der Suggestionskraft der Kreuzzugsunternehmen blieb auch die mittelhochdeutsche Epik gewiß nicht unberührt. Wolfram schickte in seinem Parzival-Roman den Vater des Helden, Gahmuret von Anschouwe, auf Minne- und Abenteuerfahrt in den Orient[2]. Albrecht, der unter dem Tarnnamen Wolframs in seinem sog. 'Jüngeren Titurel' die Parzival-Geschichte fortschrieb, exilierte die ganze Gralsgemeinschaft samt Gral in den Osten[3]. 'Herzog Ernst (B)' zog ostwärts, der 'Reinfried von Braunschweig' zog etwas später hinterdrein[4].

Die vier genannten Werke sollen meine Beispielreihe bilden. Ihnen ist gemeinsam, daß für die Orientfahrt ihrer Helden das Heilige Land mit Jerusalem ohne weiteres eine wichtige, zentrierende Station hätte sein können, es aber nicht gewesen ist. Der Weltmittelpunkt Jerusalem bleibt in den mittelhochdeutschen Epen eigentümlich leer. Zu den Vorstellungsbildern der zeitgenössischen *Mappae mundi* wollen die erzählräumlichen Organisationsschemata, wollen die kognitiven Karten[5], mit denen die genannten Erzählungen ihre Okzidente und Oriente zusammenbringen, nicht so recht passen. Sie erweisen dem Weltmittelpunkt nur unwillig ihre Reverenz. Dem Heiligen Land und seiner heiligen Hauptstadt scheint in der weltlichen Epik weit weniger systematisierendes Gewicht gegeben zu sein als die vermeintliche Geschlossenheit des christlich-mittelalterlichen Weltbildes eigentlich zulässig erscheinen lassen sollte. Diesen irritierenden Befund will ich im Folgenden darlegen und interpretieren. Der Befund läuft einer in der mediävistischen Literaturforschung oft als selbstverständlich geltenden Grundannahme zuwider. Es ist die Annahme, daß sich die erzählte Welt der Epik klag- und fraglos in den klerikalen Ordo-Gedanken der auf Jerusalem zentrierten Ökumene füge.

---

[2] Wolfram von Eschenbach, Parzival, hg. v. Karl LACHMANN, Berlin[6] 1926.

[3] Albrechts von Scharfenberg Jüngerer Titurel, hg. v. Werner WOLF und Kurt NYHOLM, 3 Bde., Berlin 1955-1992.

[4] Cornelia WEBER, Untersuchung und überlieferungskritische Edition des Herzog Ernst B. Mit einem Abdruck der Fragmente der Fassung A (Göppinger Arbeiten zur Germanistik 611), Göppingen 1994; Reinfried von Braunschweig (Bibliothek des Literarischen Vereins in Stuttgart 109), hg. v. Karl BARTSCH, Tübingen 1871.

[5] Zur Theorie der kognitiven Karte (*mental map*), die v.a. in der Kognitionsforschung ausgebildet ist, s. Cognitive Maps und Medien. Formen mentaler Repräsentation bei der Medienwahrnehmung, hg. v. Peter VITOUCH und Hans JÖRG, Frankfurt/Berlin 1996.

II. 'Reinfried von Braunschweig'

Ich beginne mit dem 'Reinfried von Braunschweig'. Ein Anonymus hat um 1300 einen großdimensionierten Versroman verfaßt und darin seinen Helden Reinfried auf eine Orientfahrt geschickt, die nach 27 627 Versen unvermittelt abbricht, mitten in der odysseenhaft hindernisreichen Heimreise Reinfrieds. Die glückliche Heimkehr hat der Erzähler von vornherein zugesichert. Er hätte sie, berechnet man seine ausgeprägte Neigung zu Abschweifungen und zur zeitlupenhaften Langsamkeit des Handlungsfortgangs, wahrscheinlich erst nach ca. 40 000 Versen bewältigt. Doch das Großfragment reicht für meinen Zweck als Materialgrundlage aus.

Der erste Teil des Romans quält sich mit einer hochadeligen Liebesbeziehung im alten Westen. Nach etwa 10 000 Versen hat der hohe Herr Reinfried, Herrscher über Sachsen und Westfalen, allerlei emotionale und diplomatische Verwicklungen endlich bewältigen und die ihm zustehende und ebenbürtige Gattin Yrkane, eine dänische Königstochter, ins fürstliche Brautgemach führen können. Doch dann wird der Hauptzweck einer Fürstenehe, die Erzeugung des Stammhalters, zehn Jahre lang nicht erreicht. Deshalb will Reinfried die Fruchtbarkeit seiner Ehe durch das Gelübde einer Kreuzfahrt herbeizwingen und leitet damit den zweiten Hauptteil des Versromans ein. Das Unternehmen liest sich in der Zusammenfassung Klaus Ridders, der in seiner 1998 gedruckten Habilitationsschrift über 'Mittelhochdeutsche Minne- und Aventiureromane' den 'Reinfried von Braunschweig' ausführlich behandelt, so: „Die Ankunft Reinfrieds und seiner Ritter im heiligen Land steht ganz unter dem Zeichen der Befreiung bedrängter Glaubensgenossen [...] Das Resultat der Kämpfe mit den Heiden ist die Befreiung und Eroberung des Heiligen Landes, die durch einen Friedensvertrag gesichert wird. Reinfried errichtet mit Gottes Hilfe, durch militärische Gewalt, aber auch auf diplomatischem Wege durch Verhandlungen mit dem Baruc, eine ideale Herrschaft, einen Friedensstaat, dessen Bestand auf dem Einvernehmen zwischen Christen und Heiden basiert"[6]. Auch andere jüngere und ältere Untersuchungen legen Wert darauf, daß 'Reinfried von Braunschweig' als ein vorbildlicher *miles christianus,* „als siegreicher Heerführer

---

[6] Klaus RIDDER, Mittelhochdeutsche Minne- und Aventiureromane. Fiktion, Geschichte und literarische Tradition im späthöfischen Roman: 'Reinfried von Braunschweig', 'Wilhelm von Österreich', 'Friedrich von Schwaben' (Quellen und Forschungen zur Literatur- und Kulturgeschichte 12), Berlin 1998, 215.

und Schirmer der Christenheit" Profil gewonnen habe[7]. Das ist nicht falsch, entspricht aber nicht den Proportionen der Erzählung. Denn in der Tat hat der *soldân von Babilôn* dem Reinfried nach kriegerischen Auseinandersetzungen die Herrschaft über *Jêrusalêm und al daz lant* eingeräumt (Vers 17 606 - 17 624). Doch ist das in einer vergleichsweise winzigen Erzählepisode geschehen. Man muß sie stark vergrößern, damit sie als ein Merkpunkt des Romans überhaupt wahrgenommen werden kann. Die Stilisierung des Ritters Reinfried zum *miles christianus* wird, so meine Gegenthese, vom Erzähler eher en passant vorgenommen, sie ist eine Konzession an die offizielle Propaganda der Kreuzzugsideologen, kein erklärtes Interesse der Erzählung.

Ich gehe, um meine These zu belegen, die wichtigsten Stationen durch. Als Reinfried nach der zehnjährigen Kinderlosigkeit sich zum Aufbruch entschließt, um Gott dazu geneigt zu machen, *daz uns ein erbe werde* (Vers 13 712-717), sagt er nichts von Jerusalem. Er will *ein vart* [...] *über mer / an die vertânen heidenschaft* unternehmen. Allein die Replik seiner Gattin *Yrkâne* interpretiert sein Fahrtziel konkreter: (du) *wilt des frônen Kristes grab / schouwen* (Vers 13 722f.). Die weibliche Dialogpartnerin operiert also mit der Vorstellung einer Pilgerfahrt zum Heiligen Grab zum Zwecke von Bittgebeten um Erlösung von der Unfruchtbarkeit. Demgegenüber führt der männliche Dialogpartner ausschließlich ritterlich-kriegerische Absichten im Munde. Ihm liegt an einer Fahrt *mit ritterlicher kraft.* Er will sich *gên der heidenschaft/ arbeit mit strîte nieten* (Vers 14 089ff.). Der Dialog zwischen Reinfried und Yrkâne zeichnet eine Argumentenverteilung, die unter dem Genderaspekt interessant und weiter zu bedenken wäre: Der männlich-ritterliche Part hat vor allem *strît* im Kopf. Der Glaube ans Heilige Grab ist eher etwas für die Geistlichen und für die Weiber. Beim Einwerben seines Ritterheeres appelliert der Landesherr ausschließlich an die Kriegsbereitschaft, an den *muotgelust der êren* (Vers 14 599), und der Erzählerkommentar listet zur Bekräftigung acht Motive auf, derentwegen die Anhänger Braunschweigs losziehen (Vers 14 616-640): 1. *muotgelust,* 2. *ritterlîchen just* (also das Bedürfnis, sich ritterlich zu beweisen), 3. das Bedürfnis, mal etwas anderes zu sehen (*schouwen*), 4. Frauendienst, 5. Dienst an Gott, 6. Gefolgschaftstreue, 7. Hoffnung auf materiellen Gewinn, 8. Zeitvertreib (*kurzewîle*), 9.

---

[7] Klaus RIDDER, Minne- und Aventiureromane (wie Anm. 6), 86; Vgl. Otto NEUDECK, Continuum historiale. Zur Synthese von tradierter Geschichtsauffassung und Gegenwartserfahrung im 'Reinfried von Braunschweig' (Mikrokosmos 26), Frankfurt/M. 1989; Jutta RÜTH, Jerusalem und das Heilige Land in der deutschen Versepik des Mittelalters (1150-1453) (Göppinger Arbeiten zur Germanistik 571), Göppingen 1992.

ganz allgemein Erwerb von Ruhm. – Vom Heiligen Land und Heiligen Grab ist mit keiner Silbe die Rede. Und von frommer Pilgerschaft auch nicht. Der Erzähler kommentiert ausdrücklich:

Sî tâten niht als sî nû tuont
die man in bilgerîne pfliht
über mer nû varen siht,
in kotzen [Pilgermänteln] *und mit stecken*
(Vers 15 472 ff.)

Vielmehr begehrten sie auf *die verfluohten heidenschaft / mit roube und mit brande* (Vers 15 520) loszugehen. Reinfrid schifft sich mit 800 Rittern ein und befindet sich nach einer Meeresüberfahrt, die zwar *manic tûsent mîle* lang sein soll, aber mit *gelückes segelwint* (Vers 15 416) bereits nach vier kurzen Verszeilen (Vers 15417ff.) zu Ende ist, schon hart am Feind. Jenseits des Meeres steht im Irgendwo *der soldân und die heidenschaft* gegen die *kristenheit.* Die Opposition *heidenschaft* gegen *kristenheit* und eine für Heldenepen typische Feindesübermacht von 20:1 (Vers 15 650ff.) – mehr braucht es nicht, um über *jâr und tac* und 1300 Verse (Vers 15 438-16 748) gewaltige Metzeleien anzufangen und sie behaglich zu kommentieren. Der Erzähler verzichtet auf jede topographische Angabe, der Heidenkrieg, wie er ihn schildert, könnte überall stattfinden, im Heiligen Land so gut wie in Livland; und so ist es wohl auch gemeint. Denn die höfischen Zuhörer des Autors dürften, wenn er welche fand, die bei Vers 15 700 noch nicht eingeschlafen waren, eher an eine livländische 'Reise nach Ritterschaft' gedacht haben als an Palästina, wo es seit dem Fall von Akkon 1291 sowieso keine christliche Bastion mehr zu verteidigen gab[8].

Erst als in einem kriegsentscheidenden Zweikampf (ca. 800 Verse, Vers 16 749-17 554) zwischen Reinfried und dem jugendlichen König von *Persyâ* der Braunschweiger Held seinen Gegner am Boden hat, kommt der Name von *Jêrusalêm* zur Sprache, nach 17 611 Versen zum ersten Mal im Roman (Der Name der Stadt wird später noch zweimal erwähnt werden, dann nie mehr). Reinfried will seinen Gegner, den *Persân*, nur am Leben lassen, wenn der sich taufen läßt und wenn den Christen die Herrschaft über *Jêrusalêm und al daz lant* eingeräumt wird. Und weil der *Persân* der Schwiegersohn des Herrschers von Babylon ist (*tohtersun,* Vers 17 020) und dem *Baruc* das Leben seines Schwiegersohns wichtiger ist als Jerusalem, dürfen die Christen

---

[8] Auf den Fall von Akkon wird in Vers 17980 angespielt. Die Anspielung ist Datum post quem für die Entstehung des 'Reinfried von Braunschweig'.

in die Heilige Stadt einrücken und an Christi Grab (*grap,* Vers 17 945) Opfergaben niederlegen.

Reinfried schließt zusammen mit seinem neugewonnenen Freund, dem Persân, eine kurze Rundreise durchs Heilige Land und die umliegenden wichtigen Pilgerstationen der Christenheit an. Die Reise ist in kaum 200 Versen abgetan (Vers 17 981-18 181), atemberaubend kurz für einen Dichter, der in den anderen Romanpartien mit seinem Hang zur Digressio und zum weitschweifigen „Bel parlare" die Geduld seiner Leser oder Hörer auf harte Proben stellt. Im Sauseschritt absolvieren Reinfried und der Perser die Stationen Jerusalem, Nazareth, Bethlehem, Ägypten, wieder Nazareth, den Jordan (Christi Taufe), Kanaan, Josaphat (Grab Mariens), Bethanien (Lazarus-Grab), Ölberg und Kalvarienberg. Die Ortsnamen werden nur eben genannt (und vom Erzähler ein wenig aus dem Off kommentiert). Es ist ein eilig heruntergespultes Pflichtprogramm, und ohne jedes Zögern räumt *der helt von Brûneswic / hie daz heilic lant* (Vers 18 194f.). Denn der Perser hat ihn zu einer Reise durch seine asiatischen Länder eingeladen. Die Möglichkeit des *wunder schouwen* (Vers 18 207) im Orient übt auf den Ritter Reinfried und seinen Erzähler eine ungleich größere Faszination aus als der Einsatz für die Eroberungsziele der Christenheit. Für die restlichen 9000 Verse des Romanfragments werden ihn die Wunder des Orients nicht mehr loslassen.

Den Perserfreund übrigens hatte Reinfried ungetauft gelassen. Denn der Persân hatte erklärt, an die christliche Wahrheit nicht glauben zu können, und eine erzwungene Taufe ist nach Ansicht Reinfrieds und seines Erzählers eher schädlich als nützlich. Lieber ein ehrlicher Heide als ein unehrlicher Christ. Die Glaubensfrage wird im weiteren Verlauf der Orientfahrt des Freundespaares nicht mehr berührt werden. Wieweit 'Reinfrieds' interessante Argumentation einen besonderen Beitrag zur Geschichte des Toleranzgedankens liefert, kann ich hier nicht erörtern[9]. Hervorgehoben sei nur, daß damit das Verhaltensmuster und der Verständnishorizont eines *miles christianus* auch in den Augen des Romanciers offenbar nur eine sehr beschränkte Tragweite haben. Das war auch schon vor Beginn der Kreuzfahrt angedeutet. Denn der eigentliche Zweck der Fahrt, die Möglichkeit für die Geburt eines Thronfolgers zu verbessern, war bereits in der letzten gemein-

---

[9] Der Aspekt der religiösen Toleranz ist – mit Rückbezug auf den Toleranzgedanken in Wolframs 'Willehalm' ausgearbeitet bei Florian SANDNER, Religiöse Toleranz in Wolframs 'Willehalm' und im 'Reinfried von Braunschweig' (Zulassungsarbeit, Erlangen 1999).

samen Nacht des Paares vor Reinfrieds Abfahrt erreicht worden. Da war Yrkâne schwanger geworden und trug nun den künftigen Prinzen unter dem Herzen. Das hat der Erzähler schon vor dem Aufbruch der Kreuzfahrer berichtet und damit dem ganzen Unternehmen den erzählerischen Wind aus den Segeln genommen. Die *via cruciata* ist es offensichtlich nicht, die Spannung und Interesse am Erzählten wach halten sollte. In diesem Kontext ist meiner Ansicht nach auch die sparsame Skizze des Heiligen Landes zu beurteilen. *Jêrusalêm und al daz lant* wird als ein tragendes Strukturelement nicht eingesetzt. Es ist nicht Raum für Handlung, nicht für Kämpfe noch für Minne noch für Aventiure. Es ist bekannt, ein Orientierungspunkt, jedoch kein Feld, auf dem Erzählung gedeiht.

III. Der 'Jüngere Titurel'

Wolfram von Eschenbach hat die Topographie der Artus- und der Gralsritterromane mit Ideogrammen der „realen Welt der Kreuzzüge" verknüpft und in seinem Parzival-Roman ein universaltopographisches „Weltgewebe"[10] ausgespannt, das die fernsten Küsten Indiens einbezog. Er erreichte das im wesentlichen mit der Konstruktion der Geschichte des Parzival-Vaters Gahmuret, der vom heimatlichen *Anschouwe*-Anjou ostwärts auf Aventiurefahrt ging und sich in den Dienst des *Baruc von Baldac* (Bagdad) begab, dann noch weiter kam bis zur (in Indien zu denkenden) Mohrenkönigin *Belacane*, mit ihr einen Sohn (*Feirefiz*) zeugte, die Schwangere westwärts verließ, in Spanien landete, dort ein Turnier und Herzeloyde gewann, mit ihr den Sohn Parzival zeugte, aber auch ihre Schwangerschaft nicht begleitete, sondern von der Rastlosigkeit des Global Players durchdrungen wiederum ostwärts zum Baruc von Baldac fuhr und in dessen Diensten den Tod fand.

Wolfram und sein Ritter Gahmuret bringen das Kunststück fertig, die Ost-West-Reisen per Schiff durchzuführen, ohne daß vom Heiligen Land oder Jerusalem auch nur einmal die Rede gewesen wäre. Zwar werden mit *Masilia* und *Sibilje* (Marseille und Sevilla) identifizierbare Hafenstädte genannt, die auch und gerade in den Kreuzzugsunternehmungen eine Rolle gespielt haben. Doch zum östlichen Mittelmeer hin wird die Topographie ungewiß und springt – sozusagen in einem Gedankensprung – auf Markierungen über, die in arabischen, persischen, indischen Gefilden vorzustellen sind. Die

---

[10] Karl BERTAU, Deutsche Literatur im europäischen Mittelalter, Bd. 2, München 1973, 780.

kognitive Karte, die in Wolframs Parzival-Roman Orient und Okzident gegeneinander abgrenzen und aufeinander beziehen könnte, kommt allem Anschein nach ohne eine strukturierende Weltmitte Jerusalem aus[11].

Das bleibt auch im sogenannten 'Jüngeren Titurel' so, der ca. 1260-1275, also etwa zwei Generationen nach dem 'Parzival' und etwa eine Generation vor dem 'Reinfried von Braunschweig' gedichtet wurde. Der Verfasser Albrecht hat unter dem Namen Wolframs von Eschenbach aus dessen 'Titurel'-Fragment unter Einbeziehung des 'Parzival' ein Großepos aus mehr als 6100 Strophen hergestellt und darin so etwas wie eine Geschichte der Gralsgesellschaft konstruiert. Dabei haben ähnlich wie in den Gahmuret-Büchern des 'Parzival' Pendelbewegungen zwischen Okzident und Orient eine wichtige, rhythmisierende Funktion. Tschinotulander zieht zweimal in den Orient, einmal mit Gahmuret, später auf der Suche nach einem Bracken-seil (einer Hundeleine, auf die eine „schicksalentscheidende Lebenslehre" aufgestickt ist)[12]. Beide Orientreisen führen in Bewährungskämpfe für den und mit dem Kalifen von Bagdad. Beide Male kehren die westlichen Protagonisten in ihren Okzident zurück. Eine spätere, dritte Orientfahrt beansprucht Endgültigkeit ohne Wiederkehr. Unter ihrem König Parzival geht die Gralsgemeinschaft mitsamt dem Gral ins Exil. Sie sucht und findet es im „reinen Osten" Indiens beim Priesterkönig Johannes. Der Verfasser des 'Jüngeren Titurel' muß ein gelehrter Mann gewesen sein, mit Kenntnissen in Latein und Französisch und vielleicht einer geistlichen Ausbildung, zumindest mit ausgeprägtem Interesse an moralisch-religiösen Botschaften und Lehren. Und dennoch hat auch er nicht daran gedacht, Jerusalem und das Heilige Land in seinen Erzählkosmos einzubauen. Daß er es aus Uninformiertheit oder wegen antiklerikaler Einstellung unterlassen habe, wird man nicht unterstellen können.

Die kognitive Karte der Gralswelt scheint auf universale Dimensionen ausgelegt zu sein, ohne der zentrierenden Position der Heiligen Stadt zu bedürfen. Es sieht hier ganz so aus, als sei die „mental map", auf der sich die Gralsgeschichten abwickeln lassen, mit den *Mappae mundi* der gelehrten Enzyklopädik schwer vereinbar oder stehe gar im offenen Widerspruch dazu. Seine Brisanz erhält das Aufeinandertreffen beider Schemata vor allem deswegen, weil Albrecht in seinem 'Jüngeren Titurel' die Herkunft und Gestalt

[11] Hartmut KUGLER, Zur literarischen Geographie des Fernen Ostens im 'Parzival' und im 'Jüngeren Titurel', in: *ja muz ich sunder riuwe sin*. Festschrift für Karl Stackmann, Göttingen 1990, 107-147.

[12] Hans FROMM, Albrecht, in: Literatur Lexikon, Bd. I (1988), 96-98.

des Grals eindeutig festgelegt hat. Während der Gral bei Wolfram noch ein geheimnisvoller Stein von ungewisser Gestalt gewesen war, hat Albrecht im Anschluß an französische Quellen daraus den Abendmahlskelch Christi werden lassen[13]. Dieser Kelch nun ist im Schlußteil des Romans auf dem Schiff der Gralsritter von *Marsilje* aus durchs Meer Richtung Indien unterwegs. Den wunderbaren Kelch, der die Ritter lenkt und schützt, zieht es aber nicht nach Jerusalem, der Stätte seiner historischen Herkunft, zurück. Im Gegenteil, es gelingt ihm, die zu frommen Pilgern mutierten Gralsritter am wichtigsten Pilgerziel der Christenheit vorbeizulotsen, ohne daß mit einer Silbe davon die Rede wäre, und sie statt dessen über die Gefahrenroute via Magnetberg und Lebermeer nach Indien zu leiten. Die Gralsreise folgt offensichtlich einem anderen universaltopographischen Schema als die T-O-Karten es bieten. Vermutlich war dem Verfasser des 'Jüngeren Titurel' die Abweichung seiner kognitiven Karte vom jerusalem-zentrierten Schema der *Mappae mundi* bewußt. Denn er schiebt eine Rechtfertigung der Reiseroute ein: Das Schiff habe einen sehr weiten Weg (man könnte auch sagen: einen großen Umweg) über See nehmen müssen (*Daz mer si aber varnde wâren verr und verre*), weil der Weg *über lant durch heidenische terre* geführt hätte und dem Gral die Begegnung mit der heidnischen Sündhaftigkeit erspart bleiben sollte[14]. Man hat diese Auskunft damit zu erklären versucht, daß Albrecht als ein informierter Mann gewußt habe, das Heilige Land sei für die Christen weitgehend verloren. Er habe es deshalb kurzerhand der *heidenischen terre* zugeschlagen. Wahrscheinlicher ist aber, daß wir es hier mit dem Indiz eines Schemabruchs zu tun haben, der nicht heilbar, mit einem Widerspruch, der nicht auflösbar ist. Der Bruch ist durch die Identifikation des Grals mit Christi Abendmahlskelch ausgelöst worden. Diese Identifikation suggerierte, daß es eine gedankenräumlich feste Verbindung zwischen der Gralswelt und der Welt des Neuen Testament gebe. Indem die Gralsroute aber nach Indien führt, ohne Jerusalem und das Heilige Land in

---

[13] Der Gral ist auch bei Chrestien ohne heilsgeschichtliche Herleitung. Robert de Boron ('Le Roman de l'Estoire dou Graal') identifizierte den Gral als den Kelch, mit dem Joseph von Arimathia unter dem Kreuz das Blut Jesu aufgefangen habe. Diese Herkunftsgeschichte ist v. a. im französischen Lancelot-Gral-Zyklus ausgebaut worden. – Epische Stoffe des Mittelalters, hg. v. Volker MERTENS und Ulrich MÜLLER, Stuttgart 1984; Elisabeth SCHMID, Familiengeschichten und Heilsmythologie. Die Verwandschaftsstrukturen in den französischen und deutschen Gralromanen des 12. und 13. Jahrhunderts, Tübingen 1986.

[14] Albrecht, Jüngerer Titurel, Auswahl, hg. v. Werner WOLF, Strophe 6047. Vgl. KUGLER, Zur literararischen Geographie des Fernen Ostens (wie Anm. 11), 131.

Betracht gezogen zu haben, ist damit der Beweis dafür gegeben, daß die Verbindung nicht wirklich besteht. Die Deutung des Grals als Abendmahlkelch ist ein nachträgliches Konstrukt, das im Erzählkosmos der Gralsmaterie, in der kognitiven Karte der Gralsgeschichte keine systematische Änderung bewirkt hat. Das zeigt, daß wir es mit zwei universaltopographischen und damit auch universalhistorischen Vorstellungsbildern zu tun haben, in denen die Schwerpunkte, die Gravitationszentren unterschiedlich verteilt sind. Die konstruktive Kraft eines Robert von Boron hat dazu ausgereicht, die Gralsmaterie an die christliche Heilsgeschichte zu binden. Sie hat aber nicht dazu ausgereicht, die erzählräumliche Organisation auf die christliche Weltmitte Jerusalem zu verpflichten.

IV. 'Herzog Ernst'

Der Verfasser des 'Reinfried von Braunschweig' hat, wo immer es ihm möglich war und angebracht erschien, auf ältere Werke angespielt, hat von dort Parallel- oder Kontrastbeispiele hereingenommen oder direkte Bezüge hergestellt; so führte er zum Beispiel Reinfrieds Orientfreund und -führer, den König von *Persyâ*, als Nachkommen des *Arofel* ein, eines orientalischen Ritters, der in Wolframs Willehalm spektakulär aufgetreten und zu Tode gekommen war. Für die Intertextualitätsforschung ist im 'Reinfried von Braunschweig' ein reicher Gabentisch bereitet. Eine der epischen mittelhochdeutschen Texte, die er neben dem 'Jüngeren Titurel' und 'Parzival' und vielen anderen Werken gern anspielend verwendete, ist der 'Herzog Ernst'. Diese vom 12. -15. Jahrhundert in neun deutschen und drei lateinischen Fassungen überlieferte Geschichte war, darin ist sich die Forschung weithin einig, für die Stationenfolge der Orientreise im 'Reinfried von Braunschweig' das unmittelbare Vorbild. Am ehesten wird dabei an die Version des sogenannten 'Herzog Ernst B' (wohl in die erste Hälfte des 13. Jahrhundert zu datieren) gedacht[15]. Ob der 'Reinfried'-Dichter von dort auch zur Zweiteiligkeit seines Werkes angeregt wurde, ist weniger gewiß. Wie der 'Reinfried von Braunschweig' umfaßt jedenfalls zuvor auch schon der 'Herzog Ernst' einen ersten, in den heimischen Regionen und einen zweiten, in der orientalischen Ferne spielenden Teil. Und hier wie dort ist zwischen

---

[15] Alfred EBENBAUER: Reinfried von Braunschweig, in: Verfasserlexikon, Bd. VII, (1989), 1171-1176; Klaus RIDDER, Minne- und Aventiureromane (wie Anm. 6).

den beiden Teilen, gleichsam als Drehkreuz, das Heilige Land in Aussicht genommen.

Herzog Ernst von Baiern – um einen kurzen Inhaltsüberblick zu geben – hat als Kind eine sorgfältige Erziehung erhalten und ist, weil seine verwitwete Mutter sich dem Kaiser Otto vermählt hat, dessen Stiefsohn geworden. Der Kaiser ist ihm zunächst sehr wohlgesonnen, läßt sich dann aber durch Verleumdungen des Pfalzgrafen vom Rhein gegen ihn aufbringen und bekriegt ihn. Bei einem Hoftag zu Speyer ermordet Ernst den verleumderischen Pfalzgrafen und wird in die Acht erklärt. Sein Land wird in langen Kämpfen erobert, seine Verbündeten, darunter die Städte Nürnberg und Regensburg, werden zur Räson gebracht. Herzog Ernst brandschatzt seinerseits das Gebiet des *riches*. Doch schließlich sind seine Kampfressourcen erschöpft und er beschließt, sich aus der unhaltbar gewordenen Lage durch eine Kreuzfahrt ins Heilige Land zu retten. Die Situation ist der des 'Reinfried von Braunschweig' in gewisser Weise analog: Hier wie dort soll die Kreuzfahrt für die Lösung eines existentiellen Problems sorgen.

Herzog Ernst und seine Mannen werden dann aber, kaum segelt sein Schiff auf dem hohen Meer, von einem der typischen Seestürme erfaßt, die in den Abenteuer-Erzählungen, die man früher nicht unzutreffend „Spielmannsepen" genannt hat, zum stehenden Inventar gehören und für Desorientierung und Umorientierung sorgen. Der Sturm hat die Schiffsbesatzung des Herzog Ernst völlig von der Fahrtroute zum Heiligen Land abgebracht und sie an die Küste einer Anderswelt verschlagen. Sie treffen auf eine Stadt Grippia mit einem unbegreiflich hohen Zivilisationsniveau, was die materielle Ausstattung angeht: Häuser mit eigenem Badezimmer z. B. und Badewannen mit fließend warmem und kaltem Wasser. Die Bewohner der Stadt freilich sind ungesittet und tragen auf ihren Schultern statt anständiger Menschenköpfe langhalsige Kranichköpfe, abstoßend fürs Auge, aber wenigstens gut geeignet zum Abschlagen mit den Kreuzfahrerschwertern. Nach der Flucht aus Grippia steckt das Schiff bald im Lebermeer fest und strandet am Magnetberg. Ein Entkommen ist nur wenigen vergönnt und gelingt mit Hilfe riesiger Greife, die die in Rinderhäute eingenähten Ritter als vermeintliches Futter zu ihren Nestern auf dem Festland tragen. Herzog Ernst und seine Getreuen haben hier ein Abenteuer auf sich genommen, wie es ähnlich auch Sindbad der Seefahrer in 1001 Nacht erzählt. Sie gelangen schließlich zu den Arimaspen. Die haben zwar ein Zyklopenauge auf dem Kopf, pflegen aber im übrigen eine vorbildliche Ritterkultur, und wie es für jede Hochkultur üblich ist, wird sie von barbarischen und monströsen Nachbarvölkern bedroht. Herzog Ernst kann sich auszeichnen in Abwehrkämpfen gegen Giganten, Langohren, Platthufer und andere Hominiden. Jerusalem bleibt lange vergessen. Radikaler noch als der 'Reinfried'-Autor hat der Verfasser des 'Herzog Ernst' das Reiseziel Heiliges Land zu einer abstrakten Größe gemacht, hat die Reise dorthin aufs Stadium der bloßen Absicht reduziert.

Erst 400 Verse vor dem Ende der 6000 Verse langen Erzählung erreicht Herzog Ernst schließlich doch eben noch das Ziel Jerusalem, zu dem er anfänglich aufgebrochen war. Fernkaufleute hatten ihm den heimlichen Abgang vom Land der Arimaspen ermöglicht und ihn ins *Môrlant* gebracht, dessen schwarzhäutiger König ein guter Christ war und die tatkräftige Hilfe des Baiernherzogs gegen die allgegenwärtigen Heidenfeinde gut brauchen konnte. Dort fand Herzog Ernst Verständnis dafür, daß er nach Jerusalem fahren und dem Heiligen Grab seine Reverenz erweisen wollte. Er tat es endlich und blieb ein ganzes Jahr im Heiligen Land und besuchte die heiligen Stätten. In erster Linie nahm er aber Verbindung zu den deutschen Fürsten auf und sondierte die Bedingungen und Möglichkeiten seiner Heimkehr und Versöhnung mit dem Kaiser. Als die Signale positiv waren, kehrte Herzog Ernst über Rom in die Heimat zurück.

Der kurze Schlußabschnitt der letzten 400 Verse weckt auf den ersten Blick die Vermutung, es sei vielleicht doch die entsühnende Wirkung eines Aufenthalts im Heiligen Land gewesen, die dem aufständischen Herzog die glückliche Heimkehr beschert hätte; es habe sich also schließlich doch die Erwartung bestätigt, mit der der Herzog anfänglich zu seiner Fahrt aufgebrochen war. Seinen Aufbruch hatte er vor Beginn der Fahrt so begründet:

wir haben wider gote getân
daz wir im billîch müezen
ûf seine hulde büezen,
daz er uns die schulde ruoche vergeben
her nâch, obe wirz geleben,
und wider heim ze lande komen.
(Vers 1818-1823)

In der Tat hat hier der Erzähler Jerusalem gegeben, was Jerusalems ist, und er hat pflichtschuldig seine Verbeugung vor der überragenden Position gemacht, die dem Heiligen Land und seiner Heiligen Stadt im christlich-klerikalen Weltbild zugemessen ist. Im Textabschnitt über Herzog Ernsts Aufenthalt in Jerusalem steht aber gerade nichts von etwaigen Bußübungen am Heiligen Grab, die dem Herzog die Rückkehr und die Aussöhnung mit den Großen des Reichs beschert hätten. Seinen Durchbruch verdankt er vielmehr der Nachricht von den *wundern*, die er im fernen Orient erfahren hat und von denen er klugerweise auch anschauliche Belegstücke im Reisegepäck mitführt. Alle daheim wollen diese Wunder hören und sehen. Deren Faszination ist ein weit stärkeres Motiv zur Versöhnung als eine aufrichtig bezeugte Reue an den prominenten Stätten des Christentums. Die Aussöhnung mit dem kaiserlichen Stiefvater ist erst gesichert, als Herzog Ernst sich widerwillig bereit erklärt, dem Kaiser einen Teil seiner mitgebrachten Orientwunder zum Geschenk zu machen:

> *dô bat im der keiser hêre*
> *ein teil sîner wunder geben.*
> *dô begunde er widerstreben,*
> *wan er tet ez ungerne.*
> *doch liez er im den Einsterne* [den Einäugigen]
> *und dem diu ôren wârn sô lanc* [den mit den langen Ohren]
> *und der selbe vil wol sanc* [der so schön sang]
> *und einz der kleinen liutelîn* [eins von den kleinen Männlein].

> *mit den andern muose er selbe sîn,*
> *und den grôzen Gîgant*
> *braht er ze Beiern in daz lant:*
> *des wolde er nieman lâzen phlegen.*
> [Den großen Giganten wollte er niemand anderem überlassen].
> (Vers 5982-5993)

Das Heilige Land hat in diesem Kontext, so muß man es sehen, nicht so sehr seine zentrale Position als gnadenbringende Weltmitte des Christenglaubens bewiesen, sondern hat sich vor allem als Umschlagplatz für die Wunder des Orients bewährt. Jerusalem ist in den beiden vorgeführten Beispieltexten 'Reinfried von Braunschweig' und 'Herzog Ernst' auf die Funktion eines epischen Drehkreuzes reduziert: Von hier aus geht es in die Abenteuer des Orients, und über Jerusalem kann man auch wieder zurückkommen.

Aufs Ganze gesehen ist die erzählräumliche Organisation der Herzog-Ernst-Dichtung mit dem auf Jerusalem zentrierten Weltbild der gelehrt-lateinischen *Mappae mundi* durchaus vereinbar; jedenfalls besser vereinbar als die der Grals-Dichtungen. Auch steht der 'Herzog-Ernst-Stoff' dem gelehrten Horizont näher als jene. Wichtige Versionen sind auf Latein geschrieben[16]. Und dennoch: die Erzählung ist im Eigentlichen gerade dadurch konstituiert, daß ihr Held nicht nach Jerusalem gefahren ist.

V. Resümee

In den skizzierten orient-orientierten Erzählungen zeichnen sich universal-topographische Schemata ab, die vom Okzident in den fernen Orient führen, ohne dabei Jerusalem als Erzählraum zu benötigen. Im 'Parzival', im 'Jüngeren Titurel', im 'Herzog Ernst' wie im 'Reinfried von Braunschweig' liegen die für den Großteil der Erzählung wichtigen Koordinaten weiter östlich, ihr Vorstellungsraum ist mit den Reiznamen Baldac (Bagdad), Persya, India markiert. Die Zwischenstation Jerusalem kommt im 'Jüngeren Titurel' gar nicht vor, im 'Herzog Ernst' und 'Reinfried von Braunschweig' könnte sie nachträglich interpoliert sein.

Für die weitgehende Aussparung des Heiligen Landes und seiner Heiligen Stadt lassen sich mehrere mögliche Erklärungen versuchen. Drei davon will ich zum Abschluß nennen. Sie widersprechen einander nicht unbedingt, sondern können sich komplementär zueinander verhalten:

1. Mitverantwortlich für die Aussparung könnte die Opposition zwischen einer „notion savante" und einer „notion populaire" sein. Zumal im deutsch-sprachigen Raum war die gelehrt-klerikale Konstruktion der Jerusalem-zentrierten Welt noch weniger naheliegend als in den Sprachräumen der Mittel-meeranrainer. Es ist bemerkenswert, daß die erste großformatige Darstellung des *Orbis terrarum*, die in der Tradition der *Mappae mundi* mit deutsch-sprachigen Bildlegenden arbeitet, der Behaim-Globus des Jahres 1492 ist. Alle früheren Weltkarten aus dem deutschen Raum blieben beim Latein[17], während im Westen und Süden Europas längst schon Karten mit französi-scher oder katalanischer Beschriftung in Umlauf waren. Es wäre hier eine signifikant größere Distanz zwischen klerikal-gelehrter und volkssprachiger

---

[16] Und wenn man die neue Edition des lateinischen 'Ernestus' von Peter Christian JACOBSEN aufmerksam liest, so erscheint es sehr zweifelhaft, ob die alte germanistische Überzeugung, die lateinische Version sei der deutschsprachigen nachgearbeitet, sich noch halten lässt. – Gesta Ernesti ducis. Die Erfurter Prosa-Fassung der Sage von den Kämpfen und Abenteuern des Herzog Ernst, hg. v. Peter Christian JACOBSEN und Peter ORTH, Erlangen 1997.

[17] Eine Ausnahme bildet ein im Initialenformat gehaltenes Weltkärtchen des 'Lucidarius'-Textes im Hausbuch des Michael de Leone (Mitte 14. Jh.).

Wissensliteratur ins Feld zu führen, die die deutschsprachigen Zeugnisse ins Register der Uninformiertheit oder des Desinteresses verwiesen.

2. Vielleicht hat auch so etwas wie ein antirömischer oder zumindest nichtrömischer Impetus bei den deutschen Autoren mitgespielt. Wir wissen, daß Walther von der Vogelweide in seinen politischen Gedichten sehr flexibel die weltlichen Herren und Herrschaften zu wechseln wußte, aber in seiner Distanz zu Rom und zum Papst konsequent blieb. Die deutschen Bischöfe hatten im 13. Jahrhundert nicht zum ersten und nicht zum letzten Mal ihre Probleme mit der päpstlichen Kurie. Das lutherische „Los von Rom" kam nicht aus heiterem Himmel. Daß der Deutsche Orden sich seinen eigenen Osten längs der Ostsee suchte, um sich dort im Heidenkampf auszuzeichnen, mag nicht nur militärstrategische Gründe gehabt haben.

Die beiden genannten Erklärungen – (1) Desinteresse oder (2) antirömischer Impetus – könnten, wenn sie auch nur zum Teil zuträfen, als Beispiele für nichtvollzogenen oder gar verweigerten Kulturtransfer nominiert und weiter untersucht werden.

3. Am interessantesten indes erscheint mir eine dritte Erklärungsmöglichkeit: Jerusalem und das Heilige Land könnte in den weltlichen Abenteuer- und Minne-Erzählungen deshalb ausgespart worden sein, weil es erzählepisch anderweitig besetzt war, besetzt war von der Bibeldichtung. Auf den Gedanken, einen Minnekrieg in Bethlehem oder Nazareth stattfinden zu lassen, ist kein mittelalterlicher Erzähler gekommen. Nicht so sehr eine heilige Scheu vor den Stätten, an denen Gottes Sohn leibhaftig wandelte, mag dafür verantwortlich gewesen sein, sondern eher erzählökonomische Gründe wären dafür beizuziehen. Die verschiedenen Erzählmaterien hatten jeweils ihre eigene Welt, spielten in einem je eigenen imaginierten Handlungsraum. Diese Räume waren aber nicht einfach im Irgendwo oder Nirgendwo angesiedelt. Soweit die Erzählmaterien ein historisches Substrat hatten (und die meisten Materien haben ein historisches Substrat), waren sie auch geographisch situiert. Die Situierung ließ sich auf die Realgeographie nicht widerspruchsfrei projizieren, aber sie berührte sie an markanten Punkten und dies geschah nicht ohne alle Rücksicht auf die geographischen Verhältnisse. Der französische Epiker Jean Bodel hat (um 1200) bekanntlich das ihm zur Verfügung stehende Repertoire in drei Materien aufgeteilt: die 'Matière de Bretagne', 'Matière de France' und 'Matière de Rome'[18]. Pro-

---

[18] Jean Bodel, Chanson des Saisnes, Vers 7ff.; Jean Bodels Saxenlied. Unter Zugrundelegung der Turiner Handschrift, hg. v. Fritz MENZEL und Edmund STENGEL, Bd. I, Marburg 1906, 29.

jiziert man die jeweils dazugehörigen Epen auf die Realgeographie, so ergibt sich ein fast überschneidungsfreies Nebeneinander. Die 'Matière de Bretagne' bleibt auf den britischen Inseln und in der Bretagne, die 'Matière de France' konzentriert sich auf Südwestfrankreich und Nordspanien, die 'Matière de Rome' auf den Mittelmeerraum bis Rom. Analog wäre der Schluß auf die kognitive Karte des Nahen Ostens zu übertragen. Das Heilige Land (d. h. seine topographischen Notationen) wäre demnach von den Minne- und Abenteuergeschichten weitgehend freigehalten, weil es von biblischer Materie besetzt ist.

Die Eroberung Jerusalems 1099:
Ergebnisse und Perspektiven

Klaus Herbers

Entsetzen über die Kämpfe, die Opfer und Leichname bei der Eroberung von Jerusalem ist aus den Texten mehrerer Historiographen belegt. Bewegte Worte Wilhelms von Tyrus[1] und vergleichbare Deutungsmuster anderer Autoren werden in den in diesem Band vereinigten Beiträgen mehrfach evoziert und interpretiert. Bedeutete die christliche Eroberung von Jerusalem am 15. Juli 1099 nur ein Blutbad, wie sich dies bisher in der Geschichte noch nie ereignet hatte? Konnte hieraus überhaupt etwas Neues hervorgehen? Die Würdigung eines solchen Einschnittes provoziert nicht nur die Frage, ob hier eine völlig neue Situation festzustellen, sondern zugleich, was unter „neu" zu verstehen ist. Waren es neue Formen der kriegerischen Auseinandersetzung? Folgten daraus veränderte gesellschaftliche Organisationsformen in den Kreuzfahrerstaaten? Erhielt der Name Jerusalem einen neuen Klang, seitdem lateinische Christen die stets begehrte Stadt beherrschten? Wurde ein anderes Bild evoziert, wurden neue Vorstellungen hervorgerufen? Was setzte sich von Jerusalem im sozialen und kulturellen Gedächtnis[2] fest, wie ist die Wahrnehmung der Quellen, wie diejenige der nachfolgenden Wissenschaftler[3]?

---

[1] Wilhelm von Tyrus, 418 und öfter; zur deutschen Übersetzung vgl. Die Kreuzzüge in Augenzeugenberichten, hg. v. Régine PERNOUD, dt. von Hagen THÜRNAU (dtv 763), München 1971 (frz. und dt. Erstausgabe 1960 und 1961), 102. – Für Hilfe und Anregungen danke ich Dr. Nikolas Jaspert, Erlangen.

[2] Jan ASSMANN, Das kulturelle Gedächtnis. Schrift, Erinnerung, politische Identität in frühen Hochkulturen, München 1997, der Thesen von Maurice Halbwachs fortführt.

[3] Zur doppelten Brechung der „Realität" vgl. Johannes FRIED, *Gens* und *regnum*. Wahrnehmungs- und Deutungskategorien politischen Wandels im früheren Mittelalter. Bemerkun-

Galt es zu Beginn der hierzu in Erlangen veranstalteten Ringvorlesung und der vertiefenden Tagung in Weingarten den Blick für die möglichen Fragen des Themas zu weiten, so ist am Schluß des Bandes mit den nun vorliegenden Ausarbeitungen zu bilanzieren, der Ertrag der verschiedenen Überlegungen zu bündeln, mit eigenen Beobachtungen anzureichern und auf offene Fragen hinzuweisen. Die Schlußfolgerungen lassen sich nach fünf Aspekten zusammenfassen, von denen sich die ersten beiden auf das Ereignis 1099 und teilweise auch auf die Vorgeschichte beziehen: Wie stellt sich die Eroberung der Stadt Jerusalem, des „Heiligen Landes" dar, und welche Interpretationsmuster lassen die Quellen erkennen (I)? Inwiefern ist die christliche Eroberung Jerusalems nur im Rahmen der Kreuzzüge zu verstehen, und welcher Stellenwert kommt Jerusalem im Rahmen der Definitionen und Begründungen für diese Unternehmungen zu (II)? Wo lagen die Konflikte in Jerusalem und im gleichnamigen Königreich, und was unterschied diese Auseinandersetzungen und Lösungsversuche von denjenigen in anderen Gebieten (III)? Weiterhin: wie strahlte das Bild Jerusalems – auch das eines neuen „christlichen Jerusalem" – aus (IV)? Schließlich: Blieb die Eroberung nur Episode, oder sind langfristige Wirkungen bei einer zusammenfassenden Betrachtung zu würdigen (V)?

I. Ereignis, Erinnerung und Bericht

Zu Beginn stand und steht die Frage nach den Ereignissen 1099 selbst, nach ihrer Wahrnehmung, ihrer Verschriftung und Verschriftlichung[4]. Die Quellen schildern ein Blutbad. War mit 1099 eine neue Stufe von Gewalt erreicht, ein Krieg in Gottes Namen, der Bisheriges in den Schatten stellte und deshalb von manchen – oft eher feuilletonistisch schreibenden Zeitgenossen[5] – sogar

---

gen zur doppelten Theoriebildung des Historikers, in: Sozialer Wandel im Mittelalter. Wahrnehmungsformen, Erklärungsmuster, Regelungsmechanismen, hg. v. Jürgen MIETHKE und Klaus SCHREINER, Sigmaringen 1994, 73-104.

[4] Vgl. zur Unterscheidung von Verschriftung und Verschriftlichung Wulf OESTERREICHER, Verschriftung und Verschriftlichung im Kontext medialer und konzeptioneller Schriftlichkeit, in: Schriftlichkeit im frühen Mittelalter, (ScriptOralia 53), hg. v. Ursula SCHAEFER, Tübingen 1993, 267-292; und besonders Ludolf KUCHENBUCH, Teilen, Aufzählen, Summieren. Zum Verfahren in ausgewählten Güter- und Einkünfteverzeichnissen des 9. Jahrhunderts, ebd. 181-206.

[5] ELM, oben 36f., Anm. 15 mit Verweis auf Zoë OLDENBOURG und andere Autoren, insbesondere Gerhard ARMANSKI, Es begann in Clermont. Der erste Kreuzzug und die Genese der

in die Nähe des „Holocaust" des 20. Jahrhunderts gerückt wurde? Gehörten diese Ereignisse zu einer „Geburt Europas aus dem Geist der Gewalt" [6]?

Kaspar Elm plädiert in seinem Beitrag dafür, die Vorgehensweisen im Kontext der üblichen Formen von Krieg und Beutemachen dieser Zeit zu beurteilen, um schiefe Vergleiche zu vermeiden. Damit hat er nicht nur auf die Möglichkeiten, sondern auf das Gebot einer differenzierten Würdigung aus historischer Sicht verwiesen, um allzu billigen Klischees entgegenzuwirken, ohne seinerseits einem Wertrelativismus das Wort zu reden[7]. Dennoch bleibt auffällig, wie sehr das Bild von Gewalt und Blutvergießen nicht nur heutige Beurteiler, sondern schon die Zeitgenossen berührte. War aber diese Gewalt für mittelalterliche Beobachter ebenso wie für heutige konnotiert? Welche Möglichkeiten zur Differenzierung ergeben sich, wenn man die den Zeitgenossen sicherlich geläufigen Interpretationsmuster berücksichtigt?

Sucht man in den Quellen nach den Leitideen dieser Belagerung, so gleicht das militärische Geschehen in hohem Maße einem religiös-liturgischen Ereignis. Nicht nur die Vorstellungen Papst Urbans II., sondern auch viele Historiographen machen den Kreuzzug – trotz aller Berichte über Grausamkeiten – zu einem heiligen Geschehen[8]. Schon die Berichte über Urbans Aufruf[9] unterstreichen, daß der Bund Gottes mit den Menschen erneuert werden solle: Gott führt sein Volk. Die zu erobernden Gebiete besitzen eine spezielle Verbindung zur Heilsgeschichte. So schreibt Robert von Reims[10]: „Tretet den Weg zum Heiligen Grab an, nehmt das Land dort dem gottlosen Volk, macht es euch untertan! Gott gab dieses Land in den Besitz der Söhne Israels; die Bibel sagt, daß dort Milch und Honig fließen. Jerusalem ist der

---

Gewalt in Europa (Geschichte der Gewalt in Europa 1), Pfaffenweiler 1995.

[6] Vgl. den Titel der deutschen Ausgabe des Buches von Robert BARTLETT, Die Geburt Europas aus dem Geist der Gewalt: Eroberung, Kolonisierung und kultureller Wandel von 950 bis 1350, München 1996 (die engl. Originalausgabe von 1993 hat bezeichnenderweise zu „aus dem Geist der Gewalt" keine Entsprechung im Titel (The Making of Europe. Conquest, Colonization and Cultural Change, 950-1350).

[7] ELM, oben 41-46.

[8] ELM, oben 47-50. Vgl. auch Alfons BECKER, Papst Urban II. (1088-1099), Bd. II: Der Papst, die Christenheit und der Kreuzzug (Schriften der Monumenta Germaniae Historica 19/2), Stuttgart 1988, 272-435.

[9] Zu den Aufrufen vgl. unten Abschnitt II, 432ff.

[10] Robert von Reims, Historia Iherosolimitana, in: RHC, Hist. Occ. Bd. III, Paris 1866, 727-882, hier 727-729; vgl. die Übersetzung bei Arno BORST, Lebensformen im Mittelalter, Frankfurt/Main [u.a.], 1973, Taschenbuchausgabe Ullstein-Buch 34004, jüngste Ausgabe 26513, Berlin 1999, 318-320, hier: 319.

Mittelpunkt der Erde, das fruchtbarste aller Länder, als wäre es ein zweites Paradies der Wonne" . Der Zug der christlichen Krieger wiederholt mithin die Landnahme des Volkes Israel[11]; der Ort selbst erscheint durch verschiedene neutestamentliche Bezüge weiter geheiligt, die Gegend wird, wie Dieter R. Bauer unterstreicht, „Heiliges Land" [12]. Das Kreuzheer kämpft, und viele sind schon zuvor fest überzeugt, daß der Herr ihnen den Sieg – wie einst den Israeliten – zumessen werde. Schließlich hatte auch bei der überraschenden Eroberung Antiochias etwa ein Jahr zuvor die göttliche Hand helfend eingegriffen[13].

Am 7. Juni vor den Mauern der Stadt eingetroffen, blieben die Kämpfer etwa vier Wochen erfolglos. Die feindliche Übermacht, mangelndes Gerät, Nahrungsmittelknappheit und Streit scheinen unter anderem hierfür verantwortlich gewesen zu sein. Die anfänglichen Rückschläge werden jedoch vornehmlich providentialistisch gedeutet. Der Hauptgrund liege in der eigenen Sündhaftigkeit: Streit unter den Heerführern und Kriegern verhinderte – so die feste Überzeugung – die Eroberung. Auch deshalb teilte der Priester Peter Desiderius am 6. Juli seine Vision mit: Im Traum habe ihm der gerade verstorbene Bischof Adhémar von Le Puy befohlen, alle sollten von selbstsüchtigen Pläne ablassen, Fasttage einlegen und barfuß um die Mauern Jerusalems ziehen. Priester und Krieger umkreisten am Freitag, den 8. Juli, mit Kreuzen und Reliquien barfüßig die Stadt und setzten sich dem Spott der Muslime aus, die von den Mauern das Geschehen beobachteten. Solche Bußgänge waren grundsätzlich nicht neu, aber sie unterstreichen: Auch die Eroberung Jerusalems hing maßgeblich vom Bund Gottes mit den Kämpfern

---

[11] ELM, oben 50, allgemein hierzu: Reinhard SCHNEIDER, Zur Problematik eines undifferenzierten Landnahmebegriffs, in: Ausgewählte Landnahmen des Früh- und Hochmittelalters. Methodische Grundlagendiskussion im Grenzbereich zwischen Archäologie und Geschichte (Vorträge und Forschungen 41), hg. v. Michael MÜLLER-WILLE/Reinhard SCHNEIDER, Sigmaringen 1993, 11-57, bes. S. 26f. mit den entsprechenden Bibelstellen. Zusammenfassend im Hinblick auf die Kreuzzüge Ernst-Dieter HEHL, Was ist eigentlich ein Kreuzzug?, Historische Zeitschrift 259 (1994), 297-336, hier: 302.

[12] Vgl. hierzu Dieter R. BAUER, Heiligkeit des Landes: Ein Beispiel für die Prägekraft der Volksreligiosität, in: Volksreligion im späten Mittelalter (Quellen und Forschungen aus dem Gebiet der Geschichte NF 13), Paderborn - München - Wien - Zürich 1990, 41-55, der diese Aspekte in einem der in der Erlanger Ringvorlesung gehaltenen Vorträge nochmals unterstrichen hat.

[13] Zur Hl. Lanze und ihrer Bedeutung bei der Eroberung von Antiochia vgl. bereits St. RUNCIMAN, The Holy Lance found at Antioch, Analecta Bollandiana 68 (1950), 197-207; vgl. zusammenfassend Hans Eberhard MAYER, Geschichte der Kreuzzüge (Urban Taschenbücher 86), Stuttgart 1965, 8. Aufl. Stuttgart 1995, 52-55.

ab[14]. Ein Zwist unter den Anführern wurde beigelegt; der Bau von Belagerungstürmen und Leitern nach der Ankunft der Genuesen[15] trug zum Erfolg eine Woche später entscheidend bei. Diese technische Hilfe erscheint in den Texten jedoch eher marginal, hier dominieren andere Interpretationsmuster. Eine Passage der anonymen 'Gesta Francorum et aliorum Hierosolimitanorum' berichtet über den Durchbruch des christlichen Kreuzheeres:

„Am Freitag in aller Herrgottsfrühe griffen wir die Stadt von allen Seiten an [...] Als aber die Stunde nahte, in der unser Herr Jesus Christus es zuließ, für uns das Marterholz des Kreuzes auf sich zu nehmen, da schlugen sich unsere Ritter tapfer auf dem Belagerungsturm, nämlich der Herzog Gottfried und der Graf Eustachius, sein Bruder. Dann stieg einer unserer Ritter, ein gewisser Lietaud (aus Tournai), auf die Stadtmauer. Nachdem er da hinaufgestiegen war, flohen alle Verteidiger der Stadt über die Mauern und durch die Stadt, und die Unsrigen verfolgten diese bis zum Tempel Salomos, sie töteten sie und metzelten sie nieder. Dort gab es ein so großes Töten, daß die unsrigen bis zu den Knöcheln in deren Blut wateten. [...] Endlich waren die Heiden geschlagen, und die unsrigen ergriffen im Tempel Männer und Frauen nach Belieben, und sie töteten, wen sie wollten, und nach Belieben ließen sie auch am Leben. Bald liefen sie durch die ganze Stadt, rafften Gold und Silber, Pferde und Maultiere, und sie plünderten [...] Freudig erregt und vor übergroßer Freude weinend kamen die Unsrigen vollzählig zum Gebet an das Grab unseres Erlösers Jesus, und sie erfüllten ihre große Dankesschuld. Am anderen Morgen bestiegen die Unsrigen vorsichtig das Dach des Tempels und fielen über die Sarazenen her, über Männer wie Frauen, und sie

---

[14] Zu den Prozessionen vgl. u. a. Raymund von Aguilers: Le „Liber" de Raymond d'Aquilers (DHC 9), introd. et notes trad. par Philippe WOLFF, hg. v. John HUGH und Laurita L. HILL, Paris 1969, 81 und 125 (cap. 10 und 16); zur Interpretation liturgischer Handlungen und dem Konzept der „militia Dei" bei den Kreuzfahrern vgl. Michael MCCORMICK, Liturgie et guerre des carolingiens à la première croisade, in: Militia Christi" e crociata nei secoli XI-XIII: Atti della undecima Settimana internazionale di studio Mendola, 28 agosto-1 settembre 1989 (Settimana Internazionale di Studio 11), Milano 1992, 211-238, vgl. 212ff. mit Anm. 7 und 234-238; zur allgemeinen Tradition dieser paraliturgischen im Zusammenhang mit dem kriegerischen Handlungen vgl. Klaus HERBERS, Leo IV. und das Papsttum in der Mitte des 9. Jahrhunderts – Möglichkeiten und Grenzen päpstlicher Herrschaft in der späten Karolingerzeit (Päpste und Papsttum 27), Stuttgart 1996, 137-152.

[15] ELM, oben 32f. Zur technikgeschichtlichen Bedeutung der Kreuzzüge vgl. Dieter HÄGERMANN, Technische Innovationen im 12. Jahrhundert. Zeichen einer Zeitenwende?, in: Europa an der Wende vom 11. zum 12. Jahrhundert. Beiträge zu Ehren von Werner Goez, hg. v. Klaus HERBERS, Stuttgart 2001, 134-142, hier 136.

zogen das Schwert und enthaupteten sie. Manche aber stürzten sich kopfüber vom Tempel [...]"[16].

Hier vollendet sich, was sich vollenden muß. Welche Rolle spielen Vorbilder und Erinnerungen, wie wurden sie benutzt, angepaßt oder verformt? Biblische und literarische Traditionen lassen sich vielfach finden, Kaspar Elm und Peter-Christian Jacobsen haben dies in ihren Beiträgen an verschiedenen Stellen belegt[17]. Für den Gesamtrahmen erscheint mir vor allem der Untergang Jerichos ein mögliches Modell: Jahwe befiehlt dort, alle Krieger sollten sechs Tage lang um Jericho herum gehen, am siebten Tage sollten sieben Umgänge mit der Bundeslade und sieben Posaunenstöße samt dem Kriegsgeheul, die Mauern von Jericho zu Fall bringen[18]. Waren die Kreuzfahrer nicht ebenso sieben Tage nach ihrer Prozession erfolgreich? Bedeutend sind weiterhin Tag und Stunde des Erfolges. Die Eroberung fand am Fest der Divisio Apostolorum statt. Schon im 5. Jahrhundert hatte Papst Leo der Große einen Tag zum Gedenken an alle Apostel eingeführt, aber dieser lag in der Oktav des Festes Peter und Paul vom 29. Juni, war also als allgemeines Apostelfest zunächst der Feier der römischen Apostel gleichsam zu-, ja fast untergeordnet. Der Tag wurde im Westen bald kaum noch beachtet; er wurde ab dem 9., verstärkt dann im 10./ 11. Jahrhundert durch die Feier der *Divisio apostolorum* ersetzt[19]. Dieses neue Fest gewann nach den Untersuchungen von Hug vor allem im Norden Deutschlands und in Frankreich an Bedeutung[20]. In diesem Raum dürften jedoch die hauptsächlichen Herkunftsgebiete der an der Eroberung beteiligten Kreuzfahrer sowie der das Ereignis berichtenden Chronisten gelegen haben, der Festtag könnte ihnen vertraut gewesen sein.

Die christlichen Kreuzfahrer nahmen somit Jerusalem an dem Tag ein, an dem Teilnehmer und Historiographen es gewohnt waren, der Aussendung der

---

[16] Gesta Francorum et aliorum Hierosolimitanorum, hg. v. Rosalind HILL, The Deeds of the Franks and other Pilgrims to Jerusalem, X, 38-39 S. 90-92 (lat.-engl.), vgl. die dt. Übertragung bei PERNOUD, Die Kreuzzüge in Augenzeugenberichten (wie Anm. 1), 100f.

[17] ELM, oben 52, JACOBSEN, oben 344f. und öfter.

[18] Jos. 6, 3-5.

[19] Vgl. Willibrod HUG, Geschichte des Festes Divisio Apostolorum, Theologische Quartalschrift 113 (1932), 53-72; vgl. auch Jean LECLERCQ, Sermon sur la Divisio Apostolorum attribuable à Gottschalk de Limbourg, Sacris Erudiri 7 (1955), 218-228.

[20] Nach den Studien von HUG, Geschichte des Festes (wie Anm. 19), 56ff. (mit jeweiligen Belegen) begann die Ausbreitung im 9. Jh. im Norden Deutschland und Frankreichs, setzte sich im 10./11. Jh. in Bayern fort. Das Fest blieb in England, Italien und Spanien ohne große Resonanz.

Apostel aus Jerusalem zu gedenken. Sie kehrten also an den Ort zurück, an dem die Apostel aufgebrochen waren. War dies nicht eine Vollendung dessen, was *vita apostolica* eigentlich bedeutete? Daß dieser Tag und die Vollendung der sieben Tage auf einen Freitag fielen, dem Leidenstag Jesu, und sogar zu dessen Todesstunde, reichert das Kriegsgeschehen mit neutestamentlichen Bezügen weiter an[21]. Auch das blutige Gemetzel gehört in biblische Kontexte. Über die Eroberung Jerichos heißt es zum Beispiel bei Josue 6,21: „Sie vollzogen den Bann an allem, was in der Stadt war"[22]. Die verschiedenen Autoren und ihre Beschreibungen des Blutbades sind in mehreren Beiträgen des vorliegenden Bandes, besonders bei Kaspar Elm dokumentiert[23]; wichtig bleibt vor allem, daß Bilder wie vom Blut bis zu den „Zügeln der Pferde" Traditionen der Apokalypse (14,20) im Anschluß an Jesaias (63,3) aufgreifen[24]. Die blutige Eroberung erscheint nicht als stiller, verborgener Terror, sondern das Geschehen ist vielmehr öffentlich, wiederholt und aktualisiert Vorgänge des Alten Testamentes, steht außerdem in weiteren Traditionen.

Peter Christian Jacobsen kann im ersten Teil seines Beitrages literarische Vorbilder sogar bis in die Antike nachweisen. Reimschemata, poetologische und andere Elemente spielten eine Rolle. Schon vor den Kreuzzügen wurden Belagerungen früherer Zeiten thematisiert, besonders einschlägig ist ein *carmen* zum Zug der Pisaner nach Mahdia 1087, kurz vor dem Ersten Kreuzzug. Diverse Passagen evozieren Beispiele aus dem Alten Testament an, um die Siegeszuversicht zu stärken[25]. Ob Jerusalem von Anfang an Ziel des Kreuzzugs war, scheinen einige der von Jacobsen untersuchten frühen Kreuzzugslieder positiv zu entscheiden, sie preisen die *Jerusalem mirabilis*. Autoren wie Guibert von Nogent, Radulf von Caen oder Metellus von

---

[21] Nennung der Todesstunde Christi in den anonymen Gesta Francorum et aliorum Hierosolymitanorum, ed. Heinrich HAGENMEYER, Heidelberg 1890, 464f.

[22] Vgl. die Vulgata (Ios 6,21): *et interfecerunt omnia, quae erant in ea, a viro usque ad mulierem, ab infante usque ad senem. Boves quoque et oves et asinos in ore gladii percusserunt.*

[23] ELM, oben 38f.

[24] Zur Evozierung der Apokalypse vgl. unten, 440, weiterhin ELM, oben 50f. mit dem Hinweis auf die Studien von Christoph AUFFARTH, Himmlisches und irdisches Jerusalem. Ein religionswissenschaftlicher Versuch zur „Kreuzzugseschatologie", Zeitschrift für Religionswissenschaft 1 (1993), 25-49.

[25] JACOBSEN, oben 344-346. Vgl. allgemein hierzu Paul ALPHANDERY, Les citations bibliques chez les historiens de la première croisade, Revue de l'histoire des Religions 99 (1929), 139-157.

Tegernsee beschreiben zugleich die Eroberung der Stadt, feiern sie als heilsbringenden Ort. Diesen hymnischen Lobesgesänge, die nicht nur biblische Muster aufgreifen, entsprach es, daß auch der Jahrestag der Eroberung liturgisch begangen wurde: drei Lieder aus der Zeit vor dem Zweiten Kreuzzug sind hierzu überliefert[26].

Die historische Kritik kann inzwischen die tatsächliche Vorkommnisse in einigen Punkten abweichend vom oben gebotenen Bericht rekonstruieren[27]. Die Nachrichten der meisten Chronisten unterlagen bereits den verformenden Einflüssen des Gedächtnisses, sie berichten eher, wie die Eroberung hätte sein sollen. Diese Verformung durch das soziale und kulturelle Gedächtnis zeigt, daß die Berichte nicht nur den Ereignissen, sondern zugleich dem mittelalterlichen Interpretationsrahmen folgten.

Es waren die Taten Gottes, die das erwählte Volk der Franken in der Sicht der Chronisten vollzog, die 'Gesta Dei per Francos', wie es im Titel der Kreuzzugschronik Guiberts von Nogent hieß[28]. Daß Gott für die gerechte Sache mitkämpfe, daß eigene Sündhaftigkeit Mißerfolge begründe, war wohl auch die tiefe Überzeugung der zahlreichen Kreuzfahrer. Die Bezeichungen *exercitus Dei* in den frühen Kreuzzugsbriefen, der Schlachtruf *Deus vult*, Gott will es und die Anrufung von Schlachtenheiligen[29] unterstreichen diese Interpretation. Gott handelt durch sein Kreuzheer, so oder ähnlich scheint Urban II. – sei es in seinen Urkunden im Zusammenhang mit der Eroberung Siziliens durch die Normannen, zuweilen auch im Zusammenhang mit der spanischen Reconquista[30] – mehrfach formuliert zu haben[31].

---

[26] JACOBSEN, oben 362ff. Zu weiteren Ergebnissen seines Beitrages vgl. unten 440, 456f.

[27] ELM oben 44f. und zu Jerusalemer Juden, welche die Stadt noch verlassen konnten, Benjamin Z. KEDAR, L'appel de Clermont vu de Jérusalem, in: Le concile de Clermont de 1095 et l'appel a la croisade. Actes du colloque universitaire international de Clermont-Ferrand (23-25 juin 1995) (Ecole française de Rome 236), Roma 1997, 287-294, hier 288f., hauptsächlich mit Bezug auf die sogenannten Geniza-Quellen sowie weitere Literatur.

[28] Guibert von Nogent, Dei gesta per Francos, ed. Robert. B. C. HUYGENS (CC CM 127 A), Turnhout 1996; vgl. zu diesem Paradigma Laetitia BOEHM, Gesta Dei per Francos oder Gesta Dei? Die Kreuzzüge als historiographisches Problem, Saeculum 8 (1957), 43-81 mit ausführlicher Revision der Historiographie und Wissenschaftsgeschichte.

[29] So des hl. Georg, vgl. hierzu Carl ERDMANN, Die Entstehung des Kreuzzugsgedankens, Stuttgart 1935, 257-261; außerdem Klaus HERBERS, Politik und Heiligenverehrung auf der Iberischen Halbinsel. Die Entwicklung des „politischen Jakobus',„ in: Politik und Heiligenverehrung im Hochmittelalter, hg. v. Jürgen PETERSOHN (Vorträge und Forschungen 43), Sigmaringen 1994, 177-275, hier 182f. und 206f. mit weiterer Literatur in Anm. 26-27 und Anm. 146.

[30] Vgl. hierzu BECKER, Urban (wie Anm. 8), bes. 333-376. Zum Rückgriff auf das Buch Daniel

Vor dem Hintergrund, daß die Chronisten Wirklichkeit und Interpretation miteinander verwoben, erscheint die Frage der Forschung fast sekundär, ob manche dieser Interpretationsmuster erst nach der erfolgten Eroberung an Bedeutung gewannen und von den Erfahrungen des Ersten Kreuzzugs bestimmt waren[32]. So richtig es sein mag, daß sich nach den Ereignissen die skizzierte Sicht teilweise weiter akzentuierte, so verdeutlichen urkundliche Quellen[33], aber auch Matzkes Interpretation der Frankreichreise Urbans II. vor dessen Aufruf in Clermont[34], wie die Unternehmungen zumindest gedanklich vorbereitet waren. Trotz der unbestreitbaren Verformungen durch das Gedächtnis lagen bei den Historiographen keinesfalls ausschließlich nachträgliche Interpretationen der Geschichtsschreiber vor, die ein solches Geschehen nicht anders als durch biblische Bezüge darstellen konnten, sondern hier spiegelten sich zugleich Wünsche und Vorstellungswelten der Teilnehmer. Wenn aber Texte und Sprache Realität überhaupt konstituieren, bleiben sie auch der Schlüssel zu ihrer Deutung[35], und das hieß in der konkreten zeitgenössischen Sichtweise, den Krieg und Formen des Krieges bei einer gerechten Sache in der Nachfolge des Alten Testamentes als gottgefällig anzusehen. Papst Urban II. hat von der Eroberung Jerusalems nicht mehr erfahren, denn bevor ihn die Nachricht erreichen konnte, starb er am 19. Juli 1099. Als sein Nachfolger Paschalis II. die Kreuzfahrer zu ihrem Erfolg beglückwünschte, verwies er zunächst darauf, daß Gott die alten

---

im Zusammenhang mit der Geschichtstheologie Urbans vgl. Ingrid Heike RINGEL, Ipse transfert regna et mutat tempora. Beobachtungen zur Herkunft von Dan. 2,21 bei Urban II, in: Deus qui mutat tempora. Menschen und Institutionen im Wandel des Mittelalters. Festschrift für Alfons Becker, hg. v. Ernst-Dieter HEHL, Hubertus SEIBERT, Franz STAAB, Sigmaringen 1987, 137-156.

[31] Vgl. BECKER, Urban (wie Anm. 8), weiterhin mit weiteren Quellenbelegen und Literatur HEHL, Was ist eigentlich ein Kreuzzug (wie Anm. 11), 303f.

[32] So Jonathan RILEY-SMITH, The first crusade and the idea of crusading, Philadelphia 1986, 16f., 27-30.

[33] Vgl. die kritische Revision der Zeugnisse bei MAIER, oben 26-28 mit Anm. 45-62.

[34] Michael MATZKE, Daibert von Pisa zwischen Papst, Kommune und erstem Kreuzzug (Vorträge und Forschungen, Sonderband 45), Sigmaringen 1998, 93-100 und 107-134; DERS., De Origine Hospitalariorum Hierosolymitanorum – Vom klösterlichen Pilgerhospital zur internationalen Organisation, Journal of Medieval History 22 (1996), 1-23; weiterhin BECKER, Urban (wie Anm. 8), 435-457, vgl. die anschließende Karte (458).

[35] Zur Bedeutung von Texten und der durch sie konstituierten Wirklichkeit im Zusammenhang mit dem „Linguistic turn" vgl. allgemein Georg G. IGGERS, Zur „Linguistischen Wende" im Geschichtsdenken und in der Geschichtsschreibung, Geschichte und Gesellschaft 21 (1995), 557-570.

Wunder wiederholt habe (mit Anspielung auf Deut. 32,30), er ermahnte weiterhin zu Gehorsam. Gott möge vollenden, was er begonnen habe, und die „Hände, die er mit dem Blut seiner Feinde konsekriert habe, möge er unbefleckt bis zum Ende in überfließender Frömmigkeit bewahren"[36]. Paschalis verwendet das Wort *consecravit*, Gott hatte mithin die blutbefleckten Hände geweiht und sie in blutgeweihte verwandelt. Ernst-Dieter Hehl hat unter anderen hierin eine völlig neue Sicht des Laien erkennen wollen: Es war nun möglich und von höchster Seite legitimiert, auch als Laie durch Waffengebrauch Gottesdienst zu leisten, als Laie zu einer Heilsgemeinschaft zu gehören, die neue Entfaltungsmöglichkeiten eröffnete. Dies sei der entscheidende neue Interpretationsrahmen[37]. Folgt man dieser Deutung, dann ordnet sich manches von den Folgen und Rückwirkungen in diese neue Sicht des Laien und den nun möglichen neuen Formen des Gottesdienstes ein. Deshalb ist bei der Auswertung der einschlägigen Quellen stets zu beachten, daß die Rückgewinnung des Heiligen Landes im Verständnis der Zeitgenossen nicht nur als Kriegsziel galt, sondern Kreuzzüge gleichzeitig vor allem Frieden herstellen sollten[38], ja sogar einen „act of Love"[39] darstellen konnten.

II. Jerusalem und der Kreuzzug

Wenn viele Bemerkungen der Quellen auf Bildern und Texten bestimmter Vorlagen basieren, ergibt sich die Frage, in welchem Maße diese Interpretationen auch den gemeinhin als Kreuzzug bezeichneten Unternehmungen eigen waren. Wie kann aber ein Kreuzzug überhaupt von anderen kriegerischen Unternehmungen abgesetzt werden? Der Begriff entstammt jedenfalls nicht der Zeit selbst. Christopher Tyerman hat 1998 von der 'Invention of the Crusades' gesprochen[40]. Demnach hätten Historiographen erst gut einhundert

---

[36] JE 5835, ed. HIESTAND, Kirchen, 90 (Nr. 4): ... *et manus uestras, quas hostium suorum sanguine consecrauit, immaculatas usque in finem affluentissima pietate custodiat.*

[37] Vgl. HEHL, Was ist eigentlich ein Kreuzzug (wie Anm. 11), bes. 333f. auch zum Terminus *consecrare.*

[38] BURGTORF, oben, 171f.

[39] Jonathan RILEY-SMITH, Crusading as an Act of Love, History 65 (1980), 177-192.

[40] Christopher J. TYERMAN, The Invention of the Crusades, London 1998; vgl. schon vorher DERS., Were there any Crusades in the Twelfth Century?, English Historical Review 110 (1995), 553-577. Zur Kritik an dessen These vgl. oben den Beitrag von MAIER, oben 13-16.

Jahre nach 1095-1099 die Kreuzzüge „erfunden". Die erst seit dem 13. Jahrhundert verstärkt benutzten mittellateinischen Ausdrücke wie *cruce-signati* beziehen sich auf die mit einem Kreuz bezeichneten Teilnehmer, die Unternehmungen selbst wurden oft anders benannt[41]. Im Deutschen verwendet man den Begriff „Kreuzzüge" verstärkt seit der Zeit Lessings[42]. Seither wird der Ausdruck Kreuzzug viel gebraucht und auch mißbraucht. Noch Franco verstand den spanischen Bürgerkrieg (1936-1939) als „cruzada" und Eisenhower stellte seine Kriegsmemoiren unter den Titel 'Crusade in Europe'[43]. Umso mehr wird in der Forschung darüber gestritten, ob der Begriff „Kreuzzug" überhaupt auf bestimmte Zielorte – darunter Jerusalem – oder auf die päpstliche Initiative (mit Ablaßversprechungen) eingeengt werden kann. Diese Diskussionen um einen eher engen oder weiteren Kreuzzugsbegriff seien hier ausgeklammert[44]. Es bleibt umstritten, was denn „eigentlich

---

[41] Als *expeditio, iter, via, peregrinatio* oder *passagium* bezeichnet, teilweise mit Zusätzen wie *via Sancti Sepulcri, iter Hierosolymitanum* oder ähnlich, bis es nach dem 13. Jahrhundert in den Volkssprachen zu Neuschöpfungen wie *croiserie* oder *kriuzevart* kam; vgl. hierzu beispielsweise Rainer Chr. SCHWINGES, Die Kreuzzugsbewegung, in: Handbuch der europäischen Geschichte, Band 2: Europa im Hoch- und Spätmittelalter, hg. v. Ferdinand SEIBT 1987, 174-198, hier: 187.

[42] MAYER, Geschichte der Kreuzzüge (wie Anm. 13) (8. Aufl.), 19.

[43] Dwight D. EISENHOWER, Crusade in Europe, Garden City, New York 1948, vgl. HEHL, Was ist eigentlich ein Kreuzzug (wie Anm. 11), 298. Zum Mythos der Kreuzzüge vgl. Alphonse DUPRONT, Le Mythe de Croisade, 4 Bde, Paris 1997.

[44] HEHL, Was ist eigentlich ein Kreuzzug (wie Anm. 11) (vgl. auch die nächste Anmerkung) vertritt eher – wie beispielsweise auch Jonathan Riley-Smith – einen weiteren Kreuzzugsbegriff, der einer engeren Definition (wie von Hans-Eberhard Mayer) gegenübersteht. MAYER, Geschichte der Kreuzzüge (wie Anm. 13); Jonathan RILEY-SMITH, What were the Crusades, London 1977. Zur Forschung bis 1988 vgl. Hannes MÖHRING, Kreuzzug und Dschihad in der mediaevistischen und orientalistischen Forschung (1965-1985), Innsbrucker Historische Studien 10/11 (1978), 361-386 (Literaturbericht); neuere Ansätze werden resümiert von MATZKE, Daibert (wie Anm. 34), 103-107. – Allgemeines Standardwerk: History of the Crusades, hg. v. K. M. SETTON (2. Aufl. 1969-1989) (eher weit gefaßte begriffliche Abgrenzung). MAYER hatte in seinem Werk zur Geschichte der Kreuzzüge in der ersten Auflage von 1965 definiert: „Ein Kreuzzug im eigentlichen Sinn ist ... ein Krieg, der vom Papst ausgeschrieben wird, in dem das Gelübde verlangt, der Ablaß und die weltlichen Privilegien bewilligt werden, und der ... auf die Erlangung oder Erhaltung eines ganz bestimmten, geographisch fest umrissenen Zieles gerichtet ist: auf die christliche Herrschaft über das Grab des Herrn in Jerusalem", MAYER, Geschichte der Kreuzzüge (wie Anm. 13), (1965), 263, zu weiteren Auflagen und Änderungen vgl. HEHL, 298f. mit Anm. 3-6. Die weitere Definition von Riley-Smith unterstreicht stärker den Aspekt des Heiligen Krieges, vom Papst befohlen, aber „supranational" organisiert und auf die Rückeroberung gemeinsamen christlichen Gutes, wie Palästina, gerichtet.

ein Kreuzzug" sei, wie Ernst-Dieter Hehl einen programmatischen Aufsatz 1994 betitelte[45]. Er plädierte dafür, Kreuzzugsdefinitionen nicht vorrangig mit juristischen oder organisatorischen Kategorien zu füllen. Für ihn bedeuten Kreuzzüge vor allem einen sich ständig wiederholenden Reflex eines Bewußtseinswandels in der abendländischen Christenheit, der Bezugsrahmen für diesen Wandel sei vor allem theologisch, weniger juristisch[46].

Die Schwäche von Definitionen, die sich an Organisationsformen und juristischen Kategorien orientieren, sind im Falle der Kreuzzüge besonders offenkundig: Zwar ruft der Papst zu einem Kreuzzug auf, kann dieses Unternehmen aber nur bedingt für diejenigen mit definieren, die dem Appell folgen. Deren Erwartungen, Hoffnungen und Erfahrungen konnten deutlich abweichen. Nimmt man Verformungen und Erinnerungsvarianten der späteren Historiographen hinzu – die oben exemplarisch am Akt der Eroberung thematisiert werden konnten – so ist das Dilemma offenkundig. Manches fügt sich am ehesten zusammen, wenn der gemeinsame Interpretationsrahmen gefunden wird, in den Päpste, Teilnehmer und spätere Interpretatoren einen Kreuzzug stellten. Damit werden aber die Texte als Zeugnis der Geschichte selbst besonders wichtig[47]. Die Unterscheidung von Urhebern und Teilnehmern beeinflußt in der Forschung auch die Frage, welcher Stellenwert Jerusalem in diesem Kontext zukommt. Voraussetzungen und Ursachen bestimmten zugleich spätere Konflikte in Jerusalem sowie die sich weiter entwickelnden Vorstellungswelten über den Ort. Aber zunächst: Welche einschlägigen Aspekte läßt der Aufruf erkennen?

Papst Urban II., ein ehemaliger Cluniazenser, hielt nach einer Reise durch Frankreich zum Abschluß des Konzils von Clermont im November 1095 angeblich eine flammende Ansprache als Aufruf zum Kreuzzug[48]. Bei mehreren Geschichtsschreibern sind Berichte über diese Rede überliefert, teilweise angeblich wörtlich; vier sind besonders ausführlich[49]. Daß sie nicht

---

[45] HEHL, Was ist eigentlich ein Kreuzzug (wie Anm. 11), dort auch zu den entsprechenden Positionen der Forschung. Vgl. auch MATZKE, Daibert (wie Anm. 34), 103-107.

[46] HEHL, Was ist eigentlich ein Kreuzzug (wie Anm. 11), bes. 333-336.

[47] HEHL, Was ist eigentlich ein Kreuzzug (wie Anm. 11), bes. 300. Vor dem Hintergrund der vielen divergierenden Texte und deren Konstituierung der Wirklichkeit sind Fragen der Bedeutung von Texten erneut zu stellen. Zum „Linguistic turn" vgl. oben Anm. 35.

[48] Hierzu jetzt die verschiedenen Beiträge in dem Sammelband Le concile de Clermont de 1095 et l'appel à la croisade (Collection de l'Ecole Française de Rome 236), Roma-Paris 1997.

[49] Vgl. den klassischen Vergleich der Fassungen von Dana C. MUNRO, The Speech of Pope Urban II. at Clermont, 1095, American Historical Review 11 (1905), 231-242; H. E. J. COWDREY, Pope Urban II's Preaching of the First Crusade, History NS 55 (1970), 177-188;

übereinstimmen, ist kaum verwunderlich. Sie stellen je nach Abfassungszeit, Herkunft und Hintergrund der Autoren Unterschiedliches in den Vordergrund. Der facettenreiche Bericht des Benediktiners Robert von Reims[50] unterstreicht mehrere Aspekte. Zunächst sind es die chaotischen Zustände im Heiligen Land, insbesondere in Jerusalem: „Aus dem Land Jerusalem und der Stadt Konstantinopel kam schlimme Nachricht". Es folgt das Feindbild: ein fremdes Volk „hat die Länder der dortigen Christen besetzt, durch Mord, Raub und Brand entvölkert und die Gefangenen teils in sein Land abgeführt, teils elend umgebracht". Der anschließende kriegerische Aufruf appelliert an ritterliche Tugenden. Der Papst verspricht, ein wohlhabendes Land in Besitz nehmen und himmlischen Lohn gewinnen zu können. Als Robert diesen Text aufzeichnete, war Jerusalem schon erobert. Offensichtlich projizierte der Historiograph einiges aus der inzwischen gewonnenen Kriegserfahrung in den Text hinein.

Die Textfassung bei Robert von Reims spricht nicht nur von der Bedrohung im Osten[51]. Robert evoziert Geschichte und Vorbilder: Die adeligen Ritter sollten sich in der Tradition früherer Könige fühlen, die den Heidenkampf seit karolingischer Zeit stets als ihre Aufgabe angesehen hätten. Er ruft dazu auf, den Streit im Inneren zu beenden, um gegen einen äußeren Gegner zu kämpfen. Außerdem verdeutlicht er, wie dicht das Aufbruchsland der Christen bevölkert sei, hebt Jerusalem als Mittelpunkt der Erde hervor und verspricht himmlischen Lohn, der in anderen zeitgenössischen Berichten deutlicher als das zu erkennen ist, was kirchenrechtlich als Ablaß bezeichnet wird.

Christoph T. Maier geht in seinem Beitrag[52] davon aus, daß die Historiographen auch die rhetorischen Element unterstrichen und nutzt damit neue Potentiale zur Interpretation. Er versucht, aus dieser Perspektive die Kommunikationssituation, Hintergründe, Bedeutung und Wirkungsmöglichkeiten der mündlichen Rede zu rekonstruieren, um abstrakten, ideengeschichtlichen Interpretationen, wie jüngst von Tyerman vorgelegt, entgegenzuwirken. Weil eine Propagandawirkung einfacher Botschaften bedürfe, habe Urban auch den Kreuzzug sicherlich mit einfachen Worten klar gemacht. Weil Urbans Predigt die Zuhörer überzeugen sollte, werden Mittel wie Gebärdensprache,

---

Alfons BECKER, Urban (wie Anm. 8), Bd. II 394f.

[50] Vgl. Robert, Hist. (wie Anm. 10); die folgenden Zitate nach der dt. Fassung bei BORST, Lebensformen (wie Anm. 10), 318-320.

[51] Vgl. zu den Ereignissen im Osten vor allem BECKER, Urban (wie Anm. 8), 108-205.

[52] MAIER, oben 13-30.

Stimmmodulation, emotionale Ergriffenheit untersucht, die offensichtlich das Mitgefühl der Zuhörer erregen sollten. Erst in einem zweiten Teil kommen dann Bitten und Fordern in einem eindringlichen Ton zur Sprache. Selbst die Stadt Jerusalem wird personifiziert, stellt ihre Erwartungen gleichsam selbst an die Hörer. Diese Zweiteilung der Rede kann Maier bei drei der wichtigsten Berichterstatter nachweisen. Ähnlich untersucht er Reaktionen des Publikums: freudige Erregung, Entschlossenheit bis hin zum Ruf *Deus vult*. Symbolisches Handeln, wie das Anheften eines Kreuzes, folgte darauf. Die Terminologie läßt außerdem Urban als Sprachrohr Gottes erscheinen.

Mit seiner Untersuchung der kommunikativen Situation bezweifelt Maier zugleich Interpretationen, die vieles erst ex post als Zutat der Historiographen interpretieren wollen[53]. Nach seiner Ansicht entspringt auch die Vorstellung der Teilnehmer, sich selbst weniger als Pilger denn als Streiter Gottes zu sehen der genuinen Kommunikationssituation. Maier greift mit seiner Untersuchung nicht nur methodisch originell die Frage nach der Kreuzzugskonzeption aus einem neuen Blickwinkel auf, sondern leistet einen Beitrag zu den inzwischen verstärkt diskutierten Fragen, wie echt mittelalterliche Emotionen waren[54], welche Bedeutung Kommunikation und symbolische Kommunikation gerade im bekannten Fall der Kreuzzüge gewinnen konnte[55]. Dabei bleibt zunächst noch offen, wie sehr Vorbilder und Vorlagen auch die Darstellung solcher Kommunikationsformen überlagern konnten[56].

Aus diesen Überlegungen ergibt sich, wie die verschiedenen, in der Literatur oft besprochenen Anlässe, Gründe und Ziele gewichtet werden könnten. Der unmittelbare Anlaß, die angebliche Bedrohung der Stadt durch die Seldschuken, betraf die Zugänglichkeit der Heiligen Stätten und damit die Möglichkeiten der Pilgerverehrung. Pilgerfahrten zu heiligen Stätten gab es seit der Spätantike[57]. Zuweilen heißt es, die Kreuzzüge seien im Grunde „be-

---

[53] Vgl. oben Anm. 32.

[54] Gerd ALTHOFF, Empörung, Tränen, Zerknischerung. Emotionen in der öffentlichen Kommunikation des Mittelalters, in: DERS., Spielregeln der Politik im Mittelalter. Kommunikation in Frieden und Fehde, Darmstadt 1997, 258-281 mit weiterer, auch kontroverser Literatur zur Bedeutung von Ritual und Emotionen.

[55] Zur Bedeutung symbolischer Kommunikation für das Verständnis des Mittelalters vgl. Gerd ALTHOFF, Zur Bedeutung symbolischer Kommunikation für das Verständnis des Mittelalters, Frühmittelalterliche Studien 31 (1997), 370-389 sowie den Sammelband: Formen und Funktionen öffentlicher Kommunikation im Mittelalter, hg. v. Gerd ALTHOFF (Vorträge und Forschungen 51), Stuttgart 2001, im Druck.

[56] Vgl. zum Beispiel zu Tränen und Weinen HERBERS, Leo IV. (wie Anm. 14), 159-161.

[57] Außer der irischen *peregrinatio*, dem Aufbruch in die Fremde, dem Umherziehen aus reli-

waffnete Pilgerfahrten" gewesen[58]. Der Begriff und die Gleichsetzung erscheinen unscharf, denn obwohl die Pilgerfahrten nach Palästina auch die Kreuzzugsbewegung beeinflußten und beide Erscheinungsformen vom Gedanken der Buße und Selbstheiligung bestimmt waren[59], so blieb doch die Pilgerfahrt bis ins späte Mittelalter vor allem ein Rückzug aus der Welt. Eine Kreuzfahrt bedeutete jedoch, in dieser Welt als Krieger gegen Muslime oder „Heiden" aktiv zu kämpfen[60]. Kreuzfahrer waren kaum Pilger, die sich nur aus Verteidigungszwecken bewaffneten, als sie auf Kriegszug nach Palästina gingen.

Zu den eher langfristigen, aber besonders wichtigen Voraussetzungen gehört deshalb die Idee des Glaubenskrieges. Carl Erdmann hat schon 1935 hierzu noch heute Gültiges vorgelegt[61]. Die von Augustinus († 430) entwickelte Lehre von einem Heiligen Krieg, der zur Verteidigung oder zur Wiedererlangung geraubten Gutes geführt werden durfte, wurde in der Zeit von Bedrohungen durch Normannen, Sarazenen oder Ungarn, gegen die man sich im 9. und 10. Jahrhundert verteidigte[62], den Gegebenheiten weiter angepaßt. In Zeiten oder Gegenden, in denen die Zentralgewalten schwächer

giöser Überzeugung, gehört die *peregrinatio* zu den *loca sancta* zu den christlichen Devotionsübungen. Klassisch zur Jerusalempilgerfahrt: Bernhard J. KÖTTING, Peregrinatio religiosa: Wallfahrten in der Antike und das Pilgerwesen in der alten Kirche (Forschungen zur Volkskunde 33-35), 2., durchges. Aufl. Münster 1980 (Nachdr. der Ausg. 1950); vgl. zu den hochmittelalterlichen Pilgern Klaus HERBERS, Pilger auf dem Weg nach Jerusalem, Rom und Santiago de Compostela, in: Pilgerziele der Christenheit, Jerusalem, Rom, Santiago de Compostela, hg. v. Paolo CAUCCI VON SAUCKEN (Stuttgart 1999), 103-133, sowie die weiteren dort aufgenommenen Beiträge und das Literaturverzeichnis.

[58] Vgl. MAYER, Kreuzzüge (wie Anm. 13), 19.

[59] Vgl. zum Martyriumsgedanke beim ersten Kreuzzug Jean FLORI, Mort et martyre des guerriers vers 1100. L′exemple de la première croisade, Cahiers de Civilisation Médiévale 34 (1991), 121-139.

[60] HEHL, Was ist eigentlich ein Kreuzzug (wie Anm. 11), 316f.; DERS., Cruzada y peregrinación bajo el signo de la Imitatio Christi, in: Santiago, Roma, Jerusalen, Actas del III Congreso International de Estudios Jacobeos, hg. v. Paolo CAUCCI VON SAUCKEN, Santiago de Compostela 1999, 145-159, dt. Fassung, jedoch ohne Apparat DERS., Kreuzzug – Pilgerfahrt – Imitatio Christi, in: Pilger und Wallfahrtsstätten in Mittelalter und Neuzeit, hg. vom Michael MATHEUS (Mainzer Vorträge 4), Stuttgart 1999, 35-51.

[61] ERDMANN, Entstehung (wie Anm. 29), 19-24. Zur Theorie von Töten und Strafen weiterhin: Raymund KOTTJE, Die Tötung im Kriege. Ein moralisches und rechtliches Problem im frühen Mittelalter, Barsbüttel 1991; sowie die Beiträge in: Töten im Krieg, hg. v. Heinrich STIETENCRON und Jörg RÜPKE, Freiburg-München 1995, insbesondere August NITSCHKE, Von Verteidigungskriegen zur militärischen Expansion: Christliche Rechtfertigung des Krieges beim Wandel der Wahrnehmungsweise, ebd., 241-276.

[62] HERBERS, Leo IV. (wie Anm. 14), 106 und 132f.

wurden, übernahmen Adelige und Ritter immer häufiger Ordnungsaufgaben, teilweise mit militärischer Gewalt[63]. Die *militia Christi* oder *militia s. Petri* bei den Päpsten der Reformzeit des 11. Jahrhundert gehören zu Bestrebungen, Adel und Rittertum zu verchristlichen. In diesem Sinne charakterisiert der Reformer Bonizo von Sutri die Ritter: Sie kämpfen zwar für die weltliche Macht, dürften sich aber nicht gegen den christlichen Glauben wenden und müßten gegebenenfalls gegen Ketzer und Schismatiker zu Felde ziehen[64]. Die fortentwickelten Vorstellungen von einem Heiligen Krieg und die Verchristlichung des Rittertums gehörten zu den langfristigen Voraussetzungen, welche die Kreuzzüge überhaupt erst ermöglichten[65].

Dem konkreten Anlaß, wie im byzantinischen Hilferuf thematisiert, sowie den beiden eher geistesgeschichtlichen Voraussetzungen des Pilgerns und des Heiligen Krieges sind zwei, auch bei Robert von Reims konkret angesprochene Anreize hinzuzufügen: die Verheißung fruchtbaren Landes und himmlischen Lohnes. Beutetrieb und Abenteuerlust dürften auch die Kreuzzüge wie andere Kriege oft begleitet haben.

Norbert Elias hat in seinem Werk: 'Über den Prozeß der Zivilisation' ein Kapitel zur Soziogenese der Kreuzzüge verfaßt: „Nichts läßt annehmen", so schreibt er über die nach Osten ziehenden Kreuzritter, „daß diese Expansion sich ohne Lenkung der Kirche ... unmittelbar dorthin gerichtet hätte. Aber

---

[63] Als dann von reformerischen Kreisen „Gottesfriede" und *Treuga Dei* – Waffenstillstände an bestimmten Tagen – propagiert wurden, sollten Adelige im Auftrag der Kirche gegen etwaige Friedensbrecher vorgehen. Hierzu allgemein Hans-Werner GOETZ, Kirchenschutz, Rechtswahrung und Reform. Zu den Zielen und zum Wesen der frühen Gottesfriedensbewegung in Frankreich, Francia 11 (1983), 193-239; Bernhard TOEPFER, Volk und Kirche zur Zeit der beginnenden Gottesfriedensbewegung in Frankreich (Neue Beiträge zur Geschichtswissenschaft 1), Berlin 1957.

[64] Bonizo von Sutri, De vita christiana, ed. Ernst PERELS (Texte zur Geschichte des römischen und kanonischen Rechts im Mittelalter 1), Berlin 1930, 248f.; vgl. zur Entwicklung John GILCHRIST, The Papacy and War against the „Saracens", 795-1216, The International Historical Review 10, 1988, 174-197; Frederick RUSSEL, The Just War in the Middle Ages (Cambridge Studies in Mediaeval Life and Thought 3/8), Cambridge 1975; Frederick RUSSEL, Love and Hate in Medieval Warfare: The Contribution of Saint Augustine, Nottingham Mediaeval Studies 31 (1987), 108-124; vgl. zum Heiligen Krieg weiterhin Jean FLORI, Croisade et gihad, in: Le concile de Clermont (wie Anm. 48), 267-285, bes. 271-276 zum *bellum iustum*.

[65] Klassisch ERDMANN, Entstehung (wie Anm. 29); vgl. John GILCHRIST, The Erdmann Thesis and the Canon Law, 1083-1141, in: Crusade and Settlement, hg. v. Peter W. EDBURY, Cardiff 1985, 37-45; Ernst-Dieter HEHL, Kirche und Krieg im 12. Jahrhundert. Studien zu kanonischem Recht und politischer Wirklichkeit (Monographien zur Geschichte des Mittelalters 19), Stuttgart 1980.

nichts macht auch wahrscheinlich, daß ohne den sozialen Druck im Innern des westfränkischen Gebiets, dann auch aller anderen Gebiete der lateinischen Christenheit, Kreuzzüge zustande gekommen wären"[66]. Untersuchungen von Georges Duby zum Mâconnais und von David Herlihy scheinen dies zu bestätigen[67]. Die Quellen nennen allerdings oft die aufbrechenden Personengruppen allgemein, und Jonathan Riley-Smith konnte bei einer Überprüfung der belegten Teilnehmer am ersten Kreuzzug aus dem westfränkisch-französischen Raum nur wenige Namen den von Elias geltend gemachten sozialen Bedingungen zuordnen[68].

Wie auch immer vor dem Hintergrund dieser Präzisierungen der soziale Druck als Motiv zu gewichten ist, jedenfalls dürfte der Lohngedanke, der Ablaß, besonders wirksam gewesen sein. Insgesamt ist jedoch hervorzuheben, daß erst die Verbindung dieser Elemente die ungeheure Kraft und Langlebigkeit der Kreuzzugsidee mit bewirkt haben. Nimmt man die Psychologisierung durch Elemente non-verbaler Kommunikation hinzu, die Christoph T. Maier weiter ausgelotet hat, so dürfte der Erfolg des Aufrufes schon seit den Anfängen verständlich werden[69].

Beiseite gelassen habe ich bisher Jerusalem. Welche Rolle spielte diese Stadt? Zwar bringen erst die späteren Berichte über Urbans Kreuzzugsaufruf den Namen Jerusalem ins Spiel, aber dies muß bald im Anschluß an den Aufruf erfolgt sein. Vor den Augen der Teilnehmer evozierte der Name Jerusalem immer mehr als die bloße Vorstellung eines Ortes; Jerusalem war „wie ein mächtiger Magnet"[70]. Jerusalem galt nicht nur als der wichtigste Ort des biblischen Heilsgeschehens, sondern Robert von Reims spricht sogar vom Mittelpunkt der Erde. Belegen diese Vorstellung nicht sogar mittelalterliche

---

[66] Norbert ELIAS, Über der Prozeß der Zivilisation, 2 Bde. (dt. 1969), 2. Aufl. Frankfurt 1977, Bd. II, Kap. 4, 50.

[67] David HERLIHY, The Agrarian Revolution in Southern France and Italy, 801-1150, Speculum 33 (1958), 23-41; Georges DUBY, La société aux XIe et XIIe siècles dans la région mâconnaise, Paris 1971, bes. 191-201.

[68] Jonathan RILEY SMITH, Early Crusaders to the East and the Costs of Crusading, 1095–1130, in: Cross cultural convergences in the crusader period. Essays presented to Aryeh Grabois on his sixty-fifth birthday, hg. v. Michael GOODICH, Sophia MENACHE und Sylvia SCHEIN, New York u. a. 1995, 237–258, konnte dies exemplarisch zeigen.

[69] MAIER, oben bes. 26.

[70] Werner GOEZ, Wandlungen des Kreuzzuggedankens in Hoch- und Spätmittelalter, in: Das Heilige Land im Mittelalter. Begegnungsraum zwischen Orient und Okzident, (Schriften des Zentralinstituts für fränkische Landeskunde und allgemeine Regionalforschung an der Universität Erlangen-Nürnberg 22), hg. v. Wolfdietrich FISCHER und Jürgen SCHNEIDER Neustadt an der Aisch 1982, 33-44, hier: 34.

Weltkarten[71]? Bei Jerusalem lag laut der Apokalypse der Ort des Jüngsten Gerichtes, manche Weissagungen deuteten an, daß hier künftig ein Endkaiser zu erwarten sei[72]. Jerusalem war nie allein das irdische, sondern zugleich auch immer das „himmlische Jerusalem"[73]. Das Wort evozierte alt- und neutestamentliche Wurzeln, wies zurück auf urchristliche Tradition und voraus in die Eschatologie[74].

War aber dies schon 1095 im Blickfeld? Hans-Eberhard Mayer hat es abgelehnt, daß diese, besonders von Paul Alphandéry mit vielen Belegen gesichtete Assoziationsfülle[75] bereits von Urban II. intendiert war, Carl Erdmann wollte die Schwierigkeit lösen, indem er für den Ersten Kreuzzug das Kriegsziel der Befreiung der Ostkirche vom Marschziel Jerusalem unterschied[76]. Herbert Cowdrey hat inzwischen mit beachtlichen Hinweisen wahrscheinlich gemacht[77], daß Urban schon von Anfang an auch Jerusalem im Auge hatte. Dieser Befund ist jüngst weiter bekräftigt worden. Jonathan Riley-Smith konnte bei der Durchsicht von Urkunden aufbrechender Kreuzfahrer eine Fülle von Belegen ermitteln, die Jerusalem expressis verbis nennen[78], und Michael Matzke hat in seinen Studien zu Daibert von Pisa u. a. mit numismatischen Beobachtungen hervorgehoben, Jerusalem und die dortige Pilgerversorgung seien seit Urbans Frankreichreise in das päpstliche Kalkül einbezogen gewesen[79]. Darüberhinaus kann zum Beispiel Peter Christian Jacobsen[80] im vorliegenden Band mit literarischen Belegen nachweisen, wie Intentionen und Siegeszuversicht schon in frühsten Texten deutlich werden.

---

[71] Vgl. die unterscheidenden Bemerkungen von BAUMGÄRTNER, oben, passim, bes. 271-274.

[72] Hannes MÖHRING, Der Weltkaiser der Endzeit: Entstehung, Wandel und Wirkung einer tausendjährigen Weissagung, (Mittelalter-Forschungen 3), Stuttgart 2000, bes. 166-175.

[73] Sibylle MÄHL, Jerusalem in mittelalterlicher Sicht, Welt als Geschichte 22 (1962), 11-26.

[74] Vgl. GOEZ, Wandlungen (wie Anm. 70), 35. Ähnlich z. B. MAYER, Geschichte der Kreuzzüge (wie Anm. 13), 17f.

[75] Paul ALPHANDERY und Alphonse DUPRONT, La chrétienté et l'idée de croisade. Les premières croisades (L'évolution de l'humanité 38), Paris 1954; vgl. DUPRONT, Mythe (wie Anm. 43), Bd. III, 1320-1333.

[76] ERDMANN, Entstehung (wie Anm. 29), bes. 374-377.

[77] COWDREY, Pope Urban II's Preaching (wie Anm. 49).

[78] Jonathan RILEY-SMITH, The Idea of Crusading in the Charters of Early Crusades 1095-1102, Le concile de Clermont (wie Anm. 48),. 155-166; vgl. auch die Hinweise auf Testamente aus Katalonien bei Nikolas JASPERT, Frühformen der geistlichen Ritterorden und die Kreuzzugsbewegung auf der Iberischen Halbinsel in: Europa an der Wende vom 11. zum 12. Jahrhundert (wie Anm. 15), 90-116, hier: 112.

[79] MATZKE, Daibert (wie Anm. 34), bes. 107-134.

[80] JACOBSEN, oben 347-352.

Das Problem liegt auch hier darin, daß Urbans Intentionen und die Assoziationen der teilnehmenden Krieger nicht in allem deckungsgleich waren[81]. Insgesamt dürften aber die mit dem Namen Jerusalem verbundenen Vorstellungswelten Teil des allgemeinen Prozesses der Kirchenreform gewesen sein, wie besonders Alfons Becker, Ernst-Dieter Hehl und André Vauchez unterstrichen haben[82]. Wie immer in diesem Punkt die Forschung voranschreitet, ohne Zweifel steckten in diesem einen Wort „Jerusalem" viele Assoziationsmöglichkeiten, deren vielfältige Nutzung zumindest kurz nach dem Aufruf inzwischen als sicher gelten darf.

Vor diesem Hintergrund wird auch die rhetorische Nutzung des Begriffes im Zusammenhang mit nonverbalen Kommunikationsformen, die Christoph T. Maier in den Blick nimmt[83], bedeutsam, denn vieles konnte nur angedeutet, mit Gesten und Körperhaltung ausgedrückt werden, wenn die Assoziationsfülle beim Zuhörer jeweils vorauszusetzen ist.

III. Konflikte und Konfliktlösungen

Die Ergebnisse des vorliegenden Bandes knüpfen an die Polyvalenz des Wortes Jerusalem an, verweisen aber besonders auf zwei weitere Ebenen. Nach der Eroberung der Stadt und der Einrichtung der sogenannten Kreuzfahrerstaaten ergaben sich völlig neue soziale Organisationsformen, und das Bild des nun unter christlicher Herrschaft stehenden Jerusalem wirkte und strahlte auf neue Weise nach außen. Diese realen und „ideellen" Aspekte thematisieren die Beiträge des Bandes vor allem.

Was geschah nach der Eroberung Jerusalems? Welche Konflikte entstanden in der Stadt, welche in den Kreuzfahrerstaaten? Ob die Heerführer überhaupt Pläne hatten, wie sie die Herrschaft in Jerusalem und den eroberten Gebieten organisieren sollten, ist umstritten[84]. Jerusalem stand anfangs unter einem *advocatus Sancti Sepulcri*, erst später folgten ein König und die Einrichtung feudaler Lehnsstaaten mit selbständigen Vasallen nach west-

---

[81] Vgl. zur Definition oben 438 mit Anm. 45-47.

[82] BECKER, Urban (wie Anm. 8); HEHL, Was ist eigentlich ein Kreuzzug (wie Anm. 11), 334f.; André VAUCHEZ, Les composantes eschatologiques de l'idée de croisade, in: Le concile de Clermont (wie Anm. 48), 233-243.

[83] MAIER, oben 16ff.

[84] Dies könnte mit der Versorgung im Johanniterhospital zusammenhängen, vgl. MATZKE, Daibert (wie Anm. 34), 107-127.

europäischem Vorbild. Die Patriarchensitze in Antiochia und Jerusalem wurden mit römisch-katholischen Klerikern besetzt[85], Organisationsformen der nicht lateinischen Religionsgemeinschaften blieben jedoch bestehen. Da in dieser Gegend neben Muslimen und Juden nun auch Christen verschiedener Denomination zusammenlebten, gingen Kontakte und Konflikte Hand in Hand. Religiöse Vielfalt zu erhalten war bei der Eroberung Jerusalems offensichtlich kein Ziel, aber sie existierte und wurde nicht eliminiert. Neben den Muslimen, denen zumindest später das öffentliche Gebet gestattet wurde, gab es orientalische Christen verschiedenster Prägung. Wie gingen die Eroberer mit deren Traditionen um?

Die Forschung ringt noch darum, das Verhältnis im einzelnen auszuloten, und nur bedingt mag zutreffen, daß seit 1099 mit wenigen Ausnahmen im Königreich Jerusalem eine Eroberergesellschaft dominierte, die Mitteleuropäisches in den Orient importierte und deren Kontakte mit der neuen Umgebung sich auf das Notwendigste beschränkten. Wenn nach 1099 die Eroberergesellschaft in allem Wesentlichen das Sagen behielt, inwieweit treffen dann Etiketten wie „Die Kreuzfahrerstaaten als multikulturelle Gesellschaft" überhaupt zu[86]? Wäre nicht eher von einer „persecuting" oder einer „colonial society" zu sprechen[87]?

Die besondere Stellung und die Bedeutung der Juden wären in diesem Zusammenhang gesondert zu würdigen, obwohl die Eroberung der Stadt hier sicher weniger an späteren Vermittlungsmöglichkeiten zur Konfliktbeilegung bot als an anderen Stellen der damals bekannten Welt[88]. Zwar wurden ent-

---

[85] Der erste Jerusalemer Patriarch war Daibert von Pisa, der Vertraute Urbans II. Vgl. jetzt zu ihm MATZKE, Daibert (wie Anm. 34).

[86] Die Kreuzfahrerstaaten als multikulturelle Gesellschaft: Einwanderer und Minderheiten im 12. und 13. Jahrhundert hg. v. Hans Eberhard MAYER (Schriften des Historischen Kollegs / Kolloquien 37), München 1997.

[87] Vgl. schon vor dem in der vorigen Anmerkung zitierten Band zur Diskussion um eine „colonial society" die Schlußdiskussion der Gedenkschrift für Joshua Prawer: The Crusading Kingdom of Jerusalem – The First European Colonial Society?, in: The Horns of Hattin, hg. v. Benjamin Z. KEDAR, London 1992, 341-366. Vgl. auch die Beiträge des Sammelbandes: From Clermont to Jerusalem. The Crusades an Crusades Societies 1095-1500. Selected Proceedings of the International Medieval Congress, University of Leeds 1995, hg. v. Alan V. MURRAY, Turnhout 1998.

[88] Vgl. allgemein hierzu die Aufsätze des Bandes: Juden und Christen zur Zeit der Kreuzzüge, hg. v. Alfred HAVERKAMP (Vorträge und Forschungen 47), Sigmaringen 1999; Julio VALDEÓN BARUQUE, El movimiento cruzado y las actitudes antisemitas, in: La primera Cruzada, novecientos años después: El concilio de Clermont y los orígenes del movimiento cruzado, hg. v. Luis GARCÍA-GUIJARRO RAMOS, o. O. 1997, 213-220; zur Rolle der Juden

gegen den Berichten nicht alle Juden in Jerusalem getötet oder von dort vertrieben[89], aber zweifelsohne ging ihr Einfluß merklich zurück. Dafür ist es interessant zu beobachten, wie die Juden in der Diskussion über die christliche Herrschaft im Heiligen Land zu neuen Positionsbestimmungen kamen[90].

Marie Luise Favreau-Lilie thematisiert in ihrem Beitrag[91] die Frage nach dem Zusammenleben der verschiedenen sozialen Gruppen und bestimmt zunächst das Kräfteverhältnis zwischen den verschiedenen Gemeinschaften. Die neuen Herrscher und Siedler mußten sich zunächst an die äußeren Bedingungen wie Klima oder Nahrung anpassen. Trotz bestehender Beschränkungen waren Mischehen möglich. Nach Diskussion der Thesen von Hitti über die Formen des Zusammenlebens kommt die Verfasserin zu der Zwischenbilanz, daß hier keine offene, multikulturelle Gesellschaft anzutreffen gewesen sei[92]. Auf einem anderen Blatt steht, inwieweit Kreuzfahrer andere Rassen ausgrenzten (Jean Richard) oder intolerant waren (Hans Eberhard Mayer)[93]. Hier verweist die Verfasserin darauf, daß es kaum Rassismus und keine Blutbäder nach dem „Settlement" gegeben habe.

Frühere Grundstrukturen des sozialen Zusammenlebens blieben erhalten. Konkret folgte daraus für die Muslime eine schlechtere Position als zuvor, die restlichen Gruppen blieben wie bisher kopfsteuerpflichtig. Grundsätzlich ist aber die Situation auf dem Land und in der Stadt zu unterscheiden. In grundherrschaftlich organisierten Rechtsverhältnissen[94] waren Verrat und Flucht wichtige Konfliktanlässe, wie normative Bestimmungen zur Landflucht erkennen lassen. Zu den Verhältnissen in den Städten erläutert die Verfasserin mit einzelnen Beispielen, welche verschiedenen Regelungen

---

beispielsweise auf der Iberischen Halbinsel DERS., La España judía y el Imperio in: España y el „Sacro imperio". Procesos de cambios, influencias y acciones recíprocas en la época de la „europeización", hg. v. Klaus HERBERS, Karl RUDOLF und DEMS., Valladolid 2001 (im Druck).

[89] Vgl. oben 430 mit Anm. 27.

[90] Vgl. z. B. Elchanan REINER, A Jewish Response to the Crusades. The Dispute over Sacred Places in the Holy Land, in: Juden und Christen (wie Anm. 88), 209-231.

[91] FAVREAU-LILIE, oben 55-94.

[92] Philip Khuri HITTI, The Impact of the Crusades on Moslem Lands, in: The Impact of the Crusades on the Near East (A General History of the Crusades 5), Madison, Wisconsin 1985, 33-58, vgl. den Beitrag von FAVREAU-LILIE oben 56ff. und ihr Fazit 60f.

[93] Jean RICHARD, The Latin Kingdom of Jerusalem, Amsterdam 1979, 136, 142; Hans Eberhard MAYER, Latins, Muslims and Greeks in the Latin Kingdom of Jerusalem, History, The quarterly of the Historical Association 8 (1978), 175-192, vgl. FAVREAU-LILIE, oben 61.

[94] FAVREAU-LILIE, oben 64ff.

möglich waren[95]. Da sich die fränkische Oberschicht auch der Sklavenhaltung bediente, wurden hierzu meist muslimische Gefangene herangezogen. Allerdings war dies nicht nur im Orient üblich[96]. Die Statuten der Templer lassen von den überlieferten Quellen zu den häufigen Fluchtversuchen am deutlichsten Formen der Gewaltanwendung erkennen. Ein letzter Problembereich betrifft die Konversionen, die für Ehen mit einem Christen nötig waren. Konversionen gab es wahrscheinlich häufiger als die Quellen auf den ersten Blick erkennen lassen, und seit der im 13. Jahrhundert beginnenden Mendikantenmission entwickelten sich auch neue Möglichkeiten der Katechese. Allerdings blieb die Freistellung von Bauern zu Missionspredigten ein Konfliktpunkt[97]; teilweise ergibt sich sogar der Eindruck, daß die Christen eher Konversionen von kriegsfähigen Muslimen als von anderen Bevölkerungsgruppen wünschten.

Insgesamt bewertet die Verfasserin die Alternativen des Titels als unzutreffend und schlägt selbst vor, eher von einer „Politik des begrenzten Ausgleichs" zu sprechen[98]; auch müßten die verschiedenen Lebensbereiche im Blick behalten werden, denn muslimische Bauern seien zum Beispiel erheblich schlechter gestellt gewesen als muslimische Stadtbewohner. Andererseits wurden Muslime nie direkt verfolgt, sie wurden aber stärker ausgegrenzt als die nicht-katholischen christlichen Denominationen. Es ging bei allem aber eher um wirtschaftliche Fragen als darum, das Christentum auszubreiten.

Die hier vorgelegte Untersuchung des sozialen Zusammenlebens verdeutlicht zugleich, wie sehr soziale und religiös-kirchliche Konflikte ineinandergriffen. Auch weitere Beiträge betreffen mit ihren Beobachtungen zur religiös-kirchlichen Situation gleichzeitig soziale Untersuchungsfelder. Mit religiös bestimmten Ehebeschränkungen, aber auch mit dem sozialen Selbstverständnis des Adels hing es zusammen, daß für die neuen Führungsschichten Heiraten besonders wichtig wurden. Ein „Nachschub" an Frauen fehlte. Jonathan Phillips beleuchtet die Heiraten von führenden Adeligen und

---

[95] FAVREAU-LILIE, oben 73ff.

[96] FAVREAU-LILIE, oben 80; vgl. allgemein Charles VERLINDEN, L'esclavage dans l'Europe médiévale, 2 Bde., Brugge 1955-1977 (zu Spanien und Italien).

[97] Diese Aspekte einer Art Missionspredigt in schon fast fest gefügten Gemeinschaften könnte das Panorama, das La parole du predicateur, Ve-XVe siècle, hg. v. Rosa Maria DESSI und Michel LAUWERs, Nice 1997 (Collection du centre d'Etudes médiévales de Nice 1) bietet, weiter ergänzen.

[98] FAVREAU-LILIE, oben 92.

die damit zusammenhängenden möglichen Konflikte[99]. Insbesondere verdeutlichen die konkreten Fälle Balduins II., Fulkos und Konstanzes, Amalrichs und Agnes' sowie Guidos von Lusignan und Sibylles, daß diese Heiraten je nach Konstellation Auseinandersetzungen verursachen aber auch lösen konnten[100]. Bei der Frage der Heirat Balduins von Jerusalem mit Adelheid erörtert Phillips zugleich die Frage flandrischen und sizilischen Einflusses in Outremer. Die Patriarchen waren bei diesen Verbindungen stark in die Politik einbezogen, denn kirchenrechtliche Bestimmungen wurden zuweilen „gebeugt", und dies hing unter anderem mit ihrer Verflechtung in Adelskreise und Hierarchie zusammen. Die Distanz sowie die spezifischen Notwendigkeiten der Kreuzfahrerstaaten wirkten mithin auf Politik und Kirche zurück. Insgesamt unterstreichen die von Phillips untersuchten Beispiele eindrücklich, wie auch nach der Eroberung die Vernetzung des Adels mit dem lateinischen Okzident weiterhin notwendig war.

Nicht nur das Aufeinandertreffen von römisch-katholischen und muslimischen Traditionen bewirkte Konflikte: Wie schon der byzantinische Hilferuf vor dem ersten Kreuzzug verdeutlicht hatte, besaßen die griechisch-orthodoxen und die weiteren nichtlateinischen Kirchen schon seit Jahrhunderten ihren angestammten Platz im vorderen Orient. Johannes Pahlitzsch und Dorothea Weltecke betrachten die nichtlateinischen Kirchen als Subjekte und nicht nur als Objekte und nehmen damit eine in der Kreuzzugsforschung selten gewählte Sichtweise ein. Die vielen besonders nicht-chalkedonensischen Konfessionen wie Miaphysiten und Nestorianer wurden in rechtlicher Hinsicht nicht in die Kreuzfahrergesellschaft integriert, es blieb bei einer „Zweiklassengesellschaft". Im Grunde wurde damit das muslimische ḏimmī-System fortgeschrieben[101]. Die Verfasser zeichnen die Bemühungen um die Einrichtung besonderer juristischer Instanzen („Cour des Suriens" und „Cour de la Fonde") nach.

Neben rechtlichen Fragen betrafen die Konflikte rituelle und dogmatische Probleme. Manche basierten auf Festlegungen aus dem 5./6. Jahrhundert. Ohne hier über diese Streitigkeiten um das Osterdatum oder das jährlich stattfindende Osterfeuerwunder im einzelnen zu referieren[102], zeigen viele der Auseinandersetzungen, daß im Alltag weniger gelehrt-theologische Fragen als vielmehr greifbare – besonders liturgische – Unterschiede für Diskussio-

---

[99] PHILLIPS, oben 147-163.
[100] PHILLIPS, oben 156-159.
[101] PAHLITZSCH / WELTECKE, oben 123.
[102] PAHLITZSCH / WELTECKE, oben 131ff.

nen sorgten. Das gängige Bild einer in allen Bereichen gefestigten lateinischen Herrschaft in Palästina wird zudem durch den Befund relativiert, daß die Franken in den einschlägigen Quellen meist gar nicht erwähnt werden.

Das wechselnde Verhältnis der römisch-katholischen zu den griechisch-orthodoxen Christen konnte Konflikte zu den anderen Konfessionen fördern. Dies reichte bis zu Versuchen, die diskriminierenden griechischen Häresiegesetze wiedereinzuführen. Nimmt man die Streitigkeiten innerhalb der Konfessionen hinzu, so ist grundsätzlich ein hohes „internes Konfliktpotential" zu beobachten[103]. Die Untersuchung öffnet den Blick dafür, wie irreführend es sein kann, Zusammenleben und Konflikte auf Christen, Muslime und Juden zu reduzieren, weil Probleme von Ethnos, Kultur und Konfession sich vielfältig überlagerten und gerade diese Gemengelage ein angemessenes Urteil erschwert. Vor diesem Hintergrund gewinnt der Aufsatz zugleich einen allgemein-aktuellem Aspekt, denn das Bewußtsein von dieser vielfältigen Mischung dürfte nicht nur ein historisches Urteil über den Vorderen Orient beeinflussen.

Der römische Katholizismus war im Orient in vieler Hinsicht ein Import; hier wurde er zu einer religiösen Gemeinschaft unter vielen und mußte in Kooperation und Auseinandersetzung mit anderen Bekenntnissen treten. Dies blieb für die Amtsträger des Ostens innerhalb der römisch-katholischen Hierarchie nicht ohne Konsequenzen. Wie stellte sich das Verhältnis von römischer Kirchenleitung und neu aufgebauter Kirchenhierarchie im Osten dar? Aus westlicher Sicht sind Spannungen bereits in den frühen Papsturkunden erkennbar, schon Paschalis II. ermahnte zu Gehorsam[104], und immer wieder werden Begriffe wie *pax* und *scandalum* in den Papsturkunden verwendet[105]. Vor dem Hintergrund dieser Voraussetzung in den römischen Quellen sichtet Rudolf Hiestand Konflikte und Konfliktsituation, die jedoch oftmals wegen einer insgesamt einseitigen und im Vergleich zum Westen reduzierten Quellenüberlieferung nicht bis auf eine „niedere Ebene" verfolgt werden können. Einige Tendenzen sind jedoch erkennbar: Die Kirchenstruktur der Kreuzfahrer blieb ein Fremdkörper in einem religiös nicht homogenen Raum, hieraus resultierten manche Konflikte. Beim Neuaufbau der Hierarchie wurden zum Beispiel spätantike Strukturen oft ignoriert, teil-

---

[103] PAHLITZSCH / WELTECKE, oben 142ff.
[104] JL 5835; ed. HIESTAND, Kirchen, 90 (Nr. 4).
[105] HIESTAND, oben 95f.

weise sogar Orte mit „klingenden" Namen eingegliedert, wie die Auseinandersetzung um die Stellung Thabors eindrücklich belegen kann[106].

Konflikte entstanden nach den Untersuchungen Hiestands im wesentlichen aus drei Voraussetzungen heraus: aus linguistischen und materiellen Mißverständnissen (so das unterschiedliche Verständnis des Erzbischoftitels in der lateinischen und griechischen Kirche), aus voreiligen päpstlichen Entscheidungen und aufgrund des lateinischen Eroberungsrechtes[107].

Vergleicht man Gruppen, Regionen und zeitliche Entwicklungen, so blieben zwei Tendenzen in regionaler und sozialer Hinsicht bestimmend: Zum einen entstanden zwischen Lateinern und Griechen – anders als in Zypern auf dem syrischem Festland – fast keine Konflikte, weiterhin agierten und reagierten die Ritterorden in Konfliktfällen durch ihre vergleichsweise straffe Organisationsform oft besser als viele andere Gruppen[108]. Ein dritte allgemeine Beobachtung betrifft die zeitliche Entwicklung: Die Konflikte des 13. Jahrhunderts erscheinen gegenüber den früheren konventioneller, glichen sich bereits den Usancen und der Routine des Westens stärker an[109]. Im 13. Jahrhundert wurde Akkon zu einem Sammelbecken von Bischöfen, die um ihre meist seit dem Ende des 12. Jahrhunderts den Christen verloren gegangenen Plätze und um ihr Existenzrecht im Osten kämpften. Oft galt das Interesse weniger den Orten in Palästina als den hiermit inzwischen oft verbundenen Besitzungen und Rechten im lateinischen Westen.

Die Methoden der Konfliktlösung folgten üblichen Mustern, meist waren es Prozesse, seltener vermittelten aus Rom entsandte Legaten. Manche der Probleme erledigten sich durch Landverlust, vor allem seit der Schlacht von Hattin (1187). Hauptsächliche Hindernisse bei der Lösung von Konflikten basierten häufig auf schlechter Information, auf überhasteten päpstlichen Entscheidungen – beides verschärft durch die großen Distanzen –, außerdem auf einem gewissen Bildungsdefizit, weil in Outremer kaum juristisch geschultes Personal vorhanden war[110].

Jochen Burgtorf widmet sich der Rolle bestimmter neuer religioser bzw. semireligioser Gruppen katholischer Prägung, die im Zusammenhang mit den Kreuzzügen entstanden waren: den Ritterorden. Bisherige Interpretationen über die ausgleichende oder konfliktfördernde Rolle dieser Gemein-

---

[106] HIESTAND, oben 104f.

[107] So war beispielsweise die Zehntpflicht eine neue Erscheinung für den Orient.

[108] HIESTAND, oben 112f.

[109] HIESTAND, oben 113.

[110] HIESTAND, oben zusammenfassend 118.

schaften waren zu zwiespältigen Ergebnissen gekommen, so wurden zum Beispiel oft die Templer als Friedenstauben, die Johanniter als Kriegstreiber angesehen; insgesamt aber beurteilte vor allem die ältere Forschung, so schon Hans Prutz und Steven Runciman, die Ritterorden eher als konfliktfördernd[111]. Diese Urteile stellt Burgtorf in sechs Schritten erneut auf den Prüfstand. Einschlägige Quellenzeugnisse wie normative Texte, Ritterordensregeln oder Charakterisierungen bei Bernhard von Clairvaux verwenden nur sehr selten den Begriff *pax*; Papsturkunden lassen hingegen eher militärische Töne erkennen: In einem Mandat Papst Cölestins II. werden die Templer als neue Makkabäer bezeichnet, anderweitig sogar als Angreifer gegen die Feinde Christi. Das in der Forschung vorherrschende Urteil, die Ritterorden hätten nach Ausweis der Urkunden aus den Kreuzfahrerstaaten erst nach 1179 als Vermittler fungiert, revidiert der Verfasser mit zeitlich früheren Belegen zu deren Rolle als Vermittler oder als Schiedsrichter[112].

Eine Friedenssicherung zwischen den Ritterorden wurde meist bei Besitzstreitigkeiten nötig; diese Auseinandersetzungen nahmen seit der Gründung des Deutschen Ordens zu und erreichten im Krieg von St. Sabas ihren Höhepunkt[113]. Für Burgen im Grenzgebiet durften die Ritterorden in eingeschränkter Weise mit den Muslimen separate Verträge abschließen. Der Krak des Chevaliers und andere Festungsanlagen förderten eher Konflikte, denn von hier aus erfolgten mehrere Überfälle in das Umland. Päpstliche Appelle, das militärische Engagement zurückzunehmen, verhallten[114]. Soweit Verhandlungen und Verträge der Ritterorden mit den Muslimen direkt stattfanden, kam es zu einem relativ guten Verhältnis; die Templer respektierten gewisse Gewohnheiten der Muslime; verwiesen sei auf die Verträge mit Baibars[115]. Wichtig wurde in dieser Hinsicht der von Burgtorf[116] eingehender

---

[111] Hans PRUTZ, Die geistlichen Ritterorden. Ihre Stellung zur kirchlichen, politischen, gesellschaftlichen und wirtschaftlichen Entwicklung des Mittelalters, Berlin 1908, zusammenfassender Hinweis in der Einleitung: 6; Steven RUNCIMAN, A History of the Crusades, 3 Bde., Cambridge 1951-1954, ND 1990, Bd. II, 313-314; vgl. zur Sichtung der weiteren Urteile BURGTORF, oben 166-170.

[112] BURGTORF, oben 179f.

[113] BURGTORF, oben 181f.

[114] BURGTORF, oben 184-188.

[115] Peter THORAU, Sultan Baibars I. von Ägypten: ein Beitrag zur Geschichte des Vorderen Orients im 13. Jh. (Tübinger Atlas des Vorderen Orients, Beiheft B 63), Wiesbaden 1987; Peter HOLT, Early Mamluk diplomacy: (1260-1290); treaties of Baybars and Qalawun with Christian rulers, (Islamic history and civilization 12), Leiden 1995.

[116] BURGTORF, oben 197.

gewürdigte Templer Matthäus Sauvage. Gegen das Urteil der älteren Forschung förderten gerade die letzten Templer eine Politik der Koexistenz. Insgesamt fällt somit Burgtorfs Bilanz zur Friedenssicherung durch die Ritterorden deutlich positiver als in der bisherigen Forschung aus. Der Grad des jeweiligen Erfolges hing jedoch im Laufe der Zeit maßgeblich vom dominierenden Führungspersonal ab.

Die bisher präsentierten Beiträge zu Konflikten und Konfliktlösungen thematisieren nicht nur das Verhältnis zwischen verschiedenen christlichen Gruppierungen, sondern zugleich jeweils mögliche Lösungsansätze. Dabei waren die Änderungen nicht in jeder Hinsicht einschneidend: Die schon unter den Muslimen etablierten Modi strukturierten das Zusammenleben nach der Eroberung der Christen vor, wie unter anderem aus dem Beitrag von Favreau-Lilie hervorgeht.

IV. Folgen: Vorstellungen und Vergegenwärtigungen

Worin aber lag die Bedeutung Jerusalems für die Muslime, die vor und nach 1099 ihre Blicke auf diese Stadt richteten? Hartmut Bobzin erörtert, was Jerusalem – grundsätzlich und nach den Veränderungen durch die christliche Eroberung der Stadt – für den Islam bedeutete. Der Ort besaß schon vor 1099 eine hohe Anziehungskraft. Er war neben Mekka und Medina für das religiöse Leben der Muslime wichtig, wie al-Ġazālī und andere Schriften hervorheben. Hartmut Bobzin verfolgt das Bild der Stadt in verschiedenen Traditionen, vor allem im Koran; dazu gehören auch die „Nachtreise nach Jerusalem" oder die „Himmelsleiter". Besonders das Bild Jerusalems im Koran läßt auf vielfältige Formen des religiösen Lebens rückschließen.

Als muslimisches Pilgerziel galt der Felsendom; der Bau war im 7. Jahrhundert unter politischen Schwierigkeiten zur Zeit ʿAbdalmaliks erfolgt. Der Ort fungierte bald als eine Art Ersatz für die Mekkawallfahrt[117]. Im 11. Jahrhundert behielt Jerusalem seine religiöse Bedeutung für die muslimische Welt; es entwickelte sich sogar eine Literatur über die Vorzüge der Stadt. Dennoch ist zusammenfassend hervorzuheben, daß die Eroberung 1099 durch die Kreuzfahrer in der muslimischen Welt kaum als einschneidendes

---

[117] BOBZIN, oben 212-215. Vgl. weiterhin zur Hadsch außer der von Bobzin zitierten Literatur zur Praxis der Mekkafahrten von muslimischen Herrschern: Hannes MÖHRING, Mekkawallfahrten orientalischer und afrikanischer Herrscher im Mittelalter, Oriens 34 (1996), 314-329.

Ereignis angesehen wurden[118]. Dies lag auch daran, daß die Kreuzzüge, deren religiösen Charakter die muslimische Welt offensichtlich nicht erkannte, zunächst kaum als etwas prinzipiell anderes angesehen wurde als die kriegerischen Auseinandersetzungen mit den Byzantinern. Außerdem war Jerusalem in politischer Hinsicht zunächst eher lokal bedeutend. Vor diesem Hintergrund erscheint aufschlußreich, daß Ideen und Formen eines „Heiligen Krieges" erst etwa 40 Jahre später, seit der Zeit von 'Imād ad-Dīn Zangi (†1146) festzustellen sind. Eine weitere Intensivierung gedanklicher Konfrontationen ist gegen Ende des 12. Jahrhunderts erkennbar. Die neue Literaturgattung der Wasiti und Werke mit Hörervermerken von etwa 1187 deuten an, wie sich in der Zeit um den Dritten Kreuzzug gedanklich eine härtere Auseinandersetzung mit dem Christentum anbahnte[119]. Stellt man dieses letzte Ergebnis in den Zusammenhang mit den Befunden der anderen Beiträge wie zum Beispiel von Burgtorf zu den Ritterorden, so scheint nach dem Dritten Kreuzzug, am Ende des 12. Jahrhunderts, das Konfliktpotential in verschiedenen Bereichen zugenommen zu haben.

Wie steht es aber mit der christlichen Perspektive auf die neu eroberte Stadt, denn das Zusammenleben neuer sozialer Gruppen brachte nicht nur Konflikte, sondern förderte auch Kontakte, die Neues entstehen ließen. Als Beispiel stehe das Heilige Grab, ein Ziel aller Pilger und Kreuzritter. In Jerusalem unterstellte Gottfried von Bouillon schon kurz nach der Eroberung dem neuen Patriarchen Arnulf einige Kleriker, die sogenannten *canonici ecclesiae Dominici Sepulcri*. Diese Kanoniker[120] hatten den liturgischen Dienst am Heiligen Grab zu versehen. Die neue Liturgie war aber weder ausschließlich griechischer noch lateinischer Herkunft, sondern aus beiden Traditionen geschaffen worden[121].

---

[118] BOBZIN, oben 215.

[119] BOBZIN, oben 216f.

[120] Diese befolgten ab 1114 die *Vita communis* regulierter Kanoniker. Zu den Kanonikern von Heiligen Grab mehrfach grundlegend, zuletzt Kaspar ELM, Das Kapitel der regulierten Chorherren vom Heiligen Grab in Jerusalem, in: Militia Sancti Sepulcri: Idea e istituzioni, hg. v. DEMS. und Cosimo Damiano FONSECA (Hierosolimitana. Acta et Monumenta 1), Città del Vaticano 1998, 203-222 (mit weiterer Literatur; vgl. auch die weiteren Arbeiten in diesem Sammelband).

[121] Vgl. zur Zeit vom 4.-11. Jahrhundert John F. BALDOVIN, The Urban Character of Christian Worship. The Origins, Development, and Meaning of Stational Liturgy (Orientalia Christiana Analecta 228), Roma 1987, zusammenfassend 100-102; ebenfalls hauptsächlich zur frühen Zeit DERS., Liturgy in Ancient Jerusalem, Nottingham 1989; vgl. zur Kreuzfahrerzeit Kaspar ELM, Militia Sancti Sepulcri: Idea e istituzioni, in: Militia Sancti Sepulcri (wie Anm. 120), 13-22.

Neu definierten sich auch Begriffe und Konnotationen. Ist es Zufall, daß die Bezeichnung *terra sancta*, Heiliges Land, häufiger und mit veränderten Sinngehalten erscheint[122]? Wie steht es mit den Vorstellungen vom Heiligen Grab, das schon vor 1099 auch mit Nachbauten Teil einer breiten Jersualemfrömmigkeit war? Nach 1099 nahmen diese Tendenzen zu, wurden bestimmte Orte immer häufiger den neuen Sachwaltern, den Kanonikern vom Heiligen Grab, unterstellt. In Jerusalem selbst hatte man sehr schnell den sakralen Raum neu definiert, wie der Pilgerbericht Saewulfs von 1102 erkennen läßt. Vielen, auch bislang von Muslimen erbauten oder genutzten Gebäuden wurden alt- und neutestamentliche Episoden zu Recht oder Unrecht zugeschrieben. Fast alles, was Jesus im Tempel getan haben soll, wurde genauer verortet, biblische Ereignisse wurden auf konkrete Orte transferiert[123], es kam mithin zu einer neuen sakralen Vermessung.

Die Kreuzfahrer brachten im Westen lange vor 1099 entwickelte Jerusalemvorstellungen mit; ein ähnliches, aber doch in manchem verändertes Bild konnte in den *Orbis latinus* zurückkehren. Wichtige Multiplikatoren waren die Ritterorden. Sie personalisierten den mehrfach angesprochenen neuen Interpretationsrahmen, Rittertum und Religiosentum gingen eine neue Symbiose ein: Krankenpflege, Wegsicherung und sogar Waffendienst konnten nun als Gottesdienst gelten. Die Ritterorden, aber auch die Kanoniker vom Heiligen Grab, besaßen Jerusalem und das Heilige Grab als wichtigen Orientierungspunkt[124]. Aber schon bald konnte ihr Jerusalem überall sein. Ab 1120 läßt sich dies bei den Johannitern ebenso wie bei den Templern ver-

---

[122] Vgl. BAUER, Heiligkeit des Landes (wie Anm. 12).

[123] Als zum Beispiel Saewulf 1102 Jerusalem besuchte, schreibt er dem Felsendom und dem Ḥaram aš-Šarīf viele alt- und neutestamentliche Episoden zu, die sich dort ereignet haben sollen, vgl. Saewulf, in: Itinera Hierosolymitana crucesignatorum: saec. XII - XIII; textus latini cum versione italica, ed. Sabino DE SANDOLI (Studium Biblicum Franciscanum 2: Tempore regum Francorum), Jerusalem 1980, bes. 16f. Das *Templum Salomonis* war mit der Höhle unter der Felsen für das Allerheiligste auch der Ort, an dem Jakob die Himmelsleiter sah, vgl. Heribert BUSSE, Vom Felsendom zum Templum Domini, in: Das Heilige Land im Mittelalter (wie Anm. 70), 13-44, 22f. Weiterhin verknüpfte er neutestamentliche Vorgänge mit dem Tempel: Fast alles, was Jesus laut den biblischen Berichten im Tempel getan hatte, wurde nun mit diesem Ort verbunden.

[124] Nikolas JASPERT, Die Ritterorden und der Orden vom Heiligen Grab auf der Iberischen Halbinsel, in: Militia Sancti Sepulcri (wie Anm. 120), 381-410; vgl. auch die lokale Verortung der wichtigsten Häuser im Jerusalemer Stadtbereich, zu den verschiedenen Traditionen vgl. Franco CARDINI, Jerusalem, in: Pilgerziele der Christenheit, Jerusalem, Rom, Santiago de Compostela, hg. v. Paolo CAUCCI VON SAUCKEN (wie Anm. 57), 321-375, zum Jerusalem der Kreuzfahrer, 368-372.

folgen[125]. Die Ritterorden stritten bald auch im Westen des Mittelmeeres, sie wurden zu „Kreuzfahrern auf Dauer"[126], die dort aktiv wurden, wo ein neues Jerusalem in Gefahr war. Unter einem Meister hierarchisch gegliedert, mit einem großen Netz an Niederlassungen waren diese Gemeinschaften bald kleine, aber meist straff geführte, auch militärisch einsetzbare Kampftruppen. Kirchlich dem Papst und nicht der lokalen Hierarchie unterstellt, boten sie Möglichkeiten zu universaler und globaler Politik[127], deren Blick jedoch ganz unterschiedlich auf Jerusalem gerichtet blieb. Wie jüngst Giles Constable erneut hervorgehoben hat, konnten Mitglieder dieser Gemeinschaften neue Mischformen religiöser und gesellschaftlicher Lebensweisen besonders eindrücklich darstellen: Sie waren im Sinne früherer mittelalterlicher Systematisierungen weder ausschließlich Mönche, Kleriker oder Laien noch Beter, Kämpfer oder Bauern/Handwerker[128].

Mit den Neugestaltungen änderten sich Vorstellungen von Jerusalem und von dem in Besitz genommenen Land. Architektur und künstlerische Darstellungen sowie literarische Reflexe verdeutlichen, wie die neu eroberte Stadt und das „Heilige Land" ausstrahlten. Wenn Friedhöfe dem Kapitel vom Heiligen Grab unterstellt wurden, dann impliziert dies häufig die Vorstellung, daß man dort ähnlich wie in Jerusalem in geweihter Erde seine letzte Ruhestätte finden konnte[129].

Nikolas Jaspert untersucht mit Blick auf die Iberische Halbinsel, inwiefern Zentralbauten als Nachbildung der Grabeskirche und damit als Multiplikatoren einer Jerusalemverehrung angesehen werden können. Imitate sind als solche oftmals nur durch ein Referenzsystem erkennbar, setzen mithin ein überregionales Zeichensystem voraus. Unter diesen Voraussetzungen bieten sich Anknüpfungspunkte, um Aspekte des Kulturtransfers zu studieren. Da unter anderem Pilger mehrfach Pläne von der Grabeskirche anfertigten, wie

---

[125] J. RILEY SMITH, Johanniter, in: Lex MA V (1991), 614.

[126] HEHL, Was ist eigentlich ein Kreuzzug (wie Anm. 11), 326.

[127] Sieht man diese globale Struktur allein unter dem Aspekt der Kommunikation, die in Einzelfällen von Jerusalem bis nach Spanien reichte, vgl. Klaus HERBERS, Las órdenes militares ¿lazo espiritual entre Tierra Santa, Roma y la Peninsula Ibérica? El ejemplo de la Orden de Santiago, in: Santiago, Roma, Jerusalen. Actas del III Congreso Internacional de Estudios Jacobeos, hg. v. Paolo CAUCCI VON SAUCKEN (Santiago de Compostela 1999), 161-173 sowie Nikolas JASPERT, Frühformen der geistlichen Ritterorden und die Kreuzzugsbewegung (wie Anm. 78), 90-116.

[128] Giles CONSTABLE, The Place of the Crusader in Medieval Society, Viator 29 (1998), 377-403, bes. 377f.

[129] JASPERT, oben 219-270.

das bekannte Beispiel des Adamnanus belegt[130], untersucht Jaspert exemplarisch Rundkirchen und Heiligkreuzreliquiare und interpretiert sie als Indizien für Transfer- und Transformationsprozesse.

Rundkirchen werden traditionell dem Ritterorden der Templer zugeordnet oder mit deren Einfluß verbunden. Ein Blick auf die Beispiele el Sant Sepulcre d'Olèrdola (Katalonien), la Vera Cruz (Kastilien) und Torres del Río (Navarra) führt Jaspert gegen Bresc-Bautier und andere zu dem Ergebnis, daß die Kanoniker vom Heiligen Grab im Hochmittelalter keine uns bekannten Rundkirchen als Nachbildungen des Heiligen Grabes errichteten[131]. Da die Bauherren, Initiatoren oder Stifter meist Laien waren, sei eher zu vermuten, daß vielleicht Jerusalempilger die Anregungen zu Imitationen des Heiligen Grabes mit nach Westen brachten und so als Träger eines Kulturtransfers angesehen werden könnten.

Ähnliches gilt häufig für Reliquien, welche die Teilhabe am Heiligen unterstreichen. Für den hier verfolgten Zusammenhang sind Heiligkreuzreliquien[132] besonders aussagekräftig. Die im katalonischen Anglesola verehrte Reliquie untersucht Jaspert exemplarisch als neuen und wichtigen Identitätsträger. Bedeutende Orte für die Weitergabe dieser Reliquien lagen in Konstantinopel und in Palästina. Bis zur Niederlage der Lateiner von 1187 bei Hattin und dem damit verbundenen Verlust Jerusalems diente die Kreuzesreliquie als wichtiger Bezugspunkt des jungen Königreichs Jersusalem, doch nach 1187 erfolgte die Verteilung von Heiligkreuzreliquien verstärkt in Konstantinopel. Nach 1204 und der Begründung des sogenannten Lateinischen Kaiserreiches erreichte eine weitere Anzahl von Heiligkreuzreliquien den Westen. Die in Anglesola verehrte Reliquie läßt sich in die Nähe zu einer Gruppe von Kostbarkeiten rücken, die zur Mitte des 12. Jahrhunderts in Jerusalem geschaffen wurden, denn das Reliquiar wurde wie einige andere noch nachweisbare Exemplare mit dem gleichen Stempel hergestellt. Die Frage nach möglichen Übermittlern verweist in diesem Fall in der Tat auf die Kanoniker vom Heiligen Grab, die durch das Geschlecht von Anglesola gefördert wurden[133]. Dürften mithin vielleicht Kanoniker vom Heiligen Grab

---

[130] Adamnanus, De locis sanctis, in: Itinera Hierosolymitana (Corpus scriptorum ecclesiasticorum latinorum 39), ed. Paul GEYER, Wien 1897, 221-297. Vgl. die Zeichnungen bei John WILKINSON, Jerusalem Pilgrims before the Crusades, Warminster 1977, 103-197, Abb. 1-6.

[131] JASPERT, oben 227.

[132] Grundlegend hierzu Anatole FROLOW, La relique de la Vraie Croix. Recherches sur le développement d'un culte (Archives de l'Orient Chrétien 7), Paris 1961.

[133] JASPERT, oben 247-270.

die Reliquie nach Katalonien gebracht haben, Trinitarier anschließend die Pflege des Kultes übernommen haben, so deutet die noch heute tradierte mythische Geschichte von der himmlischen Herkunft der Reliquie darauf, welch große Bedeutung ihr schon bald nach ihrer Ankunft zugemessen wurde.

Blieben die neuen Evokationen Jerusalems und des Heiligen Grabes auf Bauten und Objekte beschränkt? Wie sahen Karto- oder Historiographen die Stellung der Stadt im Vergleich mit anderen Orten? Eine Karte des 12. Jahrhunderts zeigt Rom und Jerusalem: Jerusalem liegt entsprechend der biblischen Tradition von Ezechiel (5,5) im Mittelpunkt der Darstellung. Galt aber diese Orientierung auf Jerusalem durchgehend? Weltkarten verschränkten vielfach Makro- und Mikrokosmos, waren mithin „Konstruktionen eines universalen Geschichts- und Weltmodells", wie Ingrid Baumgärtner in einem umfassenden Überblick hervorhebt[134]. Trotz dieser Grundvoraussetzung gab es im einzelnen zahlreiche Darstellungsmöglichkeiten; die Verfasserin benennt vier Schichten, die sich teilweise überlagerten.

Jerusalem als *umbilicus mundi*[135] oder ähnlich zu bezeichnen, war im frühen und hohen Mittelalter häufig, blieb aber zunächst theoretisch und wurde in der Kartographie nicht umgesetzt[136]. Die sogenannte Isidorkarte von 775-776 hebt Jerusalem durch einen achtstrahligen Stern besonders hervor. Gegen die gängige Meinung, schon seit den frühesten Entwürfen habe Jerusalem im Zentrum der Karten gelegen, weist Baumgärtner nach, daß frühmittelalterliche geographische Skizzen, darunter auch die meisten sogenannten „Beatuskarten", nicht Jerusalem, sondern eher die Ägäis in den Mittelpunkt rückten[137]. Ein zweiter Typ der Beatuskarten[138] reduzierte die Akzentuierung Jerusalems weiter, indem hier der Ort unterhalb des

---

[134] BAUMGÄRTNER, oben 273.

[135] So auch bei Robert dem Mönch im Bericht über den Kreuzzugsaufruf, vgl. oben 439. Vgl. auch den vom Titel programmatischen Sammelband der Arbeiten von Kaspar ELM, Umbilicus mundi. Beiträge zur Geschichte Jerusalems, der Kreuzzüge, des Ordens der regulierten Chorherren vom Heiligen Grab und der Ritterorden, Brugge 1998.

[136] BAUMGÄRTNER, oben 276.

[137] Ein erster, religiöser Typus positioniert die Hl. Stadt im Norden der Ägäis, vgl. BAUMGÄRTNER, oben 283. – Zu den Beatuskarten grundlegend das Tafelwerk von John WILLIAMS, The Illustrated Beatus. A Corpus of the Illustrations of the Commentary on the Apocalypse, bisher drei Bände, London 1994-1998 (die Untersuchungen und Abbildungen werden hier bis ins 11. Jahrhundert geführt; Band 4 und 5 sind dem 11-13. Jahrhundert vorbehalten).

[138] BAUMGÄRTNER, oben 285.

Paradieses und anderer Städte eingetragen wurde. Beatuskarten zeigen durchaus individuelle Akzente; teilweise wurden sogar Orte erst nach den Kreuzzügen nachgetragen. Die fehlende Zentralität Jerusalems hatte zuweilen praktische Gründe: Sofern die kartographische Darstellung in einer Handschrift eine Doppelseite einnahm, wollte man den Ort nicht im Bug der Handschrift verschwinden lassen. Insgesamt ruhten die Kartenmittelpunkte meist im östlichen Mittelmeer, weder Rom noch Jerusalem waren durchgehend bestimmend. Zwar fehlte die Heilige Stadt auf fast keiner der frühmittelalterlichen Karten, trotzdem gab es eine größere Variationsbreite als bisher gemeinhin angenommen.

Seit wann sind nun, so eine für den vorliegenden Band zentrale Frage, Auswirkungen der Kreuzzüge auf die kartographische Verortung Jerusalems feststellbar? Anhand der Karten von Pisa, Oxford, Ebstorf und Hereford zeigt die Verfasserin eine im ausgehenden 12. Jahrhundert zunehmende Zentrierung der Karten auf Jerusalem, die jedoch selbst im 13. Jahrhundert noch nicht durchweg üblich war[139], selbst Pilgerberichte verorteten Jerusalem nicht immer und nicht eindeutig im Zentrum. Etwa zur gleichen Zeit wird Jerusalem außerdem im Kontext Palästinas dargestellt. Als geometrische Formen dienten oft Kreis und Quadrat, zum geläufigen Kartenbild wurde häufig ein schematisches Idealbild der Stadt hinzugefügt. Der Jerusalem-Plan aus Cambrai legt nahe, daß der Zeichner wohl in Jerusalem gewesen sein mußte[140]. Trotzdem überwogen weiterhin idealtypische Darstellungen, zum Beispiel Situs-Konstrukte und kreisförmige Pläne. Realistischer wurde Jerusalem erst in den Portolankarten oder vergleichbaren Entwürfen ab 1320 dargestellt. Baumgärtner unterstreicht, daß der durchschlagende Wechsel in der graphischen Darstellung Jerusalems in dem intentionalen Überlieferungszusammenhang mit der auf Jerusalem zentrierten Weltkarte liege[141]. Damit enthalten die Kartenbilder eine verdeckte Aufforderung zur erneuten Eroberung der Stadt. Die Vorlage lieferte vielleicht der Dominikaner Burchard von Monte Sion. Es kam zu einer Verbindung von Situs, Weltkarte und Regionalkarte. Mithin verdeutlichen geometrische Formen wie Kreis und Quadrat bei Situskarten, weiterhin Regionalkarten und einige Weltkarten seit

---

[139] BAUMGÄRTNER, oben 311-322.
[140] Dies im Anschluß an Ludwig H. HEYDENREICH, Ein Jerusalemplan aus der Zeit der Kreuzfahrer, in: Miscellanea pro arte. Festschrift für Hermann Schnitzler zur Vollendung des 60. Lebensjahres am 13. Januar 1965 (Schriften des Pro Arte Medii Aevi 1), Düsseldorf 1965, 83-91, vgl. BAUMGÄRTNER, oben 313.
[141] BAUMGÄRTNER, oben 317-319.

dem 12.-13. Jahrhundert eine verstärkte, religiös oder politisch motivierte Jerusalemsehnsucht[142].

Erst im ausgehenden Mittelalter dominiert eine Zentrierung des Kartenbildes in Jerusalem oder im Mittelmeer, jedoch blieben beide Varianten in Gebrauch. Mit der Neuentdeckung des Ptolemäus und mit den portugiesischen Entdeckungsfahrten geriet in Kartenbildern mit größerer Detailgenauigkeit die Abbildung Jerusalems oft sogar außerhalb des Gesichtsfeldes[143]. Jerusalem verdeutlichte mithin in der kartographischen Darstellung unterschiedliche Akzente. Auffällig bleibt jedoch – und hier treffen sich Baumgärtners Ergebnisse mit denen von Bobzin und Burgtorf –, daß Jerusalem besonders ins Zentrum rückte, nachdem es den Christen nach 1187 wieder verloren gegangen war.

Trifft eine solche Einschätzung auch für die literarischen Werke zu? Wie verarbeiteten diese die Erfahrungen von 1099? Exemplarisch steht im Band die Befragung von mittellateinischen, deutschen und humanistisch-lateinischen Werken.

Peter-Christian Jacobsen sichtet die reiche mittellateinische Literatur des 12. Jahrhunderts. Lieder von historischen Ereignissen wurden bis in die Kreuzzugszeit nur vereinzelt überliefert. Dennoch lohnt es, nach den Spuren in mittellateinischen Dichtungen zu suchen. Auffällig ist eine Zunahme dieser Texte ab 1187-1192. Lieder zum Dritten Kreuzzug sind in drei großen Sammlungen überliefert, die teilweise sogar musikalisch faßbar werden[144]. Der Verfasser sichtet jedoch zunächst Dichtungen zu den Ereignissen von 1099, die selten metrisch verarbeitet wurden, obwohl Guibert von Nogent sogar dazu gedrängt wurde. Radulf von Caen folgte dem poetischen Drang mit seinen 'Gesta Tancredi' schon eher. Später wurde stärker versifiziert, so schrieb Metellus von Tegernsee um 1160 die Kreuzzugsgeschichte Roberts des Mönches in Versen auf[145]. Intensiviert wurde der Blick auf Jerusalem aber vor allem nach dem Verlust: Als 1187 auch die Stadt verloren war, beklagte man dies, und die Rückeroberung wurde als Ziel eindringlicher als je zuvor beschworen. Den bisherigen Zeugnissen fügt der Verfasser ein weiteres aus dieser Zeit hinzu und bietet es im Druck[146]. Der erneute Blick auf

---

[142] BAUMGÄRTNER, oben 320.

[143] Lediglich Prachtausfertigungen wie der 1375 datierbare Katalanische Weltatlas machten eine Ausnahme.

[144] JACOBSEN, oben 338.

[145] JACOBSEN, oben 341.

[146] JACOBSEN, oben 359f.

Jerusalem läßt zugleich aufkommende Zweifel an den Kräften erkennen: Der Text strahlt keine Siegesgewißheit mehr aus, es bleibt nur der Märtyrertod als Aussicht. War damit das Zeitalter des Königreiches und der Stadt Jerusalem auch bei den Dichtern aufgegeben?

Hartmut Kugler geht zunächst von der grundsätzlichen Vorstellung aus, Jerusalem habe bei mittelalterlichen Autoren als Mittelpunkt der Erde gegolten. War der Ort nach der Eroberung auch für die epische Dichtung suggestiver geworden? Der Verfasser sichtet exemplarisch Wolfram, Albrecht, 'Herzog Ernst (B)' und 'Reinfried'. Alle hätten in ihren Texten Jerusalem in den Mittelpunkt rücken können, aber der Ort blieb in den Texten allenfalls am Rande präsent, war eigentlich eine „Leerstelle". Im 'Reinfried' ist die Jerusalemepisode eher marginal, was bereits an deren Länge feststellbar ist. Wolframs 'Parzival' schlägt den Bogen der Ost-West-Reisen, ohne ein einziges Mal Jerusalem zu erwähnen. Ähnlich geschieht dies im 'Jüngeren Titurel'. War die Gralswelt universaler konzipiert, und verzichtete sie auf zentrierende Positionen wie eine Heilige Stadt? Bei Albrecht im 'Jüngeren Titurel' wird der Gral zwar als Abendmahlskelch identifiziert, dennoch erfolgt keine nähere Anbindung an das Heilige Land. Dem Werk vom 'Herzog Ernst' diente 'Reinfried' als Vorbild. Nach einem Sturm landeten die Abenteurer in einer anderen Welt. Das Reiseziel Heiliges Land wird zu einer abstrakten Größe[147], nur pflichtschuldigst wird Jerusalem einbezogen. Eher als der Ort ist das „Heilige Land" als Umschlagplatz für die Wunder des Orients zu fassen. Der Text des Herzog Ernst scheint zwar näher am gelehrten Bild der *Mappae Mundi*, aber eigentlich konstituiert sich die Handlung eher dadurch, daß der Held des Werkes gerade nicht nach Jerusalem gefahren ist.

Resümierend stellt Kugler fest[148], daß die Orientierung der besprochenen Dichtungen weiter östlich liege, Jerusalem allenfalls als „Zwischenstation" gedient habe. Worin die Gründe hierfür zu suchen sind, bleibt fraglich. Stand eine „notion savante" der „notion populaire" entgegen? Waren es antirömische Akzente, die Jerusalem ins Abseits treten ließen, wie sich auch der Deutsche Orden sein neues Jerusalem zum Heidenkampf neben Palästina weit weg von römischen Einflüssen im nordöstlichen Pruzzenland suchte? Waren vielleicht, drittens, erzähleпische Gründe entscheidend und gewisse Orte wie Jerusalem durch die Bibel und anderes besetzt, und somit hier kein weiterer Platz frei neben den räumlich festgelegten drei klassischen

---

[147] KUGLER, oben 418.
[148] KUGLER, oben 420-422.

„Matières", die „Matière de Bretagne", „Matière de France" und „Matière de Rome"[149]? Welchen Grund auch immer man das größte Gewicht einräumt, die mittelhochdeutsche Epik scheint Jerusalem wenig Aufmerksamkeit geschenkt zu haben.

Es wäre reizvoll, diesen Befund aus der mittelhochdeutschen Literatur mit Studien zu den romanischen Literaturen zu kontrastieren. Die Traditionen um Karl den Großen bezogen seit der späten Karolingerzeit auch eine Orientierung zum Vorderen Orient ein und kennzeichnen Karl nicht nur in der sogenannten 'Descriptio' als Orientfahrer und Reliquiensammler[150], sondern auch die Karlsepik verwies durchaus mehrfach auf die Stadt Jerusalem, wie die 'Pèlerinage de Charlemagne' sicher am eindrücklichsten belegt[151].

Weniger Jerusalem als vor allem die Rede und den Aufruf Urbans II. zum Ersten Kreuzzug hatten lateinisch schreibende Humanisten im Blick, die Peter Orth vorstellt. Anlaß für das große humanistische Interesse waren wohl der Fall Konstantinopels 1453 und die damit empfundene Türkenbedrohung[152]. Ein wichtiges und frühes Echo verdanken wir Enea Silvio Piccolomini mit einer appellierenden Rede an den Papst. Die Denk- und Redefiguren einschlägiger Briefe evozierten Motive früherer Kreuzzüge seit Karl dem Großen, sie wurden in Ansprachen aufgegriffen. Die meisten Texte lassen Anleihen bei den Kreuzpredigten des 11. und 12. Jahrhunderts vermuten. Mit dem Verweis auf frühere Personen unterstrich Enea später als Papst Pius II., wie sehr er ein zweites Clermont herbeisehnte. Quelle für manche dieser Passagen könnte auf den ersten Blick der Bericht Roberts des Mönches über die Rede Urbans II. gewesen sein. Wahrscheinlicher standen jedoch – so Orths Ergebnis – die 'Dekaden' des Flavio Biondo bei vielen Texten Pate. Biondo thematisiert in seinen ersten beiden Dekaden den Ersten

---

[149]Jean Bodel, Chanson des Saisnes, Vers 7; Jean Bodels Saxenlied. Unter Zugrundelegung der Turiner Handschrift, hg. v. Fritz MENZEL und Edmund STENGEL, Bd. I, Marburg 1906, 29, vgl. KUGLER, oben 421f.

[150] Vgl. hierzu zusammenfassend Klaus HERBERS, Die Aachener Marienschrein-Reliquien und ihre karolingische Tradition, in: Der Aachener Marienschrein – eine Festschrift, hg. v. Dieter WYNANDS, Aachen 2000, 129-134.

[151] Vgl. Jules HORRENT, Le pèlerinage de Charlemagne: essai d'explication littéraire avec des notes de critique textuelle (Faculté de Philosophie et Lettres: Bibliothèque de la Faculté de Philosophie et Lettres de l'Université de Liège 158), Paris 1961.

[152] Vgl. hierzu den Sammelband von Franz-Reiner ERKENS, Europa und die osmanische Expansion im ausgehenden Mittelalter (Zeitschrift für Historische Forschung Beiheft 20), Berlin 1997 sowie: Europa und die Türken in der Renaissance, hg. v. Bodo GUTHMÜLLER und Wilhelm KÜHLMANN (Frühe Neuzeit 54), Tübingen 2000.

Kreuzzug sehr ausführlich und inszeniert Urbans Auftritt dramatischer als Robert. Das Byzantinische Reich und Konstantinopel bedeuteten das letzte Bollwerk gegen die Muslime[153].

Zwar basiert der Kreuzzugstraktat Thomas Ebendorfers in Teilen auf Robert, die Darstellung des Dritten Kreuzzuges auf der Kurzfassung des 'Itinerarium peregrinorum'[154]. Ansonsten kann Peter Orth aber immer wieder Biondo als Vorlage nachweisen. Auch Sebastian Brant schöpfte 1495 – anders als die bisherige Forschung bisher annahm – aus Biondos Dekaden, ebenso wie 1596 Nikolaus Reusner Biondo benutzte, teilweise vermittelt durch Nauclerus, während Marcus Antonius Sabellicus die Vorlagen Biondos weitgehend umarbeitete[155]. Die einzige monographische Darstellung von Benedetto Accoltis bediente sich der Texte von Robert dem Mönch und Wilhelm von Tyrus sowie desjenigen Sanudos, fügte jedoch Eigenständiges hinzu. Paolo Emili führte wohl Biondos und Accoltis Darstellungen zusammen, bei der Rede Urbans mag Kenntnis der Redeform bei Robert dem Mönch mitgespielt haben. Der Erste Kreuzzug und Urbans Rede werden bei Perotus und Pietro de la Barga sowie im Fragment von Cattaneo thematisiert. Die 'Lotareis' des Perotus, aus der Zeit der französischen Religionskriege, richtet sich an die Fürsten von Lothringen. Aus diesem bislang nicht erschlossenen Text, der als Gesamtheit ein Torso blieb, publiziert Orth Passagen zu Papst Urbans Rede in der Appendix. Pietro Angeli da Barga konsultierte für sein Werk 'Syrias' eine Vielzahl historiographischer Werke des Mittelalters und der Neuzeit. Von den drei Vorreden richtet sich eine an den Kardinal Ferdinand de Medici.

Als Fazit des weitgespannten Überblicks kann festgehalten werden, daß vor allem die Türkengefahr dazu führte, Papst Urban II. und den Ersten Kreuzzug als Exemplum und Vorbild zu evozieren und mit aktuellen Bezügen zu verweben. Biondos 'Dekaden' waren hierbei, wie bisher nicht erkannt, an vielen zentralen Stellen prägend[156].

Als Sujet der Literatur und Musik erscheint Jerusalem in den verschiedensten Facetten. Lateinische Dichtungen und Heldenlieder lieferten die Vorlagen bis hin zur Oper, man denke an den Zyklus um Gottfried von Bouillon, die Gestalt des Schwanenritters und Lohengrin, an die 'Chanson de la con-

---

[153] ORTH, oben 367-372.

[154] Itinerarium peregrinorum, ed. Hans Eberhard MAYER (MGH Schriften 18), Stuttgart 1962; vgl. hierzu MÖHRING, Kreuzzug und Dschihad (wie Anm. 44), 382f. Vgl. ORTH, oben 377.

[155] ORTH, oben 381.

[156] ORTH, oben 399, Text der 'Lotareis' 400-405.

quête de Jerusalem'[157]. Die bunte Vielfalt des Orients und das Abenteuer des Heidenkampfes bestimmten zunehmend die Themen. Wurde dadurch zuweilen ein gewisses Eigenbewußtsein, ja sogar ein Überlegenheitsgefühl der westlichen, der lateinischen Europäer gefördert[158]? In der Literatur galt nicht nur die Überlegenheit, sondern man entdeckte sogar bald so etwas wie einen „edlen Heiden", für den ein ähnlicher Ehrencodex wie für den christlichen Ritter galt. Zuweilen blieb jedoch die bunte Welt des Orients vor allem eine Gegenwelt. Dabei bleibt offen, ob Jerusalem in diesen Geschichten noch vorkommt, und mit welcher Konnotation es in der Literatur erscheint, die sich über humanistische Texte bis hin in unsere Zeit weiter verfolgen ließen.

Die Beiträge zu Wirkungen und Vergegenwärtigungen, die Evokationen und Zitate – dies belegen mehrere Aufsätze – nahmen vor allem zu der Zeit zu, als die Stadt Jerusalem für die Christen schon wieder verloren war. Jerusalem wurde multipliziert, exportiert und förderte neue Assoziationen. Eine weitere Sichtung der zunehmenden Übertragungen von Reliquien, nicht nur in den exemplarisch vorgestellten Fällen, könnte auf Orte und Handelszentren in Italien verweisen und belegen, wie vielfältig Bindungen nun verstärkt zwischen Orient und Okzident aufgebaut wurden. Wie konnte man aber nach 1187, nachdem Jerusalem von den Muslimen zurückerobert worden war, das „Bedürfnis" nach Jerusalem und dem Heiligen Land erfüllen? Nicht nur Übertragungen von Reliquien, von literarischen oder kartographischen Darstellungen unterstützten die vorhandenen Sehnsüchte. Auch das liturgische Verständnis konnte helfen. War nicht der ferne Kalvarienberg in Palästina auf jedem Altar präsent, wo die Transsubstantiation das Opfer Christi erneuerte? Zahlreiche eucharistische Wunder schufen in Europa neue Reliquien des Blutes Christi, das aus geweihten Hostien heraustropfte. Während das wirkliche, das historische Jerusalem verloren ging, war man im Westen nun zunehmend in der Lage, heilige Bilder von der Zeit des Evangeliums hervorzurufen, ja sogar durch Aktualisierung oder Imitation zu neuen Modellen des Glaubens zu kommen. Durch die Verehrung des Franz

---

[157] Der bei der Ringvorlesung gehaltene Vortrag von Ulrich Wyss zu Jerusalem als Sujet der Oper konnte dies mit eindrucksvollen Klangbeispielen dokumentieren.

[158] Thomas TOMASEK und Helmuth G. WALTHER, *Gens consilio et sciencia caret ita, ut non eos racionabilis extimem*. Überlegenheitsgefühl als Grundlage politischer Konzepte und literarischer Strategien der Abendländer bei der Auseinandersetzung mit der Welt des Orients, in: Die Begegnung des Westens mit dem Osten: Kongreßakten des 4. Symposions des Mediävistenverbandes in Köln 1991 aus Anlaß des 1000. Todesjahres der Kaiserin Theophanu, hg. v. Odilo ENGELS und Peter SCHREINER, Sigmaringen 1993, 243-272 sowie Friedrich WOLFZETTEL, Die Entdeckung des „Anderen" aus dem Geist der Kreuzzüge, ebd., 273-295.

von Assisi, des *alter Christus* in der Darstellung seiner Schüler, sollte etwa ein neues, seraphisches „Heiliges Land" in Umbrien und der Toskana entstehen, das symbolische Projektionen erlaubte, die aus Assisi ein neues Bethlehem oder aus dem Monte della Verna einen zweiten Kalvarienberg machten. Pietro di Giovanni Olivi trieb diese Überlagerung bis zum Äußersten, indem er einen Ablaß *ad instar Sancti Sepulchri* einrichtete, zu erlangen an der Wiege der apostolischen Gemeinschaft der Franziskaner: der Porziuncula[159].

Die päpstliche *plenitudo potestatis* entwickelte sich gegen Ende des 13. Jahrhunderts zu einem starken, theokratischen Machtinstrument der Päpste. Dies war erst durch eine Gleichstellung von *peregrinatio* und Kreuzzug möglich. Nun konnten die Pilger in *partibus fidelium* jenen – bewaffneten oder unbewaffneten – *in partibus infidelium* gleichgestellt werden und in den Genuß der spirituellen Privilegien kommen, die traditionell denjenigen vorbehalten gewesen waren, die sich mit der *crux super vestem* zur Verteidigung des Glaubens überall dort verpflichtet hatten, wo – sei es im Westen, sei es im Osten – die Kirche ihre Feinde ausgemacht hatte. Einige Vorläufer, wie das erwähnte Ablaßprivileg für Assisi, mehr aber noch dasjenige, welches Coelestin V. 1294 der Kirche S. Maria di Collemaggio in L'Aquila verlieh[160], verdeutlichen diese Tendenz zur Einführung des „neuen" Phänomens eines vollständigen Ablasses als Gegenleistung für eine Pilgerreise, die ausschließlich im Westen stattgefunden hatte. Rom trat in die Spuren Jerusalems: Der Petersdom wurde in manchen päpstlichen Vorstellungen des 13. Jahrhunderts zum himmlischen Jerusalem. Nur dort konnte man auch in der „Veronica nostra", wie Dante ihrer gedenkt[161], das wirkliche Antlitz Christi betrachten.Die Konzentration von „Heiligkeit" auf die Kirche des Papstes fand im Pontifikat Bonifaz' VIII. einen vorläufigen Höhepunkt. Vom riesigen Andrang der Pilger und deren immer größeren Erwartungen unter Druck gesetzt, stellte der Papst in Form einer *concessio* die Rompilger des Jahres 1300 den Teilnehmern der zahlreichen Kreuzzüge gleich[162]. Wie

---

[159] Allgemein zu dieser Form von Ablässen, aber mit Schwerpunkt auf dem 14.-15. Jahrhundert: Karlheinz FRANKL, Papstschisma und Frömmigkeit, Römische Quartalschrift 72 (1977), 57-124 und 184-247, der schon seit dem Zweiten Kreuzzug eine gewisse Lockerung der Bindung des Ablasses an das Heilige Land feststellt (68).

[160] Vgl. August POTTHAST, Regesta Pontificium Romanorum, 2 Bde., Berlin 1874, Nr. 23981; vgl. zur Sache Peter HERDE, Cölestin V. (1294) (Peter von Morrone). Der Engelpapst (Päpste und Papsttum 16), Stuttgart 1981, 110.

[161] Dante, Paradiso 31, 103-108. Wahrscheinlich hat Dante das Schweißtuch 1300 gesehen.

[162] Zum Heiligen Jahr 1300 und zur Bedeutung des Ablasses, vgl. zusammenfassend Enno

selten zuvor unterstrich dies die päpstliche Theokratie, war aber zugleich der Anfang ihres Niedergangs[163].

Damit schließt sich ein Kreis: Hatte noch Papst Urban II. mit seinen Vorstellungen die Christenheit und vor allem den Osten in seine Vorstellungen einbezogen, so erreichte Jerusalem nun die Gedankenwelt und die Begründungen der Päpste. Trotz der Erweiterung des geographischen Weltbildes kam es zu dieser Entwicklung. In welchem Maße trugen Eroberung und Verlust Jerusalems dazu bei, die römische Hierokratie auszubilden, bei der Jerusalem vor allem in römische Vorstellungen integriert wurde? War hierzu erst Eroberung und erneuter Verlust der Stadt notwendig? Während die Hoffnung auf eine tatsächliche Rückeroberung des Heiligen Landes mit dem wachsenden Bewußtsein schwand, daß man den nötigen militärischen Aufwand nicht leisten konnte, traten an die Stelle des militärischen Kampfes weiterhin die Ideale der Missionare. Sie brachen unter anderem zu neuen Horizonten auf, die sich dem Westen durch die Eroberungen der Mongolen eröffnet hatten[164]. Das geistliche wie das geistige Klima änderte sich, ebenso die politischen wie die wirtschaftlichen Verhältnisse, und das ferne Jerusa-

BÜNZ, Das Jahr 1300. Papst Bonifaz VIII., die Christenheit und das erste Jubeljahr, in: Der Tag X in der Geschichte. Erwartungen und Enttäuschungen seit tausend Jahren, hg. v. Enno BÜNZ, Rainer GRIES und Frank MÖLLER, Stuttgart 1997, 50-78 und 341-345; zum Ablaß bes. 73. Nicht von ungefähr zählt zu den ersten Handlungen Bonifaz' VIII. als Papst die Aufhebung des Ablasses von Collemaggio, der durch den sofortigen Erfolg, den er gehabt hatte und – anders als der Assisi-Ablaß, den Bonifaz bestätigte – ungewöhnlich war, vgl. HERDE, Cölestin V. (wie Anm. 160).

[163] Vgl. hierzu Anna BENVENUTI, Rom, in: Pilgerziele der Christenheit, hg. v. CAUCCI VON SAUCKEN (wie Anm. 57), 259-292.

[164] Folker REICHERT, Begegnungen mit China. Die Entdeckung Ostasiens im Mittelalter (Beiträge zur Geschichte und Quellenkunde des Mittelalters 15), Sigmaringen 1992; Felicitas SCHMIEDER, Europa und die Fremden. Die Mongolen im Urteil des Abendlandes vom 13. bis in das 15. Jahrhundert (Beiträge zur Geschichte und Quellenkunde des Mittelalters 16), Sigmaringen 1994 und als Quellentext Johannes von Plano Carpini; Kunde von den Mongolen,1245-1247, hg. v. Felicitas SCHMIEDER (Fremde Kulturen in alten Berichten 3), Sigmaringen 1997. – Zu Lullus und dessen Missionsideen: Benjamin Z. KEDAR, Crusade and Mission. European Approaches toward the Muslims, Princeton 1984, 190-192, der mit einer gewissen Berechtigung die vielfältigen, teilweise widersprüchlichen Positionen von Raymundus Lullus hervorhebt. Vgl. auch Tomas TOMASEK und Helmut G. WALTHER, Gens consilio et sciencia caret (wie Anm. 158), 246f. zu Roger Bacon und Lullus; zu Arabisch-Studien als Voraussetzungen für weitere Auseinandersetzungen mit den Muslimen: Klaus HERBERS, Wissenskontakte und Wissensvermittlung in Spanien im 12. und 13. Jahrhundert: Sprache, Verbreitung und Reaktionen, in: Artes im Mittelalter, hg. v. Ursula SCHAEFER Berlin 1999, 232-248, bes. 241.

lem in Palästina wurde wieder eher zum Objekt der Sehnsucht im Denken der Christen, besonders als 1291 mit dem Fall von Akkon auch die letzte Hoffnung auf eine Herrschaft des Westens über die heiligen Stätten zunichte gemacht wurde.

V. Ergebnisse und offene Fragen

Welche Ergebnisse und offenen Fragen sind abschließend festzuhalten? Will man sowohl die Ergebnisse zu Konflikten und deren Bewältigung im Heiligen Land als auch die Folgen von Vergegenwärtigungen Jerusalems zusammenfassend würdigen, so bietet sich die Kategorie des kulturellen Transfers an. Dadurch ergeben sich jedoch nicht nur klare Ergebnisse, sondern gleichzeitig neue Fragen. Der Terminus und das Forschungsgebiet „Kulturtransfer" wurden vor gut fünfzehn Jahren vom Göttinger Max-Planck-Institut für Geschichte und dem Pariser Centre National de Recherche zur Untersuchung des deutsch-französischen Kulturtransfers im 18. und 19. Jahrhundert erstmals eingeführt[165]. Wanderungsbewegungen bestimmter Bücher oder Menschen standen im Zentrum; die Frage, welche Spuren beim Wechsel von einem in ein anderes kulturelles System hinterlassen wurden, erhielt besonderes Gewicht. Wechsel ist demnach erst dann von Belang, wenn eine individuelle Transferleistung Systemrelevanz gewinnt. Umdeutungen, Funktionswechsel, Mißverständnisse und anderes sind zentrale Themen einer solchen Kulturtransferforschung. Es geht es vor allem um den Prozeß der Übertragung selbst, um Verlaufsformen und Bedingungen von Kulturimporten und -exporten, besonders um Träger und Medien des Transfers. Nicht für die Neuzeit, sondern für die mittelalterliche Welt werden Fragen des Kulturtransfers[166] in Erlangen schwerpunktmäßig bearbeitet.

---

[165] Michel ESPAGNE und Michael WERNER, Deutsch-französischer Kulturtransfer im 18. und 19. Jahrhundert. Zu einem interdisziplinärem Forschungsprogramm des C. N. R. S., Francia 13 (1985), 502-510. Vgl. DIES., La construction d'une référence culturelle allemande en France. Genèse et histoire, Annales 42 (1987), 969-992; Inzwischen liegt für das 18./19. Jahrhundert ein Sammelband vor: Kulturtransfer im Epochenumbruch. Frankreich-Deutschland 1770-1815, hg. von Hans Jürgen LÜSEBRINK und Rolf REICHARDT, zusammen mit Annette KEILHAUER und René NOHR (Deutsch-Französische Kulturbibliothek Band 9/1-2), Leipzig 1997 mit zahlreichen Einzelbeiträgen.

[166] Vgl. Graduiertenkolleg 516: Kulturtransfer im Mittelalter.

Könnten verschiedene der angesprochenen Konfliktfelder mit dem Import von Menschen, Institutionen und Vorstellungen mittelbar zusammenhängen? Welche Personen waren die Träger dieses Prozesses, wie bildeten sich neue Klientelverhältnisse unter den Einwanderern? Warum wurden Kleriker über mehrere Generationen aus Mittel- und Westeuropa importiert und gleichzeitig einheimischen nachwachsenden römisch-katholischen Klerikern Entfaltungsmöglichkeiten beschnitten? Lag es nur daran, daß es zu wenig Bildungseinrichtungen im Osten gab, blieb der Osten ein zu beliebtes Sprungbrett für Kleriker-Karrieren? Warum setzten sich sogar, wie archäologische Untersuchungen verdeutlichen, nach der Romanik gotische Bauformen im Osten durch, die auf den Vorlagen nur einiger nordfranzösischer Zentren basieren sollen? Alles deutet darauf hin, daß der Kontakt mit Mitteleuropa intensiv blieb, ja ständig durch neue Siedler neu belebt wurde.

Der Levantehandel, der seit 1099 weiter expandierte und von dem vor allem die italienischen Seestädte profitierten, führte nur bedingt zu nachhaltigeren Austauschprozessen unter Personen verschiedener Herkunft. Wo lagen bei diesen vielschichtigen Prozessen Potentiale zu Transfer und Anverwandlung? Wie oben näher beschrieben, kam es unter den verschiedenen religiösen und sozialen Gruppen zu einzelnen Kontakten, oft aber zu Konflikten. Wurden diese dann wahrscheinlicher, wenn Personen und Modelle immer nur importiert wurden, ohne daß eine Einbettung in bestehende Kontexte, eine Anverwandlung der importierten Vorstellungen und Modelle erfolgte? Vorgefundene muslimische Systeme, konkurrierende kirchliche Hierarchien führten dazu, daß die „Importe" anverwandelt werden konnten oder einem Prozeß unterlagen, den Peter Burke „Rekontextualisierung" nennt[167].

Bezüglich der stets neu aus dem Westen importierten Kleriker, die sich nur bedingt in vorhandene Systeme integrierten, mag der oft zitierte Bischof Wilhelm von Tyrus auf den ersten Blick ein Gegenbeispiel darstellen. Er wurde in Palästina geboren und zeigte nach der allerdings umstrittenen Ansicht mancher Forscher offensichtlich auch in seiner Haltung gegenüber den Muslimen so etwas wie Toleranz[168]. Sicherlich war das Zusammenleben, das

---

[167] Peter BURKE, Kultureller Austausch (Erbschaft unserer Zeit 8; Edition Suhrkamp 2170), Frankfurt am Main 2000, 9-40, bes. 13. Zu diesem Thema wurde am 13. und 14. Juli 2001 in Erlangen im Rahmen des Graduiertenkollegs 516 'Kulturtransfer im Mittelalter' die Tagung 'Kulturtransfer und Rekontextualisierung' veranstaltet.

[168] Der in Jerusalem geborene Wilhelm (etwa 1130-1186), der spätere Erzbischof von Tyrus, deutete den Islam nicht als Heidentum, sondern als autonome Weltreligion, die wie die jüdi-

nach einem Akt kriegerischer Gewalt begann, nicht ohne weiteres friedlich, es gab nur beschränkt so etwas wie Toleranz im modernen Sinn. Eher ging es um Arrangements, um Organisation des Zusammenlebens[169]. Aber hier war ein Aspekt wichtig: Das vielleicht wichtigste Ergebnis von Transfer und Transformation waren wohl die Ritterorden. Aus westlichen Traditionen von Kanonikertum und Laienfrömmigkeit entwickelten sich unter den Bedingungen des Ostens neue Lebensformen, welche der Herkunft verpflichtet waren, gleichzeitig aber mit neuen Regelwerken und praktischer Umsetzung dem neuen Kontext Rechnung trugen[170]. Vor diesem Hintergrund erstaunt es weniger, daß Burgtorf bei seiner Revision der Quellen die vermittelnde Funktion der Ritterorden stärker als die bisherige Forschung akzentuieren konnte.

Daß viele Konflikte sich nach 1187 verschärften, lag deshalb zugleich neben den vielen genannten strukturellen Änderungen grundsätzlicher Art vielleicht auch in der seit dieser Zeit mangelnden Möglichkeit zur neuen Kontextualisierung begründet. Nach dem Verlust großer Territorien blieb das Beharren auf Ansprüchen und Rechten konfliktträchtiger, eine gegenseitige Befruchtung, eine Anverwandlung von Modellen und Vorstellungen war nun zumindest deutlich erschwert. Der Transfer der wissenschaftlichen und materiellen Kultur des Islams in den Westen fand nach 1099 kaum im Heiligen Land, sondern eher in Süditalien oder in Spanien statt. Dies lag nicht unbedingt an den Ereignissen von 1099. Eher hatte schon früher, nach 1076, als die Seldschuken Jerusalem und andere Stätten im Orient erobert hatten, eine Wanderung muslimischer Gelehrter nach Westen eingesetzt; jedoch bleibt nach wie vor Erklärungsbedarf, warum nicht doch ein noch größeres Maß an Wissenstransfer – auch in Outremer – möglich war.

---

sche und christliche Überlieferung auf den gemeinsamen Stammvater Abraham zurückgehe. Umstritten bleibt die angebliche geforderte Toleranz des Bischofs von Tyrus, die vor allem SCHWINGES, Kreuzzugsbewegung (wie Anm. 41), 194 sowie ausführlicher DERS., Die Wahrnehmung des Anderen durch Geschichtsschreibung: Muslime und Christen im Spiegel der Werke Wilhelms von Tyrus († 1186) und Rodrigo Ximénez' de Rada († 1247), in: Toleranz im Mittelalter, hg. v. Alexander PATSCHOVSKY und Harald ZIMMERMANN (Vorträge und Forschungen 45), Sigmaringen 1998, 101-128. Vgl. die Belege zur Kritik bei Hannes MÖHRING, Kreuzzug und Dschihad (wie Anm. 44), 381 mit Anm. 92 und 93. Vor allem Möhring vertritt die Ansicht, die Politik Wilhelms sei vor allem von pragmatischen Zielen bestimmt gewesen.

[169] Vgl. den Vertrag Friederichs II. mit al-Kāmil 1229 (MGH Const. II, 160f., Nr. 120), den Hannes Möhring auf der Weingartner Tagung nochmals untersuchte.

[170] BURKE, Kultureller Austausch (wie Anm. 167); JASPERT, Frühformen (wie Anm. 78).

Die schon genannten Ritterorden trugen als neue religiose und semireligiose Gemeinschaften nicht nur zur Organisation des Zusammenlebens im neuen Umfeld maßgeblich bei, sondern erscheinen bei einem weiterem Schritt kulturellen Transfers zentral: der nach 1187 intensivierten Übertragung von Vorstellungswelten. Wenn im Sinne der obigen Ausführungen die Entstehung der Kreuzzüge auch mit Argumenten eines Bewußtseinswandels in der westlichen Christenheit begründet werden kann, dann setzte ein neues Bewußtsein von Jerusalem und christlich-kirchlicher Identität besonders nach 1187, nach dem Verlust Jerusalems, ein. Mußte man Jerusalem erst erobern und erneut verlieren, damit dieses Bild um sich greifen konnte? Insofern ist die Zeit nach 1187 für einen Wandel der Vorstellungswelten fast ebenso wichtig wie 1099, die oben dargelegten Ergebnisse zur lateinischen Dichtung, zu muslimischen Vorstellungswelten oder zur Kartographie belegen dies. Neue Formen der Auseinandersetzung wie der Mission – Franziskus predigte 1219 in Damiette – oder dann im späten Mittelalter zunehmenden Versuche, nur im Geiste nach Jerusalem zu pilgern, gehören mit zu den langfristigen Folgen dieses Einschnittes.

Die in den Westen transferierten, dort sogar neu entstandenen Jerusalembilder und deren Intensivierung nach dem Verlust der Stadt lenken den Blick erneut auf die mehrfach in den Beiträgen thematisierte Gewalt bei den Ereignissen von 1099. Sind Kriege und Konflikte auch Geburtshelfer für neue Entwicklungen? Bei aller Distanz zur Gewalt scheint die Stilisierung als religiöses Geschehen auch zu neuen Vorstellungen, zu neuen Möglichkeiten beigetragen zu haben. Inwieweit Kriege und Gewalt auch kulturelle Möglichkeiten neu eröffnen, ist umstritten[171]. Aus der Gewalt, aus Krieg und Auseinandersetzung folgen auch kulturelle Prägungen, die im Falle von Jerusalem offensichtlich auch mit den jeweiligen Sehnsüchten zusammenhängen, die sich nach dem Gewinn und dem erneuten Verlust in verschiedenster Weise ausprägten. Viele der zahlreichen Bilder Jerusalems zehren mithin von der gewalttätigen Eroberung, ob wir wollen oder nicht.

---

[171] HEHL, Kirche und Krieg (wie Anm. 65) zur Entwicklung im kanonischen Recht. Die jüngere Forschung über den Westfälischen Frieden und die Geschichte des Dreißigjährigen Krieges deutet in eine ähnliche Richtung. Vgl. hierzu die Bilanz von Helmut NEUHAUS, Westfälischer Frieden und Dreißigjähriger Krieg. Neuerscheinungen aus Anlaß eines Jubiläums, Archiv für Kulturgeschichte 82 (2000), 455-475.

Abkürzungsverzeichnis

CC CM:	Corpus Christianorum, Continuatio Mediaevalis
Continuation de	
Guillaume de Tyr:	La Continuation de Guillaume de Tyr (1184-1197) (DRH 14), ed. Margaret Ruth MORGAN, Paris 1982
D'ALBON:	Cartulaire général de l'Ordre du Temple (1119?-1150). Recueil des chartes et bulles relatives à l'Ordre du Temple, ed. Marquis D'ALBON, Paris 1913
DELAVILLE LE	
ROULX:	Cartulaire général de l'Ordre des Hospitaliers de St-Jean de Jérusalem (1100-1310), ed. Jean DELAVILLE LE ROULX, 4 Bde., Paris 1894-1906
DRH:	Documents relatifs à l'histoire des Croisades
Fulcher von	
Chartres:	Fulcher von Chartres, Historia Hierosolymitana (1095-1127), ed. Heinrich HAGENMEYER, Heidelberg 1913
HAGENMAYER,	
Epistulae et chartae:	Epistulae et chartae ad historiam primi belli sacri spectantes. Die Kreuzzugsbriefe aus den Jahren 1088-1100, mit Erläuterungen ed. Heinrich HAGENMEYER, Innsbruck 1901 (ND Hildesheim-N.Y. 1973)
HIESTAND, Templer	
und Johanniter:	Papsturkunden für Templer und Johanniter, ed. Rudolf HIESTAND (Vorarbeiten zum Oriens Pontificius 1= Abhandlungen der Akademie der Wissenschaften in Göttingen, Philologisch-historische Klasse, III/77), Göttingen 1972

HIESTAND, Templer und Johanniter, NF:	Papsturkunden für Templer und Johanniter, Neue Folge, ed. Rudolf HIESTAND (Vorarbeiten zum Oriens Pontificius 2 = Abhandlungen der Akademie der Wissenschaften in Göttingen, Philologisch-historische Klasse, III/135), Göttingen 1984
HIESTAND, Kirche:	Papsturkunden für Kirchen im Heiligen Land, ed. Rudolf HIESTAND (Vorarbeiten zum Oriens Pontificius 3 = Abhandlungen der Akademie der Wissenschaften in Göttingen, Philologisch-historische Klasse, III/136), Göttingen 1985
DA:	Deutsches Archiv für Erforschung des Mittelalters
LexMA:	Lexikon des Mittelalters, 10 Bde., München-Zürich 1977-1997
MGH	Monumenta Germaniae Historica
PL:	Jacques-Paul Migne, Patrologiae cursus completus ... Series latina, 221 Bde., 1844-1864
RHC, Hist. occ.:	Recueil des historiens des croisades. Historiens occidentaux, 5 Bde., Paris 1844-1895
RHC, Lois:	Recueil des historiens des croisades. Lois: Les Assises de Jérusalem, 2 Bde., ed. Comte Auguste BEUGNOT. Paris 1841-1843
RRH:	Regesta regni Hierosolymitani (MXCVII-MCCXCI), hg. v. Reinhold RÖHRICHT, Innsbruck 1893, Additamentum, ebd., 1904 (ND New York 1960)
Wilhelm von Tyrus:	Willelmi Tyrensis archiepiscopi, Chronicon, ed. Robert B. C. Huygens (CC CM 63, 63A), 2 Bde., Turnhout 1986

Register der Orts- und Personennamen

erstellt von Bernd Häußler

Dieses Register enthält neben den Namen im Haupttext auch jene in den Anmerkungen, soweit sie nicht in Zusammenhang mit bibliographischen Angaben auftauchen. Moderne Autoren wurden nicht aufgenommen.

Die Personen des Mittelalters wurden unter ihrem Vornamen erfaßt, es sei denn ihre Lebensspanne lag bereits deutlich im 16. Jahrhundert. Quellenzitate wurden kursiv gesetzt. Abweichende Graphien sind in Klammern hinter dem jeweiligen Hauptstichwort zu finden. Würdenträger sind nicht nur unter ihrem Namen aufgeführt, sondern auch unter ihrer Herrschaft (z.B. „Frankreich, siehe auch Ludwig IX..").

Geographische Erläuterungen zu den Orten sind nur dann vorhanden, wenn diese nicht als allgemein bekannt vorausgesetzt werden können.

Folgende Abkürzungen werden im Register verwendet:

Anm.	Anmerkung	Kg.	König
B.	Bischof	Kg.in	Königin
Bm.	Bistum	Kgr.	Königreich
dt.	deutsch	Kl.	Kloster
Ebm.	Erzbistum	Mgf.	Markgraf
Eb.	Erzbischof	muslim.	muslimisch
engl.	englisch	n.	nördlich
französ.	französisch	ö.	östlich
Fsm.	Fürstentum	Patr.	Patriarch
Gf.	Graf	röm.	römisch
Hg.	Herzog	s.	südlich
Hl.	Heilige(r)	span.	spanisch
K.	Kaiser	syr.	syrisch
K.in	Kaiserin	w.	westlich

Aachen 223
Aaron, bibl. Gestalt 210
Abaelard (Peter Abaelard, Petrus Abaelardus), Theologe 360-364
'Abbās, Wezir von Ägypten 192
'Abdallāh ibn az-Zubair, Gegenkalif 213
'Abd al-Masīḥ BR 'BW RD', melkitischer Philosoph 142, 144
'Abdalmalik, omayyad. Kalif 212f., 449
Abessinier 138
al-Abīwardī, Dichter 41
Abraham, bibl. Gestalt 210, 465 Anm.
Abū Ġālib Bar Sabūnī, syr. Gelehrter 136 Anm.
Abū'l-Fidā', Fs. von Ḥamāh und Gelehrter 44
Abū Ṭālib, Onkel Mohammeds 208
Accolti, Benedetto, Florentiner Kanzler und Historiograph 382ff., 387, 459
Achill, literarische Gestalt 341
Adam, bibl. Gestalt 210, 350
Adamnanus von Hy (Adomannus), Abt von Iona, Autor 226f., 276, 292, 331, 453
Adana, Stadt in Kilikien 152
Adelheid von Sizilien, Gf.in von Sizilien 159f.
Adhemar, B. von Le Puy, Kreuzzugslegat 96, 345, 426
al-'Āḍid, fatimidischer Kalif 165, 168
Adria, Meer 374, 381
Aelia (Jerusalem), siehe auch Jerusalem 205
Aemilius Perrotus, siehe Perrotus, Aemilius
Afrika (*Aphrica*) 91 Anm., 271, 284, 288, 296, 322, 325, 328, 343ff., 374
Ägäis 282f., 289, 394 Anm., 398 Anm.
Ager Sanguinis, Schlachtenschauplatz w. von Aleppo 150
Agnes von Courtenay, 1. Frau Amalrichs I. von Jerusalem 156f., 159, 163, 445
Agrigent, Ort in Sizilien 257ff., 266
Ägypten 60, 63 Anm., 87 Anm., 138, 143, 165f., 168, 178, 192, 277, 279, 284, 320, 333, 412
Ägypter (*Egiptii*) 121
Aḥmad al-Ġazzār, Moschee in Akkon 216
Aḥmad ibn Muḥammad ibn Qudāma, Rechtsgelehrter und Prediger 71
Akkon (Akko, *Accon*), Hafenstadt in Galiläa 44, 56 Anm., 59, 63 Anm., 66, 69 Anm., 73
   Anm., 74, 75, 77, 85, 87, 91, 102, 113ff., 126ff., 135, 159f., 176-180, 181f., 185ff., 190ff.,
   195f., 199, 216, 256, 317, 319f., 342, 382, 397, 411, 447, 463
– Jakob von Vitry, Montmusard, S. Sabas, S. Samuel
Alarich, K. der Westgoten 373
Albara, Stadt in Syrien 102
Albert von Aachen, Historiograph 38, 99, 339, 390, 392
Albert von Vercelli, lat. Patr. von Jerusalem 115
Albert, Eb.von Tarsus 118, 361 Anm.
Albertin de Virga, Venezianer 329
Albi 279f.
Albigenser (*Albigenses*) 400
Albrecht, Autor 408, 414f., 457
Aleppo, Stadt in Syrien 59, 143, 152, 165
Alethes, fiktiver Redner in Clermont 394
Alexander der Große, makedonischer Kg. 35, 400
Alexander III., P. 106, 117 Anm., 172f., 174, 180, 186, 192
Alexandria, Stadt in Ägypten 143, 281, 287f., 328
Alexios I., byzant. Ks. 95 Anm., 154
Alice, Fs.in von Antiochia 151-156, 161

470

Alkuin (*Alquinus*), Gelehrter 390 Anm.
Altenburg, Ort bei Nürnberg 228
Amalfi, Stadt in Apulien 343
Amalrich I., Kg. von Jerusalem 66, 80 Anm., 102, 156-159, 161ff., 165 168, 193, 256, 445
Amerigo Vespucci, siehe Vespucci, Amerigo
Ambrosius, Hl. 390 Anm.
Amman, Stadt in Jordanien 279
Anagni, Ort in Süditalien 102
Anatolien, Landschaft 32
Andrea Bianco, siehe Bianco, Anrea
Andreas Walsperger, Benediktiner 326, 327 Anm., 329
Anglesola (*Anglarola*), Ortschaft in Katalonien 247-251, 257, 259, 265-268, 453f.
Anjou (*Anschouwe*), Geschlecht und Gft. 113, 148, 151, 413
Anna Komnena, byzant. Prinzessin und Historiographin 40
Antiochia (Antiochien), Fsm. und Stadt 32, 42, 62, 69, 70 Anm., 86, 96ff., 102, 104 Anm., 111,
    115, 118 Anm., 132, 134, 137f., 141f., 148, 150-156, 161 f., 176, 181f., 186, 193, 279,
    286f., 292, 299, 301, 340, 341 Anm., 345, 361 Anm., 373, 389-392, 397, 426, 442
– siehe auch Alice, Bohemund I., Bohemund II., Bohemund III., Bohemund VI., Bohemund
    VII., Johannes von Oxeites, Konstanze, Michael der Syrer, Radulf von Domfront, Raimund
    von Poitiers, Rainald von Châtillon, Roger vom Prinzipat und Tankred von Lecce
Antiochius IV. Epiphanes, byzant. Kaiser 341 Anm.
Antoine von Lothringen, Hg. von Lothringen 389
Antonius Sycus von Vercelli, Notar 197 Anm.
Apamea, Ebm. und Stadt in Syrien 102
Aquitanier 374
al-Aqṣā, siehe Jerusalem
Aragón, Kg.reich 78, 79 Anm., 191, 194
Arcadius 372 Anm.
Arcadus, Prior des Tempels von Jerusalem 357f.
Archas 110 Anm.
Arculf, Autor 227, 276
Arda, armenische Prinzessin 159f.
Arimaspen, sagenhaftes Volk 417
Armenien 132, 138-141, 143ff., 152f., 156, 159, 18, 310, 402
– siehe auch Arda, Hethoum, Leon und Toros
Armenier (*Armeni*) 40, 66, 86, 114, 120ff., 124, 131,144, 148
Arnold von Lübeck, Historiograph 356
Arnold von Torroja, Templermeister 175
Arnulf von Chocques, lat. Patr. von Jerusalem 97, 108, 116, 159f., 450
Arofel, literarische Gestalt 416
Arrouaise, Regularkanonikergemeinschaft 112
Arroyo, Kl. in Kastilien 286
Artus, keltischer Kg. 413
al-Ašraf, ayyubidischer Sultan von Ägypten 196
Asien (*Asia*) 95, 271, 273, 279, 284, 296, 299, 309f., 325, 328f., 333, 370, 375, 394f., 398
    Anm., 400, 402, 412
Askalon (Ascalon, *Lonasche*), Herrschaft und Stadt 44f., 63, 110, 183, 188, 285, 292, 293, 299,
    301
Assassinen, muslim. Sekte 56 Anm.
Assisi, Ort in Italien 461, 462 Anm.
Assyrien, Landschaft 138
Athanasius VII., syr. Patr. 136, 142, 144
Athen, Stadt 296, 346

Athlit (*castrum Peregrinorum*), Burg 185, 190
aṭ-Ṭabarī, Autor 205
Augsburg, Stadt 271, 347 Anm.
Augustinus, Hl., Kirchenlehrer, B. von Hippo 167, 437
Awaren, Volk 336
Ayyubiden, Dynastie 184
Az-Zamaḫšarī, Korankommentator 208

Babylon (Babel, *Babilonia, Babilôn*), Stadt 51, 281, 285, 301, 338, 346 Anm., 410f.
Badr, Schlachtenschauplatz in Arabien 207
Bagdad (*Baldac*), Stadt 204, 414, 420
Baibars, mamluk. Sultan von Ägypten 184, 187, 194, 196f.
al-Baiḍāwī, Korankommentator 211
bait al-maqdis (Jerusalem), siehe auch Jerusalem 205
Balderich von Dol, Historiograph, B. von Dol 17-22, 24
Balduin I. (*Baldevinus*), Kg. von Jerusalem 62 Anm., 86, 97, 159f., 256, 372
Balduin II. (Balduin von Edessa), Kg. von Jerusalem 76, 149-153, 357, 445
Balduin III., Kg. von Jerusalem 156f., 161f.
Balduin IV., Kg. von Jerusalem 157, 175, 193
Balduin V., Kg. von Jerusalem 113 Anm., 158
Balduin von Edessa, siehe Balduin II.
Balduin von Ibelin, Herr von Mirabel und Ramla 71, 73
Balduin, Eb. von Canterbury 341
Balian I., Herr von Sidon 60
Balian von Arsuf 187
Baltikum, Landschaft 88
Bamberg, Bm. und Stadt 246
Bar Hebraeus (Bar Hebräus), syrischer Maphrian und Historiograph 40, 120, 132, 141
Barcelona, Gft. und Stadt 235, 265f.
Bargaeus, Autor und Gelehrter 392f., 395, 397
Barisan, Konstabler von Jaffa 183
Barletta, Küstenstadt in Süditalien 264, 266
Bartholomeo Scala, Florentiner Kanzler und Historiograph 382
Baruc von Baldac, literarische Gestalt 411, 413
Basel, Stadt 378
Basilius bar Sabuni, B. von Edessa 142
Beatrix von Maraclea, Adlige 186
Beatus von Liébana, Mönch, Kommentator 281-284, 286f., 293f., 455
Behaim, Martin, Nürnberger Geograph 420
Beirut (Bairut, *Baruth*), Herrschaft 70, 93, 176 Anm.
Belacane, literarische Gestalt 413
Benedetto Accolti, siehe Accolti, Benedetto
Benedictus, B. von Modena 345
Benediktiner (*Ordo sancti Benedicti*) 319, 326, 329
Benjamin, Stamm der Israeliten 292
Berengar, B. von Orange 97
Bernard der Weise, Jerusalemreisender und Autor 292
Bernardus, Ritter 354 Anm.
Bernhard von Clairvaux, Abt von Clairvaux 170f., 198, 337, 353, 370, 448
Berterus de San Germano (Ryccardus), Autor 339 Anm.
Berterus von Orléans, Autor 358
Bertrand von Mazoir, antiochinischer Adliger 186
Bethanien, Kl. 101 Anm., 314, 316f., 412

472

Elias von Nisibis, Historiograph 133
Elsaß, Landschaft 389
Embrico, B. von Augsburg 348 Anm.
Emili, Paolo (*Paulus Aemilius*), Hofhistoriograph Karls VIII. von Frankreich, 371 Anm., 385, 387, 392, 395, 459
Engelbert (*Engelbertus*), flämischer Ritter 353, 254 Anm.
England 192, 231, 297, 319, 326, 361
– siehe auch Richard Löwenherz
Engländer (*Anglici*) 121, 219
Erlangen 219, 221, 424
Ernst von Baiern, literarische Gestalt 417ff., 457
Eugen III.(*Eugenius*), P. 105f., 371 Anm.
Euphemia, Herrin von Sidon 180 Anm.
Eusebius von Caesarea, Historiograph 277, 343
Eustachius I. (*Eusthatius*), Herr von Cäsarea und Sidon 400
Eustachius III., Gf. von Boulogne 33, 149, 353, 372, 427
Eutychios, Patr. von Konstantinopel 135 Anm.
Evesham, engl. Ort sö. von Worcester 326
Exalous, Bm. 107
Ezra 351

Famagusta, Bm. 177
Fatimiden, Dynastie 32, 44f., 165, 177, 214, 217
Feirefiz, literarische Gestalt 413
Felix Fabri, Dominikaner und Autor 331
Ferdinand de` Medici, Kardinal 393, 398, 459
Flamen 353
Flandern, Gft. 149, 312
Flavio Biondo, Historiograph 369 Anm., 396, 372-376, 379f., 385ff., 390, 399, 459
Flavius Josephus, jüd. Historiograph 51, 343, 358
Flodoard von Reims, Autor 343
Florenz, Stadt 308, 338, 382, 392
Fontevrault, Kl. und Orden 112
Fra Mauro, Kamaldulenser und Kartograph 329, 330 Anm.
François de Guise, Herzog von Guise 388, 404
Franken 336, 390
Franken, Landschaft 228, 246
Frankfurt am Main (*Frankfordia*) 376ff.
Frankreich, Kgr. 69, 102, 160, 162f., 176, 192, 200, 319, 320 Anm., 326, 358, 361, 385, 387 Anm., 388, 393f., 420, 422, 428, 434, 439f., 459, 463f.
– siehe auch Karl IV., Karl, VIII., Ludwig, VII., Ludwig, IX., Ludwig, XII. und Heinrich III.
Franz von Assisi, Hl., Ordensgründer 461
Franziskaner (*Ordo Fratrum Minorum*) 88, 91 Anm., 461
Friedrich I. Barbarossa, röm.-dt. Kg. / Ks. 175, 342
Friedrich II., röm.-dt. Kg. / Ks. 60, 173, 176, 189f, 400, 465 Anm.
Friedrich III., röm.-dt. Kg. / Ks. 368
Fulcher von Chartres, Historiograph 17ff., 21f., 24, 38f., 51, 57 Anm., 86, 99, 375 Anm.
Fulda, Michaelskapelle 245f.
Fulko (Fulco, Fulko V. von Anjou), Kg. von Jerusalem 113, 150-153, 155f., 256, 340, 445

Gabriel, Erzengel 207, 210
Gahmuret, literarische Gestalt 413f.
Galbert von Brügge, Historiograph und *notarius* 149

Konstantin XI. Palaiologos, byzant. Ks. 369 Anm.
Konstantinopel siehe Byzanz
Konstanze, Fs. in von Antiochia 151, 153-156, 161ff., 445
Koptische Christen (Kopten) 122, 138
Krak des Chevaliers, Burg 69f., 184, 186, 194, 448
Kreta, Insel 284
Kreuzfahrerstaaten 71, 74, 80, 86, 98f., 101, 108, 110-113, 118f., 131, 141ff., 148, 151, 166-169, 174ff., 177, 180, 183, 187, 191, 198f., 228, 231, 244, 252, 256, 264f., 296, 339, 441f., 445
Kuno von Porto, Kardinalb. 97
Kykladen, Inselgruppe 290

L'Aquila, Ort in Italien 461
La Fève, Burg 185
La Rochelle, Stadt in Westfrankreich 221
La Tallada, Ort in Katalonien 233, 247
Lambert von Saint-Omer, Kartograph 293, 314
Laon, Stadt in der Champagne 229, 358
Las Huelgas, span. Kl. bei Burgos 285, 293
Laterankonzil (III.) 134
Laterankonzil (IV.) 128 Anm.
Lazariter, Lazariterorden (*Ordo sancti Lazari*) 100, 80 Anm.
Lazarus, bibl. Gestalt 412
Le Destroit, Turm am Fuß des Berges Karmel 185
Leiden, Stadt 314
Leo I. (der Große), P. 428
Leon, Prinz von Kleinarmenien 152, 156
Leonardo Bruni, Florentiner Kanzler und Historiograph 382
Leopold VI., Hg. von Österreich 255
Lepanto, Stadt 388, 393, 397
Lessing, Gotthold Ephraim, Autor 433
Lethold von Tournai (Leuthold, Lietaud), Kreuzfahrer 33, 353, 354 Anm.
Levante, Landschaft 57 Anm., 163, 464
Libanon 115
Libyen (*Libya*) 394f., 198 Anm.
Lietaud, siehe Lethold von Tournai
Little Marplestead, Ort in Essex 229 Anm.
Livius, röm. Historiograph 386
Livland 411
London, Stadt 229, 277, 284, 297f., 310, 314, 319f., 333
Lothringen, Landschaft 312, 389, 400, 404f., 459
Louvre, Museum (Paris) 257, 260f.
Lucan, röm. Autor 355 Anm.
Ludwig der Fromme, röm.-fränk. Kg. und Ks. 377
Ludwig IX., Kg. von Frankreich 185, 190, 193
Ludwig VII., Kg. von Frankreich 161, 370
Ludwig XII., Kg von Frankreich 385
Luther, Martin, Reformator 51, 421
Lyon, Stadt 221

Madaba, Ort in Jordanien 279
Madianiter, bibl. Volk 344
al-Mahdīya (Mahdia), Stadt in Nordafrika 344, 429

Mailand 287, 308390 Anm.
Mainz, Stadt 292 Anm.
Makarius az-Za'īm, Patr. von Antiochia 134
Makedonier 398 Anm.
Makkabäer (*Machabei*), bibl. Volk 49, 171, 172 Anm., 448
Maldoim, Burg 185
Mallorca, Insel 323
Mamistra, Stadt in Kilikien 152
al-Manṣūrah, Schlachtenschauplatz am Nil 188
Mantua, Stadt 368, 381, 384
Manuel, byzant. Ks. 141f., 154f.
Maraclea, siehe auch Wilhelm von Maraclea und Beatrix von Maraclea
Mār Bar Saumā, siehe Mōr Bar Saumō
Marcévol, Ort in Südfrankreich 267, 269
Mardsch Rahit, Schlachtenschauplatz 213
Margarete (*Marguerite*), Herrin von Sidon 178
Margat, Burg 69f., 186, 194
Maria Magdalena, bibl. Gestalt 309
Maria, Mutter Christi 412
Mariengrab im Tal Josaphat 320
Marin Sanudo der Ältere, venezian. Historiograph 318, 382, 383 Anm., 459
Markus ibn al-Qanbar, koptischer, später melkitischer Mönch und Theologe 137 Anm.
Maroniten 114, 1221, 133f.
Marseille (*Marsilje, Masilia*), Stadt 413, 415
Martin Luther siehe Luther, Martin
Martin von Montsant, sagenhafter Pilger 247
Martin von Troppau, Autor 379
Marwān I., oṃayyad. Gegenkalif 213
Matthäus II, Hg. von Lothringen 400
Matthaeus Parisiensis, Kartograph 306, 319f., 322
Matthäus Sauvage (*Matthaeus Sauvage, Matheus dictus le Sarmage, Matheus lo Sauvacge*, Ifrir Mahi Safai), Templer 196-199, 449
Matthäus von Edessa, Historiograph 40, 51, 131
Mauritius von Porto, Kardinalb. 96f.
Maximilian I., röm.-dt. Kg. und Ks. 378
Medina (Yaṯrib), hl. Ort des Islam in Arabien 204ff., 212, 449
Mehmed II., osman. Sultan 367, 369
Mekka, bedeutendster Ort des Islam in Arabien 63 Anm., 66, 81, 204-207, 210-214, 449
Melisende, Kg.in von Jerusalem 150, 153, 161
Melitene, Ort in Nordsyrien 44, 131 Anm., 139, 144
Melkiten, griechischsprachige Angehörige der byzant. Reichskirche im Nahen Osten 75 Anm., 121, 124, 128 Anm., 129f., 132ff., 139, 143, 144 Anm.
– siehe auch Griechen
Merowinger, Dynastie 252, 347
Mesopotamien 143
Metellus von Tegernsee, Mönch und Autor 341, 351, 356, 429, 456
Metz, Stadt und Bm. 229
Miaphysiten, siehe Monophysiten
Michael der Syrer (Michael der Große, Mōr Michael, Mār Michael), syr. Patr. 40, 120, 137-143, 162
Michael, Erzengel 345
Mittelmeer (*Mediterraneum Mare*) 39, 148, 155, 163, 271, 273, 279, 281, 283-286, 289, 292, 294, 296, 301, 304, 317, 322, 326, 333, 420, 422, 452, 456

Robert der Mönch (Robert von Reims, *Robertus Monachus*) 17f., 20f., 24, 294, 341, 349, 352, 356, 372-375, 377, 380, 382, 386f., 390, 392, 425, 435, 438, 440, 454, 456, 458f.

Robert II., Gf. von Flandern 95 Anm.

Robert von Reims, siehe Robert der Mönch

Robert von S. Eusebio (*Robertus Parisiensis*), päpstl. Legat, Kardinaldiakon 97f

Rodrigo Díaz de Vivar (*Rodericus*, „el Cid"), kastil. Adliger 336

Roger I., Kg. von Sizilien 159

Roger II., Kg. von Sizilien 155, 159

Roger vom Prinzipat, Fs. von Antiochia 150

Roger von Hoveden, Historiograph 339 Anm.

Roger von Moulins (*Rogerius de Molina*), Johannitermeister 173, 175, 180

Roland, literarische Gestalt 391

Rom (*Roma*) 101, 106, 111, 114, 117, 123, 134, 223, 247, 271ff., 275, 281, 286, 288, 292, 308, 328, 343, 373f., 381 Anm., 383, 385f., 390, 392, 402, 418, 421, 422, 454f., 457, 462

Römer 137, 355

Rotes Meer 288, 327

Rouen, Stadt in Nordfrankreich 221

Rufinus, Übersetzer 343

Rugia, Burg 153

Ryccardus de San Germano, siehe Berterus de San Germano

S. Albans, Kl. und Stadt in Hertfordshire (England) 319

S. Anna, Stift in Barcelona 235, 265, 267

S. Denis, Kl. bei Paris 326

S. Giovanni in Sepolcro, Kirche in Brindisi 243 Anm.

S. Lorenzo de Carboeiro, Kl. in Galicien 267

S. Marco, Kl. in Tyrus 99, 115

S. Maria di Collemaggio, Kirche in L'Aquila 461

S. Maria im Tale Josaphat, Kl. bei Jerusalem 101

S. Omer, Kl. in Griechenland 363

S. Pedro de Rocas, Kirche in Galicien 286 Anm.

S. Remi, Kl. in Reims 294

S. Sabas, Kl. in Akkon 74, 181, 199, 448

S. Samuel, Kl. in Akkon 178

S. Samuel auf dem Freudenberg, Stift bei Jerusalem 113 Anm.

S. Selpulcre d'Olèrdola, Stift in Katalonien 233f., 453

S. Sever, Kl. in der Gascogne 286, 293

Sabellicus, Marcus Antonius, Historiograh 381, 459

Saʿīd, syr. Gelehrter 136 Anm.

Saewulf, Autor 309, 451

Safad (*Saphet*), Burg 81, 185, 190

Saladin (Ṣalāḥ ad-Dīn), ayyubidischer Sultan 60, 67, 168, 175, 185, 188, 193, 217, 259, 337, 341ff.

Saleph, Fluß 342

Saliba, Melkite 86 Anm.

Salier, Dynastie 246, 336

Salomon, bibl. Kg. 50, 210

Salzburg, Stadt und Bm. 326

Samaria, Landschaft 72, 289, 299

Samaritaner 56 Anm., 64f., 67, 77

Santiago de Compostela, Bm. / Ebm. 257, 262f., 267

Saone, Burg 152

Saul, bibl. Gestalt 50, 361

Urban II. 369 Anm. Urban II., P. 13, 16-24, 26, 28f., 49, 96, 294, 348, 371, 373-376, 379f., 382 Anm., 383-387, 390, 393f., 396, 399, 401, 403, 407, 425, 430f., 434ff., 439ff., 442 Anm., 458f., 462
Urban III., P. 172, 186
Urban IV., P. 91
Urgell, siehe Seu d'Urgell
Usāma ibn Munqiḏ, Herr von Šaizar, Autor 55, 59 Anm., 79, 93, 193

Valladolid, Stadt in Kastilien 283
Varna, Ort am Schwarzen Meer 375
Venedig (*Venecia*) 74, 75 Anm., 179, 181, 328f., 381f.
Venezianer (*Veneti*) 63 Anm., 74, 99, 374
Vera Cruz, Kirche bei Segovia 235ff., 453
Vercelli, Stadt in Oberitalien 306
Vergilius Maro, röm. Autor 375
Verona, Stadt in Oberitalien 385
Vespasian, röm. Kaiser 40, 49, 51, 343
Vespucci, Amerigo, ital. Entdecker 398
Vincenz von Beauvais, Historiograph 382 Anm.
Vinemerus (*Guinemerus*), Piratenführer 389

al-Walīd, omayyad. Kalif 213f.
Walter von Châtillon, Autor 358, 363
Walther von der Vogelweide, Autor 421
al-Wāsiṭī, Autor 216f.
Weingarten, Ort in Schwaben, 424
Westgoten, Volk 253, 373
Wicher, sagenhafter Kreuzfahrer 356
Wien, Stadt 34
Wilhelm II., Kg. von Sizilien 362 Anm.
Wilhelm von Beaujeu (*Guillelmus de Bello*), Templermeister 177, 197ff.
Wilhelm von Châteauneuf, Johannitermeister 178f., 180 Anm.
Wilhelm von Malmesbury, Historiograph 383 Anm.
Wilhelm von Maraclea, Adliger 186
Wilhelm von Rubruck, Franziskanermönch und Autor 309
Wilhelm von Tinières (*Guillaume de Tineres*), Johanniter 176
Wilhelm von Tyrus, B. von Tyrus, Historiograph 33, 37, 59, 73 Anm., 86f., 99f., 118, 150ff., 154, 156f., 161f., 165, 191f., 338, 372f., 380 Anm., 382, 390, 392 , 423, 459, 464
Wilhelm von Villiers, Ritter 196
Wilhelm, Herr von Zerdana und Saone 152
Willehalm, literarische Gestalt 416
Wipo, Historiograph 339 Anm.
Wolfenbüttel, Ort in Norddeutschland 293, 314
Wolfram von Eschenbach, Autor 408, 413-416, 457

Yaghisiyān (Cassianus), seldschukischer Verteidiger Antiochias 389, 395
al-Ya'qūbī, Historiograph 213
Yazīd I., omayyad. Kalif 212
Yrkane (*Yrkâne*), literarische Gestalt 409f., 413

Zangi (Zengi), siehe 'Imād ad-Dīn Zangi
Zerdana, Burg 152

489

Verzeichnis der Autorinnen und Autoren

Dieter Bauer ist Referatsleiter an der Akademie der Diözese Rottenburg-Stuttgart

Prof. Dr. Ingrid Baumgärtner ist Ordentliche Professorin am Fachbereich Geschichte der Universität Gesamthochschule Kassel

Prof. Dr. Hartmut Bobzin ist Professor am Institut für Außereuropäische Sprachen und Kulturen der Universität Erlangen Nürnberg

Dr. Jochen Burgtorf lehrt Mittelalterliche Geschichte am History Department der California State University

Prof. Dr. Kaspar Elm ist em. Ordentlicher Professor am Friedrich-Meinecke-Institut der Freien Universität Berlin

Prof. Dr. Marie-Luise Favreau-Lilie ist Professorin am Friedrich-Meinecke-Institut der Freien Universität Berlin

Prof. Dr. Klaus Herbers ist Ordentlicher Professor am Institut für Geschichte der Friedrich-Alexander-Universität Erlangen-Nürnberg

Prof. Dr. Rudolf Hiestand ist em. Ordentlicher Professor am Historischen Institut der Heinrich-Heine-Universität Düsseldorf

Prof. Dr. Peter Christian Jacobsen ist em. Ordentlicher Professor am Lehrstuhl für Lateinische Philologie des Mittelalters und der Neuzeit an der Friedrich-Alexander-Universität Erlangen-Nürnberg

Dr. Nikolas Jaspert ist Akademischer Rat am Institut für Geschichte der Friedrich-Alexander-Universität Erlangen-Nürnberg

Prof. Dr. Hartmut Kugler ist Ordentlicher Professor am Institut für Germanistik der Friedrich-Alexander-Universität Erlangen-Nürnberg

Dr. Christoph T. Maier ist Assistent am Historischen Seminar der Universität Zürich

PD Dr. Peter Orth ist Wissenschaftlicher Assistent am Lehrstuhl für Lateinische Philologie des Mittelalters und der Neuzeit an der Friedrich-Alexander-Universität Erlangen-Nürnberg

Dr. Johannes Pahlitzsch ist Mitarbeiter am Seminar für Semitistik der Freien Universität Berlin

Dr. Jonathan Phillips ist Lecturer am History Department, Royal Holloway College, University of London

Dr. Dorothea Weltecke ist Wissenschaftliche Mitarbeiterin am Seminar für Mittlere und Neuere Geschichte der Georg-August-Universität Göttingen